ANALECTA BIBLICA
INVESTIGATIONES SCIENTIFICAE IN RES BIBLICAS
167

ALEXIS LEPROUX

UN DISCOURS DE SAGESSE

ÉTUDE EXÉGÉTIQUE DE SG 7–8

EDITRICE PONTIFICIO ISTITUTO BIBLICO - ROMA 2007

Vidimus et approbamus ad normam Statutorum Pontificii Instituti Biblici de Urbe

Romae, die 15 mensis maii anni 2007

R.P. Prof. MAURICE GILBERT, S.J.
R.D. Prof. LUCA MAZZINGHI

ISBN 978-88-7653-167-5

EDITRICE PONTIFICIO ISTITUTO BIBLICO
Piazza della Pilotta, 35 - 00187 Roma, Italia

Avant-Propos

Le présent ouvrage a fait l'objet d'une thèse de doctorat en Sciences Bibliques, défendue le 4 juin 2004 à l'Institut Biblique Pontifical. Je tiens à exprimer ma gratitude envers le Prof. Maurice Gilbert s.j., qui en assuma la direction, ainsi qu'au Prof. Luca Mazzinghi, prêtre du diocèse de Florence, qui en fut le second lecteur. Sans leur attention et leurs conseils, ce travail n'aurait pu voir le jour.

Je tiens à remercier également les personnes qui m'ont conduit à l'étude des Saintes Écritures, le cardinal Jean-Marie Lustiger, archevêque émérite de l'archidiocèse de Paris, mes différents professeurs, en particulier Stephen Pisano s.j., Jean-Louis Ska s.j., et Frederick Brenk s.j., membres du jury lors de la soutenance, Thomas Kowalski (†), prêtre du diocèse de Paris, et Albert Chapelle s.j. (†), serviteurs de la Parole de Dieu rencontrés sur ma route.

Alexis Leproux
Paris, le 25 mars 2007

Λόγος δυνάστης μέγας ἐστίν
Gorgias, frg. 11.49

À mes parents et à mes maîtres

Préface

Les chapitres 7 et 8 du Livre de la Sagesse ou Sagesse de Salomon sont la pièce maîtresse de cet écrit du judaïsme alexandrin inclus dans l'Ancien Testament de l'Église catholique. Texte important pour saisir l'évolution de la pensée biblique sur la figure de la Sagesse, sur laquelle les livres des Proverbes, de Job et du Siracide ou Ben Sira s'étaient déjà prononcés. Avec toutefois une différence capitale, une nouveauté dans la Bible : le Livre de la Sagesse fut rédigé directement en grec dans un milieu de grande culture hellénistique à laquelle l'auteur anonyme était ouvert.

Depuis une trentaine d'années, de jeunes chercheurs de l'Institut Biblique Pontifical ont entrepris l'analyse scientifique des diverses parties de ce livre fascinant et subtil. Leurs travaux en ont renouvelé la compréhension. Qu'on relise les thèses de l'auteur de ces lignes (1973), de H. Maneschg (1981, 1984), de M. Priotto (1987), de M. Kolarcik (1991), de P. Dumoulin (1994) et de L. Mazzinghi (1995), sans omettre celle de P. Bizzeti (1984) qui s'inscrit dans le même courant, et l'on se rendra compte qu'il n'est plus possible de négliger tout cet effort. Ce que tous ces travaux ont montré, c'est tout d'abord, à la suite de P. Beauchamp (1963, 1964), l'unité du livre et le genre littéraire auquel il appartient, c'est ensuite que tout en s'insérant dans la tradition biblique, il manifeste un double enracinement, dans le judaïsme ancien et dans la culture grecque et hellénistique.

L'ouvrage d'Alexis Leproux fait partie du même projet et confirme à son tour les mêmes tendances. En outre il renouvelle profondément l'intelligence des deux chapitres de ce Livre de la Sagesse que nul n'avait encore étudiés avec autant d'acribie et de bonheur.

Une longue tradition exégétique s'est maintenue jusqu'à notre époque sans guère remettre en question des interprétations considérées comme acquises. Par l'ampleur de leurs annotations, les commentaires de C. Larcher (1983-1985) et de G. Scarpat (1989-1999), pourtant riches d'heureuses précisions, n'échappent pas à la règle, en particulier pour les deux chapitres dont Alexis Leproux présente ici une lecture totalement nouvelle. Il procède en deux étapes.

Dans une première partie, il s'attache à définir la structure littéraire de Sg 7–8. Une telle étude s'est avérée nécessaire depuis les recherches dans ce domaine nouveau de J.M. Reese (1965) et de A.G. Wright (1967) et, par une attention à tous les détails du texte, Alexis Leproux résout, par exemple, la difficulté que les versets de Sg 7,11-21 ont représentée pour la recherche des dernières décennies. La solution proposée devra retenir l'attention.

La seconde partie, qui nécessairement prend appui sur la première, puisqu'il s'agit de comprendre un texte tel que son auteur l'a organisé, explique Sg 7–8 avec une nouvelle clé de lecture. Puisque ces deux chapitres sont, de l'avis général, un éloge de la Sagesse, prononcé par le sage se présentant sans le dire sous les traits de Salomon, et comme l'éloge est un genre littéraire typiquement grec et hellénistique, il fallait ouvrir tout grand le dossier consacré à l'éloge dans ce milieu. Par chance, les travaux de L. Pernot, en particulier son grand ouvrage sur *la Rhétorique de l'éloge dans le monde gréco-romain* (1993), fournissent un apport de première main abondamment justifié. Relisant Sg 7–8 à la lumière de ces travaux récents, Alexis Leproux découvre chez l'auteur qu'il entend commenter son appartenance à ce qu'on a appelé la Seconde Sophistique, mais aussi l'importance fondamentale de la *paideia* dans l'élaboration d'un éloge, ou mieux : faire l'éloge d'un prince exige que l'on montre comment son éducation l'a conduit à la maîtrise du verbe, du discours, et comment la Sagesse, telle une Nymphe ou une Muse, l'initie et le guide, puis l'accompagne à l'âge adulte dans une forte relation d'amitié, de sorte qu'il soit un bon prince. On voit aisément la nouveauté d'une pareille lecture de Sg 7–8. Elle ne manquera pas, elle aussi, d'attirer l'attention des futurs interprètes du Livre de la Sagesse.

Sans nier la lecture traditionnelle, nettement théologique, celle que propose et justifie Alexis Leproux en empruntant des voies inattendues a de bons atouts pour s'imposer autant que l'autre par l'objectivité de son argumentation, mais aussi par la clarté de l'exposition, le charme et la profondeur de l'écriture. L'auteur du Livre de la Sagesse se révèle sans conteste plus subtil encore qu'on le croyait.

Maurice GILBERT, S.J.

Abréviations

– Les abréviations utilisées pour les textes de Qumrân, les Targums, le Talmud, les revues, les collections et les autres ouvrages de référence, sont celles de S. Schwertner, *IATG2. Index international des abréviations pour la théologie et matières affinissantes* (Berlin ^{2}1992).

– Les abréviations des livres bibliques sont celles de la BJ (1-2S pour 1-2R LXX ; 1-2R pour 3-4R LXX ; 1-2Ch pour 1-2Par LXX). Sauf indication contraire, les références bibliques renvoient à l'édition de J. Ziegler (1962) pour le Livre de la Sagesse, à celle d'A. Rahlfs (1979) pour les autres livres de la LXX, à celle de Nestle-Aland (1993) pour les textes du NT. Sauf indication contraire, la numérotation des Ps, de Pr et de Jr est celle de la LXX. La traduction de la BJ (1998) est préférée, parfois modifiée. Sauf indication du traducteur et de l'éditeur, je présente ma traduction des textes grecs de l'Antiquité.

– Les abréviations utilisées pour les œuvres de Philon sont celles retenues par l'édition publiée sous le patronage de l'université de Lyon.

– Autres abréviations utilisées :

Ant.	*Antiquités Juives*
AcOBe	*Acta Orientalia Belgica*
Bailly	BAILLY, A., *Dictionnaire grec-français* (Paris ^{16}1950).
Bell.	*La Guerre des Juifs contre les Romains*
Bib.IS	Biblical Interpretation Series
BJ	Bible de Jérusalem (édition de 1998, sauf indication contraire)
CAp.	*Contre Apion*
Consol. Apoll.	*Consolation à Apollonios*
CUF	Collection des Universités de France
Dupont-Sommer	DUPONT-SOMMER, A. – PHILONENKO, M., *La Bible. Écrits Intertestamentaires* (Paris 1987).
E.E.	*Éthique à Eudème*
E.N.	*Éthique à Nicomaque*
éd.	éditeur(s)
frg.	fragment(s)
J.R.A. - Suppl.	Journal of Roman archaeology. Supplementary series

Liddell-Scott	LIDDELL, H.G. – SCOTT, R., *A Greek-English Lexicon*, révisé et augmenté par JONES, H. S. – MCKENZIE, R. (Oxford 1985).
NSKAT	Neuer Stuttgarter Kommentar. Altes Testament
P.Oxy.	*The Oxyrhynchus Papyri*
PUF	Presses Universitaires de France
RTLu	*Rivista teologica di Lugano*
SLWJ	Schriften der Lehranstalt für die Wissenschaft des Judentums
SVF	*Stoicorum Veterum Fragmenta*
TM	Texte massorétique (*Biblia Hebraica Stuttgartensia* 1997)
TOB	Traduction Œcuménique de la Bible
tr.	Traducteur
ViHo	*Vivens homo*

Texte

En note n'apparaissent que les variantes significatives des grands manuscrits. À l'exception de Sg 7,29, le texte suit l'édition de Ziegler. Pour des raisons pratiques, la numérotation est celle de la Vulgate, préférée par Rahlfs et la BJ de 1956 (cf. Sg 7,21).

7,1 Εἰμὶ μὲν κἀγὼ θνητὸς ἄνθρωπος ἴσος ἅπασιν
καὶ γηγενοῦς ἀπόγονος πρωτοπλάστου
καὶ ἐν κοιλίᾳ μητρὸς ἐγλύφην σὰρξ
2 δεκαμηνιαίῳ χρόνῳ παγεὶς ἐν αἵματι
ἐκ σπέρματος ἀνδρὸς καὶ ἡδονῆς ὕπνῳ συνελθούσης
3 καὶ ἐγὼ δὲ γενόμενος
ἔσπασα τὸν κοινὸν ἀέρα
καὶ ἐπὶ τὴν ὁμοιοπαθῆ κατέπεσον γῆν
πρώτην φωνὴν τὴν ὁμοίαν πᾶσιν ἴσα κλαίων
4 ἐν σπαργάνοις ἀνετράφην καὶ φροντίσιν
5 οὐδεὶς γὰρ βασιλέων ἑτέραν ἔσχεν γενέσεως ἀρχήν
6 μία δὲ πάντων εἴσοδος εἰς τὸν βίον ἔξοδός τε ἴση

7 διὰ τοῦτο εὐξάμην καὶ φρόνησις ἐδόθη μοι
ἐπεκαλεσάμην καὶ ἦλθέν μοι πνεῦμα σοφίας

8 προέκρινα αὐτὴν σκήπτρων καὶ θρόνων
καὶ πλοῦτον οὐδὲν ἡγησάμην ἐν συγκρίσει αὐτῆς
9 οὐδὲ ὡμοίωσα αὐτῇ λίθον ἀτίμητον
ὅτι ὁ πᾶς χρυσὸς ἐν ὄψει αὐτῆς ψάμμος ὀλίγη
καὶ ὡς πηλὸς λογισθήσεται ἄργυρος ἐναντίον αὐτῆς
10 ὑπὲρ ὑγίειαν καὶ εὐμορφίαν ἠγάπησα αὐτὴν
καὶ προειλόμην αὐτὴν ἀντὶ φωτὸς ἔχειν
ὅτι ἀκοίμητον τὸ ἐκ ταύτης φέγγος

11 ἦλθεν δέ μοι τὰ ἀγαθὰ ὁμοῦ πάντα μετ' αὐτῆς
καὶ ἀναρίθμητος πλοῦτος ἐν χερσὶν αὐτῆς
12 εὐφράνθην δὲ ἐπὶ πᾶσιν ὅτι αὐτῶν ἡγεῖται σοφία
ἠγνόουν δὲ αὐτὴν γενέτιν εἶναι τούτων
13 ἀδόλως τε ἔμαθον
ἀφθόνως τε μεταδίδωμι
τὸν πλοῦτον αὐτῆς οὐκ ἀποκρύπτομαι

14 ἀνεκλιπὴς γὰρ θησαυρός ἐστιν ἀνθρώποις
ὃν οἱ κτησάμενοι[1] πρὸς θεὸν ἐστείλαντο φιλίαν
διὰ τὰς ἐκ παιδείας δωρεὰς συσταθέντες
15 ἐμοὶ δὲ δῴη ὁ θεὸς εἰπεῖν κατὰ γνώμην
καὶ ἐνθυμηθῆναι ἀξίως τῶν δεδομένων[2]
ὅτι αὐτὸς καὶ τῆς σοφίας ὁδηγός ἐστιν καὶ τῶν σοφῶν διορθωτής
16 ἐν γὰρ χειρὶ αὐτοῦ καὶ ἡμεῖς καὶ οἱ λόγοι ἡμῶν
πᾶσά τε φρόνησις καὶ ἐργατειῶν ἐπιστήμη

17 αὐτὸς γάρ μοι ἔδωκεν τῶν ὄντων γνῶσιν ἀψευδῆ
εἰδέναι σύστασιν κόσμου καὶ ἐνέργειαν στοιχείων
18 ἀρχὴν καὶ τέλος καὶ μεσότητα χρόνων
τροπῶν ἀλλαγὰς καὶ μεταβολὰς καιρῶν
19 ἐνιαυτοῦ κύκλους καὶ ἄστρων θέσεις
20 φύσεις ζῴων καὶ θυμοὺς θηρίων
πνευμάτων βίας καὶ διαλογισμοὺς ἀνθρώπων
διαφορὰς φυτῶν καὶ δυνάμεις ῥιζῶν
21 ὅσα τέ ἐστιν κρυπτὰ καὶ ἐμφανῆ ἔγνων
ἡ γὰρ πάντων τεχνῖτις ἐδίδαξέν με σοφία

22 ἔστιν γὰρ ἐν αὐτῇ[3] πνεῦμα νοερόν ἅγιον
μονογενές πολυμερές λεπτόν εὐκίνητον
τρανόν ἀμόλυντον σαφές ἀπήμαντον φιλάγαθον ὀξύ
23 ἀκώλυτον εὐεργετικόν φιλάνθρωπον βέβαιον
ἀσφαλές ἀμέριμνον παντοδύναμον πανεπίσκοπον
καὶ διὰ πάντων χωροῦν πνευμάτων νοερῶν καθαρῶν λεπτοτάτων

24 πάσης γὰρ κινήσεως κινητικώτερον σοφία
διήκει δὲ καὶ χωρεῖ διὰ πάντων διὰ τὴν καθαρότητα
25 ἀτμὶς γάρ ἐστιν τῆς τοῦ θεοῦ δυνάμεως
καὶ ἀπόρροια τῆς τοῦ παντοκράτορος δόξης εἰλικρινής
διὰ τοῦτο οὐδὲν μεμιαμμένον εἰς αὐτὴν παρεμπίπτει
26 ἀπαύγασμα γάρ ἐστιν φωτὸς ἀϊδίου
καὶ ἔσοπτρον ἀκηλίδωτον τῆς τοῦ θεοῦ ἐνεργείας
καὶ εἰκὼν τῆς ἀγαθότητος αὐτοῦ
27 μία δὲ οὖσα
πάντα δύναται
καὶ μένουσα ἐν αὐτῇ
τὰ πάντα καινίζει

---

[1] χρησάμενοι : B S*
[2] λεγομένων : S A
[3] ἐν αὐτῇ] αὔτη : A

καὶ κατὰ γενεὰς εἰς ψυχὰς ὁσίας μεταβαίνουσα
φίλους θεοῦ καὶ προφήτας κατασκευάζει
28 οὐθὲν γὰρ ἀγαπᾷ ὁ θεὸς
εἰ μὴ τὸν σοφίᾳ συνοικοῦντα
29 ἔστιν γὰρ αὕτη εὐπρεπεστέρα ἡλίου
καὶ ὑπὲρ πᾶσαν ἄστρων θέσιν
φωτὶ συγκρινομένη εὑρίσκεται προτέρα[4]
30 τοῦτο μὲν γὰρ διαδέχεται νύξ
σοφίας δὲ οὐ κατισχύει κακία
1 διατείνει δὲ ἀπὸ πέρατος ἐπὶ πέρας εὐρώστως
καὶ διοικεῖ τὰ πάντα χρηστῶς

2 ταύτην ἐφίλησα
καὶ ἐξεζήτησα ἐκ νεότητός μου
καὶ ἐζήτησα νύμφην ἀγαγέσθαι ἐμαυτῷ
καὶ ἐραστὴς ἐγενόμην τοῦ κάλλους αὐτῆς
3 εὐγένειαν δοξάζει συμβίωσιν θεοῦ ἔχουσα
καὶ ὁ πάντων δεσπότης ἠγάπησεν αὐτήν
4 μύστις γάρ ἐστιν τῆς τοῦ θεοῦ ἐπιστήμης
καὶ αἱρετὶς τῶν ἔργων αὐτοῦ

5 εἰ δὲ πλοῦτός ἐστιν ἐπιθυμητὸν κτῆμα ἐν βίῳ
τί σοφίας πλουσιώτερον τῆς τὰ πάντα ἐργαζομένης
6 εἰ δὲ φρόνησις ἐργάζεται
τίς αὐτῆς τῶν ὄντων μᾶλλόν ἐστιν τεχνῖτις[5]
7 καὶ εἰ δικαιοσύνην ἀγαπᾷ τις
οἱ πόνοι ταύτης εἰσὶν ἀρεταί
σωφροσύνην γὰρ καὶ φρόνησιν ἐκδιδάσκει δικαιοσύνην καὶ ἀνδρείαν
ὧν χρησιμώτερον οὐδέν ἐστιν ἐν βίῳ ἀνθρώποις
8 εἰ δὲ καὶ πολυπειρίαν ποθεῖ τις
οἶδεν τὰ ἀρχαῖα καὶ τὰ μέλλοντα εἰκάζει
ἐπίσταται στροφὰς λόγων καὶ λύσεις αἰνιγμάτων
σημεῖα καὶ τέρατα προγινώσκει καὶ ἐκβάσεις καιρῶν καὶ χρόνων

9 ἔκρινα τοίνυν ταύτην ἀγαγέσθαι πρὸς συμβίωσιν εἰδὼς
ὅτι ἔσται μοι σύμβουλος ἀγαθῶν καὶ παραίνεσις φροντίδων καὶ λύπης
10 ἕξω δι' αὐτὴν δόξαν ἐν ὄχλοις
καὶ τιμὴν παρὰ πρεσβυτέροις ὁ νέος
11 ὀξὺς εὑρεθήσομαι ἐν κρίσει
καὶ ἐν ὄψει δυναστῶν θαυμασθήσομαι

---

[4] λαμπροτέρα : 613. Cette lecture est retenue par Ziegler à cause de Sg 6,12.
[5] τεχνίτης : B^c A

12 σιγῶντά με περιμενοῦσιν
καὶ φθεγγομένῳ προσέξουσιν
καὶ λαλοῦντος ἐπὶ πλεῖον χεῖρα ἐπιθήσουσιν ἐπὶ στόμα αὐτῶν
13 ἕξω δι' αὐτὴν ἀθανασίαν
καὶ μνήμην αἰώνιον τοῖς μετ' ἐμὲ ἀπολείψω
14 διοικήσω λαούς
καὶ ἔθνη ὑποταγήσεταί μοι
15 φοβηθήσονταί με ἀκούσαντες τύραννοι φρικτοί
ἐν πλήθει φανοῦμαι ἀγαθὸς καὶ ἐν πολέμῳ ἀνδρεῖος
16 εἰσελθὼν εἰς τὸν οἶκόν μου προσαναπαύσομαι αὐτῇ
οὐ γὰρ ἔχει πικρίαν ἡ συναναστροφὴ αὐτῆς
οὐδὲ ὀδύνην ἡ συμβίωσις αὐτῆς ἀλλὰ εὐφροσύνην καὶ χαράν

17 ταῦτα λογισάμενος ἐν ἐμαυτῷ
καὶ φροντίσας ἐν καρδίᾳ μου
ὅτι ἀθανασία ἐστὶν ἐν συγγενείᾳ σοφίας
18 καὶ ἐν φιλίᾳ αὐτῆς τέρψις ἀγαθὴ
καὶ ἐν πόνοις χειρῶν αὐτῆς πλοῦτος ἀνεκλιπὴς
καὶ ἐν συγγυμνασίᾳ ὁμιλίας αὐτῆς φρόνησις
καὶ εὔκλεια ἐν κοινωνίᾳ λόγων αὐτῆς
περιῄειν ζητῶν ὅπως λάβω αὐτὴν εἰς ἐμαυτόν
19 παῖς δὲ ἤμην εὐφυὴς ψυχῆς τε ἔλαχον ἀγαθῆς
20 μᾶλλον δὲ ἀγαθὸς ὢν ἦλθον εἰς σῶμα ἀμίαντον
21 γνοὺς δὲ ὅτι οὐκ ἄλλως ἔσομαι ἐγκρατής ἐὰν μὴ ὁ θεὸς δῷ
καὶ τοῦτο δ' ἦν φρονήσεως τὸ εἰδέναι τίνος ἡ χάρις
ἐνέτυχον τῷ κυρίῳ
καὶ ἐδεήθην αὐτοῦ
καὶ εἶπον ἐξ ὅλης τῆς καρδίας μου

θεὲ πατέρων καὶ κύριε τοῦ ἐλέους (Sg 9,1)

Traduction

7,1. Assurément, je suis moi aussi un homme mortel, égal à tous,
Et descendant du premier qui fut modelé de terre.
Dans le ventre d'une mère, j'ai été ciselé en un être de chair,
2. Pour un temps de dix mois, ayant pris consistance dans le sang
D'une semence d'homme et du plaisir accompagnant le sommeil.
3. Et moi aussi, alors que je naissais,
J'ai aspiré l'air commun.
Sur la terre où l'on souffre pareillement, je suis tombé,
Mon premier cri, des pleurs également, semblable à celui de tous ;
4. Dans les langes et au milieu des soucis, j'ai été élevé.
5. Aucun roi en effet n'a un autre commencement dans l'existence.
6. Et il n'y a pour tous qu'une façon d'entrer dans la vie et qu'une façon d'en sortir.

7. C'est pourquoi j'ai prié et le discernement m'a été donné,
J'ai invoqué et l'esprit de Sagesse est venu à moi.

8. Je l'ai préférée aux sceptres et aux trônes !
J'ai considéré la richesse comme rien en comparaison d'elle,
9. et je ne l'ai pas assimilée à quelque pierre précieuse.
Tout l'or n'est en effet qu'un peu de sable en sa présence
Et l'argent semble devant elle un peu de boue.
10. Je l'ai aimée plus que la santé et la beauté,
Et l'ai choisie de préférence à la lumière !
Son rayonnement est en effet sans déclin.

11. Avec elle me sont venues toutes les qualités,
Par ses mains, une richesse incalculable.
12. Je me suis réjoui de toutes parce que la Sagesse [me] les amène
– Mais j'ignorais alors qu'elle en était la mère.
13. Sans ruse j'ai appris,
Sans envie je transmets.
Je ne cache pas sa richesse
14. Puisqu'elle est pour les hommes un trésor indéfectible ;
Ceux qui l'ont acquis se sont attiré l'amitié de Dieu
Étant établis grâce aux dons de l'éducation.
15. Que Dieu m'accorde de discourir selon la pensée,

Et de penser selon les dons reçus,
Puisqu'il est à la fois le guide de la Sagesse et le régulateur des sages.
16. Car il tient en sa main, et nous-mêmes, et nos paroles,
Tout discernement et l'intelligence des œuvres.

17. C'est lui en effet qui m'a donné une connaissance non mensongère des êtres,
M'apprenant la structure du monde et l'énergie des éléments :
18. Le commencement et la fin et le milieu des temps
Les alternances des solstices et les changements de saisons,
19. Les cycles d'années et les positions des étoiles
20. Les natures des animaux et les humeurs des bêtes sauvages,
Les violences des esprits et les raisonnements des hommes,
Les variétés de plantes et les vertus des racines.
21. Tout ce qui est caché et apparent, je l'ai connu,
C'est en effet l'artisane de l'univers, la Sagesse, qui m'a instruit.

22. Il y a en effet en elle un esprit intelligent, saint,
Unique, multiple, subtil, sensible, éloquent,
Net, clair, inoffensif, aimant le bien, franc,
23. Accessible, bienfaisant, bienveillant, crédible,
Fiable, paisible, tout-puissant, en tout perspicace,
Pénétrant tous les esprits intelligents, les purs et les plus subtils.

24. La Sagesse se meut plus vite que tout mouvement ;
Elle passe et pénètre à travers toute chose à cause de sa pureté.
25. Elle est de fait un effluve de la puissance de Dieu
Une émanation pure de la gloire du Tout-Puissant.
C'est pour cela que rien de souillé ne se glisse en elle.
26. Elle est un reflet de la lumière éternelle,
Un miroir sans tache de l'activité de Dieu,
Une image de sa bonté.
27. Etant unique,
Elle peut tout.
Demeurant en elle-même,
Elle innove toute chose.
Passant selon les générations dans les âmes saintes,
Elle en façonne des amis de Dieu et des prophètes.
28. Et Dieu n'aime rien,
Si ce n'est celui qui cohabite avec la Sagesse.
29. Elle est plus radieuse que le Soleil
Surpassant toute constellation.

Comparée à la lumière, on trouve qu'elle est la première.
30. La nuit en effet succède à celle-là,
Tandis que le mal ne reprend pas l'avantage sur la Sagesse.
8,1. Elle s'étend d'une extrémité du monde à l'autre avec facilité
Et gouverne toute chose avec bonté.

2. C'est elle que j'ai aimée :
Je l'ai recherchée dès ma jeunesse
Et j'ai cherché à la conduire à moi, telle une Nymphe.
Je me suis épris de sa beauté.
3. Partageant la vie de Dieu, elle glorifie la noblesse
Et le souverain de toute chose l'a aimée.
4. Elle est en effet l'initiatrice à la science de Dieu,
Et l'instigatrice de ses œuvres.

5. Si la richesse est une possession désirable dans la vie,
Combien plus celle de la Sagesse l'est-elle, elle qui opère toute chose ?
6. Si le discernement est efficace,
Combien plus l'artisane des êtres l'est-elle ?
7. Et s'il y a quelqu'un qui aime la justice, [combien plus la Sagesse] ?
Ses labeurs sont les vertus,
Car elle enseigne prudence et discernement, justice et courage ;
Et il n'est rien de plus utile aux hommes dans la vie.
8. S'il y a quelqu'un qui est désireux d'expérience, [combien plus la Sagesse] ?
Elle connaît le passé et conjecture l'avenir,
Elle sait les subtilités des paroles et les solutions des énigmes,
Elle prévoit les signes et les prodiges,
Ainsi que les issues favorables des moments et des temps.

9. Je décidai donc de la conduire [à moi] pour en partager la vie,
Sachant qu'elle me serait une conseillère pour le bien,
Un réconfort dans les soucis et la tristesse.
10. J'aurai, par elle, la gloire parmi les foules
Et l'honneur auprès des anciens, moi si jeune !
11. On me trouvera pénétrant au tribunal
Et en présence des princes je susciterai l'admiration.
12. Si je me tais, ils m'attendront ;
Si je prends la parole, ils seront attentifs ;
Si mon discours se prolonge, ils mettront la main sur leur bouche.
13. J'aurai, par elle, l'immortalité
Et laisserai un souvenir éternel à la postérité !

14. Je gouvernerai des peuples
Et des nations me seront soumises.
15. Si des souverains redoutables entendent parler de moi, ils me craindront.
Je me montrerai bon parmi la foule et vaillant à la guerre.
16. Rentrant dans ma maison, je me reposerai près d'elle.
Il n'y a en effet ni amertume dans sa fréquentation,
Ni chagrin dans le fait de partager sa vie,
Mais au contraire, de l'allégresse et de la joie.

17. Réfléchissant en moi-même ces choses
Et pensant dans mon cœur
Que la parenté de la Sagesse est l'immortalité,
18. Que l'on obtient une noble jouissance en son amitié,
Que par les labeurs de ses mains, une richesse indéfectible est accordée,
Que le partage assidu de son intimité donne l'intelligence,
Et que la communion à ses paroles assure la célébrité,
J'errais, cherchant comment la prendre pour moi.
19. J'étais certes un enfant d'une heureuse nature
Et j'avais reçu en partage une âme bonne ;
20. Ou plutôt, étant bon,
J'étais venu dans un corps sans souillure.
21. Sachant donc que je ne serais fort que si Dieu me l'accordait
– Et reconnaître de qui dépend un bienfait, c'était déjà une marque de discernement –
Je m'adressai au Seigneur,
Je le priai,
Et je dis de tout mon cœur :

« Dieu des Pères et Seigneur de Miséricorde… » (Sg 9,1)

Introduction générale

« Tu ne seras jamais un ancien ! » : mise en garde suprême d'une mère contre un fils indiscipliné, avertissement qui n'a plus lieu d'être dans une société occidentale pour qui l'ancienneté est souvent synonyme d'inutilité, menace entendue pourtant dans certaines demeures sénégalaises, reflet d'une culture qui sait encore aujourd'hui ce que signifie le poids des jours. Le temps de la croissance et de la détermination, le temps de la maturité et de la transmission, l'homme porte sur son visage le mémorial de ces étapes qui font de lui un vivant. Il n'est pas le même, n'en déplaise à Œdipe, celui qui marche à quatre pattes, celui qui se dresse sur ses deux jambes, celui qui s'appuie sur un bâton. Il y a l'enfant et le vieil homme, l'ignorant et le Sage, le malheureux et l'heureux, celui qui doit se laisser guider et celui qui guide. Il y a surtout un temps pour tout, « un temps pour se taire et un temps pour parler » (Qo 3,7) et celui qui parle se souvient de celui qui a parlé en premier.

***

Lorsqu'en 1999, Giuseppe Scarpat publiait le troisième et dernier volume de son commentaire du Livre de la Sagesse[1], une page se tournait définitivement dans l'analyse philologique de ce livre. Scarpat couronnait presqu'un siècle et demi de travaux que l'excellent commentaire de Grimm avait pour ainsi dire inauguré en 1860[2]. La perspicacité philologique des uns et des autres s'était mise au service de ce livre difficile pour tenter d'en éclaircir le contenu, la cohérence et la visée. La tension interne entre judaïsme et hellénisme apparaissait constamment comme la grande problématique littéraire du livre. De l'hypothèse d'un original en langue hébraïque pour les premiers chapitres[3], jusqu'à la relégation des derniers chapitres au rang de textes vieillis[4], en passant par une mise au pinacle de l'hymne à la Sagesse, rien ne manqua à l'étude de ce livre. On s'interrogea sur son auteur qu'une pseudépigraphie rendait mystérieux. L'idée de le situer historiquement,

---

[1] G. SCARPAT, *Libro della Sapienza I-III* (Biblica 1,3,6 ; Brescia 1989-1999).

[2] C.L.W. GRIMM, *Das Buch der Weisheit* (KEH - Apokryphen VI ; Leipzig 1860).

[3] C.G. BRETSCHNEIDER, *De libri Sapientiae parte priore cap. I-XI e duobus libellis diversis conflata* (Wittenberg 1804).

[4] On relira pour cela l'introduction de la Bible de Jérusalem de 1956.

géographiquement et socialement stimula le travail des chercheurs qui ne répugnèrent pas à proposer des hypothèses passionnantes, parfois insolites.

Heureux bénéficiaire de ces travaux, je serais bien ingrat de ne pas faire l'éloge des maîtres sans qui mon entreprise eût été impossible. La bibliographie établie par le R.P. Maurice Gilbert à l'occasion de la publication d'un autre monument consacré à ce livre – celui-ci en français et que nous devons au P. Chrysostome Larcher (1983)[5] – laisse entrevoir les apports de cette époque « critique » qui permit non seulement de sortir d'une lecture immédiatement chrétienne, parfois prisonnière de débats anachroniques, mais surtout de retrouver la force inhérente à la langue et sa grammaire. Nul n'est empêché aujourd'hui de poursuivre et d'approfondir cet effort de recherche. Il ne faut cependant pas oublier que l'accumulation n'est jamais synonyme de qualité. L'œuvre de Scarpat en effet, par sa valeur et son exhaustivité, exige plutôt une évaluation nouvelle des méthodes et des axes de la recherche littéraire. Loin d'étouffer les initiatives, elle suggère de suivre des chemins moins parcourus.

Celui que j'emprunte n'est pas nouveau. Il fut inauguré, il y a plus de quarante ans, par quelques exégètes (A. Vanhoye ; J. Lambrecht[6]) marqués par les études structurales appliquées au langage. La détermination de la structure offrait cette clé d'analyse littéraire qu'aucune autre ne venait suppléer, permettant, par le jeu des similitudes et des différences, de commenter le texte par lui-même. Cette comparaison interne avait le mérite de s'appuyer sur des indices objectifs précis, et de permettre une délimitation des champs sémantiques qu'un dictionnaire ou un lexique n'offrent pas. Elle écartait en outre les travers d'une analyse thématique détachée de la trame du texte. Une dimension cependant manquerait à l'équilibre de ce genre d'analyse si un autre aspect du travail de composition n'était mis en lumière. En effet, la structure vise moins la puissance d'un discours entendu comme acte de parole que la vigueur d'une cohésion textuelle. Elle ne se substitue pas à cet autre principe d'organisation dont une qualité spécifique est de dissimuler pour mieux communiquer. C'est ce que j'appelle la « composition rhétorique », ou encore « l'architecture secrète » pour reprendre l'expression de Laurent Pernot[7]. Celle-ci découle d'une éducation spécifique à l'art de communiquer, art dont l'auteur use plus ou moins explicitement, plus ou moins librement. La distinction paradoxale entre « la structure apparente » et « l'architecture secrète » entend maintenir l'équilibre entre deux référents,

---

[5] C. LARCHER, *Le livre de la Sagesse ou la Sagesse de Salomon I-III* (EtB - NS 1,3,5 ; Paris 1983-1985). La bibliographie établie par M. GILBERT se trouve dans le vol. I,11-48.

[6] A. VANHOYE, *La structure littéraire de l'Épître aux Hébreux* (Paris-Bruges 1963 ; [2]1976) ; J. LAMBRECHT, *Die Redaktion der Markus-Apokalypse* (AnBib 38 ; Roma 1967).

[7] L. PERNOT, « Grégoire de Nazianze (or. XXXIII, 6-7) et l'éloge rhétorique des cités », *Euphrosyne* 31 (2003) 277.

l'un qui est universel et appartient à la « nature » du langage, l'autre qui relève de la « culture » singulière de l'auteur. La mise en avant du tissu littéraire comme réseau de significations s'inscrit dans la droite ligne des travaux de Algirdas-Julien Greimas[8] qui montra la nécessité de passer d'une sémantique des mots ou de la phrase à une sémiotique du discours.

Le discours doublement analysé n'est dès lors plus un recueil informe de mots ou de phrases dont il faudrait inventer la cohérence : il est un corps constitué où chaque élément remplit une fonction spécifique par rapport à des ensembles déterminés. Le sens d'un mot ou d'une expression ne dépend donc pas, en dernier ressort, d'un lexique ou d'un dictionnaire dans lesquels nous puiserions, au gré de nos fantaisies, une signification plutôt qu'une autre. Il dépend de sa situation dans un texte et son contexte qui forment un tissu ou une trame dont il convient de percevoir la continuité. Ainsi le discours, composé lui-même d'une série de petites unités textuelles, s'inscrit dans un tissu plus large que représente le Livre de la Sagesse, lui-même situé dans le champ très étendu des littératures hellénistique et biblique.

Dans ce réseau aux contours indéfinis, il serait vain de prétendre à une lecture totalisante. Seul le va-et-vient constant entre ce que j'appelle le local et le global permettra de rendre raison des choix nécessaires à l'interprétation du discours. C'est ici qu'apparaîtra une différence essentielle entre mon étude et les commentaires qui la précèdent. Ces derniers se voulaient exhaustifs et ne manquaient pas de proposer, pour chaque terme ou chaque expression, une notice explicative. Rien de comparable ici, puisque je ne cherche à préciser le sens que de certaines expressions choisies par avance grâce au réseau identifié. Il était d'abord impossible et souvent superflu de faire ce travail pour chacune d'elles. Il apparaissait ensuite évident que le travail consacré à quelques expressions ne pouvait être que bénéfique pour l'ensemble du discours. Il fallait, tout en parcourant les grandes parties du discours, analyser les expressions ayant une fonction clé dans l'architecture d'ensemble ou faisant l'objet d'une omission significative dans les commentaires. Il ne s'agit dès lors ni d'un travail étroitement philologique ni d'une étude proprement structurale ou rhétorique, mais de ce que l'on appelle communément un « commentaire composé ».

Je ne reviendrai que succinctement sur la question du milieu, de la date et de l'unité de l'œuvre, renvoyant à la synthèse remarquable de Maurice Gilbert dans le *Supplément au Dictionnaire de la Bible*[9]. Je ne vois aucune raison de revenir sur un sage consensus critique qui tend à situer l'auteur dans le milieu juif d'Alexandrie à l'époque impériale. Le débat concernant une

---

[8] A.-J. GREIMAS, *Sémantique structurale* (Paris 1966) ; *Du sens. Essais sémiotiques* (Paris 1970).

[9] M. GILBERT, « Le livre de la Sagesse ou la Sagesse de Salomon », *DBS* XI (Paris 1986) 58-119.

datation plus précise, entre les partisans des dernières décennies avant J.-C. et ceux du Ier siècle qui suit, n'implique au point de départ aucune conséquence déterminante quant à l'interprétation littéraire de ce monument dont le sens ne concerne explicitement aucun fait historique précis. Je me contente, pour satisfaire aux exigences du contexte historique, de le situer dans le bouillonnement culturel qui marqua la période d'occupation romaine en Orient, qu'elle soit d'Auguste ou peut-être de Caligula. Il semble que l'auteur s'adresse à une jeunesse juive, incontestablement bien formée en littérature grecque et biblique, séduite peut-être par un syncrétisme ambiant. Le genre littéraire du livre reste l'objet d'une controverse entre les partisans d'un éloge et ceux qui y voient un *logos protreptikos*. Je me limiterai à recueillir les indices concernant Sg 7–8.

Une dernière précision s'impose concernant le caractère scientifique de mon travail. Il ne s'agit en aucun cas d'une science de type mathématique mais bien d'une science littéraire conjuguée à une science historique. Les démonstrations gardent le statut qu'elles ont communément dans ces domaines. Il ne s'agit pas non plus d'une science théologique qui viserait « le sens spirituel de l'Écriture », mais d'un travail sur la lettre du texte. En aucun cas le sens dégagé ne remet en cause le sens – ou les sens – transmis dans la lecture traditionnelle de l'Église. Je ne cherche pas davantage à situer le discours par rapport à une théologie de l'Ancien ou du Nouveau Testament, encore moins par rapport au développement du dogme catholique. Sans exclure toutes formes de références ou d'allusions à ces champs réflexifs, je maintiens une réserve assez stricte pour garder à ma démarche sa valeur démonstrative. Cette rigueur pourrait paraître excessive pour certains, synonyme de lourdeur pour d'autres ; elle me paraît toutefois dictée par la science littéraire qui, loin de fermer la porte à une réflexion théologique, entend lui apporter des éléments décisifs d'approfondissement.

L'objet propre de mon étude reste donc le texte comme phénomène littéraire et la méthode se veut fondamentalement d'ordre critique. C'est le texte tel qu'il apparaît que j'observerai et commenterai, de sorte que se dévoilent avec plus de clarté son caractère organique et sa signification littérale.

***

Les exigences propres à ce genre de commentaire me conduiront, en une première partie, à évaluer les indices de la structure littéraire (chapitre 1) et ceux de la composition rhétorique (chapitre 2). Ce sera l'occasion d'évoquer un mouvement littéraire et philosophique reconnu sous le nom de « Seconde Sophistique » et de s'interroger sur les conséquences d'une telle approche pour l'étude du Livre de la Sagesse.

À la lumière des éléments dégagés, j'identifierai quelques expressions dont le commentaire plus linéaire constituera la seconde partie de mon travail. L'analyse de Sg 7,1-23 (chapitre 3) permettra de préciser trois expressions : *« je respirai l'air commun »* (Sg 7,3), *« tous les biens me vinrent ensemble »* (Sg 7,11), *« que Dieu me donne de parler »* (Sg 7,15). Les thématiques des « biens » et de « l'éducation » retiendront mon attention dans le but de mieux comprendre l'enjeu du discours. L'analyse de Sg 7,24–8,1 (chapitre 4) sera l'occasion d'un bref rappel du contexte philosophique et religieux de la partie hymnique centrale. Deux expressions feront également l'objet d'un développement : *« elle est un reflet de la lumière éternelle »* (Sg 7,26) et *« elle innove toute chose »* (Sg 7,27). Enfin, l'analyse de Sg 8,2-21 (chapitre 5) sera l'occasion d'aborder les expressions suivantes : *« c'est elle que j'ai aimée »* (Sg 8,2), *« j'aurai par elle l'immortalité »* (Sg 8,13) et *« je serai fort »* (Sg 8,21). Les thématiques de « l'amitié » et de « l'immortalité » seront alors étudiées pour recueillir la cohérence de ce discours de Sagesse.

PREMIÈRE PARTIE : D'UN MOT MIS EN SA PLACE

Étude de la structure littéraire

et de la composition rhétorique de Sg 7–8

Introduction

Chercher une structure littéraire, ce n'est ni commenter ni expliquer un texte. Cela relève plutôt d'une attention à ce que j'appelle volontiers « la géométrie littéraire », avec ses symétries, ses proportions et ses volumes. Comme toute œuvre d'art en effet, un texte se présente d'abord dans ses grandes lignes, ses formes propres, son harmonie et son équilibre. Les mots entre eux, comme les étoiles du ciel, imposent des figures qu'il est heureux d'identifier et de nommer. Le point central, le parallélisme ou la circularité restent, à l'instar des catégories du temps et de l'espace, de grands principes d'intelligence.

Certains poètes préféreront ne pas s'attarder trop longuement sur ces jeux de symétries perceptibles dans un texte. Ils les jugeront artificiels ou abstraits. Les structuralistes pourront éventuellement s'en contenter, y puisant de quoi penser et discourir, parfois à l'excès. Un critique littéraire ne peut cependant plus, semble-t-il, les ignorer. Certes, il a conscience que le texte ne se réduit pas à ce genre d'abstractions formelles. Mais il sait également qu'il ne pourra rendre compte avec justesse d'un terme ou d'une expression qu'en saisissant son rapport avec d'autres éléments du texte. Sans ce travail en effet, les délimitations comme les relations internes du texte perdraient tout simplement une part de leur objectivité.

Pour l'étude d'un texte biblique, l'analyse des structures est désormais courante, et sa fécondité pour rendre compte d'aspects parfois déroutants de la littérature sémitique n'a plus besoin d'être démontrée[1]. Ainsi le Livre de la Sagesse, bien que fortement marqué d'une empreinte littéraire hellénistique, n'a pourtant pas échappé à l'attention des chercheurs, soucieux de faire apparaître un enracinement réel dans la pratique littéraire moyen-orientale. Sans hésitation donc, dans mon premier chapitre, je recueillerai les résultats précieux de leurs travaux ; ils justifient pour une part la délimitation du texte choisie pour cette étude. Je proposerai surtout, par une analyse détaillée des micro-structures, une reprise de la structure d'ensemble pour en faire apparaître les limites.

---

[1] La bibliographie concernant l'application du structuralisme à l'exégèse est trop vaste pour figurer ici. Deux études cependant aident à comprendre les enjeux de cette approche et méritent d'être ici mentionnées, celle de M. VAN ESBROECK, *Herméneutique, structuralisme et exégèse : essai de logique kérygmatique* (Paris 1968) et celle de P. BEAUCHAMP, « L'analyse structurale et l'exégèse », *Congress Volume. Uppsala 1971* (éd. G.W. ANDERSON) (VT.S 22 ; Leiden 1972) 113-128.

Il se trouve que le Livre de la Sagesse est, si j'ose dire, un livre hybride, puisqu'à la structure semble se conjuguer un autre type d'organisation. Des indices rhétoriques sont de fait perceptibles en Sg 7–8. On ne peut donc séparer d'une étude de la structure littéraire l'analyse de sa composition rhétorique, à savoir « son architecture secrète », – même si, pour des raisons pratiques, il convient d'ouvrir pour cela un autre chapitre.

Grande originalité de la culture jaillie des réflexions d'un Héraclite ou d'un Parménide, la rhétorique grecque a ceci en propre qu'elle est la mise en forme d'une préméditation. Elle suppose une éducation à l'art de dissimuler, ou mieux, à l'art de dévoiler (l'ἀ-λήθεια). Certains condamneront ce qu'ils estimeront n'être qu'une défiguration de la vérité ; d'autres en joueront comme d'un simple moyen au service d'une fin inavouable. D'autres encore prendront acte, à la suite d'Aristote, de la profonde analogie entre le fait de penser et celui de discourir.

L'habitude de « construire » son discours selon les règles d'un art établi, perdue depuis que Lanson[2] désavoua la culture héritée d'Aristote et de Cicéron, ne mourra cependant jamais. Oubliée, condamnée, retrouvée, elle demeure présente dans les décombres d'une civilisation assise sur les ruines d'Athènes et de Rome. La voudrions-nous différente, elle est là, noble héritière d'une pensée qui n'a cessé de discourir depuis qu'elle vit le jour sous les étoiles de la Méditerranée. Un renouveau significatif permet même, depuis quelques décennies seulement[3], de percevoir que cette habitude ne relevait pas de l'attitude figée et hiératique dans laquelle on l'a parfois enfermée. Une histoire de la rhétorique commence ainsi à voir le jour, frayant sa route entre l'histoire de la pensée et l'histoire de l'art.

---

[2] « Notre enseignement classique est plus mauvais que bon [...] Ce système, quelques transformations qu'il ait reçues au cours de son existence, nous l'avons hérité des jésuites qui l'avaient reçu des humanistes de la Renaissance. Il consiste essentiellement à traiter les anciens comme si le dépôt des idées générales de l'humanité était chez eux seuls, comme s'il n'y avait pour former des idées générales que les procédés employés par eux », G. LANSON, « L'histoire littéraire et la sociologie », *Essais de méthode, de critique et d'histoire littéraire* (éd. H. PEYRE) (Paris 1904 ; [2]1965) 57.

[3] « La scène se déroule au mois d'avril 1977. À cette date, un séminaire fut organisé en commun par trois professeurs, Jacques Bompaire pour le grec, Alain Michel pour le latin et Marc Fumaroli pour la littérature française, sur le thème de la description [...] En y repensant vingt ans après, je vois dans ce séminaire un point de départ, propre à marquer les futurs spécialistes de rhétorique et à influencer leur recherche », L. PERNOT, « Les sophistiques réhabilitées », *Actualité de la rhétorique. Colloque de Paris, 22 novembre 1997, présidé par Marc Fumaroli* (éd. L. PERNOT – M. FUMAROLI) (Actes et colloques 56 ; Paris 2002) 27. La société internationale pour l'histoire de la rhétorique a été fondée à Zurich en 1977, avec pour mission de « promouvoir l'étude de la théorie et de la pratique de la rhétorique, à toutes les époques et dans toutes les langues, et des rapports de la rhétorique avec la poétique, la théorie et la critique littéraires, la philosophie, la politique, la religion, le droit et les autres secteurs de la culture », L. PERNOT – M. FUMAROLI, *Actualité de la rhétorique*, 7.

Modestes encore sur le terrain biblique, et recueillis principalement pour l'étude des épîtres pauliniennes, les fruits de cette approche concernant le Livre de la Sagesse sont loin d'être insignifiants. À la lumière de nouvelles recherches en ce domaine, je tenterai donc, dans mon deuxième chapitre, de présenter une analyse de la composition de ce que j'intitule déjà « un discours de Sagesse ». Le contexte historique et littéraire du document étant précisé, je m'essaierai au décryptage des topiques, sorte de grilles universelles dont disposent les orateurs pour faciliter l'inventaire de leurs idées. J'insisterai enfin sur l'arrangement du discours qui en atteste la rationalité. La créativité littéraire mise en œuvre dans cette pièce maîtresse de la révélation judéo-chrétienne devrait apparaître ainsi avec un peu plus de clarté et justifier la poursuite du travail dans ma seconde partie consacrée à l'analyse sémantique de quelques termes et expressions du discours.

Chapitre I : La structure littéraire de Sg 7–8

A. La réception d'un héritage

En introduction à son étude sur la mort en Sg 1–6, Kolarcik présentait une excellente synthèse du travail de recherche concernant la structure littéraire du Livre de la Sagesse[1], travail qu'il considérait d'ailleurs comme indispensable pour l'intelligence du livre. « L'aide considérable qu'offre la structure littéraire du Livre de la Sagesse pour l'interprétation du texte est désormais clairement et indiscutablement reconnue »[2]. Pour situer mon analyse de Sg 7–8, il convient de rappeler quelques étapes significatives de cette histoire de la recherche.

1. Les prémices d'une poétique

En 1908, Mariès développait l'intuition de Zenner[3] sur la première partie du Livre de la Sagesse (Sg 1–9). Il inaugurait ainsi le travail en proposant pour la première fois, arguments littéraires à l'appui, une structuration en strophes. Sa dette à l'égard d'un univers littéraire marqué par l'étude des Tragiques grecs était indéniable. À l'aide de trois critères, le *sens*, la *symétrie* (du nombre des vers et des groupements de vers) et les *répétitions* (qu'il distingue selon trois catégories : *inclusio*, *responsio*, *concatenatio*), Mariès identifiait « une sorte de triade de poèmes » dont Sg 6,12–9,17 constituait le dernier volet, en 90 vers, consacré à la Sagesse. Sg 7–8 apparaissait de ce fait situé dans un ensemble plus vaste dont je rappelle les grandes lignes[4] :

---

[1] M. KOLARCIK, *The Ambiguity of Death in the Book of Wisdom 1–6. A Study of Literary Structure and Interpretation* (AnBib 127 ; Roma 1991) 1-28.

[2] M. KOLARCIK, *The Ambiguity of Death*, 22.

[3] Les études de J.K. ZENNER, « Der erste Teil des Buches der Weisheit », *ZKTh* 22 (1898) 417 et de L. MARIÈS, « Remarques sur la forme poétique du Livre de la Sagesse (1,1–9,17) », *RB* 4 (1908) 251-257, ont ouvert la voie à une mise en valeur de la disposition poétique des strophes. Les approches respectives de W. WEBER, « Die Komposition der Weisheit Salomo's », *ZWTh* 47 (1904) 147 et d'E. GÄRTNER, *Komposition und Wortwahl des Buches der Weisheit* (SLWJ II,2-4 ; Berlin 1912) 231, demeurent fondamentalement thématiques.

[4] L. MARIÈS, « Remarques sur la forme poétique du Livre de la Sagesse », 253.

6,12-21. I.1. La Sagesse est facile à trouver.
6,22–7,6. II.1. Je vous dirai ce qu'est la Sagesse.
7,7-16. III.1. Nécessité de la prière pour obtenir la Sagesse.
7,17–8,1. I.2. Splendeur de la Sagesse.
8,2-16. II.2. Je m'épris de la Sagesse.
8,17-21. III.2. Nécessité de la prière pour obtenir la Sagesse.
9,1-9. I.3. Prière pour demander à Dieu la Sagesse.
9,10-17. II.3. Prière pour demander à Dieu la Sagesse.

Cette étude portait un double bénéfice. Quant à la méthode, elle mettait en valeur une approche littéraire du livre. Quant aux indices encore d'actualité, elle faisait ressortir un parallélisme concernant la *Nécessité de la prière pour obtenir la Sagesse* dont je souligne l'importance par l'usage de caractères gras.

2. Albert Vanhoye s.j.

L'étude qu'entreprit Vanhoye de la structure littéraire de l'Épître aux Hébreux[5] inscrivit un tournant décisif quant à l'usage de cette approche dans le domaine exégétique. Quelques lignes éclairantes de la préface de Lyonnet à cet ouvrage, datée du 17 décembre 1962, en précisent la fécondité :

> « À cette étude [celle de la structure littéraire], revient naturellement de décider en dernier ressort sur les questions concernant l'unité ou l'intégrité de l'ouvrage. Mais son rôle ne se limite point là. Elle seule permet encore de déceler les passages authentiquement parallèles qu'une saine exégèse se doit d'éclairer les uns par les autres. Elle seule surtout révèle la place précise que l'auteur a entendu ménager à chaque développement dans l'ensemble de l'édifice, tandis que, faute de la discerner, l'interprète risque de prendre l'essentiel pour ce qui n'était peut-être dans la pensée de l'hagiographe qu'un détail secondaire, ou inversement »[6].

L'étude de la structure littéraire du Livre de la Sagesse, comme elle bénéficiait d'indices de composition plus objectifs, prit alors son essor. En 1963, Beauchamp, qui donnait à l'époque un cours sur le Livre de la Sagesse à l'Institut Biblique Pontifical de Rome[7], s'appuya sur la composition

---

[5] Cf. A. VANHOYE, *La structure littéraire de l'Épître aux Hébreux*. Une ébauche de cette méthode appliquée au Livre de la Sagesse avait été proposée par P.W. SKEHAN, « The Text and Structures of the Book of Wisdom », *Traditio* 3 (1945) 1-12.

[6] A. VANHOYE, *La structure littéraire de l'Épître aux Hébreux*, 7.

[7] P. BEAUCHAMP, *De Libro Sapientiae Salomonis* (Roma 1963/64) [cours dactylographié, archives de l'Institut Biblique Pontifical].

d'ensemble pour proposer une démonstration convaincante de l'unité de ce livre difficile et une mise en lumière du genre littéraire. Son article intitulé « Le salut corporel des justes », publié en 1964 dans la revue *Biblica*, en fournissait une synthèse des plus suggestives[8]. Mais il fallut attendre Reese (1965)[9] puis Wright (1967)[10], les premiers à ouvrir ce champ d'analyse à l'ensemble des chercheurs, pour découvrir une étude assez précise de la structure littéraire du livre. Il manquait cependant à leur travail un déploiement solide d'indices spécifiquement littéraires.

3. *Maurice Gilbert s.j.*

Ce n'est qu'en 1970, avec l'étude rigoureuse de Sg 9 proposée par Gilbert[11], que l'attention à la structure manifesta toute sa fécondité pour l'interprétation. Gilbert montrait la nécessité d'une argumentation précise et détaillée, fondée sur des indices objectifs tirés du texte lui-même. Certes, « l'analyse littéraire l'emporte sur l'analyse conceptuelle »[12] comme il le rappelait, mais il importait surtout de le montrer. L'étude qu'il proposa ensuite de Sg 13–15 (1973)[13] confirma cette composante essentielle d'une saine exégèse. L'une de ses interventions récentes, concernant la place de Sg 10 dans l'ensemble du livre[14], en soulignait encore la complexité et suggérait de poursuivre le travail.

En 1975 et 1981, Perrenchio[15] proposa deux bonnes études sur les premiers chapitres du livre (Sg 1–6), la première étude générale de l'ensemble du livre étant offerte par Bizzeti en 1984[16]. Ce dernier, s'appuyant sur un manuscrit de Gilbert, maintenant publié dans l'article « Le Livre de la Sagesse ou la Sagesse de Salomon » du *Supplément au Dictionnaire de la Bible*,

[8] P. Beauchamp, « Le salut corporel des justes dans le Livre de la Sagesse », *Bib.* 45 (1964) 491-526.

[9] J.M. Reese, « Plan and Structure in the Book of Wisdom », *CBQ* 27 (1965) 391-399.

[10] A.G. Wright, « The Structure of the Book of Wisdom », *Bib.* 48 (1967) 165-184. Pour Sg 7–8, il ne consacre qu'une page d'analyse (cf. 173-174), essentiellement basée sur l'inclusion et le mot crochet.

[11] M. Gilbert, « La structure de la prière de Salomon (Sg 9) », *Bib.* 51 (1970) 301-331.

[12] M. Gilbert, « La structure de la prière de Salomon », 326.

[13] M. Gilbert, *La critique des dieux dans le Livre de la Sagesse (Sg 13–15)* (AnBib 53 ; Roma 1973).

[14] M. Gilbert, « La struttura letteraria del Libro della Sapienza. Analisi di alcune divergenze », *Il libro della Sapienza. Tradizione, redazione, teologia* (éd. G. Bellia – A. Passaro) (Studia Biblica 1 ; Roma 2004) 33-46.

[15] F. Perrenchio, « Struttura e analisi letteraria di Sapienza 1,1-15, nel quadro del suo contesto letterario immediato », *Sal.* 37 (1975) 289-325 ; « Struttura e analisi letteraria di Sapienza 1,16–2,24 e 5 », *Sal.* 43 (1981) 3-43.

[16] P. Bizzeti, *Il libro della Sapienza. Struttura e genere letterario* (RivBib - Suppl. 11 ; Brescia 1984).

confirmait l'unité du livre et son genre littéraire, à savoir celui de l'*enkômion*[17], l'éloge, selon les distinctions de la rhétorique classique. Bizzeti indiquait à l'occasion : « La structure littéraire n'est donc pas un simple artifice que l'on plaque sur le discours, mais l'un des moyens par lequel le discours révèle sa visée profonde »[18]. Je reviendrai plus longuement sur la structure de Sg 7–8 qu'ils proposèrent. Les travaux d'Offerhaus[19] sur la composition du livre, publiés à la même époque, n'apportaient pas d'éléments vraiment originaux, sinon cette ouverture significative du monde germanique à l'étude des structures[20].

4. Les travaux qui suivirent

Aux analyses proposées par Gilbert et Bizzeti s'ajoutèrent des travaux complémentaires consacrés à certaines parties du livre. Les chapitres 9 et 13–15 bénéficiaient déjà du travail de recherche de Gilbert ; les chapitres 1–6 étaient éclairés par Perrenchio et Kolarcik[21]. Les chapitres 16–18 recevaient le bénéfice d'une telle approche grâce aux travaux de Maneschg[22], Dumoulin[23], Mazzinghi[24] et Priotto[25]. Les sept tableaux du chapitre 10 ne présentaient pas de difficulté particulière[26]. Des points d'achoppement demeurent, que je n'aborderai pas ici, concernant les chapitres 11–12 et 19 d'une part, la composition d'ensemble des chapitres 11–19 d'autre part. C'est en constatant que les chapitres 7 et 8, reconnus par ailleurs comme des chapitres centraux du livre au même titre que les chapitres 9–10, étaient dépourvus d'une étude approfondie de ce genre, que je me suis proposé, en inscrivant ma recherche dans le sillage des travaux présentés à l'instant, d'en reprendre une analyse détaillée. Il convenait en effet de proposer un tel travail pour mieux discerner

---

[17] M. GILBERT, « Le Livre de la Sagesse ou la Sagesse de Salomon », 77-87.

[18] P. BIZZETI, *Il libro della Sapienza*, 50.

[19] U. OFFERHAUS, *Komposition und Intention der Sapientia Salomonis* (Bonn 1981).

[20] On pourra regretter que le commentaire de H. HÜBNER, *Die Weisheit Salomons* (ATD-Apokryphen 4 ; Göttingen 1999) et l'étude de M. MCGLYNN, *Divine Judgement and Divine Benevolence in the Book of Wisdom* (WUNT 2,139 ; Tübingen 2001) ne tiennent pas davantage compte des structures littéraires déjà mises en lumière.

[21] M. KOLARCIK, *The Ambiguity of Death*.

[22] H. MANESCHG, « Gott, Erzieher, Retter und Heiland seines Volkes. Zur Reinterpretation von Num 21,4-9 in Weish 16,5-14 », *BZ* 28 (1984) 214-229.

[23] P. DUMOULIN, *Entre la manne et l'eucharistie. Étude de Sg 16,15–17,1a* (AnBib 132 ; Roma 1994).

[24] L. MAZZINGHI, *Notte di paura e di luce. Esegesi di Sap 17,1–18,4* (AnBib 134 ; Roma 1995).

[25] M. PRIOTTO, *La prima pasqua in Sap 18,5-25. Rilettura e attualizzazione* (RivBib - Suppl. 15 ; Bologna 1987).

[26] A. SCHMITT, « Struktur, Herkunft und Bedeutung der Beispielreihe in Weish 10 », *BZ* 21 (1977) 1-22.

le jeu des constructions et des influences littéraires[27], qu'elles soient intra- ou extra-bibliques, et de comprendre ainsi plus précisément l'intention de l'auteur.

5. *L'unité de Sg 7–8*

Le chapitre 9 du Livre de la Sagesse, longuement analysé par Gilbert, offre une prière dont la composition, bien identifiée en trois strophes, est marquée par une sorte de refrain constituant une demande de la Sagesse[28]. Cette pièce littéraire, fortement unifiée, justifie la césure entre Sg 8,21 et Sg 9,1. Gilbert lui-même reconnaît : « Le chapitre 9 du Livre de la Sagesse forme un tout. Le verset 8,21, qui le précède, l'annonce, tandis que le développement du chapitre 10, préparé par 9,18, présente une texture bien particulière faite de sept tableaux illustrant le rôle de la Sagesse depuis Adam jusqu'à Moïse »[29].

Le problème est plus délicat entre Sg 6 et Sg 7. Une difficulté tient, semble-t-il, à la fonction ambivalente de Sg 6[30]. Ce chapitre apparaît d'abord en parallèle avec le premier chapitre du livre. Les invitations en Sg 6,1.11.21.25 répondent assez clairement aux appels de Sg 1,1.11. En revanche, la façon dont une certaine personnification de la Sagesse émerge en Sg 6,12-16 semble servir d'introduction aux chapitres qui suivent (Sg 7–10). Rien n'oblige cependant à détacher Sg 6 des premiers chapitres (Sg 1–5), l'ébauche d'une personnification pouvant être tout simplement l'annonce d'un nouveau sujet.

La difficulté s'accentue à la lecture de Sg 6,22-25. La forme verbale ἀπαγγελῶ ainsi que la double interrogation en τί et πῶς offrent les caractéristiques d'un prologue qui n'a de sens qu'à la lumière des réponses attendues. L'emphase sur la première personne comme changement littéraire semble confirmer le phénomène : « Je suis moi aussi un homme mortel, égal à tous » (Sg 7,1). La difficulté avait d'abord conduit Gilbert, à la suite de

---

[27] Il faudrait identifier l'influence de pièces littéraires proprement dites (Gn 1–3, 1R 3, Pr 1–9 et Pr 31, Is 1–6, les hymnes à Isis). Un auteur peut en effet s'inspirer d'un certain type de langage sans pour autant suivre une pensée ou une littérature qui y est généralement associée. J'irai dans le sens indiqué par Gilbert à propos de Sg 9. Il reprend la question des influences littéraires en s'appuyant sur l'architecture même du texte, écartant le risque d'un comparatisme lexicographique dont le résultat n'est pas toujours convaincant.

[28] M. GILBERT, « La structure de la prière de Salomon », 320.

[29] M. GILBERT, « La structure de la prière de Salomon », 301.

[30] La diversité des positions quant à la place de Sg 6, chapitre rattaché à la première partie du livre (Sg 1–5) ou à la partie centrale (Sg 7–10), ou encore partagé entre les deux, illustre cette difficulté. R.H. PFEIFFER, dans *History of the New Testament Times* (New York 1949) 321-322, relevait déjà de nombreuses divergences. On les rencontre encore dans les commentaires plus récents.

Wright et Kolarcik, à faire de Sg 6,22-25 une introduction aux « sept péricopes placées en ordre concentrique »[31] de Sg 7–8. Mais reprenant la question et s'appuyant sur la structure concentrique des chapitres 1–6, Gilbert adoptait finalement la position de Bizzeti : « Corrigeant la lecture que je partageais avec Wright, Kolarcik et tous ceux qui les ont suivis, je rejoins désormais Paolo Bizzeti pour qui Sg 6,22-25 conclut la première partie du discours de notre maître de Sagesse »[32]. Cette option, éclairante quand il s'agit de penser l'unité du livre[33], l'est aussi quand il faut penser le rapport entre Sg 6,22-25 et Sg 7–8. En effet, Sg 6,22-25 ne constitue pas l'introduction aux seuls chapitres 7 et 8. Cette brève annonce, en tant que derniers mots de l'exorde du livre (Sg 1–6), concerne l'ensemble de Sg 7–10, partie centrale considérée communément comme l'éloge même de la Sagesse[34]. Sg 7–8 ne serait donc qu'une première étape de cette partie centrale concernant les ῥήματα de Salomon et en développe ce qu'on pourrait appeler « son discours autobiographique » (emphase sur la 1ère personne). Ce discours est complété par la prière en Sg 9 (emphase sur la 2ème personne) et illustré par l'amplification historique en Sg 10 (emphase sur la 3ème personne)[35]. Il paraît donc nécessaire de ne pas intégrer Sg 6,22-25 à la structure interne de Sg 7–8 et de s'interroger, sans que cela implique l'ignorance des liens avec Sg 1–6 ou Sg 9–10, sur l'unité et la structure autonome de Sg 7–8.

6. L'évidence concentrique de Sg 7–8 en question

L'unité et le profil concentrique de Sg 7–8, déjà perçus par Beauchamp et définis ensuite par Wright, relèvent désormais de l'évidence : « Sg 7,1-7 forme clairement une inclusion avec Sg 8,17-21 ; leur contenu est semblable. Ceci montre une composition symétrique en Sg 7,1–8,21, avec la partie sur la Sagesse (Sg 7,22b–8,1) au centre »[36]. Bizzeti et Gilbert[37]

---

[31] M. GILBERT, « Sagesse de Salomon », 69.

[32] M. GILBERT, « La struttura letteraria del Libro della Sapienza », 38.

[33] « È uno dei vari modi per mostrare la profonda unità del libro ; proprio la linearità del discorso che si conclude e si riapre in 6,21-25 mostra che non è possibile isolare i primi capitoli », P. BIZZETI, *Il libro della Sapienza*, 67.

[34] Cf. P. BEAUCHAMP, P. BIZZETI, M. GILBERT. J.M. REESE ne reconnaît pas le genre littéraire de l'*enkômion* mais celui d'un protreptique. Il ne s'agit pas ici de discuter la question du genre littéraire de l'ensemble du livre mais celui d'une de ses parties. Il n'est toutefois pas exclu qu'une étude plus approfondie de ces chapitres n'apporte quelques éléments nouveaux au débat concernant le genre littéraire du livre.

[35] E. NORDEN, *Agnostos theos. Untersuchungen zur Formengeschichte religiöser Rede* (Leipzig-Berlin 1913 ; [5]1971) 143-166.

[36] A.G. WRIGHT, « The Structure of the Book of Wisdom », 173.

[37] P. BIZZETI, *Il libro della Sapienza*, 67-72 ; M. GILBERT, « Sagesse de Salomon », 69-71.

reprennent la proposition de Wright et ne modifient qu'un détail, à savoir la place de Sg 8,9. Ils obtiennent ainsi une symétrie concentrique dont je présente un résumé sous forme de tableau :

A. 7,1-6	A'. 8,17-21	*Faiblesse de Salomon et évocation de la naissance*
B. 7,7-12	B'. 8,10-16	*La Sagesse dépasse les biens royaux*
C. 7,13-22a[38]	C'. 8,2-9	*La Sagesse dépasse les biens culturels*
D. 7, 22b–8,1		*Éloge proprement dit de la Sagesse*

Structure éclairante quant au mouvement d'ensemble du texte, elle apparaît cependant trop systématique, faisant jouer exclusivement les principes d'inclusion et de parallélisme, ce qui tendrait à gommer une possible progression rhétorique et logique. Il est en effet remarquable qu'aucun terme caractéristique ne soit commun aux péricopes A et A'. Il reste étonnant que Sg 7,22b-23 crée un tel déséquilibre dans la composition de la partie centrale D (7,22–8,1) qui n'est finalement, comme le notait déjà Wright, délimitée par aucune inclusion : « La partie centrale ne présente pas d'inclusion »[39]. Les arguments appuyant le découpage entre Sg 7,12 et 7,13 (inclusion et parallélisme) ne sont pas très convaincants[40]. Une autre difficulté est suggérée par la différence entre la position de Wright et celle de Bizzeti et Gilbert à propos de Sg 8,9. J'ajoute enfin que les césures et les parallélismes identifiés entre B-C et C'-B'[41] ne sont pas d'une grande limpidité littéraire. Elles ne

[38] La numérotation choisie dans l'édition d'A. RAHLFS reprend celle de la Vulgate où Sg 7,22 commence avec ἔστιν γὰρ ἐν αὐτῇ πνεῦμα νοερόν (c'est l'option de la BJ de 1956) ; celle préférée par J. ZIEGLER fait commencer le v. 22 au stique précédent : ἡ γὰρ πάντων τεχνῖτις (c'est l'option de la BJ de 1998). Je suis la numérotation d'A. RAHLFS (cf. BJ 1956). Toute indication du v. 22b chez les auteurs cités signifie qu'ils reprennent la numérotation de J. ZIEGLER.

[39] A.G. WRIGHT, « The Structure of the Book of Wisdom », 173.

[40] Les inclusions proposées par P. BIZZETI, *Il libro della Sapienza*, 67, ne sont pas toujours précises. Les termes choisis pour définir la structure de Sg 7,7-12 apparaissent en Sg 7,13 (richesse), Sg 7,15 (Sagesse) et Sg 7,16 (tout). Les termes de l'inclusion de Sg 7,13-22a semblent dépendre davantage d'une thématique d'ensemble du discours que d'une structure spécifique : « révéler » (au sens d'enseigner, parler) et « choses cachées » (par opposition aux « choses manifestes »). Ces dernières peuvent faire référence au trésor de la Sagesse. Il conviendrait alors de saisir le lien avec la richesse en Sg 7,11 et le jeu de mots entre ἠγνόουν et ἔγνων. En revanche, les inclusions en Sg 7,1-6 ou Sg 7,22-23 ou encore Sg 8,17-21 sont évidentes.

[41] L'argument selon lequel, en B-B' et C-C', la mention du rôle actif de la Sagesse dans l'acte créateur justifie un parallélisme, n'est pas d'ordre littéraire. Les éléments avancés par Bizzeti sont d'autre part légers, en particulier pour B et B' dont une seule expression est commune. Entre C et C', la liste des huit mots indique un certain parallélisme, mais il faudrait

tiennent pas compte, à titre d'exemple, du parallélisme entre la double mention de l'amour de la Sagesse en Sg 7,10 (B) et Sg 8,2 (C'). L'argument de Wright, selon lequel « la symétrie exige deux paragraphes pour établir le parallélisme entre Sg 7,7-12 et Sg 7,13-22a »[42], relève plus de l'arbitraire que d'un argument strictement littéraire et rend, de ce fait, le découpage artificiel. Il semblerait qu'un certain parallélisme soit identifiable entre les blocs B-C et C'-B', mais je ne suis pas convaincu qu'il soit possible de les diviser en deux. Enfin, l'expression de Gilbert, selon laquelle les références à la prière sont « approximativement semblables »[43] (Sg 7,7 et Sg 8,21), laisse supposer quelques limites à l'identification d'une simple structure concentrique. Sans nier ce que Reese[44] notait à propos de l'art des transitions mis en œuvre dans ce livre, et qui rend difficile toute tentative de morceler le texte en péricopes bien définies, examiner avec précision les indices de la structure littéraire de ces deux chapitres pourrait aider à affiner les césures et les liaisons proposées.

7. Excursus méthodologique

Comme l'indique Gilbert, « l'analyse de la structure littéraire relève, au niveau des mots mêmes du texte original, les récurrences et leur place »[45]. L'étude des structures s'appuie ainsi sur des indices littéraires objectifs, qu'ils soient voulus ou non par l'auteur. J'en reprends brièvement la description présentée par Vanhoye[46] :

---

soustraire πλοῦτος et φρόνησις qui ne sont pas spécifiques de ce parallélisme, cf. P. BIZZETI, *Il libro della Sapienza*, 68-69.

42 A.G. WRIGHT, « The Structure of the Book of Wisdom », 174.

43 M. GILBERT, « Sagesse de Salomon », 70.

44 J.M. REESE, « Plan and Structure in the Book of Wisdom », 391.

45 M. GILBERT, « Sagesse de Salomon », 65. La distinction entre l'analyse structurale et l'analyse rhétorique n'est pas toujours claire. La tendance est de confondre le phénomène des structures (dont le fondement est la symétrie), que l'on retrouve aussi bien dans la poésie française, russe, chinoise que biblique – phénomène qui n'implique pas de théorie a priori – et la rhétorique telle qu'elle fut systématisée dans le monde gréco-romain, qui propose d'user d'une méthode reçue pour construire un discours. Étendre le terme rhétorique à « l'art de la composition propre à chaque civilisation », ce que R. MEYNET dit recevoir des Etats-Unis, *Initiation à la rhétorique biblique. « Qui donc est le plus grand ? »* (Paris 1982) 10, et qu'il confirme dans *Rhétorique sémitique. Textes de la Bible et de la tradition musulmane* (Paris 1998), gomme la distinction fondamentale entre « un phénomène » qui pouvait être inconscient (ou tout simplement mécanique) chez l'auteur, mais que des indices littéraires dévoilent, et « une technique » qui s'impose à l'auteur comme règle de composition et qu'il peut dissimuler. Je préfère, comme le fait Gilbert, conserver le terme « rhétorique » lorsqu'il est possible d'identifier l'application d'une théorie de composition. La distinction entre l'approche de A. VANHOYE, *La structure littéraire de l'Épître aux Hébreux*, et celle de P. GARUTI, *Alle origini dell'omiletica cristiana : la lettera agli Ebrei. Note di analisi retorica* (SBFLA 38 ; Jérusalem 1995), en est une bonne illustration.

46 A. VANHOYE, *La Structure littéraire de l'Épître aux Hébreux*, 37.

1. *L'annonce du sujet* précède et prépare un développement à venir.
2. *Le mot crochet*, qui forme une suture, marque la fin d'un développement en cours et le début d'un nouveau développement.
3. *Le genre* impose sa tonalité à l'ensemble du développement.
4. *Les termes caractéristiques* confèrent la spécificité.
5. *L'inclusion* délimite un développement.

J'ajoute à ces indices majeurs une attention aux conjonctions ou particules qui peuvent désigner une ponctuation. L'ordre des mots, leur nature et leur fonction, ainsi que certaines figures de style, participent également à la mise en lumière de la géométrie du texte.

Des indices déjà explicités dans des études antérieures, sans être l'objet d'une reprise systématique, ne feront ici l'objet d'une discussion qu'en fonction des difficultés qu'ils posent. J'essaierai de m'en tenir aux aspects les plus formels du texte, même s'il faut parfois avancer certaines indications relatives au champ sémantique (pour rendre compte des synonymies) ou à la composition rhétorique (fonction évidente de certaines péricopes que j'annonce mais dont l'analyse détaillée sera reprise dans le chapitre suivant consacré à la composition rhétorique). De fait, la démarche proposée, bien que distincte d'autres axes d'analyse littéraire, ne peut demeurer isolée.

B. Le détail de la structure

1. Sg 7,1-6: L'harmonie d'une micro-structure concentrique

Les commentateurs, nombreux à reconnaître l'unité de Sg 7,1-6, n'apportent aucune précision concernant la structure interne de cette péricope. Une lecture attentive permet cependant d'aller plus loin qu'une simple délimitation, laquelle n'a pas manqué d'être remarquée grâce à la répétition du terme ἴσος (Sg 7,1.6). Il suffit en effet de comparer Sg 7,1ab à Sg 7,5-6 pour voir, par le jeu de termes récurrents et d'un certain vocabulaire, un parallélisme étroit. L'expression γηγενοῦς ἀπόγονος n'est pas sans résonance avec γενέσεως ἀρχήν. Θνητός, βίος et ἔξοδος renvoient à une même thématique, celle de la vie et de la mort. Les termes suivants, ἴσος ἅπασιν, οὐδείς et πάς, appuient le parallélisme. Il est possible enfin de considérer le terme βασιλεῦς (Sg 7,5), dans la bouche du Sage, comme une figure littéraire désignant tout homme, faisant ainsi écho au terme ἄνθρωπος (Sg 7,1). La conjonction καί en Sg 7,1c, rendue dans les traductions modernes par une ponctuation forte (un point), renforce le parallélisme. En effet, en introduisant une nouvelle séquence plus descriptive et au passé, cette conjonction isole les deux premiers stiques (Sg 7,1ab) qui sont au présent, temps qui ne réapparaît précisément qu'en Sg 7,5-6. Enfin, la particule δέ de 7,6, à l'instar de la conjonction καί de Sg 7,1b, relie étroitement les deux stiques de Sg 7,5-6.

Une séquence se déploie ensuite en trois stiques, ce qui permet d'identifier un premier volet descriptif (Sg 7,1c-2). Le καί [...] δέ emphatique de Sg 7,3, renforcé par une allitération et la reprise du pronom personnel ἐγώ, rompt ce rythme descriptif pour introduire l'événement de la naissance. L'unité de Sg 7,3a (proposition participiale articulée à la principale) met en relief l'acte qui consiste à « respirer l'air commun ».

La particule καί de Sg 7,3b pourrait être interprétée comme une simple conjonction : « Je respirai *et* je tombai ». C'est l'option de la plupart des commentateurs et traducteurs à l'exception de Hübner. Ce choix les conduit à placer une ponctuation forte à la fin de Sg 7,3, comme s'il y avait trois stiques d'un côté (Sg 7,3) et un stique isolé de l'autre (Sg 7,4)[47]. Ce point de détail littéraire, apparemment anodin, recèle pourtant un enjeu interprétatif de premier ordre. La respiration du nouveau-né est-elle considérée sur le même plan que les autres verbes de cette description ? Ou bien tient-elle une fonction spécifique ? Il convient, me semble-t-il, d'envisager une interprétation adverbiale de la particule καί en Sg 7,3b. Il serait alors possible de la traduire par un point d'exclamation suivi d'un « alors » : « À ma naissance, je respirai l'air commun ! Je tombai alors sur la terre ». Un second volet descriptif s'ouvrirait de ce fait, faisant écho au premier (Sg 7,1c-2) et incluant Sg 7,4. La tonalité passive des verbes, les allitérations (ἐκ σπ-... καί ; ἐν σπ-... καί), l'équilibre ternaire (en trois stiques), la présence des prépositions (καί ἐν ; καί ἐπί), tout concourt en effet à faire de Sg 7,3b-4 un volet parallèle à Sg 7,1c-2. Une certaine homologie est donc identifiable, qui se trouve enrichie d'un contraste entre les deux moments bien distincts de la vie *in utero* (Sg 7,1c-2) et de la vie hors du sein maternel (Sg 7,3b-4). Ces deux séquences descriptives au passé (B-B') s'articuleraient ainsi autour d'un axe central C (Sg 7,3a), le tout étant inséré entre deux remarques générales au présent A-A'(Sg 7,1ab et Sg 7,5-6)[48].

---

[47] Voici la traduction de C. LARCHER, *Le livre de la Sagesse*, II, 443, qui interprète la particule comme une conjonction :

« 3. Et moi aussi, sitôt né, j'ai aspiré l'air qui nous est commun
et je suis tombé sur la terre où l'on souffre pareillement,
car mon premier cri fut semblable à celui de tous, des pleurs également.
4. J'ai été élevé dans les langes, au milieu des soucis ».

La ponctuation choisie par P. HEINISCH, J. WEBER et J. REIDER va dans le même sens.

[48] La similitude entre cette microstructure introductive (Sg 7,1-6) et la macrostructure de Sg 7–8 comme de la partie centrale Sg 7,24–8,1 est significative. Dans son premier article, « Struttura e analisi letteraria di sapienza 1,1-15 », 310, F. PERRENCHIO identifiait une même similitude de symétrie concentrique entre Sg 1,1-5 (microstructure) et Sg 1–6 (macrostructure) : « Agli effetti della struttura, il brano 1–5 appare come il più lavorato, quasi

A. *Affirmation sur un* homme, *mortel comme les autres*	1a εἰμὶ **μὲν** κἀγὼ *θνητὸς ἄνθρωπος* ἴσος ἅπασιν
	1b καὶ **γηγενοῦς ἀπόγονος** πρωτοπλάστου
***B. Description de la vie* in utero**	1c καὶ ἐν κοιλίᾳ μητρὸς ἐγλύφην σὰρξ 2 δεκαμηνιαίῳ χρόνῳ παγεὶς ἐν αἵματι ἐκ σπέρματος ἀνδρὸς καὶ ἡδονῆς ὕπνῳ συνελθούσης
C. Événement de la naissance comme aspiration de l'air	3a **καὶ** ἐγὼ **δὲ** γενόμενος ἔσπασα τὸν κοινὸν ἀέρα
B'. Description de la vie sur la terre	3b καὶ ἐπὶ τὴν ὁμοιοπαθῆ κατέπεσον γῆν πρώτην φωνὴν τὴν ὁμοίαν πᾶσιν ἴσα κλαίων 4 ἐν σπαργάνοις ἀνετράφην καὶ φροντίσιν
A'. Affirmation sur un roi, *mortel comme les autres*	5 οὐδεὶς **γὰρ** *βασιλεὺς* ἑτέραν ἔσχεν **γενέσεως** ἀρχήν 6 μία δὲ πάντων *εἴσοδος εἰς τὸν βίον ἔξοδός τε* ἴση

Si, d'un point de vue sémantique, le fait de « respirer l'air » ne paraît revêtir aucune importance particulière et passe aisément inaperçu[49], il pourrait, par sa position centrale dans la structure, recevoir une fonction clé dont il conviendra d'évaluer la signification.

L'insistance sur la mortalité fait en outre écho à l'argument des impies en Sg 2,1-5, ce qui justifierait les formulations emphatiques εἰμὶ μὲν κἀγὼ θνητός et καὶ ἐγὼ δὲ γενόμενος. Il semble ainsi que l'auteur veuille répondre à leur discours. Il se pourrait également qu'il fasse référence à ce que Brunschwig nomme « l'argument des berceaux »[50] ou qu'il évoque, tout

l'autore abbia concentrato sulle prime battute del libro la propria acuta attenzione alla struttura letteraria ». L'étude de Sg 7–8 montre que la structure littéraire n'est pas moins soignée dans la suite du livre.

[49] Les plus prolixes sur le sujet sont C. LARCHER, qui ne lui consacre que seize lignes de son commentaire contre soixante pour le stique suivant, et G. SCARPAT qui ne propose que vingt cinq lignes pour ce stique contre plus de deux pages pour le reste de Sg 7,3.

[50] « Les moralistes de l'époque hellénistique, quelle que soit leur école, ont fréquemment fait usage de ce qu'on pourrait appeler l'argument des berceaux, c'est-à-dire d'une procédure qui consiste d'abord à décrire (ou à prétendre décrire) le comportement et la psychologie de l'enfant au berceau, et ensuite à en tirer, plus ou moins directement, certaines conclusions qui, d'une manière ou d'une autre, conduisent à la formulation et à la justification d'une doctrine morale », J. BRUNSCHWIG, *Études sur les philosophies hellénistiques. Épicurisme, stoïcisme, scepticisme* (Épiméthée ; Paris 1995) 69.

simplement, le premier *topos* propre à un éloge rhétorique[51]. Mais cette problématique ne relève plus des structures littéraires.

2. *Sg 7,7 : Un verset isolé*

La structure concentrique de Sg 7,1-6 justifie à l'évidence que Sg 7,7 n'en fait pas partie. Lorsque je présenterai la structure de Sg 7,8-10 et de Sg 7,11-16, le même type de constatation confirmera l'isolement du verset 7. La péricope finale du discours cependant (Sg 8,17-21) lui fait doublement écho, et par la mention de la prière, et par la répétition du terme φρόνησις. Isolé donc, mais relié à la fin du discours, le verset 7 mérite une attention particulière pour en déterminer la fonction et le sens.

Sg 7,7 se présente comme un doublet bien construit, régi par διὰ τοῦτο et dont les seconds termes de chaque stique se présentent en chiasme.

7 διὰ τοῦτο	εὐξάμην	καὶ	**φρόνησις**	ἐδόθη μοι
	ἐπεκαλεσάμην	καὶ	ἦλθέν μοι	**πνεῦμα σοφίας**

Les deux verbes d'invocation, en parallélisme étroit, ne font pas immédiatement référence au simple acte de demander, comme c'est le cas en 1R 3,5.10 (2Ch 1,7) ; ils renvoient à un contexte de prière. En revanche, le doublet sémantique φρόνησις-σοφία s'appuie sur une terminologie proche de 1R 3,12 :

ἰδοὺ δέδωκά σοι καρδίαν φρονίμην καὶ σοφήν	*Voici que je t'ai donné* *un cœur avisé et sage.*

Le passage des adjectifs aux substantifs tient peut-être à l'influence de la relecture du chroniste selon 2Ch 1,12, où apparaît précisément le substantif σοφία, le second terme du doublet étant σύνεσις :

τὴν σοφίαν καὶ τὴν σύνεσιν δίδωμί σοι	*Je te donne la sagesse et l'intelligence.*

L'auteur donc, pour suggérer une référence aussi bien au Livre des Rois qu'à celui des Chroniques, aurait ainsi repris la terminologie de l'un et la qualité de substantif de l'autre. Mais l'intérêt de cet enracinement littéraire tient surtout au passage du terme καρδία (1R 3,12) au terme πνεῦμα (Sg 7,7).

---

[51] L. PERNOT, *La rhétorique de l'éloge dans le monde gréco-romain.* I. *Histoire et technique* (EAug - Série Antiquité 137 ; Paris 1993) 154.

Ce passage est d'autant plus significatif que l'auteur n'ignore pas l'importance du terme καρδία qu'il utilise pour former une inclusion en Sg 8,17-21. Pour un lecteur attentif donc, l'apparition du terme πνεῦμα induit une réflexion sur l'intention de l'auteur. Pourquoi l'un plutôt que l'autre ? Pourquoi ne pas avoir repris tout simplement φρόνησις et σοφία ? Si le génitif n'est qu'épexégétique, supposant pour ainsi dire une assimilation de l'esprit à la Sagesse, le terme paraît superflu. Certes, la Sagesse est « un esprit » selon Sg 1,6, mais peut-on en rester là ? Que voulait-il indiquer donc en créant la formule πνεῦμα σοφίας pour la placer ainsi en parallèle avec φρόνησις ? Il me semble que le contexte proche (Sg 7,1-6), où la mention de « l'air » respiré à la naissance reçoit une position significative dans la structure, indique une autre hypothèse de lecture. L'analyse sémantique proposée dans ma seconde partie reprendra en détail ce point, mais en percevoir déjà certaines caractéristiques est éclairant.

En Sg 7,1-6, l'auteur rattache son existence au premier homme, renvoyant implicitement au texte de Gn 2,7a (LXX) : γηγενής reprend ἀπὸ τῆς γῆς et πρωτόπλαστος le verbe πλάσσω. Le verbe γλύφω en Sg 7,1 suggère également le travail créateur tel que Gn 2,7a le décrit. À la lumière de cette relecture, on s'attend à trouver un écho de la seconde partie du verset :

καὶ ἐνεφύσησεν εἰς τὸ πρόσωπον αὐτοῦ πνοὴν ζωῆς
καὶ ἐγένετο ὁ ἄνθρωπος εἰς ψυχὴν ζῶσαν (Gn 2,7b LXX).

De fait, le terme πνοή, référence au souffle de vie, pourrait être repris par l'usage de termes synonymes comme ἀήρ (pour reprendre une terminologie spécifiquement grecque et de type scientifique ; cf. Sg 7,3) et πνεῦμα (pour reprendre une terminologie non seulement grecque mais également biblique et de type religieux ; cf. Dt 34,9 ; Is 11,2 ; Ez 37,8.14 ; Sg 7,7). L'absence d'allusion à l'âme (ψυχή) confirmerait l'intention de l'auteur d'accorder toute son importance au souffle comme signe de vie. Il semble qu'il ait ainsi choisi et disposé, pour évoquer le second moment de la création de l'homme, ces deux termes, « air » et « esprit », qui appartiennent au même champ sémantique.

La mention de « l'air », au centre de Sg 7,1-6, et l'originalité de la formulation en Sg 7,7, où, dans une relecture de 1R 3,12, le mot « esprit » (πνεῦμα) est préféré à celui de « cœur » (καρδία), indiquent probablement l'intention de relier Sg 7,7 à Sg 7,1-6, ce que le complément adverbial διὰ τοῦτο peut d'ailleurs confirmer, et de le rattacher plus précisément à Sg 7,3a. Ainsi, l'exigence de la prière ne découlerait pas seulement d'un constat général relatif à la fragilité de l'homme mortel, mais au fait plus spécifique de la respiration comme acte inaugural de la vie proprement dite. Et son objet ne serait pas seulement une intelligence ou une sagesse au sens noétique du terme πνεῦμα, mais bien un souffle qui fait que l'homme est un mortel ou une « âme vivante ». L'isolement structural apparent de Sg 7,7, son lien évident avec la fin du discours (Sg 8,21) et son renvoi moins explicite à son commencement (Sg 7,3), sont les premiers indices d'une fonction spécifique de ce verset, fonction que la rhétorique classique désignera sous le nom de *propositio*.

3. Sg 7,8-10: Un parallélisme éclairant

Les huit stiques de Sg 7,8-10 forment un ensemble poétique et logique parfaitement articulé en parallélisme. Les trois premiers stiques présentent une première option comparative, elle-même dédoublée entre le pouvoir d'un côté, la richesse et la pierre précieuse de l'autre. Elle est complétée par une proposition causale introduite par ὅτι qui l'explicite. Vient ensuite une seconde option comparative, celle-ci en deux stiques, entre la santé et la beauté d'un côté, la lumière de l'autre. Elle est également complétée par une proposition causale introduite par ὅτι. Les assonances entre ἡγησάμην et ἠγάπησα, la récurrence des préfixes προ- et l'asyndète initiale en Sg 7,8 comme en Sg 7,10 appuient le parallélisme entre Sg 7,8-9 et Sg 7,10.

A. Premier choix comparatif : La Sagesse est préférable au pouvoir et à la richesse	8 προέκρινα αὐτὴν σκήπτρων καὶ θρόνων καὶ πλοῦτον *οὐδὲν* ἡγησάμην ἐν συγκρίσει αὐτῆς 9 *οὐδὲ* ὡμοίωσα αὐτῇ λίθον ἀτίμητον
B. Cause : L'or et l'argent sont ternes devant elle	ὅτι ὁ πᾶς χρυσὸς ἐν ὄψει αὐτῆς ψάμμος ὀλίγη καὶ ὡς πηλὸς λογισθήσεται ἄργυρος ἐναντίον αὐτῆς
A'. Second choix comparatif : La Sagesse est préférable à la santé, la beauté et la lumière	10 ὑπὲρ ὑγίειαν καὶ εὐμορφίαν ἠγάπησα αὐτὴν καὶ προειλόμην αὐτὴν ἀντὶ φωτὸς ἔχειν
B'. Cause : Son éclat est sans déclin	ὅτι ἀκοίμητον τὸ ἐκ ταύτης φέγγος

Ce parallélisme fait d'abord ressortir une étroite relation entre le pouvoir et la lumière, rapport que la suite du discours reprendra pour en faire un principe de compréhension, aidant à saisir l'unité des propos concernant la royauté du Sage et la luminosité de la Sagesse. Il fait également ressortir une différence entre le choix et la cause : d'un côté la Sagesse semble être un objet choisi parmi d'autres et donc comparable à ceux-ci (pouvoir, richesse, pierre précieuse, santé, beauté, lumière) ; de l'autre, elle paraît échapper à toute comparaison, ce qui justifie la préférence. Or et argent paraissent ternes, comme un peu de sable ou de boue, devant l'éclat sans déclin de la Sagesse. Le passage de cinq stiques pour A-B à trois stiques pour A'-B' peut être l'indice d'une répétition moins déployée mais plus incisive. Il y aurait intensification par simplification, comme s'il fallait moins de mots pour dire la même chose avec plus de force.

4. Sg 7,11-16 : Un enchaînement chaotique

Les différentes options de commentaires illustrent l'embarras que suscite une approche structurale de ces versets. Ces derniers présentent en effet une difficulté particulière quant à leur composition et leur articulation avec ce qui précède comme avec ce qui suit. Si je laisse de côté les découpages thématiques (Heinisch, Cornely, Fichtner), deux options principales se dégagent. La première, avancée par Wright et reprise par Bizzeti et Gilbert, identifie deux péricopes : Sg 7,7-12 et Sg 7,13-22. La seconde, défendue par Offerhaus et correspondant au découpage choisi par Grimm, Winston, Sisti, Schmitt (ce dernier s'appuyant sur l'inclusion indiquée par le terme ἄνθρωπος) et McGlynn, propose également deux péricopes, mais avec le découpage suivant : Sg 7,7-14 et Sg 7,15-21. La difficulté rencontrée pour situer Sg 7,13-14 est dès lors évidente.

La position de Wright s'appuie sur une inclusion supposée entre Sg 7,7-8 et 7,11-12, à partir des expressions ἦλθέν μοι, πλοῦτος et σοφία. Les deux derniers termes, récurrents également en Sg 7,13 et 7,15, relèvent plus d'une répétition normale que d'une inclusion à proprement parler. Je rappelle en effet que les termes ἴσος (Sg 7,1-6) et καρδία (Sg 8,17-21), qui servent à délimiter une péricope par le jeu d'une inclusion, ne se trouvent qu'aux extrémités de ces mêmes péricopes et non dans les péricopes voisines. Les termes δίδωμι et φρόνησις de Sg 7,7 se retrouvent également en Sg 7,15-16 et pourraient justifier une inclusion avec le terme φρόνησις (on ne retrouve φρόνησις qu'en Sg 8,6). Mais ce terme, que l'on rencontre six fois en Sg 7–8, ne peut servir d'indice littéraire précis sinon pour indiquer une thématique dominante. Le statut spécifique de Sg 7,7, l'unité de Sg 7,8-10 et la reprise des termes de l'inclusion proposée dans les versets successifs (Sg 7,14-15) sont autant d'arguments qui affaiblissent l'unité, sinon thématique, du moins structurale, de Sg 7,7-14 telle que Wright la défend.

Le même genre de critique peut d'ailleurs être fait contre l'unité identifiée par Offerhaus. Ce dernier fait de Sg 7,15-21 la première péricope d'une partie qui s'étendrait jusqu'en Sg 8,1. Mais les remarques recueillies par Vílchez Líndez[52], qui prouvent à l'évidence l'unité de Sg 7,17-21, montrent que la proposition d'Offerhaus est thématique. Rien en effet ne justifie une unité structurale de Sg 7,15-16 avec Sg 7,17-21, péricope dont la construction est d'un parfait équilibre. Mon analyse de Sg 7,8-10, comme celle de Sg 7,17-21 proposée par Vílchez Líndez et sur laquelle je reviendrai, me conduit donc à identifier en Sg 7,11-16 ce que l'on peut appeler dans un premier temps une unité par défaut. Les difficultés à situer Sg 7,13-14 impliquent dès lors une analyse plus précise de son rapport possible avec Sg 7,11-12 comme avec Sg 7,15-16.

Il est aisé d'identifier, au point de départ, trois brèves unités autonomes, Sg 7,11-12, Sg 7,13-14 et Sg 7,15-16. La première (Sg 7,11-12) et la troisième (Sg 7,15-16) présentent une certaine similitude de construction avec les expressions initiales ἦλθεν δέ μοι (Sg 7,11) et ἐμοὶ δὲ δῴη (Sg 7,15), reprenant un doublet verbal présent en Sg 7,7. La répétition du substantif « mains » n'est sans doute pas un hasard : ἐν χερσὶν αὐτῆς (Sg 7,11) et ἐν γὰρ χειρὶ αὐτοῦ (Sg 7,16). Les jeux littéraires entre ἠγνόουν (Sg 7,12) et γνώμην (Sg 7,15) d'une part, ἡγεῖται σοφία (Sg 7,12) et τῆς σοφίας ὁδηγός (Sg 7,15) d'autre part, appuient ce qui apparaît comme une forme de parallélisme entre un volet, centré sur le rôle de la Sagesse, et l'autre, centré sur le rôle de Dieu. La présence de l'adjectif πᾶς (Sg 7,11.12.16), absent de Sg 7,13-14, n'est peut-être pas non plus sans signification. Quoi qu'il en soit, deux unités, la première et la troisième, présentent des similitudes qui pourraient aider à leur interprétation.

A
Rôle de la Sagesse, par les mains de qui toutes les qualités arrivent

11 ἦλθεν δέ μοι τὰ ἀγαθὰ ὁμοῦ πάντα μετ' αὐτῆς
καὶ ἀναρίθμητος πλοῦτος ἐν χερσὶν αὐτῆς
12 εὐφράνθην δὲ ἐπὶ πᾶσιν
ὅτι αὐτῶν *ἡγεῖται* σοφία
ἠγνόουν δὲ αὐτὴν γενέτιν εἶναι τούτων

B
Rôle du Sage, entre celui de la Sagesse et celui de Dieu

13 ἀδόλως τε ἔμαθον
ἀφθόνως τε μεταδίδωμι
τὸν πλοῦτον αὐτῆς οὐκ ἀποκρύπτομαι
14 ἀνεκλιπὴς γὰρ θησαυρός ἐστιν ἀνθρώποις
ὃν οἱ κτησάμενοι πρὸς θεὸν ἐστείλαντο φιλίαν
διὰ τὰς ἐκ παιδείας δωρεὰς συσταθέντες

[52] J. VÍLCHEZ LÍNDEZ, *Sabiduría* (Nueva Biblia Española ; Estella 1990) 254.

A'
Rôle de Dieu, dans la main de qui nous sommes

15 ἐμοὶ δὲ δῴη ὁ θεὸς εἰπεῖν κατὰ γνώμην
καὶ ἐνθυμηθῆναι ἀξίως τῶν δεδομένων
ὅτι αὐτὸς καὶ τῆς σοφίας *ὁδηγός* ἐστιν
καὶ τῶν σοφῶν διορθωτής
16 ἐν γὰρ χειρὶ αὐτοῦ καὶ ἡμεῖς καὶ οἱ λόγοι ἡμῶν
πᾶσά τε φρόνησις καὶ ἐργατειῶν ἐπιστήμη

Qu'en est-il de la deuxième unité (Sg 7,13-14) qui vient se loger entre les deux autres ? La synonymie entre le fait d'apprendre (Sg 7,13a) et les dons de l'éducation (Sg 7,14c) établit une forme d'inclusion qui confirme l'unité de ces deux versets. La formulation des deux premiers stiques en Sg 7,13ab semble répondre à l'exigence d'un effet de surprise illustré par sa brièveté et l'homophonie des termes. Suivent ensuite deux doublets, le premier articulé par un γάρ explicatif autour des termes synonymes πλοῦτος et θησαυρός (Sg 7,13c-14a), le second sous la forme d'une proposition relative de facture complexe pour ne pas dire embarrassée (Sg 7,14bc). L'unité thématique de ces trois doublets autour des biens (richesse, trésor, dons) ne fait pas de doute et s'inscrit dans la logique de la prière dont il est fait mention en Sg 7,7 et Sg 8,21. À ceci s'ajoute un double lien, d'une part avec Sg 7,11-12, signifié par la répétition de πλοῦτος et par l'usage des verbes ἀγνοέω et μανθάνω, d'autre part avec Sg 7,15-16, perceptible par l'introduction du substantif θεός[53].

L'unité de Sg 7,11-16 n'est donc plus seulement « par défaut » ; elle bénéficie de quelques indices d'une forme de symétrie concentrique qui s'avérera importante pour expliciter la logique inhérente à l'ensemble de Sg 7,8-23. Alors que deux thématiques, celle des biens royaux (Sg 7,7-12) et celle des biens culturels (Sg 7,13-21), pourraient être juxtaposées selon le découpage proposé par Bizzeti et Gilbert, l'unité de Sg 7,11-16 justifiera l'exigence d'une lecture où les rôles de la Sagesse, du Sage et de Dieu se trouveront plus étroitement articulés les uns aux autres, voire les uns dans les autres. L'auteur ancrerait, à partir d'une expérience personnelle, l'autorité de son discours dans la double autorité de la Sagesse et de Dieu. Enfin, je souligne la rupture entre Sg 7,8-10 et Sg 7,11-16 pour éviter de tomber dans l'écueil d'une lecture linéaire qui effacerait le statut spécifique de chacune de ces péricopes et la logique de leur enchaînement.

---

[53] Le découpage de J. ZIEGLER, *Sapientia Salomonis* (SepSt XII,I ; Göttingen 1962), entre Sg 7,14 et 7,15, mérite d'être modifié comme invitait à le faire J.M. REESE, « Plan and Structure in the Book of Wisdom », 391 : « But equally important is an evaluation of his divisions of the text of this complex book ».

5. Sg 7,17-21: Une délimitation limpide

La structure de cette péricope ne pose aucune difficulté. Elle est clairement délimitée par un jeu d'inclusions entre Sg 7,17 et Sg 7,21, avec la particule γάρ, le pronom personnel ἐγώ et les expressions synonymes, « donner connaissance » (δίδωμι γνῶσιν) et « enseigner » (διδάσκω) à l'aoriste. Les expressions τῶν ὄντων et πάντων, elles aussi synonymes, l'enrichissent d'une assonance. Les verbes synonymes οἶδα et γιγνώσκω étendent cette inclusion au point d'en faire un parallélisme entre les versets 17 et 21. On retrouve, comme en Sg 7,11-16, un vis-à-vis entre Dieu et la Sagesse[54], tous les deux protagonistes d'un enseignement donné au Sage. L'expression particulière ὅσα τέ en Sg 7,21, ainsi que le passage à un doublet antinomique κρυπτά – ἐμφανῆ, semblent récapituler la liste présentée en Sg 7,18-20. Il se peut que, par l'effet du parallélisme, le doublet présent en Sg 7,17, σύστασιν κόσμου – ἐνέργειαν στοιχείων, serve d'introduction à l'énumération qui suit.

Celle-ci n'est d'ailleurs pas dépourvue d'ordre. Deux volets d'un diptyque semblent se dégager. Le premier, en trois stiques (Sg 7,18-19), est consacré à la question du temps considéré en sa globalité ou en son rythme d'alternance et de répétition. Le second, en trois stiques également (Sg 7,20), présente différentes formes de vie, qu'elle soit végétale, animale, spirituelle ou intellectuelle[55]. Ces deux volets complémentaires, qui n'ont rien d'un parallélisme, n'en donnent pas moins à penser une certaine synergie entre l'expérience commune de la fuite du temps et l'énigme de la vie.

A ***Dieu donne la connaissance***	17 αὐτὸς γάρ μοι <u>ἔδωκεν</u> τῶν ὄντων <u>γνῶσιν</u> ἀψευδῆ <u>εἰδέναι</u> *σύστασιν κόσμου καὶ ἐνέργειαν στοιχείων*
B1 *1ère énumération :* *Le temps*	18 ἀρχὴν καὶ τέλος καὶ μεσότητα χρόνων τροπῶν ἀλλαγὰς καὶ μεταβολὰς καιρῶν 19 ἐνιαυτοῦ κύκλους καὶ ἄστρων θέσεις

---

[54] Cf. J. VÍLCHEZ LÍNDEZ, *Sabiduría*, 254.

[55] Les catégories cosmiques et anthropologiques de l'auteur concernant les souffles (vent, air, esprit, ange, etc.) sont complexes. Je considère le pluriel πνεύματα, « les souffles », comme désignant des êtres vivants capables de penser (νοερά). Je reviendrai sur l'interprétation de G. SCARPAT, *Sapienza*, II, 52-59, qui y voit des « vents », excluant toute référence aux êtres angéliques.

B2 *2ème énumération :* *La vie*	20	φύσεις ζῴων καὶ θυμοὺς θηρίων πνευμάτων βίας καὶ διαλογισμοὺς ἀνθρώπων διαφορὰς φυτῶν καὶ δυνάμεις ῥιζῶν
A' ***La Sagesse enseigne***	21	ὅσα τέ ἐστιν *κρυπτὰ καὶ ἐμφανῆ* ἔγνων ἡ γὰρ πάντων τεχνῖτις ἐδίδαξέν με σοφία

6. Sg 7,22-23 : Une transition délicate

On aborde ici un point difficile de la structure. En effet, les commentaires consultés sont unanimes pour situer ces versets dans l'ensemble qui suit, à savoir Sg 7,24–8,1. On insistera sur leur relative autonomie ainsi que sur leur étroite relation avec ce qui précède, à savoir Sg 7,11-21. Les arguments qui confortent l'unité de Sg 7,22–8,1 me semblent en effet relever d'une approche thématique tributaire d'une interprétation cosmique de la série d'attributs accordés à la Sagesse. Il y aurait, selon cette lecture impliquant une quasi-assimilation de la Sagesse à l'esprit[56], une forte cohérence entre la description de la nature cosmique de la Sagesse selon Sg 7,22-23 et les caractéristiques de la Sagesse déployées en Sg 7,24–8,1. Des éléments formels vont pourtant dans le sens d'une certaine rupture du discours entre Sg 7,22-23 et Sg 7,24.

L'unité et la structure interne de Sg 7,22-23, péricope bien encadrée par la double inclusion des termes πνεῦμα et νοερόν, ne prêtent le flanc à aucune objection particulière. Il s'agit d'une énumération assez longue puisque l'on dénombre pas moins de vingt adjectifs. Un vingt-et-unième qualificatif, sous la forme d'un participe, s'ajoute à cette liste. Certains adjectifs sont associés soit par binômes (1er et 2ème), soit par un jeu de contraste entre les préfixes μονο- et πολυ- (3ème et 4ème), soit par la répétition du préfixe ἀ- (17ème et 18ème) ou παν- (19ème et 20ème). Pour les autres, il est plus difficile si ce n'est impossible d'identifier un principe de classification.

22 ἔστιν γὰρ ἐν αὐτῇ πνεῦμα

νοερόν	ἅγιον	**μονογενές**	**πολυμερές**
λεπτόν	εὐκίνητον	τρανόν	ἀμόλυντον
σαφές	ἀπήμαντον	φιλάγαθον	ὀξύ

[56] La difficulté textuelle que pose en particulier le manuscrit dit *Alexandrinus* (A), où la préposition ἐν est omise, est l'illustration tangible de cette tradition de lecture. J'adopte sans difficulté la lecture avec la préposition, l'ensemble des critiques la considérant comme la plus probable.

23 ἀκώλυτον εὐεργετικόν φιλάνθρωπον βέβαιον
ἀσφαλές ἀμέριμνον **παντοδύναμον πανεπίσκοπον**
καὶ διὰ *πάντων χωροῦν* πνευμάτων νοερῶν *καθαρῶν* λεπτοτάτων

Un jeu littéraire assez subtil et sur lequel je reviendrai met en valeur un parallélisme étroit entre Sg 7,24 et Sg 8,1. Il semble que Sg 7,24–8,1 forme de ce fait une unité bien délimitée, unité dont il faudra préciser la symétrie concentrique et dans laquelle Sg 7,22-23 ne trouverait pas spécifiquement sa place.

Concernant le passage de Sg 7,23 à 7,24, l'emploi de trois mots crochets[57] χωρέω, καθαρός/καθαρειότης et πᾶς manifeste la volonté qu'a l'auteur de souder étroitement deux parties dont l'enchaînement pourrait ne pas être immédiatement perceptible. Un exemple de ce procédé se rencontre d'ailleurs entre Sg 12,27 et 13,1[58], à l'endroit même où commence la longue digression de Sg 13–15. Les mots crochets qui relient Sg 7,23 à Sg 7,24 seraient dès lors l'indication paradoxale d'une césure qu'ils prétendent masquer.

A ces éléments strictement formels, s'ajoutent d'autres indices plus littéraires. Le premier est la référence aux esprits en Sg 7,20 qui en fait un terme récurrent en Sg 7,7-23. Le don de la Sagesse fut en effet annoncé en Sg 7,7 comme φρόνησις et πνεῦμα σοφίας, et le terme πνεῦμα n'apparaît plus dans la suite du texte.

L'expression ἐν αὐτῇ, reconnue à juste titre par les critiques comme la lecture originale, « accentue – selon une expression heureuse de Larcher – la personnification de la Sagesse »[59]. Or en Sg 7,24–8,1, la personnification, inaugurée en Sg 7,8 et qui n'est reprise qu'en Sg 8,2, cède la place à ce qu'il convient d'appeler une allégorisation. Il convient donc de donner toute sa force à cette préposition, de pas assimiler trop rapidement la Sagesse à son esprit et de bien distinguer les parties du discours.

Enfin, un autre élément littéraire confirme l'unité de Sg 7,7-23. Il correspond à ce que Vanhoye définit comme étant les « termes caractéristiques ». Voici une série de termes relatifs à la connaissance et

---

[57] « Mot crochet et annonce du sujet peuvent donc coïncider en tout ou en partie, ou être juxtaposés, ou exister l'un sans l'autre. Mais toujours leur fonction les distingue. Le mot crochet établit une liaison verbale entre deux paragraphes qui se suivent immédiatement. L'annonce du sujet prépare, de près ou de loin, une partie du développement ; elle renseigne le lecteur ou l'auditeur sur l'itinéraire choisi. Lorsqu'il s'agit de reconnaître la structure littéraire d'un ensemble, l'annonce du sujet a, de toute évidence, plus d'importance que le mot crochet », A. VANHOYE, *La structure littéraire de l'Épître aux Hébreux*, 36.

[58] M. GILBERT, *La critique des dieux*, 3. On peut rappeler également certains exemples relevés par A.G. WRIGHT, « The Structure of the Book of Wisdom », 173-174, entre le terme γῆ (Sg 5,23 et Sg 6,1) et le terme κύριος (Sg 8,21 et Sg 9,1).

[59] C. LARCHER, *Le livre de la Sagesse*, II, 480.

l'éducation : ἀγνοέω, μανθάνω, παιδεία, γνώμη, ἐνθυμέομαι, γνῶσις, γιγνώσκω, διδάσκω, νοερός[60]. La liste des adjectifs en ἀ- privatif est une autre caractéristique de cette partie: ἀκοίμητος, ἀναρίθμητος, ἀνεκλιπής, ἀψευδής, ἀμόλυντος, ἀπήμαντος, ἀκώλυτος, ἀσφαλής. On n'en retrouvera que deux dans la suite du texte et ce, exclusivement dans la péricope conclusive du discours, ἀνεκλιπής en Sg 8,18, ἀμίαντος en Sg 8,20. Un écho de cette liste dans le reste du discours pourrait être le substantif ἀθανασία en Sg 8,13. Il est significatif qu'aucun élément propre à Sg 7,22-23 n'oblige à situer ces versets dans la partie centrale Sg 7,24–8,1. S'ajoute à cela un certain équilibre dans les volumes du discours qui, selon le décompte des mots, appuie l'unité de Sg 7,8-23, dont on verra qu'elle se trouve en parallèle avec Sg 8,2-16. En effet, chacune de ces parties contient respectivement 226 et 227 mots[61].

Les indices énumérés obligent au moins à s'interroger sur la plausibilité d'une rupture entre Sg 7,23 et 7,24[62], sur la relative autonomie de ces versets 22-23 et sur le rapport contextuel de cette énumération avec ce qui précède. L'orientation interprétative que l'analyse sémantique apportera devrait clarifier la portée de cette option structurale. À la description cosmique de la Sagesse, habituellement reçue dans l'interprétation de Sg 7,22-23, pourrait s'ajouter une vision plus anthropologique, eu égard à la fonction éducative de la Sagesse en faveur du Sage.

7. Sg 7,24–8,1 : L'équilibre concentrique

Bien que la disposition concentrique de cette péricope centrale du discours soit bien identifiée, une analyse détaillée permettra d'en percevoir plus finement la géométrie[63]. Revenons pour commencer sur sa délimitation qui, comme je viens de l'indiquer, se fait par le jeu d'un parallélisme entre Sg 7,24 et Sg 8,1. Perceptible autant par le jeu des assonances et des

---

[60] L'expression ἅγιον γὰρ πνεῦμα παιδείας φεύξεται δόλον (Sg 1,5) va dans le même sens.

[61] F. PERRENCHIO, « Struttura e analisi letteraria di Sapienza 1,1-15 », 314, identifie un même équilibre quant au nombre de mots en Sg 1,6-10. Deux paragraphes parallèles, Sg 8,9-12 et Sg 8,13-16, ont chacun 53 mots. Un exemple de ce genre d'équilibre se trouve entre les deux parties du Ps 42(41) TM qui ont tous deux 57 mots.

[62] C'est le point de vue de F. VIGOUROUX, *La Sainte Bible polyglotte*, IV (Paris 1903) 570.

[63] Cf. P. BIZZETI, *Il libro della Sapienza*, 67-70. L'auteur ne met pas en relief les versets introductif et conclusif qui se détachent pourtant, de Sg 7,25-26 d'une part, de Sg 7,29-30 d'autre part. Il associe ensuite Sg 7,28 à Sg 7,29–8,1, ce qui est discutable. Il distingue Sg 7,24-26 (l'origine de la Sagesse) de Sg 7,27–8,1 (les œuvres), ce qui n'en rien évident.

allitérations que par celui des répétitions et des synonymies, il confirme la césure identifiée entre Sg 7,23 et 7,24 comme entre Sg 8,1 et 8,2.

A	7,24 πάσης γὰρ κινήσεως κινητικώτερον σοφία
Le mouvement	διήκει δὲ καὶ χωρεῖ *διά πάντων* διὰ τὴν καθαρειότητα
B-C-B'	[Sg 7,25-30]
A'	8,1 διατείνει δὲ *ἀπὸ πέρατος ἐπὶ πέρας* εὐρώστως
La présence	καὶ διοικεῖ τὰ πάντα χρηστῶς

Outre la répétition de l'adjectif πᾶς, je relève une allitération entre les formes verbales διήκει et διοικεῖ comme entre διά et διατείνει, une assonance entre l'adverbe χρηστῶς et la forme verbale χωρεῖ. Les finales des substantifs en -α (Sg 7,24) et des adverbes en -στως (Sg 8,1) confirment un jeu poétique dont l'auteur usera également en Sg 7,27[64], verset qui est au centre de l'ensemble.

Le premier verset (Sg 7,24) se présente en deux stiques articulés par la double conjonction δὲ καί dont la fonction tient plus au jeu des assonances (διήκει δὲ καί) qu'à une relation logique spécifique. Ce même procédé, très significatif dans l'ensemble de cette partie, se rencontre dès le premier stique, dans la formule : κινήσεως κινητικώτερον – sorte d'anadiplose – ainsi que dans la répétition de la préposition διά. Une figure similaire en Sg 8,1a est perceptible : ἀπὸ πέρατος ἐπὶ πέρας. Ce verset conclusif est également en deux stiques, introduit par la particule δέ et relié par la conjonction καί. On notera pour terminer que la similitude de sens entre ces deux versets n'est pas sans confirmer la volonté de l'auteur d'exposer ici sa pensée par le biais d'un style poétique recherché et d'une structure précise. L'auteur encadre ainsi son développement par deux considérations poétiquement semblables, l'une sur le mouvement, l'autre sur la présence universelle de la Sagesse dans l'univers. Il veille d'ailleurs à répéter le terme σοφία en Sg 7,24 et Sg 7,30.

Entre ces deux versets, s'enchaînent trois paragraphes ou strophes décrivant l'être ou l'action de la Sagesse. Le premier (B. Sg 7,25-26) et le troisième (B'. Sg 7,29-30) semblent plus étroitement consacrés à ce qu'elle est, alors que le deuxième (C. Sg 7,27-28) insiste sur son action. Un certain parallélisme entre Sg 7,25-26 et Sg 7,29-30 est d'ailleurs perceptible.

---

[64] M. GILBERT, « Sagesse de Salomon », 70, parlait d'une « inclusion possible ». L'analyse d'ensemble de cette partie, où le jeu des assonances est volontaire, justifie que l'inclusion soit non seulement possible mais probable.

25 ἀτμὶς γάρ ἐστιν τῆς τοῦ θεοῦ δυνάμεως
καὶ ἀπόρροια τῆς τοῦ παντοκράτορος δόξης εἰλικρινής

B
La lumière éternelle

| διὰ τοῦτο οὐδὲν μεμιαμμένον εἰς αὐτὴν παρεμπίπτει
26 ἀπαύγασμα γάρ ἐστιν φωτὸς ἀϊδίου
καὶ ἔσοπτρον ἀκηλίδωτον τῆς τοῦ θεοῦ ἐνεργείας
καὶ εἰκὼν τῆς ἀγαθότητος αὐτοῦ

C

[Sg 7,27-28]

29 ἔστιν γὰρ αὕτη εὐπρεπεστέρα ἡλίου
καὶ ὑπὲρ πᾶσαν ἄστρων θέσιν

B'
La lumière créée

| φωτὶ συγκρινομένη εὑρίσκεται προτέρα[65]
30 τοῦτο μὲν γὰρ διαδέχεται νύξ
σοφίας δὲ οὐ κατισχύει κακία

Sg 7,25-26 (B) forme une première strophe en cinq (+1) stiques dont les caractéristiques structurales sont les suivantes. Dans les stiques 25a et 26a, la répétition du même enchaînement grammatical est repérable : substantif qui a fonction de prédicat – conjonction γάρ – verbe « être » – complément du nom. Les stiques qui les suivent directement (25b et 26b-c) sont introduits par la conjonction καί suivi d'un prédicat et d'un complément du nom. Au centre, un stique, introduit par διὰ τοῦτο, se distingue par la négation et l'originalité de sa thématique. Le double génitif synonymique τῆς τοῦ θεοῦ δυνάμεως et τῆς τοῦ θεοῦ ἐνεργείας en Sg 7,25a et 7,26b fait office d'inclusion, ce qui met en marge le stique 7,26c dont l'originalité tient également à un changement significatif du champ sémantique. L'unité de cette strophe est confirmée par les cinq expressions métaphoriques qui entretiennent entre elles un rapport synonymique.

Sg 7,29-30 (B') présente une deuxième strophe également en cinq stiques dont le verset central (Sg 7,29c) est mis en valeur par une asyndète. Les deux premiers stiques (Sg 7,29a-b), introduits par le verbe εἰμί suivi de la conjonction γάρ (comparer Sg 7,25-26), sont articulés en doublet et reliés par la conjonction καί. Les deux derniers stiques (Sg 7,30) forment également un doublet, mais celui-ci d'opposition (νύξ – κακία). Ils sont emphatiquement reliés par un μέν [...] δέ plutôt que par un simple καί. On retrouve la conjonction γάρ au début du premier stique comme en Sg 7,26a.

Le parallélisme structural (cinq stiques) et thématique (lumière) entre les strophes B et B' fait ressortir le contraste entre la lumière éternelle et la lumière créée. Il place la Sagesse du côté du créateur sans pour autant l'assimiler à lui.

[65] La lecture choisie par J. ZIEGLER, λαμπροτέρα, n'est justifiée par aucun manuscrit. On se reportera à l'explication de C. LARCHER, *Le livre de la Sagesse*, II, 513.

Les versets 27-28, au centre de cette structure[66], sont ciselés jusqu'au détail des syllabes. Contenant de nombreuses assonances telles les homéotéleutes en -ουσα et -ζει, trois volets sont habilement articulés grâce à l'usage des trois conjonctions δέ, καί et γάρ. Le premier volet, introduit par δέ, présente une double proposition brève et contrastée (μία – πάντα) et le dernier, introduit par γάρ, fait écho au premier par un contraste surprenant : οὐθὲν γὰρ ἀγαπᾷ répond à πάντα δύναται. Au centre, un doublet complémentaire, construit également en parallélisme et introduit par la répétition de la conjonction καί, est constitué de deux participes présents et de deux verbes à l'indicatif. Il faut enfin relever la position clé des verbes καινίζω et κατασκευάζω qui désignent l'activité propre de la Sagesse. Ces deux verbes, particulièrement significatifs, reçoivent toute l'attention poétique nécessaire pour ne pas passer inaperçus : position centrale dans la structure, jeu d'allitérations et parallélisme synonymique.

a	27 μία **δὲ** οὖσα
La sagesse et le tout	πάντα δύναται
b	**καὶ** *μένουσα* ἐν αὐτῇ
Le double acte de la Sagesse	τὰ πάντα *καινίζει*
	καὶ κατὰ γενεὰς εἰς ψυχὰς ὁσίας *μεταβαίνουσα*
	φίλους θεοῦ καὶ προφήτας *κατασκευάζει*
a'	28 οὐθὲν **γὰρ** ἀγαπᾷ ὁ θεὸς
Dieu et le rien	εἰ μὴ τὸν σοφίᾳ συνοικοῦντα

Entre l'affirmation de la toute-puissance de la Sagesse (Sg 7,27a) et celle de l'amour de Dieu exclusivement réservé à ceux qui se trouvent habités par la Sagesse (Sg 7,28), il était nécessaire de présenter le double acte de la Sagesse (Sg 7,27b) dont j'essaierai de préciser la signification dans l'analyse sémantique.

Avant d'en finir sur cet ensemble, je rappelle que la proposition de Bizzeti concernant la distribution en stiques (huit stiques en 7,24-26 ; quatre stiques en 7,27 et huit stiques de nouveau en 7,28–8,1)[67] ne permet pas de saisir les parallélismes ici mis en lumière et pourtant précieux pour l'explication de ces versets. En rejetant Sg 7,28 du côté de Sg 7,29-30, Bizzeti ne rend pas compte d'un double aspect, d'abord le lien de Sg 7,28 avec le verset central 7,27 (πάντα – οὐθέν et φίλος – ἀγαπάω), ensuite le changement de thématique entre Sg 7,28 (amour) et Sg 7,29 (lumière).

---

[66] J. VÍLCHEZ LÍNDEZ, *Sabiduría*, 262.

[67] P. BIZZETI, *Il libro della Sapienza*, 68, repris par J. VÍLCHEZ LÍNDEZ, *Sabiduría*, 259.

8. Sg 8,2-4 : Un doublet dédoublé

L'asyndète en Sg 8,2, la position emphatique du pronom ταύτην et la brièveté de la proposition marquent un changement caractéristique. Il est confirmé par le retour à la personnification. La tournure bien spécifique des questions rhétoriques en Sg 8,5-8 donne à Sg 8,2-4 son unité par défaut. Outre le lien établi entre ces deux énoncés par leur proximité littéraire et leur composition en quatre stiques, une unité du champ sémantique relatif à l'amitié se dégage : aux verbes φιλέω et ἀγαπάω, il faut ajouter les deux expressions νύμφην ἀγαγέσθαι ἐμαυτῷ et ἐραστὴς ἐγενόμην. On peut également relever un jeu d'assonances en ἀγαγε-, ἐγεν-, εὐγεν-, ἠγα- d'une part, en ἐξεζη-, ἐζη-,-ξαζει d'autre part. Il est enfin aisé de distinguer deux courts énoncés, Sg 8,2 et Sg 8,3-4, respectivement disposés en symétrie concentrique et parallèle.

I.	*La relation entre la Sagesse et le Sage*	2 ταύτην ἐφίλησα
		  καὶ ἐξεζήτησα ἐκ νεότητός μου
		  καὶ ἐζήτησα νύμφην ἀγαγέσθαι ἐμαυτῷ
		καὶ ἐραστὴς ἐγενόμην τοῦ κάλλους αὐτῆς

II.	*La relation entre la Sagesse et Dieu*	3 εὐγένειαν δοξάζει συμβίωσιν θεοῦ ἔχουσα
		καὶ ὁ πάντων δεσπότης ἠγάπησεν αὐτήν
		  4 μύστις γάρ ἐστιν τῆς τοῦ θεοῦ ἐπιστήμης
		  καὶ αἱρετὶς τῶν ἔργων αὐτοῦ

Le premier énoncé (I) présente une série de quatre propositions articulées en parataxe avec une progression significative. La structure concentrique est assez claire : les pronoms ταύτην – αὐτῆς et les expressions synonymiques ἐφίλησα et ἐραστὴς ἐγενόμην se répondent. Les verbes ἐκζητέω – ζητέω et les pronoms μου – ἐμαυτοῦ se retrouvent au centre. Cette construction typiquement hébraïque, ornée d'un vocabulaire hellénistique, possède un charme à la hauteur de ce qu'elle entend dire. Elle exprime en quelques mots bien trouvés toute la détermination du Sage qui, acteur d'une décision (Sg 8,9), se découvre « saisi » par la Sagesse elle-même. La mise en lumière de cette symétrie concentrique est nécessaire pour comprendre que la logique de ces versets n'est pas linéaire mais que Sg 8,2c-b indique la conséquence de Sg 8,2a.d. Autrement dit, le dernier stique de Sg 8,2 n'est pas une conséquence de la proposition précédente mais en reprend la cause.

Le second énoncé (II), de même longueur que le précédent (quatre stiques ayant une composition propre), s'en distingue par sa structure basée sur un parallélisme. Il fait jouer des indices formels, comme la répétition de la conjonction καί pour introduire le second stique et celle du génitif θεοῦ. On peut ajouter les expressions ὁ πάντων δεσπότης et τῶν ἔργων αὐτου qui présentent une certaine synonymie. De plus, un rapport de causalité entre les deux volets du parallélisme se trouve explicitée par la conjonction γάρ et permet de comprendre que la relation de la Sagesse avec Dieu détermine sa fonction médiatrice dans la création. L'unité de Sg 8,4 est renforcée par l'assonance et la synonymie des termes μύστις et αἱρετίς. Si ce double titre de la Sagesse fait écho aux métaphores de la partie centrale (ἀτμίς – ἀπαύγασμα, Sg 7,25-26) introduites d'ailleurs de la même façon (γάρ ἐστιν), il confirme surtout un retour au procédé dit de la personnification, perceptible en Sg 7,12.21 par les titres γενέτις et τεχνῖτις.

Une difficulté concernant le premier stique a poussé Larcher comme Heinisch à conférer « une valeur causale explicite » à la proposition participiale. Larcher traduit ainsi : « Elle illustre la noblesse même, car elle partage la vie de Dieu ». Vílchez Líndez qui traduit : « Su unión con Dios realza su nobleza », reconnaît le participe comme sujet du verbe. Scarpat en fait une apposition : « Essa, convivendo con Dio, esalta la sua nobile origine ». Or la composition du doublet présent en Sg 8,3 permet de noter une séquence syntaxique inversée :

3a : Accusatif – verbe – nominatif

[Noblesse – glorifier – le fait de vivre avec Dieu]

3b : Nominatif – verbe – accusatif

[Dieu – aimer – Sagesse]

L'auteur semble ainsi qualifier l'état propre à chacun. C'est parce qu'il domine tout que Dieu aime la Sagesse. Et c'est parce qu'elle vit avec Dieu que la Sagesse exalte la noblesse. S'il y a une causalité, elle ne peut être extrinsèque ni au fait de vivre avec ni au fait de dominer. C'est donc le fait même de vivre avec Dieu qui exalte une noble origine et non la Sagesse comme telle. Je préfère à cet égard la traduction de Vílchez Líndez.

9. Sg 8,5-8 : Les jeux d'une répétition

Dans un discours, l'interrogation peut être un procédé littéraire classique de persuasion que Fontanier qualifie « d'interrogation figurée ». « L'*interrogation* consiste à prendre le tour interrogatif, non pas pour marquer un doute et provoquer une réponse mais pour indiquer, au contraire, la plus grande persuasion, et défier ceux à qui l'on parle de pouvoir nier ou même répondre »[68]. Cette formulation purement rhétorique, qui entend répondre par avance à d'hypothétiques objections, ou encore susciter l'admiration, ne vise pas à développer de nouveaux arguments mais à emporter l'adhésion du plus grand nombre. Il est dans la logique des choses qu'il n'y ait pas de contenu vraiment nouveau mais plutôt une répétition de données déjà présentées. Il est également normal que ces questions n'entrent pas dans la structure des versets qui précèdent ou qui suivent, puisqu'il s'agit en général d'une parenthèse.

Un premier regard sur Sg 8,5-8 permet de constater, bien que la même conjonction εἰ soit utilisée, deux types de formulation. En Sg 8,5-6 d'abord, deux questions présentées en parallélisme étroit sont introduites avec le pronom interrogatif τίς (apodose). Elles sont précédées de conditionnelles construites avec εἰ (protase) et induisent une réponse sous-entendue de type *a fortiori*. La réponse est en réalité inscrite dans la question : en Sg 8,5, la Sagesse est présentée comme « opérant tout » ; en Sg 8,6, elle est décrite comme « artisane des êtres ». Le parallélisme entre Sg 8,5 et 8,6 écarte une difficulté sémantique relative à l'emploi du verbe ἐργάζομαι en Sg 8,6. Il ne semble en effet pas nécessaire d'avoir recours aux conjectures de Fichtner (suivi par Larcher) ou de Bauermeister (suivi par Scarpat) pour expliquer l'usage de ce verbe. Les premiers ont pensé à une haplographie et restituent un texte selon la version syriaque : εἰ δὲ φρόνησις εἰς ἔργα ζητεῖται[69]. Les seconds proposent de faire du pronom interrogatif τίς un enclitique : εἰ φρόνησιν ἐργάζεταί τις[70]. Il suffit, me semble-t-il, de comprendre que la φρόνησις, comme synonyme de la σοφία, peut être le sujet du verbe et gloser, comme l'indique Larcher sans cependant s'y arrêter : « Et si celle de l'homme est capable de produire des œuvres... combien plus... ». La similitude de formulation entre Sg 8,5 et Sg 8,6 permet en effet de mettre en parallèle « la richesse » et « la prudence ».

1	*Protase*	5 εἰ δὲ πλοῦτός ἐστιν ἐπιθυμητὸν κτῆμα ἐν βίῳ
	Apodose	τί σοφίας πλουσιώτερον
	Explication	| τῆς τὰ πάντα ἐργαζομένης

[68] P. FONTANIER, *Les figures du discours* (Paris 1830 ; [5]1977) 368.

[69] C. LARCHER, *Le livre de la Sagesse*, II, 526.

[70] G. SCARPAT, *Sapienza*, II, 146. Ils s'appuient sur la construction de Sg 8,7 et 8,8, supposant le pronom indéfini τις. Il n'y a rien de « baroque » (G. SCARPAT) à faire de la « prudence » non seulement un synonyme de la Sagesse (comme en Sg 7,7), mais aussi le sujet du verbe ἐργάζομαι. En Sg 8,5 déjà, le sujet n'est pas celui qui cherche la Sagesse, mais la Sagesse elle-même.

2 *Protase* 6 εἰ δὲ φρόνησις ἐργάζεται
Apodose τίς αὐτῆς
Explication | τῶν ὄντων μᾶλλόν ἐστιν τεχνῖτις

	PROTASE (SI...)		APODOSE (COMBIEN PLUS...)	
	Sujet référent	*Prédicat*	*Sujet*	*Explication*
Sg 8,5	πλοῦτος	désirable	Sagesse	opérant tout
Sg 8,6	φρόνησις	opérante	Sagesse	artisane des êtres

En Sg 8,7-8 enfin, un autre type de construction en doublet fonctionne également. On pourrait identifier deux groupes d'affirmations précédés d'une proposition conditionnelle avec l'enclitique τις. Mais cette option, qui fait jouer une anacoluthe, paraît lourde ou trop élaborée. La traduction même de Larcher le laisse entendre : « Si l'on aime la rectitude, ses labeurs ce sont les vertus ». Les traductions de la TOB et de la BJ[71] vont dans le même sens et ne permettent pas de saisir que l'interrogation ne vise pas tant le prédicat (aimer la justice) que le sujet (de qui s'agit-il ?). On peut en revanche considérer la formulation εἰ [...] τις, « si quelqu'un aime la justice » (Sg 8,7), comme la première partie d'une interrogation sous-entendue dont la seconde partie, à la suite de Sg 8,5-6, peut être alors : « Qui, plus que la Sagesse, l'aime ? ». L'usage du pronom indéfini τις n'est en effet pas sans rappeler le pronom interrogatif τίς de Sg 8,5-6. S'il est ici question du Sage et non de la Sagesse, l'élément sous-entendu ne serait plus une question rhétorique mais une exhortation ou un ordre : « Qu'il choisisse (ou qu'il aime) la Sagesse », ou encore : « Il doit aimer la Sagesse » (puisque c'est elle qui enseigne la justice). Mais le contexte imposé par les deux questions précédentes (Sg 8,5-6), qui fait que l'on s'interroge non sur l'obtention de la Sagesse mais sur ses qualités, me conforte dans l'idée que l'auteur s'interroge bien sur la Sagesse. Dans son discours, le Sage présente les arguments qui l'ont poussé à choisir la Sagesse. Qui, plus que la Sagesse, aime la justice ? La réponse va de soi et confirme simplement la pertinence du choix présenté en Sg 8,2-4.

La formulation de Sg 8,8, strictement parallèle à Sg 8,7, devrait suivre la même logique, la question sous-entendue ne concernant pas le Sage mais bien la Sagesse, « désireuse d'expérience » plus que quiconque. L'auteur n'entend pas dire : « Si quelqu'un veut avoir de l'expérience, qu'il choisisse la Sagesse ». Il explique que la Sagesse est « désireuse ou encore soucieuse

[71] TOB : « Aime-t-on la rectitude ? Les vertus sont les fruits de ses travaux [...] ».
BJ : « Aime-t-on la justice ? Ses labeurs, ce sont les vertus [...] ».
On pourrait paraphraser ainsi : « Si tu aimes la justice, tu dois choisir la Sagesse parce que son travail produit les vertus ».

d'expérience » puisqu'elle connaît le principe et la fin, qu'elle comprend les énigmes et prévoit les signes et les prodiges. Précisons que le verbe ποθέω peut tout simplement désigner l'ardeur de celle qui aime la science. Le contexte confirme cette volonté de décrire les qualités d'une Sagesse que l'auteur a décidé de prendre chez lui. Un tableau complémentaire du précédent permet d'en visualiser la composition.

3 *Protase* 7 καὶ εἰ δικαιοσύνην ἀγαπᾷ τις
[Apodose sous-entendue : τίς...]
Explication οἱ πόνοι ταύτης εἰσὶν ἀρεταί
σωφροσύνην γὰρ καὶ φρόνησιν ἐκδιδάσκει
δικαιοσύνην καὶ ἀνδρείαν
ὧν χρησιμώτερον οὐδέν ἐστιν ἐν βίῳ ἀνθρώποις

4 8 εἰ δὲ καὶ πολυπειρίαν ποθεῖ τις
[Apodose sous-entendue : τίς...]
Explication οἶδεν τὰ ἀρχαῖα
καὶ τὰ μέλλοντα εἰκάζει
ἐπίσταται στροφὰς λόγων καὶ λύσεις αἰνιγμάτων
σημεῖα καὶ τέρατα προγινώσκει καὶ ἐκβάσεις καιρῶν
καὶ χρόνων

	PROTASE (SI...)		APODOSE (sous-entendue)	
	Sujet indéfini	*Prédicat*	*Sujet*	*Explication*
Sg 8,7	τις	aime la justice	Sagesse	ses peines
Sg 8,8	τις	désire l'expérience	Sagesse	elle connaît le passé

Quatre questions concernant l'excellence de la Sagesse elle-même et ses labeurs illustrent ainsi le fait que le Sage ne s'est pas trompé en la choisissant (Sg 8,2.9). Les deux premières le font explicitement et portent en elles l'élément explicatif. Les deux suivantes, analogues aux précédentes, sont sous-entendues mais complétées par des propositions explicatives plus développées.

10. Sg 8,9-16 : Une symétrie concentrique difficile

Il convient de rappeler au préalable le désaccord entre Bizzeti et Gilbert d'un côté, Wright de l'autre, concernant la position de Sg 8,9. Ce dernier place le v. 9 en introduction d'une péricope en symétrie concentrique (Sg 8,9-16), alors que Bizzeti et Gilbert en font le verset conclusif de la péricope précédente (Sg 8,2-9). Ils soutiennent en effet que Sg 8,9 forme une inclusion (ταύτην – ἀγαγέσθαι – συμβίωσις) avec Sg 8,2-4 et que Sg 8,10-16 se présente en symétrie concentrique avec Sg 8,13 au centre. Bizzeti indique, à propos de la construction de Sg 8,2-9 : « 5 substantifs sont utilisés pour désigner la Sagesse, deux en Sg 8,4, un en 8,5-8 et deux en 8,9 [...] Une symétrie plus précise que celle-ci paraît impensable »[72]. La question est de savoir si cette symétrie s'impose comme structure littéraire et si l'inclusion entre Sg 8,2-4 et 8,9 l'emporte sur d'autres indices. Je souligne d'abord la récurrence de l'un des termes de l'inclusion, à savoir συμβίωσις, en Sg 8,16, ce qui pourrait légitimement indiquer une autre inclusion entre Sg 8,9 et 8,16 (Wright). La symétrie entre les titres de la Sagesse, relevée par Bizzeti, n'intègre pas Sg 8,2-3 et ne se rapporte qu'à Sg 8,4, ce qui en limite la pertinence. J'ajoute que la structure concentrique supposée en Sg 8,10-16, avec le v. 13 au centre, ne semble pas tenir compte du parallélisme explicite entre Sg 8,10 et 8,13. En effet, que l'un des termes extrêmes d'une symétrie concentrique (Sg 8,10) soit ainsi parallèle à l'élément central (Sg 8,13), sans que l'autre extrême (il s'agirait ici de Sg 8,16) ne présente d'indice particulier dans ce sens, serait un cas singulier. Enfin, la référence aux thèmes abordés, contrairement à ce que suggère Bizzeti, ne paraît pas déterminante. Pour ce dernier, en Sg 8,10-12 et 8,14-16, « il est question de la célébrité que l'on acquière par la Sagesse, en rapport avec les hommes », alors qu'en Sg 8,13, « tout le discours est centré sur l'au-delà de la mort »[73]. La séquence des futurs et des participes qu'il propose pour justifier sa position semble dépendre trop artificiellement de la numérotation de versets. Certes, Sg 8,12 et 8,16 commencent par des participes, mais il est difficile de trouver un autre indice de parallélisme entre eux. Quant aux verbes au futur en Sg 8,14-15, qui seraient aussi nombreux qu'en Sg 8,10-11[74], j'en compte quatre et non trois, ce qui infirme cet argument.

Devant les difficultés concernant la structure de l'ensemble de Sg 8,2-16, je préfère donc distinguer trois unités plutôt que deux, d'abord Sg 8,2-4, ensuite Sg 8,5-8 qui fait office de digression, enfin Sg 8,9-16, qui reprend le sujet ouvert en Sg 8,2-4. Cette reprise illustre une proximité linguistique avec Sg 8,2-4 mais ne justifie pas une inclusion. La proposition de Wright me paraît dès lors plus probable, en raison d'une part d'une inclusion suggérée par le terme συμβίωσις – récurrent en Sg 8,9 et 8,16 –, et de l'indice d'un parallélisme entre Sg 8,10 et Sg 8,13 d'autre part.

---

[72] P. BIZZETI, *Il libro della Sapienza*, 68.
[73] P. BIZZETI, *Il libro della Sapienza*, 70.
[74] P. BIZZETI, *Il libro della Sapienza*, 70.

***A.* Soucis et tristesse**	9 ἔκρινα τοίνυν ταύτην ἀγαγέσθαι πρὸς συμβίωσιν εἰδὼς ὅτι ἔσται μοι σύμβουλος ἀγαθῶν καὶ παραίνεσις φροντίδων καὶ λύπης
B. *La gloire et l'honneur*	10 ἔξω δι' αὐτὴν δόξαν ἐν ὄχλοις **καὶ** *τιμὴν* παρὰ πρεσβυτέροις ὁ νέος
La justice	11 ὀξὺς εὑρεθήσομαι ἐν κρίσει **καὶ** ἐν ὄψει δυναστῶν θαυμασθήσομαι
Parole et silence	12 σιγῶντά *με* περιμενοῦσιν καὶ φθεγγομένῳ προσέξουσιν καὶ λαλοῦντος ἐπὶ πλεῖον χεῖρα ἐπιθήσουσιν ἐπὶ στόμα αὐτῶν
B'. *L'immortalité et le souvenir*	13 ἔξω δι' αὐτὴν ἀθανασίαν **καὶ** *μνήμην* αἰώνιον τοῖς μετ' ἐμὲ ἀπολείψω
La domination	14 διοικήσω λαούς **καὶ** ἔθνη ὑποταγήσεταί μοι
Guerre et repos	15 φοβηθήσονταί *με* ἀκούσαντες τύραννοι φρικτοί ἐν πλήθει φανοῦμαι ἀγαθὸς καὶ ἐν πολέμῳ ἀνδρεῖος 16a εἰσελθὼν εἰς τὸν οἶκόν μου προσαναπαύσομαι αὐτῇ
***A'* Allégresse et joie**	16b οὐ **γὰρ** ἔχει πικρίαν ἡ συναναστροφὴ αὐτῆς c οὐδὲ ὀδύνην ἡ συμβίωσις αὐτῆς d ἀλλὰ εὐφροσύνην καὶ χαράν

Certains indices moins explicites peuvent être cependant exposés pour préciser la symétrie concentrique de Sg 8,9-16 (A-BB'-A'). Outre l'inclusion déjà mentionnée, les expressions antithétiques φροντίδων καὶ λύπης et εὐφροσύνην καὶ χαράν font jouer un contraste entre la tristesse et la joie, appuyant ainsi un parallélisme entre Sg 8,9 et Sg 8,16b-d. La récurrence de quatre composés avec le préfixe συν- va dans le même sens. Enfin, la conjonction γάρ, suivie d'une séquence au présent, inscrit une rupture entre Sg 8,16b-d et la séquence asyndétique au futur qui précède (Sg 8,15-16a). Cet isolement des trois derniers stiques (Sg 8,16b-d) rend dès lors plus sensible le parallélisme avec les trois premiers (Sg 8,9), eux-mêmes isolés des versets qui suivent (Sg 8,10-12).

Le parallélisme entre Sg 8,10-12 et Sg 8,13-16a est d'abord perceptible grâce à une formulation initiale semblable (ἔξω δι'αὐτήν). Il faut ajouter l'enchaînement du second stique par la coordination καί suivie d'un substantif finissant en -μην. On découvre également deux doublets synonymiques, la gloire et l'honneur d'un côté, l'immortalité et la mémoire de l'autre. La composition de Sg 8,11 et Sg 8,14 présente également un parallélisme. Deux propositions indépendantes sont en effet coordonnées par la conjonction καί et leurs thématiques respectives, à savoir la justice et le gouvernement, ne sont pas sans rapport. Enfin, Sg 8,12 d'une part, et Sg 8,15-16a d'autre part, ne présentent pas d'élément commun sinon l'usage initial du pronom personnel accusatif με et l'alternance de futurs et de participes. Ainsi, Sg 8,12 propose une suite parfaite de trois participes et de trois futurs (terminaisons en -ουσιν). Il ne manquerait qu'un participe en Sg 8,15b pour obtenir une séquence ternaire équivalente.

Je note pour finir que cette structure concentrique oblige à ne pas isoler Sg 8,13, comme si ce verset traitait de la vie après la mort alors que le reste de Sg 8,10-16 présenterait la vie terrestre du Sage (Bizzeti). Je reviendrai plus longuement sur les implications du parallélisme entre Sg 8,10 et 8,13 pour ne pas engager l'interprétation dans le sens d'une opposition factice entre deux genres d'avenir, là où précisément l'auteur voudrait n'en voir qu'un, un unique futur où la mort n'a plus lieu d'être. Mais ce point dépasse la question des structures littéraires et sera repris à l'occasion de l'analyse sémantique de ces versets.

11. Sg 8,17-21 : Les conséquences d'une inclusion

L'inclusion avec le terme καρδία[75] délimite sans difficulté cette péricope finale, ce qui implique d'en comprendre l'unité et la cohérence. Le rapport synonymique entre les verbes λογίζομαι, φροντίζω et γιγνώσκω (référence à un axe noétique), introduisant les propositions complétives (ὅτι), permet d'établir un certain parallélisme entre Sg 8,17-18 et 8,21, ce qui rend plus surprenante encore l'insertion de Sg 8,19-20.

La première phrase (Sg 8,17-18) de cette péricope finale, du fait de sa longueur comme de sa structure interne, mérite une attention particulière. Délimitée par les pronoms ἐμαυτῷ et ἐμαυτόν en inclusion, elle est formée de trois propositions participiales articulées au verbe de la principale περιῄειν. Un doublet initial, introduit en asyndète par le pronom neutre pluriel emphatique ταῦτα, rend évidente la rupture avec ce qui précède. Ταῦτα ne peut s'expliciter d'ailleurs qu'en tenant compte de sa place dans la composition, c'est à dire comme une reprise de l'ensemble du discours déployé en Sg 7–8 (cf. Sg 2,1) et dont une synthèse est ici proposée. Comme

75 On relira avec profit les pages éclairantes de L. MAZZINGHI, *Notte di paura e di luce*, 79-89, sur la « conscience ». Elles permettent de comprendre comment le « cœur » (καρδία), à la différence de la συνείδησις qui accuse, désigne la conscience en ce qu'elle s'ouvre à la Sagesse.

le précise Wright[76], le vocabulaire rappelle les idées de l'ensemble (Sg 7–8), non de la seule section qui précède (Sg 8,2-16). La réflexion autobiographique de Salomon qui a commencé en Sg 7,1 touche ici à sa fin : la valeur récapitulative du pronom ταῦτα indique déjà la portée conclusive de cette phrase.

Premier participe	17 ταῦτα λογισάμενος ἐν ἐμαυτῷ
Deuxième participe	καὶ φροντίσας ἐν καρδίᾳ μου
Proposition complétive	ὅτι ἀθανασία ἐστὶν ἐν συγγενείᾳ *σοφίας*
a.	
b.	18 καὶ ἐν φιλίᾳ *αὐτῆς* τέρψις ἀγαθὴ
c.	καὶ ἐν πόνοις χειρῶν *αὐτῆς* πλοῦτος ἀνεκλιπὴς
b'.	καὶ ἐν συγγυμνασίᾳ ὁμιλίας *αὐτῆς* φρόνησις
a'.	καὶ εὔκλεια ἐν κοινωνίᾳ λόγων *αὐτῆς*
Verbe principal	περιῄειν
Troisième participe	ζητῶν
Proposition circonstancielle	ὅπως λάβω αὐτὴν εἰς ἐμαυτόν

La proposition complétive introduite par ὅτι présente une série de cinq propositions nominales articulées en parataxe par la conjonction καί et l'ellipse de la copule. Onze substantifs sur seize (auxquels il faudrait ajouter les termes en συν- et les termes synonymes comme κοινωνία et συμβίωσις) sont des répétitions de termes qui apparaissent en Sg 7,8–8,16, ce qui renforce le phénomène de récapitulation. Je rappelle à ce propos que, selon les règles de la *Rhétorique à Alexandre*[77], la récapitulation est une caractéristique de la péroraison. La disposition parfaitement équilibrée de cette proposition complétive laisse entrevoir une perspective concentrique[78] :

1. Les propositions a et a' présentent le sujet puis l'attribut et peuvent être un rappel de Sg 8,9-16 (ἀθανασία, εὔκλεια étant un synonyme de δόξα).

2. Dans les propositions b, c et b' l'attribut précède le sujet et le rappel renvoie plutôt à Sg 7,11-16 (ἀγαθή, πλοῦτος ἀνεκλιπής, φρόνησις).

3. Il se peut enfin que l'auteur ait mis en valeur la proposition centrale c par l'absence d'assonance en -εια -λια -σια -νια au profit du -ο- : πόνοις

76 A.G. WRIGHT, « The Structure of the Book of Wisdom », 174.

77 « Cette partie du discours se place à la fin. Il est possible de faire le rappel sommaire sous forme de bilan de ce qui a été dit, de réflexion ou de question », *Rhétorique à Alexandre* 1444b29-32 (tr. P. CHIRON ; CUF ; Paris 2002).

78 L. ALONSO SCHÖKEL – E. ZURRO, *Eclesiastes y Sabiduría* (Los Libros Sagrados ; Madrid 1974) 134, et J. VÍLCHEZ LÍNDEZ, *Sabiduría*, 273.

[...] πλοῦτος. Il se trouve justement que l'adjectif ἀνεκλιπής (Sg 7,10) est original et rare, comme si l'attention du lecteur devait s'y arrêter.

Ce récapitulatif expose finalement la cause, qu'elle soit première ou finale, du verbe principal περίειμι. Il suggère de ce fait la fonction argumentative que le développement dont il est la reprise devrait avoir. La nécessité de la prière ne repose plus sur les mêmes arguments qu'en Sg 7,1-6. Tout ce qui fut dit au fur et à mesure du discours (Sg 7,8–8,16) devrait rendre plus rationnelle cette nécessité de prier.

Sg 8,19-20 a retenu l'attention des commentateurs, non tant par sa place dans la structure, qu'en raison de la question bien spécifique de la préexistence des âmes qu'il soulève[79]. La forme littéraire de ces versets, concise et originale, contraste avec les phrases longues et compliquées qui l'encadrent (Sg 8,17-18 et Sg 8,21), ce qui rend d'autant plus surprenante cette formulation. L'aspect chiastique dans la disposition ἤμην εὐφυὴς – ἀγαθὸς ὢν et dans ψυχῆς ἔλαχον – ἦλθον εἰς σῶμα renforce la symétrie concentrique des quatre stiques reliés par les conjonctions τε et δέ : répétition au centre de l'adjectif ἀγαθός qui se trouve encadré par les adjectifs composés εὐφυής et ἀμίαντον.

| 19 παῖς δὲ *ἤμην* εὐφυὴς
ψυχῆς τε ἔλαχον ἀγαθῆς
20 μᾶλλον δὲ ἀγαθὸς *ὢν*
| ἦλθον εἰς *σῶμα* ἀμίαντον

Il s'agit d'une brève considération autobiographique qui, bien que le vocabulaire soit différent, renvoie à une thématique rencontrée en Sg 7,1-6. Sorte de parenthèse interne à la péricope finale, ce rappel de l'introduction pourrait être une ultime et brève notice insérée ici en réponse peut-être à une objection sous-entendue ou pour, selon les règles de l'épilogue, susciter quelque sentiment. Il est important de rappeler à cet égard que l'auteur ne propose pas nécessairement une réflexion philosophique en bonne et due forme. Plutôt que d'élaborer, à partir de ces quelques mots, toute une doctrine sur la préexistence de l'âme, il convient donc de tenir compte de leur facture poétique et de leur place dans un discours qui n'entend pas, semble-t-il, instruire sur l'âme et sa préexistence.

Le verset final (Sg 8,21) enfin se présente sous la forme d'une phrase unique et complexe, construite en partie comme celle de Sg 8,17-18 : une proposition participiale introduisant une proposition complétive (ὅτι) qui se

[79] P. HEINISCH, « Sapientia 8,19-20 » *BZ* 9 (1911) 130-141.

trouve articulée à la principale. Les deux propositions indépendantes qui suivent ne sont qu'une amplification du verbe ἐντυγχάνω.

Participe	21 γνοὺς δὲ
Proposition complétive	ὅτι οὐκ ἄλλως ἔσομαι ἐγκρατής ἐὰν μὴ ὁ θεὸς δῷ
[Incise]	καὶ τοῦτο δ' ἦν φρονήσεως τὸ εἰδέναι τίνος ἡ χάρις
Verbe principal	**ἐνέτυχον** τῷ κυρίῳ καὶ **ἐδεήθην** αὐτοῦ καὶ **εἶπον** ἐξ ὅλης τῆς καρδίας μου

Trois caractéristiques, déjà présentes en Sg 8,17-18, se retrouvent ici : un acte réflexif d'abord (le participe), la découverte d'une causalité ensuite (proposition complétive), et pour finir, la conséquence qui en découle (la prière). Une telle similitude de structure devrait permettre de faire ressortir la spécificité de ce verset final par rapport à la *recapitulatio* présente en Sg 8,17-18. L'expression allusive et difficile ἔσομαι ἐγκρατής pourrait en recevoir un éclairage décisif. L'auteur ne ferait-il pas de cette expression « le mot de la fin », en écho à la problématique introductive concernant l'air et l'esprit ? Une chose est claire, la Sagesse n'apparaît plus explicitement. Et contrairement à Sg 8,18, où la personnification est encore fortement présente, Sg 8,21 n'en manifeste aucune trace. L'étude plus précise de la composition rhétorique et des champs sémantiques aidera à rendre compte de ce changement.

L'accumulation finale de trois verbes synonymes pour désigner la prière, alignés par une parataxe en καί, semble caractéristique de ce moment du discours qui, en son ensemble, a pour but d'introduire la prière (Sg 9).

Enfin, l'incise présentée par la formulation καὶ τοῦτο δ', en rapport étroit avec le participe γνοὺς, renforce le caractère réfléchi de la démarche et pourrait souligner l'aggravation propre à une péroraison[80].

C. Une structure concentrique revisitée

De ce laborieux parcours descriptif, il convient de retenir à la fois un usage très précis de structures sémitiques, concentriques ou parallèles, mais aussi une absence de systématisation qui fait que le texte échappe parfois à une géométrie structurale trop stricte. Ainsi en est-il de l'isolement de Sg 7,7

[80] Sans doute y a-t-il ainsi les trois aspects d'une péroraison : « La péroraison est un développement en trois parties. Elle comprend en effet le rappel de ce qui a été dit, la pitié et l'aggravation », Apsinès, *Art Rhétorique* 296,9 (tr. M. PATILLON ; CUF ; Paris 2001).

des questions rhétoriques en Sg 8,5-8, ou de la situation de Sg 8,19-20 entre Sg 8,17-18 et 8,21. En revanche, les versets introductifs Sg 7,1-6, la péricope centrale du discours Sg 7,24–8,1, ou encore Sg 8,2-4 semblent avoir fait l'objet d'un soin précis selon les règles de la poésie hébraïque. D'autres péricopes, comme Sg 7,11-16 ou Sg 8,9-16, sans échapper totalement aux caractéristiques des structures sémitiques, semblent moins élaborées. Qu'en est-il maintenant de l'agencement d'ensemble de ces deux chapitres, de leur symétrie concentrique ? Pour évaluer la structure de Sg 7–8 et ses limites, il convient de retrouver la façon dont ces différentes micro-structures se répondent.

1. L'étroite corrélation entre Sg 7,1-7 et Sg 8,17-21

Que les termes φρόνησις, δίδωμι ou σοφία établissent un lien entre Sg 7,7 et Sg 8,17-21 est évident mais ne suffit pas à démontrer un parallélisme[81]. La synonymie des verbes εὔχομαι et ἐντυγχάνω est un indice plus significatif de l'originalité du lien entre ces versets.

À partir de ce qui fut noté à propos du lien entre Sg 7,7 et Sg 7,1-6, lien établi par le jeu des mots « air » et « esprit », il est possible d'identifier un certain parallélisme entre l'ensemble Sg 7,1-7 et Sg 8,17-21. En effet, les termes θνητός et ἀθανασία, πνεῦμα et καρδία, ou encore σάρξ et σῶμα, suggèrent un tissage littéraire serré comme celui d'un parallélisme. Mais, à strictement parler, ce parallélisme est trop allusif pour n'être que poétique. Il semble en outre qu'une inversion de sens caractérise Sg 8,17-21 où la φρόνησις n'est plus l'objet de la prière mais sa condition. Cette inversion est clairement identifiable dans le récapitulatif (Sg 8,17-21) où la Sagesse est présentée comme à l'origine d'une série de dons qu'il convient de recevoir. En Sg 7,7 en revanche, l'esprit de la Sagesse constitue le don attendu. L'inversion est d'autant plus remarquable qu'elle crée un contraste entre la condition mortelle qui rend nécessaire la prière pour obtenir la φρόνησις (Sg 7,3.7) et la possession de la φρόνησις qui permet de faire une demande visant à recevoir l'immortalité (Sg 8,17.21). Le contraste peut être ainsi formalisé :

A (Sg 7,1-7) : Parce que mortel, je prie pour avoir la prudence (φρόνησις).

A' (Sg 8,17-21) : Parce que j'ai la prudence (φρόνησις) de savoir de qui vient le don de l'immortalité, je prie Dieu de me l'accorder.

Un rapport de circularité est ainsi perceptible entre la prudence et le don de l'immortalité, comme si l'un renvoyait à l'autre. L'explication d'un tel

[81] Les termes φρόνησις, δίδωμι ou σοφία, puisqu'ils sont récurrents dans l'ensemble du discours, ne peuvent être considérés comme des indices significatifs.

rapport ne pourra se faire qu'à la lumière du développement sur la logique qui relie le commencement à la fin du texte, à savoir Sg 7,8–8,16. Je tenterai de vérifier que le contenu du discours justifie un tel renversement de perspective. D'une ébauche de parallélisme poétique, il faudra donc considérer un autre rapport, à savoir celui qui relie l'introduction à la conclusion. J'annonce déjà, car cela est assez clair, que les deux composantes nécessaires d'un discours, le sujet et sa démonstration[82], sont présentes dans l'introduction qui énonce le sujet (*propositio*) et la conclusion qui rappelle les éléments de la démonstration (*recapitulatio*). L'analyse de ces fonctions rhétoriques devrait permettre de préciser et d'approfondir la relation de parallélisme reconnue par Wright entre Sg 7,1-7 (A) et Sg 8,17-21(A')[83].

2. *L'unité centrale (Sg 7,24–8,1)*

Il n'est pas nécessaire de s'attarder sur cette péricope dont la symétrie concentrique ne pose aucune difficulté particulière. Elle est au centre du discours, avec sa tonalité propre, son vocabulaire et sa façon métaphorique d'évoquer la lumière pour décrire la Sagesse. Comme je le disais, la personnification s'estompe à la faveur d'une allégorisation et la description de la Sagesse change de perspective. Elle n'est plus présentée en relation avec la vie du Sage mais avec l'univers entier. Le « je » du Sage n'apparaît d'ailleurs plus.

3. *Le double enchaînement intermédiaire (Sg 7,8-23 et Sg 8,2-16)*

La difficulté propre à ces deux ensembles retiendra sans aucun doute l'attention de lecteurs familiers des structures proposées pour Sg 7–8. Il convient de rappeler à ce sujet qu'aucun découpage ne s'impose comme un dogme, en particulier dans le Livre de la Sagesse, où l'auteur a soigné ses transitions. Certes, la rupture franche entre Sg 8,1 et 8,2 ne posera de difficulté à personne ; celle qui fait passer de Sg 7,23 à 7,24, impliquant au contraire un choix difficile, ne pourra finalement être pleinement justifiée qu'à la lumière de l'analyse détaillée des termes de Sg 7,22-23. Quant aux découpages en Sg 7,13.15 et en Sg 8,9.10, il convient de reconnaître que rien n'est simple. Wright, Bizzeti et Gilbert tentent de le faire en proposant un

---

[82] Aristote, *Rhétorique* 1414a31.

[83] Ainsi, dans une étude de la structure de Rm 9–11, J.-N. ALETTI, *Comment Dieu est-il juste ? Clefs pour interpréter l'Épître aux Romains* (Parole de Dieu ; Paris 1991) 139-155, articule les parallélismes à la disposition rhétorique. Il rappelle, dans *Israël et la loi dans la lettre aux Romains* (LeDiv 173 ; Paris 1998) 173, l'importance de « subordonner la disposition concentrique à la *dispositio* des discours ».

dédoublement en BC-C'B'. Je constate cependant que les péricopes Sg 7,7-12 et Sg 8,10-16 (B et B' selon Bizzeti et Gilbert) ne présentent qu'une expression commune ἐν ὄψει (selon le découpage légèrement différent de Wright, il faudrait ajouter le pluriel neutre de l'adjectif ἀγαθός). La récurrence du terme ἀγαπάω en Sg 7,10 et Sg 8,4.7 (B et B') n'est pas suffisant, me semble-t-il, pour justifier un parallélisme. Il est en outre difficile de repérer d'autres éléments, qu'ils soient synonymiques ou homonymiques, ou encore relatifs à une similitude de construction qui justifieraient un tel dédoublement. Et même si les péricopes Sg 7,13-21 et Sg 8,2-9 (C et C') présentent un plus grand nombre de termes communs (huit relevés par Bizzeti), cela ne suffit pas à justifier un parallélisme général.

Les deux ensembles que je nomme B et B' se découvrent d'abord par défaut. C'est en effet les unités A (Sg 7,1-7) et A' (Sg 8,17-21) d'un côté, et C (Sg 7,24–8,1) de l'autre, toutes bien identifiables, qui imposent leurs délimitations à B et B'. Quelques caractéristiques propres à ces parties peuvent être cependant relevées. En Sg 7,8-23, l'insistance porte sur le passé et les adjectifs en α- privatif sont nombreux (huit occurrences). En Sg 8,2-16, la perspective est plutôt celle du futur et les termes βίος ou συμβίωσις (cinq occurences) sont significatifs. B et B' présentent de fait une progression linéaire illustrée par l'usage des temps (imparfait, aoriste, présent et futur). Il semble que le présent soit l'acte même de transmettre par la parole, que le passé lointain soit l'accueil des biens de l'éducation, que le passé proche soit l'amour de la Sagesse, que le futur proche soit la demande de la Sagesse comme conseillère et compagne, et enfin, que le futur lointain soit le plein exercice de la royauté. Le parallélisme possible entre Sg 7,13-21 et Sg 8,2-9, si l'on considère que les deux péricopes sont consacrées aux biens de la culture[84], ne permet pas de rendre compte de la distinction entre l'expérience passée, relative à l'éducation, et l'exercice futur, relatif à la royauté. L'analyse de la composition rhétorique explicitera cette progression et permettra de rendre compte du diptyque B-B' identifié.

Un lien entre Sg 7,8-23 et Sg 8,2-16 est enfin perceptible mais relève plus de l'unité de leur champ sémantique (termes caractéristiques) et de l'usage de mêmes procédés littéraires comme celui de la personnification (marquée en particulier par des titres : γενέτις, τεχνῖτις, μύστις, αἱρετίς, σύμβουλος, παραίνεσις et par l'usage des prépositions : ἐκ ταύτης, μετ' αὐτῆς, ἐν αὐτῇ, δι' αὐτήν).

[84] M. GILBERT, « Sagesse de Salomon », 70.

Un tableau récapitulatif, avec le rappel de quelques mots significatifs, permet de reprendre la structure d'ensemble du texte[85].

Indices littéraires	Interprétation
A Sg 7,1-6 **θνητός** *πνεῦμα σάρξ* **Sg 7,7** <u>εὔχομαι</u> **φρόνησις** δίδωμι	A (Sg 7,1-7) La condition initiale du Sage La prière du Sage et sa réponse
B *Sg 7,8-10 ἐκ ταύτης* ἐν ὄψει *Sg 7,11-16* ἀγαθός **γενέτις** λόγος *μετ' αὐτῆς* *Sg 7,17-21* **τεχνῖτις** *Sg 7,22-23 ἐν αὐτῇ*	*B (Sg 7,8-23)* *La préférence du Sage : la Sagesse* *La Sagesse, le Sage et Dieu dans l'éducation* *Les connaissances reçues* *L'esprit de la Sagesse*
C Sg 7,24 διήκει Sg 7,25-26 φῶς Sg 7,27-28 Sg 7,29-30 φῶς Sg 8,1 διοικεῖ	C (Sg 7,24–8,1) Le mouvement de la Sagesse dans l'univers La lumière éternelle L'action de la Sagesse La lumière créée La présence de la Sagesse dans l'univers
B' *Sg 8,2-4* **μύστις αἱρετίς** *Sg 8,5-8* **τεχνῖτις** λόγος *Sg 8,9-16* **σύμβουλος παραίνεσις** ἀγαθός *δι' αὐτήν* ἐν ὄψει	*B'(Sg 8,2-16)* *Le choix du Sage : la Sagesse* *L'excellence de la Sagesse* *Le Sage et la Sagesse dans la royauté*
A' Sg 8,17-18 **ἀθανασία** Sg 8,19-20 *καρδία σῶμα* **Sg 8,21** <u>ἐντυγχάνω</u> **φρόνησις** δίδωμι	A' (Sg 8,17-21) Les dons de la Sagesse La condition du Sage La prière du Sage

Au terme de cette analyse, j'identifie une symétrie concentrique à trois niveaux seulement (A-B-C-B'-A'). Les extrêmes (A et A') ont pour but d'indiquer l'axe majeur du discours (la nécessité de la prière) alors même que le centre (C) se pose en pivot de la construction et justifie en quelque sorte le discours lui-même : ce qu'est la Sagesse, son action, sa relation avec Dieu, le monde et les hommes. Enfin, un double élément intermédiaire (B et B') expose les termes d'une médiation, comme l'huile dans une charnière, pour

[85] Les principales différences avec la proposition de P. BIZZETI et M. GILBERT sont les suivantes : l'isolement de Sg 7,7 ; l'unité des blocs B-C et C'-B', renommés ici respectivement B et B' ; la position de Sg 7,22-23 ; la position de Sg 8,9.

que l'axe majeur s'articule à son centre de façon naturelle. Il est question des rôles de chacun, de la Sagesse, du Sage et de Dieu, dans différents domaines comme l'éducation, la décision, ou encore l'exercice de l'autorité. Certes, les différentes péricopes identifiées en B et B' présentent entre elles certains rapports, mais aucun indice ne m'est apparu suffisant pour justifier un quatrième niveau de subdivision. L'analyse rhétorique devrait permettre de rendre compte de l'intérêt des limites identifiées dans cette structure symétrique à trois niveaux.

Le travail d'analyse littéraire se poursuit donc, passant de la géométrie du texte à sa composition proprement rhétorique. Il se peut en effet que le discours, pour reprendre la métaphore de Platon, soit « constitué comme un être vivant ». Il devrait alors « avoir un corps qui lui appartient, qui ne manque ni de tête ni de pieds, et présente un milieu et des extrémités, écrits de manière à établir une juste proportion entre eux et avec l'ensemble »[86]. Comme le rappelait Aletti à propos de l'Épître aux Romains, il ne s'agit pas « de chercher à faire coïncider [le texte ...] avec un modèle qu'il est censé reproduire fidèlement, mais de déterminer les différentes unités argumentatives ou logiques, en voyant comment, de proche en proche, elles s'enchaînent et s'articulent »[87].

---

[86] Platon, *Phèdre* 264A (tr. P. VICAIRE ; CUF ; Paris 1985).

[87] J.-N. ALETTI, *Comment Dieu est-il juste ?*, 33.

Chapitre II : La rhétorique d'un éloge

A. Héritage et renouveau

« La mémoire des justes se fait avec des éloges »[1].

Saint Jérôme, attentif aux indices incontestables de composition rhétorique, remarquait dès son époque que le style du Livre de la Sagesse respirait l'éloquence grecque[2]. Des lecteurs comme Clément d'Alexandrie ou Origène[3], familiers des écoles de rhétorique qui fleurirent autour de la Méditerranée dès le Ier siècle av. J.-C., devaient en comprendre les effets et la portée sans qu'il leur soit nécessaire de s'attarder sur la question. Mais les siècles passant, avec leur lot d'oublis, de méprises et de changements quant aux habitudes littéraires, il devenait essentiel d'ouvrir ce dossier incontestablement complexe.

1. L'évidence rhétorique du livre et sa problématique

Trois genres oratoires sont répertoriés par Aristote (*Rhétorique* 1358b), à savoir la plaidoirie (judiciaire), l'explication (délibératif) et l'éloge (démonstratif)[4]. Selon cette classification, tout discours pouvait être rangé

---

[1] μνήμη δικαίων μετ' ἐγκωμίων (Pr 10,7 LXX).

[2] « Secundus apud Hebraeos nusquam est, quin et ipse stilus graecam eloquentiam redolet ; et nonnulli scriptorum veterum hunc Iudaei Philonis adfirmant », in « Praefationes Sancti Hieronymi in libros Salomonis », R. WEBER, *Proverbia, Ecclesiastes, Canticum Canticorum. Biblia Sacra iuxta latinam Vulgatam versionem* XI (Roma 1957) 5.

[3] Cf. H. CROUZEL, *Grégoire le Thaumaturge. Remerciement à Origène, suivi de la lettre d'Origène à Grégoire* (SC 148 ; Paris 1969).

[4] Selon Diogène Laërce, *Zénon* 7,42, les Stoïciens identifient l'*epideixis* à l'éloge et qualifient ce troisième genre d'*enkômiastikos*, cf. F. STRILLER, *De Stoicorum studiis rhetoricis* (Breslau 1886) 31. Une certaine évolution sémantique s'opère par rapport aux dénominations telles qu'on les trouve dans *La Rhétorique à Alexandre* 1421b7-11 :

Trois genres (γένος) :	Sept espèces (εἶδος) :
1. δημηγορικόν (délibératif-parlementaire)	προτρεπτικόν (persuasif) ἀποτρεπτικόν (dissuasif)
2. ἐπιδεικτικόν (démonstratif-apparat)	ἐγκωμιαστικόν (louangeur) ψεκτικόν (dénigreur)
3. δικανικόν (judiciaire-barreau)	κατηγορικόν (accusatoire) - ἀπολογικόν (de plaidoirie) - ἐξεταστικόν (d'examen)

dans une catégorie qui permettait d'évaluer et d'interpréter sa composition, les emphases et les jeux littéraires utilisés. Défendre une idée contre des adversaires réels ou potentiels n'est pas tout à fait la même chose que de l'expliquer à des élèves, ou de la louer devant des amis. Le genre de discours choisi devait tenir compte des conditions de sa réception, de la situation spécifique des auditeurs, s'ils étaient ennemis, amis ou ignorants, s'ils devaient prendre une décision juridique, comprendre une loi, ou tout simplement entrer dans l'admiration commune d'un dieu ou d'un roi. Discours d'apparat, l'*enkômion*, c'est-à-dire l'éloge, était originellement composé à l'occasion d'une fête religieuse, d'un anniversaire, d'une victoire ou d'un décès. Sans portée pratique immédiate, si ce n'est peut-être celle de faire communier des esprits entre eux, l'*enkômion* devait d'abord émouvoir le public. Il en allait autrement des deux autres genres littéraires, le judiciaire étant le plus nécessaire et visant à l'établissement de la justice, le délibératif cherchant à prouver, par le jeu des enthymèmes et des exemples, la valeur d'une proposition dans le but de remporter une adhésion. Mais il ne faut pas oublier qu'étaient nombreuses les situations où les caractéristiques propres à ces différents genres littéraires pouvaient interférer, ce qui justifie parfois les difficultés rencontrées pour les identifier. Dans la pratique en effet, il peut être habile d'expliquer pour louer ou vice-versa.

Les dernières décennies de recherche consacrées au Livre de la Sagesse ont montré l'ample présence des caractéristiques rhétoriques du livre[5] ainsi que la portée de celles-ci pour l'identification du genre littéraire. Des divergences apparemment sans solution demeurent cependant, à propos de l'ensemble du livre, entre les partisans de deux genres littéraires bien distincts. Grâce aux travaux de Beauchamp, Gilbert et Bizzeti[6], une école s'édifiait à la faveur d'un *enkômion*. Sans reprendre ici tout l'argumentaire, il convient de reconnaître, dans la partie centrale du livre (Sg 6,22–9,18), l'éloge proprement dit de la Sagesse : « Sg VI,22–IX,18 : Éloge. L'auteur annonce en VI,22-23 qu'il traitera de la nature, de l'origine et de l'histoire de la Sagesse ; il donnera au cours de son exposé de brefs tableaux de ses

---

Il conviendra de comprendre qu'un *logos protreptikos* est une dénomination du genre délibératif. La force traditionnelle de la distinction ternaire, quand bien même le vocabulaire change, est attestée dans les *Progymnasmata* de Nicolaos de Myra (Xème siècle ap. J.-C.) avec les termes συμβουλευτικόν, πανηγυρικόν et δικανικόν, cf. J. FELTEN, *Nicolai Progymnasmata* (Rhetores Graeci 11 ; Leipzig 1913) 3.

5 « Cette familiarité indéniable de Sag. avec la rhétorique grecque invite à juger maint passage, non d'après nos critères esthétiques modernes, mais en fonction d'un genre littéraire très en faveur qui avait ses règles propres et donnait souvent libre cours à la fantaisie ou à la fiction », C. LARCHER, *Études sur le livre de la Sagesse* (EtB ; Paris 1969) 186.

6 P. BEAUCHAMP, *De Libro Sapientiae*, 1-40 ; M. GILBERT, « Sagesse de Salomon », 77-87 ; P. BIZZETI, *Il libro della Sapienza*, 113-180.

œuvres, ainsi que le demandait la théorie »[7]. Sg 1,1–6,21 constituerait alors l'exorde et Sg 10,1–19,9, un déploiement historique, principalement sous la forme d'une *synkrisis* (comparaison), qui viendrait confirmer la pertinence de l'éloge en question. La digression de Sg 13–15 n'aurait rien de surprenant dans ce genre de discours et l'épilogue serait identifié en Sg 19,10-22[8]. Selon Beauchamp, le corps de l'éloge en Sg 7–8 serait circulaire : « La forme circulaire de cette partie convient à sa doctrine : le chemin de la Sagesse est la Sagesse elle-même »[9]. L'étude des structures confirmait cette forme circulaire mais suggérait également d'aller plus loin pour en expliquer la logique.

Une seconde école s'édifiait sur la base des travaux de Focke et Reese[10], partisans d'un *logos protreptikos*, sorte d'exhortation persuasive, dérivé hellénistique du genre délibératif[11]. Le Livre de la Sagesse ne répondrait plus strictement à la description classique de ce genre oratoire mais se présenterait sous la forme d'un exposé divisé en différentes parties, chacune relevant d'un genre littéraire particulier. C'est ainsi que Reese, sur la base de la double interrogation indirecte de Sg 6,22 : τί δέ ἐστιν σοφία καὶ πῶς ἐγένετο ἀπαγγελῶ, identifie en Sg 6,21–10,21 non pas un éloge mais une *aporia*, c'est-à-dire un problème. « L'auteur du Livre de la Sagesse trouve un genre approprié dans la tradition scolaire hellénistique, celui que l'on appelle ἀπορία, "problème". Cette forme littéraire a été développée par des philosophes comme Aristote pour répondre aux questions de logique ou d'éthique »[12]. La portée explicative du discours est de fait perceptible en sorte qu'il semble difficile d'écarter cette proposition. Beauchamp lui-même indique qu'il « serait intéressant de voir dans quelle mesure la forme de l'*encômion* est compatible avec celle du protreptique, principalement proposée pour *Sg*. par Reese »[13]. Plus récemment, Winston rappelle : « Il est très difficile de déterminer si Sg est une composition épidictique avec des

[7] M. GILBERT, « Sagesse de Salomon », 84.

[8] M. GILBERT, « Sagesse de Salomon », 85.

[9] P. BEAUCHAMP, *De Libro Sapientiae*, 71.

[10] F. FOCKE, *Die Entstehung der Weisheit Salomos. Ein Beitrag zur Geschichte des jüdischen Hellenismus* (FRLANT 5 ; Göttingen 1913) 86 ; J.M. REESE, *Hellenistic Influence on the Book of Wisdom and its Consequences* (AnBib 41 ; Roma 1970) 90-121. Ils seront suivis par M. DELCOR, D. WINSTON et U. OFFERHAUS.

[11] « Protreptique désigne donc tout type de discours, et par suite, d'ouvrage, qui engage autrui dans une décision, vers la réalisation d'une action future, dont le protreptique est lui-même dépendant », S. VAN DER MEEREN, « Le protreptique en philosophie : essai de définition d'un genre », *REG* 115 (2002) 596. Le plus souvent, un protreptique est une exhortation à la vie philosophique, avec une réprobation des adversaires et un éloge de la pratique philosophique.

[12] J.M. REESE, *Hellenistic Influence*, 107.

[13] P. BEAUCHAMP, « Épouser la Sagesse – ou n'épouser qu'elle ? Une énigme du Livre de la Sagesse », *La Sagesse de l'Ancien Testament* (éd. M. GILBERT) (BEThL 51 ; Leuven 1979 ; ^{2}1990) 359, n. 26.

ajouts protreptiques ou fondamentalement un protreptique, avec des caractéristiques épidictiques importantes »[14].

La forte divergence entre ces deux points de vue nous condamnerait à choisir entre l'un et l'autre si nous ne nous souvenions de l'heureuse expression d'Héraclite : « Mieux vaut une harmonie tacite que manifeste »[15]. Ainsi l'occasion se présente-t-elle de poursuivre cette recherche pour vérifier si le contraste apparent n'est pas l'indice d'un accord plus étroit. L'évidence rhétorique du Livre de la Sagesse n'aurait tout simplement pas achevé de dévoiler ses trésors cachés, ce qu'une réflexion étonnée de Gilbert suggère par ailleurs : « Chose étonnante, l'auteur semble parler à la fois de la Sagesse et de Salomon »[16]. Sa remarque ouvre en réalité tout un axe de réflexion. L'auteur se contente-t-il de faire l'éloge de la Sagesse, ou bien, parlant de lui-même, ne fait-il pas pour ainsi dire son propre éloge avec celui de la Sagesse ? Si une telle combinaison s'avère plausible, n'y aurait-il pas, dans ce phénomène, le ressort délibératif d'un éloge qui viserait à justifier le chemin de la Sagesse dans la vie du Sage ? Et plus précisément, n'y aurait-il pas un indice précieux pour interpréter la figure de la Sagesse telle qu'elle est présentée dans ces chapitres, sa personnification, sa nature et son rôle, comme si, pour parler ainsi de la Sagesse, on ne pouvait faire abstraction de la vie du Sage ? Reprendre l'analyse détaillée de la composition rhétorique de Sg 7–8 ne relève donc pas d'une simple formalité critique ; cela concerne, sur un sujet aussi délicat que la nature de la Sagesse et son action, l'interprétation même du discours et l'évaluation de sa portée théologique. Alors même qu'un ouvrage récent reprend la question de la personnification de la Sagesse dans quelques textes de l'Ancien Testament[17], il semble qu'une analyse littéraire plus précise de Sg 7–8, de ses délimitations internes et de sa cohérence, soit encore d'actualité pour éviter l'écueil que serait une lecture de Sg 7,22–8,1 ne tenant pas compte de ce qui est dit du Sage dans les versets qui précèdent et qui suivent.

2. Laurent Pernot et l'éloge rhétorique

L'univers rhétorique auquel on fait référence pour l'étude de textes bibliques paraît parfois limité aux traités théoriques pourrait-on dire « classiques » de l'Antiquité, celui d'Aristote ou celui qu'il faudrait attribuer à

---

[14] D. WINSTON, « Un secolo di ricerca sul libro della Sapienza », *Il libro della Sapienza* (éd. G. BELLIA) 18.

[15] 'Αρμονίη ἀφανὴς φανερῆς κρείττων, Héraclite, frg. 54,1.

[16] M. GILBERT, « Sagesse de Salomon », 85.

[17] M. NEHER, *Wesen und Wirken der Weisheit in der Sapientia Salomonis* (BZAW 333 ; Berlin-New York 2004) 98-120.

Anaximène, ceux de Cicéron et de Quintilien, fidèles à leurs maîtres grecs. Ces traités, par l'autorité qu'on leur accorde, jettent pourtant dans l'ombre le reste d'un monde, certes moins prestigieux, mais peut-être plus original et plus varié qu'on ne le suppose. De même qu'en vertu d'un parti pris philosophique, Isocrate et Aelius Aristide seront facilement oubliés à l'avantage de Platon et de Plotin, la faveur des traducteurs se tournera plus volontiers vers les théories traditionnelles de Quintilien que vers celles, plus « baroques », d'Aelius Théon, d'Apsinès ou de Ménandre le Rhéteur. Il suffit de se reporter à l'opposition entre « asianisme » et « atticisme »[18] et à son interprétation, pour constater qu'un critique littéraire, comme tout un chacun, se laisse aisément séduire par certains protagonistes de l'histoire qu'il étudie. On notera d'ailleurs, ce qui est symptomatique, que l'édition des rhéteurs grecs, présentée entre autres par Walz, Spengel et Rabe[19], attend toujours une traduction en français. Garder les grands traités classiques comme références incontournables pour déchiffrer certaines compositions bibliques, comme le Livre de la Sagesse ou certaines épîtres de Paul[20], n'a rien d'une ineptie et gardera la vertu précieuse d'avoir posé les jalons d'un chemin à parcourir[21]. Mais il ne semble pas inutile de porter une attention plus grande aux siècles qui séparent Aristote d'Aelius Aristide, de réévaluer certaines pratiques jugées parfois hâtivement comme décadentes et de ne pas se contenter d'une théorisation de la rhétorique finalement trop stable pour être tenable. La rhétorique n'aurait rien de cette rigidité qui la rendrait somme toute abstraite et trop sérieuse. Elle aurait été, au cours des siècles, comme pratique vivante de l'art de parler, en constante transformation pour autant qu'elle transformait les mentalités. Elle offrirait comme telle un cadre nécessaire à l'étude des

---

[18] « Les philologues allemands ont cru devoir faire appel, pour résoudre le problème [de l'origine de la Seconde Sophistique] aux notions abstraites et mal définies d'atticisme et d'asianisme », A. BOULANGER, *Aelius Aristide et la sophistique dans la province d'Asie au IIe siècle de notre ère* (Paris 1923) 60 ; cf. E. NORDEN, *Die Antike Kunstprosa vom. VI Jarhundert v. CHR bis in die Zeit der Renaissance I* (Leipzig-Berlin 1915) 251-343.

[19] C. WALZ, *Rhetores graeci* (Leipzig 1832-1836) ; L. SPENGEL, *Rhetores Graeci* (Leipzig 1853-1856) ; H. RABE, *Rhetores Graeci* (Leipzig 1913). Pernot évoque un souvenir de 1977 : « L'exposé de Jacques Bompaire, par exemple, mettait en valeur l'apport des recueils des *Rhetores Graeci*, textes habituellement considérés comme purement techniques et scolastiques, et pour cette raison mal édités, mal datés, mal authentifiés, qui se révélaient importants, non seulement par l'intérêt intrinsèque de leurs analyses, mais aussi pour l'éclairage qu'ils jetaient sur la littérature grecque », L. PERNOT, « Les sophistiques réhabilitées », 28.

[20] S.E. PORTER, « Paul of Tarsus and his letters », *A Handbook of Classical Rhetoric in the Hellenistic Period* (éd. S.E. PORTER) (Leiden 1997) 533-585 ; J-B. ÉDARD, *L'Épître aux Philippiens : rhétorique et composition stylistique* (EtB - NS 45 ; Paris 2002).

[21] H. LAUSBERG, *Handbuch der literarischen Rhetorik. Eine Grundlegung der Literaturwissenschaft I-II* (Munich 1960) ; B. MORTARA GARAVELLI, *Manuele di Retorica* (Milano 1972 ; ²2000). Ces ouvrages ne représentent qu'une facette « classique » de la rhétorique qui n'assume pas les nouveaux modèles déployés dans le monde hellénistique, en particulier à l'époque impériale.

chefs-d'œuvre d'autrefois. C'est du moins ce qu'un certain renouveau des études rhétoriques laisse entrevoir, si l'on en croit les propos de Fumaroli. « Cette phénoménologie historique des idées et des formes rhétoriques, qui ont leurs constantes et leurs normes, mais qui ont connu aussi de génération en génération des querelles, des évolutions et des révolutions, nous a paru offrir le contexte aujourd'hui indispensable pour retrouver le sentiment des formes et le sens intime des chefs-d'œuvre d'autrefois »[22].

Par la traduction récente de certains ouvrages, comme l'*Art rhétorique* d'Apsinès (2001) ou les *Arts rhétoriques* du Pseudo-Aelius Aristide (2002) présentés par Patillon[23], mais surtout par quelques études magistrales sur l'importance de ce grand courant littéraire qui reçut un jour le nom peu flatteur de « Seconde Sophistique »[24], l'histoire de la rhétorique est aujourd'hui plus complète et plus accessible. Elle révèle que cette discipline, à l'instar de l'architecture, maintient en tension constante tradition et innovation[25]. Comparer le théâtre d'Epidaure à celui d'Ephèse suffirait à illustrer le passage d'une époque à l'autre et suggère des transformations analogues dans l'ordre de « l'architecture rhétorique » d'un discours. Certaines études, comme celles de Bowersock[26], Kennedy[27] ou encore

---

[22] M. FUMAROLI, « Rhétorique et postmodernité », *Actualité de la rhétorique* (éd. L. PERNOT) 14.

[23] M. PATILLON (CUF ; Paris 2001-2002). Cf. aussi L. PERNOT, *Aelius Aristide. Éloges grecs de Rome. Discours traduits et commentés* (Paris 1997) 139-161. On trouvera, dans le second appendice (171-183), une présentation de la distinction entre Aelius Aristide (IIème s. ap. J.-C.) et le Pseudo-Aelius Aristide (IIIème s. ap. J.-C.). L'introduction à *L'éloge des empereurs Constance et Constant* attribué à Libanios montre l'importance de ces techniques rhétoriques jusqu'à une époque tardive, cf. P.-L. MALOSSE, *Libanios, Discours LIX* (CUF ; Paris 2003) 7-87.

[24] « Retrouvant prospérité et prestige après les temps troublés de la conquête romaine, le monde grec connaît à partir du Ier s. de notre ère une renaissance culturelle dont la rhétorique est une des manifestations majeures : c'est le phénomène de la Seconde Sophistique », L. PERNOT, « Rhétorique grecque à l'époque romaine », *Dictionnaire de littérature grecque ancienne et moderne* (éd. J. DE ROMILLY) (PUF ; Paris 2001) 217. Cf. S. NICOSIA, « La Seconda Sofistica », *Lo spazio letterario della Grecia Antica. Vol. 1. La produzione e la circolazione del Testo. T.3. I Greci e Roma* (éd. G. CAMBIANO – L. CANFORA – D. LANZA) (Roma 1994) 85-116 ; J. SIRINELLI, *Les enfants d'Alexandre. La littérature et la pensée grecque (331 av. J.C. – 519 ap. J.C.)* (Paris 1993) 233-287.

[25] Cf. L. PERNOT, *La rhétorique dans l'Antiquité* (Paris 2000) 230 ; A. BRANCACCI, *Rhetorike Philosophousa. Dione Crisostomo nella cultura antica e bizantina* (Elenchos 11 ; Napoli 1986) 9.

[26] G. W. BOWERSOCK, *Greek sophists in the Roman Empire* (Oxford 1969) ; *Approaches to the Second Sophistic. Papers Presented at the 105th Annual Meeting of The American Philological Association (1973)* (Pennsylvania 1974).

[27] G. A. KENNEDY, *The Art of Rhetoric in the Roman World, 300 B.C.-A.D. 300* (Princeton 1972) ; « Historical survey of Rhetoric », *A Handbook of Classical Rhetoric in the Hellenistic Period* (éd. S.E. PORTER) (Leiden 1997) 3-41.

Swain[28], pour n'en citer que quelques unes, introduisent bien aux traits généraux de cette période[29] mais ne s'intéressent pas spécifiquement à la question de l'éloge rhétorique. D'autres, comme celles d'Anderson[30], de Winter[31] ou de Kovelman[32], apportent leur pierre à l'élaboration de cette histoire aux mille facettes mais s'appliquent surtout à déterminer la relation entre les littératures judéo-chrétienne et païenne. Il reste, pour ne pas s'égarer trop vite dans les dédales de cette histoire complexe, l'étude magistrale de Pernot consacrée à *La rhétorique de l'éloge dans le monde gréco-romain* et publiée en 1993. Pour quiconque étudie la littérature post-classique, il s'agit, pour reprendre l'expression de Schenkeveld[33], d'un *must*. Et pour l'étude spécifique de la composition rhétorique de Sg 7–8, l'ouvrage très exhaustif de Pernot pourrait s'avérer d'une étonnante fécondité, remplaçant tout simplement l'ouvrage habituellement cité de Burgess[34]. Ce « monument impressionnant dont l'ampleur le dispute à la finesse et à l'élégance »[35], propose en effet un dossier complet sur la rhétorique de l'éloge à l'époque impériale. Il conjugue l'analyse des théories et des pratiques encomiastiques, partant de son enracinement chez Isocrate et Aristote, pour arriver à l'apogée de cette pratique, entre la fin du Ier siècle ap. J.-C. et le IIIème siècle, avec des œuvres comme celles de Dion de Pruse[36], d'Aelius Aristide[37] et de Ménandre

[28] S. SWAIN, *Hellenism and empire : language, classicism and power in the Greek world, AD 50-250* (Oxford 1996).

[29] Pour une bibliographie sur la question, cf. L. PERNOT, *La rhétorique de l'éloge*, 800-838.

[30] G.W. ANDERSON, *The Second Sophistic. A Cultural Phenomenon in the Roman Empire* (London 1993) ou encore *Sage, Saint and Sophist* (London 1994). Cf. aussi B. CASSIN, *L'effet sophistique* (NRF Essais ; Paris 1995) ou encore J. SIRINELLI, *Les enfants d'Alexandre.*

[31] B.W. WINTER, *Philo and Paul among the Sophists : Alexandrian and Corinthian Responses to a Julio-Claudian Movement* (Eerdmans 2001 ; ²2002).

[32] A. KOVELMAN, *Between Alexandria and Jerusalem. The Dynamic of Jewish and Hellenistic Culture* (Leiden 2005).

[33] « This book is a "must" for anyone studying post-Classical rhetoric and the Second Sophistic », D.M. SCHENKEVELD, « De Novis Libris Iudica », *Mnemosyne* 50 (1997) 89.

[34] T.C. BURGESS, « Epideictic Literature », *Studies in Classical Philology 3* (Chicago-Leipzig 1902) 87-263 ; cf. M. VALLOZZA – A. KA, « Enkomion », *Historisches Wörterbuch der Rhetorik*, II (Tübingen 1994) 1152-1160 ; S. MATUSCHEK, « Epideiktische Beredsamkeit », *Historisches Wörterbuch der Rhetorik*, II (Tübingen 1994) 1258-1267.

[35] Recension de D. DONNET, dans *Antiquité classique* 64 (1995) 307. Elle ajoute : « Le dossier qu'il nous livre vaut autant par le poids et la qualité de l'information que par l'agrément de la synthèse », 307.

[36] J.W. COHOON – H.L. CROSBY, *Dio Chrysostom I-V* (LCL ; London-Cambridge 1932-1951). Au sujet de Dion, L. PERNOT, *La rhétorique de l'éloge*, 247, écrit : « Ce sont les rhéteurs de l'Empire qui ont fait la théorie de la personnification, et les œuvres de Dion et de Lucien regorgent d'abstractions personnifiées dans un esprit rhétorique ou philosophique ». Cf. aussi S. SWAIN, *Dio Chrysostom : politics, letters, and philosophy* (Oxford 2000).

[37] B. KEIL, *Aelii Aristidis Smyrnaei quae supersunt omnia* II (Berlin 1898) ; F.W. LENZ – C.A. BEHR, *P. Aelii Aristidis opera quae exstant omnia* I (Leyde 1976-1980) ; C.A. BEHR, *P.*

le Rhéteur[38]. L'intérêt de l'étude qu'il propose est, malgré une absence de référence à la littérature biblique, la précision et l'exhaustivité avec lesquelles il analyse et interprète l'éloge rhétorique. La présentation de Pernot n'est pas une réplique de règles strictes et immuables qui en ferait un annuaire de rubriques sans âme ; elle introduit dans un milieu d'intellectuels, de maîtres et d'élèves, théoriciens ou praticiens de l'éloquence, qui participe à l'évolution d'une société soudainement soumise à l'emprise d'un pouvoir lointain et latin. En restituant à la rhétorique de l'éloge son enracinement historique, Pernot la rend moins formelle, plus vivante et finalement plus proche de la réalité. Il semble qu'un tel travail, qui rend possible la mise en lumière d'une histoire de la rhétorique[39], peut renouveler nombre d'études littéraires, qu'elles soient bibliques ou patristiques[40]. C'est déjà tout un corpus littéraire, non chrétien et en langue grecque, considéré comme décadent et futile[41], qui s'est trouvé réhabilité[42], rejoignant ainsi le champ d'intérêt des recherches littéraires. En son caractère dérisoire et ridicule, l'éloge paradoxal qu'un Lucien propose,

---

Aelius Aristides. The Complete Works Translated into English (Leyde 1981-1986) ; A. BOULANGER, *Aelius Aristide et la sophistique* ; L. PERNOT, *Aelius Aristide. Éloges grecs de Rome*.

[38] Ch. WALZ, *Rhetores graeci* 11 (Osnabrück 1932 ; ^{2}1968) ; D.A. RUSSELL – N.G. WILSON, *Menander Rhetor. Edited with Translation and Commentary* (Oxford 1981). Ménandre propose, « en se fondant sur l'examen de la pratique antérieure, notamment de la Seconde Sophistique », une « synthèse de la théorie rhétorique de l'éloge », L. PERNOT, *Aelius Aristide. Éloges grecs de Rome*, 24.

[39] Cf. L. PERNOT, *La rhétorique dans l'Antiquité* (Paris 2000) qui propose une excellente synthèse sur le sujet. R. BARTHES proposait déjà une histoire de la rhétorique dans son article : « L'ancienne rhétorique. Aide-mémoire », *Recherches Rhétoriques. Communications* 16 (1970) 172-229, réédité dans *L'aventure sémiologique* (Paris 1994) 85-164.

[40] La redécouverte de la Première comme de la Seconde Sophistique est présentée dans l'article de L. PERNOT, « Les sophistiques réhabilitées », *Actualité de la rhétorique* (L. PERNOT) 27-48. Pernot propose une bibliographie assez complète sur le sujet, 41-48.

[41] « Toute cette éloquence ambitieuse et souvent frivole contribuait du moins à entretenir dans les cités la plus chère des illusions : celle d'une vie politique [...]. Les Grecs, à qui la paix et la prospérité ramenées par l'Empire ont rendu, en quelque mesure, leur conscience nationale, éprouvent le besoin d'affirmer devant leurs maîtres romains la vitalité du génie de leur race », A. BOULANGER, *Aelius Aristide et la sophistique*, 55-56. « S'agissant de la Seconde Sophistique, la dépréciation du genre épidictique était en outre accrue par les préjugés qui s'exercent contre la période post-classique [...] Les discours épidictiques ne sont que de belles paroles, dépourvues de finalité pratique [...] », L. PERNOT, *La rhétorique de l'éloge*, 659. Il ajoute cette invitation : « Il faut donc rompre avec la signification du dédain », 661.

[42] « Les hellénistes français sont en train de tracer depuis vingt ans, par touches successives, un tableau d'ensemble de la Seconde Sophistique dans l'Empire romain. Ils montrent quelle fut l'importance des sophistes comme orateurs, comme professeurs, comme écrivains. Ils soulignent aussi leur statut d'hommes publics, dépositaires ès qualités du passé et des valeurs de la Grèce, représentants de l'intelligentsia face au pouvoir impérial, dialoguant avec l'autorité romaine », L. PERNOT, « Les sophistiques réhabilitées », 34.

bien qu'il ne fasse pas « d'une mouche un éléphant »[43], aurait le mérite d'introduire dans l'univers littéraire d'un Clément d'Alexandrie et d'un Origène. C'est en tout cas ce que Pernot laisse supposer dans une étude sur la rhétorique de Grégoire de Nazianze[44]. Si l'utilisation des analyses de Pernot pour commenter la littérature patristique des premiers siècles ap. J.-C. paraît raisonnable, qu'en est-il cependant du Livre de la Sagesse dont la rédaction est située en général au Ier av. J.-C. ? Il convient pour cela de revenir sur l'époque plus au moins précise de la rédaction du Livre de la Sagesse et sur les contours historiques de cette rhétorique dite de l'éloge.

Concernant le Livre de la Sagesse, il semble que le consensus visant le *terminus post quem* ne mérite plus d'être discuté. Les arguments principaux déployés par Larcher[45], Gilbert[46] et Scarpat[47], partagés par Vílchez Líndez[48] et Winston[49], le situent, au plus tôt, à l'époque où le pouvoir impérial romain s'impose en Egypte, c'est-à-dire en 30 av. J.-C. L'usage du terme κράτησις en Sg 6,3 et sa signification concernant la domination romaine constituent l'un des indices majeurs en ce sens. « L'an 30 av. J.-C., commencement de la κράτησις, constitue certainement pour notre livre le *terminus post quem* »[50]. Il est probable en effet que ce terme fasse référence à la prise d'Alexandrie par Auguste. Et si des changements dans les pratiques rhétoriques liés à ce bouleversement politique se vérifient, il n'est pas insignifiant que l'auteur ait écrit sous la domination romaine. La question du *terminus ad quem* est quant à elle plus délicate. Gilbert ne suit pas Larcher dans les précisions qu'il apporte pour tenter de situer la rédaction du livre en trois périodes différentes, s'étalant de 31 à 10 av. J.-C. Il ne suit pas non plus Scarpat qui, suivi par Winston, tente de montrer une datation plus tardive, la reportant à l'époque de Caligula (40 ap. J.-C.). Il préfère, devant la faiblesse des arguments, « dater

---

43 Lucien, *L'éloge de la mouche* 12,12. Une remarque de Lucien, rapportée par Bompaire, suffit à illustrer la qualité d'un milieu où l'éducation n'est pas un vain mot : « Il n'était encore qu'un jeune garçon, barbare de langage et presque vêtu de la robe à manches, à la mode assyrienne, lorsque je le trouvai en Ionie [...] Je le pris par la main et me chargeai de l'instruire [...] Puis l'ayant épousé je le fis inscrire frauduleusement parmi ceux de ma tribu et j'en fis un citoyen », J. BOMPAIRE, *Lucien écrivain. Imitation et création* (Paris 1958 ; ^{2}2000) 152. Il est intéressant d'évoquer, dans le cadre d'une étude de Sg 7–8, la figure de ce « petit syrien, fils d'un tailleur de pierre qui parlait araméen [...] devenu authentiquement attique par la culture livresque, la discipline rhétorique, la controverse philosophique », cf. J. BOMPAIRE, *Lucien écrivain*, x.

44 L. PERNOT, « Grégoire de Nazianze (or. XXXIII, 6-7) », 271-286.

45 C. LARCHER, *Le livre de la Sagesse*, I, 141-161.

46 M.GILBERT, « Sagesse de Salomon », 91-92.

47 G. SCARPAT, *Il libro della Sapienza*, I, 14-24.

48 J. VÍLCHEZ LÍNDEZ , *Sabiduría*, 59-70.

49 D. WINSTON, *Wisdom of Solomon*, 20-25.

50 G. SCARPAT, *Il libro della Sapienza*, I, 17.

Sg du règne d'Auguste » et en vient à reconnaître le terme κράτησις comme un indice du *terminus ad quem*[51]. On peut admettre cependant que certains arguments déployés par Scarpat, en particulier celui qui concerne l'usage du terme διάγνωσις, ne manquent pas d'intérêt. Il s'agirait d'un usage juridique apparaissant dans la seconde partie du Ier siècle ap. J.-C. « Les attestations de διάγνωσις en ce sens nouveau sont tardives et nous conduisent assurément au-delà de la seconde moitié du Ier siècle ap. J.-C. Celle de Sg, qui ne peut nous conduire bien avant, nous paraît donc confirmer une datation plutôt tardive de Sg »[52]. Malgré les incertitudes, aussi bien d'ordre linguistique que d'ordre historique, relatives aux tensions entre Égyptiens, Romains et Juifs[53], il semble préférable de situer la rédaction du livre à l'époque d'Auguste. Mais ceci ne doit pas empêcher de considérer avec plus d'attention la proximité de cet écrit avec le milieu littéraire du Ier siècle ap. J.-C., en particulier avec un auteur comme Dion de Pruse (40-110 ap. J.-C.)[54] qui devint la référence de la Seconde Sophistique.

Concernant la pratique de l'éloge rhétorique, les datations ne sont pas simples non plus. Toute datation pointilleuse est d'ailleurs impossible, tant il est difficile de fixer les limites d'un milieu scolaire qui précède toujours l'époque de ses représentants les plus illustres, ou de déterminer la pseudépigraphie d'un auteur tardif faisant de l'archaïsme. Il n'en reste pas moins évident, qu'en dépit d'une forte tradition d'imitation, la pratique d'Aelius Aristide et les théories de Ménandre le Rhéteur[55] ne sont plus exactement celles d'Isocrate et d'Aristote. En quelques mots, Pernot résume

---

[51] « In Sap 6,3a, la κράτησις è attribuita non ad un popolo, ma ai re, ai governanti dei confini della terra (cf. Sap 6,1), che dominano la moltitudine e che sono orgogliosi delle masse di popoli sottomessi da loro (cf. Sap 6,2). Questo è proprio il caso di Ottaviano Augusto, al quale i papiri si riferiscono soltanto durante il suo regno per indicare il suo dominio sull'Egitto, dove il libro della Sap è stato scritto. Vale a dire che la parola greca κράτησις indica sia un *terminus a quo* che un *terminus ad quem* per la composizione di questo libro biblico » M. GILBERT, « La vostra sovranità viene dal Signore (Sap 6,3) : ambivalenza del potere politico nella tradizione sapienzale », *Il potere politico : bisogno e rifiuto dell'autorità. XXVIII Settimana Biblica Nazionale (Roma, 6-10 settembre 2004)* (éd. E. MANICARDI – L. MAZZINGHI) (Ricerche Storico Bibliche 18.1/2 ; Bologna 2006) 123.

[52] G. SCARPAT, « Ancora sulla data di composizione della Sap. Salomonis. Il termine διάγνωσις (Sap. 3,18 ; Act. 25,21) », *RivBib* 36 (1988) 373.

[53] « La datazione precisa dell'opera resta oggetto di congetture, oscillando tra il 200 a.C. come terminus a quo, e il I o il II secolo della nostra era », G. BELLIA, « Lettura storico-antropologica di Sapienza », *Il libro della Sapienza* (éd. G. BELLIA) 103.

[54] Il aurait servi de « modèle à toute l'éloquence des haut et bas Empires », étant le représentant « le plus achevé » de cette renaissance des lettres grecques à l'époque du Ier siècle ap. J.-C., cf. J. SIRINELLI, *Les enfants d'Alexandre*, 248-257.

[55] Le passage d'un plan thématique à une suite chronologique est sensible entre le traité attribué à Anaximène et ceux de Ménandre le Rhéteur, cf. J. BOMPAIRE, *Lucien écrivain*, 270.

ainsi l'histoire de l'éloge rhétorique : « Parents pauvres de l'époque classique, obscurs à l'époque hellénistique et toujours en retrait à Rome, l'*enkômion* et l'*epideiktikon genos* ont connu leur triomphe dans le monde grec des premiers siècles après J.-C. »[56]. Ce triomphe, qui pourrait en un sens caractériser la Seconde Sophistique, ne doit cependant pas se substituer à la réalité plus ancienne de cette pratique encomiastique. Le triomphe d'une pratique permet certes d'en identifier plus facilement les principales composantes et de caractériser une période, mais il ne peut faire oublier les conditions préalables qui l'ont rendu possible. Pernot présente à ce propos le programme de certains concours du Ier siècle av. J.-C.[57], montrant que le triomphe de l'*enkômion* s'enracine d'abord dans une pratique scolaire, celle des *progymnasmata*[58], avant de se déployer ensuite comme un genre dominant dans une société en manque de responsabilité politique. « On retrouve dans ces concours de l'époque impériale les traits qui se dessinaient au Ier siècle avant J.-C. : représentation de la rhétorique par le seul genre de l'éloge, parallélisme rigoureux avec l'éloge poétique »[59]. Pline le Jeune fait l'éloge d'un certain Isée de Syrie, né vers 40 ap. J.-C., sophiste très éloquent et très heureux[60]. Philostrate mentionne Nikétès de Smyrne et son élève Scopélianos de Clazomènes[61], orateurs dont la vie illustre ce renouveau scolaire de l'éloquence au Ier siècle ap. J.-C. Aelius Théon atteste, par sa volonté de faire de l'éloge un exercice préparatoire[62], « un accroissement du rôle de l'éloge dans l'enseignement du Ier siècle ap. J.-C. »[63]. Les traités de Ménandre le Rhéteur, apparemment tardifs (IIIème siècle ap. J.-C.) pour expliquer un

---

56 L. PERNOT, *La rhétorique de l'éloge*, 113.

57 « C'est seulement à partir du Ier siècle avant notre ère que l'éloge en prose (*enkômion logikon*, *enkômion katalogadên*) est bien attesté dans les concours. Il figure dans le programme des *Tamyneia* d'Eubée, où il s'agit de louer Apollon et où les orateurs sont appelés *enkômiologoi* ; en Béotie, aux *Amphiaraia* d'Oropos et aux *Sôteria* d'Acraiphia », L. PERNOT, *La rhétorique de l'éloge*, 49.

58 « Die *progymnasmata* sind wahrscheinlich ein Produkt des hellenistischen Schulunterrichts. Ihre genaue Entstehungszeit ist ungewiß. Meist wird das 2.Jh. v. Chr. Genannt. Wahrscheinlicher ist eine graduelle Entwicklung im Laufe des Hellenismus, parallel zur Ausbildung der Deklamation [...] Ursprünglich werden diese Übungen i.d.R. einfach als *gymnasmata* oder *gymnasiai* bezeichnet, so noch im Sprachgebrauch der frühesten erhaltenen Hanbücher des 1.-3.Jh.n. Chr. », M. KRAUS, « Progymnasmata, Gymnasmata », *Historisches Wörterbuch der Rhetorik*, VII (Tübingen 2005) 160. Cf. G. REICHEL, *Questiones progymnasmaticae* (Leipzig 1909) 97-104.

59 L. PERNOT, *La rhétorique de l'éloge*, 89 ; cf. J. BOMPAIRE, *Lucien écrivain* 269-291. Ce dernier précisait déjà : « Le genre épidictique, déjà familier à Gorgias, n'a pourtant été codifié avec précision que par les rhéteurs de l'époque impériale : la IIe sophistique en fait le genre essentiel », 269.

60 Pline, *Lettres* II,3.

61 Philostrate, *La vie des sophistes* 512-515.

62 Aelius Théon, *Progymnasmata* 59,18-19.

63 L. Pernot, *La rhétorique de l'éloge*, 59.

discours comme celui de Sg 7–8, couronnent pourtant une pratique en germe dans les écoles de la période hellénistique et qui devient dominante dans l'ensemble de la société avec l'arrivée des légions romaines sur les terres d'Asie et d'Afrique[64]. Il se pourrait dès lors que, malgré leur époque tardive, les écrits de la Seconde Sophistique ne soient pas moins adaptés que certaines pages de Cicéron ou de Quintilien, à cet égard très classiques, pour l'étude d'un document situé à la fin du Ier siècle av. J.-C.

En somme, devant un tel renouvellement des données de la recherche concernant l'éloge rhétorique à l'époque impériale, avec la mise en lumière assez précise des modifications de la pratique encomiastique suscitées par la domination romaine, il ne paraît pas raisonnable d'aborder la composition rhétorique de Sg 7–8 en se limitant à une systématisation aristotélicienne où le genre épidictique reste un genre d'apparat et de peu d'intérêt[65]. Et bien que mon analyse de Sg 7–8 ne dépende pas exclusivement d'une étude sur l'histoire de la rhétorique, elle exige toutefois d'être comprise à l'aune d'une histoire des formes littéraires que cette « phénoménologie historique » présentée par Pernot rend plus accessible. Aussi n'est-il pas dénué de sens, et ce, malgré l'anachronisme apparent, d'avoir présent à l'esprit une pratique comme celle d'Aelius Aristide, pour qui ce genre littéraire de l'éloge est le moyen de poser l'acte religieux par excellence, celui d'annoncer, en parlant de soi, les puissances du grand Esculape. Quelques caractéristiques culturelles de ce milieu sophistique souvent ignoré ou méprisé devraient aider à mieux saisir l'intérêt des indices littéraires identifiés par la suite.

3. La Seconde Sophistique

Milieu[66] d'orateurs que l'on fait commencer de façon plus ou moins artificielle à Philostrate[67], la Seconde Sophistique aurait une origine plus

---

[64] Cf. S. SWAIN, *Hellenism and empire*, 1-7 ; T. WHITMARSH, « Reading power in Roman Greece : the paideia of Dio Chrysostom », *Pedagogy and Power : Rhetorics of Classical Learning* (éd. Y.L. TOO – N. LIVINGSTONE – Q. SKINNER) (Cambridge 1998) 192-213.

[65] Pernot identifie une sorte de « blocage épistémologique, qui a empêché, dans la rhétorique antique, toute réflexion approfondie sur la fonction de l'éloge », L. PERNOT, *La rhétorique de l'éloge*, 659.

[66] La remarque de Pernot à propos du travail de Winter est importante : « À l'idée trop simple d'une influence de la sophistique sur le christianisme, il [Winter] substitue l'idée d'un milieu sophistique, avec lequel les auteurs juifs et chrétiens auraient eu des échanges et auquel ils se seraient parfois opposés. La différence entre "influence" et "milieu" n'est pas seulement une question de mots. Elle fait émerger une problématique différente, dans laquelle la sophistique est envisagée comme un milieu intellectuel et social doté d'une réalité historique au lieu d'être réduite à des procédés d'écriture catalogués *in abstracto* », L. PERNOT, « Christianisme et Sophistique », *Papers on Rhetoric IV* (éd. L.C. MONTEFUSCO) (Roma 2002)

ancienne qu'il n'y paraît. Son berceau se trouverait dans les écoles hellénistiques du Ier siècle ap. J.-C., devenues, du fait de l'occupation romaine, le lieu privilégié de joutes oratoires. Michel insiste sur le bouleversement suscité par l'occupation romaine dès le Ier siècle av. J.-C. et n'hésite pas à situer « l'existence et l'activité de la Seconde Sophistique dès le temps de Philon »[68]. Il est de toute façon préférable, pour ne pas cantonner la Seconde Sophistique à son apogée, de ne pas sous-estimer ses racines dans cette période qui suivit l'arrivée des légions romaines dans la partie orientale du bassin méditerranéen. Face à la difficulté de s'engager sur le terrain politique occupé par le nouvel ordre impérial qui s'impose au monde, les élites locales se seraient repliées dans un univers scolaire propice à l'éloquence. Selon l'analyse de Michel, Dion de Pruse et Aelius Théon d'Alexandrie seraient les précurseurs de ce qui deviendra la Seconde Sophistique[69] qui, en parallèle à l'émergence d'un monde transformé par la foi au Verbe incarné (Jn 1,14), aurait trouvé sa raison d'être dans des exercices d'éloquence, échappant ainsi à l'humiliation causée par l'avènement de l'autorité impériale. Cassin rappelle en effet que la réalité de la Seconde Sophistique « s'appuie sur l'hégémonie de la *paideia*, de l'éducation sophistique, et sur le développement d'une culture littéraire : dans des écoles où le directeur était sophiste, l'"imitation rhétorique" propose l'appropriation, tout au long du cursus scolaire, de toutes les œuvres de l'Antiquité classique »[70]. Xénophon, Isocrate, Lysias ou Démosthène sont étudiés, commentés, parfois même imités[71]. Et comme l'explique Brown, « depuis les

---

256. Il ajoute : « La sophistique apparaît comme un secteur culturel, qui n'a pas été emprunté aux uns par les autres, mais qui était ouvert en commun aux uns et aux autres, aux païens et aux chrétiens », 257. Ce qui est vrai des chrétiens peut l'être d'un auteur comme celui du Livre de la Sagesse, auteur dont il faut reconnaître qu'il est formé à l'école des rhéteurs.

[67] Dans sa lutte contre les chrétiens, l'impératrice Julia Donna demanda à Philostrate (170-240 ap. J.-C.) de proposer l'idéal d'un Sage mystique, ce qu'il fit dans sa *Vie d'Apollonius de Tyane*, cf. J.J. FLINTERMAN, *Power, Paideia & Pythagoreanism. Greek identity, conceptions of the relationship between philosophers and monarchs and political ideas in Philostratus' Life of Apollonius* (Amsterdam 1995) 29-51. Philostrate paraît couronner un phénomène qui le précède largement.

[68] A. MICHEL, « Rhétorique et philosophie au 2ème siècle ap. J.-C. », *ANRW* II.34.1, 77. « The Roman invasion brought about a radical change [...] abstract law, not the king guaranteed their conditions of life. In this situation, rhetoric came to make such a mentality normative and abstract [...] Not folk tradition, but vulgarised philosophy nurtured the new way of thinking », A. KOVELMAN, *Between Alexandria and Jerusalem*, 19.

[69] A. MICHEL, « Rhétorique et philosophie », 19 ; 33.

[70] B. CASSIN, « Sophistique », *Encyclopédie Universalis* (DVD ; Version 8) ; cf. G. ROCCA-SERRA, « Bibliographie de la seconde sophistique », *Positions de la sophistique* (éd. B. CASSIN) (BHPh ; Paris 1986) 301-314 ; T. WHITMARSH, « Reading power in Roman Greece : the paideia of Dio Chrysostom », *Pedagogy and Power*, 192-213.

[71] Cf. M. PATILLON, *Pseudo-Aelius Aristide. Arts Rhétoriques. Livre II* (CUF ; 2002 Paris) 13-16.

débuts de l'Empire, une culture commune avait fourni un langage qui permettait à des gens instruits d'Arles ou d'Arabie de communier dans la même admiration dévote de la rhétorique grecque »[72]. Le talent oratoire trouvait de fait, dans l'éducation, non seulement sa forme originelle, par le jeu des récitations et des *progymnasmata*[73], mais aussi son essor par la pratique des *meletai*[74]. De ces déclamations fictives que l'élève crée, à partir de toutes les ressources de sa culture et de son art, le maître lui-même ne se détache jamais totalement, montrant qu'il garde sa virtuosité à travers des exercices qui ne doivent pas manquer d'édifier ceux qui les écoutent[75].

Dans ce cadre d'exercice privilégié, l'éloge s'érige progressivement en véhicule des idées et des valeurs. « Le discours d'éloge ne saurait donc se réduire à des flatteries politiques et intéressées ; c'est un phénomène beaucoup plus ample, un mode de fonctionnement qui affecte l'ensemble de la société et qui doit être interprété dans toute sa complexité »[76]. Il ne s'agit nullement de flagorner ou de paraître, mais d'énoncer un idéal et de façonner un type d'homme. Ainsi en va-t-il, dans le premier discours de Dion de Pruse, de l'éloge du choix d'Héraclès pour établir la royauté et faire disparaître la tyrannie[77]. Plus qu'une simple pratique oratoire, c'est un courant de pensée qui se dégage, sorte d'humanisme dont une certaine tendance syncrétiste n'est pas absente. L'influence des écoles philosophiques transparaît principalement dans les topiques qu'elles ont progressivement créées[78] et la visée sociale de cette pratique complexe est évidente : « Sa fonction est de réaffirmer et de recréer constamment le consensus autour de l'ordre social. Il instaure un moment de communion, durant lequel la société se donne à elle-même le spectacle de sa propre existence et fait provision de forces pour affronter l'avenir », écrit encore Pernot[79]. Plutarque, le Pseudo-Longin ou Dion de

---

[72] P. BROWN, *Pouvoir et persuasion dans l'Antiquité tardive : vers un Empire chrétien* (tr. P. CHUVIN ; Paris 1998 ; ^{2}2003) 63.

[73] Cf. G.A. KENNEDY, *Progymnasmata : Greek Textbooks of Prose Composition and Rhetoric. Writings from the Greco-Roman World* (Atlanta 2003). Les règles théoriques des progymnasmata sont présentées chez les rhéteurs grecs comme Hermogène, Aelius Théon, Aphtonios, Nicolaus, ou encore Jean de Sardes.

[74] Cf. D.A. RUSSELL, *Greek declamation* (Cambridge1983) ; M. IMBER, « Practised speech : oral and written conventions in Roman declamation », *Speaking Volumes : Orality and Literacy in the Greek and Roman World* (éd. J. WATSON) (Leiden 2001) 199-212.

[75] « Le genre épidictique ne convient pas au forum : son lieu est le gymnase ou la palestre. Autrement dit, c'est plutôt un exercice scolaire, réservé à la jeunesse », M. GILBERT, « Sagesse de Salomon », 85. L'étude de Pernot relativise cette affirmation en montrant comment ce genre deviendra progressivement dominant y compris sur le forum et dans la vie politique de l'empire et des cités.

[76] L. PERNOT, *La rhétorique de l'éloge,* 114.

[77] Dion de Pruse, 4,73-84.

[78] L. PERNOT, *La rhétorique de l'éloge,* 595.

[79] L. PERNOT, *La rhétorique de l'éloge,* 720.

Pruse ne partagent pas nécessairement les mêmes convictions philosophiques, ce qui ne les empêchent pas de se rejoindre dans une pratique commune de l'éloquence. L'unité de ce milieu ne se fait dès lors pas autour d'un système de pensée, comme c'est le cas pour les écoles philosophiques, l'Académie, le Lycée ou le Portique, mais par les charmes d'une pratique oratoire nouvelle. Certes, une idée peut paraître excessive et susciter la moquerie[80], ce qui importe avant tout est de prendre la parole et de bien la prendre. L'éclectisme philosophique, qu'il ne faut pas nécessairement juger opportuniste, tend même à s'imposer, permettant à la composition littéraire, qui puise dans un spectre plus large d'idées recevables, de se mettre au service d'un plus grand nombre[81]. Larcher notait, à propos du Livre de la Sagesse, une caractéristique qui recoupe ce phénomène : « L'auteur semble avoir lu beaucoup et un peu de tout, mais sans donner l'impression d'avoir assimilé vraiment la pensée d'ensemble d'un auteur ou d'un système philosophique »[82]. Qu'importe la fidélité à un système ou un autre, tel n'est pas l'enjeu de la composition rhétorique qui entend proposer, « face à des situations nouvelles, des réponses inédites et durables »[83].

L'éloge n'est pas toujours ironique comme le fait Lucien à propos d'une mouche. Il peut se faire en faveur d'un dieu inconnu (Ac 17,24-31), d'une idée nouvelle ou d'un grand homme disparu. Il se transforme parfois en auto-glorification, bien différente cependant de « l'autobiographie d'un Rousseau ou d'un Goethe » qui recherchent finalement la « mise en scène d'un *ego* épris de sa singularité »[84]. « L'éloge rhétorique » met en scène un moi exemplaire et permet d'exposer un rôle social[85]. Dans un article consacré à la *périautologie*, c'est-à-dire à cette façon de se louer soi-même, Pernot analyse une « composante nécessaire de la vie politique »[86]. Sans nier la

---

80 Le passe-temps des résidents d'Athènes se trouve ainsi décrit : « dire ou écouter les nouveautés » (Ac 17,21).

81 « Education of the masses became an obsession of the educated as early as the first two centuries C.E. Both Plutarch and Josephus criticized Plato for his lack of interest in such education », A. KOVELMAN, *Between Alexandria and Jerusalem,* 138.

82 C. LARCHER, *Études*, 235.

83 L. PERNOT, *La rhétorique de l'éloge*, 794.

84 M. TREDE-BOULMER, « La Grèce antique a-t-elle connu l'autobiographie ? », *L'invention de l'autobiographie d'Hésiode à Saint Augustin*, (éd. M.-F. BASLEZ – P. HOFFMANN – L. PERNOT) (Études de littérature ancienne 5 ; Paris 1993) 20.

85 « Dans l'autobiographie grecque, la préoccupation esthétique et morale l'emporte sur la curiosité biographique. Il s'agit d'exalter une personnalité accomplie, digne des modèles du passé, nullement de s'attarder sur des particularités individuelles », M. TREDE-BOULMER, « La Grèce antique a-t-elle connu l'autobiographie ? », *L'invention de l'autobiographie*, 19.

86 L. PERNOT, « *Periautologia*. Problèmes et méthodes de l'éloge de soi-même dans la tradition éthique et rhétorique gréco-romaine », *REG* 111 (1998) 104. En ce qui concerne la technique de cet éloge de soi-même, Pernot renvoie à Hermogène, Plutarque ou encore le Pseudo-Aristide. Certains passages de saint Paul, comme 1Co 9,1-27 ou 2Co 11,1–12,15, illustrent ce genre d'éloge.

réprobation instinctive que cet éloge peut susciter, il rappelle qu'on « jugeait les étudiants sur l'habileté avec laquelle ils s'acquittaient de la periautologie »[87]. Et si l'éloge de soi-même est d'abord un exercice scolaire, il n'en reste pas moins une composante de la pratique encomiastique[88]. Aelius Aristide ne raconte sa vie que pour « rendre grâce, proclamer l'action du Dieu dans sa vie et revendiquer le droit de parler de cela »[89] : « Je rêvais que, traversant Alexandrie, je voyais une école d'enfants. Ils lisaient et chantaient ces vers, se faisant écho les uns aux autres d'une manière délicieuse : "Il en a sauvé beaucoup de la mort imminente, qui déjà se tenaient aux portes inflexibles de l'Hadès". Or ce sont là de mes vers, les premiers presque que j'ai composés pour le dieu »[90]. Les discours du vieil Aristide ne relèvent pas de l'une de ces « manifestations narcissiques exacerbées » qui tournent sur elles-mêmes ; ils sont « une mémoire personnelle, une mémoire qui s'inscrit dans le temps d'une vie individuelle, une mémoire qui restitue en quelque sorte au sophiste les temps forts de son passé miraculé »[91] et ce, pour conduire ses auditeurs à révérer son dieu. Saint Paul ne procèderait-il pas d'une manière semblable lorsqu'il se voit contraint de faire son propre éloge, annonçant la puissance de Dieu déployée dans sa faiblesse (2Co 11,1–12,15) ? Il se peut que, dans le Livre de la Sagesse, comme chez saint Paul ou Aelius Aristide, il y ait un reflet de cette pratique scolaire par laquelle un homme juste et religieux a appris à parler en se faisant son propre éloge avec celui de son dieu.

Devant l'extension du phénomène de l'éloge, qu'il ne faudrait pas assimiler à la Seconde Sophistique bien qu'il la caractérise[92], il convient de reconnaître une incidence possible des recherches de Pernot pour l'analyse de Sg 7–8. Il n'est en effet pas impossible que l'auteur du Livre de la Sagesse ne se trouve déjà imprégné de règles qui n'apparaîtront avec netteté que par la suite, comme dans les écrits théoriques d'Aelius Théon[93]. Mieux identifié

---

[87] L. PERNOT, « *Periautologia.* Problèmes et méthodes de l'éloge de soi-même », 105.

[88] Cf. Plutarque, *Sur l'éloge de soi-même* 539e.

[89] M.-H. QUET, « Parler de soi pour louer Dieu », *L'invention de l'autobiographie*, 212.

[90] A.J. FESTUGIERE – H.D. SAFFREY, *Aelius Aristide, Discours sacrés. Rêve, religion, médecine au IIe siècle ap. J.-C. Introduction et traduction par A.J.F., notes par H.D.S.* (Paris 1986) 69.

[91] M.-H. QUET, « Parler de soi pour louer Dieu », *L'invention de l'autobiographie*, 230.

[92] H. FRUTEAU attire l'attention sur « la distinction nécessaire entre les discours dont le sujet relève du genre épidictique, et ceux, judiciaires ou politiques quant au fond, mais prononcés dans des occasions et à des fins purement épidictiques » et sur « les *progymnasmata* et déclamations, qui ne sauraient se réduire à l'éloge », cf. « Bulletin Bibliographique », *RPh* 69 (1995) 205. Il souligne ainsi la tendance de Pernot à assimiler la Seconde Sophistique à la pratique de l'éloge.

[93] Les *progymnasmata* d'Aelius Théon attestent dès le Ier siècle ap. J.-C. une codification assez précise des éloges telle qu'on la retrouvera chez Ménandre le Rhéteur. Cf. M. PATILLON – G. BOLOGNESI, *Aelius Theon. Progymnasmata* (CUF ; Paris 1997).

aujourd'hui, l'ensemble de cette littérature épidictique pourrait même fournir une grille de lecture utile pour la compréhension de ces chapitres bibliques dont certains aspects les rendent très différents d'autres écrits de l'Ancien Testament. Ne serait-il pas possible de recueillir ainsi, avec plus d'exactitude, les règles de son écriture et son originalité[94] ? En situant le Livre de la Sagesse dans un univers scolaire marqué par la domination romaine, ce que Gilbert avait bien identifié, et en étroite connexion avec le milieu originel de la Seconde Sophistique (soit le Ier siècle ap. J.-C.), je m'autorise, dans la mesure où ce texte s'inscrit dans la continuité d'un courant historique identifiable par une pratique rhétorique donnée, à éclairer en partie ce texte par une littérature qui lui est postérieure.

B. Des topiques encomiastiques

La première démarche pour élaborer un discours consiste à trouver ses idées, autrement dit à inventer (d'où son appellation classique d'*inventio* ou *heuresis*). Mais cette invention n'est en rien le résultat d'un imaginaire livré à l'arbitraire de ses réflexions. Cette étape déterminante dans la démarche rhétorique est en réalité codifiée avec précision, ce qui permet, lorsque les codes sont précisés, de recueillir certaines informations sur la genèse d'un discours.

1. Qu'est-ce qu'une topique ?

Un petit article de Pernot[95], antérieur à son étude magistrale sur l'éloge rhétorique, rend compte d'une distinction utile entre « un lieu d'argumentation », appelé ici *topos* (τόπος), et « un lieu commun ». Comme l'explique Pernot, les τόποι ou « lieux d'argumentation », sont « comme des demeures où les arguments se trouvent, où ils sont tapis, et où l'orateur, tel un chasseur, viendrait les débusquer »[96]. Sorte de points de départ de ce que l'on

---

[94] « Il faut savoir que, dans la Seconde Sophistique, l'éloge a ses lois. La langue doit être pure et "atticiste", c'est-à-dire calquée sur l'usage des grands auteurs des Ve-IVe siècles avant J.-C. La composition obéit à des règles précises : plans types, système des "lieux" (*topoi*) ou points à traiter. Enfin, et surtout, l'exactitude n'est pas de mise. Toutes les vérités ne sont pas bonnes à dire, les défauts doivent être autant que possible escamotés, tandis que les beaux traits sont amplifiés jusqu'à l'hyperbole. La liberté de l'orateur s'exprime dans le cadre de ces lois, qu'il applique à un sujet spécifique, à un projet précis. Une mise en œuvre habile, des écarts calculés, des transgressions contrôlées permettent de donner au message, à travers les "contraintes exquises", sa tonalité propre », L. PERNOT, *Éloges grecs de Rome,* 8.

[95] L. PERNOT, « Lieu et lieu commun dans la rhétorique antique », *BAGB* (1986) 253-284 ; cf. Aristote, *Les topiques* 100a-146b ; Cicéron, *De l'orateur* II,162-166 ; Quintilien, *Institution oratoire* V,10,20-22.

[96] L. PERNOT, « Lieu et lieu commun », 254.

appelle l'*inventio*, ils constituent, pour chaque sujet, une grille destinée à le couvrir dans son ensemble. Ils forment alors ce qu'on dénomme une « topique »[97] (ensemble complet de *topoi* sur un sujet donné) qui permet à l'orateur de trouver ses idées sans rien oublier, chaque *topos* couvrant un secteur. Il s'agit donc d'un instrument mis en place par un théoricien du discours au service d'un orateur : « Le travail du théoricien consiste à proposer, pour chaque catégorie de sujet, une liste de rubriques, répertoriant les différents points à traiter. L'orateur qui veut composer un éloge n'aura qu'à suivre ce guide – ce qui ne signifie pas qu'il n'aura rien à faire. Il lui incombe d'adapter le traitement de chaque rubrique à la nature précise de son sujet, d'abréger, de choisir, de spécifier, de mettre de la chair autour du squelette fourni par la théorie, puis de passer au travail du style pour exprimer ses idées. Les listes de *topoi* orientent et encadrent la création oratoire, sans pour autant se substituer à cette création »[98]. Les *topoi* interrogent ainsi l'orateur sur ce qu'il doit trouver. En imposant une classification du réel, la topique révèle sa portée philosophique[99].

Les « lieux communs » sont d'un autre ordre. Ils proposent une réduction des difficultés singulières à des problématiques générales. Ils ne visent pas à suggérer la création d'un argumentaire mais mettent à disposition de l'orateur une réponse établie. « Le *topos* est un moyen d'explorer un sujet, ceux-là [les lieux communs] une manière stéréotypée de le traiter : le *topos* est une question, le lieu commun est une réponse »[100]. Et Pernot d'ajouter : « Par les lieux de l'argumentation, la rhétorique réduit la multiplicité des données à un petit nombre de rubriques ; par les lieux communs, elle ramène une cause précise à une question générale »[101]. Les lieux communs sont l'équivalent de nos clichés, poncifs dont il faut parfois se satisfaire pour se faire entendre

---

[97] « Une topique est une grille d'analyse qui permet d'explorer tous les aspects d'un sujet », L. PERNOT, *La rhétorique de l'éloge*, 129. Barthes avait relevé deux sens, le premier comme « recueil » de lieux communs, et le second, comme « réseau de formes, d'un parcours quasi cybernétique auquel on soumet la matière que l'on veut transformer en discours persuasif », cf. R. BARTHES, « L'ancienne rhétorique », 138. C'est à ce second sens que je me réfère ici.

[98] L. PERNOT, *La rhétorique dans l'Antiquité*, 232.

[99] « Les lieux de l'argumentation supposent un découpage philosophique de la réalité, et les lieux communs sont volontiers consacrés à l'examen de problèmes philosophiques », L. PERNOT, « Lieu et lieu commun », 283. « Une dernière forme de réponse a consisté dans ce qu'on peut appeler la doctrine de la rhétorique philosophique, au sens où Isocrate parle de la *philosophia* et Denys d'Halicarnasse de *philosophos rhêtorikê* ou de *politikê philosophia*. Il n'est plus question de dédain ni de malaise : la doctrine maintient que la bonne rhétorique – la seule digne de ce nom – satisfait aux exigences de moralité et de véracité posées par les philosophes. La rhétorique est réhabilitée au nom des principes mêmes qui guidaient ses détracteurs, et ce retournement entraîne en particulier la réhabilitation de l'*enkômion* », L. PERNOT, *La rhétorique de l'éloge*, 591.

[100] L. PERNOT, « Lieu et lieu commun », 274.

[101] L. PERNOT, « Lieu et lieu commun », 283.

d'un public pas nécessairement capable d'écouter autre chose que ce qu'il croit savoir. L'analyse sémantique que je proposerai dans la seconde partie de mon étude sera l'occasion d'aborder des lieux communs comme l'éducation à la parole ou l'amitié politique. En revanche, l'étude de la composition rhétorique n'entend mettre en lumière que la ou les topiques utilisées.

Outil rhétorique très utile, une topique offrait la possibilité d'aborder un sujet en échappant au double écueil d'être trop général (ce qui reviendrait à présenter des lieux communs) et donc d'ennuyer son auditoire, ou d'être trop spécifique et de devenir alors hermétique. En l'utilisant comme une règle ou un canon, chaque orateur pouvait exercer son propre génie littéraire et se faire comprendre, y compris en ses sous-entendus les plus subtils. Retrouver la topique d'un auteur, c'est donc tout simplement identifier la grille qu'il a utilisée pour aborder son sujet, revenir ainsi au point de départ de sa création littéraire pour en faire ressortir plus facilement son originalité. « La création oratoire n'est rien d'autre que ce surgissement méthodique provoqué », explique Pernot[102].

L'un des grands apports de l'ouvrage de Pernot[103] sur la rhétorique de l'éloge concerne précisément la présentation de ces grilles toujours plus détaillées et plus précises. Chez Aristote, la technique de l'éloge se résume finalement à l'amplification appliquée à « la grandeur de la vertu » pour montrer « que les actions sont vertueuses »[104]. La différenciation de topiques spécifiques n'existe pas, sinon par l'accumulation de qualités qui doit tenir compte de la hiérarchie entre les biens extérieurs d'abord, puis entre les biens du corps et ceux de l'âme. Il importe ensuite d'articuler cette tripartition à un schéma plus ou moins biographique dont Cicéron relate différents plans possibles : « On peut adopter trois plans différents : [choisir] l'ordre chronologique, ou prendre avant tout ce qu'il y a de plus récent, ou faire rentrer les actions nombreuses et variées dans les groupes particuliers où l'on range les vertus »[105]. Les indications de Quintilien[106] n'en sont pas très éloignées et gardent une valeur universelle. « L'éloge du caractère (*animi*) est toujours vrai, mais il y a plus d'une manière de le traiter. Parfois, l'effet est plus brillant, si l'on a suivi les étapes de la vie d'un homme et la série de ses actions, en louant son naturel quand il était enfant, puis son éducation, et

---

[102] L. PERNOT, « Lieu et lieu commun », 271.

[103] « Les longs chapitres très techniques consacrés aux lieux de l'éloge [...] constituent d'ores et déjà un outil de référence pour l'analyse de la littérature de la Seconde Sophistique », H. FRUTEAU, « Bulletin Bibliographique », 205.

[104] Aristote, *Rhétorique* 1367b (tr. M. DUFOUR – A. WARTELLE ; CUF ; Paris 1973).

[105] Cicéron, *Divisions de l'art oratoire* 75 (tr. H. BORNECQUE ; CUF ; Paris 1960).

[106] « Tandis que Quintilien s'en tient encore à la définition classique, les traités grecs définissent le panégyrique comme une succession d'*enkômia*, enregistrant une métamorphose, caractéristique du développement de l'éloge, qui se manifeste dans la pratique au tout début du IIe siècle », L. PERNOT, *La rhétorique de l'éloge*, 92.

ensuite la trame de ses activités, c'est-à-dire de ses actes et de ses paroles ; parfois, il convient de diviser et de louer séparément diverses sortes de vertus, le courage, l'esprit de justice, la maîtrise de soi [...] Selon le sujet, nous aurons à décider laquelle de ces deux méthodes est la plus utile, mais nous devrons noter que les auditoires apprécient davantage le récit de ce qu'un personnage a été le seul ou le premier ou, tout au moins, l'un des rares à accomplir [...] en insistant sur ce qu'il a fait pour les autres plus que pour lui »[107].

Une originalité toute hellénistique apparaît cependant chez Quintilien qui commence à distinguer entre l'éloge des dieux, des hommes, des lieux ou des choses. Ainsi, convient-il de ne pas louer les dieux comme s'ils étaient des hommes : « Nous exprimerons, en premier lieu, en termes généraux notre vénération pour la majesté de leur nature même, puis, nous louerons la puissance propre de chacun d'eux et ce qu'ils ont inventé et apporté d'utile aux hommes »[108]. Cette façon de distinguer les objets dignes d'éloge (dieu, personne, lieu, chose, etc.) deviendra une caractéristique de la Seconde Sophistique qui offrira dès lors une multiplicité de topiques et une variété de plans[109]. Comment est-il possible de faire l'éloge d'un dieu, dont il ne convient pas d'évoquer la naissance comme celle des hommes ? « L'hymne rhétorique », éloge normalement réservé aux divinités[110], suivra par le fait même une topique spécifique. « L'hymne est plus qu'un éloge : c'est un éloge pieux, un éloge poétique, une célébration [...]. L'hymne rhétorique se détache à la fois de la description poétique et du récit arétalogique pour se concentrer sur l'éloge du dieu comme puissance agissante [...]. Cette puissance étant proprement surhumaine, le modèle anthropologique ne peut suffire, et il faut construire une nouvelle topique »[111]. L'éloge d'une ville[112], en revanche, se fera selon le modèle anthropologique, adaptant la topique d'une personne au sujet traité. On ne parlera plus de la noblesse ou de la naissance mais du site et de sa fondation. Quant à l'éloge de la loi[113], qui rejoint la catégorie des abstractions, on le rangera plus volontiers du côté des divinités.

---

[107] Quintilien, *Institution oratoire* III,7,15-16 (tr. J. COUSIN ; CUF ; Paris 1976).

[108] Quintilien, *Institution oratoire* III,7,8.

[109] « Les principales catégories d'objets comprennent donc dieux, hommes, animaux, plantes, cités, choses et abstractions [...] Mais ce que les théoriciens expriment à travers ces listes minutieuses, c'est tout simplement l'immense extension de l'*enkômion* à l'époque impériale », L. PERNOT, *La rhétorique de l'éloge*, 132.

[110] ὅτε μὲν εἰς θεοὺς ὕμνους καλοῦμεν, Ménandre le Rhéteur, in Gr. WALZ, *Rhetores Graeci* 11, 129.

[111] L. PERNOT, *La rhétorique de l'éloge,* 220.

[112] Cf. L. PERNOT, *Aelius Aristide. Éloges grecs de Rome.*

[113] Cf. Dion de Pruse, 75. « Dion est allé plus loin, et par-delà la personnification, il y a déification. Le plan d'ensemble est conforme à celui de l'éloge des dieux, avec deux parties principales, consacrées respectivement à la puissance (§1-5) et aux bienfaits (§6-9) de la loi, qui rappellent la distinction *dynamis/erga*. En outre, le discours emprunte la thématique de

Les situations imposeront également leurs règles. Ainsi, le second traité attribué à Ménandre[114] propose de distinguer entre le discours à l'occasion de l'arrivée du roi, celui qu'il convient de prononcer à son mariage, ou encore celui qui ornera son couronnement ou son départ.

Se développe également une typologie du genre épidictique où l'éloge pur disparaît[115]. En fonction des occasions, l'éloge d'un empereur ou d'une cité se verra associé à celui d'un gouverneur ou d'une divinité. Comme le précise encore Pernot, « le discours épidictique est le plus souvent un discours complexe, qui loue plusieurs objets »[116]. L'association de l'éloge d'un homme avec celui d'une ville, ou d'un dieu avec celui d'un lieu, ou encore d'une abstraction avec celui d'un homme, reçoit le nom « d'éloge combiné »[117]. Au sein de cette typologie, Pernot identifie chez Ménandre une espèce d'éloge combiné qu'il qualifie « d'éloge gigogne », raffinement qui aurait un but persuasif. Ainsi, « pour persuader le gouverneur de visiter la cité, on répartit l'éloge de celle-ci entre le début et la fin du discours, de manière à emboîter l'éloge du gouverneur dans celui de la cité, qui est le plus important »[118]. Il n'y a pas alors simple juxtaposition d'un éloge à l'autre mais bien emboîtement de l'un dans l'autre. Pernot ajoute qu'alors, « grâce aux éloges combinés, le discours épidictique devient une célébration plurielle »[119].

Je ne m'étendrai pas davantage sur les listes en présence et leur combinaison, me limitant à deux types de topique, celle d'abord qui concerne l'éloge d'une personne, puisque le Sage parle de lui-même, celle ensuite qui renvoie à l'éloge d'une divinité ou d'une abstraction, une certaine façon de parler de la Sagesse comme parèdre divine (Sg 9,4) suggérant ce genre de topique. La structure littéraire dégagée dans la première partie, où il est surtout question du Sage en Sg 7,1-23 et Sg 8,2-21 (AB-B'A') et plutôt de la Sagesse en Sg 7,24–8,1 (C), irait dans le sens d'une combinaison possible de deux éloges en sorte qu'il pourrait s'agir d'un « éloge gigogne ». Mais il convient de le rappeler, l'éloge qui est au centre n'est pas nécessairement le plus important.

---

l'hymne. Il insiste sur l'étendue du règne de la loi. Il signale les rapports de la loi avec les autres dieux », L. PERNOT, *La rhétorique de l'éloge*, 245.

[114] Ch. WALZ, *Rhetores graeci* 11, 213-255.

[115] L. PERNOT, *La rhétorique de l'éloge*, 267.

[116] L. PERNOT, *La rhétorique de l'éloge*, 273.

[117] Cf. L. PERNOT, *La rhétorique de l'éloge*, 273-280. L'auteur évoque en particulier l'éloge du magistrat suprême, inséré par Aelius Aristide dans son éloge de Rome.

[118] L. PERNOT, *La rhétorique de l'éloge*, 276.

[119] L. PERNOT, *La rhétorique de l'éloge*, 278.

2. *La topique pour l'éloge d'une personne*

La topique pour l'éloge d'une personne, initialement relative à une tripartition des biens, avec la vertu comme fil conducteur[120], se déploie plus volontiers, à l'époque de la Seconde Sophistique, selon les grandes étapes de la vie humaine. La classification proposée par Pernot s'inspire principalement du traité attribué à Ménandre qui aurait proposé la liste « la plus complète et la mieux structurée » [121]. Elle recoupe de fait la pratique ancienne d'Isocrate dans son *Evagoras*, ou encore la théorie présente dans les *progymnasmata* tels qu'un Aelius Théon les décrit. Cette classification, que je présente sous la forme d'un tableau synoptique, avec la description faite par Ménandre lorsqu'elle existe, ce qu'en dit Pernot dans la colonne centrale, enfin les indices identifiés en ce sens dans le discours du Sage (Sg 7–8), devrait illustrer la façon dont l'auteur de ces chapitres a pu s'inspirer d'une pratique encomiastique relativement bien codifiée.

Topique pour l'éloge d'une personne chez Ménandre, ΠΕΡΙ ΕΠΙΔΕΙΚΤΙΚΩΝ[122]	**Commentaires de L. Pernot dans *La rhétorique de l'éloge***	**Indices en Sg 7–8**
1. Genos – eugeneia « Après l'introduction, tu en viendras à la patrie [...] tu présenteras la parenté, ne t'attardant pas trop, sans être prolixe. En effet, l'éloge ne doit pas concerner d'abord ce que	*« Dans ce topos, l'essentiel est la famille [...] Dans son ambiguïté, le nom du topos reflète cette hiérarchie, puisque genos et eugeneia*	Sg 7,1-6 Mention de la mère et du père, du sang, de l'origine, du commencement dans l'existence. L'auteur insiste, comme le précise Ménandre, sur

[120] Aristote, *Rhétorique* 1366b-1367b.

[121] « La liste de Ménandros II fournit le meilleur guide pour étudier la mise en œuvre de ces principes éthiques et le contenu précis de chaque *topos*. Comparée avec les préceptes des autres théoriciens, cette liste apparaît, à quelques détails près, comme la plus complète et la mieux structurée », L. PERNOT, *La rhétorique de l'éloge*, 153 ; « Les *topoi* de l'éloge chez Ménandros le Rhéteur », *REG* 99 (1986) 33-53. Pour une étude complète de la topique pour l'éloge d'une personne, cf. L. PERNOT, *La rhétorique de l'éloge*, 134-178. Il expose la tension inhérente à l'éloge d'une personne, entre récit et portrait, et propose une analyse détaillée des différences rencontrées chez les auteurs. On y trouvera l'ensemble des références littéraires qu'il ne convient pas de répéter ici.

[122] Les références entre parenthèses correspondent aux pages et lignes de l'édition de Ch. WALZ, *Rhetores Graeci*, 11, (Osnabrück 1968²) 213-231. Les références entre crochets correspondent à l'édition de D.A. RUSSELL – N.G. WILSON, *Menander Rhetor*, 76-95. Elles sont tirées des deux premiers chapitres de Ménandre consacrés à l'éloge d'un roi en général, *logos basilikos*. Les chapitres qui suivent spécifient des situations, comme la mort, le mariage, le couronnement ou l'arrivée du roi.

le roi a de spécifique, mais ce qu'il a de commun avec tous les habitants de la ville »[123].	*désignent aussi bien l'extraction par le sang que l'origine au sens large »* (155).	ce qu'il a de commun avec les autres hommes, à savoir qu'il est mortel.
2. *Genesis* « Après la patrie et la parenté, le troisième aspect sera donc celui de l'origine, ce qu'on en dit, si quelque signe est survenu au moment de la naissance, venant de la terre ou du ciel »[124].	*« Le topos de la genesis est attesté pour la première fois chez Isocrate : ce sont très précisément les présages, les oracles, les songes qui ont accompagné la naissance d'Evagoras »* (156).	Sg 7,7 ; Sg 7,8-10 Il est possible que la référence au Songe de Gabaon (1R 3,5-15), qui marqua le commencement du règne de Salomon, soit reprise ici de façon polémique pour écarter l'idée d'un présage ou d'un songe marquant la naissance du Sage.
3. *Physis* « Après l'origine, tu présenteras sa nature ainsi : à peine sorti des douleurs de l'enfantement, il brilla par la beauté de son apparence »[125].	*« On pourrait faire l'économie de cette rubrique, et beaucoup s'en sont effectivement passés. Si Aristide, le Pseudo-Denys et Ménandros l'ont jugée utile, c'est parce qu'elle permettait, une fois encore, de marier la topique avec la biographie et avec l'éthique, en séparant l'enfance et l'adolescence, âge des dons, de l'état adulte,*	Sg 7,11-12 Comme on le montrera dans l'analyse sémantique du terme ἀγαθά, les « biens » accordés par la Sagesse désignent plutôt les qualités natives de Salomon que les conséquences de sa prière. La rupture indiquée par l'étude des structures entre Sg 7,10 et Sg 7,11 se verra confirmée non seulement par la

[123] μετὰ τὰ προοίμια ἐπὶ τὴν πατρίδα ἥξεις [...] και περὶ τοῦ γένους ἐρεῖς οὐκ ἐνδιατρίβων μὲν εἰς τὸ τοιοῦτον οὐδὲ προχέων ἐνταῦθα πολλοῦς τοὺς λογοὺς οὐ γὰρ ἴδιον τοῦτο μόνον τοῦ βασιλέως τὸ ἐγκώμιον ἀλλὰ κοινὸν πρὸς πάντας τοὺς οἰκοῦντας τὴν πόλιν (215,12-18) [369,18-26] ; cf. Aristote, *Réthorique* 1360b31 ; Aelius Théon, *Progymnasmata* 78,24.

[124] οὐκοῦν ἔστω σοι μετὰ τὴν πατρίδα καὶ μετὰ τὸ γένος τρίτον κεφάλαιον τὸ περὶ τῆς γενέσεως ὡς ἔφαμεν εἴ τι σύμβολον γέγονε περὶ τὸν τόκον ἢ κατὰ γῆν ἢ κατ'οὐρανον (218,3-12) [371,2-6] ; cf. Hermogène, *Progymnasmata* 7,36-37.

[125] μετὰ τὴν γένεσιν ἐρεῖς τι καὶ περὶ φύσεως οἷον ὅτι ἐξέλαμψεν ἐξ ὠδίνων εὐειδὴς τῷ κάλλει (219,3) [371,14].

	âge des vertus » (158).	composition rhétorique mais aussi par l'étude sémantique.
4. Sôma [Dans la mesure où les qualités naturelles et les biens de la culture tendent à se distinguer, pour mettre en relief ce qui est acquis par l'action, ce *topos* est assimilé par Ménandre à celui de la *physis* dont il est en réalité une sous-catégorie. L'autre sous-catégorie, à savoir celle de l'âme, sera assimilée à la *paideia* et aux *aretai.* Ce topos apparaît encore clairement chez Aphtonius 22,7-8]	*« Qu'on les nomme sômatos aretai, agatha ou phusis, les biens du corps sont des qualités natives, octroyées en dernier ressort par les dieux ou par la fortune [...] En tant que lieu, avec ses subdivisions, la phusis sômatos a sa place au début de l'éloge ; éventuellement, elle peut venir ou revenir à la fin, dans le topos de tukhê* » (160-161).	Sg 7,11-12 ; Sg 8,19-20 L'associant au *topos* de la *physis*, l'auteur n'insiste pas sur la beauté mais sur la bonté. La mention de l'ignorance en Sg 7,12 est décisive pour comprendre qu'il est question de qualités natives et non de biens résultant de la prière.
5. Paideia « Tu te préoccuperas ensuite de son éducation, en précisant ce qu'il désire. Il faut exposer alors en détail la qualité de son âme. Ainsi, tu présenteras son attachement à l'étude, sa pénétration d'esprit, son empressement au sujet des sciences, l'aisance dans sa compréhension des enseignements reçus. Et si c'est par ses paroles, par son amour de la sagesse ou par sa connaissance	*« Dans une première approche, il forme un tout désigné par les mots paideia, agôgên, educatio [...] L'éducation est reçue de l'extérieur, mais le profit qu'en tire l'enfant, la façon dont il se distingue de ses camarades, manifestent ses qualités intellectuelles et morales* » (161-163).	Sg 7,13-23 L'auteur présente explicitement sa formation, par son désir de parler (formation rhétorique) comme par l'énumération des connaissances reçues (*universitas studiorum*). La qualité de l'âme n'est pas étrangère à la description de l'esprit en Sg 7,22-23. On remarquera l'absence de référence au corps

des discours qu'il excelle, tu n'omettras pas d'en faire l'éloge »[126].		et à la formation sportive.
6. Epitêdeumata « Ce qui concerne le genre de vie sera alors examiné [...] Ce qui concerne le genre de vie désigne le caractère moral général de la personne, si elle est juste, si elle est avisée depuis sa jeunesse »[127].	*« L'insertion de cette rubrique dans la topique épidictique traduit la volonté de marquer minutieusement toutes les étapes de la biographie idéale : entre paideia et aretai, l'epitêdeuma est à la fois l'achèvement de l'éducation et le point de départ des actions [...]* » (164).	Sg 8,2-3 Point d'aboutissement d'une éducation, l'amour de la Sagesse manifeste la qualité d'âme du Sage, son nouveau mode de vie, et plus précisément, son choix de vie.
7. Praxeis et aretai « La description des actions vient à la suite du genre de vie »[128]. « Il faut mettre en valeur les actions qui manifestent le courage »[129]. « Les vertus sont au nombre de quatre, le courage, la justice, la tempérance et la prudence. Les actions manifestent chacune des vertus et si certaines sont plus propres à la guerre, et	*« Les actions vertueuses restent à l'époque impériale, de l'avis unanime, le topos le plus important* » (165). *« Une des formes de l'argumentation encomiastique consiste, selon les théoriciens, à conjecturer l'avenir [...]* *« Ce procédé s'applique*	Sg 8,9-16 Il est possible que l'auteur aborde cette topique dès les questions rhétoriques (Sg 8,5-8) où le fameux quadrige des vertus cher aux stoïciens est mentionné. Mais l'attente est clairement exprimée au futur dans les versets suivants (Sg 8,9-16). Les vertus et les actions sont à la

[126] ζητήσεις τὴν παιδείαν καὶ ἐνταῦθα προσεπισημαίνων ὅτι βούλει δεῖ δὲ ἐπὶ τοῖς εἰρημένοις καὶ τὴν φύσιν τῆς ψυχῆς αὐτοῦ διεξελθεῖν ἐν ᾧ ἐρεῖς τὴν φιλομάθειαν τὴν ὀξύτητα τὴν περὶ τὰ μαθήματα σπουδὴν τὴν ῥαδίαν κατάληψιν τῶν διδασκομένων κἂν ἐν λόγοις ᾖ καὶ φιλοσοφίᾳ καὶ λόγων γνώσει τοῦτο ἐπαινέσεις (219,13–220,4) [371,24-30] ; cf. Aelius Théon, *Progymnasmata* 110,5.

[127] τὰ δὲ ἐπιτηδεύματα χώραν ἐξετάσεως ἕξει [...] τὰ γὰρ ἐπιτηδεύματα ἤθους ἔμφασιν περιέχει οἷον ὅτι δίκαιος ἐγένετο ὅτι σώφρων ἐν τῇ νεότητι (220,9-12) [372,2-6].

[128] ἀκολουθεῖ τοῖς ἐπιτηδεύμασιν λοιπὸν ὁ περὶ τῶν πράξεων λόγος (220,18) [372,12-13].

[129] δεῖ γὰρ τὰς κατὰ τὴν ἀνδρείαν πράξεις πρώτας παραλαμβάνειν (222,3) [372,28-29].

d'autres plus spécifiques de la paix, la prudence l'est des deux. En effet, la prudence convient aussi bien à l'élaboration d'une stratégie en temps de guerre, qu'à l'exercice de la justice, à son règlement profitable, à son administration sur tous les sujets »[130]. « Le roi est admirable non seulement par ses actes de bravoure en temps de guerre, mais plus encore par ce qu'il fait en temps de paix »[131].	*particulièrement aux jeunes gens, parce que ceux-ci n'ont pas encore eu le temps d'accomplir de hauts faits. Tandis que les topoi de la patrie, de la famille et de l'éducation peuvent être utilisés suivant la méthode normale, celui des praxeis/aretai n'a pas de contenu ; il est donc recommandé de le traiter au futur [...] L'éloge au futur n'est pas seulement le moyen de pallier une déficience du laudandus ou de lui conférer à peu de frais des mérites supplémentaires. Il lui trace une conduite, en lui indiquant quelle est l'attente de l'orateur et de toute la collectivité* » (715).	fois celles d'un sage orateur et d'un roi juste, qui agit aussi bien en temps de guerre que de paix. On relèvera en particulier le courage en Sg 8,15.
8. Tukhê « Tu te souviendras ensuite du sort qui est le sien, en montrant que, par toutes les actions et les paroles qui accompagnent le grand roi, ce sort est	*« [Ce lieu] plonge ses racines dans les réflexions sur l'apparente cruauté du sort et dans les makarismoi qui*	Sg 8,16 Possible allusion à ce *topos* dans la remarque finale de Sg 8,16. Il reste étonnant que la mort du sage ne soit pas envisagée.

[130] ἀρεταὶ δὲ τέσσαρές εἰσιν ἀνδρείαν δικαιοσύνη σωφροσύνη καὶ φρόνησις καὶ ὅρα τίνων ἀρετῶν εἰσιν αἱ πράξεις καὶ εἰ κοιναί τινές εἰσι τῶν πράξεων τῶν τε κατὰ τὸν πόλεμον καὶ κατ' εἰρήνην ἀρετῆς μιᾶς ὥσπερ ἐπὶ τῆς φρονήσεως φρωνήσεως γάρ ἐστι καὶ τὸ στρατηγεῖν καλῶς ἐν τοῖς πολέμοις φρονήσεως δὲ καὶ τὸ καλῶς νομοθετεῖν καὶ τὸ συμφερόντως διατιθέναι καὶ διοικεῖν τὰ κατὰ τοὺς ὑπηκόους (222,13–223,2) [373,7-14].

[131] οὐ μόνον ἐν τοῖς κατὰ πόλεμον ἔργοις ὁ βασιλεὺς ἡμιν θαυμάσιος ἀλλὰ καὶ ἐν τοῖς κατ' εἰρήνην θαυμασιώτερος (226,7-9) [375,10-12].

éclatant. Il réussit en effet au mieux tout ce qu'il souhaite »[132].	*alimentent, dès l'epitaphios classique, la lamentation et la consolation* » (175).	
9. Teleutê [Ce *topos*, qui ne concerne que les éloges funèbres, est assimilable au précédent, la *tukhê*. On le retrouve cependant comme tel chez Hermogène, *Progymnasmata* 7,38 ou chez Aelius Théon, *Progymnasmata* 78,28]	« *L'immortalité est méritée, la mort est choisie ou, à défaut, elle est révélatrice* » (177).	L'absence de ce *topos* sera éclaircie lors de l'étude de Sg 8,13.

Cette classification, qui s'appuie sur les théories rhétoriques élaborées en vue d'écrire un éloge, montre certains recoupements intéressants avec le discours de Sagesse (Sg 7–8). Ce type de classification s'impose en fin de compte comme plan (*dispositio* ou *taxis*) du discours, l'ordre de l'invention devenant approximativement celui de la composition même[133]. L'énumération des *topoi* suit ainsi l'enchaînement du discours. Il faut cependant préciser que chaque *topos* est l'occasion d'une création littéraire dont l'analyse sémantique devrait préciser les ressorts. Quelques explications de ce phénomène peuvent être déjà proposées.

La pseudépigraphie ne trompe personne et les indications en Sg 7,8-10 ou Sg 9,7-8 attestent que l'auteur s'identifie au roi Salomon, non pas au roi en sa décadence finale (1R 11,4-43), ni même au roi en sa gloire idéalisée (2Ch 9,1-31), mais à celui qui, encore jeune, accède au trône de Jérusalem (1R 3,1–5,14 ; 2Ch 1,7-12)[134]. Le caractère « stylisé »[135], spécifique de l'éloge, ne doit donc pas être négligé. Que l'auteur projette son « courage pendant la guerre » (Sg 8,15), ce qu'aucun texte précis du Livre des Rois ou des Chroniques ne laisse supposer, n'a rien d'extraordinaire. Le Sage fait son propre éloge en s'assimilant, certes, à ce qu'on pourrait appeler un archétype

[132] μνημονεύσεις δὲ μετὰ τοῦτο τῆς τύχης λέγων ὅτι συμπαρομαρτεῖν δὲ ἔοικεν ἐφ' ἅπασιν καὶ πράξεσιν καὶ λόγοις τῷ βασιλεῖ τῷ μεγάλῳ τύχη λαμπρά κατορθοῖ γὰρ ἕκαστον κρεῖττον εὐχῆς (228,16–229,2) [376,25-28] ; Aelius Théon, *Progymnasmata* 110,2-6.

[133] « La topique encomiastique fournit à la fois une grille d'analyse du sujet – et donc une méthode rationnelle d'invention –, et un plan du discours », H. FRUTEAU, « Bulletin Bibliographique », 205.

[134] M. GILBERT, « La figure de Salomon en Sg 7–9 », *Études sur le judaïsme hellénistique* (éd. R. KUNTZMANN – J. SCHLOSSER) (Paris 1984) 225-249.

[135] L. PERNOT, *La rhétorique de l'éloge*, 143.

du Sage en milieu juif[136]. Rien ne l'empêche cependant de proposer une figure nouvelle. L'insistance sur l'éducation (Sg 7,11-21), comme dans le livre des Proverbes (Pr 1,2.7), contraste avec l'omission de cet aspect dans le récit que rapporte le Livre des Rois, où la science du roi paraît infuse (1R 5,9-14). Quant à la personnification de la Sagesse comme artisane (Pr 8,22-31 ; Sg 7,21), mère (Pr 31,28 ; Sg 7,12) ou compagne (Pr 7,4 ; Sg 8,2), absente totalement des Livres des Rois et des Chroniques, elle manifeste l'attachement de l'auteur au livre des Proverbes dont il est évident qu'il lui fut une source d'inspiration[137]. Mais ici encore, entre les enseignements traditionnels des Proverbes et le discours du Sage, il conviendra d'admettre un décalage significatif.

Rien ne laisse en effet supposer un contexte familial de transmission des valeurs, la fiction royale renvoyant plutôt à un milieu philosophico-rhétorique. Comme le fait remarquer Pernot, « les discours épidictiques contribuent à souder les élites par la magie de la *paideia* »[138]. Il ne faudrait cependant pas trahir une époque en imaginant un univers scolaire déconnecté du monde religieux. Les discours sacrés d'Aelius Aristide[139] ne sont-ils pas à la croisée de l'exercice oratoire, de la doctrine philosophique et de la persuasion religieuse ? Pernot rappelle qu'il est difficile de trouver un éloge rhétorique qui ne s'achève par une prière, que cette prière finale est « un élément régulier du plan type » et que, lorsqu'elle est complète, elle « comporte une invocation à un ou plusieurs dieux, puis une ou plusieurs demandes »[140]. Il est à cet égard difficile de ne pas identifier en Sg 9,1-18 la prière exigée par le genre épidictique, celle qui vient au terme de l'éloge proprement dit. L'événement de Gabaon (1R 3,5), qui situe la demande de la Sagesse au cours d'un songe, est ici repris dans un cadre très différent, celui d'un éloge rhétorique. Cette demande ne se fait plus dans l'obscurité d'une torpeur, où l'homme semble dépossédé de lui-même, mais au terme d'une manifestation d'éloquence où l'éclat du verbe cède la place, de façon presque inopinée, à l'humilité d'une invocation : « Ô Dieu des pères » (Sg 9,1). L'enchaînement du discours, qui manifeste une grande maîtrise de soi pour passer ainsi d'une parole adressée aux hommes à une prière adressée à Dieu, est révélateur d'une pratique habituelle à l'époque de la Seconde Sophistique : « L'orateur entre en communication avec les dieux par le moyen de la prière

---

[136] Cf. l'attribution du livre des Proverbes ou de l'Ecclésiaste à Salomon.

[137] C. LARCHER, *Études*, 98.

[138] L. PERNOT, *La rhétorique de l'éloge*, 738.

[139] Cf. A.-J. FESTUGIÈRE – H.D. SAFFREY, *Aelius Aristide, Discours sacrés*, 12-24. « C'est au dieu qu'il doit sa formation littéraire, son talent poétique, les sujets de ses discours, et jusqu'à l'expression », A. BOULANGER, *Aelius Aristide et la sophistique*, 132.

[140] L. PERNOT, *La rhétorique de l'éloge*, 622-623. Les exemples sont nombreux ; la pratique d'Aelius Aristide, dans ses éloges de *Rome* 109, d'*Athéna* 29 et d'*Asclépiades* 24, en est une bonne illustration.

(*eukhê*), qui est un élément important de l'éloquence épidictique, et dont la place est normalement en fin de discours »[141].

Ces quelques indications rappellent qu'une topique n'est qu'un instrument pour trouver et classer ses idées. L'auteur du discours ne se contente pas de cette grille vide de contenu. Par elle, il construit un portrait qui, si certains aspects peuvent évoquer la figure de Salomon, s'en trouve finalement très différent. Le Sage en question, par sa façon de parler de lui-même, ressemble plus à un orateur cultivé du Ier siècle ap. J.-C.qu'au roi de Jérusalem du Xème siècle av. J.-C. Et s'il se peut qu'un monarque de l'Orient Ancien puisse faire son propre éloge (2S 23,2-5), il ne semble pas qu'il le fasse de la même manière, en décrivant ainsi l'itinéraire de sa vie. L'enquête sur les topiques n'est cependant pas terminée. Car si le Sage se met en avant, il n'oublie pas de faire l'éloge de celle qu'il aime. Qu'en est-il donc de l'éloge de la Sagesse dont la présence est attestée depuis longtemps ? De quelle topique relèverait-il ?

3. La topique pour l'éloge d'une divinité ou d'une abstraction

Si des mentions élogieuses de la Sagesse apparaissent disséminées un peu partout dans le discours (Sg 7,8-12 ; Sg 8,5-8), il est une partie où leur présence est évidente. Personne ne niera en effet qu'en Sg 7,24–8,1, comme déjà en Sg 7,22-23 qui opère la transition, le « moi » du Sage s'efface à l'avantage de celle qui mérite le plus grand éloge, la Sagesse, « effluve de la puissance divine » qui, telle une Isis drapée de gloire, enveloppe l'univers par son rayonnement. Il n'est pas difficile d'admettre ce que Beauchamp avait déjà identifié en se référant d'ailleurs à la Seconde Sophistique[142].

Mais avant de proposer un tableau analogue à celui qui permit de suivre l'éloge du Sage, il convient de préciser que la topique pour l'éloge de la Sagesse se distingue de celle propre à une personne humaine ou à un objet concret. Elle correspond plus exactement à celle d'une divinité ou encore, d'une abstraction comme la vertu, selon le point de vue adopté, l'un plus religieux, l'autre plus philosophique[143]. Le nom même que reçoit alors l'éloge est spécifique puisqu'on parlera alors d'hymne[144]. Il ne s'agit cependant ni de l'hymne poétique, tel qu'un Callimaque de Cyrène pouvait le composer en

---

[141] L. PERNOT, *La rhétorique de l'éloge*, 621.

[142] P. BEAUCHAMP, *De Libro Sapientiae*, 7.

[143] Cf. l'éloge de la Sagesse dans les *Exercices préparatoires* d'Aphtonios, H. RABE, *Rhetores Graeci*, 25-27. L. PERNOT, *La rhétorique de l'éloge*, 245, relève cette pratique chez Dion de Pruse, précisant que l'éloge d'une abstraction suit la topique d'une divinité.

[144] Cf. Gr. WALZ, *Rhetores Graeci*, 11, 129.

l'honneur d'Apollon[145], ni d'une arétalogie, telle qu'un prêtre d'Oxyrhynchus pouvait la créer[146], mais d'une composition rhétorique particulière, centrée sur la nature du dieu (φυσικοί), sa généalogie (γενεαλογικοί) et ses qualités (πεπλασμένοι), ou bien répondant à l'exigence d'un souhait (εὐκτικοί) ou d'un appel (κλητικοί)[147]. Contrairement à l'éloge d'une personne ou d'une ville, il ne convient pas, lorsqu'il s'agit d'une divinité comme Isis, ou d'une abstraction comme le *logos,* d'insister sur l'origine ou l'éducation. L'hymne rhétorique s'attachera en revanche à mettre en valeur les qualités naturelles (*physis* et *dynamis*) et les indices de leur déploiement effectif à travers des actions (*erga*)[148]. D'autres caractéristiques de l'hymne rhétorique, comme l'attention à l'extension universelle d'une puissance ou à la relation de la divinité en question avec les autres divinités, pourront avoir leur place dans ce schéma. Un tableau, semblable à celui qui servit pour la topique d'une personne, permettra d'identifier cette autre topique et la disposition qui en résulte.

Topique pour l'éloge des dieux chez Ménandre, ΠΕΡΙ ΤΩΝ ΥΜΝΩΝ ΤΩΝ ΕΙΣ ΤΟΥΣ ΘΕΟΥΣ[149]	**Commentaires de L. Pernot dans *La rhétorique de l'éloge***	**Indices en Sg 7–8**
1. *Physis* « Ils sont tels [les hymnes] lorsque, prononçant l'hymne à Apollon, nous déclarons qu'il est le soleil, présentant alors la nature du soleil, ou bien, concernant Héra, celle de l'air, ou encore concernant Zeus, celle de la	*« [Alexandros] lie la question à celle du genos, en se demandant, après Platon, si la nature divine est incréée ou si les dieux ne proviennent pas plutôt du Premier Dieu. Mais Dion considère comme le plus important d'étudier la nature du dieu précis auquel est consacré*	Sg 7,25-26 ; Sg 7,29-30 Les différents termes choisis (ἀτμίς, ἀπόρροια, ἀπαύγασμα, ἔσοπτρον, εἰκών) pour présenter la Sagesse en elle-même et dans sa relation à Dieu permettent d'identifier dans ces versets ce que l'on pourrait

[145] Cf. F. WILLIAMS, *Callimachus. Hymn to Apollo* (Oxford 1978) 9-13.

[146] B.P. GRENFELL – A.S. HUNT, *Oxyrhynchus Papyri* 11.1380 ; G. LAFAYE, « Litanie grecque d'Isis », *RevPhil* 40 (1916) 55-108 ; A.-J. FESTUGIÈRE, « À propos des arétalogies d'Isis », *HThR* 42 (1949) 220-228.

[147] Cf. Gr. WALZ, *Rhetores Graeci,* 11, 132.

[148] Cf. L. PERNOT, *La rhétorique de l'éloge*, 220.

[149] Les références entre parenthèses correspondent aux pages et lignes de l'édition de Ch. WALZ, *Rhetores Graeci,* 11, 132-158. Les références entre crochets correspondent à l'édition de D.A. RUSSELL – N.G. WILSON, *Menander Rhetor,* 6-29. Elles sont tirées des chapitres consacrés à la nature des dieux et à leurs actions.

chaleur. Ce sont des hymnes relatifs à la nature »[150].	*l'éloge, et cette seconde acception est la plus courante : la phusiologia consiste généralement, pour les rhéteurs, dans une interprétation « physique » de la nature du dieu, par exemple dans l'identification d'Apollon au Soleil ou de Poséidon à l'élément humide »* (224).	appeler sa *phusiologia*. La comparaison avec le soleil ou les astres contribue à la compléter.
2. *Dynamis/erga* « Il y a en effet, concernant les mondes qui se déploient et se construisent, un pouvoir de discourir à loisir ou de dissimuler. Ils en parleront sans dédain ni aversion »[151]. « Et de nouveau, concernant la puissance et la sphère de contrôle, il s'agit de voir si les actions sont humaines ou divines »[152].	*« Le dieu n'a plus une spécialisation fonctionnelle, mais un pouvoir général d'administration ou de gouvernement rendu parfois par les verbes dioikein ou diepein. C'est le champ d'action qui importe et il doit être le plus large possible »* (227). *« Le contenu précis de la bienfaisance divine varie avec chaque dieu et est affaire de valeurs et de conceptions religieuses plus que de topique [...] Aussi suffira-t-il de relever les notions qui dessinent l'armature du topos. La notion de philanthrôpia donne le cadre général »*	Sg 7,24 ; Sg 8,1 Sg 7,27-28 Le verbe διοικέω apparaît explicitement en Sg 8,1[153]. L'insistance sur le champ d'action est évidente (διὰ πάντων ; ἀπὸ πέρατος ἐπὶ πέρας). La puissance de la Sagesse semble tenir à sa pureté qui la rend capable de remplir l'univers. Certes, Dieu n'aime que ce qui est habité par la Sagesse. Mais la Sagesse, par sa pureté, traverse tout. Ne faut-il pas en déduire que Dieu aime tout ce qui existe ? En Sg 7,27-28, le Sage

[150] εἰσὶ δὲ τοιοῦτοι ὅταν' Ἀπόλλωνος ὕμνον λέγοντες ἥλιον αὐτὸν εἶναι φάσκωμεν καὶ περὶ τοῦ ἡλίου τῆς φύσεως διαλεγώμεθα καὶ περὶ Ἥρας ὅτι ἀὴρ καὶ Ζεὺς τὸ θερμόν οἱ γὰρ τοιοῦτοι ὕμνοι φυσιολογικοί (141,7–142,2) [337,1-5].

[151] ἡ γὰρ ἐξουσία καὶ τοῦ κατὰ σχολὴν λέγειν καὶ τοῦ περιστέλλειν τοῖς ποιητικοῖς κόσμοις καὶ ταῖς κατασκευαῖς οὔτε κόρον οὔτε ἀηδίαν παρίστησι (146,2-5) [338,28-31].

[152] καὶ πάλιν περὶ δύναμιν εἴ γε ἀνθρώπινα πράγματα καὶ διοικήσεις τεθεῖαι (156,8) [343,21-22].

[153] Le verbe διέπω apparaît en Sg 9,3.

	(230).	énonce la double action de la Sagesse dans l'univers et chez les hommes[154]. Deux verbes sont au centre de l'hymne : καινίζω et κατασκευάζω.

La disposition de l'hymne rhétorique sera moins tributaire d'une linéarité que le schéma biographique avait fini par imposer pour l'éloge d'une personne. Une divinité ou une abstraction, n'ayant pas d'histoire au sens strict, sont égales à elles-mêmes au commencement, au milieu et au terme de l'histoire. Le fait de revenir sur un *topos* déjà abordé, comme une symétrie concentrique peut l'exiger (A-B-C-B'-C'), ne devrait avoir d'autre conséquence que de confirmer une forme d'immutabilité.

Il est aussi important de noter que la topique pour l'éloge d'une divinité, identifiable en Sg 7,24–8,1, recouvre la partie centrale du discours où la topique pour l'éloge du Sage s'efface. L'indice d'un hymne rhétorique, inséré au sein même de l'éloge du Sage, est donc perceptible. Je reviendrai, dans le quatrième chapitre de mon étude, sur l'originalité de cet hymne qui se veut étroitement articulé à l'éloge du Sage dans lequel il trouve sa place et son sens. Mais certaines caractéristiques générales peuvent être déjà présentées.

D'abord, et cela est important, la figure de la Sagesse se distingue de celle présentée en Pr 8,22-31 ou dans d'autres textes comme Jb 28,20-28, Ba 3,14–4,4 et Si 24,3-6.9.32-34[155]. L'originalité de cette présentation semble tenir à une double influence, celle d'abord de conceptions philosophiques d'origine platonicienne ou stoïcienne, celle ensuite d'un monde religieux caractérisé par le culte rendu à l'Isis hellénisée[156]. Larcher perçoit ainsi l'influence d'une transposition stoïcienne du *Timée*[157]. Si l'auteur a bien été formé dans les écoles qui donnèrent naissance à la Seconde Sophistique, il n'y a rien d'étonnant à ce qu'il ait lu un peu tous les auteurs, qu'il joue ainsi entre le vocabulaire de Sophocle et les théories de Posidonius, qu'il n'hésite pas à citer Ménandre le Comique pour renvoyer ensuite à Platon. Dans cet univers d'orateurs, où il fallait moins transmettre un système philosophique qu'un monument littéraire susceptible de façonner une mentalité bienveillante (les

[154] Pour la philanthropie, cf. Sg 1,6 ; 7,23 ; 12,19, F. RAURELL, « La filantropia divina. Base d'obertura cultural en el judeo-hellenisme », *RCatT* 25 (2000) 59-80.

[155] Cf. J.M. REESE, *Hellenistic Influence*, 41.

[156] M. MALAISE, « Le problème de l'hellénisation d'Isis », *De Memphis à Rome*, (éd. L. BRICAULT) (Leiden 2000) 1-19.

[157] C. LARCHER, *Études*, 211 ; G. SCARPAT, *Sapienza*, II, 78.

rhéteurs diraient « philanthrope »), qu'importe Aristote plutôt que Platon, ou Zénon de Kition. L'exigence rationnelle ne se joue pas au niveau de la seule pensée mais du moyen de sa transmission, le discours. Et pour satisfaire aux exigences du discours, qu'elles soient internes (genre littéraire, vocabulaire, logique du discours) ou externes (situation particulière, auditoire), il était nécessaire de sacrifier, à un moment ou à un autre, la rigueur des systèmes.

Sous un autre angle, à la suite des études perspicaces de Reese, Mack ou Kloppenborg[158], Engel[159] et Mazzinghi[160] reprennent la question de l'influence des arétalogies isiaques. Cette ouverture au monde religieux de l'époque hellénistique et romaine[161], passionnante du point de vue de l'histoire des religions, ne l'est pas moins du point de vue rhétorique. Sans m'étendre sur cette divinité qui « incarne en elle tous les aspects du divin et à qui tous les peuples rendent hommage »[162], je retiendrai que l'auteur a jugé nécessaire de ne pas présenter la Sagesse d'Israël sans évoquer, par des jeux subtils d'allusions, la déesse égyptienne convertie à l'hellénisme[163]. Ainsi, lorsqu'il présente « l'unique capable de tout » (Sg 7,27), ne joue-t-il pas avec le nom égyptien d'Isis, Θιοῦιν, qui signifie précisément « l'unique »[164] ? L'insistance sur la prérogative d'une toute puissance (Sg 7,27), telle qu'on la

---

[158] J.M. REESE, *Hellenistic Influence*, 36-50 ; B.L. MACK, *Logos und Sophia : Untersuchungen zur Weisheitstheologie im hellenistischen Judentum* (SNTU 10 ; Göttingen 1973) 62-95 ; J.S. KLOPPENBORG, « Isis and Sophia in the Book of Wisdom », *HThR* 75 (1982) 57-84 ; S. SCHROER, « Die personifizierte Sophia im Buch der Weisheit », *Ein Gott allein ? : JHWH-Verehrung und biblischer Monotheismus im Kontext der israelitischen und altorientalischen Religionsgeschichte* (éd. W. DIETRICH – M.A. KLOPFSTEIN) (OBO 139 ; Freiburg-Göttingen 1994) 543-558 ; C. CANNUYER, « À propos de la Maât égyptienne et de la Hokmâh biblique, figures féminines de la Sagesse », *La Femme dans les civilisations orientales et miscellanea Aegyptologica. Christiane Desroches Noblecourt in honorem* (éd. C. CANNUYER – D. FREDERICQ-HOMES) (AcOBe 15 ; Bruxelles 2001) 17-34.

[159] H. ENGEL, « Was Weisheit ist und wie sie entstand, will ich verkünden », *Lehrerin der Gerechtigkeit. Studien zum Buch der Weisheit* (G. HENTSCHEL – E. ZENGER) (Theologische Schriften ; Leipzig 1991) 67-102.

[160] L. MAZZINGHI, « La barca della Provvidenza : Sap. 14,1-10 e la figura di Iside », *ViHo* 8 (1997) 61-90 ; « La sapienza presente accanto a Dio e all'uomo Sap. 9,9b.10c e la figura di Iside », *Treasures of Wisdom. Studies in Ben Sira and the Book of Wisdom* (FS. M. Gilbert [N. CALDUCH-BENAGES – J. VERMEYLEN] BEThL 143 ; Leuven 1999) 357-367.

[161] A. TRIPOLITIS, *Religions of the Hellenistic-Roman Age* (Grand Rapids, MI 2002).

[162] F. DUNAND, *Le culte d'Isis dans le bassin oriental de la Méditerranée* I (EPRO 26 ; Leiden 1973) 153. Cf. M. TOTTI, *Ausgewählte Texte der Isis und Sarapis Religion* (SubEpi 12 ; Hidesheim-Zurich-New York 1985) ; L. BRICAULT, *Atlas de la diffusion des cultes isiaques (IVe av. J.-C.–IVe ap. J.-C.)* (Paris 2001).

[163] « C'est à Alexandrie qu'est née l'Isis hellénistique, et la personnalité qu'elle reçoit est entièrement nouvelle : grecques sont ses identifications à des déesses comme Aphrodite ou Déméter, grecque la réflexion théologique qui élargit sa sphère d'influence [...] et fait d'elle une créatrice et une initiatrice des mystères », F. DUNAND, *Le culte d'Isis,* 80.

[164] *Hymne d'Isidore* I,20, cf. V.F. VANDERLIP, *The four Greek hymns of Isidorous and the cult of Isis* (Toronto 1972) 31.

retrouve dans l'hymne de Cyrène[165], ou sur l'extension de son pouvoir (Sg 8,1), comme dans l'hymne de Kymé[166], relève-t-elle seulement d'une coïncidence fortuite ? Les études citées à l'instant montrent qu'il s'agirait plutôt d'une détermination littéraire et théologique où rien ne semble tenir au hasard. L'alliance des cultures, qui aurait façonné l'auteur, paraît en effet marquer son écriture. Ce dernier s'inspirerait sans aucun doute du Livre des Proverbes ; il n'hésiterait pas cependant à se laisser influencer par quelques dévotions rendues à la déesse égyptienne. L'auteur ne devait-il pas, pour parler de Celle qu'il aime et se faire entendre d'un plus grand nombre, s'ouvrir à l'univers culturel qui avait, semble-t-il, contribué à son éducation ?

L'éloge d'un Sage qui se prend pour Salomon et celui d'une Sagesse qui rivalise avec Isis, unifiés en un seul discours, renvoient bien à deux topiques encomiastiques. La façon dont l'un paraît inséré dans l'autre confirme la démonstration de Beauchamp et de Gilbert qui voyaient en ces chapitres, et à l'échelle du livre, le corps d'un éloge[167]. Il convient cependant d'identifier, plutôt qu'un éloge de la Sagesse, un éloge combiné où ce qui revient à la Sagesse s'articule et s'équilibre avec ce qui relève du Sage. L'éloge de la Sagesse, qui reçoit le nom technique « d'hymne rhétorique », ne peut dès lors, si l'on tient compte de la structure littéraire et de cette ébauche d'analyse rhétorique, être lu et interprété en dehors de l'éloge du Sage, comme si la vie du Sage devait être le contexte de sa juste interprétation.

C. La portée persuasive d'un éloge

Si l'orateur s'était contenté de présenter, en les amplifiant, une série de qualités spécifiques de la nature, de la culture ou de la vertu de la Sagesse et du Sage, l'ordre chronologique étant pratique pour l'éloge du Sage, la structure concentrique s'imposant pour l'hymne à la Sagesse, l'étude de la composition rhétorique pourrait s'arrêter là. Ce serait oublier un phénomène caractéristique de la Seconde Sophistique qui n'entend pas louer pour ne rien dire. Il n'était en effet pas rare de « déguiser ses conseils sous forme d'*enkômion* »[168]. Il ne faut pas oublier qu'à trop forcer l'exemplarité, elle en devient inaccessible et décourageante. Rien ne sert donc d'accumuler les qualités et de les amplifier pour convaincre quelqu'un de faire une chose plutôt qu'une autre. Comme l'indique Pernot, « le risque est grand de

[165] É. DES PLACES, *La religion grecque. Dieux, cultes, rites et sentiment religieux dans la Grèce antique* (Paris 1969) 163-164.
[166] P. ROUSSEL, « Un nouvel hymne à Isis », *REG* 42 (1929) 137-168.
[167] M. GILBERT, « Sagesse de Salomon », 84-85.
[168] L. PERNOT, *La rhétorique de l'éloge*, 717.

juxtaposer les *topoi* en une énumération qui resterait lettre morte »[169]. Seuls des esprits mal éduqués se laisseraient séduire, au moins quelques instants, par ce jeu dérisoire d'exagération. Ceux qu'une éducation aura rendus plus perspicaces n'attendront pas longtemps pour décrypter une duperie facile et renverront non sans ironie cet orateur : « Nous t'écouterons une autre fois ». Aucun homme cultivé en effet ne pouvait oublier le principe selon lequel convaincre par la raison est plus noble que de persuader par la passion : « La faculté de délibérer est, de toutes les facultés humaines, la plus divine, de sorte que ton devoir n'est pas de gaspiller ton zèle à des futilités qui n'en valent pas la peine, mais de vouloir apprendre à connaître la métropole même de la bonne délibération. Qui en effet – du moins parmi les personnes sensées – contesterait qu'agir sans avoir délibéré est signe d'ignorance, tandis que se laisser guider par la raison pour accomplir ce qu'elle conseille est signe d'éducation ? »[170] Il se pouvait donc, et cela devait avoir une certaine allure, que l'énumération et l'amplification prennent les couleurs d'une délibération, le corps de l'éloge devenant alors quasiment une démonstration rationnelle, ce que confirme l'étude de Pernot : « Toutes les catégories de discours épidictiques prennent une valeur protreptique, qui se superpose aux conseils expressément formulés et qui s'accorde avec eux. Les éloges de personnes fournissent des modèles à admirer et si possible à imiter [...], les hymnes suscitent la ferveur à l'égard de la grandeur divine. Le genre épidictique doit donc être réinterprété comme une gigantesque leçon, dont il faut préciser la portée »[171].

1. De l'énumération à la démonstration

Il ne s'agit en aucune manière de passer ici d'un genre littéraire à un autre, comme si l'éloge répondait finalement aux caractéristiques d'une délibération. Les démonstrations proposées par Beauchamp et Gilbert se situent au niveau de l'ensemble du livre et rien ne permet à ce jour de remettre en cause l'ensemble des arguments déployés à cet effet. Comme je le

---

[169] L. PERNOT, *La rhétorique de l'éloge*, 313.

[170] ἔτι δὲ τὸ βουλεύεσθαι τῶν περὶ τὸν ἄνθρωπον θειότατόν ἐστιν ὥστε οὐκ εἰς τὰ πάρεργα καὶ μηδενὸς ἄξια τὴν σπουδήν ἐστί σοι καταναλωτέον ἀλλὰ τὴν μητρόπολιν αὐτὴν τοῦ καλῶς βουλεύεσθαι μαθεῖν βουλητέον τίς γὰρ τοῦτ' ἂν ἀμφισβητήσειε τῶν νοῦν ἐχόντων ὅτι τὸ μὲν πράττειν μὴ βουλευσάμενον σημεῖον ἐστιν ἀνοίας τὸ δὲ κατὰ τὴν ὑφήγησιν τοῦ λόγου συντελεῖν τι τῶν ὑπ'ἐκείνου παραγγελθέντων παιδείας, *Rhétorique à Alexandre* 1420b20-27 (tr. P. CHIRON ; CUF ; Paris 2002).

[171] L. PERNOT, *La rhétorique de l'éloge*, 718. L'ensemble du chapitre, consacré, comme son titre l'indique, à « la fonction parénétique et idéologique » de l'éloge, 710-723, permet d'aborder de façon nouvelle la question des rapports entre les genres épidictique et protreptique.

précisais, mon analyse des topiques confirme plutôt leur perspective. Il reste néanmoins à rendre compte du phénomène relevé par Reese qui y voit une *aporia*, interprétation qui n'est pas indifférente quant à son choix de faire du livre un *logos protrepticos*. Quelques difficultés logiques laissent supposer de fait une forme de raisonnement.

Si l'éloge du Sage n'était qu'une énumération exemplaire, quand bien même serait-elle biographique, quel serait l'intérêt de laisser, à moins qu'il ne s'agisse d'une maladresse, la difficulté logique identifiée entre l'affirmation de Sg 7,7 et celle de Sg 8,21 ? Une relecture des deux formulations illustre ce phénomène de circularité déjà relevé lors de l'étude des structures.

Sg 7,7	Sg 8,21
διὰ τοῦτο εὐξάμην καὶ φρόνησις ἐδόθη μοι	καὶ τοῦτο δ' ἦν φρονήσεως τὸ εἰδέναι τίνος ἡ χάρις ἐνέτυχον τῷ κυρίῳ
C'est pourquoi j'ai prié, et le discernement m'a été donné.	*Et reconnaître de qui dépend un bienfait, c'était déjà une marque de discernement ; je m'adressai donc au Seigneur.*

La première affirme que la φρόνησις est un don en réponse à la prière, la seconde, que ce même don est préalable à la prière puisqu'il permet de savoir à qui s'adresser. Cette difficulté logique est un premier indice d'une possible démonstration de l'auteur qui justifierait le passage d'une formulation à l'autre.

Une autre difficulté logique laisse supposer que l'auteur ne se contente pas d'une énumération. Le Sage reconnaît avoir aimé la Sagesse plus que tout (Sg 7,10), puis avoir reçu d'elle tous les biens ensemble (Sg 7,11). Mais il précise ensuite qu'il ne savait pas que la Sagesse était leur mère (Sg 7,12). Pourquoi insister sur cette ignorance de la Sagesse alors même qu'il vient d'affirmer l'amour qu'il lui porte (Sg 7,8-10) ? Il semblerait donc que les affirmations de Sg 7,8-10 ne s'accordent pas avec les versets qui suivent (Sg 7,11-12). Cet autre indice, que la logique du texte ne suit pas nécessairement l'ordre linéaire des péricopes, rejoint les caractéristiques de la structure (d'où l'importance des ruptures entre Sg 7,7, Sg 7,8-10 et Sg 7,11-16) qui ne peut être seulement poétique.

J'ajoute enfin que l'auteur lui-même, en Sg 8,17-18, paraît faire le point d'une délibération qu'il a effectuée (λογισάμενος ἐν ἐμαυτῷ). L'a-t-il faite avant de prononcer ce même discours qui n'aurait alors aucun rapport direct avec elle ? Ou bien son discours (ou une partie de son discours) n'est-il pas précisément l'exposé de sa délibération ? Tout porte à croire – le vocabulaire, les thématiques et la disposition même de la phrase – que

Sg 8,17-18 est une *recapitulatio* de Sg 7–8. Or une *recapitulatio*, qui n'a pas lieu d'être à la fin d'un éloge dont la caractéristique est d'amplifier, se révèle nécessaire au terme d'une démonstration[172]. Il faut en effet, comme le rappelle Aristote, « faire un résumé des arguments qui ont servi à la démonstration »[173].

Ces indices suggèrent finalement d'identifier en Sg 7–8 une disposition plus complexe qu'une simple énumération. Le Sage n'entendrait pas seulement faire son éloge avec celui de la Sagesse. Il conseillerait, en en montrant la nécessité rationnelle, de faire une chose plutôt qu'une autre[174]. Pernot décrit ce phénomène de la pratique encomiastique qui évolue en sa visée délibérative : « Les encomiastes raisonnent constamment, en sorte que le genre épidictique déploie tout le vocabulaire rhétorique de la preuve. Les théoriciens conseillent de développer les *topoi* encomiastiques au moyen d'enthymèmes et d'épichérèmes [arguments]. Dans la pratique, l'éloge construit ses démonstrations à partir "d'indices" (*sêmeia*, *tekmêria*) : notions qui constituent, depuis Aristote, les prémisses de l'argumentation rhétorique. Toutes sortes de faits et d'actions (accomplies aussi bien par le sujet que par ceux auxquels on le compare ou par des autorités extérieures) servent de points de départ pour des séries de déductions établissant l'excellence du *laudandus* [...] Ainsi les encomiastes parviennent-ils à des conclusions vraisemblables ou nécessaires ».[175] Une *propositio* serait alors présente en Sg 7–8, appuyée d'une démonstration visant à persuader l'auditoire de l'utilité de ce qui est proposé. Bien différents des impies, qui ne laissent aucune trace de leur passage (Sg 5,11), le Sage démontrerait, non seulement par l'exemplarité de sa vie, mais aussi par la rationalité de son discours, ce qu'il est préférable, voire nécessaire, de faire. L'argumentation ne serait en aucun cas absente de l'éloge ; elle y serait comme incorporée pour que l'énumération des qualités reçoive la force d'une preuve. Pernot insiste : « Nous arrivons là au point essentiel, au cœur des rapports entre éloge et conseil : l'idée que l'éloge est un conseil [...] Il n'est plus question de

[172] *Rhétorique à Alexandre* 1444b21-28.

[173] Aristote, *Rhétorique* 1419b30 (tr. M. DUFOUR – A. WARTELLE ; Collection *tel* ; Paris 1998). La démonstration (ἀπόδειξις), à la différence de la monstration (ἐπίδειξις), est une argumentation qui conduit, par le moyen de choses bien appréhendées, à une chose qui l'est moins (cf. Diogène Laërce, *Zénon* 7,45).

[174] Le lien intrinsèque entre éloge et délibération était déjà indiqué par Aristote : « L'éloge et les conseils sont d'une commune espèce ; si, le fond des conseils restant le même, la forme en est changée, ils deviennent des panégyriques. Puis donc que nous savons quelles actions l'on doit accomplir et quel caractère l'on doit avoir, il faut, en parlant sur ce fond, changer d'expression [...] Quand donc vous voulez conseiller, voyez ce que vous pourriez louer », Aristote, *Rhétorique* 1367b36-1368a7 (tr. M. DUFOUR – A. WARTELLE ; Collection *tel* ; Paris 1998).

[175] L. PERNOT, *La rhétorique de l'éloge*, 681.

phthonos face à la gloire du *laudandus*, mais de *philotimia*. L'éloge a donc une fonction protreptique, qui permet de le déclarer utile »[176]. Ces explications ne signifient pas que le Livre de la Sagesse soit un *logos protrepticos* ; elles justifient la fonction protreptique et la *dispositio* argumentative que peuvent recevoir les composantes de cet éloge. L'énumération propre à l'éloge ne doit pas rester cette plate et fastidieuse succession de qualités mais, s'ornant d'un déploiement logique qui rappelle l'unité de l'esthétique et de l'éthique, elle devient un chemin à suivre.

2. Logique syntagmatique et paradigmatique de la persuasion

Une analyse de Barthes, que l'on retrouve dans son « introduction à l'ancienne rhétorique »[177], précise comment les quatre parties principales d'une *dispositio* (*exordium*, *narratio*, *argumentatio*, *epilogus*), « grande syntagmatique » selon l'une de ses expressions[178], n'est en réalité que la mise en chiasme de deux paradigmes, l'un passionnel (pour émouvoir), qui relie l'exorde à l'épilogue, parties extrêmes du discours, l'autre démonstratif (pour convaincre), qui relie la *narratio* à l'*argumentatio*, parties médianes du même discours. Avant d'aborder l'axe paradigmatique, très utile pour expliquer le principe d'analogie mis en œuvre entre la prière et l'amour, il convient de décrire les composantes de ce discours en leur enchaînement syntagmatique.

Pour qu'il y ait démonstration, il faut qu'il ait quelque chose à démontrer[179]. Or pour identifier l'objet précis de la démonstration, c'est vers la conclusion, où se trouve un résumé des arguments[180], qu'il faut se tourner. Sg 8,17-18, en son parallèle avec Sg 8,21 tel que je l'ai mis en lumière, permet en effet d'identifier l'étroite corrélation entre la synthèse de la démonstration et la proposition du discours. La nécessité de la prière, affirmée comme un *a priori* selon Sg 7,7, se trouve réaffirmée en Sg 8,21, cette fois-ci comme la déduction d'un raisonnement sur la recherche de la Sagesse.

---

[176] L. PERNOT, *La rhétorique de l'éloge*, 717. Il s'appuie sur Platon, *Protagoras* 326A ; Isocrate, *Panégyrique* 159 ; Aristophane, *Les Grenouilles* 1026-1027 ; Xénophon, *Mémorables* III,5,3 ; III,8,12 ; Aelius Aristide, *Pour les quatre* 575-576 ; Julien, *Éloge d'Eusébie* 103c.

[177] R. BARTHES, « L'ancienne rhétorique », 149.

[178] R. BARTHES, « L'ancienne rhétorique », 90. « On définira la *dispositio* comme l'arrangement des grandes parties du discours. La meilleure traduction est peut-être : *composition* [...] Selon une syntagmatique augmentative, on a donc : le niveau de la phrase (*compositio*), le niveau de la partie (*colocatio*), le niveau du discours (*dispositio*). Les grandes parties du discours ont été posées très tôt par Corax et leur distribution n'a guère varié depuis », 148.

[179] Aristote, *Rhétorique* 1414a34.

[180] Aristote, *Rhétorique* 1419b30. Cf. H. LAUSBERG, *Handbuch der literarischen Rhetorik*, § 431-442.

Arguant des biens que la Sagesse apporte (qu'ils soient déjà accordés ou encore espérés), l'auteur aurait démontré la nécessité de la chercher. L'enjeu démonstratif du discours se fonderait sur cette étroite corrélation établie entre le fait de « prier » et celui de « chercher », la proposition introductive énonçant la nécessité de « prier », la proposition conclusive reprenant cette nécessité, mais en l'appuyant sur la nécessité démontrée de « chercher ». Cette double nécessité, de demander la Sagesse et de la chercher, relève en réalité de la situation paradoxale du Sage qui se doit d'être, à la fois passif devant celle qu'il ne peut se donner à lui-même, mais en même temps actif en ce qu'il se découvre déjà donné à lui-même. En d'autres termes, le Sage, par la vie qu'il possède déjà, démontre la nécessité de demander la vie qu'il n'a pas. C'est ce qui expliquerait que la φρόνησις puisse être à la fois l'objet de la prière (Sg 7,7) et sa condition (Sg 8,21). Ce rapport de nécessité atteste que le discours du Sage n'est pas un éloge sans plus mais qu'il entend persuader l'auditoire de prier avec lui. Au seuil de Sg 9, rien ne sert d'insister sur l'opportunité d'une telle démonstration.

Comment la délibération se présente-t-elle alors ? Les premiers versets, normalement en relation avec la conclusion, doivent introduire l'argument et la proposition. Il est assez simple d'identifier la proposition en Sg 7,7 où la nécessité de la prière est posée : διὰ τοῦτο εὐξάμην. Une analyse sémantique plus précise de la relation de Sg 7,3 avec Sg 7,7 montrera comment l'auteur, sans pour autant la démontrer, introduit la nécessité de la prière en s'appuyant sur une expérience commune : « J'ai respiré l'air commun, je suis tombé par terre [...] C'est pourquoi, j'ai prié ». De l'exorde (Sg 7,1-7), il ressort que prier est une nécessité vitale, une question de vie et de mort. Encore faut-il le démontrer, ce que le corps du discours devrait théoriquement faire.

Avant de poursuivre l'analyse en ce sens, il convient de saisir la pertinence de l'exorde à l'échelle du livre. À cet égard, un bref rappel du discours des impies prononcé en Sg 2 s'impose. Constatant la légèreté de la vie (Sg 2,1-5), les impies tirent une première conclusion (Sg 2,6) :

δεῦτε οὖν καὶ ἀπολαύσωμεν τῶν ὄντων ἀγαθῶν	*Venez donc et jouissons des biens présents.*
καὶ χρησώμεθα τῇ κτίσει ὡς ἐν νεότητι σπουδαίως	*Usons de la création avec l'ardeur de la jeunesse.*

Cette première déduction conduit cependant, par le biais d'un raisonnement sur la vie du juste, à une seconde et terrible déduction : « Condamnons [le juste] à une mort honteuse, puisque, d'après ses dires, il sera visité » (Sg 2,20). Face à l'obstacle que représente l'espérance du juste sur le chemin des impies, l'invitation à la jouissance se transforme finalement en une décision criminelle. Rien de tel pour le Sage qui part pourtant d'un constat similaire à celui des impies. Certes, la vie est fragile. Cette insoutenable légèreté recèle pourtant une exigence qui n'est pas celle d'une jouissance à tout prix, mais celle d'une prière. Le résultat de la démonstration, comme il faudra le constater, ne sera pas de condamner le juste à une mort ignominieuse, mais bien de connaître une vie où la mort n'a pas lieu d'être. L'alternative[181] est assez claire à l'échelle du livre : ou bien, selon le conseil des impies (Sg 2), la jouissance des biens et la mort du juste, ou bien, selon le conseil du Sage, la prière et l'immortalité (Sg 7–8).

Il appartient enfin à l'exorde de disposer l'auditoire à l'écoute. Il convient pour cela de partir de faits admis de tous et de se montrer modeste. Qui nierait que l'homme est mortel ? Et comment ne pas reconnaître l'humilité de l'orateur qui se présente comme l'un de ces mortels qui habitent la terre, évoquant pour cela sa naissance dans les larmes et les langes ?

Différentes péricopes s'enchaînent ensuite, entre l'introduction (Sg 7,1-7) et la conclusion (Sg 8,17-21), leur finalité devant être, outre celle de faire apparaître la grandeur du Sage et de la Sagesse, de persuader l'auditoire de chercher celle-ci.

Les versets de Sg 7,8-10, qui suivent immédiatement la *propositio* (Sg 7,7), ne proposent pas nécessairement le premier argument. Ils peuvent être une illustration de la *propositio*, illustration qui, dans le corps du discours, relate les faits. C'est la fonction même de la *narratio*[182] dont il est probable que le Sage se serve pour revenir sur l'événement du Songe de Gabaon (1R 3,5-15), celui-là même qui donna l'occasion à Salomon de se tourner vers Dieu pour demander la Sagesse. S'en tenir à une logique linéaire ou poétique entre Sg 7,7 (*propositio*), Sg 7,8-10 (*narratio*) et Sg 7,11-12 (début de l'*argumentatio*), ignorant les règles de cette disposition littéraire, pourrait tout simplement empêcher de comprendre pourquoi l'auteur affirme d'abord qu'il a prié et reçu l'esprit de la Sagesse (Sg 7,7), ensuite qu'il a aimé la Sagesse (Sg 7,8-10), enfin qu'il ignorait que la Sagesse était la mère de tous les biens (Sg 7,11-12).

Sg 7,11-12 introduit en effet la problématique, mettant en lumière un premier argument. La jouissance de tous les biens (Sg 7,11) s'accompagne en réalité d'une ignorance de leur origine (Sg 7,12). De cette ignorance, découle la nécessité de chercher l'origine, ce dont Sg 7,13 se fait l'écho : « J'ai appris ». Le problème identifié par le Sage est d'autant plus clair qu'il renvoie à la réaction des impies dont il a déjà été question à propos de l'exorde. Ceux-

---

[181] La délibération doit porter sur une décision qu'il appartient à l'auditoire de prendre, cf. Aristote, *Rhétorique* 1359b1 ; *E.N.* 1113a30.

[182] H. LAUSBERG, *Handbuch der literarischen Rhetorik*, §289-347.

ci jouissent des biens de la création sans s'interroger davantage sur leur origine. Ils négligent de ce fait l'exigence de s'instruire. En contraste avec l'attitude des impies qui ne cherchent pas l'origine des biens de la création, le Sage rappelle le principe assez simple selon lequel il est inconvenant de ne pas s'interroger sur son bienfaiteur.

L'éducation fait dès lors l'objet d'un long développement (Sg 7,13-23). Elle apparaît comme le cadre adéquat pour découvrir l'origine du don et le mode de sa transmission. Dieu, la Sagesse et le Sage se trouvent ainsi, comme la structure de Sg 7,11-16 le manifestait, en étroite relation. L'ordre des dons et de leur transmission est présenté de telle sorte que l'éducation ne puisse se résumer à une somme de connaissances dont on pourrait se satisfaire une fois acquise. Elle trouve son sens dans la connaissance de Dieu et de la Sagesse, dans la façon dont le Sage lui-même devient à son tour protagoniste de cette transmission. Pas de don sans origine, pas de découverte de cette origine sans éducation, pas de mise en œuvre de l'éducation sans don de soi. Par l'éducation, le Sage découvre ainsi l'origine de ce qu'il est, la Sagesse, et l'exigence de ce qu'il doit faire, parler de la Sagesse. Ce premier argument éducatif ouvre ainsi à l'hymne rhétorique (Sg 7,24–8,1) qui trouve sa juste place à cet endroit du discours. Une fois l'éducation réalisée, l'auteur se trouve en mesure de faire l'éloge de celle dont il vient de recevoir l'enseignement. L'hymne concrétiserait ce qu'une terminologie moderne qualifierait d'accès à la conscience adulte et de sa manifestation concrète par une parole de reconnaissance. L'hymne rhétorique se trouve ainsi inséré entre l'éducation qui dévoile et la royauté qui décide.

De la découverte de la Sagesse par l'éducation (Sg 7,11-23) et de sa description hymnique (Sg 7,24-8,1), découle la seconde nécessité, celle de chercher son amitié (Sg 8,2-16). Ainsi, Sg 8,2-4 reprend le fil du discours abandonné au seuil de l'hymne rhétorique (Sg 7,23). Le Sage, éduqué et devenu ainsi éducateur, ne peut abandonner celle qui lui valut d'être ce qu'il est. L'amour de la Sagesse par le Sage est la conséquence logique de la reconnaissance de celle qui est à l'origine de ce qu'il est. Si elle façonne ainsi sa vie (Sg 7,27), elle doit encore la couronner.

Les questions rhétoriques (Sg 8,5-8) ne représentent pas une étape argumentative particulière. Elles confirment la convenance de choisir celle qui s'est dévoilée à l'origine de toute la création. En revanche, Sg 8,9-16 présente l'étape ultime de la démonstration, le dernier argument consistant à présenter les conséquences d'un tel choix (argument *ab effectis*) : la gloire et l'immortalité. Les effets de la Sagesse dans la vie du Sage confirment qu'il est absolument nécessaire de l'avoir dans sa vie. En somme, l'argumentation bascule d'une cause première à une cause finale : parce que j'existe, je dois reconnaître la Sagesse (premier argument) par un chemin d'éducation ; et pour vivre un chemin royal, il me faut la Sagesse (dernier argument). La nécessité de chercher la Sagesse est ainsi démontrée en amont, par l'expérience éducative, et en aval, par l'exercice royal. L'analyse sémantique développera plus longuement ces deux pôles du discours et leur enracinement, tant dans la littérature biblique que dans celle du monde hellénistique.

La distinction proposée par Barthes, entre les axes syntagmatique (ordre des parties du discours) et paradigmatique (articulation des thèmes), permet de préciser encore la logique du discours. Sur l'axe paradigmatique, un premier paradigme, présent dans l'introduction et la conclusion, doit émouvoir ; le second, présent dans le corps du discours, doit convaincre.

Le contraste entre Sg 7,1-7 et Sg 8,17-21 met en évidence l'intention passionnelle que Barthes décrit ainsi : « Dans l'exorde, l'orateur doit s'engager avec prudence, réserve, mesure ; dans l'épilogue, il n'a plus à se contenir, il s'engage à fond, met en scène toutes les ressources du grand jeu pathétique »[183]. En Sg 8,21, l'auteur répète trois fois qu'il pria ; il insiste sur le fait qu'il s'y appliqua de « tout son cœur » ; il met en scène, pourrait-on dire, une forme de *pathos* (ἐνέτυχον, ἐδεήθην, εἶπον ἐξ ὅλης τῆς καρδίας). Il paraît en revanche plus réservé en Sg 7,1-7, se présentant d'abord comme tous les autres hommes. Il atténue en outre la force de son affirmation sur la prière (εὐξάμην, ἐπεκαλεσάμην) par le rappel des bienfaits qui en découlent. Le paradigme de « la prière nécessaire », bien que traité de façon différente au commencement et à la fin du discours, est ainsi bien identifié.

Le second paradigme, sensé couvrir la partie médiane du discours, doit articuler un double appel, au fait d'abord (*narratio*), à la raison ensuite (*confirmatio*). Barthes explique ainsi la *narratio* : « La *narratio* est certes le récit des faits engagés dans la cause, mais ce récit est conçu uniquement du point de vue de la preuve, c'est l'exposition persuasive d'une chose faite ou prétendue faite. La *narratio* n'est donc pas un récit, mais une protase argumentative [...] c'est une préparation à l'argumentation ; la meilleure préparation est celle dont le sens est caché, dans laquelle les preuves sont disséminées à l'état de germes inapparents »[184]. Quant à la *confirmatio*, il indique qu'elle est « l'exposé des raisons probantes »[185]. Sous cet angle, ce qui vient en premier (*narratio*) anticipe ce qui est ensuite démontré (*argumentatio*). De ce point de vue, relever l'unité et le contraste entre Sg 7,8-10 et Sg 7,11–8,16, n'est pas inutile. L'auteur présente une même réalité, à savoir son amour de la Sagesse, d'abord du point de vue du fait, en Sg 7,8-10 (προέκρινα... ἠγάπησα αὐτὴν), ensuite du point de vue de la raison, en

---

[183] R. BARTHES, « L'ancienne rhétorique », 149.
[184] R. BARTHES, « L'ancienne rhétorique », 152.
[185] R. BARTHES, « L'ancienne rhétorique », 153.

Sg 7,11–8,16 (ταύτην ἐφίλησα... ἔκρινα). La répétition de l'amour de la Sagesse dans la *narratio* (Sg 7,10) comme dans l'*argumentatio* (Sg 8,2) n'affaiblit donc en rien la cohérence du discours ; elle l'atteste plutôt. Le fait que l'auteur rappelle ce paradigme dans la conclusion (Sg 8,18), en parallèle avec celui de la prière (Sg 8,21), établit l'étroite connexion voulue par l'auteur entre le fait de « prier » et celui d'« aimer ».

Pour conclure, il ne faut pas chercher, entre les affirmations de Sg 7,7, Sg 7,8-10, Sg 8,2.9 et Sg 8,18.21, une logique linéaire, mais identifier l'articulation entre ces deux paradigmes, celui de la prière et celui de l'amour. Le fait d'aimer la Sagesse (Sg 7,8-10), démontré comme une nécessité dans la vie du Sage (Sg 7,11–8,16), donne la preuve rationnelle que la prière, un fait reconnu dans la vie du Sage (Sg 7,7), est également une nécessité (Sg 8,21). C'est bien sous cet angle que la portée persuasive de l'éloge combiné du Sage et de la Sagesse apparaît la plus évidente et que les difficultés logiques sont résolues. Autrement dit, plutôt que d'inviter à jouir de tous les biens de la création au point de vouloir tuer le juste (Sg 2,1-20), le Sage propose de prier de tout son cœur, invitation qui relève autant de la passion (introduction et conclusion) que de la raison (*narratio* et *argumentatio*). Les « faux calculs » des impies (ἐν ἑαυτοῖς λογισάμενοι οὐκ ὀρθῶς ; Sg 2,1) sont ainsi déjoués par la démonstration de l'amour (ταῦτα λογισάμενος ἐν ἐμαυτῷ ; Sg 8,17) qui se doit d'unir l'homme à la Sagesse et qui justifie qu'il se tourne vers Dieu pour le prier.

Tableau récapitulatif[186]

<table>
<tr><td rowspan="2">Axe
syntagmatique
(I-II-III-IV)</td><td colspan="2">Axe paradigmatique (α-β)</td></tr>
<tr><td>α. Passionnel
[Extrémités du discours]</td><td>β. Démonstratif
[Parties médianes du discours]</td></tr>
<tr><td>I.
Exorde</td><td>A
I. EXORDE (Sg 7,1-7)
PROPOSITIO : prière (Sg 7,7)
[prudence – pour se concilier l'auditoire]</td><td></td></tr>
<tr><td>II.
Narratio</td><td></td><td>B II. NARRATIO (Sg 7,8-10)
amour (Sg 7,8.10)
[factuel – pour informer]</td></tr>
<tr><td>III.
Argumentatio</td><td></td><td>III. ARGUMENTATIO
(Sg 7,11–8,16)
1. Prémisses : Jouissance des biens et ignorance

2. Moyen terme : Éducation
1er argument [passé]
(Sg 7,13-21)
Transition (Sg 7,22-23)

{ C. Hymne rhétorique}
(Sg 7,24–8,1)

B' 3. Déduction
amour (Sg 8,2-4)
[démontré – pour convaincre]
Questions rhétoriques (Sg 8,5-8)
2ème argument [futur]
(Sg 8,9-16)</td></tr>
<tr><td>IV. Épilogue</td><td>A'
IV. ÉPILOGUE (Sg 8,17-21)
RECAPITULATIO (Sg 8,17-18)
Rappel de l'introduction (Sg 8,19-20)
Reprise de la PROPOSITIO :
prière (Sg 8,21)
[insistance – pour remporter la décision]</td><td></td></tr>
</table>

[186] Je rappelle dans ce tableau la structure concentrique ABCB'A' (cf. chapitre 1).

Premières conclusions

Achevant ainsi l'étude de la structure littéraire et de la composition rhétorique, je reconnais dans les chapitres 7 et 8 du Livre de la Sagesse une symétrie concentrique à trois niveaux (A-B-C-B'-A'), symétrie que j'estime cependant insuffisante pour expliquer la composition et la logique de ce discours. Il convient en effet d'identifier, selon les règles de la rhétorique grecque, « un éloge combiné » où la vie du Sage ne saurait être oubliée au bénéfice de la Sagesse. Il n'en résulterait qu'une distorsion dans ce discours construit avec art et qui, selon toute vraisemblance, se veut être un éloge autant de l'une que de l'autre. Plus qu'un éloge combiné, il apparaît même que l'auteur veuille persuader pour autant qu'il loue. Son intérêt n'est pas d'offrir, à des auditeurs déjà acquis à sa cause, le seul spectacle d'une louange en l'honneur de la Sagesse et de lui-même. Il semble qu'il aille plus loin, cherchant à convaincre ceux qui aspirent à la royauté (Sg 6,21) de ne pas le faire sans aspirer à l'esprit de la Sagesse. Se tourner vers Dieu en s'associant à sa prière (Sg 9,1-18) constitue finalement l'invitation et la nécessité qui résultent de ce discours.

Pour décrypter une telle composition rhétorique, les analyses de Pernot concernant l'éloge rhétorique n'ont pas manqué d'apporter leur contribution. Elles introduisaient à un univers littéraire qui, bien que mal connu dans le champ des études bibliques, ne manque pas d'intérêt. Reflet d'un certain renouveau de l'éloquence suscité par l'arrivée des légions romaines dans les villes de l'Orient méditerranéen, cet univers suggère en effet les péripéties oubliées d'une parole qui, en cette fin du Ier siècle av. J.-C., n'a pas manqué de se faire entendre entre le gymnase et l'agora. Une pratique de l'éloge, tant scolaire que politique et religieuse, devenait en réalité, pour toute une société pieuse et cultivée, une façon d'exister et de s'affirmer dans un monde bouleversé par la nouvelle domination impériale. La Seconde Sophistique, malgré sa datation habituellement tardive, se présentait en fin de compte mieux ancrée dans le milieu éducatif auquel l'auteur du Livre de la Sagesse aurait pu appartenir. Les règles en vogue à l'époque, et leur écho dans ces chapitres 7 et 8 du Livre, suggéraient ainsi une genèse du discours. Elles offraient les conditions d'une lecture plus soucieuse d'expliquer la logique des idées en tenant compte de l'enchaînement des différentes unités de ce discours de Sagesse.

Il convient cependant de ne pas en rester à ce genre d'analyse globale du discours dont l'intérêt est précisément de conduire à une lecture plus détaillée du texte. L'analyse sémantique de quelques termes et d'expressions clés devrait aider à en goûter certains jeux subtils qui en manifestent le sens et la richesse.

Premières conclusions

SECONDE PARTIE : LES MUSES RÉVÉRÉES

Analyse sémantique

de quelques mots du discours

Introduction

Au seuil de l'analyse sémantique, je rappelle qu'il m'est apparu inutile de revenir sur une étude systématique des mots ou de la grammaire du texte, travail qui existe déjà, d'une richesse exceptionnelle comme chez Larcher et Scarpat. Les commentaires ne manquent pas. Les explications sont le plus souvent suffisantes et, m'appuyant sur elles, je ne les développe pas davantage. En revanche, à la lumière de la structure et de la composition, certains termes ou expressions mieux situés dans la cohérence du discours suggèrent un axe nouveau de signification qui implique une analyse pour que sa pertinence soit évaluée. Pour cela, il faut tenir compte non seulement du discours situé dans le livre, mais aussi du contexte hellénistique et biblique sous-jacent.

Parce que l'éloge du Sage se trouve divisé en son milieu par l'éloge de la Sagesse, il a semblé préférable de distribuer l'analyse sémantique en trois chapitres, consacrés successivement au premier volet de l'éloge du Sage (Sg 7,1-23), à l'éloge de la Sagesse (Sg 7,24–8,1) ensuite, enfin au second volet de l'éloge du Sage (Sg 8,2-21). Chacun de ces chapitres donnera l'occasion de revenir sur les articulations principales du discours et d'aborder des thématiques complémentaires. Pour ce qui est de la vie du Sage, l'esprit, l'éducation et l'éloquence retiendront d'abord mon attention (chapitre 3), l'amitié, la royauté et l'immortalité ensuite (chapitre 5). En ce qui concerne plus spécifiquement la Sagesse, il sera surtout question de la création et de la lumière (chapitre 4).

Introduction

Chapitre III : Le souffle oratoire (Sg 7,1-23)

L'étude du rapport entre Sg 7,3 et Sg 7,7 montrera comment l'auteur, par un dialogue subtil entre une lecture de Gn 2,7 et une conception toute grecque de la vie, articule sa *propositio* à l'exorde, ouvrant ainsi la problématique : De qui suis-je né pour être à la fois vivant et mortel ?

L'articulation entre la *narratio* (Sg 7,8-10) et le premier verset de l'*argumentatio* (Sg 7,11) obligera à revenir sur la signification des « biens ». Comment l'amour de la Sagesse est-il ou non une condition initiale ou finale de leur jouissance ? Tel sera l'enjeu de l'analyse qui entend mettre en lumière la portée d'une ignorance originelle.

Enfin, l'étude plus large de Sg 7,13-23 apportera une clé du discours : pour demander la Sagesse, il faut en réalité y avoir été conduit. Le chemin de l'éducation, par lequel l'esprit même de la Sagesse se trouve déjà communiqué au Sage, montre que l'art oratoire n'est pas sans rapport avec l'œuvre créatrice.

A. L'air et l'esprit (Sg 7,3.7)

« Insatiable, il provoqua une punition monstrueuse : cette énorme pierre que le Dieu Suprême a suspendue au-dessus de lui. Sans cesse il la voudrait rejeter de sa tête, et ce souci bannit loin de lui toute joie ! »[1]

1. Un manque apparent d'originalité

Un bref parcours des commentaires de Sg 7,1-6 permet d'identifier une interprétation commune de ces versets. Il s'agirait d'un énoncé explicitant l'égalité de Salomon avec tous les hommes. Pourquoi une telle précision ? Pour écarter tout simplement l'idée que l'on pouvait se faire du caractère « naturel » de la Sagesse de Salomon[2] (Grimm, Weber, Vílchez Líndez).

---

[1] 'Αλλα γὰρ καταπέψαι μέγαν ὄλβον οὐκ ἐδυνάσθη κόρῳ δ' ἕλεν ἄταν ὑπέροπλον ἄν τοι πατὴρ ὕπερ κρέμασε καρτερὸν αὐτῷ λίθον τὸν αἰεὶ μενοινῶν κεφαλᾶς βαλεῖν εὐφροσύνας ἀλᾶται, Pindare, *Olympiques* 1,57 (tr. A. PUECH ; CUF ; Paris 1949).

[2] On rencontre, dans les commentaires, un usage fréquent des termes « nature », « grâce » ou « surnaturel » (C.L.W. GRIMM : « ein Gnadengeschenk Gottes » ; C. GUTBERLET :« nicht von Natur » ; W.J. DEANE : « by nature he was no wiser » ; P. HEINISCH : « menschlichen Natur » ; C. LARCHER : « souffle surnaturel »), qui renvoit à une problématique philosophique et théologique difficile. Le risque d'utiliser un tel vocabulaire pourrait laisser entendre une opposition marquée entre la création et le don de la Sagesse. Le Sage reconnaît

Contre ceux qui regarderaient Salomon comme un être d'exception « par nature », l'auteur du livre proposerait une vision toute différente d'un Salomon à mesure d'homme. Ce dernier n'aurait pas la Sagesse par sa naissance et ne pourrait l'obtenir que par un don gracieux en réponse à une prière. Le caractère transcendant du don de la Sagesse serait ainsi sauvegardé. Une telle précision pourrait faire écho à la polémique socio-historique concernant la divinisation des rois à l'époque ptolémaïque et romaine.

Cette lecture reflète cependant une certaine propension à interpréter « l'égalité » à l'aune de la philosophie des Lumières. Une expression de Hübner reste à cet égard symptomatique : « Cette similitude de condition des rois dans leur « être homme », ou, pour parler de manière moderne, cette composante démocratique de leur existence, leur « égalité » en somme [en français dans le texte], ne leur permet pas d'être placés du côté de Dieu »[3]. L'insistance sur « l'égalité de nature », plutôt que sur une similitude dans la destinée mortelle de Salomon, relève bien d'un parti pris que l'interprétation de l'adjectif θνητός par Larcher confirme : « Les deux mots *thnètos anthrôpos*, "un homme mortel", vont ensemble et le second contribue à faire porter l'accent non sur la condition mortelle de Salomon, mais sur sa condition strictement humaine (par opposition aux êtres divins ou semi-divins) »[4]. Il faudrait vérifier si « la condition mortelle » n'est pas précisément le point d'intérêt de cette péricope où ne semble transparaître aucune allusion à une divinisation supposée de Salomon.

Un autre aspect retient l'attention : cette péricope propose-t-elle une description scientifique de la conception humaine ou bien ne fait-elle que relater une vision populaire ? Il semble que l'usage de certaines catégories scientifiques ne soit pas exclu bien que la tonalité reste globalement populaire[5].

Enfin, le pessimisme qui se dégage de ces versets est relevé par certains comme Goodrick, Reider, Georgi ou encore Scarpat. L'auteur aurait une vision des plus tristes de la naissance et de la vie. L'homme serait, tel Tantale, condamné à supporter une vie de peines et de tristesses.

---

pourtant la Sagesse aussi bien collaboratrice de Dieu en son acte créateur (Sg 9,2) qu'en son acte salvifique (Sg 9,18–10,2), et ce dès l'origine, ce qui atténue l'opposition possible entre nature et surnaturel.

[3] H. HÜBNER, *Die Weisheit*, 94.

[4] C. LARCHER, *Le livre de la Sagesse*, II, 443.

[5] Cf. l'article de M. GILBERT, « La procréation : ce qu'en sait le Livre de la Sagesse », *NRTh* 111 (1989) 824-841, qui présente une bonne synthèse de l'environnement culturel de ces versets. Le commentaire de D. WINSTON, *Wisdom*, 163-165, indique également plusieurs références utiles.

Ces traits font dire à Vílchez Líndez qu'il n'y a aucune idée originale en Sg 7,1-6[6] et relèguent cette péricope dans le lot des textes sans grand intérêt. La structure de ces versets et leur lien avec Sg 7,7 manifestent pourtant une élaboration subtile qui s'accorde mal avec ce manque d'originalité supposé. L'intention de l'orateur ne serait-elle pas en effet, par la qualité exceptionnelle des premiers mots du discours et de leur signification, de piquer l'attention de l'auditoire[7] ?

A. *Affirmation sur un* homme, *mortel comme les autres*	1a *Assurément je suis moi aussi un homme mortel, égal à tous* 1b *et descendant du premier qui fut modelé de terre.*
B. Description de la vie in utero	1c Dans le ventre d'une mère j'ai été ciselé en un être de chair, 2 pour un temps de dix mois, ayant pris consistance dans le sang d'une semence d'homme et du plaisir accompagnant le sommeil.
C. *Événement de la naissance comme aspiration de l'air*	**3a Et moi aussi, alors que je naissais, j'ai aspiré l'air commun.**
B'. Description de la vie sur la terre	3b Sur la terre où l'on souffre pareillement je suis tombé ; mon premier cri (fut) semblable à celui de tous, des pleurs également ; 4 dans les langes et au milieu des soucis j'ai été élevé.
A'. *Affirmation sur un* roi, *mortel comme les autres*	5 *Aucun roi en effet n'a eu un autre commencement dans l'existence* 6 *et il n'y a pour tous qu'une façon d'entrer dans la vie et qu'une façon d'en sortir.*

L'expression « j'ai aspiré l'air commun » (ἔσπασα τὸν κοινὸν ἀέρα Sg 7,3a), laissée pour compte par les commentateurs, paraît pourtant remplir une fonction importante. Au centre d'une symétrie concentrique, elle justifie

---

[6] « Las ideas que el autor ha desarrollado en toda la perícopa 7,1-6 no son originales », J. VÍLCHEZ LÍNDEZ, *Sabiduría*, 246.

[7] L'auteur fait jouer non seulement des catégories formelles de composition (structure, rhétorique), mais aussi des associations d'idées dont il importe de dégager plutôt le procédé « midrashique » de relecture de l'AT que les suggestions infinies qu'elles peuvent poétiquement susciter. À cet égard, une méthode herméneutique réfléchie, comme celle de Ricœur, est utile pour la lecture de ce livre complexe : « His pioneering work in symbolism, in a philosophy of the will, in metaphorical language, and in philosophical and theological hermeneutics offers a variety of insights that the will be helpful to interpreters of Wis », J.M. REESE, « Can Paul Ricœur's Méthod Contribute to Interpreting the Book of Wisdom? », *La Sagesse de l'Ancien Testament* (éd. M. GILBERT) 396.

l'intérêt du passage de la vie *in utero* à la vie sur terre. Quant au jeu de synonymie entre l'air et l'esprit, il établit une étroite relation entre l'expression de Sg 7,3a et la proposition de Sg 7,7. Les commentaires se limitent à rappeler qu'il s'agit d'une expression de Ménandre le Comique qui, selon son propre jugement, relève d'une façon de parler des Tragiques. Le contexte de la péricope donnerait au verbe γίγνομαι le sens obvie de « naître ». Scarpat précise que le même verbe désigne l'acte d'aspirer et celui de « sucer le sein maternel » ce qui, en soi, n'est pas d'un grand intérêt. Aussi, il me paraît utile de revenir sur la signification de cette expression qui, relatant un phénomène élémentaire de la vie, à savoir l'instant de la première aspiration, renvoie au drame originel de la mortalité.

2. Ménandre le Comique[8]

L'expression ἔσπασας τὸν ἀέρα τὸν κοινόν, que Ménandre a peut-être forgée à partir d'expressions qu'il trouvait aussi bien chez Hippocrate : ἠέρα ὑδατεινὸν ἕλκοντες καὶ παχύν[9], que chez Aristote : τὸ πνεῦμα συμβαίνει σπᾶν[10], se retrouve reprise telle quelle par l'auteur. La proximité avec l'univers scientifique grec ne fait pas de doute et s'harmonise bien avec le contexte de Sg 7,1c-4. Mais Ménandre, en précisant que cette expression est une référence au langage des Tragiques, la fait sortir de son sens strictement scientifique. Il l'érige en expression ambivalente que seul le contexte, d'ailleurs proche de Sg 7,1-6, permet de saisir :

---

[8] Ménandre le Comique, frg. 531, cité par Plutarque, *Consolation à Apollonios* 103c-e. Né en 342-341 av. J.-C., Ménandre aurait marqué son époque par plus d'une centaine de comédies. « Ménandre ouvre exactement l'époque hellénistique [...] Le succès même de Ménandre explique sa présence dans les vieux papiers des tombes égyptiennes », J. DE ROMILLY, *Précis de littérature grecque* (Quadrige ; Paris 2002) 195-196.

[9] « Respirant un air humide et épais », Hippocrate, *Des airs* 19 (tr. J. JOUANNA ; CUF ; Paris 1996). Cf. aussi *Des airs* 5 ; 15. Le lien qu'indique Hippocrate entre le climat et les maladies est important pour saisir un phénomène que l'on retrouvera jusque dans la tradition qumranienne des deux esprits. En introduction à son traité sur l'air, l'eau et les lieux, il rappelle qu'il faut considérer « les vents (πνεύματα) chauds et froids, surtout ceux qui sont communs (κοινά) à tous les hommes, ensuite ceux qui sont particuliers à chaque contrée », *Des airs* 1. Hippocrate, fondateur de la médecine comme discipline scientifique, était originaire de la région de Thrace. Il vécut au Vème siècle av. J.-C. et s'intéressa à la constitution du corps humain et aux maladies. Thucydide s'en inspira pour décrire les maladies politiques, cf. J. DE ROMILLY, *Précis de littérature grecque*, 112.

[10] « Il [lui] arrive d'aspirer l'air », Aristote, *Respiration* 473a2.

Εἰ γὰρ ἐγένου σύ τρόφιμε τῶν πάντων μόνος ὅτ' ἔτικτεν ἡ μήτηρ σ' ἐφ' ᾧ τε διατελεῖν πράττων ἃ βούλει καὶ διευτυχῶν ἀεί καὶ τοῦτο τῶν θεῶν τις ὡμολόγησέ σοι ὀρθῶς ἀγανακτεῖς ἔστι γάρ σ' ἐψευσμένος ἄτοπόν τε πεποίηκ' εἰ δ' ἐπὶ τοῖς αὑτοῖς νόμοις ἐφ' οἷσπερ ἡμεῖς ἔσπασας τὸν ἀέρα τὸν κοινόν ἵνα σοι καὶ **τραγικώτερον** λαλῶ οἰστέον ἄμεινον ταῦτα καὶ λογιστέον

Si en effet tu parviens, ô maître, quand ta mère t'a mis au monde, unique parmi tous, à ne faire que ce que tu veux et à rester toujours heureux, et ce, selon ce que quelque dieu t'aurait accordé, tu as raison de t'irriter. En effet, il t'a menti et a agi de façon insensée. Mais si, selon les mêmes lois que nous, tu as aspiré l'air commun, je te parle ainsi ***à la manière des tragiques****, il vaut mieux le supporter et en tenir compte.*

τὸ δὲ κεφάλαιον τῶν λόγων ἄνθρωπος εἶ οὗ μεταβολὴν θᾶττον πρὸς ὕψος καὶ πάλιν ταπεινότητα ζῷον οὐδὲν λαμβάνει καὶ μάλα δικαίως ἀσθενέστατον γὰρ ὂν φύσει μεγίστοις οἰκονομεῖται πράγμασιν ὅταν πέσῃ δέ πλεῖστα συντρίβει καλά σὺ δ' οὔθ' ὑπερβάλλοντα τρόφιμ' ἀπώλεσας ἀγαθά τὰ νυνί τ' ἐστὶ μετριά σοι κακά ὥστ' ἀνὰ μέσον που καὶ τὸ λοιπὸν ὂν φέρε

Pour résumer mon propos, tu es homme et aucun vivant ne reçoit de changement plus rapide, passant de la hauteur à l'abaissement, et cela est juste. En effet, très faible par nature, il dirige de grandes affaires et quand il tombe, il détruit un plus grand succès. Mais toi, maître, tu n'as pas détruit un bonheur extraordinaire. Le malheur présent est pour toi mesuré, pour qu'en quelque sorte tu le sois en ce qui te reste à porter[11].

Ainsi, l'expression « respirer l'air commun » chez Ménandre désigne, plus largement que le simple fait d'aspirer de l'air, l'acte même de naître. Mais cet acte n'est pas considéré d'un point de vue médical ou comme l'événement heureux d'une nouvelle vie ; il l'est comme une entrée sous le joug commun de la peine et de la souffrance qui marque une existence vouée à la mort. Conception traditionnelle chez les Grecs, pour qui « ne pas naître » est parfois le meilleur des biens[12], on la retrouve très sporadiquement dans la Bible, comme chez Jérémie (Jr 14,10) ou Job (Jb 3,11). Elle est largement développée dans la *Consolation* que propose Plutarque, ce dernier multipliant les citations dont deux invocations à la mort ne sont pas dépourvues d'intérêt :

---

[11] Cité par Plutarque, *Consol. Apoll.* 103c-e.

[12] « La maxime de la sagesse grecque – qu'on trouve chez Théognis, Bacchylide, Plutarque, et que la dispute d'Homère et d'Hésiode attribue à Homère – est citée dans l'autre tragédie consacrée par Sophocle à Œdipe, *Œdipe à Colone* (v. 1224-1227) : ne pas naître voilà qui vaut plus que tout. Si l'on voit le jour, il ne reste qu'à fuir là-bas, d'où l'on venait, le plus tôt possible », P. BRUNET, *Introduction à la traduction d'Œdipe Roi* (CUF ; Paris 2002) XXII.

« Ô mort, mon sauveur, mon guérisseur, viens »[13], ou bien : « l'Hadès est mon soutien : je ne crains pas les ombres »[14]. Un détour par les œuvres d'Eschyle, de Sophocle ou d'Euripide, éclaire ce que Ménandre pouvait indiquer lorsqu'il reconnaissait le caractère tragique de l'expression[15]. Ces vers d'Euripide en sont une belle illustration.

Ὦ πατρὸς ἐμοῦ δύστηνος ἀρά μιαιφόνων τε συγγόνων παλαιῶν προγεννητόρων ἐξορίζεται κακόν οὐδε μέλλει ἔμολέ τ' ἐπ' ἐμὲ τί ποτε τὸν οὐδεν ὄντ' ἐπαίτιον κακῶν ἰώ μοί μοι τί φῶ πῶς ἀπαλλάξω βιοτὰν ἐμὰν τάνδ' ἀναλγήτου πάθους εἴθε με κοιμάσειε τὸν δυσδαίμον Ἅιδου μέλαινα νύκτερός τ' ἀνάγκα	*Ô terrible malédiction de mon père ! De parents souillés d'un crime, de lointains ancêtres, le mal est sorti. Sans attendre, il vient à moi. Pourquoi sur celui qui n'est coupable d'aucun mal ? Hélas, malheureux, malheureux que je suis ! Que puis-je dire ? Comment puis-je écarter ma vie de cette impitoyable souffrance ? Infortuné que je suis, que le sombre Hadès, le destin de la nuit, daigne m'endormir*[16].

Lorsque Ménandre précise qu'il s'exprime à la manière des Tragiques, il ne vise pas tant l'expression en sa littéralité, dont on ne retrouve trace chez ces derniers, qu'une manière de concevoir l'existence humaine, et plus spécifiquement l'entrée en ce monde. Celle-ci, symboliquement désignée par la première respiration qu'accompagnent cris et pleurs, est fondamentalement une infortune. La mort passe alors pour le plus grand bien. La *Consolation à Apollonios* n'est d'ailleurs pas loin d'être un éloge de la mort physique, libération de cette autre mort lente et cruelle qu'est la vie des hommes[17]. Plutarque le rappelle explicitement :

---

[13] ὦ θάνατε παιὰν ἰατρὸς μόλοις, Plutarque, *Consol. Apoll.* 106d.

[14] Ἅιδην δ' ἔχων βοηθὸν οὐ τρέμω σκιάς, Plutarque, *Consol. Apoll.* 106d. De telles formulations ne sont pas sans rappeler celle-ci : « Mais les impies appellent la mort du geste et de la voix, la tenant pour amie » (Sg 1,16).

[15] Plutarque cite constamment les Tragiques : Eschyle dans *Consol. Apoll.* 102b ; 106cd ; 109f ; Sophocle dans *Consol. Apoll.* 107b ; Euripide dans *Consol. Apoll.* 102be-f ; 103abc ; 104a ; 106ad ; 109f ; 110df. Juste avant de citer Ménandre, Plutarque cite ce vers d'Euripide : « Ce n'est pas pour être toujours heureux, Agamemnon, qu'Atrée t'a donné le jour. Il te faut connaître la douleur avec la joie car tu es mortel : ne le voudrais-tu point, telle sera toujours la volonté des dieux », Plutarque, *Cons. Apoll.* 103c.

[16] Euripide, *Hippolyte* 1378-1388.

[17] Cf. Stobée, IV,52,26.

Πολλοῖς γὰρ καὶ σοφοῖς ἀνδράσιν ὥς φησι Κράντωρ οὐ νῦν ἀλλὰ πάλαι κέκλαυσται τἀνθρώπινα τιμωρίαν ἡγουμένοις εἶναι τὸν βίον καὶ ἀρχὴν τὸ γενέσθαι ἄνθρωπον συμφορὰν τὴν μεγίστην	*Ce n'est pas d'aujourd'hui, mais depuis l'antiquité, comme le dit Crantor, que la condition humaine est déplorée par un grand nombre d'hommes sages, eux qui considèrent la vie comme un châtiment et qui, pour commencer, voient la naissance d'un homme comme le plus grand malheur*[18].

La maxime qui suit directement, « *ne pas naître est le plus grand de tous les biens, et être mort vaut mieux que vivre* »[19], ne devait pas être inconnue du Sage qui s'avère être également un lecteur du livre de Job (Jb 3,11)[20]. En citant Ménandre, à l'instar de l'auteur du Livre de la Sagesse, Plutarque évoque cet univers classique (tragique) où la naissance est perçue comme plus dramatique que la mort, où la vie est tout simplement une malédiction. « Maudit soit l'homme qui, sur l'herbe d'un pâturage, me prit par ma cruelle entrave, me sauva de la mort, me rendit à la vie »[21].

Scarpat avait relevé ce fait littéraire complexe sans en proposer d'analyse[22]. Or je perçois, à travers la généalogie et la portée de l'expression de Sg 7,3a, une indication précieuse pour cette péricope. Usant d'un vocabulaire scientifique, Ménandre forge une expression idiomatique pour désigner la naissance comme une fatalité. En citant cette pièce de Ménandre dans sa *Consolation*, qui passe pour une sorte d'exercice rhétorique[23], Plutarque manifeste l'importance littéraire de ce fragment dans les écoles de la Seconde Sophistique. Lorsqu'elle apparaît discrètement dans le Livre de la Sagesse, elle confirme l'appartenance de l'auteur à ce milieu intellectuel et

---

[18] Plutarque, *Consol. Apoll.* 115b.

[19] Μὴ γινέσθαι μὲν ἄριστον πάντων τὸ δὲ τεθνάναι τοῦ ζῆν ἐστι κρεῖττον, Plutarque, *Consol. Apoll.* 115c.

[20] C. LARCHER, *Études*, 96-97.

[21] Ὄλοιθ' ὅστις ἦν ὃς ἀγρίας πέδας νομάδος ἐπὶ πόας ἔλαβέ μ' ἀπό τε φόνου ἔρυτο κἀνέσωσεν, Sophocle, *Œdipe Roi* 1349-1352 (tr. P. MAZON ; CUF ; Paris 2002).

[22] G. SCARPAT, *Sapienza*, II, 94.

[23] Écrire une consolation (λόγος ἐπιτάφιος ou bien λόγος παραμυθικός) qui relève du genre épidictique (cf. Ménandre le Rhéteur, *Du genre épidictique* 281,10–295,6 (C. WALZ) ; Pseudo-Denys, *Art rhétorique* VI ; Dion de Pruse, 66 ; 78 ; 79), était devenu un exercice de rhétorique (cf. Aelius Aristide, *Discours pour Étéonée*, in Stobée, IV,56,32). Il faudrait étudier plus précisément les interférences entre le Livre de la Sagesse et ce corpus littéraire, en particulier à propos de Sg 3–4 et Sg 11–12. On retrouvera le même éclectisme philosophique, en particulier la doctrine centrale de la *métriopathie* dans le cadre d'une éducation divine, cf. Sg 12,22, selon la très probable conjecture défendue par A. VANHOYE, « Mesure et démesure en Sg XII,22 ? », *RSR* 50 (1962) 530-537 et M. GILBERT, « La conjecture μετριότητι en Sg 12,22a », *Bib.* 57 (1976) 550-553.

peut renvoyer à cette même vision tragique de la naissance, vision corroborée par quelques textes de la Bible (Jb 10,18 ; Si 40,1). Cette référence à un courant de pensée traditionnel, qui s'était imposé jusque dans le Stoïcisme latin par le biais de Cicéron[24], laisse entendre que l'expression en question ne relève pas d'une simple description scientifique ou chronologique de la conception et de la naissance, ni même d'une vision populaire, mais qu'elle implique bel et bien, comme périphrase pour le verbe « naître », une vision philosophique et religieuse déterminée.

3. Réminiscence du récit de la Genèse

L'étude de la structure littéraire de Sg 7,1-6 permit d'indiquer l'allusion au contexte de Gn 2,7a. Il a été en outre relevé que les expressions de Sg 7,3 (τὸν κοινὸν ἀέρα) et Sg 7,7 (πνεῦμα σοφίας) pouvaient être une façon de reprendre Gn 2,7b (ἐνεφύσησεν εἰς τὸ πρόσωπον αὐτοῦ πνοὴν ζωῆς)[25]. Que signifie donc, alors même que Ménandre est cité, ce jeu d'allusion à Gn 2,7 ?

Les récurrences du terme ἀήρ, en contraste avec un usage rarissime dans le corpus biblique (2S 22,12 ; 2M 5,2 ; Ps 17,12 pour l'AT et Ac 22,23 ; 1Co 9,26 ; 14,9 ; Ep 2,2 ; 1Th 4,17 ; Ap 9,2 ; 16,17 pour le NT), sont suffisamment significatives dans le Livre de la Sagesse (Sg 2,3 ; 5,11 ; 7,3 ; 13,2 ; 15,15 ; 17,9) pour être soulignées. Comme tel, ce mot ne désigne qu'un élément du monde créé. Sa proximité sémantique avec un terme synonyme πνεῦμα (Sg 5,3.11 ; 7,7.20.22.23 ; 13,2 ; 15,16 et 17,17) invite cependant à en préciser la portée religieuse. Il s'avère que l'auteur, lorsqu'il fait usage de ce terme, n'en restreint pas la signification à ce qu'une physique moderne pourrait entendre. Il fait appel à un contexte culturel plus complexe qu'une référence comme Sg 17,9 rend assez explicite. Selon l'analyse précise de Mazzinghi[26], qui suit en cela Winston, il convient de comprendre ce terme dans le sens de « ténèbres », par opposition à « la lumière de la loi » (Sg 18,4). Gilbert remarque, à propos de Sg 13,2, que « pour la première fois ici, l'Écriture instaure le procès de ceux qui divinisent "ou le feu, ou le

---

[24] Cette tradition d'origine orphico-pythagoricienne, reçue par Platon et Aristote, marquera fortement l'école stoïcienne (cf. Cicéron, *Tusculanes* I,49 ; I,113-119).

[25] Dans « Procréation : ce qu'en sait le Livre de la Sagesse », 828, M. GILBERT fait remarquer que « rien dans ces versets n'explique l'animation comme telle de l'embryon ». Mais plutôt que de renvoyer à Sg 8,19-20 (qui d'ailleurs n'utilise pas la même terminologie) ou à Sg 15,11 (selon ce que propose G. SCARPAT) pour expliquer cette lacune, je préfère la mettre en relation avec la double mention de l'air et de l'esprit en Sg 7,3 et 7,7. Ce jeu littéraire n'implique pas une négation du don de l'âme à l'embryon.

[26] L. MAZZINGHI, *Notte di paura e di luce*, 75.

souffle, ou l'air rapide" »[27]. Si les autres emplois de ce terme n'impliquent pas nécessairement une portée religieuse, on ne peut l'exclure *a priori* de Sg 7,3 (et peut-être de la métaphore en Sg 5,11). Elle accentuerait le contraste avec l'éclat de la Sagesse, reflet de la lumière éternelle (cf. Sg 7,10 et Sg 7,26.29). Que l'auteur fasse jouer ici une opposition entre l'air sombre et l'esprit lumineux, autre manière d'indiquer l'opposition des ténèbres et de la lumière, est en effet envisageable.

Dans ce contexte religieux, où les ténèbres et la lumière sont des concepts clés, Mazzinghi écarte une référence possible « aux esprits de l'air » desquels viendraient les songes et les présages[28]. Il ne semble pas en effet qu'une telle théologie soit partagée par l'auteur. Mais il n'apparaît pas si évident qu'il l'ignore ou n'y fasse aucune allusion. Le chapitre 17 du livre, qui met en avant les spectres (Heinisch, Feldmann, Deane, Cornely), mais surtout la référence ambivalente[29] aux « esprits » en Sg 7,20.23, ne permettent en effet pas d'exclure *a priori* une quelconque allusion à la croyance des « esprits » qui habitent l'air. L'effort déployé par Scarpat pour réduire les « esprits » en Sg 7,20 à n'être que de simples « vents », au sens météorologique du terme[30], apparaît même forcé. Mazzinghi a par ailleurs largement développé l'ambiguïté et l'ironie du langage magique utilisé dans le chapitre 17 et, si l'unité d'auteur démontrée pour ce livre a quelque pertinence, il n'est pas impossible que ces ambiguïtés soient effectives dans d'autres parties du livre. Il faudrait tenir compte également de plus d'une vingtaine d'expressions synonymiques ou antithétiques récurrentes en Sg 7–8 et Sg 17[31]. Je tiens dès lors, pour saisir la sigification du terme ἀήρ, à ne pas exclure trop rapidement un contexte théosophique d'origine pythagoricienne, que les médecins eux-mêmes n'écartaient pas[32]. Un détour par Philon[33] ou

---

[27] M. GILBERT, *La critique des dieux*, 11.

[28] L. MAZZINGHI, *Notte di paura e di luce*, 75, n. 28.

[29] « The simplicity and multitude of the metaphors which cluster in every language round 'air' gave special appropriateness to the use of this word as a vehicle for ironical or depreciatory meaning ; and therefore that word carried with it (1) a reference to the then dominant school of philosophy ; (2) a reference to the local religion ; (3) a thinly veiled hint of the idleness and folly of both », H.G. MILLER, *Commentary on St Paul's Epistle to the Ephesians* (London 1899) 71.

[30] G. SCARPAT, *Sapienza*, II, 52-59.

[31] Pour l'ambivalence du langage, cf. L. MAZZINGHI, *Notte di paura e di luce*, 41, 134, 186.

[32] Voici quelques explications de l'école pneumatique : « En faisant entrer l'air aspiré dans la constitution même de notre souffle vital comme un ingrédient de celui-ci, les pneumatistes ont établi un lien de connaturalité entre le *pneuma* et l'atmosphère ambiante », G. VERBEKE, *L'évolution de la doctrine du pneuma du Stoïcisme à S. Augustin* (Paris-Louvain 1945) 199 . Je ne le suis pas lorsqu'il oppose la conception matérialiste des Grecs à celle qui se trouve en Sg : « Le livre de la Sagesse constitue une étape décisive dans l'évolution de la doctrine du *pneuma*, car, nous y rencontrons pour la première fois un *pneuma* qui n'est plus

saint Paul[34] confirme que cette théosophie relative à l'air ténébreux habité d'esprits, témoignage qu'il n'y avait pas de divorce entre la physique et la métaphysique, était une opinion partagée. On retrouve même, dans le *Testament de Benjamin* (*TestXII.Ben* 3,4), Béliar qualifié de πνεῦμα ἀέριον. Il se pourrait enfin que cette tradition soit à l'origine de ce passage du Talmud où l'enfant, heureux et initié à la Torah dans le sein de sa mère, se voit dérober la mémoire par un ange lorsqu'il entre dans l'atmosphère du monde (b.Nid 30b)[35].

Je rappelle ce que Miller percevait à propos de l'usage paulinien : « On ne peut ignorer une opposition recherchée entre πνεῦμα comme la source de la vie chrétienne, et ἀήρ comme l'ἀρχή de l'enseignement d'Anaximène »[36]. Aletti commente ainsi l'expression d'Ep 2,2 : « La redondance a une fonction théologique importante ; elle ne nie pas la liberté humaine, mais elle laisse clairement entendre que la situation mortelle ainsi décrite dépend surtout d'êtres supérieurs au pouvoir desquels il est difficile de résister »[37]. Le fait que Ménandre ne se réfère pas à cet univers théosophique ne signifie pas que celui qui le cite n'y fasse aucune allusion. De même, le fait que Ménandre ignore le texte de la Genèse ne signifie pas que l'auteur ne s'y réfère pas. L'acte d'insuffler un souffle de vie pour devenir un « vivant » garde, dans tous les cas, une signification intrinsèquement théosophique ; le rappel de cette première respiration, en relation avec l'acte de création de l'homme, devait avoir cette portée.

Le contraste sous-entendu entre « l'air commun » ténébreux et « l'esprit de sagesse » lumineux permettrait à l'auteur de ne pas rappeler la seule vision d'Eschyle ou de Sophocle, mais d'articuler celle-ci au récit

---

rivé au monde matériel, comme celui des Stoïciens et des médecins grecs, mais qui, étant de la même nature que le Dieu du Judaïsme, transcende les réalités sensibles », 236. Il semble plutôt que l'auteur ne veuille pas opposer ainsi le matériel et le spirituel, mais plutôt deux sortes d'esprits qui distinguent les justes des impies. Associer ainsi le don de l'esprit à la conception de l'homme charnel montre bien que l'esprit participe de la création matérielle comme en Gn 1,2. Sur la nature de l'âme, cf. Cicéron, *Tusculanes* I,38-43.

[33] « Les êtres périssables, ce sont les hommes tandis que les immortels, ce sont ces âmes sans corps qui hantent l'air et le ciel », Philon, *Confus.* 176. Cf. *Confus.* 174 ; *Plant.* 14.

[34] Ἐν αἷς ποτε περιεπατήσατε κατὰ τὸν αἰῶνα τοῦ κόσμου τούτου κατὰ τὸν ἄρχοντα τῆς ἐξουσίας τοῦ ἀέρος τοῦ πνεύματος τοῦ νῦν ἐνεργοῦντος ἐν τοῖς υἱοῖς τῆς ἀπειθείας (Ep 2,2). L'analyse de cette référence permet de voir comment deux esprits s'opposent, celui du monde (dit de l'air) et celui de Dieu, qui est le fondement d'une nouvelle création (Ep 3,16 ; 1Th 4,17). Tertullien y fait allusion dans son *Apologétique* 46-50.

[35] Une interprétation de Gn 4,7, rapportée en b.San 91b, indique que le péché couché à la porte signifie qu'il attend l'ouverture du sein maternel pour entrer dans l'homme. Une telle conception pourrait être également sous-jacente à Ap 12,4.

[36] H.G. MILLER, *Commentary on St Paul's Epistle to the Ephesians*, 73.

[37] J.-N. ALETTI, *Saint Paul. Épître aux Éphésiens. Introduction, traduction et commentaire* (EtB - NS 42 ; Paris 2001) 122.

biblique de la Genèse. Il expliquerait ainsi que le caractère dramatique de la vie, que les Grecs avaient perçu, ne tenait pas à la constitution originelle de l'homme, mais à un fait historique de son développement, sa naissance, désignée ici par l'acte « symbolique » de l'aspiration de l'air commun. Ce serait une manière de rattacher ce que la tradition chrétienne appellera le péché des origines, non pas à la conception, mais à la naissance en ce monde. L'homme, promis à l'incorruptibilité, entrerait dans l'ordre de la corruption dès son premier souffle. Il ne serait plus « âme vivante », mais se retrouverait « mortel ». La réponse du Sage à ce drame serait de demander le souffle de la Sagesse pour retrouver l'ordre originel.

L'adjectif κοινός, qui qualifie « l'air » dans le sens de « commun à tous », mais dont le contexte tragique ne peut supprimer le caractère péjoratif, contribue à accentuer le contraste entre l'air et l'esprit. On comprend dès lors que l'auteur se soit servi de cette expression idéale pour son propos. En effet, l'adjectif κοινός qualifiait également l'impur ou, plus précisément, le contraire de ce qui est saint, ἅγιος[38]. En 1M 1,47.62, κοινός est utilisé à propos des animaux impurs[39]. L'usage de cet adjectif, en contraste avec ἅγιος qui qualifiera l'esprit en Sg 7,22, ne pouvait que renforcer la portée religieuse de l'expression de Ménandre. Une qualification du nom divin en Sg 14,21, τὸ ἀκοινώνητον ὄνομα, confirmerait l'idée que l'auteur n'ignorait pas l'usage religieux de κοινός dans le judaïsme tardif et qu'il pouvait insinuer cette distinction dans sa relecture de Gn 2,7[40].

Il serait trop long de reprendre ici le dossier sur le πνεῦμα[41], de préciser les distinctions entre le πνεῦμα, la φρόνησις et la σοφία et de parcourir toutes les occurrences de ce terme dans le Livre de la Sagesse et dans la Bible. L'écho philosophique et religieux de ce terme oblige à y voir un concept théosophique de premier ordre concernant aussi bien l'anthropologie que la cosmologie. Les études comme celles de Verbeke[42], van Imschoot[43],

---

[38] F. HAUCK, « κοινός », *ThWNT* III,791.

[39] On retrouve cet usage dans le NT : Mc 7,2-5 ; Ac 10,14 ; Rm 14,14 ; He 10,29 ; Ap 21,27. Il en va de même chez Flavius Josèphe qui présente la vie des Juifs apostats comme une vie commune (*Ant.* XIII,4). Cet usage est propre au judaïsme tardif.

[40] La bénédiction de la *Havdala*, à la sortie du Shabbat, se présente ainsi : « Béni sois-tu YHWH notre Dieu, roi de l'univers qui distingue entre le saint et l'usuel, entre la lumière et les ténèbres », PRE 20 (tr. M.-A. OUAKNIN – E. SMILEVITCH ; Les Dix Paroles ; Lagrasse 1983).

[41] De Gn 1,2 à Ez 37,14 en passant par tous les aspects que ce terme prend dans l'Écriture, cf. H.J. FABRY – S. TENGSTRÖM, « רוּחַ », *ThWAT* VII, 385-425 ; F. BAUMGÄRTEL – H. KLEINKNECHT, « πνεῦμα », *ThWNT* VI, 330-453.

[42] G. VERBEKE, *L'évolution de la doctrine du Pneuma.*

[43] P. VAN IMSCHOOT, « L'action de l'Esprit de Yahvé dans l'A.T. », *RSPhTh* 23 (1934) 553 ; « L'esprit de Yahvé, source de vie dans l'A.T. », *RB* 44 (1935) 481-501 ; « L'esprit de Yahvé et l'alliance nouvelle dans l'A.T. », *EThL* 22 (1936) ; « Sagesse et Esprit dans l'A.T. », *RB* 47 (1938) 23-49.

Larcher[44] ou Isaacs[45] illustrent largement la complexité d'un tel terme. Il suffira d'insister sur le fait relevé lors de l'étude des structures : « esprit » se trouvait inséré dans ce qui devait constituer un doublet traditionnel, φρόνησις–σοφία (1R 3,12), en écho à Sg 7,3 et Gn 2,7. Le mot πνεῦμα, à forte connotation stoïcienne et largement utilisé dans la Bible à propos de la création (première et nouvelle), offrait à l'auteur un terme de choix pour inscrire son discours personnel dans la perspective d'un salut corporel et cosmique[46]. Une remarque de Kleinknecht oriente l'interprétation que l'on doit donner de ce mot : « La meilleure façon de recueillir le sens métaphorique de πνεῦμα, même au stade le plus évolué de son sens spirituel, est de se référer exactement, au cas par cas, à son signifié concret original »[47]. Il s'agit de la force vitale, que celle-ci soit appelée âme, souffle, air ou vent[48], insufflée par Dieu, que ce soit dans l'homme (Gn 6,3) ou dans le monde plus large des êtres vivants (Gn 7,15). La définition du πνεῦμα qui traverse les siècles, d'Empédocle à Philon, est celle « du mouvement de l'air » ou de « l'air en mouvement »[49]. Des termes différents, qu'ils soient grecs (πνεῦμα, πνοή, ψυχή, ἀήρ) ou hébreux (רוּחַ, נְשָׁמָה, נֶפֶשׁ), sont utilisés selon les cas. Ils ont en commun de distinguer ce qui a la vie de ce qui ne l'a pas.

L'air, élément le plus vital, qui altère la φρόνησις selon Hippocrate[50], peut aussi bien désigner l'esprit intelligent (νοῦς) qui donne la vie au corps et qui ne se dissipe qu'en retournant dans l'éther. On perçoit comment, de cette réalité physique, il est possible de passer à une conception métaphysique et morale du souffle comme âme, entraînant la problématique de son immortalité. L'analogie entre la distinction du bien et du mal et celle de la vie et de la mort, inhérente à toute perspective morale, implique la distinction entre deux espèces d'esprits. La doctrine qumrânienne du dualisme spirituel

---

[44] C. LARCHER, *Études*, 362-376.

[45] M.E. ISAACS, *The Concept of Spirit. A Study of Pneuma in Hellenistic Judaism and its Bearing on the New Testament* (London 1976).

[46] « Le corps est un cosmos et le cosmos est aussi un corps », P. BEAUCHAMP, « Le salut corporel », 518. L'idée du souffle divin qui donne vie évite l'écueil d'une conception platonicienne de la migration des âmes. Il est difficile de trouver dans le Livre de la Sagesse la conception d'une vie humaine qui ne soit pas aussi corporelle, ce qui ne signifie pas qu'il envisage une résurrection des morts.

[47] F. BAUMGÄRTEL, « πνεῦμα », 335. D. BARTHELEMY, *Dieu et son image : ébauche d'une théologie* (Paris 1963) 229-248.

[48] Après la mort, l'âme serait « un souffle diaphane analogue au vent, une ombre impalpable mais visible aux yeux ou un mélange d'air et de feu », F. CUMONT, *Lux Perpetua* (Paris 1949) 4.

[49] F. BAUMGÄRTEL, « πνεῦμα », 333, n. 2.

[50] Hippocrate insiste sur le rôle des πνεῦματα, qui exercent la souveraineté sur l'univers et les êtres vivants et qui provoquent les maladies. Il envisage également leur relation avec la φρόνησις censée venir du sang ou même de la croissance de la chair, cf. Hippocrate, *Des airs* 1 ; *Des maladies sacrées* 7 ; *De la nature des enfants* 17.

est loin d'être sans rapport avec ce fondement physique[51]. L'application religieuse de la distinction entre deux espèces de souffles se rencontre en effet dans l'opposition entre l'esprit de Dieu et celui de Satan présenté par saint Paul comme « le prince de l'air qui poursuit son œuvre » (Ep 2,2). Il ne semble donc pas sans conséquence que l'auteur insiste sur la formation du corps, façonné dans le sein maternel comme s'il relevait de l'acte créateur. Passant sous silence l'insufflation de l'âme, il met l'accent sur l'aspiration de « l'air commun ». L'auteur n'indique-t-il pas ainsi que l'homme n'est plus destiné à la vie mais à la mort ? L'insistance sur l'égalité en Sg 7,1.6 ne viserait donc pas seulement l'égalité de « nature » entre les hommes, par opposition à une nature divine, mais bien la mortalité comme telle qui est commune à tous, mortalité qui ne relève pas de la création mais de l'histoire, mortalité qui s'oppose à l'ordre originel. Le don demandé et reçu (selon Sg 7,7) ne pourrait dès lors se réduire à n'être qu'un don intellectuel ou sapientiel au sens « universitaire » ou moral, mais comprendrait nécessairement une dimension anthropologique renvoyant à la création. C'est en effet l'esprit de la Sagesse qui devra, de cet homme devenu mortel, façonner un « vivant »[52].

En montrant la portée d'une telle relecture de Gn 2,7, par le biais d'une citation de Ménandre, je n'entends pas montrer que l'auteur a édifié une théologie des deux esprits à la manière des Esséniens, mais plus simplement qu'il déploie, en termes significatifs, la condition de l'homme appelé à devenir sage. C'est un être dont la condition charnelle reçue de Dieu est bonne, un homme dont la corruption ne dépend pas de sa chair mais de l'air qui recouvre la terre, quelqu'un enfin qui reçoit la vie originelle comme la réponse à une prière.

4. Naître ou mourir

L'insistance sur Sg 7,3a permet d'éclairer d'autres aspects importants de ces versets introductifs. Le contraste d'abord, entre la vie *in utero* et la vie

---

[51] « Il a disposé pour l'homme deux esprits pour qu'il marchât en eux jusqu'au moment de sa visite : ce sont les deux esprits de vérité et de perversion. Dans une fontaine de lumière est l'origine de la vérité et d'une source de ténèbres est l'origine de la perversion. Dans la main du prince des lumières est l'empire sur tous les fils de justice : dans des voies de lumière ils marchent ; dans la main de l'ange des ténèbres est tout l'empire sur les fils de perversion : et dans des voies de ténèbres ils marchent », 1QS 3,18-21 (tr. DUPONT-SOMMER ; Pléiade ; Paris 1987). P.F.M. FONTAINE, *The Light and the Dark. A Cultural History of Dualism. VII. Dualism in the Palestinian-Syrian region during the first century* (Amsterdam 1992) 219-221, présente une étude intéressante du développement historique de ce courant.

[52] Le parallèle avec 2M 7,22 confirme une perspective anthropologique où l'esprit ne concerne pas la seule partie intellective de l'âme, mais bien un élément dans la création de l'homme tout entier, cf. Sg 15,8.11 ; 16,14. La distinction de type platonicien entre la matière et l'esprit ne paraît pas pertinente pour rendre compte du mal.

sur la terre, ne fut, semble-t-il, pas bien perçu. Par un manque de précision dans l'analyse de la structure du texte, certaines lectures paraissent même contredire l'intention de l'auteur. Celle de Larcher est caractéristique d'un manque de précision qui conduit à une contradiction concernant le plaisir et le corps : « L'auteur se maintient sur un plan de nature pour souligner l'origine vile et obscure de tout homme »[53]. Une telle conception s'accorde mal avec ce que le texte veut dire. En effet, le parallélisme d'opposition, repérable entre B (Sg 7,1c-2) et B' (Sg 7,3b-4), et que seul Sg 7,3a peut expliquer, indique que le temps de la conception et de la gestation de l'embryon dans le sein maternel s'oppose à celui qui suit la naissance. La cause du changement est précisément le fait d'aspirer « l'air commun », ce qui permet de présenter la formation du corps humain non comme un acte vil mais comme un acte divin que le plaisir accompagne (Is 44,2.24 ; 49,5 ; Jr 1,5). En revanche, le second temps, qui suit la sortie du sein maternel, est marqué par les pleurs et les soucis (Jr 20,18 ; Jb 3,10-12). La souffrance n'est donc pas mise en relation avec l'acte créateur, ce qui pourrait laisser supposer une forme de sadisme de la part de Dieu, mais se présente comme une conséquence de l'aspiration de l'air. Le point de vue selon lequel le corps et le plaisir appartiendraient à un ordre dégradé et mauvais, perceptible chez Platon ou Philon, paraît étranger à l'auteur qui met au contraire son point d'honneur à montrer la bonté divine dans le travail de sculpture d'un être de chair et de sang[54]. La conclusion du discours reviendra d'ailleurs sur l'affirmation de cette bonté (Sg 8,19-20).

Pour préciser davantage la distinction entre ces deux moments de l'existence, il convient de reprendre les expressions qui concernent la durée de la grossesse et la chute sur la terre. Ainsi, que l'auteur fasse référence à dix mois plutôt qu'à neuf ne dépend pas nécessairement d'un ordre scientifique de connaissance. Il se peut que l'auteur vise ici une signification religieuse de la « décamène », ce qui renforce la différence entre le temps de la gestation, marqué par l'action de Dieu, et celui de la vie terrestre, marqué par la présence du mal. L'adjectif δεκαμηνιαῖος (qui est le premier usage repertorié si l'on situe notre livre au début de l'époque impériale) se retrouve sous sa forme nominale δεκάμηνος en 4M 16,7[55] sans qu'une signification spécifique soit perceptible. On peut donc n'y voir que l'indice d'une conception

---

[53] C. LARCHER, *Le livre de la Sagesse*, II, 447.

[54] M. GILBERT, « La procréation », 832, confirme cette proposition en s'appuyant sur l'emploi qu'en font Hippocrate et Aristote contre celui d'un judaïsme hellénistique qui serait influencé par un dualisme de type platonicien. Il est possible, à ce qu'il paraît, de fonder cette conception positive du plaisir sur la structure même du texte. Sg 7,1 et Sg 8,19-20 confirmeraient cette vision positive de la réalité corporelle de l'homme contre Sg 9,15 qui inclinerait à penser le contraire.

[55] En 2M 7,27 et 4Esd 8,8, il est question de « neuf mois ».

traditionnelle, déjà présente chez les Hittites et que l'on trouve chez Hérodote et Hippocrate[56]. Mais l'originalité de l'expression et la précision avec laquelle l'auteur choisit et place son vocabulaire invitent à réfléchir sur ce choix lexical. En effet, l'opposition traditionnelle chez les Pythagoriciens, présente d'ailleurs chez Philon[57], entre la décade (propre aux dieux) et l'ennéade (propre aux hommes), suffit à colorer ce choix d'une portée religieuse (cf. Sg 11,21). Le temps de gestation aurait plus à voir avec l'œuvre divine qu'avec celle des hommes, rejoignant ainsi la vision du Ps 138,13.15-16a où la création de la personne est racontée comme un tissage divin. La décade apparaît aussi dans l'AT pour la loi (Ex 34,28) et la construction de l'édifice divin (Ex 26,1 ; 37,10) et le sens premier du verbe πήγνυμι n'est pas sans rappeler « la tente de la rencontre » (Ex 33,7 ; Jos 18,1 ; 1Ch 16,1). L'adjectif apparaît également dans une arétalogie isiaque du Ier ou IIème siècles ap. J.-C. retrouvée à Kymé[58] :

ἐγὼ γυναικὶ δεκαμηνιαῖον βρέφος εἰς φῶς ἐξενεγκεῖν ἔταξα	*C'est moi qui ordonne à la femme de conduire à la lumière le nouveau-né, au terme de dix mois.*

Mentionner ainsi le rôle d'Isis dans l'ordre de la naissance vers la lumière, après un temps de dix mois, confirme le caractère divin de cette durée[59]. Isis, myste de la résurrection d'Osiris, est aussi celle qui contribue à la formation de l'homme.

Autre expression à reprendre, le verbe καταπίπτω utilisé en Sg 7,4, absent des descriptions scientifiques proposées par les médecins grecs, est également ambivalent. Scarpat remarque qu'il est un équivalent du verbe ἐκβάλλω au passif (cf. Gn 3,24 ; 4,14 ; Ex 34,11). On le trouve aussi en Sg 17,16a pour décrire la triste condition des Égyptiens[60]. Il ne semble donc pas suffisant d'expliquer le choix de ce terme par le simple fait qu'il sied à la description d'un accouchement et d'ajouter, comme le fait Heinisch, que les sages-femmes étaient présentes pour éviter la chute à même le sol, ou, comme

[56] Pour les indications bibliographiques, cf. M. GILBERT, « La procréation », 829.

[57] Philon, *Fug.* 186. Cf. la note complémentaire 33, d'E. STAROBINSKI-SAFAN, 291-292, dans l'édition de C. MONDÉSERT. On retrouve cette symbolique à propos de la grossesse chez Tertullien, *De l'âme* 37.

[58] P. ROUSSEL, « Un nouvel hymne à Isis », *REG* 42 (1929) 137-168.

[59] Un écho de la « décade génératrice de l'âme » se rencontre dans l'un des écrits hermétiques (13,12), dont A.-J. FESTUGIÈRE, *Hermès Trismégiste* I (CUF ; Paris 1945) VI, affirme qu'ils proposent « une mosaïque d'idées anciennes ». Il se peut que le Sage évoque le premier acte de la Sagesse dans la création de l'homme comme en Sg 9,2 (cf. Is 45,9).

[60] L. MAZZINGHI, *Notte di paura e di luce*, 27, n. 83, fait remarquer la possible allusion aux enfers dans lesquels les Égyptiens se trouvent plongés. Le rôle de la Sagesse n'est-il pas de faire sortir Israël du sombre pays des Égyptiens pour les faire passer à la lumière ?

le propose Weber, que l'on accouchait sur des nattes. Ce terme fait bel et bien référence à un contexte de souffrance et de mort (Ne 8,11 ; 4M 4,11 ; Ac 28,6 ; cf. Is 26,18) que McGlynn associe à juste titre au contexte de Gn 3,19[61]. Dans le même sens, Deane et Scarpat indiquent la portée de ce verbe qui entend évoquer l'indigence et la misère du nouveau-né, misère que l'on peut admettre non seulement physique mais aussi morale[62]. Ce n'est pas un hasard si l'expression « tomber sur la terre » se retrouve également dans un écrit tardif d'Akesina d'Amorgos (242 ap. J.-C.) pour désigner précisément la mort[63]. Les autres termes utilisés confirment la portée sémantique du verbe « tomber » pour décrire le temps qui suit la naissance. Il n'est question que de la souffrance, des pleurs, des langes et des soucis. L'association des deux derniers termes, qualifiée « d'insolite » par Scarpat, semble au contraire en parfaite harmonie avec le contexte. Toute mention positive qui pourrait marquer la « venue à la lumière » de l'enfant est écartée, le climat général de cette description étant celui d'un *enterrement*[64].

Ces quelques remarques sémantiques laissent penser que l'auteur ne se contente pas seulement de décrire scientifiquement ses débuts dans l'existence, mais qu'il charge sa description d'une force symbolique propre à évoquer le récit de Gn 2–3. Comme l'indique Ligier à propos du livre de Job, remarque qui ne manque pas de pertinence pour Sg 7,1-6, « il serait étrange que le problème de l'homme ne renvoie point aux thèmes de la Genèse : formation et péché de l'homme. Toutefois la manière est voilée, comme il convient à un ouvrage poétique qui, par fiction littéraire, se place en dehors de la révélation mosaïque »[65]. L'homme, divinement façonné dans le sein de sa mère, entre dans un monde marqué par la souffrance. Sa naissance, stigmatisée par sa première aspiration d'air, est une sorte d'exode qui le soustrait à l'action divine pour le soumettre à la douloureuse épreuve de l'existence terrestre comme « être-pour-la-mort ». La portée symbolique des expressions, qui permet de comprendre la naissance comme une sorte de mort,

---

[61] M. MCGLYNN, *Divine Judgement and Divine Benevolence*, 109, n. 57. À ma connaissance, McGlynn est la seule qui développe cet aspect fondamental de l'origine et de la chute d'Adam pour l'intelligence de Sg 7,1-6.

[62] Il convient de veiller à ne pas projeter une distinction moderne entre la vie du corps et la vie morale.

[63] A.-J. FESTUGIÈRE, *L'idéal religieux des Grecs et l'Évangile* (EtB ; Paris 1932) 104, n. 1.

[64] L'expression de Sg 15,9 : « C'est pour lui un souci, non pas qu'il va s'épuiser, ni qu'il a une existence brève », montre comment le souci (φροντίς) originel de mourir est conjuré par l'idolâtrie : « Il met sa fierté à façonner du faux », cf. M. GILBERT, *La critique des dieux*, 200.

[65] L. LIGIER, *Péché d'Adam et péché du monde. Bible, Kippur, Eucharistie. I. L'Ancien Testament* (Théologie 43 ; Paris 1960) 291.

pourrait justifier ce qui surprenait Vílchez Líndez, à savoir que, contrairement à l'habitude que les Grecs avaient de démontrer leur égalité par le fait qu'ils mourraient tous, l'auteur insiste sur sa naissance[66]. Celle-ci n'est de fait pas considérée ici comme un événement ordinaire, mais comme le paradigme de l'exil hors de l'emprise divine. La prière pour obtenir la Sagesse serait ainsi, pour l'homme réalisant qu'il est mortel, selon l'expression de Deane, l'unique possibilité d'envisager un achèvement de son être selon le don originel de la vie.

5. *Le roi détrôné*

La description de l'origine du Sage est encadrée par deux affirmations plus génériques et parallèles, ce qui permet d'en mesurer la portée. La première (Sg 7,1), emphatique et redondante, met en relation la filiation du Sage avec Adam : les adjectifs θνητός et γηγενής précisent qu'il ne s'agit pas tant de l'Adam créé à l'image de Dieu selon Gn 1,27, même si l'on ne peut l'exclure[67], que de celui soumis à la malédiction selon Gn 3,19 : γῆ εἶ καὶ εἰς γῆν ἀπελεύσῃ. Il n'est pas nécessaire d'insister sur l'importance du thème de la mort dans le Livre de la Sagesse (Weisengoff, Collins, Kolarcik, Sisti, Scarpat), sur le lien avec le diable en Sg 2,24 ou sur l'inclusion avec ἀθανασία en Sg 8,17, pour comprendre que l'auteur n'entend pas seulement affirmer la condition humaine qu'il partage avec tous. Il expose un fait encore au seuil de son développement et de son expression « dogmatique »[68]. Il s'agit de son appartenance à la condition de l'Adam déchu, celle d'un homme devenu mortel à cause de la désobéissance au précepte de Dieu concernant le fruit de l'arbre de la connaissance du bien et du mal, un homme donc qui ne peut plus accéder au fruit de l'arbre de vie. Se situer ainsi comme « descendant » d'Adam signifie reconnaître l'actualité du récit des origines dans sa propre existence. Le Sage est un homme comme tous les hommes ; il est surtout un homme qui vit en personne le drame de chaque homme, le drame d'être créé

---

[66] « Quizás ofrezca alguna originalidad el que haya insistido más en el origen o comienzo como causa igualadora de los hombres (cf. Job 33,6) que en la muerte, tópico más frequentado para probar la igualdad humana en la fragilidad (cf. Ez 28,9 ; Sal 82,6s) », J. VÍLCHEZ LÍNDEZ, *Sabiduría*, 246.

[67] L'auteur ne sous-entend aucun dualisme, à la manière de Philon, *Leg*. I,33 ; *Plant*. 42.44 ; *Abr*. 12, entre un Adam qui serait céleste et l'autre qui serait terrestre.

[68] Les épîtres de saint Paul, en particulier Rm 5–8 et 1Co 15 développeront amplement ce type de relecture sapientielle de Gn 1–3, dont on perçoit ici une courte mais profonde ébauche. Comme l'indique S. LYONNET, *Études sur l'Épître aux Romains* (AnBib 120 ; Roma 1989) 183 : « Si au cours de l'AT les allusions explicites sont rares – la seule manifeste est Sg 2,24 ainsi que pour le péché d'Ève, Si 25,24 rappelé en 1Co 11,3 – les allusions implicites pourraient être nombreuses ».

pour la vie et de faire l'expérience de la mort. C'est ce que le récit de la conception et de la chute à terre, dont l'ordre tend à imiter celui du récit des origines, viendrait illustrer.

La seconde affirmation (Sg 7,5-6) reprend et conclut le développement qui précède. Elle fait écho à la première concernant la mortalité (Sg 7,1a-b), comme à son illustration par un bref récit (Sg 7,1b-4). Scarpat, qui ne s'arrête pas sur l'importance de la structure littéraire, voit dans le terme βασιλεύς la clé d'interprétation de cette péricope : « Voici finalement le terme qui donne sens à l'ensemble du discours : ni le roi Salomon ni un autre roi ne naît autrement »[69]. Une telle explication, qui semble dépendre plus d'une perspective sociologique étrangère à la lettre du texte que d'une visée propre à l'auteur, n'est pas concluante. Je rappelle d'abord que le terme « roi » est employé en Sg 6,1.24 pour qualifier les auditeurs, ou encore les sages en puissance. Certes, il peut désigner ceux qui, en Égypte ou ailleurs, prétendent au pouvoir[70]. Mais les Stoïciens n'hésitaient pas à considérer tout Sage comme celui qui règne vraiment[71]. Et dans le cadre pseudonymique du livre qui fait du discours celui du Roi Salomon, figure paradigmatique du Sage, l'expression ne peut concerner seulement la question de la divinisation des hommes de pouvoir. Il semble donc possible que l'auteur utilise la force symbolique du mot, non pour faire une leçon à la seule reine Cléopâtre ou à quelque autre souverain, mais pour, comme le précise Gilbert, parler « à chacun d'entre nous »[72]. Ce terme peut donc se référer à tous les hommes appelés à devenir, à l'image du juste (Sg 5,16), des rois qui gouvernent pour toujours (Sg 6,21)[73]. L'utilisation d'un titre royal ne vise pas nécessairement l'égalité entre les rois (ou les aristocrates) – qui se prendraient facilement pour des dieux – et la plèbe. Il est probable que ce titre évoque la condition de

[69] G. SCARPAT, *Sapienza*, II, 97.

[70] « Dieser historischen Einkleidung muß auch auf der Ebene des eigentlichen Autors und der eigentlichen Rezipienten eine Realität entsprechen », D. VOLGGER, « Die Adressaten des Weisheitsbuches », *Bib.* 82 (2001) 166.

[71] μόνος οὗτος σοφός μόνος καλός μόνος δίκαιος ἀνδρεῖος βασιλεύς ῥήτωρ πλούσιος νομοθέτης, *SVF* III,622; cf. *SVF* III,620-621.

[72] « Tout homme vraiment sage peut-être considéré comme un roi [...] il revêtira le diadème et la couronne, il régnera sur les peuples. Le message de notre auteur s'adresse donc à chacun d'entre nous », M. GILBERT, « La Sagesse avant tout », *ASeign* 59 (1974) 30. « Everyman can be a king, to the degree that it is possible for all to gain wisdom », J.H. NEWMAN, « The democratization of Kingship in Wisdom of Solomon », *The Idea of Biblical Interpretation. Essays in Honor of James L. Kugel* (éd. J.J. COLLINS – F. GARCÍA MARTÍNEZ) (JSJ - Suppl. 83 ; Leiden 2004) 327.

[73] L'expression de Sg 6,21, « régner pour toujours », pourrait venir de Gn 3,22 : « vivre pour toujours ». Le verbe « régner » en Sg renvoie en effet plus à l'idée de « vivre » qu'à celle de « dominer ». En Sg 7,5, on pourrait ainsi dire : « aucun vivant n'a d'autre début d'existence », comprenant, à la lumière de ce qui précède, qu'aucun vivant n'échappe à la malédiction qui frappa Adam, c'est-à-dire à la mort.

tout homme qui, marqué d'une dignité royale originelle (en un sens sapientiel), s'en trouve dépourvu de fait[74]. Le parallélisme avec la figure d'Adam confirme cet axe sapientiel. Premier homme, Adam donne leur nom aux êtres et obtient la domination sur l'univers, ce qui fait de lui une figure royale aisément perceptible (Gn 1,28 ; 2,20) et finalement traditionnelle[75]. On peut ainsi interpréter l'extension universelle que fait le Sage à partir de son propre cas : ce qu'il a confessé pour lui en Sg 7,1a-b (et illustré en Sg 7,1b-4) est vrai de tous les hommes. Aucun homme n'échappe à la loi de la création et à la chute dans la mortalité selon ce qu'en décrit Gn 1–3. C'est une manière d'indiquer la portée actuelle et universelle du récit des origines par le biais de son propre récit.

À ce titre, l'expression ἀρχὴ γενέσεως qu'il utilisait à propos de la Sagesse en Sg 6,22 pose également une difficulté interprétative. On peut n'y voir qu'une indication du commencement dans l'existence ou dans la vie, qu'il faut alors distinguer de celui propre à la Sagesse, ou bien, selon le contexte d'une relecture sapientielle des premiers chapitres de la Genèse, une référence à leur contenu même. La seconde solution, qui n'implique pas que la première soit absente, a le mérite de confirmer la valeur conclusive de l'ensemble. L'intérêt de cette péricope ne serait donc pas le simple rappel d'une naissance mais l'interprétation sapientielle du récit de Gn 1–3. L'expression reprend d'ailleurs deux mots clefs du récit des origines présents dans les versets introductifs du double récit de la création, en Gn 1,1 et Gn 2,4[76]. Cette solution évite aussi de distinguer trop catégoriquement, comme le fait Grimm[77], entre le sens des mêmes mots en Sg 6,22 et Sg 7,5. Elle permet d'expliquer la raison d'une telle répétition qui, comme le propose Scarpat, n'implique pas un changement de sens. Cette expression, qui signifie normalement « le commencement de la vie », ne peut, en étant si proche de Sg 6,22, avoir une signification différente[78].

---

[74] La figure du roi détrôné comme paradigme de l'homme est également présente chez les Tragiques. « La chute des rois détrônés de leur puissance et de leur gloire n'était sans doute pas sur la scène attique un sujet inhabituel », K. REINHARDT, *Sophocle* (tr. E. MARTINEAU ; Paris 1971) 137.

[75] Cf. la bibliographie proposée par D.E. CALLENDER, *Adam in Myth and History. Ancient Israelite Perspectives on the Primal Human* (HSS 48 ; Eisenbrauns 2000) 219-234, et en particulier H.G. MAY, « The king in the Garden of Eden : A study of Ezechiel 28:12-19 », *Israel's Prophetic Heritage. Essays in honor of James Muilenburg* (éd. B.W. ANDERSON – W. HARRELSON) (New York 1962) 166-176.

[76] ἐν **ἀρχῇ** ἐποίησεν ὁ θεὸς τὸν οὐρανὸν καὶ τὴν γῆν (Gn 1,1) ; αὕτη ἡ βίβλος **γενέσεως** οὐρανοῦ καὶ γῆς ὅτε ἐγένετο ᾗ ἡμέρᾳ ἐποίησεν ὁ θεὸς τὸν οὐρανὸν καὶ τὴν γῆν (Gn 2,4). Il faudrait faire un détour par les traditions targumiques (*Tg. Neof.* Gn 1,1) et talmudiques (BerR 8,1 ; b.MQ 12a ; b.San 38a ; PRE 3) pour constater l'importance de la Sagesse et de l'homme à l'origine de la création, déjà présente en Si 1,14-15.

[77] « Hier anders als 6,22 [...] Anfang des Lebens », C.L.W. GRIMM, *Weisheit*, 141.

[78] G. SCARPAT, *Sapienza*, II, 97.

Il convient d'aller jusque là pour saisir la difficulté inhérente à Sg 7,6. Ce verset fait en effet jouer un langage métaphorique à deux niveaux. Il reprend d'une part une expression de 1R 3,7 : οὐκ οἶδα τὴν ἔξοδόν μου καὶ τὴν εἴσοδόν μου, qui désigne littéralement le mouvement du roi passant alternativement de la guerre à la paix (cf. 1S 29,6 ; 2S 3,25 ; Is 37,28 ; Ps 120,8). Il l'applique d'autre part à sa naissance et à sa mort. Un verset de Ben Sira (Si 40,1) oblige cependant à ne pas décrypter trop rapidement ce type de langage. De fait, le lien envisagé entre « l'entrée » et la naissance, comme entre « la sortie » et la mort, qui peut paraître évident, ne tient pas compte du contexte des versets précédents. L'auteur y décrit deux moments de son existence, le premier sous l'emprise de Dieu et caché dans le sein maternel, le second en contact avec la terre et dans le tourment. Si l'on conçoit que Sg 7,6 résume ce que l'auteur vient d'exprimer, il semble plus logique de déduire que « l'entrée dans la vie » renvoie à l'entrée dans l'existence par l'acte créateur et que « la sortie » désigne la naissance telle qu'elle fut décrite, non pas cet évènement joyeux mais, comme le dit Ben Sira (en consonance avec la tragédie grecque), un « exode » du sein maternel pour porter le joug pénible qui frappe les fils d'Adam. Analogue à la sortie du jardin d'Éden, la naissance de chaque homme est un exode qui le fait sortir de la condition d'immortalité qui lui est promise.

L'auteur parle bien de la vie et de la mort, mais il montre comment tout homme, façonné originellement par Dieu, est sorti de son emprise créatrice pour vivre une vie aux couleurs de la mort. Il n'est pas sans rappeler cette expression d'Euripide : « La vie n'a de vie que le nom, et n'est, en réalité, que peine »[79].

À la lumière de cette interprétation, le récit paradoxal de l'origine du Sage, noble parce que façonné par Dieu, humble parce que soumis à la condition mortelle, introduit parfaitement la problématique à laquelle répond la suite de l'éloge. Comment accéder de nouveau au fruit de l'arbre de vie ? La prière et le don de la Sagesse conduiront à cette immortalité jamais connue mais toujours promise, où se dévoile un « Homme–Adam » vivifié par le souffle de la Sagesse dans un univers restauré. C'est une autre manière d'annoncer, sans que la question d'une résurrection des morts se pose directement, que la mort ne prévaut pas sur l'univers. On admirera la manière avec laquelle l'auteur a recours à toutes les ressources de son art et de sa

---

[79] βίος γάρ ὄνομ' ἔχει μόνον πόνος γεγώς, Euripide, frg. 966, cité par Plutarque, *Consol. Apoll.* 120a. Cette autre citation est intéressante : « Qui sait si vivre, ce n'est pas être mort, et si mourir n'est pas vivre », Euripide, frg. 638, cf. A. NAUCK, *Tragicorum Graecorum Fragmenta* (Hildesheim 1964) 560.

culture littéraire pour proposer un court midrash[80] judéo-hellénistique du récit des origines. Il apparaît plus clair maintenant que l'interprétation habituelle de cette péricope introductive ne rendait pas compte de sa portée réelle. La reprise des Tragiques et son articulation au récit de la Genèse, par le jeu d'une poétique des parallélismes, fait de ces versets une construction littéraire élaborée dont on peut tirer quelques enseignements. L'auteur ne partage pas la philosophie néo-platonicienne du corps ; il accorde une importance capitale à la conception de la vie humaine et interprète l'événement de la naissance comme un exode hors de l'emprise divine ; enfin, la figure du roi, avant d'être celle de Salomon, renvoie à celle d'Adam et de sa condition perdue. Demander le souffle de la Sagesse, c'est une façon d'aspirer à retrouver le souffle de la vie. Il va sans dire qu'un tel jeu de rapprochement, entre le don de la Sagesse et la mortalité humaine, ouvre un axe de réflexion qui écarte toute interprétation réduisant le don de la Sagesse à une capacité d'ordre intellectuel. La question reste celle de l'origine de l'homme, de sa vocation première à vivre plutôt qu'à mourir. Qu'une expérience d'ordre noétique et moral soit toutefois impliquée dans cette question, la suite du discours devrait aider à le comprendre.

B. Des biens ou des qualités (Sg 7,11)

« Un homme de noble naissance, avec la pauvreté, n'est rien. »[81]

L'analyse rhétorique a permis d'identifier une *narratio* relatant le Songe de Gabaon (1R 3,4-15) en Sg 7,8-10 et le point de départ d'une *argumentatio* en Sg 7,11-12. L'interprétation envisagée, qui ne tient pas compte de la rupture entre ces deux péricopes, fait de l'expression « tous les biens ensemble » (Sg 7,11) une conséquence de l'amour de la Sagesse de la part du Sage. Mais, comme cela a été développé lors de l'analyse rhétorique, si l'on tient compte de Sg 7,7 et de Sg 7,13, une telle interprétation n'est pas strictement logique. Premièrement, le rapport entre « les dons » reçus (φρόνησις et πνεῦμα σοφίας ; Sg 7,7) et « les biens » (ἀγαθά ; Sg 7,11) n'est pas précisé. Deuxièmement, faire de l'ignorance de Salomon l'indice de son innocence (pour ne pas dire sa naïveté) ne satisfait guère. Troisièmement, l'auteur passerait étrangement d'une richesse « terrestre » (Sg 7,11) à une

[80] « Le midrach – en tant que procédé exégétique – n'est pas une efflorescence sauvage de significations. C'est une modalité de lecture qui présente une tension féconde entre une liberté d'interprétation très large et une cohérence sous-jacente réelle. Elle vise à une mise en relief du sens à partir de transformations ordonnées », D. BANON, « Midrach », *Encyclopédie Philosophique Universelle*, III.I.225. Cf. P. DUMOULIN, « Le livre de la Sagesse à la charnière des deux Testaments. L'actualité du midrash », *RTLu* (1996) 227-255.

[81] Πένης γὰρ οὐδὲν εὐγενὴς ἀνήρ, Euripide, *Les Phéniciennes* 442.

richesse « céleste » (Sg 7,13). Enfin, il est difficile de ne voir en Sg 7,15-21 qu'une simple information sur les connaissances de Salomon. Une remarque de Pernot concernant « les biens » dans l'éloge rhétorique rend compte de la difficulté : « À l'époque classique, on juge nécessaire de préciser quels sont les biens dont il s'agit : les théoriciens de l'époque impériale, en revanche, sont à peu près unanimes à se contenter des mots *agatha* ou *kala*. Ce n'est pas que la rhétorique post-classique ignore les problèmes philosophiques, mais c'est qu'un accord s'est dégagé sur le sens des « biens » et leur utilisation dans l'éloge, en sorte qu'un mot suffit, dans la brièveté d'une définition, pour évoquer toute une doctrine éthique ainsi que les modalités de son application à la rhétorique »[82]. On ne peut donc accepter sans discuter, si on se fonde sur le récit du premier Livre des Rois, la relation de causalité entre l'amour de la Sagesse (Sg 7,8) et les biens reçus (Sg 7,11).

1. Les écueils de la lecture habituelle

Quelques interprétations proposées pour les termes ἀγαθά et πλοῦτος en Sg 7,11.13 serviront de point de départ pour circonscrire la réflexion. Le tableau qui permet leur classification montre que la difficulté sémantique, certes tangible dans les lectures proposées, recèle surtout une problématique philosophique qu'il faudra expliciter.

Oppositions sémantiques[83]	**Sg 7,11**	**Sg 7,13**
1. matière-esprit (premier platonisme[84])	*materieller Reichtum* (Hübner, Feldmann,	*geistiger Güter-Reichtum* (Heinisch,

[82] L. PERNOT, *La rhétorique de l'éloge*, 145.

[83] P. BEAUCHAMP, « Épouser la Sagesse », *La Sagesse de l'Ancien Testament* (éd. M. GILBERT) 356, fait figure d'exception : il oppose une liste de « biens réels » à une liste de « maux apparents ». Dans son ouvrage, *The Second Sophistic : A Cultural Phenomenon in the Roman Empire* (London 1993) 133-135, G.W. ANDERSON propose cette triple distinction qui synthétise, en les simplifiant, les courants en présence :

1. Académie, Lycée : distinction matière-esprit (veine rationnelle ; une vie selon la contemplation qui place l'intelligence au centre ; question de la cause finale).

2. Portique, Épicuriens et Cyniques : distinction inné-moral (veine pratique ; une vie selon la nature qui met en valeur la volonté ; question de la cause efficiente).

3. Neo-pythagoriciens et Sceptiques : distinction nature-surnaturel (veine mystique ; une vie selon l'intervention divine qui s'appuie sur la mémoire ; question de la cause première).

[84] Je reprends la distinction entre le point de vue de Platon présent dans le *Phédon* (dualisme strict qu'il reçoit des Tragiques) et sa théologie finale présentée dans le *Timée* (relation de causalité entre l'âme et le corps), qui serait le résultat de son élaboration philosophique concernant la *paideia* dans la *République*, cf. A.-J. FESTUGIÈRE, « Réflexions sur le problème du mal chez Eschyle et Platon », *Études de philosophie grecque* (BHPh ; Paris 1971) 8-37. Comme l'auteur le précise : « Ce changement de perspective dans l'éthique est

	(Hübner, Feldmann, Engel) *biens matériels-secondaires* (Weber) *beni materiali* (Scarpat, Sisti)	*Reichtum* (Heinisch, Feldmann) *innerer Reichtum* (Engel) *biens spirituels* (Weber) *biens spirituels et intellectuels* (Larcher)
2. extérieur-moral (second platonisme développé par Aristote et les stoïciens)	*äusserer Güter-Wohlstand* (Grimm, Feldmann, Schmitt) *external goods* (Winston) *biens extérieurs et physiques-corporels* (Larcher) *externa bona* (Cornely)	*moralische Güter-Frömmigkeit und Tugend* (Grimm) *dons d'ordre moral* (Weber)
3. temporel-éternel	*zeitliche Güter* (Heinisch) *beni temporali* (Vílchez Líndez)	*ewige Güter* (Heinisch)
4. créé-incréé (nature-surnaturel) (terrestre-céleste)	*irdische Güter-Schätze-Kostbarkeiten* (Heinisch, Fichtner, Hübner) *earthly blessings* (Deane, Goodrick) *tous les biens de ce monde* (Weber) *beni (valore) terreni* (Conti) *bienes de la tierra* (Vílchez Líndez) *vera ricchezza* (Scarpat)	*die lebendige Beziehung zu Gott* (Hübner) *the manifold grace of God* (Deane) *qualités et propriétés de la Sagesse* (Larcher) *la sapienza* (Conti, Scarpat) *conoscenza dell'unico vero Dio* (Sisti) *praeclara mysteria et dogmata* (Cornely)

Les quatre distinctions proposées, qui présentent une certaine analogie les unes avec les autres, font intervenir différents principes épistémologiques. Ainsi, les deux premières ne se comprennent qu'à la lumière du débat philosophique sous-jacent entre les écoles de l'Académie, du Lycée et du

d'une grande importance. Il inspirera toute la morale stoïcienne qui a joué un si grand rôle dans la vie spirituelle sous l'Empire », 36.

Portique. La troisième distinction fait intervenir une qualité particulière, la temporalité. La quatrième, sans être totalement étrangère au raisonnement platonicien, s'appuie fondamentalement sur la distinction théologique entre le créateur et le créé. Et si les deux premières impliquent une distinction entre l'être et sa manifestation (ce qui fonde l'immanence), la dernière suppose une altérité irréductible (qui fonde la transcendance).

On s'aperçoit en outre que la cohérence sémantique n'est pas toujours maintenue (Cornely, Heinisch, Larcher, Hübner). L'originalité des positions de Vílchez Líndez et de Scarpat, qui ne peut passer inaperçue, confirme que les hésitations sémantiques indiquent une réelle difficulté herméneutique. Ainsi, en s'appuyant sur une perspective biblique déterminée, l'un comme l'autre reconnaissent dès Sg 7,11 ce que les autres ne font qu'au v. 13. Et Vílchez Líndez d'affirmer : « Dans le Livre de la Sagesse, les biens apportés par la Sagesse sont d'une plus grande valeur ; ils sont de même nature que celle-ci, puisqu'elle engendre toutes les richesses (v12b). Elle n'exclut pas les biens temporels mais les inclut et leur communique une lumière nouvelle ; elle peut se donner sans eux »[85]. Il sera critiqué par Hübner : « Il me paraît un peu factice de distinguer les « biens » mentionnés en Sg 7,11 et ceux de 1R 3,13 et 2Ch 1,12, comme le fait Vílchez (Sab. 249) »[86]. Scarpat avait pourtant confirmé la position de Vílchez Líndez : « L'auteur ne dit pas qu'il a des richesses, nombreuses ou pas, mais que la Sagesse est la richesse incommensurable et qu'elle suffit au sens le plus absolu »[87]. Scarpat opère donc une assimilation pure et simple de la « sagesse » à la « richesse qu'on ne peut calculer », risquant de faire perdre au texte le relief qui résulte de la personnification. Il affirme que Salomon aurait reçu « la sagesse » comme richesse, et ce « par (ou avec) la sagesse ». Ce choix, qui implique également une assimilation de la Sagesse, de son πνεῦμα et de la φρόνησις, est en fin de compte une manière de concilier l'affirmation de Sg 7,11 avec celle de Sg 7,7.

L'autre difficulté, la plus importante, tient au récit rapporté en 1R 3,4-15, reconnu avec raison comme l'arrière-plan narratif du texte[88]. Les commentaires interprètent Sg 7,11 comme une reprise de la réponse divine selon 1R 3,12-13 et se trouvent alors obligés d'ajouter qu'il s'agit d'une figure « idéalisée » de Salomon. Ils sont en outre contraints de reconnaître la mention de l'ignorance en Sg 7,12 comme « exceedingly mysterious » (Goodrick), tenus de l'expliquer par quelque conjecture sur l'état d'esprit de

---

[85] J. VÍLCHEZ LÍNDEZ, *Sabiduría*, 249.
[86] H. HÜBNER, *Weisheit*, 97, n. 36.
[87] G. SCARPAT, *Sapienza*, II, 103.
[88] M. GILBERT, « La sagesse avant tout : Sg 7,7-11 », 30.

Salomon[89]. La logique biographique s'en trouve ainsi obscurcie, en particulier si l'on veut bien accorder toute son importance à la perspective du futur (Sg 8,9-16). Si Salomon a reçu tous les biens, pourquoi devrait-il encore espérer ces biens que sont « la gloire » et « l'immortalité » (Sg 8,10.13) ?

Devant une telle difficulté d'interprétation, une solution simple consisterait à écarter la position originale avancée par Vílchez Líndez et Scarpat et à considérer les quatre distinctions proposées comme un artifice inutile[90], c'est-à-dire à conserver la confusion de la formulation. Estimant que ces difficultés ne sont en réalité que l'écho moderne de celles que l'auteur devait affronter, je préfère reprendre une lecture de Sg 7,8-10 en partant d'une classification hellénistique des biens et du contexte de 1R 3,4-15, préciser ensuite les contours de cette question à l'échelle du livre, et vérifier enfin que l'interprétation résultant de l'analyse rhétorique est éclairante pour la cohérence du discours.

8. Je l'ai préférée aux sceptres et aux trônes !
J'ai considéré la richesse comme rien en comparaison d'elle,
9. et je ne l'ai pas assimilée à quelque pierre précieuse.
Tout l'or n'est en effet qu'un peu de sable en sa présence
et l'argent semble devant elle un peu de boue.
10. Je l'ai aimée plus que la santé et la beauté,
et l'ai choisie de préférence à la lumière !
Son rayonnement est en effet sans déclin.

2. Sg 7,8-10 et la classification des biens

En fils d'Israël formé à l'école des rhéteurs, l'auteur rattache l'originalité de son discours à une tradition complexe enracinée aussi bien dans l'évolution de la pensée grecque que dans celle du judaïsme. Alors que Schmitt y voit une position moyenne entre l'école péripatéticienne et l'école stoïcienne, Larcher préfère reconnaître une distinction traditionnelle héritée d'Aristote entre les biens extérieurs et intérieurs. D'autres y voient une référence au courant platonicien qui insiste sur le « bon » ou le « mauvais » usage que l'on fait des biens (Weber, Scarpat, Hübner). Gilbert préfère la

[89] Ainsi P. HEINISCH (suivi par D. WINSTON et G. SCARPAT) propose une tradition rabbinique sur l'astuce de Salomon. J. WEBER y voit l'indication d'un désintéressement.

[90] Ces distinctions sont le reflet d'une problématique philosophique et théologique de premier ordre, à savoir celle qui recevra le nom de « grâce » et qui n'est autre que la question de l'immanence et de la transcendance appliquée à la relation entre Dieu, l'homme et le monde. L'importance du débat sur la question du surnaturel n'est pas nouvelle, et son actualité exige que l'on se penche sur elle avec la plus grande attention, cf. H. DE LUBAC, *Surnaturel. Études historiques* (Théologie 8 ; Paris 1946).

distinction des « dons royaux » et des « biens de la culture »[91]. La vision biblique des biens comme « bénédiction divine » n'a pas échappé à Vílchez Líndez et Scarpat. Mais l'éclectisme de l'auteur suffit-il à justifier et expliquer un tel éventail ? Ou bien, faut-il y voir l'indice d'une originalité à mettre en lumière ?

On ne peut répondre à ces questions sans considérer la mutation essentielle que le genre littéraire de l'*enkômion* subit à l'époque impériale, sans doute sous la forte influence des écoles philosophiques hellénistiques qui la précèdent. Cette mutation tient à la conception même de ce qui est louable, impliquant de façon croissante la détermination de la personne (son choix de vie), conséquence d'une sorte de prédominance du champ éthique sur les autres champs philosophiques (physique, métaphysique, logique). Il suffit de rappeler ce qui est digne de louange chez le Sage selon Cicéron[92] pour reconnaître cette purification extrême de l'idée de « bien ». On va jusqu'à la réduire à une affirmation de soi, c'est-à-dire « vivre en restant d'accord avec soi même », pour reprendre une expression d'Ogereau[93]. Dans le sillage d'une telle conception, la noblesse ou les qualités innées perdent de leur valeur pour laisser la place aux qualités acquises (l'*enkrateia*, l'*aphtharsia*, ou encore l'*ataraxia*) grâce à des exercices propres à chaque école. Et Hadot d'écrire : « La philosophie apparaîtra donc, en premier lieu, comme une thérapeutique des passions. Chaque école a sa méthode thérapeutique propre, mais toutes lient cette thérapeutique à une transformation profonde de la manière de voir et d'être de l'individu. Les exercices spirituels auront précisément pour objet la réalisation de cette transformation »[94]. Cette évolution, en relation avec une

---

[91] M. GILBERT, « La Sagesse de Salomon », 70.

[92] Dans le premier *Paradoxe des Stoïciens* 1,7, Cicéron indique que les Anciens appelaient « biens » (bona) ce qu'ils ne considéraient pas comme tels dans les faits et propose cette définition en *Paradoxe* 1,9 (tr. J. MOLAGER ; CUF ; Paris 1971) :

Si, quod recte fit et honeste et cum virtute, id bene fieri vere dicitur, quod rectum et honestum et cum virtute est, id solum opinor bonum.	*Si ce que l'on fait avec droiture et beauté morale et vertu s'appelle à juste titre une bonne action, ce qui est droit et beau et vertueux, c'est cela seul que j'estime un bien.*

Il ajoute à la fin : « profecto nihil est aliud bene et beate vivere nisi honeste et recte vivere » (*Paradoxe* 1,15).

[93] F. OGEREAU, *Essai sur le système philosophique des Stoïciens* (Paris 1885 ; ^{2}2002) 242.

[94] P. HADOT, *Exercices spirituels et philosophie antique* (EAug - Série Antiquité 88 ; Paris 1981) 28. Une autre de ses remarques pourrait aider à la lecture de la philosophie antique, en particulier pour l'étude du Livre de la Sagesse : « C'est seulement avec Nietzsche, Bergson et l'existentialisme que la philosophie redevient consciemment une manière de vivre et de voir le monde, une attitude concrète. Mais les historiens contemporains de la pensée antique, pour leur part, sont en général restés prisonniers de l'ancienne conception, purement théorique, de la philosophie et les tendances structuralistes actuelles ne les disposent pas à corriger cette

pratique rhétorique spécifique, ne rend cependant pas caduques les conceptions classiques ou bibliques que l'auteur avait dû assimiler. La difficulté interprétative face à des termes aussi génériques que « biens » ou « richesses » se trouve donc accentuée par cet entrelacs de conceptions[95] dont on ne peut affirmer qu'elles soient exactement platoniciennes ou stoïciennes. Dans ces conditions, il paraît opportun de passer en revue quelques conceptions significatives pour que cette rencontre d'une évolution philosophique et d'une doctrine biblique, alors même qu'il s'agit d'un exercice oratoire obéissant à des règles précises, ne perde pas son charme.

a. Du bien idéal à l'homme idéal

Un article de Festugière[96], dans lequel il expose l'évolution des doctrines philosophiques concernant la question des genres de vie, fournit une aide précieuse pour démêler cet écheveau. Il rappelle l'intérêt de la question du « choix de vie des adolescents qui non seulement caractérise une civilisation, mais à la lettre fait son histoire »[97]. Cela revient à se demander quels sont la fin (τέλος) de l'homme, sa destinée ou encore son bonheur. La réponse à cette question dépend d'une théorie des valeurs. L'histoire de la pensée montre que celle-ci évolue selon les époques, modifiant ainsi l'idéal de vie proposé. Festugière présente d'abord les classifications traditionnelles présocratiques : « Les conceptions populaires de la Table des Valeurs chez les Grecs nous sont bien connues par une série de textes qu'on peut ranger, d'après leur forme, en trois groupes »[98]. Le premier est une classification par *ordre* descendant (représenté par le *Skolion Attique* : santé, beauté du corps, richesse justement acquise)[99], ou d'après des notions au superlatif (le plus beau étant l'équité, le meilleur étant la santé, le plus plaisant étant d'obtenir ce que l'on désire). Le deuxième groupe énonce une primauté propre à chacun comme celle de Pindare, par exemple, qui sera d'être un noble poète. Dans le troisième, parent du deuxième, l'idée d'une opposition est introduite. Ainsi, sans la force ou sans la vertu, les autres biens n'ont pas de prix.

---

représentation : l'exercice spirituel introduit un aspect événementiel et subjectif qui cadre mal avec leurs modèles d'explication », 69.

95 J'effleure dans ce chapitre, comme dans les deux suivants, la complexité du recoupement entre les écoles philosophiques à l'époque l'hellénistique et romaine. J.-M. André en donne une bonne illustration dans son article : « Les écoles philosophiques aux deux premiers siècles de l'Empire », *ANRW* II,36,1 (Berlin-New York 1987) 5-77. Pour une brève synthèse des données historiques, cf. J. de Romilly, *Précis de littérature grecque*, 200-206.

96 A.-J. Festugière, « Les trois vies », *Études de philosophie grecque*, 117-156.

97 A.-J. Festugière, « Les trois vies », *Études de philosophie grecque*, 117.

98 A.-J. Festugière, « Les trois vies », *Études de philosophie grecque*, 119.

99 Platon, *Gorgias* 451E ; *Ménon* 87E.

C'est à partir de ces trois groupes que l'on peut comprendre la transformation rencontrée chez Platon qui montre d'abord, à partir du premier groupe (santé, beauté, richesse), comment tous les biens deviennent des maux s'ils ne sont accompagnés de justice et de vertu :

Οὐ περὶ τούτου ὁ λόγος αὐτοῖς εἶναι ὅπως αὐτά γε καθ' αὑτὰ πέφυκεν ἀγαθὰ ἀλλ'ὡς ἔοικεν ὧδ' ἔχει· ἐὰν μὲν αὐτῶν ἡγῆται ἀμαθία μείζω κακὰ εἶναι τῶν ἐναντίων ὅσῳ δυνατώτερα ὑπηρετεῖν τῷ ἡγουμένῳ κακῷ ὄντι ἐὰν δὲ φρόνησίς τε καὶ σοφία μείζω ἀγαθά αὐτὰ δὲ καθ'αὑτὰ οὐδέτερα αὐτῶν οὐδενὸς ἄξια εἶναι [...] ἄλλο τι ἤ τῶν μὲν ἄλλων οὐδεν ὄν οὔτε ἀγαθον οὔτε κακόν τούτοιν δὲ δυοῖν ὄντοιν ἡ μὲν σοφία ἀγαθόν ἡ δὲ ἀμαθία κακόν	*La chose n'est pas de savoir comment les biens sont ce qu'ils sont par nature, mais la réalité paraît être celle-ci. Si l'ignorance les gouverne, ils sont des maux pires que leurs contraires, et d'autant pires qu'ils sont plus capables de servir leur mauvais guide ; si la prudence et la sagesse les conduisent, ce sont les meilleurs biens. Par eux-mêmes, ni les uns ni les autres ne sont dignes de rien. [...] N'est-ce pas que, dans l'ensemble, il n'y a rien de bon ni de mauvais, sauf ces deux choses : la sagesse qui est bonne, et l'ignorance qui est mauvaise*[100].

Ce principe mis en place, Platon reconnaît une première table de biens, de genre binaire, où les biens mineurs (ou encore « humains » comme la santé, la beauté, la force physique, la richesse) sont subordonnés aux biens majeurs (ou encore « divins », avec la φρόνησις en premier, associée à l'ἕξις ψυχῆς σώφρων μετὰ νοῦ, puis la δικαιοσύνη et l'ἀνδρεία)[101]. Je note en passant le « quadrige » traditionnel des vertus également présent en Sg 8,7. Mais le point de vue de Platon ne se résume pas à cette structure binaire. Il propose également une classification en trois ordres, les biens de l'âme, ceux du corps et ceux dont la seule finalité est de servir les biens du corps (richesses). Il est significatif qu'il n'applique le terme ἀγαθά qu'à l'âme et au corps : pour ce qui est de la richesse, il est question des « prétendus biens », τὰ λεγόμενα.

Ἔστιν δὲ ὀρθῶς ἄρα τιμιώτατα μὲν καὶ πρῶτα τὰ περὶ τὴν ψυχὴν ἀγαθα κεῖσθαι σωφροσύνης ὑπαρχούσης αὐτῇ	*Ce qui est juste, c'est de considérer les biens les plus précieux et les premiers, ceux de l'âme, à condition que la tempérance y réside ;*

---

[100] Platon, *Euthydème* 281D-E ; *Lois* 726A ; Euripide, *Les Phéniciennes* 874.
[101] τὰ μὲν ἀνθρώπινα τὰ δὲ θεῖα, Platon, *Lois* 631B6.

δεύτερα δὲ τὰ περὶ τὸ σῶμα καλὰ καὶ ἄγαθα καὶ τρίτα τὰ περὶ τὴν οὐσίαν καὶ χρήματα λεγόμενα

les seconds concernent le corps, en beauté et bonté ; les troisièmes concernent la subsistance et sont appelés richesse[102].

Cette classification tripartite serait le fruit d'un enseignement socratique qu'Aristote reprendra, mais en le transformant de nouveau en un dualisme, différent cependant de celui de Platon. Dans sa présentation des parties du bonheur (εὐδαιμονία), Aristote articule en effet ce qui est « extérieur », c'est-à-dire ce qui suppose l'existence d'un corps étranger à soi (la noblesse de naissance, le grand nombre et l'honnêteté des amis, la richesse, le mérite et le grand nombre d'enfants, la belle vieillesse) et ce qui ne tient qu'à sa propre existence (la santé, la beauté, la vigueur, la grandeur, l'aptitude agonistique, la réputation, les honneurs, la chance, la vertu ou encore les parties de la vertu : la prudence, le courage, la justice, la tempérance) :

Οὕτω γὰρ ἂν αὐταρκέστατος εἴη εἰ ὑπάρχοι αὐτῷ τὰ τ' ἐν αὐτῷ καὶ τὰ ἐκτὸς ἀγαθά οὐ γὰρ ἔστιν ἄλλα παρὰ ταῦτα

On serait dans la plus grande autosuffisance si l'on avait à la fois les biens intérieurs et les biens extérieurs ; il n'y a en effet pas d'autres biens que ceux-ci.

Ἔστι δ' ἐν αὐτῷ μὲν τὰ περὶ ψυχὴν καὶ τὰ ἐν σώματι ἔξω δὲ εὐγένεια καὶ φίλοι καὶ χρήματα καὶ τιμή

Les biens intérieurs sont ceux qui concernent l'âme et ceux qui sont dans le corps ; les biens extérieurs sont la noblesse, les amis, les richesses et l' honneur[103].

Aristote ajoute à ce double ordre ce qu'il appelle les puissances (δυνάμεις) et la fortune (τύχη), entendons la destinée. Ainsi, sans entrer dans le détail de ces distinctions, je constate que la préoccupation d'Aristote n'est pas tant de hiérarchiser les biens, comme chez Platon, que de n'en oublier aucun. Rien ne doit en effet échapper à son analyse. Il établit en revanche un ordre hiérarchique à partir d'une réflexion sur la manière dont on acquiert le bonheur, s'appuyant pour cela sur le rapport délicat entre destinée (ou faveur divine) et apprentissage (ou habitude) :

---

[102] Platon, *Lois* 697B ; *Lois* 743D-E.

[103] Aristote, *Rhétorique* 1360b18-26.

Ὅθεν καὶ ἀπορεῖται πότερόν ἐστι μαθητὸν ἢ ἐθιστὸν ἢ καὶ ἄλλως πως ἀσκητόν ἢ κατά τινα θείαν μοῖραν ἢ καὶ διὰ τύχην παραγίνεται	*Il est difficile de savoir d'où il (le bonheur) vient, si c'est par l'étude, l'habitude ou un quelconque exercice, ou bien s'il arrive par quelque destinée divine ou par la chance*[104].

Son traité du bonheur, *L'Éthique à Nicomaque*, et d'autres de ses écrits (en particulier *L'Éthique à Eudème*), montrent qu'il n'y a pas de bonheur réel sans apprentissage (qu'il relève de l'étude ou de l'exercice)[105]. Ces écrits conduisent aussi à reconnaître, à partir d'une distinction des parties de l'âme[106], que la vie contemplative, ou plutôt la vie studieuse du savant, est l'aboutissement du bonheur, la fin vers laquelle tend la vie elle-même[107]. Je précise que cette conception hiérarchisée des genres de vie n'implique chez Aristote aucune dépréciation des autres aspects de l'existence.

Les Stoïciens, abandonnant la transcendance platonicienne entre l'ordre des idées (intellectuel-divin) et l'ordre des ombres (sensible-humain), n'en gardent pas moins une opposition marquée entre un ordre supérieur (l'âme qui gouverne) et un ordre inférieur (le corps et les autres biens, qui doivent être au service de l'âme). Ils assument un aspect de la distinction aristotélicienne entre ce qui dépend de nous (biens intérieurs) et ce qui n'en dépend pas (biens extérieurs), mais l'influence platonicienne fait qu'ils placent « les biens du corps » du côté « des biens extérieurs », qu'ils qualifient « d'indifférents ». Cette transformation est importante pour comprendre comment l'idéalisme platonicien (qui tend à résoudre le problème du mal par l'opposition entre corps et idée), « transféré » à l'intérieur de la vision aristotélicienne de la culture (qui tend à résoudre le problème du mal par l'opposition entre ce qui dépend de moi et ce qui n'en dépend pas), pèsera sur les consciences. Il semblerait qu'une évolution en ce sens soit particulièrement sensible chez Posidonius qui insiste sur le rôle de l'éducation philosophique pour éviter que l'inhérence du mal dans l'âme se transforme en désordre extérieur[108]. Comme l'indique Bréhier : « Chez les Stoïciens, l'acte

[104] Aristote, *E.N.* 1099b9.

[105] Aristote, *E.N.* 1103a14-1105b18.

[106] Il reconnaît trois genres de vie, concupiscible (richesse), irascible (honneur) et intellectuel (sagesse), *E.N.* 1095b14-1096a12. Ce dernier genre de vie est logiquement reconnu comme l'unique nécessaire, les deux autres y étant relatifs (le service des exigences corporelles et politiques n'est jamais rejeté, mais son bon accomplissement ne peut se faire sans la sagesse).

[107] Aristote, *E.N.* 1176a30-1179a32.

[108] « Since all men have within themselves the seed of vice, providence would have to endow men with philosophy to ensure that they did not naturally and immediately start acting

spontané n'est ni bon ni mauvais, et l'acte raisonnable n'est pas bon en lui-même, puisqu'il renferme la possibilité d'une perversion. Le mal est donc inhérent à l'âme, et la lutte morale se livre dans l'intimité de sa substance »[109]. Ainsi, le chemin proposé par Aristote pour parvenir à la contemplation devient, chez les Stoïciens, une lutte pour se dégager des peines et des plaisirs dont Aristote faisait au contraire le référent du bonheur. Il ne reste alors plus qu'une lutte pour la domination absolue de l'âme humaine sur toute chose. L'éducation de l'âme à cette domination universelle devient une clé culturelle importante pour ne pas dire essentielle à l'époque impériale. Cicéron s'en fait déjà le porte-parole :

Quam gravis vero, quam magnificae, quam constans conficitur persona sapientis ! qui, cum ratio docuerit, quod honestum esset, id esse solum bonum, semper sit necesse est beatus vereque omnia ista nomina possideat, quae irrideri ab imperitis solent. Rectius enim appellabitur rex quam Tarquinius, qui nec se nec suos regere potuit
[...]
recte eius omnia dicentur, qui scit uti solus omnibus
[...]
Quod si ita est, ut neque quisquam nisi bonus vir et omnes boni beati sint, quid philosophia magis colendum aut quid est virtute divinius ?

Et quelle figure imposante, magnifique, immuable que celle où se manifeste enfin le sage ! Ce sage, qui, une fois instruit par la raison que la beauté morale est le seul bien, est forcément toujours heureux et a droit véritablement à tous les beaux titres dont les ignorants ont coutume de se moquer ! Il méritera mieux le titre de roi que Tarquin, qui ne sut l'être ni de lui ni des siens [...]
Il méritera qu'on lui attribue la propriété de tout, lui qui seul sait faire usage de tout [...]
Si donc il n'y a que l'homme vertueux qui soit heureux et si tous les hommes vertueux sont heureux, y a-t-il quelque chose qui mérite plus que la philosophie d'être cultivé. Y a-t-il quelque chose de plus divin que la vertu[110] *?*

La vertu « divine », fin vers laquelle tend l'homme, est désormais remise entre les mains des hommes. L'homme devient pour ainsi dire son propre maître. Et comme nul ne s'élève seul, le rôle du pédagogue cristallise les implications sociales du bonheur. Les Stoïciens maintiendront en outre le

---

viciously, contrary to reason », G. R. BOYS-STONES, *Post-Hellenistic Philosophy. A Study in its Development from the Stoics to Origen* (Oxford 2001) 47.

[109] É. BRÉHIER, *Chrysippe et l'ancien stoïcisme* (Paris 1951) 169.

[110] Cicéron, *Des termes extrêmes des biens et des maux* III,75-76 (tr. J. MARTHA ; CUF ; Paris [5]1989).

débat ouvert sur la nécessaire articulation de la *theoria* (vie contemplative) à la *praxis* (vie politique). À ce propos, le point de vue de Posidonius, rapportée par Clément d'Alexandrie, ne manque pas d'intérêt pour saisir le lien entre Sg 7,11-23 et Sg 7,24–8,1 d'une part (éducation et contemplation de l'ordre), entre Sg 7,11-23 et Sg 8,2-16 d'autre part (éducation et contribution à l'établissement de l'ordre) : « Selon Posidonius, la fin de la vie humaine est de contempler la réalité et l'ordre universel et de contribuer selon ses forces à l'établissement de cet ordre »[111]. Quant aux Cyniques et aux Épicuriens, ils proposeront plus simplement de mépriser ou de fuir la société vulgaire, cherchant le bien suprême en eux-mêmes, qu'il passe par la souffrance ou s'accomplisse dans le plaisir[112].

À la lumière de ces quelques indications, il est possible de constater que le monde grec a basculé d'un idéal de valeurs qui façonnait un type d'homme à un idéal d'homme destiné à façonner un type de société. Le Sage n'avait donc pas sous les yeux une hiérarchie de biens qui s'imposait comme un dogme, mais une histoire de la pensée aux racines profondes et en constante évolution. Si l'on ajoute à la complexité de cette tradition philosophique la volonté du Sage de ne pas négliger la tradition biblique, on ne peut s'étonner de trouver une difficulté d'interprétation.

b. Le contexte biblique de Sg 7,8-10

Le fait de classifier ou hiérarchiser à la manière des écoles grecques ne se trouve pas chez les auteurs bibliques pour qui la relation au créateur demeure le principe absolu et dominant de l'interprétation du monde[113]. L'idée primitive, proche de celle que l'on rencontre chez Homère (*Iliade* 9,483 ; 24,398 ; 24,546), tient au lien reconnu entre la prospérité sur la terre et la bénédiction divine. Dans ce cadre, la richesse est d'abord une abondance de terres, de troupeaux, la paix et la sécurité, une large descendance. La situation initiale de Job est à cet égard paradigmatique (Jb 1,3). Mais le courant prophétique biblique, contrairement à ce qu'un Hésiode pourra penser en percevant la richesse comme une conséquence du travail (*Les travaux et les jours* 308 ; 383), identifiera une relation entre la

---

[111] Clément d'Alexandrie, *Stromates* II,21,129 ; cf. M. LAFFRANQUE, *Poseidonios d'Apamée. Essai de mise au point* (Paris 1964) 479-485.

[112] Cf. A. BRANCACCI, « Érotique et théorie du plaisir chez Antisthène », *Le cynisme ancien et ses prolongements : Actes du Colloque international du C.N.R.S* (éd. M.-O GOULET-CAZE – P. GOULET) (Paris 1993) 37-49 ; A.-J. FESTUGIÈRE, *Épicure et ses dieux* (Paris 1946) 38-40.

[113] F. HAUCK – W. KASCH, « πλοῦτος », *TWNT*, 316-324. Le dialogue en Mt 19,16-22 reste suggestif.

corruption des mœurs et la richesse (Jr 5,26-31 ; Ps 48,13.21 ; Mi 6,12). C'est ce qui ouvrira le chemin à une théologie des « pauvres du Seigneur », avec la perspective d'une récompense divine (cf. Sg 3–4).

De son côté, la théologie sapientiale ne se contentera pas de cette vision prophétique et reviendra à une vision traditionnelle de la bénédiction divine, où la droiture morale (signifiée par l'obéissance) tient un rôle prépondérant (Pr 4,8-10). Quant à la question de la santé du corps, elle n'est abordée explicitement qu'en Si 30,14-16 et en Jb 2,5. Dans ce contexte sapiential, la figure de la Sagesse comme « richesse » suprême fait son entrée, mais sa portée est résolument poétique (Pr 3,14-15 ; 8,10-11 ; Jb 28,15-19). Cette figure ne permet de définir ni hiérarchie des biens ni ordre des genres de vie.

On revient à juste titre sur le dialogue en 1R 3,4-15 comme le contexte implicite de Sg 7,7-14 et cela ne peut être remis en cause. Ce qu'il est plus délicat d'évaluer avec précision reste la manière dont l'auteur lit le récit du Livre des Rois. Il faut en effet identifier, non seulement les influences hellénistiques, mais encore celles d'autres textes scripturaires comme Pr 3,14-15 ou 8,10-11 ou encore Jb 28,15-19. Pour illustrer l'arrière-plan biblique, quelques listes de biens sont disposées en un tableau comparatif :

Sg 7,8-10	Sagesse, sceptres et trônes, richesse, pierre précieuse, or, argent, santé, beauté, lumière(= vie)
1R 3,9-13	Un cœur plein de jugement pour discerner entre le bien et le mal et pour gouverner, nombreux jours, richesse, vie des ennemis, cœur, richesse et gloire
2Ch 1,10-12	Sagesse et savoir pour gouverner, richesse de possessions, gloire, vie des ennemis, nombreux jours
Pr 3,13-18	Trésors d'argent et d'or, pierres précieuses, richesse et gloire
Pr 8,18-19	Argent, or, or pur, pierres précieuses, richesse et gloire, grande fortune et justice
Pr 16,16	Or et argent
Jb 28,15-17	Or, argent, pierre précieuse, objet d'or

Il apparaît que l'auteur, s'appuyant sur le contexte du Livre des Rois, s'en détache en plusieurs points. Il déploie d'abord la question de la richesse par une reprise des termes de comparaison présents dans les livres des Proverbes et de Job. Ensuite, abandonnant le terme « gloire », il ajoute une touche hellénistique avec la santé et la beauté. Il écarte enfin la question de la vie des ennemis et semble introduire un dédoublement dans la durée de la vie (lumière qui s'éteint et lumière qui ne s'éteint pas).

Pour identifier la relation entre Sg 7,11 et Sg 7,8-10, il importe d'abord de vérifier la cohérence de la liste des biens. L'expression initiale προέκρινα αὐτὴν σκήπτρων καὶ θρόνων présente deux difficultés concernant les honneurs liés au pouvoir et compris comme un bien parmi d'autres :

1. D'après Sg 6,21, les honneurs sont présentés comme un bien désiré « légitimement » par l'auditoire, ce même désir étant confirmé par Sg 8,9-16 où la figure présentée ne fait intervenir ni la richesse ni la beauté, mais bien l'exercice du pouvoir et l'admiration qu'il suscite (cf. en outre Sg 5,15-23).

2. Le contexte du Livre des Rois montre que l'aptitude à gouverner (le pouvoir de juger) est la finalité même de la demande de la Sagesse (cf. Sg 9,2 ; 10,2).

Ces difficultés découlent de l'ambivalence du verbe προκρίνω qui n'implique pas nécessairement une comparaison, comme les verbes qui suivent, mais plutôt une « élection », un « choix »[114]. Un emploi chez Philon, proche du contexte de Sg 7,8, le met en parallèle avec le verbe τιμάω :

ὥσπερ γὰρ εἰσί τινες οἳ ψυχῆς προκρίνουσι σῶμα τῆς δεσποίνης τὸ δοῦλον	*De même qu'il y en a certains qui préfèrent le corps à l'âme, l'esclave à la maîtresse,*
οὕτως εἰσὶν οἳ γένεσιν μᾶλλον θεοῦ τετιμήκασι	*il y a ceux qui ont honoré la création plutôt que Dieu*[115].

Dès lors, la problématique n'est pas l'évaluation d'un bien par rapport à un autre bien, mais le choix de l'un pour (ou à la place de) l'autre. J'estime que Sg 7,8a ne renvoie pas à une comparaison de la Sagesse (un bien supérieur) avec les honneurs (un autre bien inférieur), mais au choix d'honorer[116] la Sagesse afin d'exercer le pouvoir comme elle le fait, selon ce que dit 1R 3,9 : « pour écouter et juger le peuple ».

En revanche, les locutions verbales en Sg 7,8b-9 (ἡγέομαι ἐν συγκρίσει, ὁμοιόω, εἰμι ἐν ὄψει) font jouer une comparaison hyperbolique, et ce, par rapport à un seul des biens extérieurs[117]. L'auteur, affirmant que cette comparaison est impossible, rend un ordre hiérarchique difficile à déceler. Il semble plutôt que ces termes poétiques, en pleine harmonie avec la tradition

---

[114] Platon, *Lois* 870B ; Aristote, *Constitution d'Athènes* 8,1 ; Philon, *Leg.* III,52 ; *Fug.* 180 ; Flavius Josèphe, *Bell.* I,162 ; IV,602.

[115] Philon, *Sacrif.* 72. Cf. Sg 6,21.

[116] Cf. Sg 6,21 : τιμάω.

[117] Il n'y a aucune référence aux autres biens extérieurs que sont les amis, la noblesse, ou encore la gloire. L'auteur insiste sur l'absence de valeur de l'or et de l'argent. On peut y voir une référence implicite (ou une allusion ironique) au récit rapporté en 1R 10,14-25 (au poids d'or correspond un nombre, six cent soixante-six talents, et devant une telle richesse, l'argent est sans valeur) qui marque un tournant dans l'histoire de Salomon.

biblique des livres des Proverbes ou de Job (pierre précieuse, or et argent), soient un rappel de celle-ci.

Quant aux verbes de Sg 7,10 (ἀγαπάω et προαιρέω), qui articulent les biens du corps (santé, beauté, vie) à la Sagesse, ils offrent une ambivalence où comparaison et choix sont étroitement associés. Le premier sens de προαιρέω est celui de « prendre pour soi », d'où « s'attacher de préférence à », « entreprendre », « décider », « choisir »[118]. C'est en outre le verbe utilisé dans la LXX à propos du choix de Dieu en Dt 7,6-7. Le verbe ἀγαπάω[119] qui lui est parallèle confirme la ligne d'un attachement volontaire et sélectif. Ce verbe, utilisé neuf fois par l'auteur (en particulier à propos de la justice en Sg 1,1 et de la relation de Dieu à la Sagesse en Sg 8,3), était déjà présent en 1R 3,3 : καὶ ἠγάπησεν Σαλωμων τὸν κύριον. Un verset du *Testament des douze Patriarches* illustre en outre la portée de cet attachement :

ἠγάπησεν ἡμᾶς ὡς τὴν ψυχὴν αὐτοῦ καὶ ὑπὲρ τοὺς υἱοὺς αὐτοῦ ἐδόξασεν ἡμᾶς καὶ πλοῦτον καὶ κτήνη καὶ καρποὺς πᾶσιν ἡμῖν ἐχαρίσατο	*Il [Joseph] nous aima comme sa propre vie et nous considéra plus que ses propres fils. Il nous accorda richesse, possession et toutes sortes de fruits*[120].

Ainsi, pour reprendre Sg 7,8-10, la santé et la vie sont aimables, mais la Sagesse l'est davantage. Il en résulte une articulation tout à fait originale, entre une table des valeurs implicite et l'expression d'un choix de vie. Le pouvoir, l'un des « indifférents » de la triade stoïcienne (richesse, santé, pouvoir), est présenté de telle sorte qu'il vient se substituer au bien suprême de la triade platonicienne, à savoir le bien de l'âme. Mais celui-ci, plutôt que d'être considéré comme une pure contemplation scientifique ou religieuse – c'est le cas chez Aristote – est présenté de façon à rappeler la demande pragmatique de Salomon dans le Livre des Rois : il demande la Sagesse pour exercer le jugement. Choisir de prendre chez soi la parèdre du trône divin n'a d'autre finalité que l'exercice même du pouvoir. La santé et la vie, contrairement à l'or et l'argent, sont intégrées à cet amour électif de la Sagesse.

Comme je l'indiquais dans l'analyse de la composition rhétorique, Sg 7,8-10 présente une *narratio* illustrant la *propositio* de Sg 7,7. Ainsi, l'emphase portant sur le choix (dont on retrouve un écho en Sg 8,2 et Sg 8,9), plutôt que sur une classification, illustrerait la *détermination* du Sage,

---

[118] Platon, *Critias* 52E ; Xénophon, *Mémorables* III,4,5 ; *Lettre à Aristée* 38 ; Philon, *Leg.* III,3 ; 85 ; Flavius Josèphe, *Bell.* II,606 ; *CAp.* I,192.

[119] A. GANGEMI, « Il senso di agapaô e fileô nei LXX, nel NT e nel vangelo di Giovanni », *Synaxis* 16/1 (1998) 44.

[120] *TestXII.Sim* 4,6.

détermination que les verbes « prier » et « invoquer » avaient introduite. Il n'y a aucun mépris du pouvoir ; au contraire, la Sagesse en montre la noblesse divine car, en un sens, régner, c'est vivre. Ce point sera développé lors de l'étude de l'expression finale du discours : ἔσομαι ἐγκρατής (Sg 8,21)[121]. Le Sage indique que la Sagesse, plutôt qu'un bien parmi d'autres, est un genre de vie, ou mieux, selon l'expression anglaise, *a way of life*. Le parallélisme structurel entre le *topos* de la *genesis* (Sg 7,8-10), qui annonce un destin particulier, et celui de l'*epitêdeuma* (Sg 8,2-4), qui expose le genre de vie choisie, *climax* dans l'éloge d'un jeune homme, est le signe d'une belle composition. Mais il faut revenir à la terminologie de Sg 7,11 pour préciser l'enchaînement.

3. Richesse et biens dans le Livre de la Sagesse

a. Le terme πλοῦτος

Se trouvant cinq fois en Sg 7–8 contre une seule fois dans le reste du livre, le terme πλοῦτος peut être considéré comme un terme caractéristique du discours et mérite une analyse précise. En Sg 5,8, une formulation intéressante est placée dans la bouche des impies qui reconnaissent avoir ignoré le chemin de Dieu et s'interrogent ainsi :

τί ὠφέλησεν ἡμᾶς ἡ ὑπερηφανία	*À quoi nous a servi l'arrogance ?*
καὶ τί πλοῦτος μετὰ ἀλαζονείας συμβέβληται ἡμῖν	*Que nous a valu la richesse avec la jactance ?*

Il réapparaît d'abord en Sg 7,8, puis en Sg 7,11 et Sg 7,13, enfin en Sg 8,5 et Sg 8,18. Les trois premières occurrences sont inscrites dans des doublets qu'il importera d'interpréter et dont voici les composantes :

Sg 7,8

καὶ πλοῦτον οὐδὲν ἡγησάμην ἐν συγκρίσει αὐτῆς	*Je n'ai considéré aucune richesse en comparaison d'elle,*
οὐδὲ ὡμοίωσα αὐτῇ λίθον ἀτίμητον	*je ne lui ai pas égalé la pierre la plus précieuse.*

---

[121] Cet adjectif appartient au champ sémantique du verbe κρατέω. La connotation de « maîtrise de soi », vertu propre au roi, est importante pour se rappeler que ce discours est destiné à ceux qui désirent le pouvoir (Sg 6,21).

Sg 7,11	
ἦλθεν δέ μοι τὰ ἀγαθὰ ὁμοῦ πάντα μετ' αὐτῆς	*Avec elle me sont venues toutes les qualités ensemble*
καὶ ἀναρίθμητος πλοῦτος ἐν χερσὶν αὐτῆς	*et par ses mains une richesse incalculable.*
Sg 7,13b-14a	
τὸν πλοῦτον αὐτῆς οὐκ ἀποκρύπτομαι	*Je ne cache pas sa richesse*
ἀνεκλιπὴς γὰρ θησαυρός ἐστιν ἀνθρώποις[122]	*puisqu'elle est pour les hommes un trésor indéfectible.*

Le terme πλοῦτος, présent également dans l'une des questions rhétoriques qui montrent l'excellence de la Sagesse (Sg 8,5), dépend de ce qu'il signifie en Sg 7,8-14. En Sg 8,18, au centre de la *recapitulatio*, ce terme se réfère assez clairement à Sg 7,13, comme le prouve la répétition de l'adjectif ἀνεκλιπής. Il s'ensuit que la juste interprétation de ce terme en Sg 7,8-14 est fondamentale pour l'intelligence du discours. S'agit-il d'un emploi univoque ? Comme terme générique, fait-il jouer une polysémie dont les limites sont à définir ? En parallèle avec « la pierre précieuse » (Sg 7,8) comme en rapport avec l'or et l'argent (Sg 7,9), ce terme est unanimement reconnu comme le terme générique pour désigner l'une des richesses extérieures que sont les χρήματα[123]. En Sg 7,11, l'interprétation du terme est plus délicate et dépend en partie de celle que l'on donne à l'expression parallèle désignant « les biens ». La tendance des commentateurs, à l'exception de Vílchez Líndez et de Scarpat, est de voir un sens similaire à celui de Sg 7,8, c'est-à-dire une référence à la richesse de Salomon, complémentaire de tous les biens « terrestres » reçus (1R 3,13 ; 10,14-25). Quant à l'expression de Sg 7,14, elle est unanimement interprétée en un sens métaphorique et ne concerne pas l'un des biens extérieurs, mais le bien intérieur et suprême de l'âme, à savoir la Vertu ou la Sagesse elle-même. M'appuyant sur la différence entre les adjectifs ἀναρίθμητος et ἀνεκλιπής[124], je ne peux assimiler « la richesse incalculable » au « trésor indéfectible ».

Le premier point à clarifier concerne la nature et la fonction des doublets dans lesquels se trouve πλοῦτος. Placer ainsi deux expressions en relation étroite implique un rapport d'identité ou d'opposition, restrictive ou extensive. En Sg 7,8, un doublet d'identité à valeur restrictive « richesse –

[122] Il ne s'agit pas à proprement parler d'un parallélisme parce qu'une relation de causalité est indiquée entre les deux versets par la conjonction γάρ. Un doublet sémantique est cependant présent dans le jeu de la synonymie entre πλοῦτος et θησαυρός.

[123] Aristote, *Rhétorique* 1361a12.

[124] Les biens de Job pouvaient être incalculables ; ils n'étaient pas indéfectibles (cf. Jb 1–2).

pierre précieuse » oriente sans difficulté la lecture. Il ne peut s'agir de la vertu ou des amis (qui peuvent être également désignés par le terme « richesse »). De son côté, le doublet formé par synonymie en Sg 7,14 présente une identité absolue que l'adjectif du second membre ἀνεκλιπής permet de spécifier en un sens restrictif, mais dont le contexte seul peut lever l'indétermination.

Concernant Sg 7,11, la question est plus délicate encore parce que le second terme du doublet implique de résoudre la problématique des « biens », déjà reconnue comme le nœud de la littérature encomiastique[125]. Le parallélisme entre les deux expressions est évident, mais il n'est pas facile d'en déterminer la nature. Il peut être d'opposition et aurait alors une valeur extensive. Il peut être aussi d'identité, l'adjectif ayant alors une valeur restrictive. Les commentaires en font plutôt un parallélisme d'opposition, les biens faisant référence à une série de réalités comme le pouvoir, la santé, la beauté. La richesse (selon le sens de Sg 7,8) s'ajoute alors, comme par surcroît, à cette série de biens. Je préfère, en me fondant sur le jeu entre l'expression ὁμοῦ πάντα et l'adjectif ἀναρίθμητος, ne pas exclure l'identité. Mais avant de préciser davantage ce que peut vouloir dire l'auteur, il faut analyser l'adjectif pluriel substantivé ἀγαθά et la problématique qu'il soulève.

b. Le terme ἀγαθά

L'adjectif ἀγαθός, qui revient seize fois dans le livre, dont six fois en Sg 7–8, ne se rencontre que sept fois au pluriel. Laissant de côté les cas de Sg 14,26 et 18,9 qui soulèvent d'autres difficultés que je ne peux aborder ici, je relis les autres occurrences (Sg 2,6 ; 7,11 ; 8,9 ; 13,1) que des liens plus évidents rapprochent et qui permettent d'identifier une certaine cohérence sémantique dans son usage. En Sg 2,6 d'abord, il n'est pas directement employé comme substantif, mais le parallélisme entre Sg 2 et Sg 5 permet de saisir une relation avec πλοῦτος (Sg 5,8) :

Sg 2,6

ἀπολαύσωμεν τῶν ὄντων ἀγαθῶν	*Jouissons des biens présents,*
καὶ χρησώμεθα τῇ κτίσει	*usons de la création.*

Cet usage correspond également à celui qui se trouve en Sg 13,1 où il est question de l'ignorance de Dieu en relation avec la perception de l'univers créé :

---

[125] « Quelles qu'aient pu être les innovations de la philosophie post-classique, le problème de la topique épidictique reste envisagé, à l'époque hellénistique et à l'époque impériale, dans les termes où l'avait formulé Aristote dans la *Rhétorique à Alexandre* : le cadre éthique est celui de la tripartition des biens, et toute la question est de savoir dans quelle mesure les biens physiques et les biens extérieurs sont louables », L. PERNOT, *La rhétorique de l'éloge*, 146.

καὶ ἐκ τῶν ὁρωμένων ἀγαθῶν οὐκ ἴσχυσαν εἰδέναι τὸν ὄντα οὔτε τοῖς ἔργοις προσέχοντες ἐπέγνωσαν τὸν τεχνίτην	*En partant des biens visibles, ils n'ont pas été capables de connaître celui qui est ; en considérant les œuvres, ils n'ont pas reconnu l'artisan.*

Cet adjectif, épithète du participe présent ὄντων en Sg 2,7, substantivé en Sg 13,1, désigne, par le jeu des parallélismes, l'ensemble de la création telle que l'homme peut en profiter pour sa vie ou en jouir tout simplement. À cet égard, le lien avec Sg 5,8 est significatif puisque l'auteur propose en ce verset une réflexion parallèle sur l'usage que les impies ont fait des « biens de la création », ou encore de la « richesse » qui est la leur. On peut alors préciser le sens de πλοῦτος en Sg 5,8, non comme réductible aux χρήματα (les richesses), mais comme extensible à la κτίσις (la création) mise à la disposition de l'homme. Cette perspective renvoie, plutôt qu'à une classification hellénistique, à une conception biblique des « biens » ou de la « richesse » telle qu'elle se rencontre dans le prologue du livre de Job et qu'un verset (Jb 31,25), dont l'auteur du Livre de la Sagesse s'est probablement inspiré en Sg 7,11, confirme :

εἰ δὲ καὶ εὐφράνθην πολλοῦ πλούτου μοι γενομένου	*Me suis-je réjoui de la nombreuse richesse qui m'est échue ?*
εἰ δὲ καὶ ἐπ' ἀναριθμήτοις ἐθέμην χεῖρά μου	*Ai-je mis la main sur [les biens] incalculables ?*

Une référence à l'ordre originel de dominer le monde créé (Gn 1,28) n'est pas exclue. Lorsque les termes « biens » et « richesse » se trouvent en Sg 7,11, accompagnés d'une référence au fait d'en jouir (synonymie entre les verbes ἀπολαύω et εὐφραίνω, cf. Sg 2,6 et 7,12) et à l'ignorance de leur γενέτις, ils ne peuvent être totalement étrangers à ce contexte du livre. L'expression σύμβουλος ἀγαθῶν (Sg 8,9) pourrait en dépendre également. Sg 7,11, dont j'ai exposé l'importance dans la composition rhétorique, offre donc une complexité sémantique qu'une simple référence à une classification implicite de biens, supposée en Sg 7,8-10, ne suffit à expliquer.

Aux difficultés mises en lumière, il faut encore ajouter celles qui relèvent du genre littéraire identifié. Une indication de Pernot est précieuse : l'éloge « porte sur les 'qualités' de l'objet, *ta prosonta* ou *ta huparkhonta*. Ces qualités, ce sont les biens, *ta agatha*, ou en combinant les deux tournures, *ta prosonta agatha, ta huparkhonta agatha* »[126]. L'expression « qualités de l'objet » est intéressante parce qu'elle sous-entend la tripartition classique des biens, non plus en ce qu'elle relève d'une réflexion philosophique sur leur hiérarchie, mais comme si elle était appliquée à l'éloge rhétorique. Son application varie selon les auteurs, mais partout se dégage une tension féconde entre ce qui est donné et ce qui est acquis. Les auteurs cherchent à montrer qu'un homme est louable non pas autant par ses « qualités naturelles » (φύσις)[127] que par ses actions, faisant « prévaloir la logique chronologique sur la problématique philosophique »[128].

ἥκιστα γὰρ ἐπαινοῦσι μὴ κατὰ προαίρεσιν ἀλλ᾽ἐκ τύχης ἃ ἔχουσιν ἀγαθά	*On ne loue que très peu en effet ceux qui tiennent leurs qualités, non par un choix, mais par la chance*[129].

Il est assez normal que l'on soit passé, dans le cadre d'un éloge, de la question métaphysique du bien à celle plus concrète de la valeur d'un homme. Dans son *Évagoras*, reconnu comme le fondement de la littérature encomiastique, Isocrate s'exprime ainsi :

Ὥστ᾽ οὐ δέδοικα μὴ φανῶ μείζω λέγων τῶν ἐκείνῳ προσόντων ἀλλὰ μὴ πολὺ λίαν ἀπολειφθῶ τῶν πεπραγμένων αὐτῷ	*Je crains donc, non de paraître trop élogieux concernant ce qui lui est propre, mais de rester bien en deçà de ses actions*[130].

---

[126] L. PERNOT, *La rhétorique de l'éloge*, 144. L'auteur indique les références principales de l'emploi synonymique de ces expressions. La note 76 montre un cas typique où la traduction change du tout au tout : « qualités existantes » pour « événements contemporains », cf. Aristote, *Rhétorique* 1358b18-19.

[127] Le terme φύσις s'emploie ici en un sens anthropologique de « qualités physiques » ou « traits de caractère » (cf. Sg 8,19s).

[128] L. PERNOT, *La rhétorique de l'éloge*, 150.

[129] Aelius Théon, *Progymnasmata* 111,17.

[130] Isocrate, *Évagoras* 48. J'ajoute cette autre précision d'Isocrate qui illustre assez bien la finalité de l'éloge : « La beauté, le temps la détruit ou la maladie l'altère, la richesse est la servante du vice plus que de la pureté morale, elle donne toute liberté à la mollesse et pousse les jeunes gens à la recherche du plaisir ; la force unie au jugement est utile, mais sans lui elle nuit le plus souvent à ceux qui la détiennent, et si elle devient la parure du corps chez ceux qui la cultivent, elle obscurcit par contre les soins que réclame l'âme ; seule la pratique de la vertu, chez ceux qui l'ont sincèrement développée par la réflexion, demeure la compagne de la vieillesse, elle, plus forte que la vieillesse, plus utile que la naissance ; ce qui est impossible aux autres, elle seule le rend possible », *Démonicos* 6-7. À propos des biens de l'âme et du corps, il conclut : « Souvent j'ai condamné ma nature que personne cependant ne méprisait », *Panathénaïque* 8. Il importe de montrer que les qualités reçues, qui mériteraient déjà d'être louées, ne sont pas l'objet principal de l'éloge, cf. Hermogène, *Progymnasmata* 7,37.

Lorsque la personne louée a rejoint le terme de sa vie, il peut être facile de trouver les actions et les vertus qui donnent son relief à l'éloge. En revanche, lorsqu'il s'agit d'un éphèbe, la louange doit anticiper un avenir encore incertain (Sg 8,9-16). Dans ce cadre, la *paideia*, mais surtout l'*epitêdeuma*, révélateur de l'éducation, du caractère et du choix de vie[131], reçoivent alors une fonction centrale. Le rappel des qualités comme telles ne suffit pas, il faut encore mettre en valeur la détermination (*proairesis*) du jeune homme.

Si l'auteur indique dès Sg 7,11 les conséquences de sa détermination à aimer la Sagesse, il est non seulement maladroit, mais son éloge (dont une partie est au futur) manque d'intérêt. J'estime plus probable qu'il expose ici, selon le *topos* de la φύσις, les qualités reçues du fait de sa naissance, que celles-ci soient de l'âme ou du corps[132]. On pourrait même y ajouter les biens extérieurs relatifs à son milieu, sa noblesse, son héritage, mais cet aspect ne paraît pas décisif par rapport à l'ensemble de l'éloge. Je dirai donc que le Sage reconnaît avoir reçu « un heureux *naturel* » ou mieux, qu'il a « toutes les qualités ».

4. La problématique de Sg 7,11-12

Deux expressions contrastées de Sg 7,11-12 pourraient confirmer l'axe d'interprétation proposé. L'auteur affirme d'un côté « être charmé » et de l'autre « ignorer ». Une situation similaire est perceptible chez les impies d'une part, qui « jouissent » (ἀπολαύω) des biens de la création (Sg 2,6), chez les idolâtres d'autre part, qui « ignorent » l'artisan de ces mêmes biens (Sg 13,1). Le verbe ἀπολαύω, terme rare (4M 5,9 ; 8,5 ; 16,18 ; Pr 7,18), peut faire référence au discours de la femme étrangère du livre des Proverbes et porte une connotation fortement négative d'ivresse :

ἐλθὲ καὶ ἀπολαύσωμεν φιλίας ἕως ὄρθρου	*Viens et que nous prenions du plaisir tendrement jusqu'à l'aube.*
δεῦρο καὶ ἐγκυλισθῶμεν ἔρωτι	*Viens et que nous nous enlacions amoureusement.*

---

[131] L. PERNOT, *La rhétorique de l'éloge*, 164. « L'option est la forme nécessaire sous laquelle une volonté, imposée à elle-même, prend possession de soi, afin de vouloir ce qu'elle est en étant ce qu'elle veut », M. BLONDEL, *L'Action. Essai d'une critique de la vie et d'une science de la pratique* (Quadrige 170 ; Paris 1893 ; ^{2}1950) 357.

[132] Une expression d'Anaxagore ὁμοῦ πάντα χρήματα, reprise par Platon, *Phédon* 72C4 et Aristote, *Physique* 187a29, pourrait être sous-jacente dans ce texte. Son usage chez Platon à propos de l'unité de l'âme et du corps apparaît très intéressant dans le contexte de Sg 7,11 où il semble bien que l'auteur désigne sa propre vie.

En revanche, le verbe εὐφραίνω (Sg 7,12), beaucoup plus fréquent (Lv 23,40 ; Dt 12,7 ; 14,26), présente une coloration positive d'une joie goûtée en présence de Dieu. Ainsi en est-il dans le discours de la Sagesse en Pr 8,30b :

καθ' ἡμέραν δὲ εὐφραινόμην ἐν προσώπῳ αὐτοῦ ἐν παντὶ καιρῷ	*Jour après jour, j'étais dans la joie en sa présence à tout moment.*

À ce premier contraste vient s'ajouter celui que le verbe « ignorer » introduit. Quelques commentateurs ont indiqué un lien possible de γενέτις avec Pr 8,30a TM. En effet, selon Winston, Larcher et Vílchez Líndez, la racine אמם qui renvoie à la mère[133] serait suggérée par le terme אָמוֹן. Le contexte de Sg 7,11-12 invite de fait à considérer la relation originelle du Sage avec les qualités reçues, c'est-à-dire avec la singularité de son être créé. Dans ce contexte, qui n'est pas étranger à la relation de la Sagesse avec la création, la mention de l'ignorance ne peut être une simple justification de la candeur de Salomon, mais renvoie plutôt à une problématique qui traverse le livre, celle de la connaissance de Dieu et de sa volonté (Sg 1,1 ; 6,4 ; 9,17 ; 13,1). Le premier verbe qui suit, μανθάνω, permet en effet de saisir immédiatement l'importance de cette affirmation. En effet, l'ignorance relève de ce mal présent dans l'ἀμαθία, comme l'indiquait Platon, et dont un équivalent biblique pourrait être la folie (אִוֶּלֶת, Nb 12,1 TM ; Pr 5,23 TM) des sots (פְּתָיִם, Pr 1,4.22.32 TM). L'insistance sur la connaissance dans le reste du discours, thématique que j'analyserai par la suite, fait du verbe ἀγνοέω le premier terme de ce que l'on montrera comme « l'isotopie »[134] principale du discours. Ce verbe ouvrirait ainsi la problématique que le *topos* de la *paideia* aurait pour but de résoudre[135]. Comment le Sage, qui parle en première personne par le

---

[133] F. BROWN – S.R. DRIVER – C.A. BRIGGS, *A Hebrew and English Lexicon of the Old Testament* (Oxford 1951) 51.

[134] « Les isotopies assurent une certaine armature du sens. Mais cette armature ne remplace pas, elle permet le travail du sens, qui est un travail de lecture du côté du lecteur, avec les surprises et les ruptures qui l'empêchent de se clore dans une interprétation qui pourrait se substituer au texte », J. DELORME, « Sémiotique », *DBS* XII (1996) 301.

[135] « Le mal radical est donc du côté de cette ignorance active qui menace doublement le procès de la connaissance. Toutes les erreurs lui sont redevables de leur possibilité, mais, par ailleurs, il n'y aura jamais de connaissance dont la vérité soit assurée tant que l'hypothèse qu'une telle *agnoia* représente pour toute formation au savoir n'aura pas été levée [...] Le propos est donc fort grave : il faut trouver le remède qui empêche le savoir d'être soumis à l'ignorance. Or ce remède, tout le monde le connaît, affirme l'Étranger. C'est la *paideia* [...] La *paideia* émancipe donc le savoir en dehors de cette malheureuse connaissance de lui-même », M. CANTO, « Politiques de la réfutation. Entre chien et loup : le philosophe et le sophiste », *Positions de la sophistique* (éd. B. CASSIN) 36-37.

biais du discours, connaît-il la Sagesse ?[136] Le nécessaire passage de la φύσις à la παιδεία tient à cette « ignorance », ou encore à ce mal originel, dont nul ne peut faire l'économie, mais qui oblige quiconque jouit de la vie à se laisser éduquer. Une grande part de l'éloge du Sage s'appuiera sur le fait que ce passage est réalisé. Ainsi, « choisir la Sagesse » n'apporte pas « tous les biens ensemble »[137], mais le fait que la Sagesse apporte[138] « toutes les qualités ensemble » implique qu'on la choisisse (Sg 8,2.9). Cela ne peut se faire sans sa découverte (Sg 7,13-8,1).

La difficulté rencontrée dans l'interprétation de ces versets pourrait être liée à la manière dont l'auteur reste tributaire d'une conception juive de la κτίσις[139]. Il se devait en effet d'exprimer les qualités de l'âme et du corps, ou encore la richesse incalculable de la vie reçue, non comme un fait « naturel » ou encore « nécessaire », mais comme l'expression d'un acte créateur, signe d'une gratuité originelle. Il y a donc une analogie étroite entre le don de la création et le don de l'éducation, analogie qui s'appuie sur l'unicité de la vie et qui est le fondement de toute connaissance possible de son origine. Certes, il peut être difficile de distinguer entre l'un et l'autre don, mais la cohérence de la composition rhétorique et des éléments sémantiques invite à reconnaître ici la mention des « qualités » de l'âme et du corps « ensemble ».

11. Avec elle me sont venues toutes les qualités,
par ses mains, une richesse incalculable.
12. Je me suis réjoui de toutes
parce que la Sagesse [me] les amène
– mais j'ignorais alors qu'elle en était la mère !

---

[136] L'interrogation blondélienne est proche de celle qui se retrouve ici : « Comment donc installer librement Dieu dans la vie humaine, pour que cette immanence consentie du transcendant complète enfin l'opération réfléchie de la volonté en égalant ce qui veut à ce qui est voulu et posé dans l'action ? », M. BLONDEL, *L'action*, 375.

[137] Il s'agirait alors « bien plus [d'] une récompense que [d'] un don gratuit de Dieu », P. VAN IMSCHOOT, « Sagesse et Esprit dans l'AT », *RB* 47 (1938) 49.

[138] L'interprétation commune du verbe ἡγέομαι (Sg 7,12), à part J. FICHTNER et E. OSTY, fait de la Sagesse un principe directeur pour un bon usage des biens (cf. Platon, *Euthydème* 280B-281E). Je préfère, à la lumière du contexte rhétorique et de la progression du discours qui propose un choix de la Sagesse fondé sur sa découverte par le biais de la *paideia* (Sg 8,2), considérer le verbe ἡγέομαι sans connotation morale. La Sagesse est ici présentée comme donatrice de vie. Elle sera présentée plus tard comme celle qui enseigne (Sg 7,21) et conseille (Sg 8,9).

[139] Cf. Jdt 9,12 ; 16,14 ; Tb 8,15 ; 3M 2,2 ; Si 16,17. En traduisant la racine verbale ברא par κτίζω (Dt 4,32), les Juifs d'Alexandrie élaborent un nouveau concept qui assume une bonne partie de ce que recouvrait la φύσις, mais en y ajoutant une relation d'altérité irréductible.

Quelques lignes concluront cette analyse. Les incohérences dans l'interprétation commune de ces versets suggèrent de ne pas faire de l'or, de l'argent, des pierres précieuses ou même de la santé et de la beauté, la récompense du choix de la Sagesse. Il est également réducteur, en tenant compte de l'ensemble du livre, de considérer « l'ignorance » de Salomon comme une simple naïveté. Il est enfin impossible, à l'aune de la hiérarchie des biens proposée par Platon, de la présentation organique d'Aristote, du passage significatif des Stoïciens en direction du sujet moral et de la poétique de la Bible, de voir une liste des « biens » en Sg 7,8-10. En revanche, un travail plus précis sur Sg 7,11, dans son rapport avec l'ensemble du livre et l'univers des rhéteurs, montre une conception des biens comme « les qualités de l'âme et du corps », la conséquence d'un acte créateur. La simultanéité de la jouissance et de l'ignorance se révèle alors comme la problématique essentielle pour comprendre la logique du discours qui se poursuit par une réflexion sur l'éducation. Ainsi, l'auteur n'entend pas séduire ses auditeurs en leur proposant de prier parce qu'ils en recevront une richesse d'or et d'argent incalculable, mais il explique la nécessité de se laisser conduire pour découvrir l'origine des biens dont ils jouissent ordinairement. La nécessité de la prière ne tient donc plus seulement à la constatation introductive de son être mortel ; elle s'enracine dans le fait d'une ignorance première.

De l'ignorance à la vérité – ou au mensonge –, le passage n'est pas simple. Qu'en est-il du Sage qui prétend ne s'écarter en rien de la vérité ? C'est le chemin qu'il faut maintenant suivre pour découvrir où commence la Sagesse : ἀρχὴ γὰρ αὐτῆς ἡ ἀληθεστάτη παιδείας ἐπιθυμία (Sg 6,17). Faire ainsi du désir de la παιδεία le commencement de la Sagesse est audacieux, surtout pour un maître de Sagesse habitué à lire dans les Proverbes : ἀρχὴ σοφίας φόβος θεοῦ (Pr 1,7).

C. L'éducation et l'éloquence (Sg 7,13-23)

« –Pourquoi viens-tu ? »
« –Je souhaite apprendre à parler ! »[140]

Il n'est plus nécessaire de reprendre les difficultés soulevées par la structure de ces versets et l'analyse rhétorique, mais de rendre compte du tissage littéraire qui fait que le discours n'est pas une succession d'unités indépendantes, mais un corps organique unifié[141]. Je ne reviens pas sur

---

[140] ἦλθες δὲ κατὰ τί βουλόμενος μαθεῖν λέγειν, Aristophane, *Les Nuées* 239.

[141] « La question de la signification est donc à poser non pas aux signes, aux mots, ni simplement à leurs combinaisons à l'échelle de la phrase, mais au discours considéré comme

Sg 7,17-21, renvoyant à l'excellent commentaire de Scarpat[142] où les matières étudiées par le Sage sont passées en revue et commentées. Je rappelle seulement la portée philosophique et religieuse de l'expression γνῶσις ἀψευδής dont Scarpat fait la clé d'interprétation de cette digression[143]. Je précise enfin que mon insistance sur un axe philosophico-rhétorique se veut complémentaire d'un axe cosmico-religieux, développé par la plupart des études qui s'appuient, à juste titre, sur le terme τεχνῖτις (Sg 7,21) et sur une interprétation de Sg 7,22-23.

1. Première isotopie : l'éducation

Une forte insistance sur le monde éducatif permet d'identifier ce que j'appelle l'isotopie principale du discours[144]. Les termes de cet ensemble montrent que la *paideia* dont il est question n'a rien d'un entraînement spartiate[145]. Loin d'un univers marqué par l'initiation à l'art de la guerre, l'auteur apparaît plutôt familier de celui des sophistes de l'époque romaine. « Maîtres de rhétorique, mais aussi maîtres à penser, ils enseignaient, prêchaient, conseillaient les princes, prenaient parti sur des points de littérature, de religion, de morale, de politique. Et ils allaient souvent de ville en ville, comme de grands personnages »[146]. L'insistance générale de l'auteur sur la connaissance et sa transmission rend perceptible l'attention qu'il porte au *logos*, aussi bien « pensée » que « parole ». Le tableau ci-dessous veut

---

organisation signifiante fondatrice des langages verbaux ou non verbaux », J. DELORME, « Sémiotique », 290.

[142] G. SCARPAT, *Sapienza*, II, 39-62.

[143] « La chiave di questa digressione del testo sulla *universitas studiorum*, sta nel termine γνῶσις qualificata ἀψευδής "non ingannevole", che è quell'aggettivo negativo che nella *Sap.* al positivo (ψευδής) è riservato alla falsità per eccellenza, all'idolatria, cioè all'inganno sull'essenza del vero Dio », G. SCARPAT, *Sapienza*, II, 43.

[144] « Greimas a transposé de la physique-chimie à l'analyse sémantique le terme isotopie pour désigner la récurrence d'éléments sémantiques (figuratifs ou thématiques) qui, comme les fils d'un tissu, permettent de rendre compte d'une globalité de signification. L'analyse peut de la sorte proposer une représentation du "micro-univers sémantique" caractéristique d'un texte », J. DELORME, « Sémiotique », 291. Une autre isotopie, que je qualifie de secondaire, est identifiable : celle de « l'amitié » (cf. le chapitre 5 concernant l'amour de la Sagesse). L'articulation rhétorique entre les deux isotopies est déterminante pour saisir la dynamique du discours : le Sage reconnaît que son éducation lui ouvre la possibilité d'aimer celle qui lui accorda tous les biens ensemble.

[145] « The form of competitive masculine activity that proved most electrifying as a spectator sport was rhetoric », M.W. GLEASON, *Making men : sophists and self-presentation in ancient Rome* (Princeton 1995) 159.

[146] J. DE ROMILLY, *Précis de littérature grecque*, 235. L'auteur précise que le terme « sophiste » « n'implique aucune connotation que le mot a en français : ce sont des "maîtres", tout simplement ».

illustrer l'isotopie dans cette partie du discours et son écho à l'échelle du discours et du livre.

***Topos* de la *paideia* Sg 7, (12)13-23**	**Vocabulaire**	**Présence en Sg 7–8**	**Références synonymiques principales**	**Autres références dans le Livre de la Sagesse**
Sg 7,12	ἀγνοέω	*	Sg 15,11	Sg 5,12 Sg 12,10 Sg 14,18 Sg 18,19 Sg 19,14
Sg 7,13	μανθάνω	*	Sg 6,1.9	Sg 16,26
Sg 7,13	μεταδίδωμι	*	*	*
Sg 7,14	παιδεία	*	Sg 1,5 Sg 6,17 [παιδεύω Sg 3,5 6,11.25 ; 11,9 12,22]	Sg 2,12 Sg 3,11
Sg 7,15	εἰπεῖν κατὰ γνώμην	*	*	*
Sg 7,15	ἐνθυμηθῆναι	*	Sg 3,14 ; Sg 6,15 ; Sg 9,13	*
Sg 7,16	οἱ λόγοι	Sg 8,8.18	Sg 1,9.16 Sg 2,17.20 Sg 6,9.11	Sg 2,2 Sg 9,1 Sg 12,9 Sg 16,12 Sg 18,15.22
Sg 7,16	φρόνησις	Sg 7,7 Sg 8,6.7.18.21	Sg 3,15 Sg 4,9 Sg 6,15 [φρονέω Sg 1,1; 14,30]	Sg 8,17 [φροντίζω Sg 8,17] Sg 17,7
Sg 7,16	ἐργατειῶν ἐπιστήμη	Sg 8,4	[ἐπίσταμαι Sg 8,8 ; Sg 9,9 ; Sg 15,3]	*
Sg 7,17	δίδωμι γνῶσιν ἀψευδῆ	*	Sg 1,7 ; Sg 6,22 ; Sg 10,10	Sg 2,13 Sg 14,22
Sg 7,17	οἶδα	Sg 8,8.9.21	Sg 13,1.9	Sg 9,9.11 Sg 12,17

				Sg 12,27 Sg 13,16 Sg 15,2.3.13 Sg 16,16.18 Sg 18,6
Sg 7,21	γιγνώσκω	Sg 8,21 [προγιγνώσκω Sg 8,8]	Sg 2,22 Sg 13,3 [προγιγνώσκω Sg 6,13 Sg 18,6]	Sg 2,1.19 Sg 3,13 Sg 4,1 Sg 9,10.13.17 Sg 10,5.8.12 Sg 11,9.16 Sg 16,22
Sg 7,21	διδάσκω	[Sg 8,7 ἐκδιδάσκω]	Sg 6,10 Sg 9,18	Sg 12,19
Sg 7,22-23	πνεῦμα νοερόν (les références concernent πνεῦμα)	Sg 7,7	Sg 1,5 ; Sg 5,3 Sg 9,17 Sg 15,11.16 Sg 16,14	Sg 1,6.7 Sg 2,3 Sg 5,11.23 Sg 11,20 Sg 12,1 Sg 13,2 Sg 17,17

À cette liste imposante, il convient d'ajouter quelques termes qu'un usage métaphorique inscrit dans le même champ lexical. Ainsi, les verbes μεταδίδωμι (Sg 7,13) et ἀποκρύπτω (Sg 1,10 ; 6,22 ; 7,13) concernent bien un discours. Il en va de même pour les adjectifs κρυπτός et ἐμφανής (Sg 7,21) qui qualifient une connaissance. Le parallélisme biblique du verbe ὁδηγέω avec le verbe διδάσκω (Ps 24,5.9 ; 142,10) permet d'ajouter également les substantifs ὁδηγός (Sg 7,15 ; 18,3) et διορθωτής (Sg 7,15).

L'ampleur d'un tel champ lexical requiert d'autant plus d'attention qu'il ne reçoit pas d'explication dans les commentaires. Sa portée interprétative sera plus spécifiquement perceptible à propos de Sg 7,15-16 et de sa place dans le contexte logique de Sg 7,13-14 et Sg 7,17.21.

2. Parole et pensée en Sg 7,13-16

La lecture à haute voix de Sg 7,13a suffit à relever l'originalité musicale d'une paronomase, comme si l'auteur voulait ressaisir l'attention en ce passage crucial de son discours :

ἀδόλως τε ἔμαθον	*Sans ruse j'ai appris,*
ἀφθόνως τε μεταδίδωμι	*Sans envie je transmets.*

Le caractère allusif de ces deux stiques est à souligner. Le complément d'objet attendu – qu'a-t-il donc appris ? – n'est indiqué qu'au stique suivant, et sous la forme indéterminée du substantif πλοῦτος, terme déjà rencontré en Sg 7,8 et Sg 7,11. L'expression τὸν πλοῦτον αὐτῆς (Sg 7,13b) ne peut désigner l'or, l'argent ou quelque pierre précieuse, ni même la santé ou les qualités de caractère. Elle semble indiquer un don spécifique de la Sagesse reçu dans le cadre d'une expérience d'enseignement. Goodrick, qui avait déjà qualifié Sg 7,12b de « exceedingly mysterious » commente ainsi Sg 7,13 : « Cela a tout l'air d'une répétition de Sg 6,23 ; à moins qu'un sens polémique ne soit visé, il reste très difficile de voir à quoi servent ces versets ». La difficulté n'est en effet pas tant celle du sens des mots que de leur finalité dans l'articulation du discours. Goodrick, qui sera suivi par Larcher et Scarpat, y voit une polémique avec les religions à mystères dont les interprétations occultes s'opposeraient à l'absence de toute dissimulation dans le discours du Sage[147]. Il est indéniable qu'un écho à cet univers, qui marque si fortement le chapitre 17 du livre, ne peut être exclu *a priori*[148]. Ce genre d'allusion ne suffit cependant pas à expliquer sa fonction dans le discours. Larcher rappelle l'autre explication partagée par Deane, Heinisch, Feldmann, Georgi, ou encore Sisti. S'appuyant sur une interprétation de Sg 7,12, selon laquelle Salomon ne savait pas que la Sagesse lui accorderait tous les biens, ils considèrent que sa prière était pure de tout calcul. Une telle explication paraît tout simplement en contradiction avec la logique du discours qui ne fait pas des biens (Sg 7,11) une conséquence de la prière, mais l'une de ses causes. Une analyse plus précise de Sg 7,13a, aussi bien dans sa cohérence propre qu'à la lumière de l'ensemble dans lequel il se trouve (Sg 7,11-16), paraît nécessaire pour une meilleure compréhension.

En reliant Sg 7,13 au verset 12 par le biais de la particule τε, Gutberlet semble ne pas tenir compte de sa répétition. Si τε était employé seul, il signifierait une relation étroite avec la proposition précédente au point même de correspondre à une proposition complétive[149] : « J'ignorais qu'elle en fut la mère, si bien que j'ai appris sans fraude ». Mais redoublé, comme c'est ici le cas, τε introduit un parallélisme étroit entre deux éléments

---

[147] À l'appui de cette explication, cf. Philon, *Leg.* I,319 ; *Ebr.* 49.

[148] L. MAZZINGHI, *Notte di paura e di luce*, 95-98, 139-141, 188-190, 226-229 ; cf. C. PRÜMM, « Mystère », *DBS* VI (Paris 1960) 1-22 ; U. BIANCHI, *The Greek Mysteries* (Leiden 1976) 1-8 ; W. BURKERT, *Ancient Mystery Cults* (Cambridge 1987) 89-90.

[149] Cf. E. RAGON, *Grammaire grecque*, § 384.

complémentaires[150]. Sg 7,13a ne s'articule donc pas à ce qui précède par le biais d'une particule, mais s'y trouve apposé, comme par le jeu d'une asyndète, ce qui renforce son unité interne déjà marquée par l'effet d'assonances. L'enchaînement logique entre Sg 7,12 et 7,13 relève donc d'un autre indice littéraire, celui que Larcher[151] notait déjà, à savoir le lien entre les verbes ἀγνοέω et μανθάνω.

Avant de préciser ce lien logique, il convient de souligner l'unité entre les deux éléments du verset 13a. Leur étroite complémentarité s'éclaire d'autant mieux que le rapport entre les verbes et les adverbes est identifié. Qu'en est-il d'abord des verbes ? μανθάνω fait référence à un apprentissage (étudier, s'instruire). En vertu de son étymologie, il signifie aussi « appliquer son esprit à », « comprendre ». Il fait enfin référence à ce que les Grecs voyaient comme un bien précieux, à savoir le passage de l'ignorance (ἀμαθία) à la culture (παιδεία), sorte de parcours initiatique défini entre autres par Isocrate, Platon et Aristote. L'enjeu était d'assimiler des sciences et des pratiques spécifiques, ensemble que l'école du Portique a organisé en distinguant la logique, la physique et l'éthique[152]. Le verbe μανθάνω reçoit évidemment une couleur différente chez un lecteur du Deutéronome qui y reconnaît une référence au chemin parcouru de l'esclavage à la liberté[153], selon ce que Moïse lui-même affirme en Dt 5,1 :

ἄκουε Ισραηλ τὰ δικαιώματα καὶ τὰ κρίματα ὅσα ἐγὼ λαλῶ ἐν τοῖς ὠσὶν ὑμῶν ἐν τῇ ἡμέρᾳ ταύτῃ καὶ μαθήσεσθε αὐτὰ καὶ φυλάξεσθε ποιεῖν αὐτά	*Écoute, Israël, les décrets et les jugements que je prononce en ce jour à vos oreilles. Apprenez-les et gardez-les pour les mettre en pratique.*

Si « les préceptes et les lois » rapportés par Moïse ont peu de chose à voir avec ce qu'un Grec apprenait à l'école d'Isocrate ou de Posidonius, il est un point de contact entre ces deux itinéraires pédagogiques qui ne pouvait laisser l'auteur du discours indifférent. C'est l'importance accordée à la parole. L'enseignement supérieur dispensé aux Hellènes consistait en effet à

---

[150] Cet usage poétique est assez rare. On le trouve chez Eschyle, *Euménides* 951, ou encore dans la Bible (Lv 3,1 ; Ac 26,16).

[151] « Bien que le rattachement à 12b soit marqué par *emathon*, "j'ai appris" (ce que j'ignorais), la formulation garde un caractère général », C. LARCHER, *Le livre de la Sagesse*, II, 460.

[152] Je reprends cette distinction entre logique (épistémologie, dialectique, rhétorique), physique (ontologie, cosmologie, météorologie, science du vivant, anthropologie, théologie) et éthique (le bonheur, les biens et les maux, les indifférents, la vertu) à J. VON ARNIM, *Stoicorum Veterum Fragmenta* (Stuttgart 1903). Cette classification stoïcienne des matières donne une idée assez complète de ce que deviendra l'enseignement à l'époque hellénistique et romaine.

[153] Cf. G. BERTRAM, « παιδεύω », *ThWNT* V,595-625.

s’exercer à ce pouvoir suprême, qu’il soit cantonné dans le monde scolastique comme pour Isocrate, ou qu’il s’étende à l’univers politique comme pour Xénophon ou Démosthène. De même chez les Juifs, mais alors dans un cadre cultuel ou familial, comme dans le livre du Deutéronome ou dans le livre des Proverbes, l’enseignement reçu devait être exprimé et transmis (Dt 4,10 ; 11,19 ; Pr 4,1). L’unité entre l’apprentissage et l’enseignement, ou encore entre la compréhension et sa présentation, n’est autre que celle de l’écoute (intelligente) et de la parole (explicative). Elle peut être explicitée ici, grâce à l’emploi d’un aoriste suivi d’un présent, en termes de causalité, comme s’il fallait écouter pour parler, être enseigné pour enseigner. L’insistance ne vise pas tant le contenu comme tel de l’enseignement que son principe de communication. J’interprète ainsi l’omission de l’objet du verbe μανθάνω comme la subtile indication que les deux propositions « étroitement liées » (Scarpat) se précisent réciproquement : « j’ai appris et je communique » ; dit autrement, « j’apprends *pour* (ou *à*) communiquer », ou encore, « je communique *parce que* (ou *ce que*) j’ai appris ».

Ce rapport de causalité est ensuite précisé par le choix du verbe μεταδίδωμι, préféré à διδάσκω[154], et qui introduirait, selon Scarpat, l’idée d’une participation. Une citation de Xénophon illustre d’ailleurs l’usage de ce terme :

τὸ δὲ καὶ ἑρμηνείαν δοῦναι δι’ ἧς πάντων τῶν ἀγαθῶν μεταδίδομέν τε ἀλλήλοις διδάσκοντες καὶ κοινωνοῦμεν καὶ νόμους τιθέμεθα καὶ πολιτευόμεθα	*[Et que penser] de ce don de l’élocution par lequel nous nous transmettons les uns aux autres, en enseignant, tous les biens et nous y communions, par lequel nous établissons des lois et nous administrons la cité*[155] *?*

Alors même que Xénophon s’attache à montrer le soin des dieux pour donner à l’homme la jouissance des sens (αἴσθησις / ἀπολαύω) et la capacité de raisonner et de se souvenir (λογισμός / μνημονεύω), il présente en dernier lieu le pouvoir extraordinaire qu’est la parole. Entendons bien l’ἑρμηνεία non comme l’interprétation d’une pensée mais comme son expression orale[156]. Le don en question est donc celui de la parole, don reconnu comme spécifique de

[154] μεταδίδωμι répondrait au verbe μεταλαμβάνω qui peut avoir le sens d’apprendre (2M 4,21 ; 11,6 ; 12,5) ou de prendre de la nourriture (Ac 27,33).

[155] Xénophon, *Mémorables* IV,3,12 .

[156] En un premier sens, il s’agit de « l’expression d’une pensée, d’où élocution, faculté de s’exprimer », cf. A. BAILLY, 806.

l'homme et qui le distingue de l'animal[157]. Dès lors, le verbe μεταδίδωμι, dont le sens est précisé par Xénophon grâce au participe du verbe διδάσκω, ne présente aucune ambiguïté. La remarque de Scarpat à propos de la citation de Justin[158] pourrait laisser entendre que μεταδίδωμι se rapporte plutôt à l'idée de « prendre part » qu'à celle de « faire part ». Il n'y a pourtant aucune difficulté à reconnaître que ce verbe exprime une *transmission* orale, synonyme du verbe παραδίδωμι. Ainsi, le choix de μεταδίδωμι relève aussi bien d'une recherche stylistique (originalité d'un terme rare) que d'une modalité de la transmission, le don transmis n'étant pas perdu par celui qui le donne en partage. Son unique occurrence en Pr 11,26 pour le reste de l'AT, traduction du participe מַשְׁבִּיר, indiquerait la volonté du traducteur d'effacer la connotation mercantile du terme hébreu[159]. Il se peut que l'auteur ait ainsi trouvé le terme approprié à l'idée qu'il se faisait de l'enseignement comme d'un partage gratuit, analogue à celui d'une nourriture[160]. En somme, ce choix verbal introduit une métaphore de l'enseignement comme don communiqué, ce qui ne va pas de soi. En effet, l'apprentissage peut être considéré sous d'autres aspects, comme une correction par le fouet (Pr 3,11-12 ; Si 30, 1 ; Sg 11,10 ; He 12,5-11) ou comme la transmission d'un contenu déterminé (Sg 7,18-20), selon une finalité qui peut être un comportement ou une capacité spécifique (médicale, technique, militaire). L'apprentissage des vertus ou de l'astronomie vise à leur pratique sans que cela implique de les enseigner. Dès lors, la métaphore choisie qui ne peut signifier une simple participation à un don (Scarpat), fait correspondre l'acte de donner à celui d'enseigner. Cet angle d'approche, confirmé aussi bien en Sg 7,14 (δωρεάς) qu'en Sg 7,15 (τῶν δεδομένων), mais du point de vue du bénéficiaire, fait que l'apprentissage n'est conçu ni comme un échange de biens (comme certains sophistes le concevaient) ni comme une pratique spécifique (comme chez les Stoïciens pour qui la finalité première de l'apprentissage des vertus n'est pas leur transmission mais leur exercice), mais comme la transmission d'un don reçu.

Dans le contexte d'un don reçu et transmis, les adverbes choisis n'ont rien d'étrange contrairement à ce que Scarpat relevait. Ce dernier voulait

---

[157] Cf. Isocrate, *Nicoclès (III)* 5-6 ; « L'épître introductive » à la *Rhétorique à Alexandre*, §7 ; Cicéron, *De l'invention* I,5 ; Quintilien, *Institution oratoire* II,16,15.

[158] Cf. Justin, *Apologies* I,6,2, où le verbe choisi est παραδίδωμι, « dove al "partecipare" subentra la παράδοσις, il "trasmettere" », selon G. SCARPAT, *Sapienza*, II, 107.

[159] La racine hébraïque au *hiphil* שבר signifie, dans le contexte de Pr 11,26, comme dans celui de Gn 42,6 ou d'Am 8,5, « vendre du blé ». D.-M. D'HAMONVILLE, *Les Proverbes. Traduction du texte grec de la Septante* (La Bible d'Alexandrie 17 ; Paris 2000) 228, propose « partage » et précise : « *toû metadidóntos*, "celui qui partage", va au-delà du TM "celui qui [en] vend" ». Il rappelle en outre que Théodotion et Aquila ont choisi *pipráskontos* tandis que Symnaque a traduit *pôlountos*.

[160] Les indications de P. DUMOULIN, *Entre la manne et l'eucharistie,* 96-113, illustrent l'importance que l'auteur accorde à cette symbolique.

rendre compte de cette étrangeté par une allusion aux cultes à mystères introduite dans la suite par le verbe ἀποκρύπτω (Sg 6,22 et Sg 7,13). Il proposait également un sens passif de l'aoriste du verbe μανθάνω : « j'ai été formé », s'appuyant pour cela sur un usage attesté chez Eschyle (*Agamemnon* 858) et Sophocle (*OR* 575). Cela lui permettait d'attribuer l'adverbe non pas à celui qui apprend, mais à celui qui enseigne : « ils m'ont enseigné sans tromperie »[161]. Il se trouve que l'usage du même verbe en Sg 6,1.9, également à l'aoriste comme en Sg 16,29, ne paraît pas différent de celui qui revient en Sg 7,13. Or Scarpat commente ainsi Sg 6,1 : « "imparare" in quanto "mettere in pratica" »[162]. Rien ne justifie donc une lecture au passif. Il est dès lors préférable de maintenir l'adverbe en rapport avec l'action de l'étudiant et non celle du maître. Le contexte métaphorique le plus immédiat, impliqué par le verbe μεταδίδωμι et qui suppose une modalité dans l'appropriation (le verbe μεταλαμβάνω *com-prendre* serait l'équivalent métaphorique de μανθάνω), suffit à expliquer que la richesse du Sage n'est pas frauduleuse bien qu'il n'ait rien « donné » en échange. Il s'agit tout simplement d'un don reçu honnêtement. Aucune difficulté particulière n'implique donc d'avoir recours aux religions à mystères. Le sens du second adverbe, ἀφθόνως[163], correspond parfaitement à ce contexte éducatif de don où le risque pourrait être d'offrir chichement (Xénophon, *Cyropédie* III,2,28 ; Si 14,10 ; Flavius Josèphe, *Ant.* I,281) ou encore de proposer un don empoisonné (Sg 2,24). L'unité indivisible de l'enseignement, en tant que réception et transmission d'un don, permet d'identifier une analogie qui se montrera décisive entre le *topos* de la *physis* (don de la vie) et celui de la *paideia* (don de la parole). L'acquisition de la « richesse » de la Sagesse n'est pas d'abord présentée comme une conséquence d'un travail (πόνος) de l'étudiant ou comme un contenu spécifique, mais comme un don semblable à celui de la vie, à cette différence près qu'il manifeste son origine. C'est donc bien l'unité de l'étude reçue *et* de l'enseignement dispensé qui est la réponse à l'ignorance mentionnée en Sg 7,12. Ainsi, pour reconnaître que la Sagesse est la mère de tous les biens, il faut devenir capable de donner comme elle donne. Dit autrement, le disciple ne connaît le maître que lorsqu'il fait l'expérience d'être maître à son tour. N'est-ce pas encore une évidence que le fait d'exprimer ce que l'on a compris est le signe final du succès ou de l'échec de toute étude ?

L'auteur va déployer cette unité dans les versets qui suivent, en particulier en Sg 7,13b-14a et Sg 7,15. En voici les termes, selon une

---

[161] G. SCARPAT, *Sapienza*, II, 106.
[162] G. SCARPAT, *Sapienza*, I, 352.
[163] Pour l'ensemble des références et le sens de cet adverbe, cf. W.C. VAN UNNIK, ΑΦΘΟΝΩΣ ΜΕΤΑΔΙΔΩΜΙ (Bruxelles 1971) 15-23.

classification qui permet de percevoir la synonymie entre différents registres d'exposition :

Doublet paradigmatique	Métaphore du don	Référence à l'initiation aux mystères	Référence à la rhétorique philosophique
μανθάνω Sg 6,1.9 Sg 7,13	[μεταλαμβάνω Sg 18,9]	οἶδα Sg 7,17	ἐνθυμέομαι Sg 7,15
διδάσκω Sg 7,21	μεταδίδωμι Sg 7,13 (δίδωμι γνῶσιν) Sg 7,17	οὐκ ἀποκρύπτω Sg 6,22 ; Sg 7,13 (Sg 7,21)	λέγω Sg 7,15

Le lien étroit entre la qualité du don et sa transmission apparaît exprimé en Sg 7,13b-14a :

13b τὸν πλοῦτον αὐτῆς οὐκ ἀποκρύπτομαι	*Je ne cache pas sa richesse*
14 ἀνεκλιπὴς γὰρ θησαυρός ἐστιν ἀνθρώποις	*puisqu'elle est pour les hommes un trésor indéfectible.*

Un rapport de causalité entre le verbe ἀποκρύπτομαι et l'adjectif ἀνεκλιπής, tous deux marqués par une négation (οὐκ et ἀ- privatif), peut être envisagé. La première négation est une simple figure de style qui peut indiquer soit la détermination de l'orateur (une traduction pourrait rendre ainsi : « je tiens à révéler sa richesse ») soit sa volonté de ne pas faire apparaître le verbe ἀποκαλύπτω (qui aurait une connotation mystérique trop marquée). On peut y voir aussi, comme l'indique Larcher, une allusion « au secret gardé jalousement [...] et dévoilé aux seuls initiés »[164]. De son côté, l'adjectif ἀνεκλιπής fournit une première information sur le don reçu par l'enseignement. Sa reprise dans la conclusion (Sg 8,18) confirme l'insistance de l'auteur sur cette qualité dont il précise alors qu'elle dépend du travail du maître. L'interprétation habituelle de cet adjectif par la métaphore d'une source « intarissable » ou « inépuisable » (Philon, *Gig.* 25) ne semble pas correspondre à la relation de causalité impliquée ici : il dévoile ce trésor, non parce qu'il serait inépuisable (et qu'il ne perd rien à donner), mais parce qu'il est immuable. Je préfère en effet, selon le sens de l'adjectif classique ἐκλιπής (Euripide, *Phéniciennes* 911 ; Thucydide I,92) et du verbe ἐκλείπω (Sg 5,13), qui signifie « délaisser, quitter, abandonner, disparaître, manquer », interpréter cet adjectif comme « ce qui ne fait pas défaut », c'est-à-dire ce qui ne

[164] C. LARCHER, *Le livre de la Sagesse*, II, 435.

disparaît pas, plutôt que ce qui coule toujours[165]. Avec le verbe ἀποκρύπτω, la métaphore de l'éclipse de soleil (Thucydide IV,52) est simplement meilleure que celle du puits ou d'une source qui viendraient à tarir (Scarpat)[166]. De même, l'emploi d'ἀνέκλειπτος, dérivé tardif d'ἀνεκλιπής, dans un passage de Plutarque (*De la disparition des oracles* 438c) à propos de la puissance de l'esprit (ἡ δύναμις πνεύματος) et de sa corruption possible chez la Pythie, n'est pas dénué d'intérêt pour illustrer ce que l'auteur entendait. Cette puissance, selon Plutarque, n'était pas exempte de déclin (ἀνέκλειπτος), de corruption (ἄφθαρτος) et de vieillissement (ἀγήρος)[167]. Le trésor du Sage, à l'inverse, ne serait pas soumis à la loi de la corruption. En lien avec l'initiation aux mystères et avec ce que cela représentait d'irrévocable, associer ainsi la stabilité du don à l'ordre de la vision et de la monstration est de bon aloi, surtout lorsqu'on sait la force de la mémoire visuelle. Comme écho à l'adjectif ἀκοίμητος (Sg 7,10), l'adjectif ἀνεκλιπής anticiperait l'hymne à la Sagesse (Sg 7,30). Rien n'est dit du don reçu et transmis, sinon qu'une fois dévoilé, il le reste toujours.

En Sg 7,15, un doublet analogue à celui de Sg 7,13a, mais difficilement traduisible, fait apparaître encore une fois l'unité du don reçu et de sa transmission.

εἰπεῖν κατὰ γνώμην	*parler selon la pensée*
καὶ ἐνθυμηθῆναι ἀξίως τῶν δεδομένων	*et penser selon les dons reçus*

Comme en Sg 7,13a, ce doublet a étonné d'abord pour son ordre qui semble contraire à la logique (Grimm, Vílchez Líndez) puisqu'il convient de penser avant de parler. La difficulté des expressions a également été notée et pourrait être à l'origine des lectures distinctes δεδομένων et λεγομένων[168].

[165] L'emploi du verbe συνίστημι (Sg 7,14), qui exprime l'attachement des époux, d'amis ou d'un disciple pour son maître (Sophocle, *Trachiniennes* 28 ; Isocrate, *Lettre à Antipater (IV)* 8), confirme cette lecture de l'adjectif ἀνεκλιπής : il désigne la stabilité d'un don qui ne déçoit pas, ou encore d'une fidélité qui ne fait pas défaut (cf. Sg 18,22), plutôt que d'une source qui jaillit sans cesse. La mention de l'amitié, dont le lien avec la *paideia* est traditionnel chez les Grecs, ne fait qu'annoncer un développement plus ample (cf. Sg 7,27 et surtout Sg 8,2-4) qui sera étudié par la suite.

[166] Une allusion possible à la course du soleil et des planètes n'est pas exclue : « Le soleil parcourt ces douze figures en conduisant la marche de l'année entière, et selon sa progression autour de ce cercle se développent toutes les saisons, maîtresses des récoltes », Aratos, *Phénomènes* 550-552 (tr. J. MARTIN ; CUF ; Paris 1998).

[167] L'usage de cet adjectif en Lc 12,33 est similaire. L'accent n'est pas mis sur le caractère inépuisable d'un trésor mais sur le fait qu'il ne peut être dérobé par les voleurs ou détruit par les mites.

[168] Pour la discussion de critique textuelle (cf. J. ZIEGLER), je renvoie aux commentaires de C. LARCHER et G. SCARPAT qui en donnent une présentation précise. Il se peut que la lecture λεγομένων (A S), sans doute secondaire, soit une juste interprétation de la lecture originale

Le choix des verbes εἰπεῖν et ἐνθυμηθῆναι montre à l'évidence que l'auteur fait jouer un parallélisme complémentaire entre la parole et la pensée. Ce parallélisme, que l'on retrouve en Sg 7,16, entre λόγοι et l'hendiadys φρόνησις/ἐπιστήμη, ne peut être un hasard. Il manifeste un équilibre recherché entre le fait de « comprendre » et celui d'« expliquer ». L'équilibre ne répond pas seulement à une séquence chronologique, mais à l'unité reconnue entre « l'intelligence » et « le discours ». Le verbe ἐνθυμέομαι, utilisé en parallélisme synonymique avec le verbe γιγνώσκω en Sg 9,13, et dont la signification se réfère clairement à « l'activité de l'esprit » et au « domaine de la pensée »[169], se trouve donc en relation avec l'expression κατὰ γνώμην[170], dont le sens premier est « pensée, jugement, intelligence »[171]. Gutberlet, arguant du champ sémantique de Sg 7,15-16, indique qu'il n'y a pas de raison formelle pour que ce terme signifie « avis, opinion »[172] et opte, comme Weber, pour son sens premier de « connaissance ». Je rappelle à cet égard une description d'Antiphon, qui, aux yeux de Thucydide, fut un excellent avocat :

Ἀντιφῶν ἦν ἀνὴρ Ἀθηναίων τῶν καθ' ἑαυτὸν ἀρετῇ τε οὐδενὸς ὕστερος καὶ κράτιστος ἐνθυμηθῆναι γενόμενος καὶ ἃ γνοίη εἰπεῖν	*Antiphon était un homme qui, parmi les Athéniens, était le plus vertueux et le plus fort, aussi bien dans le fait de penser que de dire ses connaissances*[173].

Le verbe ἐνθυμέομαι rejoint l'un des sens de μανθάνω qui signifie aussi bien « comprendre » que « apprendre ». La façon de penser, la connaissance reçue des faits et des choses, l'apprentissage, sont autant de manifestations du don reçu par l'écoute (ou la vision). Le participe δεδομένων, en revanche, apparaît plus problématique. La difficulté se trouve dans l'identification des choses données que l'on peut interpréter comme le don de parler et de penser (Heinisch, Feldmann). Je préfère, selon ce que le Sage fait lui-même en partageant par un discours le trésor reçu, y reconnaître les

δεδομένων (B), dans la mesure où les dons reçus sont les paroles de Dieu. N'est-ce pas en effet le plus beau don d'un père ou d'une mère à son fils que la parole ? Par elle, l'enfant apprend lui-même à parler.

169 C. LARCHER, *Le livre de la Sagesse*, II, 464.

170 Larcher ne reconnaît pas l'enchaînement entre les deux versets, ce qui le pousse à interpréter κατὰ γνώμην par l'expression « selon mon propos », avec l'idée de « désir ». L'édition de la BJ de 1956 considère cette expression comme une référence à Dieu et traduit « à son gré », suivant en cela J. FICHTNER.

171 Cf. Euripide, *Médée* 230 ; Démosthène (?), *Eroticos* 55.

172 Les termes « avis » et « opinion » désignent une connaissance exprimée et qui présente un certain degré d'incertitude (pluralité d'avis, d'opinions). Il ne semble pourtant pas que la formulation κατὰ γνώμην fasse intervenir l'idée d'incertitude.

173 Thucydide, VIII,68,1.

paroles qu'il a écoutées[174]. Le participe parfait du verbe δίδωμι, en écho au « trésor » et aux « dons de l'éducation » (Sg 7,13s), explicite ce que le Sage a reçu par son apprentissage. Le Sage désignerait ce qu'il partage, en accord avec le verbe μεταδίδωμι (Sg 7,13) et le verbe λέγω (Sg 7,15a). Il rappelle tout simplement « l'enseignement entendu » qu'il tient à communiquer.

[Paroles du Sage aux auditeurs]= εἰπεῖν κατὰ γνώμην =[Pensée]
[Pensée]=καὶ ἐνθυμηθῆναι ἀξίως τῶν δεδομένων=[Paroles de Dieu au Sage]

Le verbe λέγω, dont l'usage est si fréquent dans l'AT que son apparition pourrait passer inaperçue, reçoit dans le Livre de la Sagesse un relief particulier. Il est en effet en relation avec un certain don reçu que le souhait du Sage permet d'identifier. Ce dernier ne veut pas seulement que la forme du discours proféré corresponde à son contenu, mais que ce discours même soit fidèle au discours entendu. Une telle précision vise donc l'origine du discours, sa source même. Or, derrière l'identification de la source, c'est l'autorité du discours prononcé qui est en cause. L'auteur s'applique donc ni plus ni moins à préciser l'autorité divine de son propre discours. Les indications de Sg 7,15b-16 sont à cet égard d'un grand intérêt : l'auteur explicite l'ordre hiérarchique sur lequel le Sage s'appuie et l'exigence de fidélité à laquelle il répond. Il introduit ainsi une donnée laissée en suspens depuis le début du discours (Sg 7,1), à savoir que son discours transmet l'enseignement reçu de Dieu[175]. C'est pourquoi il convient de ne pas suivre Goodrick qui relie Sg 7,15 à Sg 7,17, réduisant Sg 7,16 à une glose insignifiante dans le déploiement du discours.

Les éléments de Sg 7,13a (« j'ai entendu et je parle ») sont ainsi repris de façon inverse et sous forme d'optation (« que je dise ce que j'ai entendu »)[176]. Cela produit un déplacement sémantique, non plus vers un ordre de révélation comme en Sg 7,13b-14a, mais en écho au contexte

---

[174] La remarque finale de C. LARCHER, *Le livre de la Sagesse*, II, 465, montre de façon tangible la difficulté à tenir la logique du texte sans un recours à son architecture rhétorique : « En réalité, le texte doit parler de dons antérieurs à l'invocation elle-même et résumer tous les biens intellectuels communiqués à Salomon : à la fois les connaissances énumérées aux vv. 17-21 et les lumières concernant la Sagesse elle-même ».

[175] « L'humanisme repose en définitive sur l'autorité d'une tradition qu'on reçoit de ses maîtres et qu'on transmet à son tour, indiscutée », H.-I. MARROU, *Histoire de l'éducation dans l'antiquité*. I. *Le monde grec* (Paris 1948 ; ^{7}1975) 333.

[176] Le serment et l'optation sont classés comme « prétendues figures de pensées », cf. P. FONTANIER, *Les figures du discours*, 433-449. La figure dite du serment « consiste à affirmer, à protester, ou à promettre de la manière la plus énergique, la plus solennelle et la plus éclatante », 442. La figure dite de l'optation « est l'expression d'un désir ardent d'obtenir pour soi ou pour d'autres quelque chose à quoi l'on attache, au moins pour le moment, un grand prix et une grande importance », 438.

biblique de la fidélité à une parole reçue (Dt 4,10)[177], point sur lequel je reviendrai. La forme de l'expression en Sg 7,15 désigne, quant à elle, l'enseignement supérieur de l'époque impériale, qui n'est autre que la rhétorique philosophique. Comme le dit Larcher : « l'auteur s'est souvenu des exordes oratoires et des règles rhétoriques : un discours parfait requiert à la fois la perception claire de l'objet et l'expression exacte (cf. Cic., *Tusc.* I,3,6) »[178]. Le développement en Sg 7,17-21 apporte des précisions sur le contenu du discours, indiquant de surcroît la collaboration de la Sagesse à l'enseignement de Dieu. Mais avant de revenir sur ce dernier point, il convient de montrer comment l'insistance sur la parole en Sg 7,11-16 est en accord avec le reste du livre comme avec la culture hellénistique et biblique. La tension féconde propre au terme λόγος (parole et raison), inhérente à la culture grecque depuis Anaxagore et Héraclite, inscrite dans la tradition biblique d'Alexandrie par le biais de la traduction du terme דָּבָר, oblige à réfléchir sur le discours du Sage à l'aune d'une société hellénistique dans laquelle la rhétorique est reine.

13. Sans ruse j'ai appris,
sans envie je transmets !
Je ne cache pas sa richesse
14. puisqu'elle est pour les hommes un trésor indéfectible ;
ceux qui l'ont acquis se sont attiré l'amitié de Dieu,
étant établis grâce aux dons de l'éducation.

15. Que Dieu me donne de parler selon la pensée
et de penser selon les dons reçus,
puisqu'il est à la fois le guide de la Sagesse et le régulateur des sages.
16. Car nous-mêmes et nos paroles sommes dans sa main,
ainsi que toute prudence et toute intelligence des œuvres.

---

[177] Moïse légitime de façon similaire son discours alors même qu'il parle. « While speaking, Moses is thus exposing the condition of possibility of his own speech », J.-P. SONNET, *The Book within the Book* (Bib.IS 14 ; Leiden 1997) 38. Cet auteur expose l'importance de l'oralité dans le livre du Deutéronome dans un chapitre intitulé : « The words that Moses spoke. Oral communication in Deuteronomy's represented world » 27-40. Cf. J. GOLD, « Deuteronomy and the Word : The Beginning and the End », *The Biblical Mosaic : Changing Perspectives* (éd. R.M. POLZIN – E. ROTHMAN) (Semeia Studies 10 ; Philadelphia 1982) 49-59.

[178] C. LARCHER, *Le livre de la Sagesse*, II, 464.

3. La parole dans le Livre de la Sagesse

L'insistance du Sage sur l'unité de la pensée et de la parole renvoie à une problématique récurrente du premier chapitre du livre où l'auteur engage une accusation, non pas contre les seuls raisonnements des impies, mais également contre leurs discours. Ainsi trouve-t-on une alternance entre la pensée, la parole et l'action, cette dernière étant la parente pauvre de la triade, à l'inverse de la parole qui est largement développée.

Les termes les plus significatifs en Sg 1,1-15 ainsi que dans les versets introductifs au discours des impies (Sg 1,16–2,24) sont les suivants :

Pensée	Parole	Action
φρονέω (1,1) λογισμοὶ σκολιοί (1,3) λογισμοὶ ἀσυνέτοι (1,5) νεφροί (1,6) καρδία (1,6) γνῶσις φωνῆς (1,7) λογισάμενοι οὐκ ὀρθῶς (2,1)	βλάσφημος ἀπὸ χειλέων (1,6) ἀκουστὴς γλώσσης (1,6) φθεγγόμενος ἄδικα (1,8) ἀκοὴ λόγων (1,9) θροῦς γογγυσμῶν (1,10) γογγυσμὸν ἀνωφελῆ (1,11) καταλαλιὰ γλώσσης (1,11) φθέγμα λαθραῖον (1,11) στόμα καταψευδόμενον(1,11) προσκαλέω τοῖς λόγοις(1,16) λέγω (2,1)	ψυχὴ κακότεχνος (1,4) ἔργα χειρῶν (1,12) χεῖρες (1,16)

L'insistance évidente sur la parole, et ce, juste avant de présenter le discours des impies, n'est pas fortuite. En Sg 1,11 en particulier, l'auteur souligne le pouvoir de la parole capable de retirer la vie. Le déploiement poétique pour exprimer ce pouvoir, qu'il soit dans l'abondance du vocabulaire ou dans celle des figures (métaphores des sons et métonymies des organes), donne un relief particulier au verbe λέγω, en Sg 2,1 comme en Sg 7,15. La problématique apparaît dans le discours même des impies. En Sg 2,17.20, les impies rappellent le discours du juste dont le contenu est plus ou moins explicité (Sg 2,12-16) :

17 ἴδωμεν εἰ οἱ λόγοι αὐτοῦ ἀληθεῖς καὶ πειράσωμεν τὰ ἐν ἐκβάσει αὐτοῦ [...]	*Voyons si ses paroles sont vraies, expérimentons ce qu'il en sera de sa fin [...]*
20 θανάτῳ ἀσχήμονι καταδικάσωμεν αὐτόν ἔσται γὰρ αὐτοῦ ἐπισκοπὴ ἐκ λόγων αὐτοῦ	*Condamnons-le à une mort honteuse, puisque, d'après ses paroles, il sera visité.*

Encore une fois, l'auteur insiste sur la fonction de la parole, en relation avec la pensée (Sg 2,13) et l'action (Sg 2,15). Cette insistance trouve également un écho en Sg 5,3 avec l'ouverture d'un nouveau discours des impies.

C'est au chapitre 6 du livre, en parallèle avec le chapitre premier, que la thématique de la parole revient avec force. Elle ne joue plus cette fois sur un rapport à la pensée et à l'action, mais sur la relation entre celui qui parle et ceux qui écoutent.

Parole	Écoute
λόγοι (6,9.11) ἀπαγγέλλω (6,22) ῥήματα (6,25)	ἀκούω (6,1) μανθάνω (6,1) ἐνωτίζομαι (6,2) ἐπιθυμέω (6,11) παιδεύω (6,11.25)

Ce chapitre conclut ce qui est habituellement considéré comme l'introduction au Livre de la Sagesse (Sg 1–6). Ainsi structuré en parallélisme, le pouvoir de la parole, qu'il soit d'enlever la vie ou de conduire au trône royal, met en relief le fait que l'enseignement du Sage se présente sous la forme d'un discours (Sg 7–8) et d'une prière (Sg 9). Et lorsque le Sage aborde, dans la partie du discours qui le concerne, la problématique de sa prise de parole, il ne le fait pas à la légère, mais en explicite soigneusement la légitimité : il transmet ce qu'il a entendu de la part de Dieu (Sg 7,16). Il introduit dans ce contexte la figure de la Sagesse, elle-même soumise à Dieu.

La problématique de la prise de parole ne se limite pas à ces quelques données introductives. Dans le *topos* des *praxeis-aretai* (Sg 8,2-16), une indication concernant les discours que le Sage prononcera dans le futur ne manque pas d'intérêt (Sg 8,12)[179] :

σιγῶντά με περιμενοῦσιν καὶ φθεγγομένῳ προσέξουσιν καὶ λαλοῦντος ἐπὶ πλεῖον χεῖρα ἐπιθήσουσιν ἐπὶ στόμα αὐτῶν	*Si je me tais, ils m'attendront ; si je prends la parole, ils seront attentifs ; si mon discours se prolonge, ils mettront la main sur leur bouche.*

Bien que le contexte ne soit plus celui de l'éducation comme en Sg 7,15, mais celui de l'exercice du pouvoir royal, la description d'un orateur

[179] La référence à la rhétorique est possible en Sg 8,8 : « elle sait l'art de tourner les maximes et de résoudre les énigmes » (cf. Si 39,2-4). Larcher insiste sur le contexte de ce verset consacré à l'art de prévoir le futur par l'interprétation des signes et des paroles (maximes ou oracles prophétiques). La rhétorique ne jouait-elle pas, à l'époque hellénistique, le rôle de ce qu'on appelle aujourd'hui l'herméneutique ? Le courant sémiotique pourrait l'affirmer.

accompli montre la grande valeur que l'auteur attribue au pouvoir de la parole[180].

Un peu plus loin, dans les premiers mots de sa prière, l'auteur met en parallèle le λόγος de Dieu avec la σοφία (Sg 9,1). La signification biblique de ce terme (Gn 1,3 ; Ps 32,6 ; Si 42,15), « parole » plutôt que « raison », est supposée par l'auteur. Il en indique ainsi la puissance créatrice. Un écho suggestif se trouve dans le traité du Pseudo-Longin, *Du Sublime*[181], que Marrou commente ainsi : « C'est que le verbe est l'instrument privilégié de toute culture, de toute civilisation, car il est le moyen le plus sûr de contact et d'échange entre les hommes »[182].

Une nouvelle allusion à l'importance de l'accès à la parole revient en Sg 10,21, relecture combinée (*Gezérah Shavah*) de Ps 8,3 et d'Is 35,6[183].

Ps 8,3	
ἐκ στόματος νηπίων καὶ θηλαζόντων κατηρτίσω αἶνον	*De la bouche des enfants,* *des tout petits, tu préparais une louange.*
Is 35,6	
τρανὴ ἔσται γλῶσσα μογιλάλων	*La langue des balbutiants sera claire.*
Sg 10,21	
ἡ σοφία ἤνοιξεν στόμα κωφῶν καὶ γλώσσας νηπίων ἔθηκεν τρανάς	*La sagesse a ouvert la bouche des muets. Elle a rendu claire la langue des enfants.*

Le Sage attribue non seulement la réalisation du Psaume à la Sagesse, mais il amplifie le verbe καταρτίζω par deux propositions parallèles. Il fait apparaître d'une part l'acte « d'ouvrir la bouche » (et son parallèle « rendre clair ») comme métaphore de l'apprentissage du langage, et il introduit d'autre part la catégorie des muets. Dans sa reprise sapientiale, l'expression du

[180] L'épisode rapporté en 1R 3,24-28 met en scène l'épée et la parole du Roi comme instruments de la justice. L'usage qu'il fait de l'un et l'autre est éloquent. He 4,12-13 est une référence exemplaire du rapport métaphorique entre la parole et l'épée.

[181] « C'est aussi de cette manière que le législateur des Juifs, qui n'était pas un homme vulgaire, après avoir conçu dans toute sa dignité la puissance de la divinité l'a proclamé immédiatement en l'inscrivant en tête même de son code : "Dieu dit", écrit-il, quoi donc ? "que la lumière soit, et la lumière fut ; que la terre soit, et la terre fut" », Pseudo-Longin, *Du Sublime* 9,9 (tr. H. LEBEGUE ; CUF ; Paris 1965). Il est intéressant de noter comment le texte biblique est cité de mémoire par un rhéteur : καὶ εἶπεν ὁ θεός γενηθήτω φῶς καὶ ἐγένετο φῶς (Gn 1,3) devient εἶπεν ὁ θεός [...] γενέσθω φῶς καὶ ἐγένετο γενέσθω γῆ καὶ ἐγένετο. On constate à la fois une fidélité et une grande liberté dans la nouvelle expression.

[182] H.-I. MARROU, *Histoire de l'éducation*, I, 331.

[183] Cf. P. GRELOT, « Sagesse 10,21 et le Targum de l'Exode », *Bib.* 42 (1961) 59.

Psaume n'est plus centrée sur l'hymne qui s'élève des petits enfants, mais sur le fait que la Sagesse leur a appris à parler.

L'assimilation des termes d'un jeu littéraire en Sg 11,15, entre λογισμός et ἀλόγος, qui suppose que ce dernier terme signifie « dépourvu de raison » (Larcher, Scarpat), ne semble pas correspondre à l'insistance de l'auteur sur l'articulation entre la « pensée » et la « parole ». L'emploi de l'adjectif ἀλόγιστος en Sg 12,25 pour qualifier des enfants sans intelligence (en parallèle avec ἄφρων, Sg 12,24) incite à interpréter ἀλόγος d'une manière distincte et à en retenir le sens premier, à savoir celui d'être dépourvu de la capacité de parler (Platon, *Lois* 696E). La distinction entre l'homme et l'animal se fait d'ailleurs traditionnellement sur ce point.

Dans la dernière partie du livre (Sg 16–19) enfin, l'auteur n'oublie pas de faire allusion à la puissance de la parole. En Sg 16,12.26, la parole de Dieu a le pouvoir de guérir[184], par opposition aux herbes médicinales (contexte des serpents venimeux) et de nourrir, par opposition aux fruits (contexte de la grêle) :

Sg 16,12

ἀλλὰ ὁ σός κύριε λόγος ὁ πάντας ἰώμενος	*Mais c'est ta parole Seigneur qui guérit tout.*

Sg 16,26

ἀλλὰ τὸ ῥῆμά σου τοὺς σοὶ πιστεύοντας διατηρεῖ	*Mais c'est ta parole qui conserve ceux qui croient en toi.*

En Sg 18,15.22, il est encore question de la parole. Elle se trouve dans la bouche d'un homme capable de retourner le décret irrévocable qui sort de la bouche de Dieu.

Sg 18,15

ὁ παντοδύναμός σου λόγος ἀπ' οὐρανῶν ἐκ θρόνων βασιλείων ἀπότομος πολεμιστής	*Du haut des cieux, ta parole toute puissante s'élança du trône royal, guerrier inexorable.*

[184] On se rappellera à l'occasion la tradition rapportant qu'Antiphon inventa une technique pour vivre sans douleur comme la thérapie chez les médecins pour les malades. Il aurait préparé une chambre à côté de l'agora en indiquant qu'il avait le pouvoir de guérir les affligés par des discours, cf. W.K.C. GUTHRIE, *The Sophists* (Cambridge 1971) 290.

Sg 18,22

ἐνίκησεν δὲ τὸν ὄχλον οὐκ ἰσχύι τοῦ σώματος οὐχ ὅπλων ἐνεργείᾳ ἀλλὰ λόγῳ τὸν κολάζοντα ὑπέταξεν ὅρκους πατέρων καὶ διαθήκας ὑπομνήσας	*Il [Aaron] vainquit la confusion*[185], *non par la vigueur du corps, non par la puissance des armes ; c'est par la parole qu'il eut raison de celui qui châtiait, en rappelant les serments faits aux Pères et les alliances.*

Cette dernière confrontation de type judiciaire, où l'on voit Aaron intercéder pour le peuple en rappelant les serments et les alliances patriarcales, manifeste la toute-puissance d'une parole qui, à l'instar de la loi capable de sauver de la mort, fait écho à ce qui distinguait les Grecs (cultivés) des Barbares (sans éducation) :

Πρῶτον μὲν Ἑλλάδ' ἀντὶ βαρβάρου χθονός γαῖαν κατοικεῖς καὶ δίκην ἐπίστασαι νόμοις τε χρῆσθαι μὴ πρὸς ἰσχύος χάριν	*Tu as d'abord habité la terre grecque au lieu d'un pays barbare ; tu as établi le droit et tu as observé les lois, et non grâce à la force*[186].

Ce bref tour d'horizon sur la puissance accordée par l'auteur à la parole, qu'elle soit dans la bouche des impies, dans celle du maître de Sagesse ou de Dieu, maître de la vie et de la mort, ou encore dans celle du grand-prêtre qui intercède pour la survie du peuple, illustre la conscience qu'il avait de la gravité propre à toute prise de parole. La parole, puissance capable de distribuer les dons reçus et d'attirer l'amitié divine, doit en être une transmission fidèle. Ainsi, la *paideia* vise autant la connaissance que l'art de sa transmission. La portée politique d'une telle éducation renvoie au grand débat qui ne cesse de hanter les Grecs depuis que le λόγος, avec son ambivalence de rationalité et de persuasion, est devenu le symbole des discours aussi bien d'un Socrate, que sa parole conduira à boire la ciguë, que d'un Isocrate, qui vivra plus de quatre-vingt-dix ans au milieu des querelles et des conflits.

4. La parole dans le monde hellénistique

Le peu de considération pour l'art de parler, sinon comme une sorte d'artifice formel, et dont on retrouve un effet dans les commentaires du

---

[185] Contre J. ZIEGLER qui suit la proposition de BAUERMEISTER, à savoir, χόλον, je suis celle de M. PRIOTTO, *La Prima Pasqua*, 175-178. Ce dernier montre qu'il est possible de garder le texte reçu ὄχλον en donnant à ce terme le sens de *scompiglio*, *confusione*.

[186] Euripide, *Médée* 536-538.

livre[187], n'était certainement pas à l'ordre du jour dans les écoles, à l'aube de l'époque impériale. La mission confiée à Phénix, de faire d'Achille un μύθων ῥητήρ[188], était encore assumée par de nombreux maîtres qui officiaient dans la lignée d'Isocrate et de Cicéron. La rhétorique ne se présentait pas comme un apprentissage vide de signification philosophique, mais venait couronner le processus d'initiation scolaire. Il était ensuite bien difficile de s'en détacher, même arrivé au terme de sa formation. Déclamer demeurait un exercice érigé en pratique quasi vitale pour tout homme destiné à faire entendre sa voix sur la place publique, au tribunal ou au conseil des grands[189]. Le discours était devenu en quelque sorte ce que la poésie était à l'époque classique, non pas une simple métrique habillée de figures de style, mais le moteur et le miroir d'une société[190]. Discourir n'était pas seulement se divertir avec quelques techniques pour distraire ou amuser, mais « réfléchir » un monde et son esprit. L'attention que l'auteur porte à « l'événement de la parole », alors même qu'il présente son éducation, est l'écho original d'un univers scolaire bien déterminé où l'homme éloquent est un citoyen juste, capable de dire de belles et de bonnes choses. En effet, « là où il n'est pas possible de fixer un langage, ne subsiste pas non plus de pensée »[191].

Il ne faut pas sous-évaluer une difficulté que les modernes rencontrent lorsqu'ils abordent le monde classique et hellénistique. La distinction entre la

---

187 C. LARCHER, *Études*, 185-187, n'y consacre que deux pages sur un total de plus de quatre cents, et bien qu'il reconnaisse en Sg « une familiarité indéniable avec cette discipline », il n'y recourt pratiquement jamais dans son commentaire en trois volumes. Il en va de même pour G. SCARPAT, dont le commentaire reste strictement philologique. « Depuis 1885, date où la rhétorique a disparu des programmes de notre enseignement secondaire, nous avons si bien oublié ce que pouvait être cette codification des procédés oratoires que nous avons peine à imaginer jusqu'où l'esprit d'analyse, cher au génie grec, avait étendu ses conquêtes en ce domaine. En un sens, cet oubli est fâcheux : faute de connaître cette discipline si familière à tous les Anciens, les lettres classiques nous deviennent moins accessibles ; beaucoup de choses, chez les auteurs grecs ou latins, nous échappent ou nous étonnent qui s'expliquent par cet arrière-plan scolaire », H.-I. MARROU, *Histoire de l'éducation*, I, 297.

188 Un « diseur de discours », Homère, *Iliade* 9,443.

189 À partir d'Isocrate, la rhétorique est l'équivalent pour l'âme de ce qu'est la gymnastique pour le corps (*Sur l'échange* 181-184). Aristote en fit l'analogue de la dialectique (*Rhétorique* 1354a). « Chez les anciens, le fond de l'éducation est la rhétorique, car ils la tenaient pour le meilleur moyen d'enseigner l'éloquence. Or, l'éloquence, à leur yeux, est le premier de tous les arts, parce que c'est lui qui donne le plus nettement à l'esprit conscience de sa supériorité », H. BORNECQUE, *Les déclamations et les déclamateurs d'après Sénèque le Père* (Lille 1902) 39 ; cf. R. CRIBIORE, *Gymnastics of the mind : Greek education in Hellenistic and Roman Egypt* (Oxford 2001) 220-244.

190 « Que nous ayons été dans la jeunesse élevés dans telle ou telle habitude, ce n'est donc pas d'une mince importance ; c'est au contraire souverainement important, ou plutôt tout est là », Aristote, *E.N.* 1103b24 (tr. J. TRICOT ; Paris 1959).

191 M. NARCY, « À qui la parole ? Platon et Aristote face à Protagoras », *Positions de la sophistique* (éd. B. CASSIN) 87.

philosophie et la littérature, que le conflit entre René Descartes et Jean de La Fontaine a peut-être accentué, opère aujourd'hui une séparation assez nette entre les deux visages d'une même réalité qui, si elle est pertinente pour l'étude d'Emmanuel Kant et de Victor Hugo, n'a pas lieu d'être pour Aristote et Cicéron. En d'autres termes, la victoire des philosophes (Platon, Aristote ou Chrysippe à la suite d'Anaxagore) sur les orateurs (Isocrate, Démosthène, Xénophon à la suite d'Euripide) résulterait plutôt d'une vision tardive que d'une réalité de fait. Une analyse de l'univers éducatif à l'époque gréco-romaine, dans lequel il n'y avait pas d'intellectualisme qui ne soit une éloquence, dément d'ailleurs une telle vision[192]. Quelques références illustreront ce phénomène hellénistique puis impérial, où l'art de la parole n'est pas un jeu vulgaire de persuasion, en général mensonger, mais bien la noble activité d'un Cicéron et d'un Plutarque où le souffle d'une joute oratoire prévaut sur la force des poings.

Les origines de cet art remontent aux temps anciens de Corax et Tisias. Leurs successeurs, Gorgias, Protagoras et Hippias, ont préparé celui que l'on peut appeler le père de la culture humaniste, Isocrate[193], qui fonda la première école de « la parole » au service d'un idéal politique déterminé, celui de l'hégémonie d'Athènes sur la Grèce. Comme l'explique Clarke, « Isocrate n'était pas un professeur de rhétorique en un sens formel ; il se plaçait lui-même à distance des rhéteurs étroitement utilitaristes. Pour lui, la rhétorique est quelque chose de plus élevé ; c'est une partie de la Sagesse pratique associée à la culture en général qu'il appelle philosophie »[194]. Et à ce titre, la façon dont Denys d'Halicarnasse parle de la vie politique mérite d'être rappelée :

Καὶ ἔγωγέ φημι χρῆναι τοὺς μέλλοντας οὐχὶ μέρος τι τῆς	*Quant à moi je dis qu'il est nécessaire, pour tous ceux qui sont*

[192] « J'insiste, car la chose importe : en définitive, Isocrate l'a, aux yeux de la postérité, emporté sur Platon [...] Homère est resté l'éducateur de la Grèce, les philosophes n'ont pas réussi à le chasser de la République », H.-I. MARROU, *Histoire de l'éducation*, I, 332 ; T. FINAN, « Hellenistic Humanism in the Book of Wisdom », *IThQ* 27,1 (1960) 45-48 ; R. CRIBIORE, « The Grammarian's Choice : The popularity of Euripides' *Phoenissae* in Hellenistic and Roman Education », *Education in Greek and Roman Antiquity* (éd. Y.L. TOO) (Leiden-Boston-Köln 2001) 258.

[193] Cf. G. MATHIEU – E. BREMOND, *Isocrate. Discours*, I (1929) I-XX ; W. JAEGER, *Paideia. The ideals of Greek Culture*. I. *Archaic Greece. The Mind of Athens* (tr. G. HIGHET ; Oxford 1986) 46 ; I. HADOT, *Arts libéraux et philosophie dans la pensée antique : contribution à l'histoire de l'éducation et de la culture dans l'Antiquité* (EAug - Série Antiquité 107 ; Paris 1984) 16-18.

[194] M.L. CLARKE, *Rhetoric at Rome : A Historical Survey* (New York 1968) 2.

πολιτικῆς δυνάμεως ἀλλ' ὅλην αὐτὴν κτήσασθαι τοῦτον ἔχειν τὸν ῥήτορα διὰ χειρός καὶ εἴ τις ἐπιτηδεύει τὴν ἀληθινὴν φιλοσοφίαν μὴ τὸ θεωρητικὸν αὐτῆς μόνον ἀγαπῶν ἀλλὰ καὶ τὸ πρακτικόν μηδ' ἀφ ὧν αὐτὸς ἄλυπον ἕξει βίον ταῦτα προαιρούμενος ἀλλ' ἐξ ὧν πολλοὺς ὠφελήσει παρακελευσαίμην ἄν αὐτῷ τὴν ἐκείνου τοῦ ῥήτορος μιμεῖσθαι προαίρεσιν

sur le point d'acquérir non pas une part mais la totalité du pouvoir politique, d'avoir ce rhéteur [Isocrate] à portée de main. Et si quelqu'un se décide pour la philosophie véritable, s'attachant non seulement à sa face théorique, mais aussi à sa portée pratique, préférant avoir une vie non pas sans souci mais utile au plus grand nombre, je l'encourage à imiter la façon de gouverner de ce rhéteur[195].

Les grands textes de « l'éducateur de la Grèce et de tout le monde antique », selon une expression de Marrou[196], plus spécifiquement ses trois lettres à *Nicoclès*, son texte *Sur l'échange*, *Évagoras* ou encore son *Panégyrique*, offrent le fondement d'un système qui deviendra, à l'époque hellénistique et impériale, le passage obligé des jeunes gens de bonne famille. Ces lignes d'Isocrate sur la parole pourraient être considérées comme ce qui deviendra le *credo* de la Seconde Sophistique :

Διὰ τούτου τούς τ' ἀνοήτους παιδεύομεν καὶ τοὺς φρονίμους δοκιμάζομεν τὸ γὰρ λέγειν ὡς δεῖ τοῦ φρονεῖν εὖ μέγιστον σημεῖον ποιούμεθα καὶ λόγος ἀληθὴς καὶ νόμιμος καὶ δίκαιος ψυχῆς ἀγαθῆς καὶ πιστῆς εἴδωλόν ἐστιν
[...]
εἰ δὲ δεῖ συλλήβδην περὶ τῆς δυνάμεως ταύτης εἰπεῖν οὐδὲν τῶν φρονίμως πραττομένων εὑρήσομεν ἀλόγως γιγνόμενον ἀλλὰ καὶ τῶν ἔργων καὶ τῶν διανοημάτων ἁπάντων ἡγεμόνα λόγον ὄντα καὶ μάλιστα χρωμένους αὐτῷ τοὺς πλεῖστον νοῦν ἔχοντας

Par elle (la parole), nous éduquons les insensés et éprouvons les avisés. C'est en effet en parlant comme il faut que nous donnons le signe le plus grand d'une heureuse manière de penser. La parole véridique, conforme à la loi et à la justice, est l'image d'une âme bonne et fidèle [...] En somme, s'il faut dire quelque chose de cette puissance, nous ne trouverons rien d'une pratique avisée qui n'advienne sans la parole ; celle-ci est en effet le guide de toutes les actions et de toutes les pensées et ceux qui en usent davantage sont plus intelligents.

---

195 Denys d'Halicarnasse, *Isocrate* 4. « The most common perception remains that *paideia* was only related to political power », T. WHITMARSH, « Reading power in Roman Greece : the *paideia* of Dio Chrysostom », *Pedagogy and Power : Rhetorics of Classical Learning*, (éd. Y.L. TOO - N. LIVINGSTONE - Q. SKINNER) (Cambridge 1998) 194.

196 H.-I. MARROU, *Histoire de l'éducation*, I, 293.

ὥστε τοὺς τολμῶντας βλασφημεῖν περὶ τῶν παιδευόντων καὶ φιλοσοφούντων ὁμοίως ἄξιον μισεῖν ὥσπερ τοὺς εἰς τὰ τῶν θεῶν ἐξαμαρτάνοντας

Ainsi, ceux qui osent médire de ceux qui sont éduqués et qui s'adonnent à la philosophie méritent autant de haine que ceux qui pèchent contre les choses divines[197].

Les maîtres qui le suivirent coloreront leur enseignement de visions différentes, aussi bien métaphysiques, morales que politiques, mais le principe restera le même : faire du λόγος, en son double sens de discours et de raison, le symbole de la culture[198].

Platon lui-même, alors qu'il condamne la sophistique pour ses dangers, n'hésite pas à défendre la nécessité de la rhétorique comme un art de conduire les âmes (*psychagogé*)[199]. Il se refuse simplement à « domestiquer », comme le fait Isocrate, la distance inévitable qui sépare un discours de la réalité. Il faut attendre Aristote pour inventer une rationalité du vraisemblable et obtenir un édifice rhétorique approprié[200]. Les Stoïciens en reprennent également les exigences et, comme l'indique Hadot, « tous les moyens psychagogiques de la rhétorique, toutes les méthodes d'amplification doivent être ici mobilisés. Il s'agit de se formuler à soi-même la règle de vie de la manière la plus vivante, la plus concrète, il faut "se mettre sous les yeux" les événements de la vie, vus dans la lumière de la règle fondamentale »[201]. Il n'est pas d'école qui ne soit ce lieu où l'homme accède en même temps à l'intelligence d'un idéal et à sa communication. Des générations de rhéteurs philosophes, susceptibles de jouer un rôle politique dans la cité et dont Cicéron serait devenu le modèle, se levèrent et circulèrent en tout point de ce monde civilisé qui passa bientôt sous la domination impériale romaine. Comme l'explique Croiset, la profession de sophiste « réalisait l'idéal qu'ils avaient tous eu devant les yeux dès l'enfance, elle offrait à leurs facultés surexcitées le seul emploi qui leur permît de se développer pleinement, elle promettait à leur amour-propre les applaudissements, à leur ambition les honneurs, à leur activité l'influence et le maniement des grandes affaires »[202]. Ces propos de Cicéron en sont une belle illustration :

---

[197] Isocrate, *Nicoclès (III)* 7-9.

[198] W. JAEGER, *Paideia*, I, 79.

[199] Platon, *Phèdre* 261A.

[200] Aristote développe cette rationalité dans *La Rhétorique* et dans la cinquième partie de *L'Organon* intitulée *Les Topiques*. « La Rhétorique d'Aristote est surtout une rhétorique de la preuve, du raisonnement, du syllogisme approximatif (enthymème) ; c'est une logique volontairement dégradée, adaptée au niveau du "public", c'est-à-dire du sens commun, de l'opinion courante », R. BARTHES, *L'aventure sémiologique*, 96.

[201] P. HADOT, *Exercices spirituels et philosophie antique*, 32.

[202] A. CROISET – M. CROISET, *Histoire de la littérature grecque* V (Paris 1928) 556.

Impellimur autem natura, ut prodesse velimus quam plurimis in primisque docendo rationibusque prudentiae tradendis. Itaque non facile est invenire qui quod sciat ipse non tradat alteri ; ita non solum ad discendum propensi sumus, verum etiam ad docendum.

La nature nous pousse à vouloir être utiles au plus grand nombre possible, surtout en instruisant les autres et en leur transmettant les règles de la prudence. Aussi est-il rare de trouver un homme qui, sachant quelque chose, ne transmette pas à un autre ce qu'il sait : tant il y a chez nous de propension non seulement à apprendre, mais encore à enseigner[203].

Par ailleurs, les chapitres très éclairants de Marrou sur la rhétorique et la philosophie hellénistiques exposent l'enracinement et le développement de ce qui est devenu la Seconde Sophistique. Je retiens, en complément de ce qui a été introduit à l'occasion de l'étude rhétorique du discours dans mon deuxième chapitre, quelques réflexions qu'il propose sur le milieu scolaire : « Le rhéteur ne dédaigne pas les idées générales, les problèmes moraux et humains ; son enseignement en est tout imprégné : la doctrine de l'invention fait le plus grand cas des précieux « lieux communs », de ces grands développements passe-partout sur le juste et l'injuste, le bonheur, la vie, la mort »[204]. Et il poursuit : « l'art du rhéteur apparaît aux philosophes comme une technique expérimentale, légitime, parfaitement à sa place dans la culture, comme discipline propédeutique, au même titre que la grammaire ou les mathématiques [...] les Stoïciens vont plus loin et prétendent même l'annexer comme une partie intégrante de leur logique, premier échelon de la division tripartite de la philosophie »[205]. De ce processus d'ouverture réciproque, Marrou affirme enfin : « Plus on avance dans le temps, plus complet se fait le triomphe de la rhétorique, moins pur le type du philosophe »[206]. On ne peut évoquer cet univers sans rappeler ce que Quintilien affirmait de l'éloquence :

9. Equidem nec urbium conditores reor aliter effecturos fuisse ut vaga illa multitudo coiret in populos nisi docta voce commota, nec legum repertores sine summa vi orandi

9. Je ne crois vraiment pas que les fondateurs de cités auraient pu réussir autrement à rassembler en peuples organisés la masse errante, s'ils ne l'avaient ébranlée par leur

---

[203] Cicéron, *Des termes extrêmes des biens et des maux* III,65-66 (tr. J. MARTHA ; CUF ; Paris [5]1989).

[204] H.-I. MARROU, *Histoire de l'éducation*, I, 315.

[205] H.-I. MARROU, *Histoire de l'éducation*, I, 316.

[206] H.-I. MARROU, *Histoire de l'éducation*, I, 316. Cf. L. PERNOT, *La rhétorique de l'éloge*, 493-514.

consecutos ut se ipsi homines ad servitutem iuris adstringerent. 10. Quin ipsa vitae praecepta, etiam si natura sunt honesta, plus tamen ad formandas mentes valent quotiens pulchritudinem rerum claritas orationis inluminat.	*savante parole ; sans de hauts dons d'éloquence, les législateurs n'auraient pas astreint l'humanité à s'assujettir à l'esclavage du droit. 10. Bien plus, les préceptes de la morale ont beau être honorables par nature, ils ont cependant plus d'efficacité pour former les esprits quand la beauté des idées est illuminée par l'éclat de la forme*[207].

L'éloge rendu à Origène par son disciple Grégoire le Thaumaturge, « enfant de bonne naissance et de bonne éducation, envoyé étudier chez le rhéteur pour devenir rhéteur »[208] au IIIème siècle ap. J.-C., est un écho tardif de ce mouvement qui prit de l'ampleur à l'époque impériale, où le maître, par de nombreuses paroles, se faisait séducteur de ses disciples, les frappant de « l'aiguillon de l'amitié » pour les faire « communier aux biens que donne la philosophie »[209]. Cet univers éducatif, empreint de respect pour la puissance humaine, pour ne pas dire divine, que représente l'éloquence, s'enracine dans une tradition qui fait du verbe le véhicule des trésors de la sagesse, trésors destinés à être ainsi communiqués d'une génération à l'autre pour la conduire à bonne fin[210].

5. *La parole dans la Septante*

Sg 7,13-16 offre une expression originale de ce que l'on pourrait appeler « le principe de tradition » qui, s'il est nourri d'une influence hellénistique, n'est pas sans couleurs bibliques. Ainsi trois livres, Dt (Οὗτοι οἱ λόγοι), Pr (Παροιμίαι) et Ps (ψαλμοί), dont il est certain que l'auteur avait une

---

[207] Quintilien, *Institution oratoire* II,16,9 (tr. J. COUSIN ; CUF ; Paris 1976) ; cf. Cicéron, *De l'invention* I,2 ; *De l'orateur* I,30-34.

[208] Grégoire le Thaumaturge, *Remerciement à Origène*, 56 (tr. H. CROUZEL ; SC 148 ; Paris 1969).

[209] Grégoire le Thaumaturge, *Remerciement à Origène*, 81.

[210] « Les gens élevés dès l'origine en hommes libres ne se reconnaissent pas au courage, à la richesse et à des qualités de cet ordre, mais se révèlent surtout par leurs discours [...] c'est bien la marque la plus visible et la plus sûre de l'éducation de chacun de nous, et que les gens qui usent bien de la parole sont non seulement les plus puissants dans leur pays, mais aussi les plus honorés chez les autres », Isocrate, *Panégyrique* 49 (tr. G. MATHIEU – E. BRÉMOND ; CUF ; Paris 1956). Une réflexion d'Aelius Théon, *Progymnasmata* 98, montre le lien entre l'éducation et le bonheur : « Socrate, à qui on demandait s'il pensait que le Grand Roi des Perses était heureux, dit : "je ne peux répondre, car je ne sais rien de son éducation" ».

connaissance précise[211], offrent des informations sur l'intention d'un discours qui n'est pas celle de divertir mais de convertir. Le livre du Deutéronome d'abord indique le fondement de l'éducation du peuple :

εἶπεν κύριος πρός με ἐκκλησίασον πρός με τὸν λαόν καὶ ἀκουσάτωσαν τὰ ῥήματά μου ὅπως μάθωσιν φοβεῖσθαί με πάσας τὰς ἡμέρας ἃς αὐτοὶ ζῶσιν ἐπὶ τῆς γῆς καὶ τοὺς υἱοὺς αὐτῶν διδάξωσιν	*Le Seigneur m'a dit : Assemble devant moi le peuple et qu'ils écoutent mes paroles, de façon qu'ils apprennent à me craindre tous les jours qu'ils vivront dans le pays, et qu'ils enseignent leurs fils. (Dt 4,10)*

Le verbe μανθάνω traduit la racine למד au *qal* (Dt 5,1 ; 14,23 ; 17,19 ; 18,9 ; 31,12 ; 31,13 TM). Il se trouve en relation étroite avec les verbes « écouter » (ἀκούω revient 56 fois en Dt, שמע au *qal* 83 fois) et « garder » (φυλάσσω revient 55 fois en Dt, שמר 73 fois). Le verbe διδάσκω traduit la même racine au *piel* (Dt 4,1.14 ; 5,31 ; 6,1 ; 11,19 ; 20,18 ; 31,19.22 TM) et se trouve en relation avec les verbes « faire écouter » (שמע au *hiphil* 4 fois en Dt) et « éduquer » (παιδεύω 6 fois en Dt, יסר 5 fois). Il faudrait ajouter à ces termes les 54 occurrences de ῥῆμα (mot ou parole), les 61 de λαλέω (parler), les 34 de λόγος ou encore les 150 de λέγω, pour se laisser convaincre que ce livre porte un intérêt bien spécifique à la puissance de la parole (la racine דבר revient 167 fois)[212]. On retrouve cette exigence de transmission en Dt 6,6-7 :

6 καὶ ἔσται τὰ ῥήματα ταῦτα ὅσα ἐγὼ ἐντέλλομαί σοι σήμερον ἐν τῇ καρδίᾳ σου καὶ ἐν τῇ ψυχῇ σου 7 καὶ προβιβάσεις αὐτὰ τοὺς υἱούς σου καὶ λαλήσεις ἐν αὐτοῖς καθήμενος ἐν οἴκῳ καὶ πορευόμενος ἐν ὁδῷ καὶ κοιταζόμενος καὶ διανιστάμενος	*6. Et ces paroles que moi je te commande aujourd'hui seront dans ton cœur et dans ton âme ; 7. et tu les inculqueras à tes fils et tu parleras par elles, assis dans la maison, en marchant sur la route, en te couchant et en te levant.*

Ou encore en Dt 11,18s :

18 καὶ ἐμβαλεῖτε τὰ ῥήματα ταῦτα εἰς τὴν καρδίαν ὑμῶν καὶ εἰς τὴν ψυχὴν ὑμῶν [...] 19 καὶ διδάξετε αὐτὰ τὰ τέκνα ὑμῶν λαλεῖν αὐτὰ	*18. Et vous placerez ces paroles dans votre cœur et dans votre âme [...] 19. Et vous les enseignerez à vos enfants pour qu'ils les disent.*

[211] C. LARCHER, *Études*, 89 ; 93-99.

[212] « How to *prendre la parole* by handing it over : this seems to be the issue at stake in Deuteronomy's opening », J.-P. SONNET, *The Book within the Book*, 237.

Si la première génération semble avoir fait, en sortant d'Egypte par la main puissante de Dieu (Dt 11,2 ; Ps 135,12), l'expérience directe de l'éducation divine, les suivantes ne la feront que par l'intermédiaire d'un discours (Dt 31,13). La parole reçoit ainsi une fonction cruciale. Par elle, j'apprends et j'éduque.

Dans le livre des Proverbes, l'auteur du prologue (Pr 1–9) fait également sienne cette exigence. Le champ lexical, différent de celui du Deutéronome[213], n'en est pas moins significatif. L'insistance sur la parole revient à plusieurs reprises, que celle-ci concerne le discours du père (Pr 1,5.8 ; 4,1-10.20 ; 5,1 ; 7,1.24), de la Sagesse (Pr 1,20-33 ; 8,4-12 ; 9,3)[214], ou encore de ceux qu'il ne faut pas écouter (Pr 1,10 ; 7,14-20 ; 9,16). Avant l'énoncé des proverbes proprement dits (Pr 10,1), ce prologue en forme de discours dialogique atteste l'importance de la parole dans la détermination de l'enfant sur le chemin qui conduit à la Sagesse. Pr 4,1-5 présente ainsi le passage d'une génération à l'autre :

1 ἀκούσατε παῖδες παιδείαν πατρὸς καὶ προσέχετε γνῶναι ἔννοιαν	*1. Entendez, enfants, l'éducation d'un père, et appliquez-vous à connaître l'entendement :*
2 δῶρον γὰρ ἀγαθὸν δωροῦμαι ὑμῖν τὸν ἐμὸν νόμον μὴ ἐγκαταλίπητε	*2. C'est en effet un don excellent que je vais vous donner ; ma loi, ne l'abandonnez pas !*
3 υἱὸς γὰρ ἐγενόμην κἀγὼ πατρὶ ὑπήκοος καὶ ἀγαπώμενος ἐν προσώπῳ μητρός	*3. Fils, moi aussi je l'ai été, obéissant à mon père et bien-aimé devant ma mère,*

[213] Pr 1,2 suffit à en rendre compte : γνῶναι σοφίαν καὶ παιδείαν νοῆσαί τε λόγους φρονήσεως. Il faut ajouter des termes comme ῥῆσις, στροφή, αἰνίγματα. Je cite la traduction de D.-M. D'HAMONVILLE dans la collection *La Bible d'Alexandrie*, vol. 17.

[214] A. ROBERT, « Les attaches littéraires bibliques de Prov. I-IX », *RB* 43 (1934) 172-181. L'auteur montre comment les enseignements de la Sagesse suivent un mode prophétique d'expression et que leur autorité est celle de la loi de Moïse. « La Sagesse parle le langage des Prophètes [...] les enseignements de la Hokmâh ont la même origine que celle de la Torâh », 181. J.-N. ALETTI, dans « Séduction et Parole en Proverbes I–IX », *VT* 27 (1977) 129-144, explique l'ambiguïté du discours et l'importance de l'ensemble des proverbes pour ne pas en être victime. « En Prov. I–IX, le sage fait parler la Sagesse, mais il ne lui fournit pas de support symbolique [...] On n'oubliera pas cependant que ce support symbolique se trouve précisément à la fin du livre des Proverbes, en la personne de la femme de valeur (Prov. XXXI,10-31) », 144. M. GILBERT, dans « Le discours menaçant de Sagesse en Pr. 1,20-33 », *Storia e tradizioni di Israele. Scritti in onore di J. Alberto Soggin* (éd. D. GARRONE – F. ISRAËL) (Brescia 1991) 99-119, va plus loin et montre que le discours de la Sagesse fait écho à la forme même du discours de Dieu dans les livres prophétiques.

4 οἳ ἔλεγον καὶ ἐδίδασκόν με ἐρειδέτω ὁ ἡμέτερος λόγος εἰς σὴν καρδίαν	*4. eux qui disaient et m'enseignaient : « Que notre parole s'enracine dans ton cœur ! »*
5 φύλασσε ἐντολάς μὴ ἐπιλάθῃ μηδὲ παρίδῃς ῥῆσιν ἐμοῦ στόματος	*5. Garde les commandements, n'oublie pas et ne néglige pas le discours de ma bouche.*

Ce n'est rien moins que l'ordre transmis à Moïse qui se trouve ici illustré. Et même si la mise en scène en Sg 7–8 n'est plus celle d'un père parlant à son fils, la même exigence éducative est là. Une autre caractéristique du livre des Proverbes concerne la Sagesse elle-même, dotée de παρρησία dans son discours (Pr 1,20). En Sg 5,1, c'est au Juste que l'on attribue une telle assurance. De même que la prise de parole était un acte important dans le Deutéronome, ainsi l'est-elle pour la Sagesse du livre des Proverbes. Si en 1R 3,5-14 Dieu et Salomon parlent alors que la Sagesse reste un don sans voix, en Pr 1,23 en revanche, la Sagesse s'exprime ainsi :

ἰδοὺ προήσομαι ὑμῖν ἐμῆς πνοῆς ῥῆσιν διδάξω δὲ ὑμᾶς τὸν ἐμὸν λόγον	*Voici que je vais vous présenter un discours de mon souffle, je vous enseignerai ma parole.*

Décrypter comme il se doit la figure dite de la personnification implique qu'on lui reconnaisse toute sa valeur. Si l'auteur des Proverbes donne une voix à la Sagesse, c'est qu'il entend manifester sa puissance de communication. Ainsi, lorsqu'il est question du « discours de son souffle », l'auteur des Proverbes désigne l'enseignement que la Sagesse communique[215]. De même, lorsque l'auteur du Livre de la Sagesse présente l'esprit de la Sagesse (Sg 7,7) et son enseignement (Sg 7,21), il n'insiste pas nécessairement et exclusivement sur un axe ontologique ou cosmique (essence ou nature divine de la Sagesse), mais pourrait évoquer aussi son mode de communication.

Enfin, l'exigence de la transmission de paroles reçues transparaît dans le livre des Psaumes. En sa relecture de Dt 4,10, le Ps 77,6 utilise le terme ἀπαγγέλλω (cf. Sg 6,22) :

---

[215] Il faudrait également rappeler quelques aspects de la description de la « femme vaillante » en Pr 31,10-31 :

στόμα αὐτῆς διήνοιξεν προσεχόντως καὶ ἐννόμως καὶ τάξιν ἐστείλατο τῇ γλώσσῃ αὐτῆς	*Elle a ouvert sa bouche prudemment et légitimement, elle a mis de l'ordre par sa langue. (Pr 31,25)*

Cf. aussi Pr 31,28.30.

ἐνετείλατο τοῖς πατράσιν ἡμῶν τοῦ γνωρίσαι αὐτὰ τοῖς υἱοῖς αὐτῶν ὅπως ἂν γνῷ γενεὰ ἑτέρα υἱοὶ οἱ τεχθησόμενοι καὶ ἀναστήσονται καὶ ἀπαγγελοῦσιν αὐτὰ τοῖς υἱοῖς αὐτῶν	*Il avait commandé à nos pères de les faire connaître à leurs fils, en sorte que l'autre génération qui vient les connaisse. Les fils qui naîtront se lèveront, ils les annonceront à leurs fils.*

Une autre formulation de ce principe de tradition revient dans le Ps 70,17 :

ἐδίδαξάς με ὁ θεός ἐκ νεότητός μου καὶ μέχρι νῦν ἀπαγγελῶ τὰ θαυμάσιά σου	*Ô Dieu, tu m'as enseigné dès ma jeunesse, et jusqu'à maintenant, j'annonce tes merveilles.*

Il se peut que le Sage se soit inspiré du vocabulaire de ce psaume en Sg 6,22 (ἀπαγγέλλω) et Sg 8,2 (ἐκ νεότητος). Il en expliciterait le contenu en Sg 7,13a.

C'est surtout dans le Ps 118 qu'une longue méditation sur l'éducation par la parole est présentée. Le psalmiste insiste en effet sur le désir de l'instruction (Ps 118,2.12.20.45), mais il n'oublie pas cet autre aspect qui consiste à la transmettre (Ps 118,7.13.26.42.43.46). Bien que le contexte soit probablement celui d'une confession dans un procès (Sg 2,17) ou d'une louange (Sg 10,20), il n'est pas sans intérêt d'évoquer la métaphore originale de l'apprentissage en tant qu'aspiration (Sg 7,3-7) :

τὸ στόμα μου ἤνοιξα καὶ εἵλκυσα πνεῦμα	*J'ouvrai ma bouche et j'aspirai le souffle. (Ps 118,131)*

Une autre formulation associe l'acte créateur à l'acte d'enseignement :

αἱ χεῖρές σου ἐποίησάν με καὶ ἔπλασάν με συνέτισόν με καὶ μαθήσομαι τὰς ἐντολάς σου	*Tes mains m'ont fait et façonné ; fais-moi comprendre et j'apprendrai tes commandements. (Ps 118,73)*

La sixième strophe (Ps 118,41-48) explicite la manière dont l'enseignement reçu devient témoignage devant ceux qui accusent :

μὴ περιέλῃς ἐκ τοῦ στόματός μου λόγον ἀληθείας	*N'ôte pas de ma bouche la parole de vérité. (Ps 118,43)*

Si l'enseignement du Sage est bien un éloge de la Sagesse (hymne rhétorique), il n'est pas indifférent que le psaume contienne la formulation suivante :

ἐξερεύξαιντο τὰ χείλη μου ὕμνον ὅταν διδάξῃς με τὰ δικαιώματά σου	*Que mes lèvres publient l'hymne, quand tu m'apprends tes volontés. (Ps 118,171)*

De l'ensemble de ces textes, l'exigence d'une transmission inhérente à la parole reçue se dégage clairement et corrobore l'interprétation de Sg 7,13-15. L'enseignement de Dieu ou de la Sagesse, comme celui de Salomon ou du psalmiste, ne peut rester dans l'ordre de la connaissance ; il doit être proféré. L'auteur affirmerait ainsi que le cœur de la παιδεία (מוּסָר) ne concerne pas d'abord des préceptes religieux spécifiques ou une culture scientifique particulière, mais une capacité et une détermination à proclamer fidèlement ce qui a été entendu. Comme le dirait un maître à ses élèves :

ὑμᾶς δὲ εἴρηκα φίλους ὅτι πάντα ἃ ἤκουσα παρὰ τοῦ πατρός μου ἐγνώρισα ὑμῖν	*Je vous appelle amis, parce que tout ce que j'ai entendu de mon père, je vous l'ai fait connaître. (Jn 15,15)*

La « démonstration » (ἐπίδειξις) de l'éducation du Sage doit se trouver, selon une relecture biblique, dans une prise de parole, preuve en acte que l'apprentissage visait d'abord et avant tout cette capacité à transmettre le don reçu[216]. Il reste à comprendre quels sont les maîtres du Sage. Que Dieu le soit ne fait aucune difficulté. Mais qu'en est-il de la Sagesse que l'on dit guidée par Dieu ? L'a-t-il trouvée « assise à sa porte » ? S'est-il mis à son école ?

6. L'esprit de l'éducation

Bien que la personnification de la Sagesse soit déjà présente en Sg 7,12b, il convient d'aborder son explication en fonction du contexte plus large des versets qui suivent, en particulier celui de Sg 7,21b qui présente la Sagesse comme « artisane » de toute chose. La comparaison passagère de la

---

[216] Un passage du Siracide rappelle cette évidence :

ἐν χειρὶ τεχνιτῶν ἔργον ἐπαινεσθήσεται καὶ ὁ ἡγούμενος λαοῦ σοφὸς ἐν λόγῳ αὐτοῦ	*De même que selon la qualité de la main des artisans, l'œuvre est louée, ainsi le chef du peuple est loué comme sage selon son discours. (Si 9,17)*

Cf. A. MINISSALE, *La versione greca del Siracide* (AnBib 133 ; Roma 1995) 183.

Sagesse avec la figure féminine de la mère ou de la créatrice (γενέτις) en Sg 7,12 cède la place à une figure mieux campée, celle d'une « artisane » (τεχνῖτις) qui « enseigne » selon Sg 7,21b. En faisant ainsi de la Sagesse le sujet du verbe διδάσκω et en lui accordant un titre significatif, l'auteur unifie les perspectives éducative et cosmique. Il relie l'axe de la création et celui de l'histoire, obligeant à s'interroger sur cette figure littéraire qui semble déborder le cadre d'une fiction verbale[217]. Le parallélisme de Sg 7,21b avec l'assertion de Sg 7,17a concernant Dieu lui-même rend d'autant plus nécessaire cette analyse.

17a αὐτὸς γάρ μοι ἔδωκεν τῶν ὄντων γνῶσιν ἀψευδῆ [...]	*C'est lui [Dieu] en effet qui m'a donné une connaissance non mensongère des êtres [...]*
21b ἡ γὰρ πάντων τεχνῖτις ἐδίδαξέν με σοφία	*C'est en effet l'artisane de l'univers, la Sagesse, qui m'a instruit.*

Pourquoi la figure de la Sagesse est-elle ainsi érigée en « maîtresse » du Sage, semblable à Dieu lui-même ? Est-ce une manière de parler (par métonymie ou métaphore) de Dieu, maître universel, artisan du monde (Sg 13,1), ou bien s'agit-il d'autre chose ? Face à cette problématique qui a fait couler beaucoup d'encre et continue de le faire, ma démarche ne sera ni de circonscrire le champ des réponses possibles ni d'élaborer une solution qui puisse tenir l'ensemble des facettes déjà mises en lumière. Je rappellerai très brièvement l'enracinement scripturaire du double axe créateur et éducateur. J'expliquerai ensuite comment la belle énumération des qualificatifs de l'Esprit en Sg 7,22-23, traditionnellement interprétée selon une perspective cosmique, peut l'être tout autant selon une perspective éducative, justifiant ainsi que la Sagesse soit le sujet du verbe διδάσκω. Cette analyse devrait confirmer ce que la structure littéraire indiquait déjà : Sg 7,22-23 opère une subtile transition entre deux parties bien distinctes du discours, l'éloge du Sage et l'hymne rhétorique à la gloire de la Sagesse.

a. La Sagesse créatrice ou éducatrice

Dans la Septante, le terme σοφία est le terme préféré pour traduire le terme hébraïque חָכְמָה. Exceptionnellement, comme en 1Ch 22,12, il traduit le terme שֶׂכֶל. Il arrive également, mais les cas sont rares, que d'autres termes

[217] « La personnification consiste à faire d'un être inanimé, insensible, ou d'un être abstrait et purement idéal, une espèce d'être réel et physique, doué de sentiment et de vie, enfin ce qu'on appelle une personne ; et cela, par simple façon de parler, ou par fiction toute verbale, s'il faut le dire. Elle a lieu par métonymie, par synecdoque, ou par métaphore », P. FONTANIER, *Les figures du discours*, 111.

comme σύνεσις (Ex 31,6 ; Dt 34,9) ou αἴσθησις (Ex 28,3) soient choisis. D'une façon générale, le champ sémantique de la חָכְמָה[218] façonne celui de la σοφία dont l'auteur du Livre de la Sagesse paraît s'inspirer. Bien qu'il n'ignore pas les courants platonicien, aristotélicien ou stoïcien, il ne semble pas dépendre d'un usage philosophique qui tend, par exemple, à distinguer une sagesse pratique d'une sagesse théorique. Sans revenir donc sur la complexité de chacun de ces termes ou sur leur histoire spécifique, je me limite à un rappel, sous forme de tableau, de quelques usages bibliques significatifs pour rendre compte de la complémentarité des termes τεχνῖτις et διδάσκω en Sg 7,21.

חָכְמָה (TM) traduit par σοφία (LXX)			
HABILETÉ MANUELLE ET COSMIQUE (ORDRE DE LA CRÉATION – τεχνῖτις)		HABILETÉ INTELLECTUELLE ET MORALE (ORDRE DE L'ÉDUCATION – διδάσκω)	
Construction d'une maison ou d'une œuvre d'art Ex 31,3 ; 1Ch 28,21 ; Ps 107,27 TM - 106,27 LXX ; Pr 9,1 ; 24,3	*Édification du cosmos ou création* Ps 104,24 TM - 103,24 LXX ; Pr 3,19 ; Jr 10,12 ; 51,15 TM - 28,15 LXX	*Exercice de l'autorité (vérité-justice)* 2S 14,20 ; 1R 5,9 ; 2Ch 1,10 ; Qo 2,12 ; 7,19 ; Is 11,2	*Exercice de la vertu (vérité-sainteté)* Dt 4,6 ; Jb 12,12 ; 28,28 ; 33,33 ; Ps 37,30 TM - 36,30 LXX ; 51,8 TM - 50,8 LXX ; Pr 1,2 ; 4,11

La façon dont l'auteur entendait présenter la Sagesse s'appuyait sans doute sur cette polysémie et le titre d'un ouvrage de Hulsbosch, *Sagesse créatrice et éducatrice*[219], à l'instar de Sg 7,21 où la Sagesse artisane enseigne, semble recouvrir ces distinctions repérables au gré des textes bibliques. Dans le grand prologue du livre des Proverbes (Pr 1–9), où la personnification biblique de la Sagesse semble la plus élaborée, on peut facilement voir la figure d'une Sagesse qui « parle » (Pr 1,20-33 ; 8,1-36 ; 9,1-6) et qui « construit » (Pr 9,1).

[218] Cf. H.P. MÜLLER – M.K. KRAUSE, « חָכְמָה », *ThWAT* 920-944 ; A. VANEL, « Courant de Sagesse », *DBS* XI, 15-41 ; U. WILCKENS, « σοφία », *ThWNT* VII, 467-475 ; J.J. COLLINS, « Cosmos and Salvation : Jewish Wisdom and Apocalypticism in the Hellenistic Age », *HR* 17 (1977) 121-142 ; J. DAY – P. GORDON – H.G.M. WILLIAMSON, *Wisdom in Ancient Israel : Essays in honour of. J.A. Emerton* (Cambridge 1995).

[219] A. HULSBOSCH, *Sagesse créatrice et éducatrice* (Roma 1963). On retrouve une trace de cette double vision de la Sagesse en BerR 1,1-3 qui explique, selon la vocalisation, le double sens de אמון : pédagogue et artisan.

Le premier pôle, celui de la parole, fut étudié en particulier par Robert qui tenta de montrer comment la figure de la Sagesse, en Pr 1–9, dépassait le contexte prophétique et sapiential traditionnel : « Il faut donc conclure que la Sagesse personnifiée est ici plus que le *hakam*, plus qu'un Prophète ; elle est un Être qui tient de sa nature le droit de parler comme Dieu »[220]. L'étude de Pr 1,20-33 s'ouvrit alors, avec McKane[221] et Lang[222], à la portée scolaire de cette figure. De son côté Gilbert, dans une étude qui repart de l'analyse sémantique et structurale de ce texte difficile, invite à nuancer les traits d'une figure complexe : « Le cadre premier a dû être celui de la famille, où l'enfant reçoit sa toute première éducation ; mais l'expression rhétorique s'est enrichie dans le cadre du droit et, concrètement parlant, on peut penser au réquisitoire (*rîb*) »[223]. Il précise également comment, le cadre étant celui du *rîb*, la Sagesse n'est pas une simple figure prophétique, mais assume « un rôle qui dépasse celui des prophètes et qui la place décidément dans la sphère du divin »[224]. Un lecteur du livre des Proverbes devait être impressionné par cette « nouvelle » figure de la Sagesse éducatrice, dépourvue ni de talent oratoire ni d'autorité, et qui se voit érigée en égale de Dieu[225].

Le second pôle, celui de la création et dont Pr 8,22-31 constitue le fleuron, a fait l'objet de plus amples discussions qui, avec le recul de plus d'un siècle et demi d'exégèse, peuvent être regroupées en deux étapes. La première fut marquée par la mise en lumière progressive des figures divines antiques (en particulier Maât et Isis). Contraints de reconnaître une forte ressemblance de « ces divinités » avec la figure de la Sagesse, certains chercheurs en déduisirent qu'il s'agissait d'une « hypostase »[226]. À cette

---

[220] A. ROBERT, « Les attaches littéraires bibliques de Prov. I–IX » *RB* 43 (1934) 177.

[221] W. MCKANE, *Proverbs : A New Approach* (Old Testament Library ; London 1970).

[222] B. LANG, *Frau Weisheit. Deutung einer biblischen Gestalt* (Düsseldorf 1975) 23-53 ; *Wisdom and the Book of Proverbs. An Israelite Goddess Redefined* (New York 1986) 17-50.

[223] M. GILBERT, « Le discours menaçant de la Sagesse en Pr. 1,20-33 », 117.

[224] M. GILBERT, « Le discours menaçant de la Sagesse en Pr. 1,20-33 », 119.

[225] Je développerai surtout la portée « oratoire » des caractéristiques du souffle de la Sagesse. Cela ne signifie pas qu'il faille oublier les nombreuses indications concernant le souffle chez les Stoïciens ou l'âme du monde chez les Platoniciens. Mon étude se veut complémentaire des commentaires comme ceux de C. LARCHER et de G. SCARPAT.

[226] R. REITZENSTEIN (1901), A.T.S. GOODRICK (1913), W.L. KNOX (1937), H. RINGGREN (1947), R.N. WHYBRAY (1965), D. WINSTON (1979), M. NEHER (2004). « She is no innovation of the author of Wisd, but had already made her appearance as a cosmic force in Proverbs (8: 22ff ; 1: 20ff), and Job (28: 12ff) under the guise of a charming female figure playing always before Yahweh, after having been created by Him at the beginning of His work (Prov 8: 30), and having obvious roots in ancient Near Eastern myth. She is undoubtedly a "hypostasis" as that term was very broadly defined by Oesterly and Box, i.e. "a quasi-personification of certain attributes proper to God, occupying an intermediate position between personalities and abstract beings". Hu and Sia, for example, are in Egyptian tradition the creative word and the understanding of the high god Re-Atum, personified and separated from

proposition, s'opposèrent les partisans de la seule figure littéraire, ceux qui répugnaient à envisager un *alter ego* de l'unique Dieu d'Israël[227]. Ils voyaient dans cette figure une expression plus rationnelle que les anciens anthropomorphismes. Les partisans de la « figure » (niveau littéraire) s'opposaient ainsi aux défenseurs d'un « être » (niveau métaphysique). Plus tard, et pour sortir de cette opposition manifestement trop tranchée, on eut recours aux catégories de « relation » et d'« action », plus appropriées, semble-t-il, pour expliciter une personnification qu'il ne fallait ni réduire à une simple figure littéraire ni interpréter comme une divinisation indue. Ici encore, une opposition vit le jour : les plus nombreux envisagèrent la présence ou l'action de la Sagesse aux côtés du créateur (l'accent étant mis sur la transcendance)[228] ; d'autres y ont vu un ordre interne à la création (l'accent étant alors mis sur l'immanence)[229]. L'intérêt de cette seconde étape d'analyse était de situer le débat au niveau du sens des mots et de la composition des textes. Ainsi, des expressions bibliques difficiles de Pr 8,22-31 comme קָנָנִי ou אָמוֹן devinrent des points de passage obligatoires pour identifier la relation de la Sagesse à Dieu et au monde, relation qui peut autant exprimer l'activité

---

their originator », D. WINSTON, *The Wisdom of Solomon*, 34-35. Cette option, fortement marquée par la référence de la figure de la Sagesse à Maât ou à Isis (pour ne reprendre que les deux figures les plus marquantes par rapport à celle de la Sagesse), présente l'avantage de percevoir comment les figures divines païennes ont nourri la créativité littéraire et spéculative des auteurs bibliques. Mais il reste difficile de préciser, devant l'insistance générale des écrits bibliques sur l'unicité de Dieu, quel statut pouvait recevoir une telle hypostase.

[227] B. BOTTE (1930), P. VAN IMSCHOOT (1934), F. CEUPPENS (1935) et A.-M. DUBARLE (1946). Cette objection reste fondamentalement une réaction à l'assertion précédente et appauvrit le phénomène de la personnification qui n'est pas seulement littéraire.

[228] C'est le point de vue de C. LARCHER (1983) qui estime que la Sagesse est figurée « à titre d'expression adéquate de l'agir de Dieu dans le monde et des attributs qui imprègnent cet agir », *Études*, 409. Il s'inspire du travail de G. VERBEKE (1945) sur l'esprit qui, assimilant la Sagesse à l'esprit, y voit « une représentation symbolique de l'activité de Dieu dans le monde ». Elle se retrouve en particulier chez P.-É. BONNARD (1966) et R.E. MURPHY (1995). C'est également l'option de M. GILBERT (1986) : « La personnification de la Sag. sert à exprimer l'action de Dieu dans le monde, sa présence à l'univers, à l'homme et en particulier aux justes », M. GILBERT, « La sagesse de Salomon », 108.

[229] G. VON RAD (1970) ; O. KEEL (1974). À propos de Jb 28, G. VON RAD, *Israël et la Sagesse* (tr. E. DE PEYER ; Genève 1971) 173, explique : « Cette sagesse, cette raison doit être en quelque sorte le sens que Dieu a introduit dans la création, elle doit signifier son secret, son mystère créateur ; toutefois il faut rappeler que le poème pense moins à une réalité idéale qu'à quelque chose de presque matériel ». Et à propos de Pr 8 : « ce n'est donc pas une qualité de Dieu qui est objectivée, mais une qualité du monde, c'est-à-dire ce mystérieux élément au moyen duquel l'ordre cosmique se tourne vers l'homme pour ordonner sa vie », *Israël et la Sagesse*, 183. Il convient de préciser que, selon G. VON RAD, Sg 7–8 échappe sur ce point à cette tradition des Proverbes, cf. *Israël et la Sagesse*, 200. Il faudra noter l'analogie établie entre la Sagesse et la lumière primordiale, et constater que le Sage entend à la fois montrer que la Sagesse ne rivalise pas avec le créateur mais qu'étant première, elle préside ou gouverne la création.

divine ordonnant constamment l'univers que la vie même de cet univers. La seconde étape du débat, certainement plus proche des textes, ne doit cependant pas faire oublier la pertinence des questions soulevées par la première concernant les figures divines. Les procédés littéraires (en particulier la question de la métaphore et de la métonymie)[230] et le recours à des figurations païennes (Maât ou Isis)[231] ou à des substances philosophiques, comme l'âme du monde chez Platon[232] et le cinquième élément d'Aristote[233], continuent d'offrir un cadre comparatif éclairant. S'il est évident que l'auteur, avec le terme τεχνῖτις (Sg 7,21b), introduit la fonction cosmique de la Sagesse, ce que les commentaires ne manquent pas de souligner, il n'est pas dénué de sens d'envisager que ce terme se réfère également à un autre type de construction que celui du monde. Architecte du monde certes, la Sagesse pourrait être également architecte d'un discours. Certains qualificatifs qui suivent, en particulier νοερός, s'inscrivent, il est vrai, dans une perspective cosmique. Il se peut cependant que l'ambivalence de ce terme, comme celle des autres qualificatifs, justifie une perspective éducative. Il serait heureux de retrouver ainsi l'esprit de la Sagesse, non seulement comme un souffle créateur, mais aussi comme un esprit d'éducation, πνεῦμα παιδείας (Sg 1,5).

La transition entre l'éloge du Sage (Sg 7,1-23) et l'hymne rhétorique (Sg 7,24–8,1), finement travaillée, suppose une attention au glissement progressif de l'éducation du Sage à la contemplation de la Sagesse. Aussi, ne convient-il pas de garder la perspective introduite en Sg 7,13 : ἀδόλως τε ἔμαθον ἀφθόνως τε μεταδίδωμι, et de vérifier si les qualités de l'esprit de la Sagesse, déclinées en Sg 7,22-23, ne répondent pas d'abord, en relation avec le verbe διδάσκω (Sg 7,21), à ce contexte éducatif ? J'ajoute que la connaissance offerte par Dieu était qualifiée d'ἀψευδής (Sg 7,17). Ne faut-il

[230] « Quant à ces *personnifications* si étendues et si marquées, par lesquelles on crée, on décrit, ou l'on caractérise un être allégorique et moral, avec une sorte d'intention de faire croire que cet être existe réellement ; telles, par exemple, que le *Sommeil*, la *Famine* et l'*Envie*, dans Ovide ; que les *Prières* dans l'Iliade [...] il faut, je crois, les rapporter à l'*Allégorie*, non pas dans le sens particulier restreint auquel nous allons la réduire ici, mais dans son sens le plus étendu ; il faut, dis-je, les ranger dans la classe des fictions ou inventions poétiques ; et, si l'on veut absolument en faire des *figures*, c'est parmi les *figures de pensées* qu'il faut leur donner rang », P. FONTANIER, *Les figures du discours*, 113-114. Si cette figure se rapporte à Dieu, l'insistance porte sur la transcendance de l'action divine ; elle évite l'écueil d'un immanentisme qui pourrait faire croire à un panthéisme de type stoïcien (ce qui rejoint l'axe choisi par C. LARCHER). Si elle se rapporte au cosmos, c'est l'immanence de l'action divine qui est visée ; l'écueil d'un extrinsécisme qui pourrait faire croire à un théisme de type voltairien (ce qui rejoint l'axe choisi par G. VON RAD) est alors écarté.

[231] Je renvoie à la note 158 de mon deuxième chapitre où j'indique les principales références bibliographiques.

[232] Platon, *Timée* 34D-37C.

[233] Aristote (?), *Du ciel* 269a-270b.

pas dès lors reconnaître, dans cette série de qualificatifs, un déploiement de ce que serait un enseignement sans ruse ni envie ? L'analyse sémantique viendrait ainsi corroborer l'analyse structurale qui situait Sg 7,22-23 en continuité avec Sg 7,21, renvoyant la césure, quoique ténue, en Sg 7,24.

À ce sujet, une indication de Grimm demeure sans grand développement : « L'auteur, dans ce passage, caractérise l'esprit divin de sagesse en partie d'après sa vertu physico-cosmique, en partie d'après d'après sa vertu gnostico-éthique »[234]. Il semble en effet important de ne pas focaliser la description de l'esprit de la Sagesse exclusivement sur la perspective cosmique de Sg 7,24–8,1, mais de tenir compte de ce qui précède, à savoir un contexte éducatif et culturel. La tendance à interpréter la liste de Sg 7,22-23 en référence au poème de Cléanthe en particulier[235], et à « l'esprit cosmique » des Stoïciens en général[236], doit être ainsi relativisée. En effet, un unique terme est commun (ἀσφαλές), quelques autres synonymes. La formulation de Larcher, en une remarque préliminaire, est encore significative de cette insistance : « L'auteur veut évoquer la nature éminente et le mode d'action transcendant de ce *pneuma*, sans préciser son activité dans le monde des hommes et en insistant seulement sur les dispositions permanentes qui découlent de sa nature »[237]. Mais est-il certain que l'auteur entende décrire ici « une nature éminente », ou encore, qu'il s'attache à montrer la transcendance d'une action ou la permanence de certaines dispositions ? Manque-t-on vraiment de précision sur l'activité de la Sagesse dans le monde des hommes ? L'axe cosmique introduit par le terme τεχνῖτις[238] se profile dans ce que j'identifie comme une transition, c'est évident. Mais que cet axe en vienne à éclipser brusquement la thématique qui est sur le point de disparaître, à savoir l'activité d'enseignement de la Sagesse auprès des hommes, voilà qui mérite quelque vérification.

b. Une description éloquente

Dix de ces vingt et un attributs apparaissent en d'autres endroits du livre. Ainsi ἅγιος revient treize fois, en particulier pour qualifier ce qui est « sanctifié », que ce soient les fils de Dieu (Sg 5,5), la montagne et la tente (Sg 9,8), le prophète (Sg 11,1), la terre (Sg 12,3). Cet adjectif n'est donc pas

---

[234] C.L.W. GRIMM, *Weisheit*, 152.

[235] É. DES PLACES, « Épithètes et attributs de la Sagesse », *Bib.* 57 (1976) 414-419.

[236] L'adjectif νοερόν, appliqué au *pneuma* cosmique des Stoïciens, a fortement orienté l'interprétation de l'ensemble de ces adjectifs (*SVF* I,32.110 ; II,112.310.1009). Les remarques sur l'éloquence, loin de récuser ces diverses remarques philologiques, entendent les compléter.

[237] C. LARCHER, *Le livre de la Sagesse*, II, 481.

[238] φύσις ἐστὶ πῦρ τεχνικὸν ὁδῷ βαδίζον εἰς γένεσιν καὶ ἐξ ἑαυτοῦ ἐνεργητικῶς κινούμενον, *SVF* II,1132 ; II,1009.1027.

le propre d'un être, d'une activité ou d'une puissance divine bien qu'il désigne la plupart du temps une relation à Dieu[239]. Les autres termes sont λεπτός, à propos de l'écume (Sg 5,14), εὐκίνητος du bois (Sg 13,11), τρανός de la langue des enfants (Sg 10,21), ὀξύς du jugement et de l'épée (Sg 8,11 ; 18,15), φιλάνθρωπος de l'esprit et du juste (Sg 1,6 ; 12,19), ἀσφαλής de racines ou d'un sentier (Sg 4,3 ; 14,3), ἀμέριμνος de celui qui veille (Sg 6,15), παντοδύναμος de la main ou de la parole de Dieu (Sg 11,17 ; 18,15), ou encore καθαρός de l'usage d'ustensiles (Sg 15,7). Ces derniers offrent un champ d'application large et varié qui ne suppose pas non plus une « nature éminente » ou « une activité transcendante ».

Il est ensuite possible de dégager un groupe de six qualificatifs caractéristiques de l'éloquence et pouvant se rapporter directement au verbe διδάσκω.

1. σαφής

Synonyme d'ἀληθής ou de δῆλος, il qualifie essentiellement la *clarté* d'un discours (Euripide, *Oreste* 592 ; *Médée* 72 ; Isocrate, *Panégyrique* 65 ; Xénophon, *Mémorables* IV,6,13) ou d'une pensée (Xénophon, *Mémorables* IV,3,15 ; *Anabase* III,1,10 ; Dion de Pruse, 2,17 ; 31,42 ; Sextus Empiricus, *Questions pyrrhoniennes* II,156 ; *Contre les mathématiciens* I,319 ; II,75), parfois une relation amicale (Xénophon, *Mémorables* II,4,1) en ce qu'elle exclut le mensonge ou la fourberie. Je rappelle cette formulation de Xénophon où l'adjectif apparaît sous forme adverbiale :

ὅπως δὲ μὴ δι'ἄγνοιαν λάθω τι παρανομήσας τοῦτο βούλομαι σαφῶς μαθεῖν παρ'ὑμῶν πότερον τὴν τῶν λόγων τέχνην σὺν τοῖς ὀρθῶς λεγομένοις εἶναι νομίζοντες	*Afin que par ignorance je n'enfreigne pas la loi à mon insu, je veux apprendre clairement ceci de vous : faut-il considérer que la technique de la parole vise ce qui est bien dit,*

239 « Le livre de la Sagesse retrouve le lien entre la sainteté de Dieu, de son Esprit, et de la vie morale de l'homme, et l'engagement au partage fraternel caractérise l'alliance conclue par les saints », M. GILBERT, « Le Sacré dans l'Ancien Testament », *L'expression du Sacré dans les grandes religions. I. Proche-Orient ancien et traditions bibliques* (éd. J. RIES – H. SAUREN – G. KESTEMONT) (HoRe 3 ; Louvain-la-Neuve 1978) 279. L'explication de C. LARCHER, *Le livre de la Sagesse*, II, 482, sur la signification de « saint », désignant une « affinité de nature avec le Dieu transcendant », appuyée sur le principe que « la notion biblique de sainteté implique une opposition de nature » entre le créé et le créateur, supposerait que le terme « nature » ait un sens dans l'univers biblique. Il semble plus probable que ce qualificatif désigne « une relation » spécifique entre une réalité créée et le créateur (on parlera d'alliance, cf. M. GILBERT) et ne prouve pas que la nature de l'esprit, telle qu'un philosophe l'entend, soit divine.

ἢ σὺν τοῖς μὴ ὀρθῶς ἀπέχεσθαι κελεύετε αὐτῆς	*ou, selon que vous ordonnez qu'on s'en abstienne, ce qui n'est pas bien dit*[240] ?

Je retiens encore une expression de Sextus Empiricus pour qui ce terme est usuel dans sa critique des Stoïciens et de leurs discours prétendument scientifiques :

ἔσται σαφὲς ἐκθεμένων ἡμῶν τοὺς ἀναποδείκτους	*La chose sera claire d'après ce que nous aurons démontré*[241].

2. τρανός

Proche quant au sens du terme précédent, cet adjectif désigne d'abord la clarté du son. D'un usage plus tardif, on le retrouve en Is 35,6 (LXX), mais surtout chez des auteurs comme Denys d'Halicarnasse (*Isée* 9, *La composition stylistique* 22,38), Philodème (*Rhétorique* I,336,13 ; I,339,17), Dion de Pruse (37,13) et Sextus Empiricus (*Contre les mathématiciens* VII,125) pour qui ce terme permet de qualifier une bonne diction ou une clarté d'expression, *disertus* en latin, qui est encore un équivalent d'*éloquent*[242]. La qualité de l'expression n'est-elle pas appréciable chez un enseignant ? Les efforts déployés par Larcher pour montrer que cet adjectif signifie « garder sa distinction propre », atteste sa volonté de justifier l'axe divino-cosmique de son interprétation.

3. ὀξύς

Caractéristique d'un verdict ou d'un décret en Sg 8,11 et Sg 18,15, cet adjectif qualifie au sens propre un objet tranchant comme une épée ; au sens figuré, il qualifie les sens (vue, ouïe) ou la connaissance. La métaphore de l'épée étant appliquée à la langue ou à la bouche, cet adjectif rejoint le champ lexical de l'éloquence (Ps 56,5 ; Ep 6,17 ; Ap 1,16 ; 2,12 ; 19,15 ; He 4,12). De leur côté, Philodème (*Rhétorique* I,197,22) et Dion de Pruse (4,108) l'appliquent à la voix, Euripide (*Médée* 642) et Sextus Empiricus (*Questions*

---

[240] Xénophon, *Mémorables* I,2,34.

[241] Sextus Empiricus, *Questions Pyrrhoniennes* II,156.

[242] C.L.W. GRIMM, *Weisheit*, 154, indique que l'orateur fait référence ici à la manière de parler des Sages et des Prophètes : « Nach Vorgang des Syrers u. der Vulg. erklären es hier die Zürch. Bibel [...] durch *beredt*, letzter unter Berufung auf εἰπεῖν κατὰ γνώμην Vs 15 u. ἐν χειρὶ αὐτοῦ οἱ λόγοι ἡμῶν Vs. 16, also *beredt* in seinen Organen, wie den Weisen und (Vs. 27) Propheten ; vgl. auch 10,21 ». A. SISTI, *Sapienza*, 220, rappelle comment ce terme est propre à l'expression de ce qui est compris. Selon la formule de Boileau, dans son *Art poétique*, I, 153-154 : « Ce que l'on conçoit bien s'énonce clairement
Et les mots pour le dire arrivent aisément ».

pyrrhoniennes II,62) à la pensée. Dans le Ps 44,2, le composé ὀξυγράφος qualifie le scribe. Il est donc possible d'appliquer ce caractère *tranchant* au discours de la Sagesse.

4. ἀσφαλής

Un processus similaire à l'adjectif précédent s'applique à celui-ci. Propre à ce qui sert de fondement (Sg 4,3 ; 14,3), il se rapporte aussi bien à la connaissance vraie[243] qu'au discours convaincant. Ainsi Xénophon rappelle comment Homère fit d'Ulysse (*Odyssée* 8,171) « un orateur assuré » (τὸ ἀσφαλῆ ῥήτορα, *Mémorables* IV,6,15). Il convient de mentionner également Platon (*Euthydème* 284E), Ménandre le Comique (*Samienne* 240), Démétrius de Phalère (*Du style* 19,41-78), Denys d'Halicarnasse (*Isocrate* 3) ou encore Philodème (*Rhétorique* I,263,34), autant d'exemples qui montrent comment l'enseignement de la Sagesse ne se laisse pas aller au vent des opinions, mais qu'elle présente une grande *solidité*.

5. βέβαιος

Synonyme d'ἀσφαλής, cet adjectif est utilisé dans des contextes semblables. Il est appliqué à la connaissance par Euripide (*Héraclès* 1121) et se retrouve chez Denys d'Halicarnasse pour qualifier une démonstration ou un discours (*Lysias* 3 ; 12 ; *Démosthène* 50). Sextus Empiricus (*Questions pyrrhoniennes* I,139 ; *Contre les mathématiciens* VIII,374) l'utilise également en ce sens. Cet adjectif qualifie la parole des anges en He 2,2 et la parole prophétique en 2P 1,19. Il s'applique également à la vertu, au salut ou à la grâce (Philon, *Confus.* 106 ; *Cher.* 103 ; *Spec.* III,130). On pourrait lui prêter le sens de *crédible*.

6. λεπτός

L'ambivalence de ce terme est singulièrement intéressante. Caractéristique d'une matière qui s'infiltre partout (comme l'air et le feu en 1R 19,12, Platon, *Timée* 58B) ou d'une légèreté particulière (comme l'écume en Sg 5,14, ou la manne en Ex 16,14), il s'applique par métaphore à la parole et à la pensée et devient synonyme de δῆλος. Ainsi se rencontre-t-il chez Anaxagore (qualifiant le νοῦς, Platon, *Cratyle* 412D) et Euripide (à propos du νοῦς, *Médée* 529, et du μῦθος, *Médée* 1082). Denys d'Halicarnasse l'utilise dans sa présentation des orateurs antiques (*Isocrate* 3 ; *Démosthène* 29). Je rappelle enfin cette expression qui tient ensemble l'élaboration intellectuelle (*inventio*) et orale (*elocutio*) d'un discours en y appliquant cet adjectif.

---

[243] G. SCARPAT, *Sapienza*, II, 121, indique la portée philosophique de ἀσφαλής et de βέβαιος, termes caractéristiques de la connaissance.

Θρασύμαχος δὲ καθαρὸς μὲν καὶ λεπτὸς καὶ δεινὸς εὑρεῖν τε καὶ εἰπεῖν στρογγύλως καὶ περιττῶς ὅ βούλεται	*Thrasymaque est pur, clair, étonnant, aussi bien pour trouver que pour exprimer avec précision et magnifiquement ce qu'il veut*[244].

Il existe en outre le verbe λεπτολογέω et l'adjectif λεπτολόγος pour désigner une façon *subtile* et *raffinée* de parler (Aristophane, *Les Nuées 320* ; Philon, *Leg.* III,170 ; Philodème, *Rhétorique* II,44,9). Une fois encore, cet adjectif convient à la *subtilité* d'un enseignement[245].

Bien que les autres adjectifs ne concernent pas directement l'art de la parole, je remarque qu'ils ne lui sont pas non plus étrangers. Ainsi, ἅγιος qualifie le λόγος (Ps 104,42) en ce qu'il désigne la promesse faite à Abraham. Son équivalent hébraïque קֹדֶשׁ revient en Jr 23,9 (TM) à propos des préceptes divins. Εὐκίνητος est, selon Philodème (*Poétique* 994,35), une caractéristique d'un discours *gracieux* ou, selon Denys d'Halicarnasse, la qualité d'une âme sensible à l'acte oratoire :

Αὐτὴ γὰρ ἡ λέξις διδάσκει τοὺς ἔχοντας ψυχὴν εὐκίνητον μεθ' οἵας αὐτὴν ὑποκρίσεως ἐκφέρεσθαι δεήσει	*C'est le style même qui enseigne ceux qui ont une âme facile à ébranler, s'exprimant avec tout ce qu'il est par la prière de déclamation*[246].

On trouve également l'adjectif μεριμνητής à propos des raisonnements ou des discours (contraire d'ἀμέριμνος) dans ce passage d'Euripide :

Τὰ θνητὰ δ' οὐ νῦν πρῶτον ἡγοῦμαι σκιάν οὐδ' ἂν τρέσας εἴποιμι τοὺς σοφοὺς βροτῶν δοκοῦντας εἶναι καὶ μεριμνητὰς λόγων τούτους μεγίστην ζημίαν ὀφλισκάνειν	*Ce n'est pas d'aujourd'hui que je considère les choses mortelles comme une ombre, et je ne pourrais dire avec hardiesse que les mortels qui passent pour sages et qui s'inquiètent de discours sont condamnés à la plus grande perte*[247].

---

[244] Denys d'Halicarnasse, *Isée* 20.

[245] Cicéron qualifie ainsi le langage des Stoïciens : « Stoicorum autem non ignoras quam sit subtile, vel spinosum potius, disserendi genus » (« Les Stoïciens, au contraire, ont, tu ne l'ignores pas, une façon de s'expliquer subtile ou plutôt épineuse »), *Des termes extrêmes des biens et des maux* III,3 (tr. J. MARTHA ; CUF ; Paris [5]1989).

[246] Denys d'Halicarnasse, *Démosthène* 53.

[247] Euripide, *Médée* 1224-1227.

Et une expression du livre des Actes des Apôtres montre comment la forme adverbiale de l'adjectif ἀκωλύτος n'est pas sans rapport avec la capacité d'enseigner :

διδάσκων τὰ περὶ τοῦ κυρίου Ἰησοῦ Χριστοῦ μετὰ πάσης παρρησίας ἀκωλύτως	*Enseignant ce qui concerne le Seigneur Jésus Christ avec pleine assurance et sans obstacle*[248].

Pour sa part, φιλάνθρωπος se dit adéquatement de paroles bienveillantes (Démosthène, *Contre Nausimaque* 298 ; Sextus Empiricus, *Questions pyrrhoniennes* III,280). Son synonyme εὐεργητικός n'est pas directement lié à l'art de la parole, mais une expression d'Hermès Trismégiste (*De Mente* 24,22), à propos des animaux dépourvus de parole, montre un rapport possible :

Ἐν μὲν τοῖς ἀλόγοις ζῴοις οὐκ ἔστιν εὐεργετικός	*Il n'y a pas de bienfaisance dans les animaux privés de parole.*

Il est dès lors assez logique d'associer ces deux termes à φιλάγαθος, puisque ce dernier qualifie le législateur selon Philon (*Mos.* II,9), et que Scarpat se réfère précisément à Sg 7,13a ainsi qu'à la qualité des souverains : « Les termes renvoient aux principes considérés dans les traités comme les qualités du sage, en particulier celles du législateur ou du roi »[249]. Le Sage ne règne-t-il pas par sa parole plutôt que par la force des armes ?

Le terme composé παντοδύναμος, quant à lui, qualifie le λόγος en Sg 18,15. Et concernant πανεπίσκοπος, il conviendrait de l'associer aux termes ἐπίσκοπος, qualifié d'ἀληθής en Sg 1,6, ἐπισκοπέω, qui signifie « scruter », « observer », ou encore ἐπισκοπή (Sg 2,20 ; 3,7.13). Selon Platon (*Lois* 795D ; 849A), ἐπίσκοπος désigne le « tuteur », terme qui entre dans le champ lexical de l'éducation. Ici encore, Scarpat l'associe à la connaissance. Il faut aller plus loin et le relier à la capacité d'interroger ou d'exprimer ce qui est scruté. C'est le propre de la maïeutique socratique qui, rapportée par Platon, scrute la réalité par le biais du dialogue, comme s'il ne pouvait y avoir de connaissance sans parole. Voici ce qu'en dit Xénophon :

Βούλει οὖν ἔφη ὁ Σωκράτης διαλογιζόμενοι περὶ αὐτῶν ἐπισκοπῶμεν ὅπου ἤδη τὸ δυνατόν ἐστι	*Voudrais-tu, lui dit Socrate, qu'en en discutant, nous examinions ce qu'il en est de la puissance ?*[250]

[248] Ac 28,31 ; Procopius de Gaza, *Épître* 46, applique le même adverbe à la langue.
[249] G. SCARPAT, *Sapienza*, II, 120.
[250] Xénophon, *Mémorables* III,5,1.

N'est-ce pas une belle qualité pour un enseignant que d'être perspicace ? La pureté, καθαρός, selon le Pseudo-Longin, qualifie l'absence de faute chez un rhéteur (*Du Sublime* 32,8 ; Denys d'Halicarnasse, *Lysias* 2). La multiplicité (πολυμερής), à laquelle l'auteur associe paradoxalement l'unicité (μονογενής), peut indiquer la qualité de celui qui, n'ayant qu'une parole (dans la ligne de Mt 5,37, l'unité marquant l'absence de contradiction), la profère à plusieurs reprises ou sous plusieurs formes (He 1,1). N'est-ce pas encore la qualité d'un maître qui, sans se contredire, use de la répétition afin de mieux transmettre les dons reçus ? Il est possible de rattacher ἀμόλυντος à καθαρός et ἀπήμαντος à φιλάγαθος et d'y reconnaître les qualités d'une parole ἀψευδής qui ne subit ni ne provoque corruption ou dommage, ce qui ne fut pas le cas de la parole du serpent en Gn 3,1 (Sg 2,24).

J'en viens enfin à νοερός, terme crucial de l'axe interprétatif cosmico-physique de cette liste, mais dont un usage chez Denys d'Halicarnasse indique également la portée oratoire :

'Εαν μὲν καὶ ἡ τῆς λέξεως μεγαλοπρέπεια καὶ ἡ τῆς συνθέσεως ἐξαλλαγὴ καὶ τὸ τῶν παθῶν ἔξψυχον καὶ τὸ διὰ πάσης κεραίας διῆκον πικρὸν καὶ νοερὸν τό τε πνεῦμα καὶ ἡ δεινότης πᾶσι παρέπηται μηθὲν ἔτι τὸ κωλῦον ἔστω ἐν τοῖς Δημοσθένους αὐτοὺς ἀναγράφειν	*Si la magnificence du style, le changement de composition, l'exubérance des émotions, le piquant et l'intelligence qui traverse tous les signes, l'esprit et la virtuosité y sont présents d'un bout à l'autre, rien n'empêche plus de l'inscrire au compte de Démosthène*[251].

Il est possible, comme le précise Costil, que « certaines formules ou comparaisons de Denys représentent une transposition esthétique de celles que Poseidonios appliquait au souffle divin qui anime le monde »[252]. Est-il

[251] Denys d'Halicarnasse, *Dinarque* 7,4.

[252] Cf. P. COSTIL, *Denys d'Halicarnasse. Dinarque* (CUF ; Paris 1988) 38, n. 131 ; J. BRUNSCHWIG, *Études sur les philosophies hellénistiques*, 115-268, montre l'importance que les Stoïciens accordent à la logique (grammaire, dialectique et rhétorique) et le recoupement de celle-ci avec la physique et l'éthique : « Ce rapprochement entre le problème logique de la conjonctive et le problème physique du mélange n'est pas dépourvu de pertinence, ni du point de vue des Stoïciens ni de celui de leurs adversaires, puisqu'il y a un isomorphisme incontestable entre les deux problèmes », 167. Ou encore « logique et éthique s'interpénètrent donc ici très étroitement, au point que l'on ne sait si l'on doit plutôt parler d'une importation, dans le champ de l'éthique, du principe logique de bivalence, ou bien au contraire d'une vision morale de la logique des conjonctives », 171. Ses études équilibrent une approche du stoïcisme qui serait par trop physique ou éthique. Il apparaît au contraire fondamental de tenir à

certain qu'il y a transposition et que les Stoïciens n'avaient pas eux-mêmes envisagé ce lien entre le souffle cosmique et le souffle oratoire ? Le monde, être vivant, logique, intelligent (Diogène Laërce, *Zénon* 7,143), n'est-il pas éloquent au même titre que l'homme ? Ce qui s'offre aux sens de l'homme et qui pénètre en lui, n'est-ce pas un discours intelligible et avisé qui aurait dû conduire l'homme à reconnaître son auteur[253] ?

En somme, la convergence de ces adjectifs, en rapport avec le verbe διδάσκω, est significative. Elle confirme les indices relatifs à l'unité de la structure littéraire qui reliaient Sg 7,22-23 aux versets qui précèdent. La description de l'esprit ne vise pas d'abord et exclusivement la création du monde, mais explicite « l'art » avec lequel la Sagesse « personnifiée », en maîtresse du Sage, l'instruit avec talent. Ainsi, l'insistance du Sage sur sa propre parole (Sg 7,13-16) rejoint cette mise en valeur de l'esprit comme ce souffle oratoire qui fait d'un discours le moyen par excellence d'une transmission des dons reçus, c'est-à-dire de la parole écoutée. « L'esprit de l'éducation » (Sg 1,6) est dès lors le même esprit qui remplit toute chose (Sg 1,7) et qui fait de l'homme ignorant un Sage, un roi. L'axe « éthico-gnostique », pour reprendre l'expression de Grimm, que je qualifierais de « gnostico-rhétorique », accorde à cette liste une belle cohérence[254]. Cette péricope inscrit en outre une transition de grande qualité entre l'éloge du Sage promis à devenir maître de Sagesse (Sg 6,9-11) et l'hymne à la Sagesse qui l'a rendu tel, entre l'éducation de l'homme (παιδεία) et l'illumination du cosmos (ἀπαύγασμα).

À ce stade de l'analyse, je serais tenter de relativiser l'influence probable des arétalogies et autres hymnes religieux qui usent du même artifice littéraire de l'énumération (Georgi, Schmitt, des Places, Reese, Scarpat). Certes, le fait que les attributs sont au nombre de vingt et un peut avoir un

---

l'isomorphie entre les problématiques du discours (λόγος), de la nature (φύσις) et de la conduite de vie (ἀρετή).

[253] À partir du souffle de leur bouche, les orateurs façonnent des discours comme les potiers façonnent un vase par leurs mains. Les discours peuvent être aussi bien des œuvres d'art, destinées au seul étonnement esthétique, que des outils dont la finalité est d'abord pratique. Il n'est pas difficile de distinguer alors les discours d'apparat, œuvres destinées à susciter l'admiration et les discours destinés à former l'opinion d'un jury ou d'un peuple. Dans cette seconde catégorie, je range sans hésitation le discours scolaire dont la fonction première est de former l'âme d'une génération. En créant le monde, Dieu aurait proféré « son discours initiatique ». Le Sage se doit de l'écouter, de le comprendre et de le transmettre (Ps 18,2-5).

[254] Selon C. GUTBERLET, tous ces qualificatifs ne sont pas significatifs ; M. CONTI relève la difficulté à trouver le critère qui préside à leur choix ; L. ALONSO SCHÖKEL indique que le contexte ne permet pas de définir le sens de plusieurs de ces adjectifs. Il est apparu au contraire que le choix de l'auteur s'harmonise parfaitement avec le contexte de la louange du Sage à travers la figure du maître.

sens religieux et le vocabulaire choisi peut être un écho de ce que l'on disait de la nature des dieux. Mais, comme je viens de l'indiquer, cette même liste peut également décrire les qualités d'un maître d'école. On ne sera donc pas surpris de trouver la description d'un sophiste en vingt et un points chez un auteur classique comme Aristophane. Ainsi, dans ce passage des *Nuées*, la description ironique d'un homme comme Socrate ne pouvait laisser indifférent un Sage qui prétend instruire par ses paroles (Sg 6,9).

τοῖς τ' ἀνθρώποις εἶναι δόξω
θρασύς, εὔγλωττος τολμηρός ἴτης
βδελυρός ψευδῶν συγκολλητής
εὑρησιεπής περίτριμμα δικῶν
κύρβις κρόταλον κίναδος τρύμη
μάσθλης εἴρων γλοιός ἀλαζών
κέντρων μιαρός στρόφις ἀργαλέος
ματιολοιχός

Pour les hommes, je passerai pour être hardi, beau parleur, audacieux, effronté, impudent, assembleur de mensonges, jamais à court de paroles, routier de procès, pilier de lois, cliquette, renard, tout rouries, souple comme lanière, narquois, glissant, hâbleur, cible à aiguillon, canaille, retors, revêche, lèche[255].

Le Sage, en affirmant avoir reçu l'esprit de la Sagesse (Sg 7,7), s'approprie des qualités bien différentes de celles qu'Aristophane attribue à un sophiste[256].

Il semblerait que seule une double traduction de Sg 7,22-23 puisse rendre compte de l'ambivalence des termes choisis. Larcher et la BJ proposent une traduction qui manifeste le lien avec la description de la Sagesse en Sg 7,24–8,1. On y reconnaît la volonté de rendre compte d'une activité transcendante dans l'ensemble de l'univers. De mon côté, je propose une traduction complémentaire qui fait de cette liste une illustration du verbe διδάσκω et qui pourrait être une description originale de ce don précieux qu'est la παρρησία (Pr 1,20), qualité des hommes instruits (Ac 4,13 ; 4,31 ; 28,31 ; Ep 6,19) parlant en toute franchise. Un tableau illustre ce phénomène.

---

[255] Aristophane, *Les Nuées* 444-451 (tr. H. VAN DAELE ; CUF ; Paris 1987). La description du bon soldat par Xénophon, *Mémorables* III,1,16 ou celle du mauvais roi par Dion de Pruse 2,75 sont également significatives.

[256] Cf. J.-N. ALETTI, « Séduction et parole », 143.

Sg 7,22-23	Axe cosmique		Axe éducatif
	BJ	Larcher	
22 ἔστιν γὰρ ἐν αὐτῇ πνεῦμα	En elle est, en effet, un esprit	Car il y a en elle un Esprit	Il y a en effet en elle un esprit
νοερόν	intelligent	intelligent	intelligent
ἅγιον	saint	saint	saint
μονογενές	unique	unique	unique
πολυμερές	multiple	multiple	multiple
λεπτόν	subtil	subtil	subtil
εὐκίνητον	mobile	agile	sensible
τρανόν	pénétrant	distinct	éloquent
ἀμόλυντον	sans souillure,	sans tache,	net,
σαφές	clair	clair	clair
ἀπήμαντον	impassible	inaltérable	inoffensif
φιλάγαθον	ami du bien	aimant le bien	aimant le bien
ὀξύ	prompt	diligent	franc
23 ἀκώλυτον	23 irrésistible,	23 indépendant,	23 accessible,
εὐεργετικόν	bienfaisant,	bienfaisant,	bienfaisant,
φιλάνθρωπον	ami des hommes	ami de l'homme,	bienveillant,
βέβαιον	ferme	ferme	crédible
ἀσφαλές	sûr	assuré	fiable
ἀμέριμνον	sans souci	tranquille	paisible
παντοδύναμον	qui peut tout	tout-puissant	tout-puissant
πανεπίσκοπον	surveille tout	contrôlant tout	en tout perspicace
καὶ διὰ πάντων χωροῦν πνευμάτων νοερῶν καθαρῶν λεπτοτάτων	pénètre à travers tous les esprits, les intelligents, les purs, les plus subtils.	et pénétrant à travers les esprits, les intelligents, les purs, les plus subtils.	pénétrant tous les esprits intelligents, les purs et les plus subtils.

Au terme de cette analyse, j'estime nécessaire d'interpréter cette liste de qualificatifs à la lumière du débat qui oppose le Sage au beau parleur, le maître de Sagesse au charlatan vendeur de charmes. En effet, la problématique de l'éducation, introduite en Sg 7,13, trouve en cette longue énumération son point d'orgue. On y découvre l'esprit qui devrait habiter l'âme de tout maître, l'esprit transmis par la parole d'une génération à l'autre, l'esprit qui conduit à régner et sans lequel un roi n'est pas un roi mais un tyran. Que l'auteur bascule ainsi du contexte éducatif du Sage à l'œuvre cosmique de la Sagesse montre une certaine convenance à ne pas séparer l'éducation de la création. Le Sage, conduit par l'esprit de la Sagesse, peut exprimer par son « verbe » ce qu'il a connu de la Sagesse et de Dieu, de la Sagesse et du monde.

Contraint de renoncer à une vision trop unilatérale, où les écoles philosophiques seraient déconnectées de la scène politique et éducative, où le monde des sophistes serait peu digne d'intérêt, j'ai voulu réhabiliter une interprétation tenant compte de l'équilibre entre une pratique scolaire de la rhétorique et une conception philosophique du monde. En harmonie avec un milieu scolaire de l'époque hellénistique et impériale, le *topos* de la *paideia* constituait l'isotopie principale du discours. Et s'il est un acte auquel l'auteur attache une importance considérable, c'est bien celui de parler, parler pour transmettre fidèlement la parole qu'il a reçue de Dieu. L'esprit de la Sagesse, qui fait que la parole d'un maître façonne l'univers de ses auditeurs, créant de nouvelles générations de sages, n'est pas un esprit seulement cosmique : il est aussi et surtout un souffle oratoire. C'est l'esprit de l'éducation.

Chapitre IV : La lumière novatrice (Sg 7,24–8,1)

Couronnement de la première partie de l'éloge du Sage (Sg 7,1-23), l'énumération ambivalente des attributs de l'Esprit (Sg 7,22-23) fait basculer l'auditoire de l'éducation du Sage dans l'éloge de la Sagesse. On reconnaîtra sans peine, à travers les mots et les figures des versets qui suivent (Sg 7,24–8,1), non plus le monde scolaire du maître et de son disciple, mais celui des constellations, où la Sagesse, en parèdre divine, gouverne l'univers entier. L'hymne achevé, un autre monde s'ouvrira, le monde politique des cités et des rois (Sg 8,2-21), comme si le passage du monde scolaire au monde politique exigeait cette contemplation cosmique.

Une brève présentation de l'écho à l'univers hérité de Platon et des Stoïciens, auxquels renvoient les versets introductif (Sg 7,24) et conclusif (Sg 8,1), illustrera la façon dont l'auteur prend en compte ce que j'appelle maladroitement « la foi des philosophes » ou mieux, « la religion du monde »[1].

L'analyse du terme καινίζω (Sg 7,27) permettra ensuite de spécifier l'acte de la Sagesse. Il n'est pas nécessairement « un renouvellement », selon une lecture habituelle, mais un acte originel en ce qu'il « innove » toute chose. Par son insistance sur le « commencement », le Sage se détacherait d'une conception de la Sagesse immanente au monde qu'un panthéisme pourrait induire. Il introduirait, dans cette foi des philosophes, l'originalité de sa foi israélite issue d'une méditation du livre de la Genèse.

Enfin, la description de la Sagesse, en relation avec la lumière éternelle et la lumière du soleil ou des constellations, révélera une conception paradoxale de la Sagesse, ni seulement immanente, ni totalement transcendante. Dans le sillage d'Aristobule, qui assimile la Sagesse à la « lumière primordiale », le Sage ne pourrait parler de la Sagesse sans se référer, au moins implicitement, aux livres de la Genèse (Gn 1,1-5), des Proverbes (Pr 8,22-31) et des Psaumes (Ps 103,24). Il répondrait ainsi aux astrologues, tentés de faire des luminaires célestes les grands maîtres de l'histoire.

---

[1] A.-J. Festugière, *La révélation d'Hermès Trismégiste. II. Le Dieu cosmique* (EtB ; Paris 1949) 343.

A. La foi des philosophes (Sg 7,24 ; 8,1)

Dans la suite logique identifiée entre la première partie de l'éloge du Sage (Sg 7,1-23) et la seconde partie de ce même éloge (Sg 8,2-21), l'hymne à la Sagesse s'inscrit donc comme une parenthèse. La logique persuasive n'a plus lieu d'être. En effet, si le Sage peut ne pas avoir été sage et ne plus l'être, la Sagesse est immuable en sa nature transcendante. Le « moi » s'efface devant celle qui enseigne, lui rendant l'hommage des mots. Non pas les mots qu'un imaginaire fou pourrait suggérer au hasard d'une création poétique, non pas les mots qu'une pure rationalité prétendrait créer de toute pièce, non, aucun de ces mots, mais les mots qui façonnent et travaillent le cœur des hommes à la manière d'un ferment, ces mots même qui font de la mémoire un temple saint. N'étant ni de la poésie ni de la philosophie, ou plutôt, étant à la fois poétique et philosophique, l'hymne rhétorique est une création littéraire d'interprétation complexe où l'exubérance de l'imaginaire se mêle à la pondération de la réflexion, où la rationalité tend à se confondre avec l'esthétique, pour rendre hommage à celle qui est aimée.

Engel est le seul à souligner avec justesse les indices qui justifient l'unité de Sg 7,24–8,1 : l'inclusion entre Sg 7,24 et 8,1 par la répétition de l'adjectif πᾶς, les assonances entre les verbes « pénétrer » et « gouverner », l'enchaînement de mots crochets. Il indique surtout comment l'auteur, sans oublier les textes bibliques, se risque sur le terrain philosophique : « Dans le passage 7,24–8,1, celui qui parle continue à reformuler son éloge de la sagesse à partir des textes bibliques qui discourent par la parole et par le chant à propos de Dieu et de l'activité de son esprit depuis la création (en part. Gn, Ps, Pr, Si), en utilisant au besoin des termes spécialisés de nature philosophique, et cela sans se soucier des implications dangereuses des systèmes stoïcien, médio-platonicien ou pythagoricien »[2].

Le Sage ne s'intéresse plus à sa condition, à son éducation ou à son espérance ; il entend décrire la Sagesse en s'appuyant sur les apports de la philosophie antique. Les commentaires se sont attachés à montrer l'influence d'une conception du νοῦς attribuée à Anaxagore[3], d'une certaine conception platonicienne de l'âme du monde, d'expressions stoïciennes évoquant le souffle intelligible[4]. Ils sont unanimes à indiquer cet univers philosophique à

---

[2] H. ENGEL, *Das Buch der Weisheit* (NSKAT 16 ; Stuttgart 1998) 135.

[3] νοῦς δέ ἐστιν ἄπειρον καὶ αὐτοκρατὲς καὶ μέμεικται οὐδενὶ χρήματι [...] ἔστι γὰρ λεπτότατόν τε πάντων χρημάτων καὶ καθαρώτατον καὶ γνώμην γε περὶ παντὸς πᾶσαν ἴσχει και ἰσχυέι μέγιστον, Anaxagore, frg. 12, in D. SIDER, *The Fragments of Anaxagoras. Edited with an Introduction and Commentary* (Meisenheim 1981) 92.

[4] On se reportera au long « Exkursus » de P. HEINISCH, *Weisheit*, 149-158.

forte connotation panthéiste où le logos, la nature ou encore le feu, sont à l'univers ce que l'âme est au corps.

De fait, il n'est pas dépourvu d'intérêt de faire cas de quelques formulations platoniciennes relatives à l'âme du monde qui auraient, selon les explications de d'Hamonville, influencé jusqu'au traducteur grec de Pr 8,22-31 (TM)[5]. Elles se trouvent pour l'essentiel dans le *Timée*, récit surprenant d'une création du monde et de son âme. Cette dernière serait placée au centre du monde ; elle s'étendrait à travers le corps du monde tout entier (διὰ παντός τε ἔτεινεν, *Timée* 34B3), serait antérieure à ce corps (προτέραν, *Timée* 34C4) et, bien qu'elle soit composée de trois entités, serait unique (συνεκεράσατο εἰς μίαν πάντα ἰδέαν, *Timée* 35A7), allant du centre à l'extrémité du ciel (ἐκ μέσου πρὸς τὸν ἔσχατον οὐρανόν *Timée* 36E2)[6].

Toutefois, il revient surtout au stoïcisme d'avoir développé la conception platonicienne de l'âme du monde, pour en retrouver sans doute la portée religieuse. À ce propos, Bréhier rappelle l'équivalent physique du dualisme platonicien : « Le souffle qui agit sur un autre corps sans être affecté par lui, doit en effet pénétrer ce corps passif, tout en restant identique à lui-même ; ce qui constitue précisément le mélange total. La théorie du mélange n'est au fond qu'une solution du vieux problème platonicien de la participation : comment l'élément idéal et formel peut-il, sans altération, être présent dans les choses sensibles ? L'élément informateur est ici un souffle matériel ; mais dans son commerce avec la matière qu'il régit, il doit, comme l'Idée, se garder pur de toute altération. »[7] Il poursuit en montrant comment ce souffle joue le rôle de cause universelle : « Il s'ensuit que le corps le plus mobile et qui a en lui-même la source de son mouvement, le souffle, est par excellence une cause. Les Stoïciens sont amenés par là à soutenir contre Aristote que la cause première est non pas immobile, mais mobile [...] Chez les Stoïciens le mouvement est identifié avec la cause elle-même »[8]. Posidonius accentue la rencontre avec le platonisme, intégrant, comme le souligne Boys-Stones, l'exigence d'un arrachement au mal par la philosophie[9]. S'il est impossible de circonscrire ici l'aventure stoïcienne, il

[5] « L'insistance du traducteur sur le "avant", πρό six fois répété, concorde avec l'assertion du *Timée*, selon laquelle l'Âme du monde a nécessairement précédé en tout le corps de ce monde », D.-M. D'HAMONVILLE, *Les Proverbes*, 111.

[6] Une brève discussion sur l'étymologie de δίκαιος chez Platon, *Cratyle* 412C6-413D1, permet de découvrir les conceptions antérieures à Platon sur ce principe premier qui cause l'harmonie du tout.

[7] É. BRÉHIER, *Chrysippe et l'ancien stoïcisme*, 127.

[8] É. BRÉHIER, *Chrysippe et l'ancien stoïcisme*, 129.

[9] « Since all men have within themselves the seed of vice, providence would have to endow men with philosophy to ensure that they did not naturally and immediately start acting

convient en revanche de souligner la similitude de langage. Les verbes choisis pour désigner l'action du souffle cosmique ou de l'âme humaine (διήκω, χωρέω, διατείνω, διοικέω) ont tout l'air de confirmer, non seulement le parallélisme identifié entre Sg 7,24 et Sg 8,1, mais encore la volonté de renvoyer à une conception stoïcienne du monde.

καὶ πνεῦμα μὲν διῆκον δι' ὅλου τοῦ κόσμου [...] δι' ἧς [τῆς ὕλης] φασι τὸ πνεῦμα χωρεῖν τοῦ θεοῦ [...] ὁ μὲν θεὸς πῦρ τεχνικόν	*L'esprit s'étend à travers le monde entier [...] À travers la [matière], disent-ils, l'esprit de Dieu passe [...] Dieu est le feu artisan*[10].
πνεύματός τινος διὰ πάσης αὐτῆς (οὐσία) διήκοντος	*L'esprit s'étendant à travers toute substance*[11].
τὸ δὲ πῦρ εἰς τὰ περίγεια χωρεῖν τὴν δὲ ψυχὴν δι' ὅλου τοῦ κόσμου διήκειν	*Le feu passe autour de la terre, l'âme s'étend au monde entier*[12].
θεόν διὰ πάσης αὐτῆς [ὕλης] διήκοντα	*Le divin passant à travers toute la matière*[13].
τὸ φύσει διοικεῖσθαι τόνδε τὸν κόσμον	*Le fait que ce monde soit gouverné par la nature*[14].

Comme l'indique Schuhl à propos du fondateur du Portique, il faut souligner « le caractère divin que revêt ce feu artiste qui, progressant méthodiquement, pénètre le monde et les hommes, et qui non seulement prévoit les résultats de son action, mais exerce une véritable providence. Prendre connaissance de cette action, la vénérer, s'y conformer, c'est là ce qui pour Zénon constitue la piété authentique »[15]. Que l'auteur s'inspire d'une telle vision du monde pour décrire la Sagesse, en particulier en Sg 7,24 et 8,1,

viciously, contrary to reason », G. R. BOYS-STONES, *Post-Hellenistic Philosophy. A Study in its Development from the Stoics to Origen* (Oxford 2001) 47.

[10] *SVF* II,1027. On retrouve une mention de « cette espèce de feu qui s'étend à travers le monde entier » dans Cicéron, *De la nature des dieux* II,9.

[11] *SVF* II,473. Une expression équivalente vise une considération anthropologique : οὐ γὰρ εἰ ἔστι τι διῆκον δι' ἡμῶν τε καὶ ἐκείνων πνεῦμα, *SVF* III,370.

[12] *SVF* I,495. Ce passage est attribué à Cléanthe.

[13] *SVF* II,310. Selon la physique stoïcienne, il y a deux principes, dieu et la matière (*SVF* I,495). Dieu traverse la matière pour lui donner son mouvement.

[14] *SVF* II,912. La « nature » est un terme analogue à l'esprit.

[15] P.-M. SCHUHL, « Préface à la traduction de textes stoïciens », *Les Stoïciens* (éd. É. BRÉHIER – P.-M. SCHUHL) (Paris 1962) XX. Cf. É. BRÉHIER, « La cosmologie stoïcienne à la fin du paganisme », *RHR* 64 (1911) 1-20.

ne fait aucun doute. Il semble même assumer l'ambiguïté théologique qui y est attachée, ne précisant pas nettement si la Sagesse est créée, comme le laisse supposer l'explication de Platon, ou si, dans un monde divinisé, elle en assure simplement l'harmonie (Stoïciens).

Partis de la conception héraclitéenne du temps (πάντα χωρεῖ καὶ οὐδὲν μένει)[16], imprégnés de la vision parménidienne de l'être (τῶν μίαν οὐ χρεών ἐστιν ἐν ᾧ πεπλανημένοι εἰσίν)[17] et de la distinction des éléments chère à Empédocle, sous l'influence probable d'Anaximène et d'Anaxagore[18], le Platonisme et le Stoïcisme ont été les grands instigateurs de ce qui est devenu, à l'époque hellénistique et romaine, « une religion nouvelle » dont le dogme principal fut l'existence du monde (κόσμος) en son éternité. Le dieu cosmique, bien qu'il ne réponde pas exactement à la conception juive de la divinité, s'en rapproche de façon étonnante. Répondant à une quête d'unité qui habite l'intelligence humaine, il s'impose progressivement. « Aux alentours de l'ère chrétienne, la religion du Dieu cosmique a gagné toute l'élite, en Grèce, dans l'Orient grec, à Rome. Désormais, jusqu'à la fin du paganisme, le païen éclairé peut s'adresser à un Dieu qui a toutes les apparences du vrai Dieu »[19]. Le monde ne serait pas cette absurdité courant vers le néant. De son être se dégage celui ou celle qui l'organise, l'oriente, lui donne sens et ordre. Les uns l'appelleront πνεῦμα, νοῦς ou φύσις, d'autres « le Dieu inconnu », qu'importe son nom puisqu'il suffit de reconnaître la rationalité immanente au monde[20]. Au fond, le philosophe n'est plus ce qu'il était. Il est devenu subrepticement l'adepte d'un mouvement difficile à définir. C'est le mouvement qui a fait naître la gnose et qui trouve en partie une illustration dans l'hermétisme[21]. Dès lors, au raisonnement humain se substitue une révélation universelle. À la cohérence des systèmes se substitue

---

16 Héraclite, frg. A.6 (éd. H. DIELS) ; « Tout cède et rien ne tient bon », M. CONCHE, *Héraclite. Fragments : texte établi, traduit, commenté* (Épiméthée ; Paris 1986 ; ^{4}1998) 463-466.

17 Parménide, frg. B.8,54 (éd. H. DIELS) ; « [Les mortels ont jugé bon de nommer deux formes] dont il ne faut pas faire une, en quoi ils se sont trompés », M. CONCHE, *Parménide. Fragments : texte établi, traduit, commenté* (Épiméthée ; Paris 1996 ; ^{2}1999) 187.

18 Selon Anaximène, toute substance provient du πνεῦμα, par raréfaction et condensation. Anaxagore élabore une théorie du νοῦς, esprit subtil mais non immatériel, transcendant, infini, autarcique et qui ne se mêle à rien.

19 A.-J. FESTUGIÈRE, *II. Le Dieu cosmique*, 157. Il ajoute plus loin : « À cet Orient hellénisé, où le Grec et le Barbare devaient se fondre dans des cités nouvelles, elle [la religion du Monde] apportait un Dieu que tous les hommes pussent prier en commun puisqu'il étendait sur tous la même *philanthropia* », 194.

20 « La religion du monde transcende les doctrines d'école, elle est devenue le bien commun de tout individu qui a participé à la *paideia* grecque », A.-J. FESTUGIÈRE, *II. Le Dieu cosmique*, 343.

21 A.-J. FESTUGIÈRE, *Corpus Hermeticum* (CUF ; Paris 1945-1954).

un amalgame, une sorte de « dogmatisme éclectique », où la convenance d'un dieu suprême régnant sur l'univers implique que « sa puissance circule à travers l'ensemble du monde »[22]. L'homme n'est plus celui qui interroge pour passer des ombres à la lumière ; il est le réceptacle d'une lumière divine qui s'impose comme par enchantement[23]. Et Boulanger d'expliquer, « les philosophes qui s'adonnent aux spéculations théologiques éprouvent la nécessité de mêler plusieurs religions pour s'élever à une connaissance plus parfaite »[24].

La difficulté à définir précisément cette « puissance divine » – réduite par Aristote au principe rationnel de la « forme », comparée par Verbeke à « l'élan vital » de Bergson[25], assimilée à Hermès ou Isis par leurs adeptes respectifs – se répercute dans les formulations de l'auteur. Mais que ce dernier passe de l'esprit à la Sagesse, comme il le fait entre Sg 7,23 et Sg 7,24, n'est pas anodin. Il se peut même qu'il tienne à opérer un déplacement conceptuel d'une importance majeure, renvoyant son auditoire, non plus exactement à l'esprit des Stoïciens, non plus à l'âme du monde ou au feu cosmique, non pas à Hermès ou Isis, mais à la Sagesse d'Israël. La difficulté inhérente à la définition de ce dieu cosmique se conjugue donc à celle d'une confrontation avec une figure de la Sagesse déjà tracée dans le livre des Proverbes, d'une Sagesse qui aurait, si l'on en croit la traduction grecque de ce livre, un statut spécifique dans l'ordre de la création[26]. La conciliation n'est pas simple, entre l'immanentisme hérité des Stoïciens et l'irréductible transcendance transmise à la descendance d'Abraham, entre la transcendance platonicienne du monde des idées et la voix de la Sagesse qui s'élève sur les

[22] A.-J. FESTUGIÈRE, *II. Le Dieu cosmique*, 471. Il commente le traité pseudo-aristotélicien, *Du Monde* 396b29. Cf. R. RADICE, *La filosofia di Aristobulo e i suoi nessi con il* De mundo *attribuito ad Aristotele* (Milano 1994).

[23] « Quittant son enveloppe matérielle, la raison s'élève jusqu'au chœur des dieux sidéraux et reçoit d'eux la révélation de leur caractère et des causes de leurs mouvements harmonieux. Elle devient la confidente des puissances stellaires qui lui enseignent les phénomènes cosmiques, le cours et la durée de leurs révolutions, que règle la force de nombres doués d'une puissance appropriée », F. CUMONT, *L'Égypte des Astrologues* (Bruxelles 1937) 156. Dans sa très belle étude, A.-J. FESTUGIÈRE, *L'idéal religieux des Grecs et l'Évangile* (EtB ; Paris 1932) 141, rappelle l'épiphanie soudaine de la déesse sous la forme d'une statue illuminée.

[24] A. BOULANGER, *Orphée. Rapports de l'orphisme et du christianisme* (Paris 1925) 63.

[25] G. VERBEKE, *L'évolution de la doctrine du pneuma*, 12.

[26] Sur la racine complexe קנה, qui signifie probablement « enfanter, concevoir », la littérature est infinie. Je renvoie entre autres à M. GILBERT, « Le discours de la Sagesse », 209. Le traducteur grec, choisissant le verbe κτίζω (Gn 14,19.22), tente de garder la distinction entre la création de la Sagesse (κτίζω) et celle du reste du monde (ποιέω revient cinq fois en Pr 8,24.26.28). On retrouve cette distinction entre la création de la lumière du premier jour (Gn 1,3) et la création des autres éléments (usage explicatif du verbe ποιέω). Ces deux verbes présentent une forte synonymie (Dt 32,6 ; Is 22,11 ; 45,7 ; 46,11).

places. Une chose est certaine, les affirmations de Sg 7,24 et 8,1 ne suffisent pas à saisir la spécificité d'une Sagesse d'origine biblique ainsi décrite en termes hellénistiques. Pour en dégager l'originalité, il faut analyser le verbe καινίζω (Sg 7,27) et la relation de la Sagesse à la lumière (Sg 7,25-26 ; 7,29-30) pour préciser l'action de la Sagesse et sa nature.

Une remarque concernant la portée du terme καθαρότης s'impose cependant avant de poursuivre. Écho de l'un des qualificatifs des esprits (καθαρός, Sg 7,23), il renverrait, selon de nombreux commentaires, à une dichotomie typiquement platonicienne entre un ordre spirituel (ou intellectuel) et un ordre matériel, ce dernier étant la cause de toute impureté. Ainsi Heinisch, Goodrick, Feldmann, Weber, Alonso Schökel, Conti et Scarpat parlent d'immatérialité. Pour eux, la Sagesse serait d'une nature toute spirituelle, sans aucun mélange avec la matière. À cet égard, j'insiste pour rappeler l'originalité de l'auteur qui opposait l'air commun (impur) à l'esprit de la Sagesse (Sg 7,3.7). Le contraste n'était donc pas entre esprit et matière mais entre deux genres d'esprit, la matière (ou la chair) étant sauve des implications du dualisme platonicien. Dès lors, à la lumière de l'introduction du discours (Sg 7,3.7), la lecture platonicienne ne s'impose pas. Je me garde également de renoncer trop rapidement à une portée morale ou cultuelle de καθαρότης. En effet, les termes κοινός (Sg 7,3) et κακία (Sg 7,30) attestent une visée morale qui, sans être une composante majeure du discours, n'en est pas moins présente. Quant à l'adjectif καθαρός, suffisamment significatif pour un lecteur de la Bible (Ps 50,12 ; Jb 33,9), il suggère un monde où le créateur s'oppose à celui qui sème la mort (Sg 2,24). Larcher s'en tient au terme de « simplicité » et considère la Sagesse comme « une nature qui est radicalement distincte des créatures et se réfère tout entière à Dieu »[27]. En faisant intervenir la distinction entre le créateur et la créature, il ouvre un axe d'interprétation cohérent avec la perspective de l'auteur. Il y voit un principe créateur analogue à la φύσις des Stoïciens, mais situé du côté de Dieu. L'auteur, bien qu'audacieux par son choix de certaines expressions, s'inscrirait dans une lecture traditionnelle de certains textes qui le précèdent et dont il ne s'affranchit jamais. Cette fidélité théologique, au sein même d'une innovation oratoire, mérite d'être approfondie.

[27] C. LARCHER, *Le livre de la Sagesse*, II, 495.

B. L'œuvre de la Sagesse (Sg 7,27)

1. Difficile traduction

La version latine traduit l'expression τὰ πάντα καινίζει : « omnia innovat », que l'on pourrait traduire en français aussi bien par : « elle innove toute chose » que par : « elle renouvelle toute chose ». Cornely insiste sur le fait que la Sagesse crée en permanence. Il sera suivi par Larcher qui considère la Sagesse comme la « cause des renouvellements et des changements qui se produisent sans cesse dans l'univers ». Il traduit comme la BJ et la TOB : « elle renouvelle l'univers ». On retrouve le même terme en italien et en espagnol : « rinnova ogni cosa » (Sisti) ou « tutto rinnova » (Scarpat) ou encore « renueva l'universo » (Alonso Schökel, Vílchez Líndez). Mis à part Reider, qui traduit « she made all things new » (Is 43,19 ; 65,17), les traducteurs anglophones préfèrent « she renews all things » (Deane, Winston). Quant aux germanophones, ils s'alignent tous sur la traduction de Grimm : « sie erneuert doch alles » (Feldmann, Georgi, Schmitt, Hübner) ou « sie erneuert das All » (Gutberlet, Heinisch, Fichtner). Les interprétations proposées alternent donc entre l'idée d'une création continue, comme Weber l'exprime : « principe de renouveau permanent que subit sans cesse l'univers », et celle d'une rénovation spirituelle ou morale, selon l'expression de Scarpat : « una sapienza dono di Dio che dall'alto scende continuamente a santificare le anime »[28]. Que τὰ πάντα désigne « l'univers » ne pose aucune difficulté. C'est un équivalent poétique du terme κόσμος qui, comme artifice littéraire propre aux hymnes, permet de faire jouer l'adjectif πάς[29].

Il est aisé de constater qu'aucun verbe simple de nos langues modernes, contrairement au grec, ne correspond à l'adjectif « nouveau » (καινός)[30]. Il faut passer par un verbe composé comme « re-nouveler » (er-neuern, re-new), « rénover » ou « innover ». Mais peut-on dire que ces verbes traduisent fidèlement le verbe καινίζω ? La question est d'autant plus importante que les thématiques de la nouveauté et du renouveau ne sont pas restées lettre morte dans la tradition qui recueillit le Livre de la Sagesse dans son canon. Le seul nom du second testament, dit « Nouveau Testament », ou la question de « la nouvelle alliance » reprise dans la lettre aux Hébreux (He 9,15), suffisent à s'en convaincre. On est dès lors en droit de se demander

---

[28] G. SCARPAT, *Sapienza*, II, 87.

[29] Sg 7,24.27.29 et 8,1 ; L. PERNOT, *La rhétorique de l'éloge*, 707. Rien ne permet de dire ici que le cosmos est réductible au monde matériel ou sensible. Il se distingue simplement du créateur.

[30] Ainsi, à l'adjectif « blanc » correspond le verbe « blanchir ». Ce verbe, flanqué de préfixe re-, « reblanchir », n'a pas exactement le même sens.

si le verbe « renouveler » est, pour un lecteur moderne, approprié à ce qu'entendait ici l'auteur.

2. *Les sens possibles du verbe καινίζω*

Dans le Littré[31], le premier sens du mot « renouveler » est « rendre nouveau en substituant une chose nouvelle à une autre de même espèce ». Plus récemment, on lira : « remplacer par une chose nouvelle et semblable, changer, rendre nouveau en transformant, rénover, rajeunir, régénérer, raviver, réveiller, redoubler, proroger, reconduire, recommencer, refaire, réitérer »[32]. Au verbe « innover », on trouvera dans ce même dictionnaire : « introduire dans une chose établie, changer, inventer, trouver ». Le préfixe *re-* porte l'idée de répétition et ne correspond à aucun terme grec spécifique[33], *in-* désignant l'idée d'un lieu et correspondant au ἐν- grec, ce que le verbe καινίζω n'implique pas.

Si l'on cherche à présent le sens du verbe καινίζω, on trouvera selon son usage classique : « faire une chose pour la première fois, inaugurer » (Eschyle, *Agamemnon* 1071 ; Lycophron, *Alexandra* 530), ou encore « faire quelque chose de nouveau, d'inusité, d'étrange » (Sophocle, *Trachiniennes* 867 ; Euripide, *Troyennes* 889). Selon cet usage classique, qui exclut toute idée de répétition, et comme le fait la version latine, le verbe « innover » devrait être préféré. Mais l'usage classique ne suffit pas. Encore faut-il vérifier si ce terme n'a pas subi une évolution sémantique.

Il faut constater d'abord que c'est un terme rare de la LXX (Is 61,4 ; 1M 10,10 ; 2M 4,11) et que les verbes composés ἐγκαινίζω (Dt 20,5 ; 1S 11,14 ; Ps 50,12), parfois ἀνακαινίζω (Ps 102,5 ; 103,30 ; Lm 5,21 ; 1M 6,9) ou ἐπανακαινίζω (Jb 10,17), lui sont préférés. Son usage en 1M 10,10 comme en Is 61,4 montre qu'il peut désigner la « re-construction » ou la « restauration » d'une ville détruite. Cet usage est confirmé par Flavius Josèphe qui l'associe d'ailleurs au verbe κατασκευάζω :

καὶ οὕτως μὲν Ἰωνάθης ἐν Ἱεροσολύμοις τὴν μονὴν ἐποιεῖτο καινίζων τὰ κατὰ τὴν πόλιν καὶ πρὸς τὴν αὐτοῦ βούλησιν κατασκευάζων ἕκαστον	*Et c'est ainsi que Jonathas, à Jérusalem, entreprit de restaurer la ville et d'arranger chaque chose selon sa volonté.*

---

31 E. LITTRÉ, *Dictionnaire de la langue française* (Paris 1874).

32 A. REY, *Le Petit Robert* (Paris 1991).

33 Les termes ἀνακαίνωσις (Rm 12,2 ; Tt 3,5), ἀνακαινίζω (1M 6,9 ; Ps 38,3 ; 102,5 ; 103,30 ; Lm 5,21 ; He 6,6) servent cependant à exprimer cette idée. On reviendra sur ἐγκαινίζω dont la signification est plus proche de καινίζω.

ἐκέλευσε γὰρ οἰκοδομηθῆναι καὶ τὰ τείχη τῆς πόλεως ἐκ λίθων τετραγώνων ὡς ἂν ᾖ καὶ πρὸς τοὺς πολέμους ἀσφαλέστερα	*Il ordonna que soient construites notamment les murailles de la ville en pierres carrées pour qu'elles soient plus solides en cas de guerre*[34].

Mais son emploi en 2M 4,11 atteste que l'usage classique ne s'est pas perdu :

καὶ τὰς μὲν νομίμους καταλύων πολιτείας παρανόμους ἐθισμοὺς ἐκαίνιζεν	*Détruisant les institutions légitimes, Jason inaugura des usages contraires à la loi.*

Si l'on regarde de plus près Is 61,4, l'idée d'inauguration n'est pas totalement absente[35]. L'insistance sur la situation de désert et de désolation séculaire donne à la reconstruction un caractère de construction nouvelle plutôt que de restauration.

καὶ οἰκοδομήσουσιν ἐρήμους αἰωνίας ἐξηρημωμένας πρότερον ἐξαναστήσουσιν καὶ καινιοῦσιν πόλεις ἐρήμους ἐξηρημωμένας εἰς γενεάς	*Ils construiront les déserts séculaires, ils élèveront ce qui fut d'abord déserté,* *ils restaureront les villes désertes, ce qui fut déserté pour les siècles*[36].

---

[34] Flavius Josèphe, *Ant.* XIII,41. La même signification revient à propos d'une manière de penser, *Ant.* I,155. Le sens « d'innover » se retrouve en *Ant.* XII,126.

[35] M. GILBERT, « Nouvelle création et expérience historique », *Il a parlé par les Prophètes. Thèmes et figures bibliques* (Le livre et le rouleau 2 ; Bruxelles 1998) 215-230. Dans cette conférence donnée en 1990, l'auteur analyse en particulier Is 65,16-26 dont il dit : « Dans ce contexte, la "nouvelle création" n'est pas un recommencement à partir de zéro comme aux origines ; elle n'est pas non plus la simple restauration d'une situation antérieure : la joie et la prospérité qu'Isaïe 65 annonce n'ont jamais été vécues à ce point dans le passé du peuple », 224. Il y associe une remarque qui fait écho à l'étude de P. BEAUCHAMP, « Le salut corporel », à propos de Sg 19,6-18 : « Ce renouvellement de la création que l'auteur dégage des événements de l'Exode, il va le détailler en mettant en parallèle les jours successifs de Genèse 1 et les différents épisodes vécus lors de l'Exode », 228. Il ajoute enfin : « La nouvelle création est à la fois dans le cours de l'histoire et porteuse de salut », 229. Il semble important de maintenir une distinction entre une allusion à Gn 1, indemne de référence au récit de l'Exode (en Sg 7,25-30), et la conclusion du Livre de la Sagesse (Sg 19), où l'événement de l'Exode tient une fonction essentielle. L'auteur manifeste ainsi, entre le centre et la fin de son livre, une progression où s'articulent création et rédemption.

[36] Il se peut que l'auteur renvoie à ce verset d'Isaïe. La dernière occurrence de l'AT, So 3,17, tient à une confusion entre le ר et le ד du TM. Cette confusion est également présente en Is 16,11 ; 41,1 ; 45,16.

Il est alors éclairant de se pencher sur les verbes parallèles οἰκοδομέω et ἐξανίστημι et sur leurs équivalents hébraïques respectifs בנה et קום, qui manifestent qu'il y a bien une œuvre nouvelle, bien que celle-ci soit érigée sur un lieu ancien.

La référence biblique généralement reconnue comme arrière-fond de notre texte se trouve dans le Ps 103,30 (104,30 TM)[37] :

ἐξαποστελεῖς τὸ πνεῦμά σου	תְּשַׁלַּח רוּחֲךָ	*Tu envoies ton esprit*
καὶ κτισθήσονται	יִבָּרֵאוּן	*ils sont créés ;*
καὶ ἀνακαινιεῖς	וּתְחַדֵּשׁ	*Tu renouvelles la face de*
τὸ πρόσωπον τῆς γῆς	פְּנֵי אֲדָמָה׃	*la terre.*

Ici encore, le parallélisme avec le verbe « créer » invite à réfléchir sur le sens de la racine חדשׁ. Le traducteur grec n'aurait-il pas dû choisir καίνιζω ou ἐγκαινίζω plutôt qu'ἀνακαινίζω ? La difficulté réside dans la manière dont l'auteur biblique pouvait articuler l'acte créateur à l'acte salvifique. La nouveauté est-elle originelle ou s'articule-t-elle à un précédent ? En 1S 11,14, il n'est pas question de renouvellement mais bien d'une dynastie nouvelle. Au Ps 50,12, le parallélisme avec le verbe « créer » invite à reconnaître non pas une simple restauration mais une véritable innovation. Je préfère d'ailleurs la traduction : « introduis en moi un esprit ferme », signifiant, comme en Is 61,4, que le lieu (ici la personne entendue comme inhabitée) est ancien, mais que l'esprit est nouveau. En va-t-il de même dans le Ps 103,30 ? Certains aspects en font douter. Le psalmiste envisage en effet le « retour » à la vie de ceux à qui Dieu a retiré son esprit (Ps 103,29). Deux parties du psaume se distinguent d'ailleurs assez nettement, la première (Ps 103,1-24), qui rend compte de la création et se trouve délimitée par une inclusion avec les termes κύριος et

[37] Les points de contact sémantiques possibles entre le psaume 103 et Sg 7–8 sont significatifs.

Ps 103	Sg 7–8
103,1 εὐπρέπειαν	7,29 εὐπρεπεστέρα ἡλίου
103,5 ἀσφάλειαν	7,23 ἀσφαλές
103,24 πάντα ἐν σοφίᾳ ἐποίησας ἐπληρώθη ἡ γῆ τῆς κτήσεώς σου	8,1 διατείνει δὲ ἀπὸ πέρατος ἐπὶ πέρας εὐρώστως καὶ διοικεῖ τὰ πάντα χρηστῶς
103,25 οὐκ ἔστιν ἀριθμός	7,11 ἀναρίθμητος
103,29 ἐκλείψουσιν 103,35 ἐκλίποισαν	7,14 ἀνεκλιπής
103,30 ἐξαποστελεῖς τὸ πνεῦμά σου καὶ κτισθήσονται καὶ ἀνακαινιεῖς τὸ πρόσωπον τῆς γῆς	7,27 καὶ μένουσα ἐν αὐτῇ τὰ πάντα καινίζει κατασκευάζει

L'influence du Ps 103 sur Sg 7–8, même si l'auteur semble s'appuyer plus explicitement sur une tradition inaugurée en Pr 8,22-31, ne doit pas être sous-estimée.

μεγαλύνω, la seconde (Ps 103,25-32), qui s'ouvre par une présentation emphatique de la mer (θάλασσα), en opposition avec la terre (γῆ), et qui semble tenir compte du phénomène de la mort (Ps 103,29). La fonction de l'esprit dans la seconde partie du psaume apparaît bien comme un retour à la vie, la restauration d'une vie initialement donnée. Elle justifie à mes yeux le choix du verbe ἀνακαινίζω en grec et de sa traduction en français par le verbe « renouveler ». Mais rien de tel, me semble-t-il, n'apparaît en Sg 7,27 qui renvoie plutôt au don originel de l'esprit, un don semblable à celui qui est décrit en Gn 2,7, ce qui supposerait une innovation plutôt qu'un retour à la vie.

Je retrouve par ce biais un axe interprétatif déterminant pour comprendre Sg 7,27. Le verbe ἐγκαινίζω, dont le sens est le plus proche du verbe καινίζω, traduit en effet une autre racine hébraïque, חנך (Dt 20,5[38] ; 1R 8,63 ; 2Ch 7,5 TM). On soulignera d'abord que ce terme se rapporte à un événement crucial de la vie de Salomon, à savoir la dédicace du temple nouveau qu'il a fait construire, marquant le commencement du culte dans une maison faite de mains d'homme. Il serait intéressant de faire une étude de la fête de חֲנֻכָּה (Esd 16,16 ; Ne 12,27 ; Jn 10,22), en particulier de son rapport avec la lumière, mais cela dépasse le cadre de cette analyse[39]. Je me limite à rappeler comment la racine חנך marque le commencement d'un usage, l'acte d'inauguration d'une maison ou d'un temple. En parallèle avec la racine חדשׁ en 2Ch 24,4.12 (TM), elle désigne la construction ou la restauration du temple, ce que la LXX traduit par ἐπισκευάζω. Dans ce contexte, la racine חנך insiste sur la nouveauté, même si celle-ci peut sous-entendre un lieu ou une réalité déjà connue.

---

[38] On relèvera l'interprétation de ce verset chez Philon, *Agric.* 148, qui l'entend de l'éducation nécessaire pour échapper au combat contre les sophistes. La même racine hébraïque donnera חנוך, l'équivalent, en hébreu moderne, de la *paideia* (Pr 22,6 TM).

[39] Cf. Philon, *Congr.* 114. D'après M. ALEXANDRE, « ce mot semble être devenu courant (cf. Jn 10,11) pour la fête proprement dite de la Dédicace (1 Macc. 4,59), d'origine récente, à laquelle Philon pense peut-être ici. Ceci se rattache aux thèmes liés de l'Âme demeure de Dieu (cf. *Cher.* 98-106 ; *Deter.* 4 ; *Poster.* 122 ; *Sobr.* 62 ; *Somn.* I,150 ; *Quaest.Gen.* IV,8), tabernacle de Dieu (*Leg.* III,95), temple de Dieu (*Somn.* I,215 : il est deux temples de Dieu, l'un c'est le monde où le grand prêtre premier-né est le divin *logos*, l'autre c'est l'âme rationnelle, dont le prêtre est l'homme véritable) », 185. Sur le même sujet, Flavius Josèphe, *Ant.* XII,7 , cf. S. AALEN, *Die Begriffe 'Licht' und 'Finsternis' im Alten Testament, im Spätjudentum und im Rabbinismus* (Oslo 1951) 237-258, qui rappelle la place de la lumière dans la liturgie du temple et de la synagogue : « Wie der Beginn der Schöpfung ein "Werde Licht" war, so bedeutet das Licht jeden Morgen die Erneuerung des Erschaffenen », 249. Cette brillante étude introduit à la richesse de la thématique de la lumière en offrant une première synthèse jamais égalée sur la question. De cette étude est tiré l'article du *ThWAT* du même auteur.

La juste interprétation de la nouveauté et du renouvellement en Sg 7,27 paraît d'autant plus importante que l'auteur s'exprime sur le même sujet en Sg 19,6, usant de termes différents :

ὅλη γὰρ ἡ κτίσις ἐν ἰδίῳ γένει πάλιν ἄνωθεν διετυποῦτο	*Car la création entière, en sa propre nature, était encore de nouveau façonnée.*

Est-ce une reprise de ce qui est dit en Sg 7,27, ou bien peut-on y voir une affirmation nouvelle ? Gilbert rejoint l'interprétation de Beauchamp sur la note finale du livre : « L'auteur de Sg entend conclure son livre par une synthèse des événements principaux de l'Exode vus comme une création, une genèse renouvelée (Sg 19,6-11) »[40]. Il est de fait indéniable que cette superposition d'une lecture de l'exode du peuple d'Israël à celle de la genèse du monde, à la manière d'un palimpseste, amène à parler de « renouvellement ». Mais la simplicité de notre expression en Sg 7,27 et l'absence de toute référence à l'exode ou à la mort, ce qui diffère significativement du contexte de Sg 19,6, justifient une interprétation distincte. C'est pourquoi, plutôt que sur l'aspect de « restauration », je préfère mettre l'accent sur celui de « nouveauté »[41].

3. *Innover et façonner*

Le verbe κατασκευάζω, en parallèle avec καινίζω, est un terme d'usage beaucoup plus fréquent et recouvre un champ sémantique très large. Voici quelques traductions qui en montrent la polysémie dans le *Politique* d'Aristote : « s'assurer un monopole » (*Politique* 1259a21), « établir une communauté » (*Politique* 1262a26), « régler des affaires » (*Politique* 1267a18), « encourager l'ambition des citoyens » (*Politique* 1270b14),

[40] M. GILBERT, « La relecture de Gn 1–3 dans le livre de la Sagesse », *La création dans l'Orient ancien* (éd. F. BLANQUART – L. DEROUSSEAUX) (LeDiv 127 ; Paris 1987) 340.

[41] Selon P. VAN IMSCHOOT, « Sagesse et Esprit », 48, « dans le livre de la Sagesse, qui identifie la σοφία et le πνεῦμα divin et fait de la sagesse une force d'ordre moral, cette force n'est communiquée qu'aux justes (Sag 1,4s ; 7,27). Elle est donc bien plus une récompense qu'un don gratuit de Dieu. Elle ne crée pas dans l'homme la vie morale et religieuse ; elle la suppose et l'entretient ». Il faudrait cependant distinguer l'affirmation de Sg 1,4 et celle de Sg 7,27. La première apparaît dans le contexte d'une opposition entre deux catégories de personne, le juste et le pécheur. L'auteur accentue alors l'incompatibilité de la Sagesse avec le péché. La seconde se trouve dans un contexte de création où le contraste entre le bien et le mal n'a pas le même statut. Ainsi, l'expression « âmes saintes » n'implique pas une connotation morale (Sg 1,4) qui supposerait que le don de la Sagesse soit une « récompense » à quelque qualité d'âme. Elle demeure un « don gracieux », inaccessible pour un homme faible (Sg 9,4-5), et l'on pourrait ajouter, sans mérite.

« établir un système de lois » (*Politique* 1271b31). Une lecture possible[42] d'un autre passage d'Aristote le met en relation avec le verbe καινίζω :

χρὴ δὲ τοιαύτην εἰσηγεῖσθαι τάξιν ἣν ῥᾳδίως ἐκ τῶν ὑπαρχουσῶν καὶ πεισθήσονται καὶ δυνήσονται καινίζειν ὥστ' ἔστιν οὐκ ἔλαττον ἔργον τὸ ἐπανορθῶσαι πολιτείαν ἢ κατασκευάζειν ἐξ ἀρχῆς ὥσπερ καὶ τὸ μεταμανθάνειν ἢ μανθάνειν ἐξ ἀρχῆς	*Il faut proposer un ordre tel que, à partir de ce qui est, on soit facilement persuadé et capable de l'instaurer ; car l'œuvre n'est pas moindre, que ce soit celle de réformer une constitution ou celle d'en façonner une depuis le commencement, comme il n'y a pas moins à rapprendre qu'à apprendre depuis le commencement*[43].

Ce passage, qui situe les deux verbes dans leur rapport avec la problématique de l'ἀρχή, éclaire la formulation introduite en Sg 6,22. Il ne s'agit pas tant d'un re-commencement que d'un commencement tout court. Le verbe κατασκευάζω, en contraste avec ἐπανορθόω, désigne bien l'acte qui consiste à « faire du nouveau ». On trouvait déjà ce sens chez Platon (*Banquet* 189C ; *Critias* 115B). Cet usage est également présent chez Aristée (258), Philon (*Somn.* I,203.207) ou encore Flavius Josèphe (*Bell.* VII,424). Dans la LXX, on le retrouve en parallèle avec le verbe ποιέω (Ex 27,9 ; Is 45,7), κτίζω (Is 40,19), πλάσσω (Is 43,7) ou encore οἰκοδομέω (Nb 21,27). Il désigne également l'acte qui consiste à façonner l'esprit, à éduquer (Platon, *Ménexène* 238B ; Aristée 2 ; 237 ; Flavius Josèphe, *Bell.* III,70). Il est enfin repris en Sg 9,2 ; 11,24 ; 13,4.11 et 14,2 avec le sens de « construire, fabriquer, créer ». Il convient de rappeler que l'acte de création n'implique pas qu'il soit *ex nihilo*. Il est plutôt conçu comme analogique à celui de l'artisan, de l'artiste ou du démiurge. Façonner une sculpture pour la première fois, bien qu'une matière première soit là, est une chose, la retoucher ou la restaurer en est une autre. Il paraît préférable de comprendre les expressions de Sg 7,27 dans le premier sens.

J'ajoute en dernier lieu que le verbe κατασκευάζω pourrait suggérer une allusion au texte de Gn 1,2 :

ἡ δὲ γῆ ἦν ἀόρατος καὶ ἀκατασκεύαστος	*Or la terre était invisible et inorganisée.*

[42] Je suis ici le texte retenu par W.D. ROSS, *Aristotelis Politica* (Oxford 1957). L'autre lecture est κοινωνεῖν. Je préfère la première qui, si l'on garde au verbe καινίζω sa signification « innovante », ne présente aucune difficulté.

[43] Aristote, *Politique* 1289a3-5.

L'adjectif ἀκατασκεύαστος, *hapax* de la LXX, traduit le terme hébraïque בֹהוּ du TM[44], qualifiant l'état du monde avant que Dieu ne parle (Gn 1,3). Il corrobore l'axe de la création sous-entendu par l'auteur. Lorsque ce dernier utilise les deux verbes καινίζω et κατασκευάζω, il ne suppose pas un monde à façonner de nouveau (Sg 19,6), mais bien un monde à façonner tout simplement. La signification « novatrice » du verbe καινίζω s'en trouve confirmée.

27. Étant unique,
elle peut tout.
Demeurant en elle-même,
elle innove toute chose.
Passant selon les générations dans les âmes saintes,
elle en façonne des amis de Dieu et des prophètes.
28. Et Dieu n'aime rien,
si ce n'est celui qui cohabite avec la Sagesse.

L'interprétation des deux verbes analysés s'inscrit pour une part dans la tradition biblique rapportant que Dieu créa « par la Sagesse » (Ps 103,24 ; Pr 3,19-20 ; Jr 10,12-13), tradition que le texte de Pr 8,22-31 inclinerait cependant à atténuer[45]. En Sg 7,27, le Sage apparaît donc audacieux, amplifiant largement ce qu'une conception traditionnelle lui aurait légué. Celle qui était présente, considérée à la rigueur comme un instrument, devient un acteur principal, la πάντων τεχνῖτις (Sg 7,21), celle encore qui « façonne » les amis de Dieu. Réduire cette amplification à une simple métonymie ne

---

[44] Pour בֹהוּ, la LXX propose ἐν αὐτῇ en Is 34,11 et οὐθέν en Jr 4,23, deux expressions que l'on rencontre incidemment en Sg 7,27-28. On retrouve également ἀορασία en Sg 19,17, équivalent de l'adjectif ἀόρατος (Gn 1,2).

[45] L'expression laconique שָׁם אָנִי (Pr 8,27 TM) est doublement transformée. L'auteur introduit le complément αὐτῷ qui renforce le parallélisme avec παρ'αὐτῷ (Pr 8,30). Le verbe choisi, συμπάρειμι, terme absent dans la traduction de l'ensemble du TM (mais présent en Sg 9,10 et Tb 12,12), est un synonyme élaboré du verbe εἰμι. Il insiste sur la présence aux côtés de Dieu. « Cette cosmologie met à nouveau en valeur la Sagesse comme "parèdre du roi", thème cher au traducteur (1,21b LXX / 8,3a LXX) et jusque-là absent du TM, promis à travers le livre de la Sagesse à une riche postérité. On peut rapprocher cette description de celle du poème d'Orphée que cite Aristobule à l'appui de sa thèse du 'larcin des Grecs' (Eusèbe, *Pr. Ev.* XIII,12,5) », D.-M. D'HAMONVILLE, *Les Proverbes*, 209. Avec la préposition εἰς (Pr 8,22), le traducteur substitue à l'idée de « précédence », énoncée dix fois dans le TM, celle d'une finalité. Il précise le fait que la Sagesse, non seulement présente, est « tournée » vers l'ensemble de la création. J. COOK, *The Septuagint of Proverbs-Jewish and/or Hellenistic Proverbs ?* 222, explique que cette position de la Sagesse, mieux définie auprès du créateur, est une façon de soulever une ambiguïté possible du TM qui pourrait laisser entendre un rôle de la Sagesse dans l'acte créateur. Pour le traducteur de Pr 8,22-31 (TM), Dieu serait bien l'unique créateur. Le contraste avec Sg 7,27 en apparaît plus marqué.

rendrait sans doute pas compte de ce que visait l'auteur. La Sagesse personnifiée comme « oratrice » dès Pr 1,22-23, Pr 8,1-36 et Pr 9,1-6, l'est aussi comme « artisane ». Cela implique-t-il qu'elle soit « divine » ? Il faut revenir à la description en Sg 7,25-26 et Sg 7,29-30 pour préciser le rapport établi entre la Sagesse, Dieu et le monde. La diversité des approches permet de mesurer la complexité de la question et de maintenir toute tentative d'éclaircissement, qui pourrait se révéler impudique ou imprudente, sous le voile d'une nuée d'interprétations. Entre les hymnes égyptiens les plus anciens, jusqu'à la relecture platonicienne de l'Écriture par Philon, sans oublier la figure complexe d'Isis ou le cinquième élément d'Aristote, il n'est pas facile de frayer sa route[46]. Je renoncerai donc à de nombreux angles d'approche possibles, préférant cibler le rapport entre la Sagesse et « la lumière primordiale », celle que Dieu créa le premier jour (Gn 1,3). L'auteur répondrait à ceux qui, tentés de conjurer leur destin (εἱμαρμένη ; Sg 17,7) par le jeu des constellations ou de quelque autre technique divinatoire, en oublient la divine providence (πρόνοια ; Sg 17,2), la seule qui illumine la course de chacun, de sa prime jeunesse (Sg 7,1-6) jusqu'à sa gloire finale (Sg 8,10-13).

C. Le reflet de la lumière éternelle (Sg 7,26)

« Ô lumière ténébreuse, à moi depuis si longtemps ! »[47]

1. Un cortège de métaphores (Sg 7,25-26)

Comme le précise Larcher à propos d'ἀτμίς, « ce mot a valeur d'image évocatrice et ne doit pas être isolé comme s'il prétendait définir à lui seul le mode d'origine ou même la nature de la Sagesse »[48]. C'est l'ensemble des cinq termes (ἀτμίς, ἀπόρροια, ἀπαύγασμα, ἔσοπτρον et εἰκών) qui, comme leurs compléments respectifs (δύναμις, δόξα, φῶς, ἀΐδιος, ἐνέργεια et ἀγαθότης), forment un groupe sémantique expressif comme tel. Scarpat insiste sur la « consubstantialité » de la sagesse avec Dieu, renvoyant à son usage chez Anaximandre : « la σοφία est encore et seulement τοῦ θεοῦ δύναμις »[49]. Une telle formulation est une réduction de l'image même du « souffle » ou de la « vapeur » qui *sort* de la bouche de Dieu, pour reprendre l'expression de

---

[46] P. HEINISCH, *Weisheit*, 149-158, insiste sur les courants de philosophie grecque, d'Héraclite à Philon, en passant par l'Académie et le Portique. D'autres évoquent la figure d'Isis (D. GEORGI, D. WINSTON) comme œil qui habite le soleil. S. AALEN renvoie au courant judéo-hellénistique marqué par l'exégèse d'Aristobule. C'est à la pertinence de sa proposition que je consacre la suite de mon analyse concernant ce point.

[47] Ὦ φῶς ἀφεγγές πρόσθε πού ποτ' ἦσθ' ἐμόν, Sophocle, *Œdipe à Colone* 1549.

[48] C. LARCHER, *Le livre de la Sagesse*, II, 496.

[49] G. SCARPAT, *Sapienza*, II, 71. Cf. Anaximandre, *Testimonia* 11,21 (éd. H. DIELS).

Si 24,3. Il est préférable de maintenir une image comme celle de la brume qui, à l'aube du jour, semble descendre du ciel bien qu'elle s'élève de la terre, sans qu'il soit nécessaire de prétendre à quelque sens philosophique de consubstantialité. 'Ατμίς, qui rime avec δύναμις, s'y oppose par le sens : elle indique la légèreté et l'évanescence (Os 13,3). J'ajoute que l'idée de « fumée », qui précède le feu (Si 22,24), n'est pas dénuée d'intérêt. Dans un contexte où la lumière reçoit une place de choix, le feu ne peut être totalement absent.

En choisissant ἀπόρροια comme deuxième terme, l'auteur file la métaphore d'une exhalaison. Celle-ci rappelle l'action du *logos* divin dans le monde, la naissance des âmes ou encore les influences astrales[50]. Je retiens qu'une telle métaphore « désigne une réalité détachée de la substance qui l'émet et menant ensuite une existence distincte ou exerçant une activité propre »[51]. Proche d'ἀτμίς, ce terme confirme le mode d'existence d'une substance qui se sépare d'une autre (céleste ou terrestre). L'auteur du Livre de la Sagesse montre un grand intérêt pour les phénomènes physiques, l'air, les souffles, le lever du soleil, la pluie ou la grêle (Sg 13,2 ; 16,16.22) et rien n'oblige ici à ne pas supposer une allusion aux émanations célestes capables de changer les saisons ou les marées[52]. Rien ne justifie dès lors « une conception spirituelle » qui aurait, selon Larcher, entraîné « une transposition du terme », gommant cet aspect d'émanation et d'influence. Il n'est d'ailleurs pas indifférent que le qualificatif soit εἰλικρινής, que Grimm traduisait « Lichtherrlichkeit ». L'étymologie indiquée par Boisacq[53] : « considéré à la lumière du soleil », et que Larcher rappelle, suggère un parallélisme avec Sg 7,29 (ἥλιος) et donc une allusion à la lumière des astres. L'auteur n'entend pas montrer une transcendance qui rattacherait le plus possible la Sagesse à Dieu, mais plutôt une sortie de celle-ci qui viendrait, comme les émanations

---

50 Cf. M. SPANNEUT, *Le stoïcisme des Pères de l'Église* (Paris 1957) 302 ; *Corpus Hermeticum* 18,11 ; Plutarque, *Isis et Osiris* 365b ; 372f.

51 C. LARCHER, *Le livre de la Sagesse*, II, 498.

52 Cf. A.-J. FESTUGIÈRE, *Corpus Hermeticum III* (CUF ; Paris 1954) L-LXI, à propos de l'influence des décans sur la terre et l'humanité.

53 « 'pur' ; εἰλικρίνεια f ; 'pureté, limpidité'. A été interprété par 'considéré à la lumière du soleil', et décomposé en εἰλι-, cf. εἵλη skr. *s(u)var* n. 'lumière, ciel, soleil' et κρίνω, ou rattaché à εἱλίσσω et κρίνω avec le sens premier de 'criblé par le roulement, épuré', ce qui vaut moins », É. BOISACQ, *Dictionnaire étymologique de la langue grecque* (Paris 1938). P. CHANTRAINE, *Dictionnaire étymologique de la langue grecque. Histoire des mots* (Paris 1968), rappelle cette supposition, mais ne la suit pas. Il préfère εἴλω, « faire tourner », avec la métaphore du grain ou de la farine triés par le crible que l'on fait tourner. Quelle que soit l'étymologie, l'assonance avec ἥλιος est perceptible.

des divinités chez les païens[54], illuminer ou obscurcir le cours de l'histoire des hommes.

La troisième métaphore est centrale et donne la clé pour interpréter l'ensemble. Elle explicite la thématique de la lumière que l'on retrouve en Sg 7,29-30. L'expression φῶς ἀΐδιον, non dépourvue d'originalité, reprendrait l'image présente en Is 60,19 : « Le Seigneur est une lumière éternelle et Dieu est ta gloire » (κύριος φῶς αἰώνιον καὶ ὁ θεὸς δόξα σου). Et Larcher d'expliquer : « La lumière éternelle est celle que Dieu possède en propre, qui évoque éminemment sa nature ou dont il est le foyer »[55]. Il reconnaît même, par ce terme, « l'assimilation de la Sagesse à Dieu »[56]. Scarpat va dans le même sens et insiste sur le fait que l'auteur assimile la Sagesse à Dieu lui-même[57]. Il semble pourtant que le choix du terme ἀπαύγασμα, synonyme d'ἀπόρροια, indique plutôt une distinction par rapport à une source originelle, qu'il s'agisse d'un « reflet » ou d'une « émanation ». Le préfixe ἀπο- marque un mouvement de distanciation, de sortie, d'éloignement et non d'identification.

La métaphore du « miroir » suggère un dédoublement qui ne relève plus d'un « mouvement de sortie », mais d'une mise en « face à face ». L'auteur, ayant montré en quoi la Sagesse est sortie de Dieu, précise que cette émanation ne perd rien en qualité et ne peut donc impliquer un ordre hiérarchique des êtres qui suppose une dégradation du rayonnement. Au contraire, comme le souligne Larcher, « celle-ci agit en tout comme Dieu »[58]. Rien ne laisse percevoir chez elle une activité qui serait différente de celle de Dieu. Il n'empêche que cette métaphore, tout en marquant la similitude d'action, maintient une juste distinction et je ne crois pas qu'il soit possible de dire avec Larcher que « tout le développement des vv. 25-26 va dans le sens

---

[54] *Koré Kosmou*, frg. 23,64, cf. A.-J. FESTUGIÈRE, *Corpus Hermeticum IV* (CUF ; Paris 1954) 21. « Les astres étant regardés comme les auteurs de tous les phénomènes physiques et moraux de cette terre, celui [le soleil] qui règle le jeu compliqué de leurs révolutions sera l'arbitre des destins, le maître de toute la nature. Placé au centre du grand organisme cosmique, il l'animera jusqu'aux extrémités, et l'on se plaît à le désigner comme le cœur du tout, où son rayonnement distribue la chaleur », F. CUMONT, *Lux Perpetua*, 179. « L'astrologie était l'art de tirer des présages d'après l'influence supposée des astres, la doctrine de l'unité du cosmos et de la sympathie fondait en raison cette influence cependant que la mythologie céleste en déterminait à grands traits le caractère », A.-J. FESTUGIÈRE, *La révélation d'Hermès Trismégiste. I. L'astrologie et les sciences occultes* (EtB ; Paris 1944) 98.

[55] C. LARCHER, *Le livre de la Sagesse*, II, 501.

[56] C. LARCHER, *Le livre de la Sagesse*, II, 506.

[57] G. SCARPAT, *Sapienza*, II, 74.

[58] C. LARCHER, *Études*, 382.

non d'un dédoublement, mais d'une identification poussée aussi loin que possible »[59].

La métaphore finale de « l'image », habituelle dans les écrits hermétiques pour désigner le monde dans sa relation à Dieu[60], appuierait cette nuance en y glissant une allusion morale. Par « image », l'auteur évoque non seulement l'imitation, mais aussi la participation à la réalité même du modèle[61]. Il introduit un lien de dépendance entre celle qui sort et celui dont elle sort. La Sagesse, tout à fait semblable à son modèle, n'aurait en outre subi aucune « dégradation » après sa sortie de Dieu. Elle demeure en tout accordée à celui dont elle vient. Ce terme rappelle sans doute la doctrine chère à Platon (*Timée* 92C) ou encore la pratique des souverains hellénistiques[62]. Bien qu'audacieux, cet usage ne peut cependant s'affranchir du contexte biblique qui en fait l'expression d'une relation privilégiée entre Dieu et sa créature qu'est l'homme (Gn 1,26).

25. Elle est de fait un effluve de la puissance de Dieu,
une émanation pure de la gloire du Tout-Puissant.
C'est pour cela que rien de souillé ne se glisse en elle.
26. Elle est un reflet de la lumière éternelle,
un miroir sans tache de l'activité de Dieu,
une image de sa bonté.

Plutôt que d'essayer de montrer, comme Larcher s'y attache à la suite de Grimm et de Heinisch, que cette série d'affirmations ne permet pas « de conférer à la Sagesse une personnalité réelle et distincte »[63], je préfère rappeler la cohérence des métaphores désignant la Sagesse comme « rayonnement de Dieu », image qui a l'avantage de dire qu'à la fois elle a son origine en Dieu et qu'elle s'en distingue. La création de la lumière primordiale (Gn 1,3), créature bien distincte de Dieu et pourtant irréductible aux autres créatures du fait de son origine singulière[64], pouvait être une

---

[59] C. LARCHER, *Le livre de la Sagesse*, II,503.

[60] *Corpus Hermeticum* 5,2 ; 8,2 ; 12,15.

[61] Il ne s'agit pas d'un pur symbolisme, mais d'un lien profond entre les deux choses, comme c'est le cas entre les ténèbres et le monde des morts, cf. L. MAZZINGHI, *Notte di paura e di luce*, 178.

[62] C. LARCHER, *Le livre de la Sagesse*, II, 504.

[63] C. LARCHER, *Le livre de la Sagesse*, II, 505. Mais il admet, à la différence de Scarpat, que le v. 26 « n'affirme pas nettement son identification parfaite avec l'essence divine ».

[64] La formulation ἐγένετο φῶς est unique en son genre. On retrouve l'expression καὶ ἐγένετο οὕτως pour les jours suivants (Gn 1,6.9.11, etc.). L'adverbe a une fonction proleptique pour la description de ce qui est arrivé. Pour le deuxième jour, par exemple, on rencontre d'abord l'expression καὶ ἐγένετο οὕτως puis καὶ ἐποίησεν ὁ θεὸς (Gn 1,6.15). La création de la

référence précieuse pour décrire ainsi la Sagesse[65]. « La lumière appartient au cortège divin, ce qui ne suppose aucunement qu'elle soit confondue avec Dieu »[66]. Mais avant de développer ce point, il convient de s'arrêter sur Sg 7,29-30, péricope parallèle et complémentaire de Sg 7,25-26, et de reprendre la thématique de la lumière dans le Livre de la Sagesse et dans le judaïsme de l'époque hellénistique.

2. Le contraste du jour et de la nuit (Sg 7,29-30)

La relation d'opposition entre ἀγαθότητος (7,26c) et κακία (7,30b) colore un parallélisme déjà identifié entre Sg 7,25-26 et Sg 7,29-30 et, semble-t-il, explicatif. L'auteur n'aborde plus l'origine divine de la Sagesse, mais introduit une comparaison avec le soleil et la lumière des astres. C'est en tout cas ce que laissent penser le comparatif de εὐπρεπής, la préposition ὑπέρ et l'adjectif πρότερος qui suppose un deuxième terme. La lune n'est pas mentionnée et les astres le sont seulement parce qu'ils se présentent sous forme de « constellations » (Sg 7,19). Ce détail est important puisqu'il fait état de la position des étoiles dans le ciel, de leur lever, de leur course, et par le fait même, de l'univers astrologique sous-jacent.

Les commentaires n'accordent en général que peu d'attention à ces deux versets dont l'arrangement serait « very forcible » selon Deane. Ils y voient, dans la ligne de l'interprétation « spiritualiste » et « transcendantale » de Sg 7,25-26, une nouvelle affirmation de « l'immatérialité » et de « la

---

lumière se distingue donc des autres actes de création, échappant à la médiation signifiée par le verbe ποιέω : « The first of creation does, for example, not have a *Tatbericht*. So also the creation of man has no ending formula... The non-existence of a *Tatbericht* in the first day is natural as light was seen as the basic substance which came about solely by fiat », J. COOK, « The Septuagint of Genesis Text and/or interpretation », 317. Le verbe γίγνομαι, dont la racine est commune aux termes γεννάω (Pr 8,25) et γένεσις (Sg 6,22), permet d'interpréter la création de la lumière comme un « engendrement ». Il se peut que cet aspect ait inspiré Pr 8,22-25 et Sg 7,25-26. « Son sens pourrait être banal, simple équivalent d'εἶναι, mais son sens originel rattaché à la racine γεν- dénote la naissance... De plus, l'emploi philosophique du verbe et de sa famille de mots pour désigner la venue à l'être, le devenir, opposé à l'être, sera sensible aux lecteurs grecs de la Genèse, cf. par exemple Sap. 1,14 ; 13,3 », M. ALEXANDRE, *Le commencement du livre : Genèse I–V. La version grecque de la Septante et sa réception* (Paris 1988) 90.

[65] En parlant du principe originel de la Sagesse (Sg 6,22), l'auteur insinuait une distinction entre « celle qui advient » (ἐγένετο) et Dieu. Si la Sagesse a un commencement, elle apparaît plutôt du côté des créatures. Il semble que l'auteur joue sur la nature paradoxale de la Sagesse, tantôt assimilée à Dieu, tantôt distinguée de lui.

[66] P. BEAUCHAMP, *Création et Séparation. Étude exégétique du chapitre premier de la Genèse* (Paris 1969) 193. L'auteur reproche à H.G. MAY, « The Creation of Light in Gn 1,3-5 », *JBL* 58 (1939) 203-211, de ne pas distinguer entre le texte de Gn 1,3 et ses interprétations, Sg 7,25-26 en étant une possible.

pureté » de la Sagesse, réalité « supérieure » aux êtres célestes, avec une connotation morale accentuée (Grimm, Deane, Heinisch, Goodrick, Weber, Conti). Scarpat insiste sur le fait que le soleil est ici « métaphorique », renvoyant au soleil de justice (Sg 5,6). Il interprète ainsi les constellations : « Les différentes étoiles (ou constellations) sont la philosophie grecque et les gnoses qui prétendent guider l'homme »[67]. Cette assertion semble relever plus de l'interprète que du texte lui-même. En effet, que le soleil soit évoqué en un sens métaphorique en Sg 5,6 ne fait pas de doute, mais qu'il le soit également en Sg 7,29 reste improbable. J'estime même nécessaire de considérer ici les astres perceptibles par les hommes et leur relation avec la Sagesse. Je reviendrai sur l'influence qu'un ouvrage comme *Les Phénomènes* d'Aratos aurait eue sur les mentalités de l'époque[68]. Toujours est-il qu'il n'est pas nécessaire de passer par une figure littéraire pour reconnaître aux astres une fonction sociale et psychologique forte. Plutôt qu'une référence à la philosophie, j'y vois tout simplement une référence à l'astrologie qui, contrairement à la philosophie, a la prétention mensongère de guider la vie des hommes.

L'adjectif πρότερος, *prior* en latin, mérite une attention particulière. Traduit généralement par « supérieur », (Larcher, TOB), il garde une ambivalence sur le genre de supériorité dont il est question. Est-ce une supériorité spatiale (au-dessus, comme pourrait le laisser entendre la préposition ὑπέρ et une cosmologie à étages[69]), une supériorité de qualité (la Sagesse serait plus belle ou plus éclatante), une supériorité de nature (dans la cour céleste, la Sagesse, parèdre de Dieu, tiendrait le premier rang), ou encore une supériorité temporelle (la Sagesse serait trouvée en premier) ? Il semble que seul Weber ait choisi cette dernière interprétation : « Comparée à la lumière, elle est trouvée la première ». S'appuyant sur Sg 7,28b, qui introduirait une figure féminine par le verbe συνοικέω, et en écho au Ct 6,10, Sisti y voit l'indication d'une supériorité de qualité (la plus belle). D'autres,

---

[67] G. SCARPAT, *Sapienza*, II, 133.

[68] Les écrits hermétiques contenaient également un fond astrologique. « Les plus anciens documents qui en soient connus, et qui peuvent remonter jusqu'à la première moitié du IIe siècle avant J.-C., ont trait aux doctrines astrologiques », A.-J. FESTUGIÈRE, *Corpus Hermeticum* I (CUF ; Paris 1945) I. Un extrait du frg. 4,8 est significatif : « La force à l'œuvre dans tous les accidents de portée universelle vient des décans : par exemple changements de rois, soulèvements de cités, famines, pestes, reflux de mer, tremblements de terre, rien de tout cela, mon enfant, n'a lieu sans l'influence des décans », A.-J. FESTUGIÈRE, *Corpus Hermeticum*, 3,36.

[69] « La conception d'une lumière infinie, située au-delà des orbes du monde, où les âmes trouvent le repos dans la lumière éternelle et obtiennent la contemplation de Dieu, était à la fin de l'antiquité, commune aux philosophes et aux docteurs de l'Église », F. CUMONT, *Lux Perpetua*, 188.

en s'appuyant sur les indications de Sg 7,25-26, optent pour une supériorité de nature (Heinisch, Conti, Larcher).

Que l'adjectif πρότερος implique une relation entre deux termes, en l'occurence la Sagesse et la lumière, ne pose aucune difficulté. Cette relation désigne, selon Bailly, la priorité d'un terme par rapport à un autre, avec l'idée de lieu, de temps ou de rang. L'usage temporel est le plus courant et désigne celui qui vient avant, qui est le plus ancien, qui est le premier. Dans le contexte de Sg 7,29-30, la perspective temporelle n'est pas hors de propos. En effet, la référence aux astres du ciel, en écho à Gn 1,14-19, ainsi que l'allusion à l'alternance du jour et de la nuit, supposent une certaine conception des temps et des moments. Le verbe εὑρίσκω n'est pas non plus pur de toute coloration temporelle. Certes, il peut avoir ici le sens dérivé de « considérer », « juger » en raison du participe συγκρινομένη, mais cela ne s'impose pas. Son sens premier, celui de « trouver », comme en Sg 6,12, et selon l'explication qu'en donne Sg 16,28, peut également renvoyer au fait que la Sagesse précède la lumière du jour. Il ne faut pas non plus sous-estimer l'influence de Pr 8,22-25 où la connotation temporelle domine[70]. Dans le même ordre d'idées, une référence à la doctrine platonicienne de l'âme du monde est possible. Or Platon insiste sur le fait que l'âme, « principe premier de tous mouvements »[71], précède le corps. Comme l'explique Diès, à propos de la doctrine du *Timée*, « créée antérieurement à ce corps du Monde qu'elle anime et commande, elle garde, par cette antériorité, comme un substitut de l'éternité que lui accordait le *Phèdre* ». Il ajoute : « Ce qu'on revendique pour l'Âme, c'est donc une priorité d'âge et, pour ainsi dire, un droit d'aînesse qui donne à la fois titre et vertu pour commander. Elle est le départ de toute génération et de tout mouvement ; elle est expressément, comme dans le *Phèdre*, principe de mouvement, mais, au lieu de l'appeler "inengendrée en tant que principe", on la dit "première engendrée, première née, plus ancienne que tout le reste précisément en tant que principe" (895B) »[72].

Sans que soit exclue l'ambivalence du terme προτέρα, sa signification temporelle se trouve ici impliquée par le contexte (Si 1,4). L'allusion à la lumière créée le premier jour (Gn 1,3), première par rapport aux astres créés le quatrième jour (Gn 1,14-19), n'est pas impossible. L'adjectif εὐπρεπής — dans la ligne du substantif εὐπρέπεια, qui reçut, dans la Bible, une connotation d'éclat divin, de splendeur et de majesté, comme traduction de הָדָר (Ps 104,1 TM - 103,1 LXX)[73] et à l'aune des métaphores de Sg 7,25-26 — oriente la

[70] Cf. D.-M. D'HAMONVILLE, *Les Proverbes*, 111.

[71] ἀρχὴν ἄρα κινήσεων πασῶν και πρώτην, Platon, *Lois* 895A.

[72] Cf. l'introduction d'A. DIES dans É. DES PLACES, *Platon. Lois I-II* (CUF ; Paris 1951) LXXV.

[73] Cf. C. LARCHER, *Le livre de la Sagesse*, II, 384.

comparaison sur la force de l'éclat plutôt que celle de la beauté féminine[74]. L'auteur unirait ainsi la mention d'une supériorité d'éclat à celle d'une antériorité d'origine.

La dernière précision que fournit Sg 7,30 n'est sans doute pas la moindre. En établissant un rapport analogique entre l'alternance de la lumière et de la nuit et celle de la Sagesse et de la malice, l'auteur confirme la portée de Sg 7,25c :

οὐδὲν μεμιαμμένον εἰς αὐτὴν παρεμπίπτει	*Rien de souillé ne s'introduit en elle.*

Son origine divine implique qu'aucune ombre ne vienne la cacher. On peut n'y voir que l'exposition d'un nouveau motif de supériorité de la Sagesse sur la lumière perceptible par les sens, ce qui confirmerait son caractère « spirituel » ou « noétique ». Larcher va jusqu'à dire : « En réalité, l'auteur se place sur un plan métaphysique et parle de la Sagesse divine transcendante »[75]. Je préfère envisager une autre possibilité, moins philosophique que ne pourrait l'être la φύσις dans un système stoïcien, mais peut-être plus adéquate pour rendre compte de cette Sagesse dont l'éclat ne s'éteint pas (Sg 7,10). Elle relèverait d'une interprétation possible du « jour unique » (Gn 1,5) qui suggère un jour qu'aucune nuit ne suivit. Comme l'explique Larcher, κατισχύω signifierait « reprendre l'avantage, prévaloir à son tour ». En indiquant qu'il n'y a pas d'alternance possible une fois que la Sagesse est apparue, l'auteur évoquerait le contexte d'une lumière originelle, distincte des luminaires (φωστῆρες) créés le quatrième jour.

La perspective morale retenue comme possible ne concerne ni l'apprentissage des vertus ni leur exercice. Elle viserait l'univers scientifique des astrologues censés rendre compte, dans un monde déterminé par les forces célestes, de « bons ou mauvais présages ». L'auteur indiquerait qu'une bonté originelle (Gn 1,4 TM) ou mieux, une beauté (Gn 1,4), domine toute forme possible d'influence néfaste (Sg 1,14)[76].

---

[74] Une annonce discrète de Sg 8,2 est possible, mais on ne peut en faire la clé interprétative de ces versets. Le contexte reste cosmique et la thématique de la lumière dominante. La formulation de Sg 8,2 présente également un effet de surprise qu'il convient de ne pas trop atténuer.

[75] C. LARCHER, *Le livre de la Sagesse*, II, 514.

[76] Cf. J. BIDEZ – F.CUMONT, *Les mages hellénisés. Zoroastre, Ostanès et Hystaspe d'après la tradition grecque*, I (Paris 1938) 107-130.

29. Elle est plus radieuse que le soleil,
surpassant toute constellation.
Comparée à la lumière, on trouve qu'elle est la première.
30. La nuit en effet succède à celle-là,
tandis que le mal ne reprend pas l'avantage sur la Sagesse.

3. La lumière dans le Livre de la Sagesse

L'importance que prend la thématique de la lumière dans l'hymne rhétorique mérite que ses occurrences dans le livre soient rappelées[77]. Peu nombreuses, elles ouvrent cependant le champ interprétatif de façon significative. La première apparaît en Sg 5,6, dans le discours conclusif des impies :

τὸ τῆς δικαιοσύνης φῶς οὐκ ἐπέλαμψεν ἡμῖν ὁ ἥλιος οὐκ ἀνέτειλεν ἡμῖν	*La lumière de la justice n'a pas brillé sur nous, le soleil ne s'est pas levé sur nous.*

Le parallélisme entre les deux stiques permet de comprendre le soleil en un sens métaphorique, équivalent à « la lumière de la justice ». Le rapport de cette lumière avec la Sagesse n'est pas encore précisé, mais les explications de Sg 8,7, où les vertus sont reconnues comme un fruit du travail de la Sagesse, rendent, *a posteriori*, ce rapport évident. Deux paradigmes sont ainsi mis en parallèle, celui de la lumière et des ténèbres avec celui de la justice et de l'impiété.

En Sg 6,12-14, la symbolique de la lumière est mise en œuvre et ce, en rapport direct avec la Sagesse. Les adjectifs λαμπρός et ἀμάραντος signifient respectivement « brillant, éclatant » (en particulier à propos des astres) et « qui ne se consume pas, ne se flétrit pas ». La double image sous-jacente, de la beauté inaltérable et de la lumière sans déclin[78], annonce l'affirmation capitale de Sg 7,10. Les verbes φθάνω (Sg 6,13), qui signifie « devancer, prévenir », et ὀρθρίζω (Sg 6,14 ; Si 24,32), qui garde ici son sens classique d'« être debout avant le lever du jour », orientent l'interprétation de la figure de la Sagesse comme une lumière qui précède le lever du soleil,

[77] J. VÍLCHEZ LÍNDEZ, « La luz en el libro de la Sabiduría », *Treasures of Wisdom* (éd. N. CALDUCH-BENAGES – J. VERMEYLEN) 279-288.

[78] C. LARCHER, *Le livre de la Sagesse*, II, 419, fait le point des différentes interprétations (astre, fleur, fiancée) en précisant : « Il n'est pas nécessaire de restituer une image quelconque ; en tout cas, ce serait plutôt celle d'un astre lumineux, au rayonnement indéfectible ».

lumière particulière qu'accompagne une rosée. Il convient de rappeler à ce propos un autre passage du livre :

27 τὸ γὰρ ὑπὸ πυρὸς μὴ φθειρόμενον ἁπλῶς ὑπὸ βραχείας ἀκτῖνος ἡλίου θερμαινόμενον ἐτήκετο	*27 Car ce qui n'était pas détruit par le feu fondait à la simple chaleur d'un bref rayon de soleil,*
28 δεῖ φθάνειν τὸν ἥλιον ἐπ' εὐχαριστίαν σου καὶ πρὸς ἀνατολὴν φωτὸς ἐντυγχάνειν σοι	*28 afin que l'on sache qu'il faut devancer le soleil pour te rendre grâce, et te rencontrer dès le lever de la lumière. (Sg 16,27-28)*

À partir d'une similitude de vocabulaire entre Sg 16,28 et Sg 8,21, Dumoulin explique : « La manne constitue un magnifique symbole de la Sagesse que Dieu donne à son peuple » [79]. L'une et l'autre se laissent trouver avant le lever de soleil. Le Ps 118,147, comme d'autres passages des psaumes (Ps 5,4 ; 62,2), atteste l'usage de cette figure.

L'expression de la *narratio*, « son rayonnement est sans déclin » (ἀκοίμητον τὸ ἐκ ταύτης φέγγος, Sg 7,10), isolée dans un contexte où la thématique des « biens » domine, trouve son explication la plus immédiate en Sg 7,25-30. La Sagesse est une lumière que rien ne peut altérer. La malice, analogue aux ténèbres selon Sg 7,30, pourrait précéder la Sagesse, mais non lui succéder. Et si, par un autre jeu de métaphores, la lumière désigne la vie, il est aisé de comprendre que la mort n'a pas d'emprise sur la Sagesse. L'adjectif ἀκοίμητον annoncerait la problématique finale du discours, à savoir celle de l'immortalité du Sage (ἀθανασία, Sg 8,13.17), ou encore comme je l'indiquerai dans le dernier chapitre, sa force (ἐγκρατής, Sg 8,21).

L'identification de la Sagesse à la nuée lumineuse en Sg 10,17 annonce la conclusion d'une partie importante du livre consacrée à « la nuit de peur et de lumière » (Sg 18,3)[80].

ἐγένετο αὐτοῖς εἰς σκέπην ἡμέρας καὶ εἰς φλόγα ἄστρων τὴν νύκτα	*Elle devint pour eux une couverture pendant le jour, et une flamme d'étoiles pendant la nuit. (Sg 10,17)*

---

[79] P. DUMOULIN, *Entre la manne et l'eucharistie*, 123.

[80] L. MAZZINGHI, *Notte di paura e di luce*. On trouvera facilement les références dans la table des matières, 353-357. Deux événements de l'Exode sont ici associés : Ex 10,21-23 et Ex 13,21-22. Si en Sg 17,1–18,4, tous les arts de la divination sont sous-entendus, en Sg 7,24–8,1, l'astrologie semble être plus spécifiquement visée.

ἀνθ' ὧν πυριφλεγῆ στῦλον ὁδηγὸν μὲν ἀγνώστου ὁδοιπορίας ἥλιον δὲ ἀβλαβῆ φιλοτίμου ξενιτείας παρέσχες	*Au lieu de ces ténèbres, tu donnas aux tiens une colonne flamboyante, pour leur servir de guide en un voyage inconnu, de soleil inoffensif en leur glorieuse migration. (Sg 18,3)*

L'expression « flamme d'étoiles » (φλόγα ἄστρων) n'apparaît jamais comme telle dans la LXX pour désigner la « colonne de feu » (Ex 13,21). Cette mention des étoiles confirme l'intérêt que l'auteur leur porte. Est-ce à dire qu'il assimile la colonne de feu à la voie lactée, chemin tracé au milieu du ciel, ou à l'écliptique, berceau des signes du zodiaque ? N'offre-t-il pas plutôt une allusion à la Sagesse comme la lumière dominant toutes les autres, y compris celles du ciel ? Il faudrait reprendre l'ensemble de l'étude de Sg 17,1–18,4 présentée par Mazzinghi pour repérer non seulement une terminologie commune avec Sg 7–8, mais pour saisir combien les allusions à la gnose, à l'astrologie et à la magie deviennent évidentes en cette partie du livre. « Le Livre de la Sagesse utilise un vocabulaire typique du langage des mystères répandus à Alexandrie à la fin du Ier siècle av. J.-C. ; mais un tel usage est à la fois ironique et polémique. Ces rites, qui prétendaient donner le salut aux Égyptiens et aux Juifs qui s'y sentaient attirés, ne leur portaient que terreur et ténèbres ; la "descente" symbolique de l'initié dans l'Hadès, duquel il remonte vers la nouvelle lumière qui sauve, se révèle être une véritable chute aux enfers, là où les seules visions sont des visions de terreur »[81]. Mazzinghi rappelle en particulier comment Sg 17,20-21 est un rappel de Sg 7,29-30[82]. S'appuyant sur les études de Beauchamp, Gilbert et Priotto, il fait une remarque importante qui peut s'appliquer également au discours du Sage : « Il n'est donc pas hors de propos de penser, qu'au début de notre diptyque, le Livre de la Sagesse fait référence à la première œuvre de la création, la séparation entre la lumière et les ténèbres (Gn 1,2-5), reprise dans la création des astres le quatrième jour (Gn 1,14-19) »[83]. S'il est vrai que la création de la lumière est à l'arrière-plan de cette partie (Sg 17,1–8,4), combien plus l'est-elle en Sg 7–8 qui renvoie justement à la création du monde (Sg 7,27). Devant l'univers des mages et des astrologues, l'*heptameron* de Gn 1 ne demeure-t-il pas la grande réponse des Sages d'Israël ?

La dernière et double mention de la lumière en Sg 18,1.4 forme une inclusion délimitant la péricope conclusive de cette grande page du Livre de la Sagesse. Ici encore, je ne peux que renvoyer à l'analyse détaillée de

---

[81] L. MAZZINGHI, *Notte di paura e di luce*, 41.
[82] L. MAZZINGHI, *Notte di paura e di luce*, 199.
[83] L. MAZZINGHI, *Notte di paura e di luce*, 63.

Mazzinghi[84]. Je rappelle seulement ce rapprochement qu'il suggère avec la colonne de Nuée : « En Sg 18,3, il est donc possible de découvrir une allusion à la Sagesse : à travers la colonne de feu, c'est la même σοφία divine qui guide Israël. On a vu comment en Sg, les termes ὁδηγέω et ὁδηγός, renvoient constamment à la Sagesse ou à Dieu lui-même ; la colonne de feu en devient d'une certaine façon une image »[85].

Force est de constater que la thématique de la lumière n'est pas un axe secondaire du livre. Elle le traverse de part en part, sorte de réponse métaphorique à la difficile question de la vie et de la mort. La Sagesse, don demandé par le Sage en Sg 9,4, est contemplée comme la lumière novatrice, cette vie qu'aucun mal ne peut vaincre, qu'aucune mort ne submergera.

4. La lumière dans le judaïsme tardif

Dans le judaïsme hellénistique, la thématique de la lumière couvre un champ immense de réflexions, cosmologique, éthique, gnostique, sotériologique, eschatologique. Comme l'indiquait déjà Goodenough, « la conception de Dieu comme lumière est devenue proverbiale dans le judaïsme hellénistique, au point de devenir axiomatique même dans une apocalypse »[86]. L'expérience concrète qu'il n'y a pas de vie sans lumière, la peur infantile des ténèbres, la constatation que sa vitesse dépasse celle du son, la reconnaissance, dans une période qui précède de loin l'invention de l'électricité, que le feu qui illumine descend du ciel et que le soleil et les étoiles sont les guides assurés des paysans et des marins, bref, ces expériences la mettent au premier plan des spéculations aussi bien religieuses que philosophiques. Les articles de Aalen[87] et de Conzelmann[88], qui offrent une

---

[84] L. MAZZINGHI, *Notte di paura e di luce*, 203-270. Il conclut ainsi son étude : « Il dono dell'immortalità passa attraverso la Legge che a sua voltà è conoscibile tramite il dono della sapienza. Chi accoglie la sapienza, e quindi la Legge, otterrà quella vita che è il progetto originario di Dio sull'uomo ; l'insistenza di Sap sulla malvagità degli empi diviene così un invito fatto a Israele perché abbandoni l'empietà e, attraverso la sapienza, che permette di conoscere e mettere in pratica la Legge, possa portare al mondo tale luce di vita », 270. On perçoit comment l'auteur, en ce chapitre de la dernière partie du livre (Sg 16–19), noue ses différentes thématiques, en particulier celle de l'impiété, introduite en Sg 1–6, et celle de la Sagesse, développée en Sg 7–10.

[85] L. MAZZINGHI, *Notte di paura e di luce*, 239. Il est important de rappeler qu'en Sg 7,15 Dieu est présenté comme le « guide de la Sagesse ». Cette précision invite à situer la Sagesse du côté de la création, bien qu'elle participe activement au reste de la création.

[86] E.R. GOODENOUGH, *By Light, Light. The Mystic Gospel of Hellenistic Judaism* (New Haven 1935 ; ^{2}1969) 267.

[87] « In Spätjudentum war das am ersten Tag erschaffene Urlicht ein organisierendes Prinzip der Schöpfung », S. AALEN, *Die Begriffe 'Licht' und 'Finsternis'*, 262.

vaste introduction à cet univers, n'omettent pas de citer Sg 7,25-26.29-30. L'un et l'autre introduisent alors ce qu'ils nomment « das Urlicht », la lumière « primordiale » qui trouverait son origine, à ce qu'il paraît, dans l'exégèse d'Aristobule. Il convient d'abord de constater que la thématique de la lumière est absente de Pr 8,22-31 et de Jb 28. Les allusions à celle-ci en Ba 4,2 comme en Si 24,32 restent discrètes. Le parallélisme possible entre la lumière (Ps 103,1) et la Sagesse (Ps 103,24) pourrait être l'indice d'un rapprochement, mais il n'a rien de flagrant. La pauvreté de la tradition biblique sur la question contraste donc avec l'ampleur que cette thématique prend dans le Livre de la Sagesse. Cela indiquerait-il l'influence dominante des cultes isiaque ou zoroastrien, ou encore de la gnose hermétique ou néo-pythagoricienne ?[89] Rien ne s'y oppose. Il est même probable que l'auteur ait eu vent de telles pratiques et doctrines et qu'il ait pu y faire allusion. Mais doit-on pour autant renoncer à chercher un fondement scripturaire à ce choix ? Il se peut que certains écrits du judaïsme tardif, environnement littéraire du passage de l'AT au NT, illustrent plutôt un phénomène interprétatif de « la lumière » qui touche de près ou de loin les écrits du NT[90].

Le livre éthiopien d'*Hénoch* (1Hén)[91] établit un parallélisme explicite entre la Sagesse et la lumière. La perspective gnostique, dans le contexte apocalyptique du livre, est tangible.

τότε δοθήσεται τοῖς ἐκλεκτοῖς φῶς καὶ χάρις καὶ αὐτοὶ κληρονομήσουσιν τὴν γῆν τότε δοθήσεται πᾶσιν τοῖς ἐκλεκτοῖς σοφία καὶ πάντες οὗτοι ζήσονται [...]	*Alors seront données aux élus la lumière et la grâce, et ce sont eux qui hériteront de la terre ; alors la sagesse sera donnée à tous les élus, et tous ils vivront [...]*
καὶ ἔσται ἐν ἀνθρώπῳ πεφωτισμένῳ φῶς καὶ ἀνθρωπῳ ἐπιστήμονι νόημα	*Et il y aura une lumière dans l'homme illuminé, une intelligence dans l'homme instruit*[92].

88 « In heller Form findet sich der Gedanke von der Weisheit als dem Urlicht Sap 7,29 [...] Der biblische Schöpfungsbericht wird mit Hilfe der griechischen Philosophie ausgelegt », H. CONZELMANN, « φῶς », *ThWNT* IX,317. La forme est hellénistique, le contenu biblique. Cf. U. WILCKENS, « Weisheit und Torheit », *BHT* 26 (1959) 188-190.

89 Plutarque, *Isis et Osiris* 369e-370c.

90 Jn 1,4-5 : ἐν αὐτῷ ζωὴ ἦν καὶ ἡ ζωὴ ἦν τὸ φῶς τῶν ἀνθρώπων καὶ τὸ φῶς ἐν τῇ σκοτίᾳ φαίνει καὶ ἡ σκοτία αὐτὸ οὐ κατέλαβεν, pour ne citer qu'un exemple significatif parmi d'autres (cf. Lc 2,32 ; Ac 9,3).

91 Le livre éthiopien d'Hénoch, dont on a retrouvé partiellement une version grecque, a dû être composé entre le IIème siècle av. J.-C. et les années qui précédèrent la chute du temple (70 ap. J.-C.), cf. J.H. CHARLESWORTH, *The Old Testament Pseudepigrapha* (New York 1983) I, 5-89.

92 1 Hén 5,8.

Un autre passage, dont la forme grecque a disparu, fait également cas de la lumière et ce, dans un contexte proche d'Is 60 : « Les justes seront dans la lumière du soleil, les élus dans la lumière de la vie éternelle. Les jours de leur vie n'auront point de fin, les saints auront des jours innombrables [...] Il y aura une lumière qu'on ne pourra évaluer, et ils n'entreront pas dans le compte des jours, car les ténèbres auront disparu, et la lumière durera devant le Seigneur des Esprits, et la lumière durera toujours devant le Seigneur des Esprits »[93]. Ou encore : « Il lui donnera la puissance et ce sera dans la vertu et la justice et ils marcheront dans la lumière éternelle »[94].

Le livre des *Secrets d'Hénoch* (2 Hén)[95], dont l'influence sur le Livre de la Sagesse a été montrée[96], apporte aussi des éléments précieux. Il introduit ainsi son récit de la création du monde : « La création est infinie et inconnaissable, et à toi je l'explique aujourd'hui. Avant que ne fussent toutes les choses visibles, la lumière s'ouvrit, et moi, au milieu de la lumière, je parcourais l'espace comme un des invisibles, comme le soleil le parcourt de l'occident à l'orient. Le soleil trouvera le repos, mais moi, je ne trouverai pas de repos, parce que tout était sans forme »[97]. Il est aisé de percevoir comment la lumière, cette première créature sortie de la bouche de Dieu, dont Hénoch précise qu'elle est « une fournaise de feu » et « ses paroles une flamme qui sort »[98], est le moyen de connaître les secrets de la création. À propos de la création de l'homme, il précise : « Quand j'eus tout achevé, je commandai à ma Sagesse de faire l'homme »[99]. Il conclut ainsi : « C'est par ma Sagesse que j'ai combiné de faire tout cela »[100].

Un autre témoin du judaïsme du Ier siècle av. J-C., connu sous le titre de *Livre des Antiquités bibliques* (*LAB*)[101], présente une nouvelle fois « la lumière éternelle »[102] et rend explicite le lien entre la lumière et la Sagesse :

---

[93] 1 Hén 58,3-5.

[94] 1 Hén 92,4-5.

[95] Le livre des *Secrets d'Hénoch* (2 Hén) est attribué par les critiques à un juif hellénisé ; il fut écrit probablement en grec, avant la chute du temple (70 ap. J.-C.). Il est connu par deux manuscrits slaves. Cf. J.H. CHARLESWORTH, *Pseudepigrapha,* I, 91-222 ; A. VAILLANT, *Le livre des secrets d'Hénoch* (Paris 1952).

[96] C. LARCHER, *Études*, 103-112.

[97] 2 Hén 24,3-4 (tr. A. VAILLANT – M. PHILONENKO in Dupont-Sommer).

[98] 2 Hén 39,4.

[99] 2 Hén 30,2.

[100] 2 Hén 33,1.

[101] Cette composition d'origine hébraïque ou araméenne aurait été traduite en grecque puis en latin (version conservée). Selon P.-M. BOGAERT, elle ne peut être antérieure à 80 av. J.-C., cf. C. PERROT – P.-M. BOGAERT, *Pseudo-Philon. Les Antiquités Bibliques, II* (SC 230 ; Paris 1976) 73. Selon Perrot, ce livre reflète les idées devenues monnaie courante au Ier siècle

Nolite festinare magna eloqui nec eicere de ore vestro verba alta, sed delectamini in gloriationem. Dum enim exiet lumen ex quo nascetur sapientia, ut non qui possident plurima dicantur divites, sed quae peperunt in habundantia matres audiantur [...]
Iniquos autem concludet in tenebris, nam iustis conservat lumen suum.

Ne vous hâtez pas de vous vanter et de proférer de la bouche des paroles hautaines, mais trouvez votre plaisir en rendant gloire, quand sortira la lumière d'où naîtra la sagesse. Que ceux qui possèdent beaucoup ne soient plus appelés riches, que celles qui ont enfanté en abondance ne soient plus dites mères [...]
Il enfermera les impies dans les ténèbres mais garde sa lumière pour les justes[103].

L'un des deux fragments attachés aux *Oracles Sibyllins*[104], dont rien ne peut assurer qu'il soit d'origine chrétienne, est un écho peut-être plus tardif à cette même thématique.

Βροτοὶ παύσασθε μάταιοι Ῥεμβόμενοι σκοτίῃ καὶ ἀφεγγέϊ νυκτὶ μελαίνῃ καὶ λίπετε σκοτίην νυκτὸς, φωτὸς δὲ λάβεσθε [...]
Ἠελίου γλυκυδερκὲς ἰδοὺ φάος ἔξοχα λάμπει γνῶτε δὲ κατθέμενοι σοφίην ἐν στήθεσιν ὑμῶν

Ô vains mortels, reposez-vous, vous qui êtes errant par une nuit ténébreuse et sans éclat, une nuit noire ; abandonnez les ténèbres de la nuit et recevez la lumière [...]
Voici que le soleil au doux regard brille d'un vif éclat. Apprenez la Sagesse en la déposant dans vos cœurs[105].

ap. J.-C., 31. Cf. M. PHILONENKO, « Essénisme et gnose chez le Pseudo-Philon. Le symbolisme de la lumière dans *Liber Antiquitatum Biblicarum* », *Origine dello gnosticismo : Colloquio di Messina. 13-18 aprile 1966* (éd. U. BIANCHI) (Leiden 1967) 401-410.

[102] « Moi, Dieu, j'allumerai pour lui ma lampe ; elle habitera en lui [...] je l'illuminerai de la lumière éternelle », *LAB* 9,8 (tr. D.-J. HARRINGTON – J. CAZEAUX ; SC 229 ; Paris 1976).

[103] *LAB* 51,4-5.

[104] Cf. J.H. FRIEDLLIEB, *Sibyllinischen Weissagungen* (Leipzig 1852). C'est au livre III des *Oracles sibyllins*, reconnu pour son origine juive plus certaine, que C. LARCHER, *Études*, 140-146, prête son attention.

[105] *Oracles sibyllins,* frg. 1,25-27.30-31.

Au tournant des deux Testaments, les écrits de Qumrân représentent un témoignage de l'amplification étonnante du thème de la lumière[106]. L'influence de la doctrine mazdéenne est perceptible en cette opposition des deux esprits décrite comme opposition entre « l'éternelle lumière » et « les ténèbres » de Béliar. Ce passage de la Règle de la communauté en illustre la doctrine : « Dans une fontaine de lumière est l'origine de la Vérité et d'une source de ténèbres est l'origine de la Perversion ».[107]

Selon une approche différente, dépendante d'un dualisme de type platonicien appliqué à l'interprétation de l'Écriture, Philon[108] a recours lui aussi à l'image de la lumière. Son interprétation de Gn 1,3-5 est particulièrement intéressante. La lumière, première créature « incorporelle et intelligible [...] le modèle du soleil et de tous les astres lumineux qu'il allait créer à travers le ciel »[109], reçoit un statut digne de ce que pouvait être l'archétype du monde selon Platon, et dont les réalités sensibles n'étaient que les ombres[110].

τὸ δὲ ἀόρατον καὶ νοητὸν φῶς ἐκεῖνο θείου λόγου γέγονεν εἰκὼν τοῦ διερμηνεύσαντος τὴν γένεσιν αὐτοῦ	*Cette lumière invisible et intelligible est devenue image de la parole divine qui explique sa genèse.*

106 Pour une présentation des textes où le thème de la lumière apparaît, cf. M. GILBERT, « La lumière dans les textes de Qumrân », *Symbolisme et expérience de la lumière dans les grandes religions* (éd. J. RIES – Ch.-M. TERNES) (HoRe 2 ; Turhout 2002) 149-156.

107 1QS 3,19 (tr. A. DUPONT-SOMMER ; Pléiade ; Paris 1987). « Comme la fumée disparaît et n'existe plus, ainsi l'impiété disparaîtra pour toujours. La justice s'épanouira comme le soleil qui règle le monde et tous ceux qui retiennent les secrets merveilleux n'existeront plus. La connaissance remplira le monde et il n'existera plus jamais de folie », 1QMyst 1,6 (tr. J. CARMIGNAC – P. GUILBERT ; Paris 1961). Cf. aussi, 1QH 15,24-25 ; É. PUECH, *La croyance des Esséniens en la vie future : immortalité, résurrection, vie éternelle ? Histoire d'une croyance dans le judaïsme ancien. II. Les données qumrâniennes et classiques* (EtB - NS 21-22 ; Paris 1993) 463-464.

108 Pour le lien entre Sg et Philon, cf. C. LARCHER, *Études*, 151-178.

109 Philon, *Opif.* 29 (tr. J. ARNALDEZ – C. POUILLOUX – I. MONDÉSERT ; Les œuvres de Philon d'Alexandrie 1 ; Paris 1961).

110 « C'est mon opinion, qu'aux dernières limites du monde intelligible est l'idée du bien, qu'on aperçoit avec peine, mais qu'on ne peut apercevoir sans conclure qu'elle est la cause universelle de tout ce qu'il y a de bien et de beau ; que dans le monde visible, c'est elle qui a créé la lumière et le dispensateur de la lumière ; et que dans le monde intelligible, c'est elle qui dispense et procure la vérité et l'intelligence, et qu'il faut la voir pour se conduire avec sagesse, soit dans la vie privée, soit dans la vie publique », Platon, *République* 517B-C (tr. E. CHAMBRY ; CUF ; Paris 1934). Il s'agit de la conclusion des explications de l'allégorie dite de la caverne.

καὶ ἔστιν ὑπερουράνιος ἀστήρ πηγὴ τῶν αἰσθητῶν ἀστέρων, ἣν οὐκ ἂν ἀπὸ σκοποῦ καλέσειεν ἄν τις παναύγειαν, ἀφ' ἧς ἥλιος καὶ σελήνη καὶ οἱ ἄλλοι πλάνητές τε καὶ ἀπλανεῖς ἀρύτονται, καθ' ὅσον ἑκάστῳ δύναμις, τὰ πρέποντα φέγγη, τῆς ἀμιγοῦς καὶ καθαρᾶς αὐγῆς ἐκείνης ἀμαυρουμένης, ὅταν ἄρξηται τρέπεσθαι κατὰ τὴν ἐκ νοητοῦ πρὸς αἰσθητὸν μεταβολήν·
εἰλικρινὲς γὰρ οὐδὲν τῶν ἐν αἰσθήσει

Elle est une étoile au-delà des cieux, source des étoiles vues par les sens, elle qu'on appellerait à juste titre clarté universelle, celle d'où le soleil, la lune, les autres planètes et les étoiles tirent, chacun selon sa puissance, l'éclat qui convient, cette clarté sans mélange et pure qui s'obscurcit quand elle commence à se convertir par le changement de l'intelligible au sensible. En effet, rien n'est vraiment pur dans les choses sensibles[111].

La mise en perspective du Livre de la Sagesse avec les écrits de Philon montre l'attachement de leurs auteurs à Gn 1,1-5. Il convient cependant de préciser une différence essentielle entre eux. Certes, le vocabulaire et la thématique de la lumière sont analogues, mais l'explication philonienne qui découle d'une interprétation platonicienne du monde se distingue radicalement de la vision du Livre de la Sagesse. En ce dernier, le mal n'est jamais associé au passage de l'intelligible au sensible. Ayant énoncé au début de son livre que l'origine de la mort était dans l'envie du diable (Sg 2,24), il ne semble pas concevoir la question de la corruption comme relevant de la matière. Enfin, une interprétation philonienne du « jour un » est un autre indice de l'importance de Gn 1,1-5 pour le judaïsme tardif[112].

---

[111] Philon, *Opif.* 31.

[112] Cf. M. ALEXANDRE, *Le commencement du livre,* 91. Flavius Josèphe lui-même le met en relief, mais la solution qu'il annonce, si elle existe, ne fut jamais retrouvée.

Μωυσῆς δ' αὐτὴν μίαν εἶπε τὴν δὲ αἰτίαν ἱκανὸς μέν εἰμι ἀποδοῦναι καὶ νῦν ἐπεὶ δ' ὑπέσχημαι τὴν αἰτιολογίαν πάντων ἰδίᾳ συγγραψάμενος παραδώσειν εἰς τότε καὶ τὴν περὶ αὐτῆς ἑρμηνείαν ἀναβάλλομαι

Moïse le [le jour] dit « un ». Je pourrais en fournir dès maintenant la raison. Mais, puisque j'ai promis d'exposer la cause de toutes choses dans un récit particulier, je diffère jusqu'alors l'élucidation de la question. (*Ant.* I,29)

On regrettera de ne pouvoir lire cette exégèse de Josèphe. Très littéraliste pour le premier jour, Josèphe l'est beaucoup moins pour les autres. Ce changement de style peut être l'indice du statut spécifique que Josèphe accordait au premier jour, cf. T. W. FRANXMAN, *Genesis and the « Jewish Antiquities » of Flavius Josephus* (Or. - NS 35 ; Rome 1979) 39. Un passage de *L'apocalypse de Baruch* (2 Ba), texte plus tardif, mais non moins intéressant, montre une étonnante parenté avec le Livre de la Sagesse : « Car tu gouvernes dans ta sagesse toutes les créatures que ta droite a créées, et tu as établi près de toi toute source de lumière, et tu as préparé sous ton trône les réservoirs de sagesse », 2 Ba (Syr) 54,13, cf. P. BOGAERT, *L'Apocalypse syriaque de Baruch. Introduction, traduction du syriaque et commentaire* (SC 14 ; Paris 1969) 353-380.

ὃ καὶ ἡμέραν ὁ ποιῶν ἐκάλεσε καὶ ἡμέραν οὐχὶ πρώτην ἀλλὰ μίαν ἣ λέλεκται διὰ τὴν τοῦ νοητοῦ κόσμου μόνωσιν μοναδικὴν ἔχοντος φύσιν

Le jour qu'il fit, il l'appela, non pas premier jour, mais jour « un », ainsi dit à cause de l'isolement en soi du monde intelligible ayant une nature monadique[113].

Dans cet univers littéraire, où sagesse, lumière et création s'entrecroisent, un courant plus spécifique se dégage qu'une glose latine de Si 24,3 permet d'introduire.

5 Ego ex ore Altissimi prodivi primogenita ante omnem creaturam 6 Ego in caelis feci ut oriretur lumen indeficiens et sicut nebula texi omnem terram[114].

5. Moi, de la bouche du Très-Haut, je sortis première-née avant toute créature. 6. Moi, je fis en sorte que se lève dans le ciel une lumière indéfectible et, comme une nuée, je couvris toute la terre. (Si 24,5-6)

Relevant du judaïsme plutôt que d'une influence chrétienne[115], cette glose serait l'écho, selon toute probabilité, de l'école d'Aristobule[116]. C'est précisément à propos de Sg 7,25-30 que Aalen la mentionnait. Il reconnaissait l'assimilation de la Sagesse à la lumière primordiale (Gn 1,3), cette lumière qui avait pour fonction de faire passer le monde du chaos à l'ordre. « La lumière originelle peut, en particulier, être présentée comme identique à la sagesse. C'est le cas à l'endroit que nous avons expliqué à la fin du chapitre précédent (Sg 7,22s.). Dans ces versets, la sagesse est une puissance cosmique, une lumière primordiale organisant le monde et tenant en échec les ténèbres et le mal »[117]. En renvoyant ce texte à la tradition présente dans

---

[113] Philon, *Opif.* 35 ; cf. aussi, *Opif.* 33 : « Une fois allumée la lumière intelligible, née avant le soleil, l'ombre son contraire, céda la place ».

[114] *Biblia Sacra iuxta latinam vulgatam versionem* XII (Rome 1967).

[115] Cf. M. GILBERT, « Les additions grecques et latines à Siracide 24 », *Lectures et relectures de la Bible* (FS. P.-M. Bogaert [éd. J.-M. AUWERS – A. WÉNIN] BEThL 144 ; Leuven 1999) 202.

[116] R. SCHLATTER, « Das neugefundene hebräische Stück des Sirach. Der Glossator des griechischen Sirach und seine Stellung in der Geschichte der jüdischen Theologie », *BFChTh 1* (Gütersloh 1897) 163-176, 190. Cf. G.L. PRATO, « La lumière interprète de la Sagesse dans la tradition textuelle de Ben Sira », *La sagesse de l'Ancien Testament* (éd. M. GILBERT) 319. Prato précise : « Sg 7,22-29 où l'on note également, comme dans le texte amplifié de Si, la tentative de voir la Sagesse à travers la catégorie de la lumière (Sg 7,29-30) », 343. Dans le même ordre d'idée, J. HASPECKER, *Gottesfurcht bei Jesus Sirach* (AnBib 30 ; Roma 1967) 72-75, 87-93, montre comment, en Si 50,29 par exemple, on est passé de la crainte à la lumière, avec une mention du don de la Sagesse.

[117] S. AALEN, *Die Begriffe 'Licht' und 'Finsternis'*, 175. L'intérêt d'une telle étude est de relativiser les influences hellénistiques sur Sg 7–8 et de considérer comment certains

l'école d'Aristobule, Aalen identifie une lecture traditionnelle importante. L'influence de la thématique de la lumière, pour rendre compte de la nature de la Sagesse, ne tiendrait pas à ses seules expressions païennes, mais bien à une compréhension du septième jour dont Aristobule s'était fait l'audacieux interprète[118]. Ce dernier considérait ce jour comme étant le premier, celui qui vit la création de la lumière et que Dieu tient en réserve pour l'illumination des justes. Eusèbe de Césarée en rapporte le témoignage.

9 ἐχομένως δ' ἐστὶν ὡς ὁ θεὸς ὃς τὸν ὅλον κόσμον κατεσκεύακε καὶ δέδωκεν ἀνάπαυσιν ἡμῖν διὰ τὸ κακόπαθον εἶναι πᾶσιν τὴν βιοτὴν ἑβδόμην ἡμέραν ἣ δὴ καὶ πρώτην φυσικῶς ἂν λέγοιτο φωτὸς γένεσις ἐν ᾧ τὰ πάντα συνθεωρεῖται 10 μεταφέροιτο δ' ἂν τὸ αὐτὸ καὶ ἐπὶ τῆς σοφίας τὸ γὰρ πᾶν φῶς ἐστιν ἐξ αὐτῆς

9. Ce qui s'ensuit, c'est que Dieu, lui qui a façonné le monde entier, nous a donné, parce que toute vie est douloureuse, le repos en ce septième jour qui est dit le premier selon la nature, puisqu'en lui se trouve la genèse de la lumière et que toute chose est contemplée. 10. La même métaphore s'applique à la sagesse ; en effet toute la lumière vient d'elle[119].

Mais c'est un passage de Clément d'Alexandrie qui paraît plus intéressant encore. Bien qu'Aristobule n'y soit pas explicitement mentionné, rien n'empêche, selon ce qu'Eusèbe vient d'en rapporter, de reconnaître son

---

aspects, qu'on peut faire relever d'influences platoniciennes ou stoïciennes incontestables, appartiennent déjà à ce courant du judaïsme. On parlera alors d'influence indirecte. Le cas du platonisme philonien est différent. Il s'agit là d'une innovation en matière de lecture et d'interprétation biblique qui n'appartient ni au point de vue d'Aristobule ni à celui de l'auteur du Livre de la Sagesse.

[118] Auteur dont on ne garde que quelques fragments, il apporterait l'un des plus anciens témoignages d'un commentaire de la Genèse qu'on appelle « midrash hellénistique », J. FREUDENTHAL, *Hellenistische Studien* (Breslau 1874) 65-77 ; cf. N. WALTER, *Der Thoraausleger Aristobulos* (Berlin 1964) 79-80. Aristobule aurait vécu, comme notable d'Alexandrie, sous le règne de Ptolémée VI Philometor (180-145 av. J.-C.) ; cf. 2M 1,10 ; C.R. HOLLADAY, *Fragments from Hellenistic Jewish Authors. III. Aristobulus* (SBL.TT 20 ; Atlanta 1983) 74. Comme l'explique J.M. BARCLAY, *Jews in the Mediterranean Diaspora : From Alexander to Trajan (323 BCE–117 CE)* (Hellenistic Culture and Society 33 ; Edinburgh 1996) 151, « Aristobulus contends that all people of intelligence admire Moses'wisdom and "divine spirit", and that it was out of such recognation that "philosophers and many others, including poets, took from him their significant starting-points" ». Cf. M. HENGEL, *Judentum und Hellenismus : Studien zu ihrer Begegnung unter besonderer Berücksichtigung Palästinas bis zur Mitte des 2. Jh. v. Chr.* (WUNT 10 ; Tübingen 1969) 162-163, 169.

[119] Eusèbe, *Préparation Evangélique* XIII,12,9. Pour les références à l'exégèse d'Aristobule chez Eusèbe, Anatolius et Clément d'Alexandrie, on se reportera à l'étude de C.R. HOLLADAY, *Fragments from Hellenistic Jewish Authors*, III, 43-45.

interprétation de Gn 1,3. Cela confirmerait la postérité d'une interprétation juive dont l'influence pourrait être effective dans le Livre de la Sagesse.

1 ἡ ἑβδόμη τοίνυν ἡμέρα ἀνάπαυσις κηρύσσεται ἀποχὴ κακῶν ἑτοιμάζουσα τὴν ἀρχέγονον ἡμέραν τὴν τῷ ὄντι ἀνάπαυσιν ἡμῶν ἣ δὴ καὶ πρώτη τῷ ὄντι φωτὸς γένεσις ἐν ᾧ τὰ πάντα συνθεωρεῖται καὶ πάντα κληρονομεῖται	*1. Le septième jour est donc proclamé jour de repos, mise à distance des maux qui prépare le jour originel de notre vrai repos : c'est lui qui est véritablement la genèse de la lumière. En lui toute chose est contemplée, en lui toute chose est donnée en héritage.*
2 ἐκ ταύτης τῆς ἡμέρας ἡ πρώτη σοφία καὶ ἡ γνῶσις ἡμᾶς ἐλλάμπεται τὸ γὰρ φῶς τῆς ἀληθείας φῶς ἀληθὲς ἄσκιον ἀμερῶς μεριζόμενον πνεῦμα κυρίου εἰς τοὺς διὰ πίστεως ἡγιασμένους λαμπτῆρος ἐπέχον τάξιν εἰς τὴν τῶν ὄντων ἐπίγνωσιν [...]	*2. C'est à partir de ce jour que la première sagesse et la connaissance nous éclairent ; en effet, la lumière de la vérité est la lumière véritable, sans ombre, Esprit du Seigneur imparti sans avoir de parties à ceux qui sont sanctifiés par la foi, apportant l'ordre d'une lampe pour la connaissance des êtres [...]*
4 διὸ καὶ Σολομὼν πρὸ οὐρανοῦ καὶ γῆς καὶ πάντων τῶν ὄντων τῷ παντοκράτορι γεγονέναι τὴν σοφίαν λέγει ἧς ἡ μέθεξις ἡ κατὰ δύναμιν οὐ κατ'οὐσίαν λέγων θείων καὶ ἀνθρωπίνων καταληπτικῶς ἐπιστήμονα εἶναι διδάσκει	*4. C'est pourquoi Salomon dit que la Sagesse est advenue par le Tout-puissant avant le ciel, la terre et tous les êtres, elle dont la participation, j'entends celle de la puissance et non de l'être, enseigne la science, avec la faculté de comprendre par l'intelligence, des choses divines et humaines*[120].

L'influence de l'école d'Aristobule fut mentionnée en particulier par Larcher[121] et Winston[122]. Formé chez des philosophes rhéteurs, l'auteur s'inscrit dans une tradition de lecture qui ne se contente pas de répéter Pr 8,22-25 mais, en raison des multiples expressions païennes de l'ordre du monde, se voit obligé d'avoir recours à une lecture audacieuse de Gn 1,3. À la manière des rabbins d'une époque plus tardive[123], il propose une interprétation

---

[120] Clément d'Alexandrie, *Stromates* VI,138,1-4. Pour les contacts entre ces textes et le Livre de la Sagesse, cf. C.R. HOLLADAY, *Fragments from Hellenistic Jewish Authors*, III,227-228.

[121] C. LARCHER, *Études*, 132, 407.

[122] D. WINSTON, *Wisdom of Solomon*, 37.

[123] « La lumière créée au commencement n'est pas identique à celle qui est dispensée par le soleil, la lune et les étoiles ; ceux-ci sont apparus seulement le quatrième jour. La lumière

de genre « midrashique »[124], accordant à la Sagesse certains traits de la lumière primordiale, heureuse expression d'une médiation entre Dieu et la création.

5. Le Sage astrologue

Pour conclure cette analyse de l'influence du milieu interprétatif, il convient de mentionner Aratos[125], un auteur à la mode, connu surtout pour la citation qui apparaît en Ac 17,28. Son ouvrage célèbre, consacré aux phénomènes sidéraux, illustre un pan de la culture de l'époque. Une attention spéciale, surtout de la part des marins, était accordée aux signes des temps et des saisons[126]. Certaines expressions du discours de Sagesse (Sg 7,18-20 ; 8,8) indiquent que son auteur n'est pas ignorant du problème. Une expression comme celle-ci, ἐκβάσις καιρῶν καὶ χρόνων, se fondrait sans difficulté dans les *Phénomènes* d'Aratos. Le contraste entre l'invitation du Sage en Sg 6,14 et l'importance accordée au lever de soleil (Sg 16,28) est remarquable :

Οὔ κεν ἀπόβλητον δεδοκημένῳ ἤματος εἴη μοιράων σκέπτεσθαι ὅτ' αντέλλῃσιν ἑκάστη αἰεὶ γὰρ τάων γε μιῇ συνανέρχεται αὐτὸς ἠέλιος

Il ne faut pas mépriser, quand on guette le jour, d'observer les segments et quand chacun apparaît. Le soleil lui-même monte toujours avec l'un d'eux[127].

créée le premier jour était telle qu'elle aurait rendu l'homme capable de voir le monde d'un bout à l'autre d'un regard unique. Prévoyant la méchanceté des générations pécheresses du déluge et de la tour de Babel, qui ne méritaient pas de jouir de la bénédiction d'une telle lumière, Dieu la cacha, mais, dans le monde à venir, elle apparaîtra aux justes dans sa gloire première », L. GINZBERG, *Les légendes des Juifs. La création du monde, Adam, les dix générations, Noé* (tr. G. SED-RAJNA ; Paris 1997) 11.

[124] R.T. SIEBENECK, « The Midrash of Wisdom 10–19 », *CBQ* 12 (1960) 176-182 ; A.G. WRIGHT, *The Literary Genre Midrash* (Staten Island 1967) 106-110 ; R. LE DÉAUT, « À propos d'une définition du Midrash », *Bib.* 50 (1969) 395-413 ; J. SCHABERG, « Major Midrashic Traditions in Wisdom 1,1–6,25 », *JSJ* 13 (1982) 75-101 ; U. SCHWENK-BRESSLER, *Sapientia Salomonis als ein Beispiel frühjüdischer Textauslegung. Die Auslegung des Buches Genesis, Exodus 1–15 und Teilen der Wüstentradition in Sap 10–19* (BEAT 32 ; Frankfurt a.M 1993) ; P.T. VAN ROODEN, « Die antike Elementarlehre und der Aufbau von Sapientia Salomonis 11–19 », *Tradition and Reinterpretation in Jewish and Early Christian Literature. Essays in honour of J.C.H. Lebram* (éd. J.W. VAN HENTEN) (StPB 36 ; Leiden 1986) 81-96.

[125] J. MARTIN, *Aratos. Phénomènes. Texte établi, traduit et commenté I-II* (CUF ; Paris 1998).

[126] « Étudie-les donc, et prends soin, si tu te fies à un bateau, de découvrir tous les signes qui sont établis comme des oracles pour prédire les vents d'hiver et les coups de mer », Aratos, *Phénomènes* 758-760 (tr. J. MARTIN ; CUF ; Paris 1998).

[127] Aratos, *Phénomènes* 560. Les segments font référence à la course du soleil selon les signes du zodiaque.

Aratos, dont le chant n'est que l'écho d'une société avide de signes, renvoie son lecteur aux pratiques conjuguées de l'astronomie et de l'astrologie[128]. Le *Timée* (38C-39E) marquait déjà une attention spéciale aux étoiles. Les signes du Zodiaque, retrouvés par exemple dans un temple nabatéen du Ier siècle av. J.-C[129], marquaient encore le sol d'une synagogue du VIème siècle ap. J.-C[130]. Ignace d'Antioche ne manqua pas non plus d'évoquer cet univers en commentant Mt 2,2 :

ἀστὴρ ἐν οὐρανῷ ἔλαμψεν ὑπὲρ πάντας τοὺς ἀστέρας καὶ τὸ φῶς αὐτοῦ ἀνεκλάλητον ἦν καὶ ξενισμὸν παρεῖχεν ἡ καινότης αὐτοῦ τὰ δὲ λοιπὰ πάντα ἄστρα ἅμα ἡλίῳ καὶ σελήνῃ χορὸς ἐγένετο τῷ ἀστέρι αὐτὸς δὲ ἦν ὑπερβάλλων τὸ φῶς αὐτοῦ ὑπὲρ πάντα ταραχή τε ἦν πόθεν ἡ καινότης ἡ ἀνόμοιος αὐτοῖς ὅθεν ἐλύετο πᾶσα μαγεία καὶ πᾶς δεσμὸς ἠφανίζετο κακίας ἄγνοια καθῃρεῖτο παλαιὰ βασιλεία διεφθείρετο θεοῦ ανθρωπίνως φανερουμένου εἰς καινότητα ἀϊδίου ζωῆς	*Une étoile brilla plus que toutes les autres étoiles dans le ciel. Sa lumière était inexprimable et sa nouveauté provoqua l'étrangeté. Le reste de tous les astres, avec le soleil et la lune, faisaient cortège à cette étoile. Sa lumière cependant surpassait celle de tous les autres ; une certaine épouvante les prit devant sa nouveauté et sa dissemblance. Dès lors toute magie fut confondue, tout lien d'iniquité anéanti, l'ignorance détruite, l'antique royauté renversée, Dieu se manifestant humainement pour la nouveauté de la vie*

[128] « L'iconographie des constellations était connue des astronomes de la période hellénistique, en partie grâce aux travaux du mathématicien et astronome Hipparque (second siècle av. J.-C.) et au poème *Les phénomènes* d'Aratos de Soles (315-239 av. J.-C.), qui attribua une mythographie aux diverses figures inspirées de la mythologie grecque. Au premier siècle, à l'époque romaine, les compilateurs d'Aratos, tels Aviénus, ou Hyginus reprirent les descriptifs des diverses étoiles dont l'imagerie fut ainsi perpétuée. Par ailleurs, dans l'essor des religions orientales à caractère eschatologique ou messianique dans lesquelles le temps jouait un rôle fondamental, on vit apparaître en Méditerranée orientale entre le premier siècle av. J.-C. et le troisième siècle ap. J.-C., de nombreux monuments (mithraeum, cella et plafond des temples égyptiens, ...) ornés de thèmes cosmologiques et astrologiques, en particulier des signes du zodiaque et des bustes des divinités qui leur étaient associées », A. CAIOZZO, « Le ciel de l'astronome, le ciel de l'astrologue et celui du sorcier », *La science des Cieux. Sages, Mages, Astrologues* (éd. R. GYSELEN) (Res Orientales 12 ; Bures-sur-Yvette 1999) 12. Cf. F. CUMONT, « Le mysticisme astral dans l'Antiquité », *BAB.L* (1909) 256 ; C. LARCHER, *Études*, 187-189. G. SCARPAT, « Salomone Astronomo come Empedocle (La *vis ventorum* nel libro della Sapienza) », *Studia classica Ioanni Tarditi oblata* (éd. L. BELLONI) (Milano 1995) 739-748, étudie la question à propos de Sg 7,20.

[129] Temple de *Khirbet el Tannur*, cf. E. STERN, *The New Encyclopedia of Archaeological Excavations in the Holy Land* (Jérusalem 1993) 1443.

[130] Synagogue de *Beth Alpha*, cf. E. STERN, *The New Encyclopedia of Archaeological*, 191.

éternelle[131].

Comme l'explique Festugière, la naissance était le point focal pour rendre compte des influences astrologiques qui marqueront le déroulement de la vie d'une personne : « Le fait de naître est un acte dont l'opportunité dépend aussi de l'état du ciel ; d'autre part, cet acte initial étant la condition préalable de tous les autres et les déterminant d'avance [...] les astrologues furent amenés à concentrer leur attention sur le moment de la naissance et à faire aussi converger sur ce moment toutes les influences susceptibles d'être calculées »[132]. Lorsque l'auteur de Sg 7–8 décrit la Sagesse comme la lumière antérieure, celle dont l'éclat ne décline pas, serait-il naïf ou ignorant du monde qui l'entoure ? Il paraît plus probable qu'il énonce l'alternative que lui dicte sa conscience. Il n'est pas, sinon la Sagesse, de créature susceptible de déterminer la vie d'un homme[133]. Si le Sage se décide à prendre la Sagesse pour lui, c'est tout simplement qu'il refuse d'écouter la voix des astrologues car il sait qu'elle n'annonce pas la vie future. Il l'exprimera clairement, au moment même où il s'apprêtera à exposer la vie future qu'il espère : « Elle connaît le passé et conjecture l'avenir, elle sait l'art de tourner les maximes et de résoudre les énigmes, les signes et les prodiges, elle les sait d'avance, ainsi que la succession des époques et des temps » (Sg 8,8).

---

[131] Ignace d'Antioche, *Lettre aux Éphésiens* 19,2-3.

[132] A.-J. FESTUGIÈRE, *I. L'astrologie et les sciences occultes*, 101. Un témoignage de Sévère d'Antioche permet de situer cette perception du destin lié au moment de la naissance : « C'est d'après un certain mouvement, n'importe lequel, de n'importe quelles étoiles, qui depuis le commencement sont dans le ciel, et d'après leur liaison et leur conjonction par rapport aux étoiles situées dans le cercle appelé zodiaque, et d'après n'importe quelles figures qu'elles forment les unes par rapport aux autres que l'heure est écrite et qu'ils prédisent la vie que doit avoir celui qui est né » *Homélie cathédrale* 115 (tr. M. BRIÈRE ; PO 26 ; Turhout 1947). Cf. F. CUMONT, *Lux perpetua*, 172.

[133] En contraste avec la figure que nous présente le Livre de la Sagesse, on peut envisager l'exemple d'une étoile comme celle de l'œil de la constellation du taureau (cf. la carte du ciel au temps d'Hipparque, à la fin du volume de J. MARTIN, *Aratos. Phénomènes II*). Son nom, *Eldabaran*, écho du terme grec *logos* en langue sémitique, son éclat particulier dans la constellation des Hyades et sa fonction spécifique dans la détermination des équinoxes, en faisaient une étoile de prédilection. « Qu'il s'agisse de la saison du froid ou de celle des beaux jours du cycle solaire, la terre doit recevoir les eaux célestes pour assurer la vie des hommes comme des bêtes. Deux périodes pluvieuses, fin octobre/début novembre et fin avril/début mai avec parfois de redoutables gelées et une rosée quasi magique, alimentent les hommes en pluies dispensatrices de vie. Hyades et Pléiades, sont-elles les annonciatrices des pluies ou bien véritablement leur cause ? », S. JAMA, « Au plus haut des cieux », *La Science des Cieux* (éd. R. GYSELEN) 139. Cet arrière fond culturel astrologique indique la grande actualité du Livre de la Sagesse, du discours du Sage en particulier, par rapport à un phénomène comme celui du *New Age* qui prétend que l'humanité est entrée dans l'aire du verseau. L'axe scripturaire tracé entre Gn 1,3, Is 60,19, Ps 103,1-24, Pr 8,22-31 et Sg 7,24–8,1 offre une réponse originale qui permet d'associer l'expérience physique de la lumière à celle noétique de la Sagesse. Mt 2,2 en est une autre expression.

En précisant quelques aspects de l'ancrage hellénistique et biblique de cet hymne, on constate une fois de plus que le Sage ne connaît pas l'Écriture ou ses classiques comme un réservoir de mots ou d'expressions qu'il suffirait d'enchaîner pour justifier la fidélité d'une tradition. Il est fidèle non à la lettre mais, pourrait-on dire, à l'esprit qui relie les textes qu'il reçoit, opérant dans la tradition une véritable innovation littéraire. Audacieux dans son dialogue avec la religion du dieu cosmique, il n'en est pas moins précis, écartant certaines ambiguïtés. La Sagesse n'est ni une divinité immanente au monde ni le modèle idéal d'un monde corrompu ni une divinité parmi d'autres. Unique, elle sort de Dieu et innove toute chose. On la dirait engendrée plutôt que créée, artiste plutôt que créatrice. Sans que la mort ne puisse prévaloir sur son être, elle apparaît comme vivante par excellence. Serait-elle la lumière créée le premier jour ? Je ne l'affirmerai pas puisque le Sage y fait seulement allusion. Il n'empêche que l'unique Sagesse, comme un jour sans nuit, annonce le repos loin de toute peur et la fin des horoscopes.

Chapitre V : La force du Sage (Sg 8,2-21)

En cette seconde partie de l'éloge du Sage, l'auteur revient à l'enchaînement des *topoi* propres à l'éloge d'une personne (*epitêdeuma, praxeis, aretai, tukhê, teleutê*). Son insistance porte sur la détermination du Sage et sur les perspectives d'avenir qui en résultent. Sans transition, il énonce l'amour du Sage pour la Sagesse : ταύτην ἐφίλησα (Sg 8,2a), rappel de Sg 7,10. Il conviendra d'analyser d'abord ce lien qui unit le Sage à la Sagesse en une amitié qui n'est pas nécessairement d'ordre conjugal. L'instigatrice de son éducation deviendrait en effet, plutôt qu'une épouse, une conseillère politique. L'immortalité du Sage, comme une caractéristique de son avenir, retiendra ensuite mon attention. Sa façon d'envisager le futur semble faire abstraction de la mort et suppose une vision de la royauté qui sortirait de la conception habituelle du pouvoir. Enfin, en écho à l'étude de « l'air commun » (Sg 7,3), qui me donna l'occasion de me pencher sur deux conceptions de la vie, l'une grecque, l'autre biblique, l'étude du terme ἐγκρατής en Sg 8,21 suggérera une nouvelle confrontation entre deux figures royales, elles aussi grecque et biblique : Œdipe et Salomon seront mis face à face pour illustrer l'originalité du Sage en son discours de Sagesse.

A. Amour et politique (Sg 8,2-4)

« Dis-moi qui tu hantes, et je te dirai qui tu es. » [1]

1. Nouvelle isotopie : l'amour

Petite péricope originale agencée entre l'hymne (Sg 7,24–8,1) qui brusquement s'interrompt et une suite quelque peu redondante de questions rhétoriques (Sg 8,5-8), Sg 8,2-4 présente le point culminant du discours, l'instant où l'attention de l'auditoire doit être éveillée, stimulée, excitée même, par tous les moyens, le poids des mots, le choc des images, l'originalité des termes ou leur répétition. La prise en compte d'une telle visée oratoire, propre à ce moment du discours lorsqu'il s'agit de l'éloge d'un jeune

[1] Proverbe qui rappelle ce dicton d'une tragédie perdue d'Euripide, *Phoenix*, rapporté par Démosthène, *Contre Androtion* 64 : ὁποίους τινὰς ἂν φαίνησθ' ἀγαπῶντες καὶ σῴζοντες τούτοις ὅμοιοι δόξετ' εἶναι (« Quels que soient les hommes que l'on vous voit aimer et protéger, vous passerez pour leur être semblables »).

homme, est nécessaire à sa juste interprétation. Il ne faudrait pas faire d'un effet de style toute une doctrine.

Le Sage reprend, par le jeu d'une belle asyndète, le fil de son discours à la première personne, désignant au préalable la Sagesse par le pronom ταύτην. La thématique de la lumière, dominante en Sg 7,24–8,1, n'est perceptible que par de discrètes allusions, tel le substantif κάλλος ou le verbe δοξάζω, écho possible de la δόξα (Sg 7,25), ou peut-être encore le terme νύμφη. Certaines nymphes il est vrai, assimilées à des étoiles, étaient invoquées pour appeler la lumière nouvelle[2]. La transition, contrairement à celle de Sg 7,22-23, est ici brutale, comme s'il fallait passer, sans tergiverser, d'un moment à l'autre, sortir d'une contemplation passive, fruit d'une éducation bien menée, pour « se décider » en faveur de la Sagesse. À cet égard, les questions rhétoriques qui suivent immédiatement ont la fonction très simple de presser l'auditoire à « se décider » avec le Sage (Sg 8,9).

La thématique de l'amour, déjà introduite précédemment (Sg 7,10.14.27), est reprise avec force. Mais de quel amour s'agit-il au juste ? Il conviendra d'y réfléchir. Certains commentaires insistent sur la reprise d'une thématique oubliée depuis Sg 7,7 (Grimm, Gutberlet, Heinisch, Fichtner), assimilant le fait de « prier » ou « demander » à celui de « chercher » et « d'aimer ». Il paraît en effet important, comme je l'expliquais à propos de la composition rhétorique, de saisir la portée persuasive inscrite dans cet éloge. Le Sage ne raconte pas les différents moments de son existence (naissance, éducation, détermination, exercice de l'autorité) sans faire apparaître une logique inhérente à cet ordre chronologique. Et s'il est un passage de la vie où cet ordre est crucial, c'est bien celui transcrit en Sg 8,2-4 : il constitue une charnière entre deux grandes périodes de l'histoire d'un homme, celle de sa croissance et celle de sa maturité. Ce passage est un moment décisif puisqu'il est celui des grandes décisions, instant de la détermination de soi où la tutelle cède la place à la maîtrise de soi[3]. La Sagesse, à l'instar d'une mère, a pu accorder toutes les qualités ou tous les biens, et ce, dès les premiers instants de l'existence (Sg 7,11) ; elle a pu, comme éducatrice bienveillante, conduire l'enfant à la connaissance du monde et de ce qui l'emplit (Sg 7,21) et, par une analogie de cette conduite, se dévoiler elle-même (Sg 7,27). Le jour vient où elle ne force plus la main de l'enfant devenu homme ; si celui-ci refuse de l'aimer, elle ne pourrait que se résigner. Ayant montré comment l'éducation visait non seulement l'apprentissage de « connaissances », mais encore et surtout « l'art de communiquer », j'essaierai maintenant de situer l'amour de la Sagesse dans la

---

[2] αἶδε νύμφε χαῖρε νύμφε χαῖρε νέον φῶς, H. CONZELMANN, « φῶς », *ThWNT* IX, 308 ; voir aussi Sophocle, *Antigone* 1129.

[3] « L'*epitêdeuma* est à la fois l'achèvement de l'éducation et le point de départ des actions », L. PERNOT, *La rhétorique de l'éloge*, 164.

tension qui conduit le Sage de son éducation à ses responsabilités, de rendre compte ainsi de la portée politique de cet amour.

Pris hors de son contexte, Sg 8,2-3 peut ne désigner que le choix d'une épouse. Beauchamp, dans son article consacré à l'énigme du célibat dans le Livre de la Sagesse, en propose d'ailleurs une interprétation originale où la figure de l'épouse ne l'est vraiment qu'à la condition de ne pas être une simple figure[4]. Je n'insisterai pas sur cet aspect clarifié avec bonheur, préférant en évaluer la pertinence à l'aune du tissu littéraire qui fait de cette péricope une clé de voûte dans l'édifice de l'éloge. Il semble en effet que certaines difficultés demeurent et que Sg 8,2-4 ne soit pas si simple. Goodrick le souligne à propos de Sg 8,3 : « Ce passage très mystérieux a divisé tous les traducteurs ». Il convient donc de présenter d'abord ce que j'identifie comme la seconde isotopie du discours, à savoir celle de la φιλία, étroitement ajustée à la précédente (celle de la παιδεία)[5]. Bien qu'une difficulté moderne à comprendre le lien essentiel entre l'exercice de la justice et l'amitié[6] la rende moins perceptible que la première isotopie, elle mérite d'être analysée avec attention.

***Topos* de l'*epitêdeuma* Sg 8,2-4**	**Vocabulaire**	**Présence en Sg 7–8**	**Références synonymiques principales**	**Autres références en Sg**
Sg 8,2	φιλέω	[φιλία Sg 7,14 Sg 8,18] [φίλος Sg 7,27]		[φίλος Sg 1,16]
Sg 8,2	νύμφη	*	*	*
Sg 8,2	ἀγαγέσθαι	Sg 8,9	*	*
Sg 8,2	ἐραστής	*	*	Sg 15,6
Sg 8,3	συμβίωσις	Sg 8,9.16	*	*
Sg 8,3	ἀγαπάω	Sg 7,10.28 Sg 8,7	Sg 4,10 Sg 6,12 Sg 11,24 Sg 16,26	Sg 1,1 [ἀγάπη Sg 6,17]

[4] P. BEAUCHAMP, « Épouser la Sagesse », 347.

[5] La distinction et l'articulation entre la *paideia* et la *philia* rejoindraient celles que M. GILBERT, « Sagesse de Salomon », 70, identifiait entre « les biens de la culture » et « les dons royaux ».

[6] « C'est donc la même chose, ou à peu près, que la justice et l'amitié », Aristote, *E.E.* 1235a (tr. V. DÉCARIE ; Vrin ; Paris 1978). La justice (δικαιοσύνη) revient en Sg 8,7, le jugement (κρίσις) en Sg 8,11.

Concentrée sur deux versets, l'isotopie de l'amitié, moins impressionnante que la précédente concernant l'éducation, n'en est pas moins éclairante. Cette concision, comme artifice littéraire, en accentue la force. Alors que le verbe ἀγαπάω est plusieurs fois utilisé dans le livre, le verbe φιλέω, qui n'apparaît qu'une seule fois, met en valeur un contraste. L'auteur avait en effet choisi d'ouvrir le livre avec le verbe ἀγαπάω (Sg 1,1), verbe qu'il reprend en un sens équivalent en Sg 8,7. Les autres occurences de ce verbe montrent son importance dans l'architecture d'ensemble du livre. Il désigne toujours une relation personnelle entre le juste, la Sagesse, Dieu et les fils de Dieu. La présence du substantif φίλος (Sg 1,16), pour qualifier la relation des impies avec la mort, fait écho à l'expression inaugurale : ἀγαπήσατε δικαιοσύνην (Sg 1,1). Ainsi, alors que l'auteur atteint l'étape décisive de son éloge, il ne peut être insignifiant qu'il reprenne un champ sémantique analogue à celui qui délimitait le premier chapitre de son livre. À la lumière donc de Sg 1,1-16, il est difficile d'interpréter le verbe φιλέω et sa relation au verbe ἀγαπάω sans une considération sur l'amitié, et sur l'amitié politique en particulier. En quoi cette amitié est-elle reliée à la justice ? Cette question devrait ouvrir une nouvelle fenêtre sur le monde hellénistique, nous permettant de passer de la salle des maîtres à celle du conseil royal.

2. L'amour conjugal en question

Au fil des commentaires principaux, une ligne très nette se dégage. Tous, sans exception, de Grimm à Hübner, en passant par les deux commentaires de Larcher et Scarpat, les plus détaillés, insistent sur « la portée conjugale » de Sg 8,2. Revenir sur ce qui semble une évidence, un acquis sans qu'aucun questionnement ne soit plus nécessaire, peut paraître inutile. Je soulèverai cependant une objection. La Sagesse personnifiée, qui recevait les traits d'une éducatrice, se métamorphose-t-elle ainsi en fiancée, jeune mariée ou épouse fidèle et bonne qui, aux côtés de son mari, lui accorde plaisir et repos ? En la recouvrant ainsi d'un voile nuptial, ne risque-t-on pas de perdre de vue une perspective importante pour l'ensemble du discours, à savoir celle d'obtenir, non pas une épouse, mais la royauté (Sg 6,20) ? La question apparaît d'autant plus importante que la réponse détermine l'interprétation de trois versets successifs, structurant la seconde partie de l'éloge du Sage (Sg 8,9.16.18)[7].

---

[7] Quelques expressions de C. LARCHER et de G. SCARPAT, saisies au fil de leur commentaire, sont significatives. Chez le premier, on lit entre autres : « L'énumération de telles qualités chez cette épouse idéale affermit Salomon dans sa résolution et il va faire valoir maintenant non pas ses propres qualités à lui, mais les avantages qu'il retirera de son mariage avec la Sagesse », *Le livre de la Sagesse*, II, 536. « En devenant l'épouse mystique de Salomon,

L'enracinement littéraire de Sg 8,2-4, comme il se doit pour le Livre de la Sagesse, est explicité en sa double perspective, hellénistique et biblique. L'origine platonicienne (*Phèdre* 250D) est mise en lumière (Grimm, Goodrick, Winston, Larcher). La tradition biblique, élaborée à partir de Pr 7,4, du Cantique des Cantiques, de Si 15,2-6 et de Si 51,13-21, est également rappelée pour expliquer ce passage (Grimm, Fichtner, Weber, Winston, Vílchez Líndez). Larcher n'hésite pas à s'exprimer ainsi : « Il [l'auteur] aurait concilié en quelque sorte deux sommets distincts de la révélation biblique et de la pensée grecque, ou suggéré d'éclairer par la fine pointe des spéculations platoniciennes l'allégorie sapientiale du Cantique »[8]. Le recours à l'allégorie du Cantique était déjà largement présent chez Conti et se retrouve affirmé par Vílchez Líndez. Les autres sont moins audacieux et préfèrent rappeler la lecture philonienne qui, parce que platonicienne, semble éclairer le rapprochement entre l'Écriture et la tradition du maître de l'Académie[9]. Certains (Reider, Conti, Sisti) ouvrent le champ d'interprétation par une allusion à l'alliance de Dieu avec son peuple, relation qui fut exprimée par l'analogie de la relation conjugale (Is 62,4 ; Jr 2,2 ; Os 2,21) ; d'autres ou les mêmes (Fichtner, Larcher, Sisti) y voient une allusion au mariage de Salomon (1R 3,1). La discussion reprise par Heinisch, à propos du choix d'Hercule présenté par Xénophon (*Mémorables* II,1,22-30), incite à ne pas reconnaître d'influence directe de cette scène dans ce texte[10]. D'autres points de détail, comme la référence à Dn 14,2 (*Theodotion*), signalée par Deane et qui n'est pas, comme il faudra le constater, de moindre importance, ou encore la difficulté à faire entrer le terme συμβίωσις de Sg 8,3, « an unfortunate term » selon Goodrick, dans ce cadre conjugal (Scarpat, Sisti), enfin l'embarras pour rendre compte de l'expression αἱρετὶς τῶν ἔργων, mais dont l'analyse de Scarpat offre à tous égards une explication perspicace, tout cela me pousse à

---

la Sagesse lui communiquera son *genos*, sa race, sa noblesse, et un lien analogue à celui du mariage sera créé entre eux. Mais les rôles sont renversés : car c'est la future épouse qui confèrera à son mari une noblesse transcendante », II, 546. « À notre avis, *koinônia* est en relief parce qu'il reprend l'un des aspects de l'intimité conjugale : la mise en commun de tout entre époux », II, 549. G. SCARPAT se montre moins insistant : « Buona e saggia moglie [...] dove era detto che Salomone, quasi in uno ἱερὸς γάμος, aveva deciso di sposare la Sapienza, della quale descrive ora gli aiuti che gli offre nella vita privata », *Sapienza*, II, 197. « Salomone, sposando la Sapienza non diverrà πικρόγαμος », II, 198. « φιλία termine chiaramente coniugale », II, 200. « τέρψις del linguaggio coniugale », II, 200. « La comunanza spirituale con la Sapienza dona all'uomo la vera fecondità », II, 202. « Qualcosa di più forte e di allusivamente sessuale », II, 202. Ces deux commentaires reflètent ce que les autres mettent en relief. Une telle interprétation exclusivement conjugale de la συμβίωσις empêche de saisir la portée politique du discours.

[8] C. LARCHER, *Le livre de la Sagesse*, II, 521.

[9] Ainsi, peut-on évoquer Philon, *Ebr.* 8 ; *Contempl.* 68 ; *Sacrif.* 21. La liste offerte par D. WINSTON, *Wisdom*, 193, est emblématique.

[10] Contre l'opinion de C.L.W. GRIMM, voir P. HEINISCH, *Weisheit*, 168-169.

formuler certaines réserves sur un enracinement littéraire qui pourrait limiter le champ d'interprétation.

Une influence directe du Cantique des Cantiques[11] a été justement remise en cause par Gilbert[12]. Aucune référence au contexte champêtre et érotique de ce livre n'est en effet identifiable. Le seul terme ἐραστής ne suffit pas à justifier une telle influence. La lecture de Si 51,13-21 dans le sens de l'érotisme n'est d'ailleurs pas justifiée, n'en déplaise à Sanders[13]. Quelle que soit l'influence du Siracide sur le Livre de la Sagesse, qui n'est pas démontrée, je ne crois pas qu'un lieu commun comme la recherche de la Sagesse depuis l'enfance suffise à déduire qu'il s'agit d'un amour « de jeunesse », selon l'expression de Pr 5,18. La référence au contexte d'Os 2–3 ou d'Is 54,1-8 (Conti) est certainement plus probable, mais il convient de rappeler comment l'alliance entre Dieu et le peuple, illustrée par les prophètes en une allégorie conjugale, vise en réalité l'autorité et l'unicité de Dieu pour son peuple. L'union mystique telle qu'un Philon ou un Plotin pourront l'élaborer n'est pas immédiatement sensible en ces textes.

Outre l'enracinement littéraire, les commentaires mettent l'accent sur la distinction entre les verbes φιλέω et ἀγαπάω. Deux perspectives se dégagent assez distinctement. La première, connotée par le verbe φιλέω, pourrait être qualifiée de charnelle, « instinctive » selon Grimm (Larcher, Vílchez Líndez), « concupiscible » selon Gutberlet, « passionnée » selon Reider (Scarpat), « érotique » selon Goodrick (Winston, Schmitt, Engel) ; la seconde, connotée par le verbe ἀγαπάω, serait spirituelle, « éthique » selon Grimm, « amor benevolentiae » ou « gratuitus » selon Gutberlet (Larcher), « divine » selon Reider, « mystique » pour Georgi (Vílchez Líndez). Cette façon d'expliquer une distinction verbale, marquée par une forme de dualisme platonicien, n'est

---

[11] « Il ne restait plus qu'à retrouver dans le mari comblé (Pr 31,11.12.23.28) la figure traditionnelle du jeune Salomon : c'est ce que fait le chapitre VIII de *Sag.*, à l'aide de réminiscences générales du *Cantique des Cantiques*, interprété symboliquement de la recherche passionnée de la Sagesse par le jeune Salomon et des avances successives de celle-ci. Le *Cantique*, il est vrai, ne paraît pas utilisé ailleurs en Sag. : du moins, on ne relève pas de références précises à ce livre. Il semble seulement avoir encouragé Sag. à accentuer davantage, surtout par rapport à *Pr.* I–IX, les traits féminins de la Sagesse et l'amour passionné éprouvé pour celle-ci (cf. en particulier *Sag.* VIII,2) », C. LARCHER, *Études*, 98-99.

[12] « Il semble que Sg 8 n'a rien à voir avec le Cantique du moins directement [...] Pour une lecture de Sg 8, il ne reste donc que ceci : la relation de l'homme à Dieu est exprimée dans l'AT, et entre autres dans le Cantique par la parabole nuptiale », M. GILBERT, « La figure de Salomon en Sg 7–9 », 238.

[13] J.A. SANDERS, *The Psalms Scroll of Qumrân Cave 11 (11QPs^a)* (DJD 4 ; Oxford 1965) 79-85 ; en réponse, cf. P.W. SKEHAN – A.A. DILELLA, *The Wisdom of Ben Sira* (AncB 39 ; New York 1987) 578-579.

toutefois, comme il faudra le constater, ni absolument fondée ni nécessairement pertinente.

Il faut reconnaître ensuite que la lecture de la relation entre le Sage et la Sagesse dans le sens conjugal ne facilite pas la compréhension de la double relation de la Sagesse à Dieu et au Sage. D'après le commentaire de Larcher, « la Sagesse partage donc entièrement la vie de Dieu, comme une épouse »[14], mais « il faut que quelqu'un lui [au Sage] donne une telle épouse et c'est, normalement, le fait du père de la jeune fille »[15], c'est-à-dire Dieu lui-même. D'un côté l'épouse devient la fille, de l'autre, celle qui faisait l'éducation d'un enfant, et il est difficile d'admettre qu'elle soit encore en sa prime jeunesse, en devient la fiancée avec « il fascino proprio di una fanciulla » (Conti). Il ne s'agit bien sûr que de figures littéraires qui obligent à effacer toutes allusions incestueuses. Une cohérence des figures, pour que celles-ci soient pertinentes, est pourtant nécessaire. Insister exclusivement sur la portée conjugale du choix de la Sagesse – quand bien même celui-ci n'exclurait pas un mariage possible – implique en effet une difficulté trop évidente pour ne pas être relevée. Certes, le choix du vocabulaire pourrait suggérer une affection analogue à celui d'un jeune marié pour sa future épouse, mais il ne faudrait pas qu'un effet oratoire se transforme en une lecture univoque. Ne se pourrait-il pas que l'auteur indique lui-même le double axe selon lequel il convient d'ouvrir le champ d'interprétation de cette métaphore conjugale, du côté du disciple et de son maître, comme du roi et de son conseiller ?

Enfin, le contexte des questions rhétoriques (Sg 8,5-8), où le portrait de la Sagesse évoquerait plutôt celui d'une noble institutrice expérimentée que celui d'une jeune fille, comme le contexte plus proche de Sg 8,4, n'incitent pas à suivre une interprétation en un sens strictement conjugal. Il n'est en effet pas immédiat de reconnaître dans celle qui est μύστις et αἱρετίς, puis σύμβουλος et παραίνεσις (Sg 8,9), en rapport respectif à l'ἐπιστήμη et aux ἔργα, la simple figure d'une épouse. Aucune allusion d'ailleurs, que ce soit à l'ordre domestique ou à une possible fécondité – quand bien même elle serait spirituelle (Philon, *Contempl.* 68) – ne vient ombrager les traits de celle que Larcher qualifie « d'épouse transcendante »[16] ! Il faudra également revenir sur les expressions de Sg 8,16. Elles peuvent illustrer une relation conjugale, mais leur ambivalence ne rend pas impossible une autre lecture. Voici d'ailleurs ce que dit Cicéron de son amitié avec Scipion :

---

[14] C. LARCHER, *Le livre de la Sagesse*, II, 522.
[15] C. LARCHER, *Le livre de la Sagesse*, II, 550.
[16] C. LARCHER, *Le livre de la Sagesse*, II, 543.

Equidem ex omnibus rebus quas mihi aut fortuna aut natura tribuit, nihil habeo quod cum amicitia Scipionis possim comparare. In hac mihi re publica consensus, in hac rerum privatarum consilium, in eadem requies plena oblectationis fuit. Numquam illum ne minima quidem re offendi, quod quidem senserim, nihil audivi ex eo ipse quod nollem ; una domus erat, idem victus, isque communis, neque solum militia, sed etiam peregrinationes rusticationesque communes.

Pour moi, de tous les biens que j'ai reçus de la fortune ou de la nature, il n'en est aucun que je puisse comparer à l'amitié de Scipion : j'y ai trouvé l'accord sur les questions politiques, des conseils sur mes affaires privées, et surtout un repos plein de charme. Jamais je ne l'ai blessé le moins du monde, du moins que je sache ; je n'ai rien entendu de lui qui me déplût. Nous avions même maison, même nourriture, même table ; nous nous trouvions toujours ensemble, non seulement à l'armée mais en voyage ou à la campagne[17].

C'est donc, me semble-t-il, l'univers de l'amitié à l'époque hellénistique qu'il convient de retrouver ici pour saisir toute l'ampleur de l'amitié qui unit le Sage et la Sagesse.

3. *La portée politique de l'amitié*

a. <u>La complexité de la *philia* et de l'*agapè*</u>

L'usage des verbes φιλέω et ἀγαπάω, doublet sémantique qui justifiait la distinction entre deux amours[18], mérite quelques remarques. Contrairement à la LXX, où φιλέω est rare (33 occurrences) alors qu'ἀγαπάω l'est beaucoup moins (283 occurrences), la littérature grecque en général préfère de loin le verbe φιλέω. Doit-on en conclure que le premier est humain et affectif alors que le second est divin, délibéré et gratuit ?

Dans la LXX, ἀγαπάω désigne autant l'amour d'un père pour son fils (Gn 22,2 ; 25,28 ; 37,3) que celui d'un homme et d'une femme (Gn 24,27 ; 1S 1,5 ; Ct 1,7). Il est vrai que c'est le terme choisi pour désigner l'amour entre Dieu et l'homme (en particulier dans le Deutéronome, Dt 5,10 ;

---

[17] Cicéron, *De l'amitié* 103 (tr. L. LAURAND ; CUF ; Paris 1928).

[18] Cf. C. SPICQ, *Agapè. Prolégomènes à une étude de théologie néo-testamentaire* (StHell 10 ; Louvain 1955) 12-70. Il insiste sur le fait que le verbe ἀγαπάω énonce une relation gratuite entre des êtres de rangs différents, alors que φιλέω s'appliquerait à une relation entre égaux caractérisée par l'affinité et l'attirance. Son étude successive, *Agapè dans le Nouveau Testament. Analyse des textes I-III* (EtB ; 1958-1959), reprend la question à la lumière du corpus du NT.

7,8.9.13), mais aussi celui de l'homme pour son prochain (Lv 19,18.34 ; 1S 16,21 ; Tb 4,13). On le trouve parfois à propos d'une réalité autre qu'une personne, comme la vie ou la loi (Ps 33,13 ; 118,97 ; Pr 21,12). Le verbe φιλέω se dit d'un repas en Gn 27,4 ; plus souvent, il signifie « embrasser » (Gn 29,11.13 ; 33,4 ; Ex 18,7 ; Pr 24,26) ; il apparaît parfois pour désigner l'amour d'une femme (Tb 6,19 ; Ct 1,2 ; 8,1), jamais celui de Dieu. Cet usage littéraire, qui révèle une préférence pour le verbe ἀγαπάω, n'implique pas pour autant une opposition entre la *concupiscentia* instinctive (qui serait le propre des hommes) et la *benevolentia* délibérée (qui viendrait de Dieu).

Dans la littérature classique, le verbe ἀγαπάω est assez rare ; absent des Tragiques, il apparaît une fois chez Thucydide dans le sens d'un « contentement » (VI,36,4)[19]. On retrouve ce verbe une dizaine de fois chez Démosthène (*1ère Olynthienne* 14 ; *3ème Olynthienne* 31 ; *Midias* 210). Un passage des *Philippiques* permet de situer ce terme dans un contexte éclairant. Il désigne « l'attachement » à des intérêts spécifiques, qu'ils soient égoïstes ou altruistes. Le substantif φίλος, en revanche, désigne une relation interpersonnelle caractérisée par la justice.

οἶδεν οὖν ἀμφοτέρους ἰδίᾳ τὸ λυσιτελοῦν ἀγαπήσοντας οὐχ ὅ τι συνοίσει κοινῇ τοῖς Ἕλλησι σκεψομένους ἡγεῖτ'οὖν εἰ μὲν ὑμᾶς ἕλοιτο φίλους ἐπὶ τοῖς δικαίοις αἱρήσεσθαι εἰ δ' ἐκείνοις προσθεῖτο συνεργοὺς ἕξειν τῆς αὑτοῦ πλεονεξίας

Il savait donc que les uns et les autres, s'attachant à leurs avantages privés, ne prendraient pas en considération ce qui serait utile pour la communauté des Grecs ; il estimait donc qu'en vous choisissant pour amis, il choisissait les choses justes, mais qu'en s'associant à ceux-là, il en ferait les complices de sa cupidité[20].

Les passages d'Aristote sur l'amitié (*Éthiques à Eudème* et *à Nicomaque*) déploient un usage plus large des verbes ἀγαπάω et φιλέω, le premier étant rare comme dans toute la littérature grecque. Aussi, trouve-t-on attachée au premier verbe l'idée de préférence ou d'inclination (*E.N.* 1095b17 ; 1120b13), d'amour tout simplement (*E.E.* 1240a33 ; *E.N.* 1096a9 ; *E.N.* 1119a19 ; *E.N.* 1169a3), amour parfois empreint de jouissance (*E.N.* 1118b4) ou de complaisance (*E.N.* 1168b33). Dans le passage qui suit, l'usage est quasiment synonyme, φιλέω restant le terme générique. Le plaisir concerne directement le verbe ἀγαπάω.

---

[19] Cet usage se trouve aussi chez Aristophane, *Les Guêpes* 672, 684, ou encore chez Aristote, *E.E.* 1237b7.

[20] Démosthène, *2ème Philippique* 12.

ὁμοίως δὲ καὶ οἱ δι'ἡδονήν οὐ γὰρ τῷ ποιούς τινας εἶναι ἀγαπῶσι τοὺς εὐτραπέλους ἀλλ'ὅτι ἡδεῖς αὑτοῖς οἵ τε δὴ διὰ τὸ χρήσιμον φιλοῦντες διὰ τὸ αὑτοῖς ἀγαθὸν στέργουσι καὶ οἱ δι' ἡδονὴν διὰ τὸ αὑτοῖς ἡδύ καὶ οὐχ ᾗ ὁ φιλούμενός ἐστιν ἀλλ' ᾗ χρήσιμος ἢ ἡδύς κατὰ συμβεβηκός τε δὴ αἱ φιλίαι αὗται εἰσιν	*Il en va de même pour ceux [dont l'amitié repose] sur le plaisir. Ils n'aiment pas ces gens en ce qu'ils sont eux-mêmes, souples d'esprit, mais en ce qu'ils leur sont agréables pour eux-mêmes. Ceux dont l'amitié est fondée sur l'utile aiment pour leur propre bien, et ceux qui aiment en raison du plaisir, pour leur propre agrément, non pas la personne aimée en ce qu'elle est, mais en tant qu'elle est utile ou agréable. Ces amitiés-là le sont selon l'accident*[21].

Cet usage montre qu'entre ces deux termes à forte portée synonymique[22], l'un est courant chez les Classiques grecs, l'autre dans la LXX où il « prend comme une vie nouvelle dans la langue des traducteurs »[23]. L'auteur du Livre de la Sagesse, s'inspirant aussi bien d'un monde que de l'autre, a pu utiliser le verbe φιλέω comme Aristote l'employait, sans qu'il faille y voir une quelconque allusion à la concupiscence ou à la passion, par opposition à un amour détaché de toute implication passionnée.

N'oublions pas enfin ce que Spicq rappelle de l'usage au Ier siècle de notre ère : « Dion Chrysostome alterne six fois φιλεῖν, ἀγαπᾶν, ἔραν dans un sens quasiment identique, attestant ainsi l'usage de l'époque ; ἀγαπᾶν signifie aimer dans le sens le plus large, et n'a aucun intérêt pour l'histoire de la pensée religieuse »[24]. Il se peut cependant qu'une distinction introduite par le traducteur grec en Pr 8,17 ait influencé l'auteur.

---

[21] Aristote, *E.N.* 1156a12-16. Cf. aussi, *E.N.* 1165b5 ; *E.N.* 1167b32.

[22] « φιλέω–φιλία s'emploie de l'amour dans son acception la plus large ; il se dit du goût que l'on a pour le vin et de la plus banale sympathie pour les hommes, aussi bien que de la ferveur la plus extrême, et des plus nobles amitiés. Il comporte toutes les formes d'inclinations, de tendresse, d'attachement [...] Il suppose entre ceux qui s'aiment une certaine affinité, une harmonie, une communauté de pensée et de vie, finalement il requiert une égalité entre ceux qui sont ainsi unis [...] ἀγαπάω est très proche de φιλέω, et à maints égards peut être considéré comme une espèce d'un même genre ; toutefois sa nuance affective et émotionnelle est moins accusée, et c'est pourquoi il correspondrait assez exactement au latin *diligere* [...] On s'attache à quelqu'un en retour d'un bienfait », C. SPICQ, *Prolégomènes*, 64-66.

[23] C. SPICQ, *Prolégomènes*, 197.

[24] C. SPICQ, *Prolégomènes*, 63. Il est intéressant de rencontrer chez cet auteur une référence à Sg 8,2-3 en relation avec Dion de Pruse, Diodore de Sicile et Maxime de Tyr, cf. *Prolégomènes*, 196, n. 3.

ἐγὼ τοὺς ἐμὲ φιλοῦντας ἀγαπῶ	אֲנִי אֹהֲבֶיהָ[25] אֵהָב	*J'aime ceux qui m'aiment,*
οἱ δὲ ἐμὲ ζητοῦντες εὑρήσουσιν	וּמְשַׁחֲרַי יִמְצָאֻנְנִי׃	*Ceux qui me cherchent trouvent.*

L'unique racine hébraïque אהב, habituellement traduite par le verbe ἀγαπάω dans la LXX, est ici traduite par le jeu des deux verbes. Le parallélisme entre ζητέω et φιλέω d'une part, ἀγαπάω et εὑρίσκω d'autre part, laisse percevoir une distinction entre l'amour caractérisé par une absence, une tension vers l'objet aimé (tension qui peut être aussi bien instinctive que délibérée) et celui que caractérise la présence ou la satisfaction dans l'objet aimé (possession réalisée). Dans son usage classique, le verbe φιλέω désignait une tension noble et mesurée vers l'objet aimé, alors que le verbe ἀγαπάω évoquait le plus souvent un contentement lié à une connaissance avertie de l'objet aimé. Le verbe ἀγαπάω se présentait, semble-t-il, comme un terme *ad hoc* pour désigner l'amour de Dieu dans lequel il est difficile d'envisager un manque.

b. La compagnie de la Sagesse

Pour préciser encore la portée littéraire des verbes φιλέω et ἀγαπάω, il convient de reprendre les expressions qui leur sont respectivement parallèles, ἐραστὴς ἐγενόμην et συμβίωσιν θεοῦ ἔχουσα.

La première, en parallèle avec le verbe φιλέω, est certainement l'une des expressions les plus originales du livre, non seulement par la charge « affective » qu'elle suppose, mais aussi et surtout par son usage paradoxal pour un lecteur de la LXX. Son emploi dans la LXX correspond à un participe *piel* toujours au pluriel, forme rare de la racine אהב habituellement au *qal*.

מְאַהֲבִים (TM)	ἐρασταί (LXX)
Os 2,7.9.12.14.15	Os 2,7.9.12.14.15
Jr 22,20.22 ; [30,14 (φίλοι = Jr 37,14 LXX)]	Jr [4,30 (עֲגָב)] ; 22,20.22
Lm 1,19	Lm 1,19
Ez 16, 33.36.37 ; 23,5.9.22	Ez 16,33.36.37 ; 23,5.9.22
[Za 13, 6 (τῷ ἀγαπητῷ μου)]	

[25] Il convient de lire אהבי (cf. TM).

La signification de ce terme dans un contexte idolâtrique est connue de l'auteur puisqu'il l'utilise en ce sens en Sg 15,6. Gilbert notait en outre le lien entre ce verset et Sg 8,2, sorte de *flashback* qui permettrait d'établir une analogie d'opposition entre les idolâtres et l'amant de la Sagesse, les fous et le Sage[26]. Le terme ἐραστής vise donc, selon son usage biblique, la problématique de la connaissance de Dieu et de l'attachement à ses commandements. Lorsqu'il apparaît en parallèle avec φιλέω (Sg 8,2), il peut certes se rapporter à une relation conjugale, mais son écho vétérotestamentaire est trop évident pour qu'il n'ait pas une fonction illustrative précise. L'auteur entendrait expliciter sa portée, non pas en un sens affectif ou érotique, mais religieux et historique. Ajoutons à cela que le terme κάλλος n'est pas exclusivement réservé à la beauté féminine. En Sg 5,16, il désigne l'éclat d'un diadème comme en Is 62,3 et se réfère aux étoiles en Sg 13,3. Qualificatif de la Sagesse en Ez 28,7.12.17, il ne vise pas nécessairement la beauté féminine, mais peut faire allusion à l'éclat lumineux. Ce sens rejoint celui que développe Platon dans le *Phèdre* :

περὶ δὲ κάλλους ὥσπερ εἴπομεν μετ' ἐκείνων τε ἔλαμπεν ὄν δεῦρο τ' ἐλθόντες κατειλήφαμεν αὐτὸ διὰ τῆς ἐναργεστάτης αἰσθήσεως τῶν ἡμετέρων στίλβον ἐναργέστατα	*À propos de la beauté, comme nous disions, elle brillait parmi ces réalités, et venant nous-mêmes jusque là, nous l'avons saisie par le plus clair de nos sens, elle qui est resplendissante de la plus grande clarté*[27].

À la suite de l'hymne rhétorique (Sg 7,24–8,1), où la métaphore de la lumière est reprise pour décrire la Sagesse, il convient de garder l'axe interprétatif selon lequel la beauté est un rayonnement, une splendeur. Rien ne pousse à y voir un axe sensuel ou érotique.

Un détour par l'usage classique du terme ἐραστής s'impose également pour en vérifier la portée lorsqu'on l'emploie au singulier. Ce mot désigne une relation amoureuse, qui n'est d'ailleurs pas nécessairement conjugale (Démosthène, *Contre Nééra* 21 ; 26 ; 29 ; Thucydide VI,54,3 ; Aristophane, *Les Nuées* 976 ; Lucien, *Alexandre* 5). Mais il est frappant de constater que son usage métaphorique devient très fréquent, l'élevant au rang de catachrèse (on la trouve déjà chez Sophocle, *OR* 601). Il se pourrait que cet usage présent chez Platon ait suggéré l'image à l'auteur du livre de la Sagesse :

---

[26] M. GILBERT, *La critique des dieux*, 194.

[27] Platon, *Phèdre* 250C.

τὸν δὲ νοῦ καὶ ἐπιστήμης ἐραστὴν ἀνάγκη τὰς τῆς ἔμφρονος φύσεως αἰτίας πρώτας μεταδιώκειν

Il est nécessaire que l'amant de l'intelligence et de la science poursuive les causes premières de la nature raisonnable[28].

Le terme ἐραστής est donc propre à un contexte d'éducation, où il s'agit d'être amant aussi bien de son maître ou de son disciple que de la science et de la vertu. Xénophon l'utilise pour parler d'un héros, « homme plus amoureux d'une action brillante que de sa propre vie » (*Helléniques* V,2,28). La pièce d'Aristophane en a comme ironiquement stigmatisé l'usage dans cet univers où les philosophes rhéteurs côtoient les princes. Ainsi, quelques répliques moqueuses des *Cavaliers* illustrent cet usage pour désigner l'ami, le maître, le conseiller, celui dont la proximité assure le bon déroulement de sa propre vie et l'exercice de sa charge.

ΠΑ Διὰ σὲ τύπτομαι
ὑπὸ τουτουὶ καὶ τῶν νεανίσκων
ΔΗ Τιή
ΠΑ 'Οτιὴ φιλῶ σ' ὦ Δῆμ' ἐραστής τ' εἰμὶ σός
ΔΗ Σὺ δ' εἶ τίς ἐτεόν
ΑΛ 'Αντεραστὴς τουτουί ἐρῶν πάλαι σου βουλόμενός τέ σ' εὖ ποεῖν ἄλλοι τε πολλοὶ καὶ καλοί τε κἀγαθοί
ἀλλ' οὐχ οἷοί τ' ἐσμὲν διὰ τουτονί
σὺ γὰρ ὅμοιος εἶ τοῖς παισὶ τοῖς ἐρωμένοις τοὺς μὲν καλούς τε κἀγαθοὺς οὐ προσδέχει σαυτὸν δὲ λυχνοπώλαισι καὶ νευρορράφοις καὶ σκυτοτόμοις καὶ βυρσοπώλαισιν δίδως

Le paphlagonien – À cause de toi, je suis battu, par celui-ci et ces jeunots.
Démos – Pourquoi ?
Le paphlagonien – Parce que je t'aime, Démos, et que je suis ton amant.
Démos – Et toi, qui es-tu en vérité ?
Le charcutier – Le rival en amour de celui-là : amoureux de toi depuis longtemps, et voulant te faire du bien, ainsi que beaucoup d'autres gens beaux et bons. Mais nous ne le pouvons pas à cause de celui-là. Car tu es semblable aux jeunes garçons qui sont aimés : les gens beaux et bons, tu ne les reçois pas, te livrant au contraire aux marchands de lanternes, aux savetiers, aux cordonniers, aux marchands de cuir[29].

Par ce débat entre le charcutier et le paphlagonien, Aristophane veut, comme il l'avait fait dans les *Nuées* à propos des maîtres de rhétorique,

[28] Platon, *Timée* 46D.

[29] Aristophane, *Les Cavaliers* 731-741. Une reprise de ce dialogue marque la conclusion de la pièce : « Lorsque quelqu'un disait dans l'assemblée : "Démos, je suis épris de toi, je t'aime, tu es mon souci, seul je veille à tes intérêts", du moment qu'il usait de ce préambule, tu battais des ailes et dressais tes cornes », *Les Cavaliers* 1340.

montrer l'absurdité de ces prétendus conseillers philosophes, faux amants des rois aussi bien que de la Sagesse.

Dans un registre plus étroitement philosophique, Philon demeure un témoin privilégié. Il use de l'expression « amant de la Sagesse » de façon récurrente (*Sacrif.* 18 ; *Somn.* I,205 ; *Abr.* 224 ; *Spec.* I,173 ; II,147 ; *Quaest. Gen.* IV,74). Une expression du *Corpus Hermeticum* en montre la portée gnostique, dans un contexte proche de Sg 8,2 :

καὶ εὐθέως πάντα μοι ἤνοικτο ῥοπῇ καὶ ὁρῶ θέαν ἀόριστον φῶς δὲ πάντα γεγενημένα εὔδιόν τε καὶ ἱλαρόν καὶ ἠράσθην ἰδών	*Soudainement, tout s'ouvrit pour moi par une impulsion. Et je vis une vision sans limite. Tout devenant lumière sereine et joyeuse, en la voyant, je tombais amoureux*[30].

Flavius Josèphe rejoint l'usage qu'en faisait Xénophon lorsqu'il présente Ananus, « épris d'égalité » et « grand orateur » (*Bell.* IV,320). Il n'est pas impossible que l'auteur ait eu recours à cet usage technique. En parallèle avec φιλέω, « devenir amant » de la Sagesse, certes personnifiée en « jeune fille » au stique précédent, n'implique donc pas l'intimité d'une relation conjugale, mais renvoie à l'univers culturel des philosophes et des princes où l'attachement aux personnes et à la vertu était ainsi désigné.

Ces quelques remarques nous introduisent à l'analyse du terme συμβίωσις, l'un des indices importants retenu dans la plupart des commentaires pour appuyer le fait que le Sage établit une relation de type conjugal avec la Sagesse. Seul Scarpat insiste pour dire que ce terme désigne « la vie commune » sans qu'une référence conjugale soit impliquée. Goodrick trouvait ce terme mal choisi, Sisti proposait d'écarter l'idée d'une relation conjugale entre Dieu et la Sagesse, Heinisch concluait que le sens de ce terme en Sg 8,3 ne pouvait être le même qu'en Sg 8,9. Les autres ne voyaient aucune difficulté à en faire l'expression normale de la vie conjugale[31]. Relire quelques passages de Diogène Laërce permet de se faire une idée de la signification d'un terme plutôt rare et tardif[32]. Qu'il s'agisse de la vie

---

[30] *Corpus Hermeticum* 1,4.

[31] Outre les commentaires cités précédemment, je rappelle cette formulation significative d'une assimilation du contexte de Sg 8,3-4 à une lecture dans un sens conjugal de Sg 8,2 : « The intimacy of Wisdom with God is described with a conjugal image », F. RAURELL, « The Religious Meaning of Doxa », *La Sagesse de l'Ancien Testament* (éd. M. GILBERT) 373.

[32] συμβίωσις ne se rencontre jamais chez Homère ou chez les Tragiques ; la forme verbale correspondante n'apparaît qu'une fois chez Platon, *Banquet* 181D et chez Isocrate, *Lettre à Antipater (IV)* 4. Elle désigne alors la vie commune de deux personnes sans qu'il soit question de mariage.

commune d'un homme (conseiller) avec un tyran (*Eschine* 2,63), de deux philosophes ensemble (*Cratès* 4,22 ; *Diogène* 6,55), ou encore pour désigner l'amitié de deux frères (*Antisthène* 6,6), son usage ne renvoie jamais au mariage. Deux passages indiquent plutôt une distinction nette entre la vie matrimoniale (γαμέω) et le fait de vivre ensemble (συμβιόω), ce dernier verbe ayant une couleur plus politique que domestique. Ainsi, cette énumération le montre clairement :

ἐπῄνει τοὺς μέλλοντας γαμεῖν καὶ μὴ γαμεῖν [...] τοὺς παρασκευαζομένους συμβιοῦν τοῖς δυνάσταις καὶ μὴ προσιόντας	*Il louait ceux qui étaient sur le point de se marier comme ceux qui ne se mariaient pas [...] ceux qui se préparaient à fréquenter les puissants comme ceux qui ne les approchaient pas*[33].

Une autre remarque, que Diogène Laërce tire de la théorie d'Aristote concernant l'amitié, est éclairante :

εἶναι δὲ καὶ τὸν ἔρωτα μὴ μόνον συνουσίας ἀλλὰ καὶ φιλοσοφίας καὶ ἐρασθήσεσθαι δὲ τὸν σοφὸν καὶ πολιτεύσεσθαι γαμήσειν τε μὴν καὶ βασιλεῖ συμβιώσεσθαι	*Pour aimer, il faut autant être ensemble que philosopher. Le Sage pourra tomber amoureux, prendre part aux affaires de la cité, se marier sans aucun doute et vivre avec le roi*[34].

Ici encore, comme dans le passage précédent, la συμβίωσις est caractéristique d'une vie de proximité avec les puissants, les rois. Elle désigne la vie à la cour, non pas celle qu'une représentation fallacieuse de la cour de Louis XIV à Versailles pourrait évoquer, mais celle qu'illustre ce passage de Philon où le mot συμβιωτής apparaît :

Φλάκκος ὁ γεννηθεὶς μὲν καὶ τραφεὶς καὶ παιδευθεὶς ἐν τῇ ἡγεμονίδι Ῥώμῃ συμφοιτητὴς δὲ καὶ συμβιωτὴς γενόμενος τῶν θυγατριδῶν τοῦ Σεβαστοῦ κριθεὶς δὲ τῶν πρώτων φίλων παρὰ Τιβερίῳ Καίσαρι	*Flaccus, né, élevé et éduqué dans la Rome impériale, devenu condisciple et familier des petites filles d'Auguste, jugé digne d'être parmi les premiers amis auprès de l'empereur Tibère*

---

33 Diogène Laërce, *Diogène* 6,29.
34 Diogène Laërce, *Aristote* 5,31.

καὶ τὸ μέγιστον αὐτοῦ τῶν κτημάτων Αἴγυπτον ἐπὶ ἑξαετίαν ἐπιτραπείς

et qui fut chargé pour six ans de l'Égypte, le plus grand de ses biens[35].

On aurait en effet tort de ne pas associer συμβίωσις au titre ici présent συμβιωτής, dont Deane rappelait l'usage en Dn 14,2 (*Theodotion*)[36]. Il ne fut jamais repris pour expliquer Sg 8,9, bien qu'il soit, à ce qu'il semble, devenu un titre significatif à l'époque impériale[37]. On en retrouve un écho chez Plutarque :

φίλον δὲ καὶ συμβιωτὴν τὸν ἀδελφὸν αὐτοῦ πεποιημένος Ἄριστον ἄνδρα τῇ μὲν ἐν λόγοις ἕξει πολλῶν φιλοσόφων λειπόμενον εὐταξίᾳ δὲ καὶ πρᾳότητι τοῖς πρώτοις ἐνάμιλλον

Il fit de son frère un ami et un partenaire de sa vie, cet Aristos, un homme qui, pour ce qui était de la parole, était loin derrière de nombreux philosophes, mais qui, pour ce qui était de la modération et de la douceur, rivalisait avec les premiers[38].

L'interprétation de la « compagnie » de la Sagesse, qu'elle soit avec Dieu (Sg 8,3) ou avec le Sage (Sg 8,9), s'oriente dans une même direction, celle que corroborent les autres titres de la Sagesse, en particulier celui de σύμβουλος[39]. La vie commune du Sage et de la Sagesse, si spirituelle soit-elle, ne s'explicite en fin de compte qu'à la lumière de ce qu'un roi pouvait attendre d'un Sage. C'est même en cette relation, dont la portée politique est indéniable, que la plus grande expérience de l'amitié antique se fait.

---

[35] Philon, *Flacc.* 158.

[36] καὶ ἦν Δανιηλ συμβιωτὴς τοῦ βασιλέως καὶ ἔνδοξος ὑπὲρ πάντας τοὺς φίλους αὐτοῦ (« Daniel était le compagnon du roi, estimé plus que tous ses amis »).

[37] Cf. J. CROOK, *Consilium Principis. Imperial councils and counsellors from Augustus to Diocletian* (Cambridge 1955) ; E. RAWSON, « Roman Rulers and the Philosophic Adviser », *Philosophia togata : essays on philosophy and Roman society* (éd. M.T. GRIFFIN – J. BARNES) (Oxford 1989) 233-257.

[38] Plutarque, *Brutus* 984e (tr. R. FLACELIÈRE – E. CHAMBRY ; CUF ; Paris 1978) ; cf. *Apophtegmes* 207b.

[39] Cf. A. LEPROUX, « Moïse, conseiller de Salut (Sg 16,6) ? Une question de critique textuelle », *RB* 111 (2004) 161-192. La lecture du *Sinaiticus* (S) et de l'*Alexandrinus* (A) rendait plus étroit le parallélisme entre le rôle de Moïse en Sg 16,6 et celui de la Sagesse en Sg 8,9. L'un et l'autre apportent une parole qui forme le discernement et permet l'exercice de la justice.

c. Une culture de l'amitié

Quelques considérations plus générales sur l'amitié (φιλία), telle qu'elle était vécue à l'époque hellénistique et romaine, aideront à mieux comprendre le cadre lié à l'interrogation soulevée par le texte. Mais il convient d'abord d'en rappeler la mention à propos du « trésor indéfectible » et dans la conclusion du discours :

ὃν οἱ κτησάμενοι πρὸς θεὸν ἐστείλαντο φιλίαν διὰ τὰς ἐκ παιδείας δωρεὰς συσταθέντες	*Ceux qui l'ont acquis se sont attiré l'amitié de Dieu, étant établis grâce aux dons de l'éducation. (Sg 7,14)*
καὶ ἐν φιλίᾳ αὐτῆς τέρψις ἀγαθὴ	*En son amitié, on obtient une noble jouissance. (Sg 8,18)*

Terme peu analysé par les commentaires[40], φιλία est expliqué par un renvoi à Sg 7,27 où l'on explique habituellement l'expression « amis de Dieu » (φίλους θεοῦ). Qu'il s'agisse de la même réalité, l'édification des amis de Dieu, est probable. En ce qui concerne le verbe στέλλομαι, je préfère garder le sens premier : « s'équiper, se préparer, se disposer », plutôt que « faire venir, attirer, se concilier »[41], comme le propose Larcher. L'articulation des deux parties du discours de Sagesse implique en effet une relation dynamique entre la παιδεία et la φιλία, relation qui fait de l'une la préparation à la seconde, comme si l'éducation, à l'instar de l'acte créateur, façonnait les « futurs » amis de Dieu. Le contexte de Sg 7,14 n'est donc pas celui d'une « amitié réalisée en fait », comme semble l'entendre Larcher, mais celui d'une amitié à choisir.

Pour expliquer cette amitié, les commentaires renvoient aux figures traditionnelles d'Abraham (Is 41,8) et de Moïse (Ex 33,11), ou encore aux échos de la Grèce classique (Platon, *Lois* 716CD ; Xénophon, *Anabase* VII,3,16) comme hellénistique (1M 10,20.54 ; Philon, *Leg.* III,1 ; *Jubilés* 19,9). Les références pourraient être infinies[42], mais il semble important de revenir, comme Fraisse l'a proposé dans son étude détaillée[43], à une vision

---

40 La chose est tangible chez G. SCARPAT, *Sapienza* I, 70-79, qui renvoie à son premier volume, où il n'expose en fait que la *paideia*, sans expliciter son rapport avec l'amitié.

41 C. LARCHER, *Le livre de la Sagesse*, II, 462.

42 Cf. D. WINSTON, *Wisdom*, 188-189.

43 J.-C. FRAISSE, *Philia, la notion d'amitié dans la philosophie antique. Essai sur un problème perdu et retrouvé* (BHPh ; Paris 1974). J'ajoute à cet essai, qui est peut-être trop limité à l'univers philosophique, les différentes études rassemblées par J.T. FITZGERALD, *Friendship, Flattery, and Frankness of Speech : Studies on Friendship in the New Testament World* (NT.S 82 ; Leiden 1996) ou encore celui de I. SAVALLI-LESTRADE, *Les philoi royaux*

plus systématique de ce « problème perdu et retrouvé ». Il semble d'abord que la thématique de l'amitié soit la conséquence d'une influence de la pensée hellénistique sur les écrivains sacrés. On ne retrouve φιλία que dans les livres des Maccabées (1M 8,1.11.17), le Siracide (Si 6,17 ; 9,8) et dans le livre des Proverbes (Pr 5,19 ; 7,18), où le traducteur préfère ce terme à ἀγάπη[44]. Le problème de l'amitié renvoie de fait à une tradition aristotélicienne, présente dans les chapitres 7 de l'*Éthique à Eudème* et 8 de l'*Éthique à Nicomaque*, inspirée du *Lysis*, du *Banquet* et du *Phèdre* de Platon. Le traité de Cicéron consacré à l'amitié est un bel écho de ce que celle-ci pouvait représenter à l'aube de l'époque impériale. L'analyse du verbe φιλέω a déjà permis d'en approcher le contenu et la portée politique. Mais il convient de faire état, à partir de grands courants dégagés chronologiquement par Fraisse, de l'envergure d'une telle réalité.

Considérée d'abord comme une vie commune flanquée d'un ordre de justice, qu'elle soit aristocratique et militaire (chez Homère) ou encore économique (chez Hésiode), l'amitié a reçu de Pythagore une portée universelle, devenant une réplique de l'harmonie présente dans l'univers[45]. Les Stoïciens ont abandonné la nécessité d'une vie commune[46] et se sont attachés à une harmonie sociale, analogue de l'harmonie cosmique. Les Sophistes, en revanche, ont insisté sur la discontinuité entre l'ordre de la nature et celui de la cité, mettant l'accent sur la fracture qui fait des rapports humains un jeu d'amour et de hasard, ou mieux, une affaire de calcul et d'intérêt.

La tradition socratique et les écoles qui ont suivi, ne pouvant se résoudre à un tel jeu, ont voulu y remédier, élaborant une amitié fondée sur la vertu. Ainsi, l'amitié entre le maître et le disciple est devenue une réalisation de la juste amitié[47]. Aristote, à partir d'une classification fondée sur la distinction entre le plaisir, l'utile et la vertu, ordonna les différents types d'amitié. Il ne concéda finalement le nom d'amitié véritable qu'à la dernière, celle fondée sur le choix délibéré (προαίρεσις) de la vertu :

---

dans l'Asie hellénistique (Genève 1998). Ces deux ouvrages, comme ceux de L. PERNOT déjà cités, permettent de comprendre comment l'univers des philosophes, à l'époque hellénistique et romaine, rejoint celui des orateurs et des politiciens.

[44] En Ct 2,4.5.7, le terme ἀγάπη est préféré.

[45] Cf. J.-C. FRAISSE, *Philia*, 30-67.

[46] « Il est assez remarquable que les philosophes grecs, à l'exception des Stoïciens, feront de la vie commune, et même commune dans toutes ses activités, une condition essentielle de l'amitié », J.-C. FRAISSE, *Philia,* 43.

[47] « His school was based on friendship (φιλία) and was meant to continue, on a higher level, the old form of higher education through personal association and conversion », W. JAEGER, *Paideia*, II, 111 ; II, 59.

ἡ μὲν οὖν πρώτη φιλία καὶ δι' ἣν αἱ ἄλλαι λέγονται ἡ κατ' ἀρετὴν ἐστί καὶ δι' ἡδονὴν τὴν ἀρετῆς	*L'amitié première, celle par qui sont nommées les autres, est selon la vertu et par le plaisir de la vertu*[48].

Aristote précise aussi les conditions de l'amitié véritable, à savoir la vie commune, l'égalité et l'épreuve du temps. Une note de Tricot, éclairante pour comprendre la pensée d'Aristote, aide à saisir la fonction cruciale de la φιλία dans la croissance du Sage : « On peut considérer la φιλία comme l'utilisation sociale de la φρονήσις. On comprend dès lors la place que la φιλία occupe dans le traité : elle est un passage de la Sagesse *pratique* (φρονήσις) à la Sagesse *théorétique* (σοφία) »[49]. Sans entrer dans l'interprétation des écrits d'Aristote qui soulèvent des difficultés considérables[50], je relève la fonction centrale de la φιλία comme événement social dans la vie du Sage et dont il se peut qu'un écho affleure dans le discours du Sage (Sg 8,18).

L'amitié comme alliance politique apparaît d'ailleurs chez Démosthène (*3ème Philippique* 28 ; *Sur la couronne* 77), Xénophon (*Helléniques* II,1,14 ; II,3,28 ; III,4,24), Aristophane (*Paix* 998) ou Plutarque (*Dion* 969b ; *Brutus* 996c ; *Aratos* 1033d ; 1038c)[51]. Chez Philon lui-même, on retrouvera l'invitation à retirer de l'arbre de l'amitié toute fourberie, qu'elle tienne des artifices de courtisanes ou des flatteries de flagorneurs (*Plant.* 104-105 ; *Heres.* 21 ; 44).

Pour terminer ce bref rappel de ce que pouvait désigner l'amitié chez un lecteur de Platon et d'Aristote, une confidence de Cicéron, grand ami d'Atticus, qui devint en son heure « familier » d'Octave, illustre ce que pouvait être un συμβίωτης.

Est enim amicitia nihil aliud, nisi omnium divinarum humanarumque rerum cum benevolentia et caritate consensio.	*L'amitié n'est rien d'autre qu'un accord sur toutes les choses, qu'elles soient divines ou humaines, avec bienveillance et amour*[52].

---

[48] Aristote, *E.E.* 1238a.

[49] J. TRICOT, *Aristote. Éthique à Nicomaque* (Paris 1967) 441, n. 4.

[50] Cf. P. SCHOLLMEIER, *Other Selves : Aristotle on Personal and Political Friendship* (New York 1994) ; S. STERN-GILLET, *Aristotle's Philosophy of Friendship* (New York 1995).

[51] « Les Stoïciens, qui érigeront en norme suprême de vivre conformément à la nature, prescriront d'aimer l'humanité entière, la φιλανθρωπία, dont la φιλία et la συγγένεια ne sont que des espèces particulières ; la première, librement formée et librement rompue, est supérieure à la seconde », C. SPICQ, *Prolégomènes*, 32, n. 2 ; cf. Sg 8,17. Sur le thème de la *syngeneia* politique, on mentionnera également l'excursus d'É. DES PLACES, *Syngeneia. La parenté de l'homme avec Dieu. D'Homère à la patristique* (Études et commentaires 51 ; Paris 1964) 151.

[52] Cicéron, *De l'amitié* 20.

L'amitié est une *consensio* ne pouvant avoir lieu qu'entre gens vertueux et produit de nombreux biens (le jeu des questions rhétoriques dans le *De l'amitié* 22 n'est pas sans rappeler Sg 8,5-8). Elle rend surtout la fortune plus brillante et allège l'adversité (*De l'amitié* 23). Elle conduit à découvrir « une amitié » personnifiée bien proche de la Sagesse elle-même. Et, pour entendre encore une fois son éloge, je rappelle ce mot de Cicéron : « Ô Belle Sagesse ! Il me semble qu'ils suppriment du monde le soleil, ceux qui enlèvent de la vie l'amitié »[53].

L'amitié, « vertu cardinale de la morale politique » selon ce qu'en dit Spicq[54], consiste en ce bien suprême qui fait de l'homme le compagnon de son prochain, et à la lumière duquel il n'y a de richesse que d'hommes. Nul ne saurait donc enfermer, surtout à l'époque impériale, le sommet de l'amitié dans la relation conjugale. Il ne semble pas que l'auteur ait été tenté par cela ; il avait plutôt sous les yeux un idéal qui était sans doute l'un des points les plus clairs où l'analogie entre la révélation divine et l'expérience païenne était perceptible. L'homme ne s'attachait déjà plus à une idole muette ; il avait compris que l'amour du prochain avait des répercussions sociales et politiques d'envergure. Aussi, ce conseil de Cicéron n'était pas le moindre : « Comme les choses humaines sont fragiles et périssables, nous devons toujours chercher quelques hommes que nous aimons et qui nous aiment. Car sans l'affection et la bienveillance, la vie perd tout son charme »[55]. Scarpat notait judicieusement à propos de Sg 7,27 : « Les amis de Dieu, les sages, sont les personnes les plus proches de Dieu, de même que les φίλοι βασιλέως à la cour égyptienne étaient ceux qui occupaient les plus hautes charges [...] Si les amis sont les plus proches du roi, également dans le fait de partager son pouvoir, les prophètes sont les porte-paroles du roi auprès du peuple [...] Amis et prophètes forment la cour et, pour ainsi dire, le parlement »[56]. Ce

[53] Cicéron, *De l'amitié* 47.

[54] C. SPICQ, *Prolégomènes*, 32.

[55] Cicéron, *De l'amitié* 102.

[56] G. SCARPAT, *Sapienza*, II, 80-81. Cf. L. BOFFO, *Iscrizioni greche e latine per lo studio della Bibbia* (Brescia 1994) 93. P. HEINISCH, *Weisheit*, 148, l'avait déjà noté. Sur ce point, voir aussi les remarques éclairantes de V. ALONSO TRONCOSO, « Paideia und Philia in der Hofgesellschaft der hellenistischen Zeit », *Aspects of Friendship in the Graeco-Roman World* (éd. M. PEACHIN) (J.R.A. - Suppl. 43 ; Portsmouth 2001) 83 : « Verständlicher ist die Tatsache, daß ein *didaskalos* eines Kronprinzen später *philos* seines Schülers wird, sobald dieser den Thron besteigt [...] Der Chioter stand als Lehrer (*didaskalos*) für Rhetoric im Sold des Königs und gehörte – wie Plutarch berichtet (*Pomp.* 77.2-3) – zum Kreis seiner hochgestellten *symbouloi*, wobei er als *philos* des Herrschers verstanden werden darf ». Ou encore celles d'E.WILL, « Syngeneia, oikeiotes, philia », *RPh* 69 (1995) 302 : « Les *philiai* nous apparaissent plus particulièrement pour ce qu'elles sont : non point des amitiés de caractère affectif, mais les groupes de οἱ περί..., de οἱ μετά... qui entourent les protagonistes de la vie politique, sous les noms variés de *philoi*, de *koinônoi* ».

contexte de cour rappelé par Scarpat est déjà sous-entendu en Sg 7,14 lorsque l'élève se prépare au métier d'orateur (Sg 7,15). Il l'est encore lorsqu'il devient l'amant de la Sagesse (Sg 8,2) et qu'il se décide à la prendre comme conseillère (Sg 8,9). Il n'est enfin pas nécessaire d'interpréter l'amitié dont il est question en Sg 8,18 en un sens conjugal, sous prétexte que le terme τέρψις évoquerait les plaisirs de la chair (Heinisch, Cornely, Larcher, Scarpat). Il est un plaisir tout autre, celui que pouvait éprouver Alexandre lorsque son admiration pour son maître Aristote, qu'il rencontrait au Nympheum, se transforma en amitié, si l'on en croit le témoignage de Plutarque[57]. C'est cette même amitié qui devait unir les rois et les philosophes dans le monde nouveau qu'Alexandre lui-même rêvait de faire naître[58].

Dans les livres des Maccabées, le sens politique du terme φιλία est également évident (1M 3,38 ; 6,14.28 ; 7,6 ; 8,20 ; 10,20 ; 14,39 ; 2M 8,9 ; 10,13 ; 3M 5,44 ; 4 M 2,13 ; 5,34) et la traduction « ami » pourrait édulcorer sa portée politique.

ἔτι τοῦ νεωτέρου περιόντος οὐ μόνον διὰ λόγων ἐποιεῖτο τὴν παράκλησιν ἀλλὰ καὶ δι᾽ ὅρκων ἐπίστου ἅμα πλουτιεῖν καὶ μακαριστὸν ποιήσειν μεταθέμενον ἀπὸ τῶν πατρίων καὶ φίλον ἕξειν καὶ χρείας ἐμπιστεύσειν

Comme le plus jeune était encore en vie, non seulement il l'exhortait par des paroles, mais il lui donnait par des serments l'assurance de le rendre à la fois riche et très heureux, s'il abandonnait les traditions des pères, d'en faire son ami et de lui confier de hautes fonctions[59].

Ainsi, par ce titre d'ami, le roi propose une place d'honneur à la cour. Ce même sens, probablement d'origine hellénistique[60] si elle n'est pas achéménide, apparaît en Dn 3,94 ou encore en Est 1,3.13 ; 2,18 ; 3,1. Quoi

---

[57] « Au début il admirait Aristote et, comme il le disait lui-même, il ne l'aimait pas moins que son père, parce que, si l'un lui avait donné la vie, l'autre lui apprit à bien vivre », Plutarque, *Alexandre* 8,4 (tr. R. FLACELIÈRE – E. CHAMBRY ; CUF ; Paris 1975).

[58] « Gemeinsame peripatetische *paideia* und die entsprechende politische *philia* waren der Grund für die Unterstützung des Demetrios Phalereus durch Kassander : der Tyrann von Athen war Schüler des Theophrast und Kassander selbst ein Schüler Aristotels », V. ALONSO TRONCOSO, « Paideia und Philia », 86.

[59] 2M 7,24.

[60] « La cour rassemble les compagnons du roi, héritiers de ceux que nous avons vus groupés autour d'Alexandre et que la tradition macédonienne appelait les *hetaires* : le terme *philoi*, déjà employé par Alexandre, a tendance à remplacer celui de compagnons. Ce sont en effet souvent des amis que lie au souverain une camaraderie d'enfance ou de combat, ou une estime mutuelle, ou le désir de l'aider dans sa tâche par gratitude ou par ambition [...] Antigone Gonatas attachait du prix aux avis de son ancien maître Ménédémos d'Érétrie et passait pour avoir sollicité le célèbre Zénon de Kition, fondateur du stoïcisme, de venir s'installer à sa cour », F. CHAMOUX, *La civilisation hellénistique* (Paris 1981) 291.

qu'il en soit, qu'il s'agisse de deux amis d'enfance, d'un maître et de son disciple ou encore d'un jeune ambitieux et de son roi, il est important de ne pas restreindre l'interprétation de Sg 8,2-3 dans les limites de ce qu'une perception immédiate pourrait supposer d'intimité amoureuse et qu'une expression parfois audacieuse évoquerait de conjugal.

4. La Nymphe et la conseillère

L'insistance sur le cadre social et politique de l'amitié, commandée par la nécessité d'ouvrir le champ d'interprétation de cette péricope, voire de l'ensemble de la seconde partie de l'éloge du Sage (Sg 8,2-16), conduit à préciser la signification de l'expression dont il paraît à l'évidence qu'elle désigne, comme c'est le cas chez Aristophane[61], une relation de type conjugal : καὶ ἐζήτησα νύμφην ἀγαγέσθαι ἐμαυτῷ (Sg 8,2b). L'auteur aurait pu utiliser le verbe νυμφαγωγέω, dont le sens est équivalent à celui de γαμέω, ce qu'il ne fait pas. Il aurait pu ajouter le terme γυνή dans l'expression de Sg 8,18, ce qu'il ne fait pas non plus. La question se pose donc de savoir si le terme νύμφη qui, si l'on en croit un certain usage, ne désigne pas nécessairement une jeune épousée mais une divinité de second ordre, n'impliquerait pas une perspective ambivalente. Il conviendrait alors de vérifier comment un terme comme αἱρετίς (Sg 8,4), ou encore certaines expressions de Sg 8,16 et 8,18, pourraient s'accorder à cette perspective.

Rien ne sert de s'étendre sur la signification de νύμφη qui désigne une « jeune épousée »[62], ou plus simplement une « jeune fille » selon un certain usage déjà présent chez Homère[63]. Le traducteur grec de Gn 11,31 ou de 1S 4,19 se montre pour le moins original lorsqu'il choisit νύμφη pour traduire le terme hébreu כַּלָּה, autrement dit « la bru », en contraste avec γύνη, « l'épouse »[64].

Il convient en revanche de s'attarder sur une autre signification, à savoir celle qui renvoie au monde religieux des Nymphes[65], sorte de divinités qui, à l'instar des Muses[66] (Μοῦσαι) ou des Grâces (Χάριτες), avec lesquelles

---

[61] νύμφην ἀγάγησθον, Aristophane, *Ploutos* 529.

[62] Cf. Homère, *Iliade* 18,492 ; Hérodote, *Histoires* 4,172 ; Aristophane, *Acharniens* 1064.

[63] L'expression νύμφα φίλη, dans l'*Iliade* 3,130 et l'*Odyssée* 4,743, est sans équivoque.

[64] Ce sens sera repris en Mt 10,35 et Lc 12,53. G. SCARPAT, *Sapienza* II, 185, indique ces références pour appuyer la signification « d'épouse légitime », ce qui ne s'impose pas.

[65] Cf. O. NAVARRE, « Nymphae », *Dictionnaire des antiquités grecques et romaines* (éd. C. DAREMBERT – E. SAGLIO) (Paris 1896) IV,1,124-128.

[66] Cf. P. BOYANCÉ, *Le culte des Muses chez les philosophes grecs. Études d'histoire et de psychologie collectives* (Paris 1936 ; ²1972) 99.

elles tendent d'ailleurs à se confondre[67], habiteraient l'univers créé. Situées habituellement dans les sources, les montagnes, les champs ou les arbres, les Nymphes se trouvent associées, dans un fragment d'Hésiode, à la constellation des Hyades[68].

Νύμφαι Χαρίτεσσιν ὁμοῖαι Φαισύλη ἠδὲ Κορωνὶς Εὐστεφανὸς τε Κλέεια Φαιώ θ' Ἱμερόεσσα καὶ Εὐδώρη τανύπεπλος ἃς Ὑαδας καλέουσιν ἐπὶ χθονὶ φῦλ' ἀνθρώπων	*Nymphes semblables aux Grâces, Phaesylè et Korônis, Eustephanos et Kléeia, Phaeô et Imerossa, Eudôrè à la longue robe, sur la terre, les hommes les appellent Hyades*[69].

À la lumière de l'hymne rhétorique (Sg 7,24–8,1) qui faisait écho à l'univers des astrologues, parler d'une Nymphe n'est pas dénué d'intérêt. Cela ouvre une perspective où la figure de l'épouse s'estompe à la faveur d'une symbolique mythologique. Comparées aux Grâces, comme elles peuvent l'être aux Muses[70], les Nymphes désignent ces compagnes des dieux, forces de la nature que les hommes ne maîtrisent pas et dont il convient de se concilier les faveurs. Que ces forces jaillissent de la terre ou descendent du ciel, elles n'ont cessé d'inspirer l'imaginaire des hommes, des rois comme des poètes, les obligeant à les louer sans cesse pour éviter de s'en trouver victimes. Ne pouvant ici que mentionner très brièvement leur rôle dans

[67] Cf. M.L. WEST, *Hesiod. Theogony. Edited with Prolegomena and Commentary* (Oxford 1966) 154. « Les Muses auraient été primitivement des Nymphes des montagnes et des eaux », O. NAVARRE, « Musae », *Dictionnaire des antiquités grecques et romaines*, III,2,2060. Il faut également retenir « les rapports étroits qui unissent les Charites à d'autres divinités, primitivement presque identiques [...] aux Nymphes qui répandent partout la vie et la fertilité. Charites, Heures et Nymphes étaient même à l'origine si dépourvues de caractère individuel que parfois on les confondait », S. GSELL, « Gratiae », *Dictionnaire des antiquités grecques et romaines*, II,2,1659.

[68] « Hyades. According to some, the daughters of Atlas and sisters of the Pleiades. The best accounts, however, make them to have been the nymphs of Dodona, to whom Zeus confided the nurture of Bacchus », H.T. PECK, *Harpers Dictionary of Classical Literature and Antiquities* (New York 1965). Chassées dans la mer, Zeus les aurait élevées au ciel et transformées en étoiles, cf. W.H. ROSCHER, *Ausführliches Lexikon der Griechischen und Römischen Mythologie* (Leipzig 1897-1909) I,2,2752-2755. Face à un Œdipe dépité qui s'interroge sur son origine (Sophocle, *OR* 1076-1085), le chœur évoque le souvenir de « l'une des Nymphes de l'Hélicon » qui aurait transmis le nourrisson à Bacchus (*OR* 1109). Ce Bacchus, qui fréquente les Nymphes, fut recueilli et nourri par les Nymphes de Nysa, cf. Ovide, *Les Métamorphoses* III,314. Selon le récit de Diodore de Sicile, *Bibliothèque historique* V,52,2, l'une des trois Nymphes qui recueillent Dionysos pour le nourrir s'appelle *Philia*.

[69] Hésiode, frg. B,5 (D. DIELS).

[70] φθογγῆς Νυμφῶν ἀκούσας ἃς καὶ Μούσας Λυδοὶ καλοῦσιν, cf. ESTIENNE, *Thesaurus Graecae Linguae* (Paris 1829) V, 1222.

l'Antiquité classique[71], je retiens ces lignes d'Hésiode qui décrivent le rôle de la Muse Calliope, cette fille de Zeus, à l'origine Nymphe des eaux.

ἡ [Καλλιόπη] δὲ προφερεστάτη ἐστὶν ἁπασέων ἡ γὰρ καὶ βασιλεῦσιν ἅμ' αἰδοίοισιν ὀπηδεῖ ὅντινα τιμήσουσι Διὸς κοῦραι μεγάλοιο γεινόμενόν τε ἴδωσι διοτρεφέων βασιλήων τῷ μὲν ἐπὶ γλώσσῃ γλυκερὴν χείουσιν ἐέρσην τοῦ δ' ἔπε' ἐκ στόματος ῥεῖ μείλιχα οἱ δέ νυ λαοὶ πάντες ἐς αὐτὸν ὁρῶσι διακρίνοντα θέμιστας ἰθείῃσι δίκῃσιν ὁ δ' ἀσφαλέως ἀγορεύων αἶψά τι καὶ μέγα νεῖκος ἐπισταμένως κατέπαυσε τούνεκα γὰρ βασιλῆες ἐχέφρονες οὕνεκα λαοῖς βλαπτομένοις ἀγορῆφι μετάτροπα ἔργα τελεῦσι ῥηιδίως μαλακοῖσι παραιφάμενοι ἐπέεσσιν ἐρχόμενον δ' ἀν' ἀγῶνα θεὸν ὣς ἱλάσκονται αἰδοῖ μειλιχίῃ μετὰ δὲ πρέπει ἀγρομένοισι τοίη Μουσάων ἱερὴ δόσις ἀνθρώποισιν

C'est elle [Calliope] en effet, la première de toutes, qui justement accompagne les rois vénérés. Celui qu'honorent les filles du grand Zeus, celui d'entre les rois nourrissons de Zeus sur qui s'arrête leur regard le jour où il vient au monde, celui-là les voit sur sa langue verser une rosée suave, celui-là qui de ses lèvres ne laisse couler que douces paroles. Tous les gens ont les yeux sur lui, quand il rend la justice en sentences droites. Son langage infaillible sait vite, comme il faut, apaiser les plus grandes querelles. Car c'est à cela qu'on connaît les rois sages, à ce qu'aux hommes un jour lésés ils savent donner, sur la place, une revanche sans combat, en entraînant les cœurs par des mots apaisants. Et quand il s'avance à travers l'assemblée, on lui fait fête comme à un dieu, pour sa courtoise douceur, et il brille au milieu de la foule accourue. Tel est le don sacré des Muses aux humains[72].

Lorsque le Sage parle d'une « nymphe » (Sg 8,2), pour désigner par le jeu d'une métaphore celle qui lui accorda toutes les biens (Sg 7,11), celle qui lui enseigna les choses cachées de l'univers (Sg 7,21), celle encore qui lui accordera gloire et immortalité (Sg 8,10.13), ne se peut-il pas qu'il ait à l'esprit cet univers d'inspiration poétique des Muses et des Grâces ? Comme un roi ou un poète s'entiche de sa Muse, ne s'éprend-il pas lui-même de la Sagesse pour bien exercer son art ? La mémoire d'un Salomon sublime, exerçant la justice par le glaive de sa parole (1R 3,16-28), en écho à l'introduction de la *Théogonie* d'Hésiode, incite au moins à le penser. Et la

[71] Cf. W.H. ROSCHER, *Ausführliches Lexikon*, III,1,500-566.

[72] Hésiode, *Théogonie* 80-93 (tr. P. MAZON ; CUF ; Paris 1928).

descente de Socrate au sanctuaire des Nymphes (Platon, *Phèdre* 278B9), alors même qu'il vient de s'entretenir sur « le discours » comparé à une semence immortelle (*Phèdre* 277A2), et qu'il concède au jeune Isocrate « une certaine philosophie » (*Phèdre* 279B1) – message qu'il lui apportera de la part des divinités de ce lieu – n'est pas un détail seulement pittoresque. De même que le temple des Grâces pouvait être une invitation à se souvenir qu'il faut aimer celles qui nous aiment[73], le sanctuaire des Nymphes s'élevait à proximité de l'Académie pour rappeler que la source de la connaissance transcende les seules facultés humaines. Le Sage, en réponse aux impies dont le discours n'est pas sans renvoyer aux bacchanales (Sg 2,6-9), ne manquerait donc pas de subtilité en désignant la Sagesse, dans un univers où l'unique Dieu ne supporte l'existence d'aucune autre divinité, comme une nymphe, elle qui inspire une façon de vivre la royauté. Cet emprunt d'une figure au paganisme ambiant, qui ne laisse supposer en aucun cas une quelconque croyance en l'existence des Nymphes, se révèle assez cohérent pour tenir ensemble les qualités d'une mère, d'une amie et d'une épouse, d'une initiatrice et d'une conseillère.

Il convient de poursuivre par l'analyse de l'expression difficile αἱρετὶς τῶν ἔργων αὐτοῦ. À cet égard, Scarpat fait figure d'exception face à l'ensemble des commentateurs. Ces derniers y voient l'affirmation que la Sagesse, aux côtés de Dieu lors de la création selon une interprétation de Pr 8,22, aurait choisi ce qu'il fallait créer ou conseillé Dieu dans son œuvre[74]. Scarpat quant à lui relève d'abord l'originalité du terme αἱρετίς. Hapax absolu[75], αἱρετίς fait écho à une conception stoïcienne de l'αἱρῶν λόγος[76], équivalent de l'ὀρθὸς λόγος. L'homme éduqué possède cette capacité à se décider droitement. Comme l'explique Épictète, « l'essence du bien est un

[73] « Voilà aussi pourquoi on élève un temple des Grâces en un lieu où il soit bien en vue : c'est pour apprendre à rendre les bienfaits reçus. C'est cela le propre de la grâce : il faut, non seulement payer de retour celui qui a fait preuve de gracieuseté, mais encore prendre soi-même l'initiative d'un geste gracieux », Aristote, *E.N.* 1133a2-4 (tr. R.-A. GAUTHIER – J.-Y. JOLIF ; Paris 1970) ; cf. Hésiode, *Théogonie* 97.

[74] Ainsi C.L.W. GRIMM : « Sie wählt unter den Werken, deren Idee Gott gefasst hat, diejenigen aus, die zur Ausführung kommen sollen, d.h. prosaisch : Gott erkennt vermöge seiner Weisheit, was das Beste ist und durch dieselbe Weisheit verwirklicht er es » ; W.J. DEANE : « God shares His works with Wisdom, who chooses what His works shall be » ; M. CONTI : « sceglitrice delle opere di Dio » ; D. WINSTON : « Our author is saying in effect that Wisdom is essentially synonymous with the Divine Mind, and thus represents the creative agent of the Deity » ; C. LARCHER : « La sagesse a fait un choix parmi les possibilités qui s'offraient à l'intelligence divine, qu'elle a conseillé efficacement le Créateur pour l'œuvre à réaliser et qu'elle continue de le faire ».

[75] G. SCARPAT, « Un hapax assoluto : αἱρετίς (Sap. 8,4) », *Scritti classici e cristiani offerti a Francesco Corsaro* (éd. C. CURTI – C. CRIMI) (Catania 1994) 643-647.

[76] Cf. *SVF* III,378.

état déterminé de la personne »[77]. La Sagesse n'est donc pas désignée ici comme la compagne de Dieu dans la création du monde, mais celle qui se décide droitement. Ici encore se trouve attachée au portrait de la Sagesse une caractéristique qui rappelle le rôle de la première des Muses (Καλλιόπη), elle qui accompagne les rois et verse sur leurs lèvres une rosée suave[78]. Voici ce qu'en déduit Scarpat : « Elle ne choisit pas les œuvres de la création les plus adaptées, comme les commentateurs le voudraient, mais suggère et choisit les œuvres que l'homme doit faire, c'est-à-dire les œuvres de Dieu, et déconseille les œuvres du mal »[79]. Le champ lexical est bien celui de l'αἵρεσις (1M 8,30) ou de la προαίρεσις, terme cher à Épictète désignant la détermination du sujet moral, sa droiture.

Ὅμως δ' ἄν μου πυνθάνῃ τί ἐστιν ἀγαθὸν τοῦ ἀνθρώπου οὐκ ἔχω σοι ἄλλο εἰπεῖν ἢ ὅτι ποιὰ προαίρεσις	*Si tu m'interroges sur ce qu'est la qualité d'un homme, je n'ai rien à dire d'autre que sa détermination*[80]

Cette détermination, qui annonce le terme ἐγκρατής étudié plus loin (Sg 8,21), permet de saisir la portée du titre αἱρετίς, propre à qualifier le rôle de la Sagesse à l'égard du Sage : étant elle-même guidée par Dieu (Sg 7,15), c'est elle qui indique le chemin à suivre (Sg 9,11). Le terme μύστις, de son côté, allusion probable à l'univers religieux des Mystères[81] mais qui, à l'instar de μυστήριον en Jdt 2,2 comme en Tb 12,7.11 peut se rapporter au conseil du roi, inscrit encore davantage la Sagesse dans une relation de fidélité à Dieu : elle peut, parce qu'elle est initiée par Dieu, initier à son tour. Comme le dit encore Scarpat, « la Sagesse est un don de Dieu qui guide l'homme, soit aux mystères du Ciel, soit aux œuvres à accomplir sur la terre »[82]. Encore une fois, la figure proposée de la Sagesse n'est-elle pas un écho à une fille ou une parèdre de Dieu (κόρη ou πάρεδρος), qu'elle s'appelle Calliope ou Isis, ou encore l'Eldabaran des Hyades ? Toutes prétendaient guider l'homme au ciel, sur mer ou sur terre ; celle-là conduit l'homme à l'immortalité.

Le verbe προσαναπαύσομαι et le substantif συναναστροφή (Sg 8,16) pourraient désigner la vie conjugale d'un couple « idéal », l'homme rentrant

---

77 Οὐσία τοῦ ἀγαθοῦ προαίρεσις ποιά, Épictète, *Entretiens* 1,29,1.

78 Hésiode, *Théogonie* 80-84.

79 G. SCARPAT, *Sapienza*, II, 142.

80 Épictète, *Entretiens* 1,8,16. Je préfère « détermination » à « disposition » ; cf. *Entretiens* 1,1,23 ; 1,8,16 ; 1,12,10 ; 1,17,21.

81 Cf. G. SCARPAT, *Sapienza* II, 138-139 ; E. MAASS, *Orpheus. Untersuchungen zur Griechischen, Römischen, Altchristlichen Jenseitsdichtung und Religion* (München 1895, ²1974) 120.

82 G. SCARPAT, *Sapienza*, II, 144.

chez lui et trouvant l'épouse parfaite qui lui accorde la douceur de sa présence en effaçant toute amertume. Il reste cependant difficile d'articuler cette perspective au contexte de « la gloire » et de « l'immortalité » dont il est question dans les versets précédents (Sg 8,10.13). La συναναστροφή, comme le rappelle Larcher, synonyme de συμβίωσις, désigne une manière de vivre ensemble, de se fréquenter, de former une société. Elle peut aussi bien renvoyer à la vie commune de Rachel et Léa (Gn 30,8) qu'à la mauvaise compagnie des sots (Si 41,5). En Ba 3,38, « le chemin entier de la connaissance », qui n'apparaît en rien sous les traits d'une épouse, vit « en société » parmi les hommes. Les trois usages qu'en fait Épictète dans ses *Entretiens*[83], illustrent bien son sens très général de « vie en société ». Quant au verbe προσαναπαύσομαι, il se trouve une fois chez le même Épictète, dans un contexte normal de vie commune avec un parent ou un ami :

ὅταν γοῦν ἀπολέσωμεν ἢ ἀδελφὸν ἢ υἱὸν ἢ φίλον ᾧ προσαναπαυόμεθα λέγομεν ἀπολελεῖφθαι ἔρημοι πολλάκις ἐν Ῥώμῃ ὄντες τοσούτου ὄχλου ἡμῖν ἀπαντῶντος καὶ τοσούτων συνοικούντων	*Quand nous perdons un frère, un fils, un ami sur qui nous nous reposons, nous nous disons abandonnés, seuls et sans amis, alors que souvent nous sommes à Rome, rencontrant une foule de gens et habitant avec tant d'autres*[84].

Cette remarque d'Épictète permet de rappeler qu'une interprétation conjugale du verbe συνοικέω en Sg 7,28, bien que son usage biblique renvoie toujours au mariage (Gn 20,3 ; Dt 22,13 ; 2M 1,14 ; Si 25,8), ne s'impose pas non plus[85]. Ces verbes, προσαναπαύσομαι et συνοικέω, dans la ligne d'une évocation de la συμβίωσις avec la Sagesse, peuvent désigner tout simplement une forme de vie en société qui ne soit pas de type conjugal. Les éloges de femmes cultivées, même s'ils sont rares, attestent qu'un certain univers intellectuel échappait à la traditionnelle séparation entre la sphère publique consacrée aux hommes et la sphère privée habituellement réservée aux femmes[86]. Aucune trace d'ailleurs, dans le discours de la Sagesse, des

[83] Épictète, *Entretiens* 1,9,5 ; 2,16,25 ; 4,11,32. Ce sens est important pour ne pas faire de Sg 8,16bc un développement chronologique de Sg 8,16a, mais bien une formulation générale parallèle à Sg 8,9.

[84] Épictète, *Entretiens* 3,13,2 (tr. J. SOUILHÉ ; CUF ; Paris 1950).

[85] Ainsi J. WEBER, *Sagesse*, 265 : « ceux qui habitent avec la Sagesse, comme l'époux avec l'épouse ».

[86] « Les Muses réunissent hommes et femmes dans une même sphère d'activité, alors que leurs rôles traditionnels respectifs sont rigoureusement distincts, comme on le voit dans *l'Économique* de Xénophon, l'un ayant en partage le monde extérieur, l'autre le cercle restreint de la vie domestique. Le domaine des Muses est le seul où ne joue pas cette complémentarité savamment calculée et attribuée à la nature. Reste à savoir si les deux sexes y ont une part

fonctions traditionnelles, biologiques et économiques, de la femme mariée, mais plutôt un écho à la présence féminine dans certains milieux cultivés, comme c'était le cas chez les disciples d'Épicure[87]. Quoi qu'il en soit de l'ampleur culturelle de cette mixité, la présence de femmes, courtisanes ou hétaïres, illustrent que la vie en société avec une femme n'est pas toujours conjugale. Les échanges entre Salomon et la reine de Saba semblent être restés dans cet ordre des choses[88].

Un dernier argument concerne l'expression λάβω αὐτὴν εἰς ἐμαυτόν (Sg 8,18), interprétée comme désignant le fait de prendre une femme. Il se peut en effet qu'elle fasse écho à une expression biblique qui désigne le mariage. Mais il reste surprenant que l'auteur n'utilise jamais le substantif γυνή, habituel et quasi-nécessaire dans la formulation d'origine sémitique[89]. Et comme le notait justement Larcher, c'est le fait de « prendre *pour femme* » qui désigne le mariage[90]. Ce dernier a par ailleurs remarqué l'originalité du εἰς ἐμαυτόν qui signifie non pas « chez moi » mais « pour moi-même, pour moi personnellement ». La comparaison de Sg 8,18 avec la formulation typique de Jg 3,6 montre de fait une différence essentielle entre les deux expressions :

égale, étant entendu que les épigrammes nous renseignent sans doute mal sur la participation effective des femmes à l'activité intellectuelle, mais qu'elles indiquent si cette activité a été généralement admise et jugée digne d'éloge », A.-M. VERILHAC, « L'image de la femme dans les épigrammes funéraires grecques », *La femme dans le monde méditerranéen. I. Antiquité* (Lyon 1985) 88.

87 A.J. VOELKE, *Les rapports avec autrui dans la philosophie grecque, d'Aristote à Panétius* (Paris 1961) 101.

88 Il n'est pas inutile d'évoquer à ce propos l'étude de Gilbert sur le dernier chapitre du livre des Proverbes (Pr 31,10-31), non pour y voir une influence spécifique, mais pour constater que ce chapitre ne peut servir de fondement à une lecture conjugale de Sg 8. Gilbert démontre l'impossible assimilation de la Sagesse à une bonne épouse que le Sage serait invité à choisir, mais la figuration concrète, sous les traits d'une femme, des enseignements de la Sagesse que le Sage est tenu de mettre en pratique.

89 La séquence normale pour désigner le mariage est la suivante : λαμβάνω + ἑαυτοῦ + (εἰς optionnel) γυνή (+accusatif optionnel ou nom de la femme) : Gn 4,19 ; 6,2 ; 11,29 ; 12,19 ; 25,20 ; 28,6 ; 34,21 ; 36,2 ; Ex 6,20 (εἰς) ; Lv 20,14 ; Dt 21,11 ; 22,13 ; 24,1.3.4 ; 25,5 ; 28,30 ; Jg 3,6 (εἰς) ; 14,8 ; Rt 1,4 ; 4,13 ; 1S 25,39 (εἰς) ; 2S 14,2 ; 1R 5,14 ; 2Ch 11,18 ; 13,21 ; Ez 44,22 (εἰς). Quelques rares cas omettent le substantif γυνή : Gn 38,2 ; Ex 2,1 ; Dt 20,7 ; 1R 2,35. Cette formulation peut signifier aussi un enlèvement (Gn 34,2). Pour l'ensemble des références, voir A. TOSATO, *Il matrimonio israelitico,* (AnBib 100 ; Roma 1982) 74-76.

90 A. TOSATO, *Il matrimonio israelitico*, 75, n. 44, parle d'un verbe actif à connotation causative, dans le sens où le verbe « prendre » cause une transformation de la femme en épouse, d'où l'importance de la mention du complément « femme » pour indiquer formellement le mariage. Lorsque le complément n'est pas mentionné, Tosato relève que le verbe « prendre » peut signifier « prendre pour épouse » si le contexte l'indique.

Jg 3,6	Sg 8,18
καὶ ἔλαβον	λάβω
τὰς θυγατέρας αὐτῶν	*αὐτὴν*
ἑαυτοῖς	εἰς ἐμαυτόν
εἰς γυναῖκας	
Ils prirent leurs filles	*Je la pris*
pour eux comme épouses.	*pour moi-même.*

L'absence du complément εἰς γυναῖκα en Sg 8,18 autorise à ne pas interpréter systématiquement le verbe λαμβάνω comme désignant le mariage (comme en Jg 3,6). Dt 30,12, où la construction verbale et le contexte d'errance ou de recherche (comme en Jb 28,20) s'harmonisent avec le contexte conclusif de Sg 8,18, justifie une lecture simple du verbe « prendre ».

Dt 30,12	Sg 8,18
τίς ἀναβήσεται ἡμῖν εἰς τὸν οὐρανὸν	περιῄειν ζητῶν ὅπως
καὶ λήμψεται	λάβω
αὐτὴν	*αὐτὴν*
ἡμῖν	εἰς ἐμαυτόν
Qui montera pour nous au ciel	*J'errais, cherchant comment la*
et la prendra pour nous ?	*prendre pour moi.*

L'auteur insiste en effet sur le moyen (ὅπως) d'obtenir la Sagesse et non sur le fait qu'il va l'épouser. Une fois encore, il n'est pas nécessaire d'avoir recours à la métaphore conjugale pour comprendre le désir du Sage d'obtenir la Sagesse[91]. Sa perspective demeure l'accomplissement d'une tâche politique (Sg 6,20-21), ce que la prière confirmera en rappelant la fonction de la Sagesse (Sg 9,10b-11)[92].

Le contexte sémantique qui dévoile la Sagesse comme « conseillère » du jeune roi éclaire en retour le *topos* de l'*epitêdeuma* que l'on a identifié. L'éloge ne vise pas une épouse parfaite, sa beauté, sa richesse, mais la détermination du Sage à se laisser guider par elle. Si Néron court le risque de devenir un tyran parce qu'il abandonne son maître et son conseiller Sénèque, le Sage mérite un éloge pour la fidélité qu'il manifeste à l'égard de celle qui fut son maître. Mais il faut attendre Sg 8,9, après une parenthèse de questions rhétoriques, pour recueillir la formulation la plus explicite en ce sens :

---

[91] Cf. C. LARCHER, *Le livre de la Sagesse*, II, 550.

[92] « Seule la Sagesse, si elle joue auprès du roi le rôle qu'elle tient auprès de Dieu, lui permettra de *bien* accomplir sa mission », M. GILBERT, « La structure de la prière de Salomon », 330.

ἔκρινα τοίνυν ταύτην ἀγαγέσθαι πρὸς συμβίωσιν εἰδὼς ὅτι ἔσται μοι σύμβουλος ἀγαθῶν καὶ παραίνεσις φροντίδων καὶ λύπης	*Je décidai donc de lui partager ma vie, sachant qu'elle me serait une conseillère pour le bien et un encouragement dans les soucis et la tristesse.*

Au seuil d'une partie du discours où le Sage décrit son avenir, il n'est pas maladroit d'indiquer son attachement à la Sagesse, considérée non comme une épouse parfaite mais comme une nymphe gracieuse, éducatrice bienveillante d'abord, inspiratrice d'actions et de paroles sublimes ensuite.

Qu'en est-il enfin de cette célèbre noblesse (Sg 8,3a) dont personne ne parvient à saisir la signification précise ? Concerne-t-elle la Sagesse, dont l'origine a été si bien montrée (Sg 7,25-26), ou bien le Sage, qui affirme pourtant avoir un père et une mère comme tous les autres (Sg 7,1-2) ? S'agit-il encore d'une vertu en soi telle qu'un Sostrate ou un Iphicrate l'envisageaient[93], ou même de ce qu'Aristote définissait comme étant l'ἀρετὴ γένους (la vertu ou la qualité du genre, de la race ou de l'espèce) ? Je laisserai ce débat ouvert, indiquant seulement les études recueillies par Schuhl sur le Περὶ Εὐγενείας[94], fragments perdus d'Aristote. Elles permettent de considérer l'εὐγένεια comme une manifestation de l'ἀρχή. « La nécessité de garder la vertu de la race correspond à cette qualité particulière de l'ἀρχή dont parle longuement Aristote à la fin du fragment 4 et dans la *Politique*, 1255b3 »[95]. Il se pourrait que l'auteur renvoie à l'expression de Sg 6,22 : ἀρχὴ γενέσεως, pour indiquer une fois encore que la Sagesse, qui apporte « toutes les qualités ensemble » (Sg 7,11), tient son origine de Dieu. Celui qui prenait conscience de ne devoir transmettre que ce qu'il avait reçu (Sg 7,15) reconnaît ici l'excellence de sa lignée, la sienne comme celle de la Sagesse, dont l'origine est Dieu lui-même. La *propositio* (Sg 7,7) ne répondait-elle pas déjà au constat paradoxal et douloureux d'un homme, destiné à être animé d'un souffle de vie mais qui ne respirait que « l'air commun » (Sg 7,3) ? En aimant la Sagesse qui partage la vie de Dieu, le Sage ne retrouve-t-il pas celle dont le souffle fait vivre, recouvrant alors le chemin de son origine divine ?

Pour conclure, l'originalité du topos de l'*epitêdeuma*, situé entre celui de la *paideia* et celui des *praxeis-aretai*, ouvre le cadre interprétatif de

[93] Sostrate aurait dit : ἀπ' ἐμοῦ τὸ γένος ἄρχεται (« Avec moi commence ma lignée ») et Iphicrate, dans le même esprit : ἐγὼ ἄρξω τοῦ γένους (« C'est moi qui commencerai ma lignée »), cf. Stobée, IV,29,14.

[94] P.-M. SCHUHL, *Aristote. De la richesse- de la prière- de la noblesse- du plaisir- de l'éducation* (PUF ; Paris 1968) 81-115.

[95] P.-M. SCHUHL, *Aristote*, 115.

l'expression ταύτην ἐφίλησα. La métaphore conjugale, reconnue au fil du texte, ne peut plus être le seul cadre adéquat pour comprendre la relation du Sage à la Sagesse. Quelques termes essentiels de la seconde isotopie du discours ainsi qu'une brève présentation de l'amitié dite « politique » permettent de saisir la portée d'une pratique hellénistique. L'amitié, cadre nécessaire au bon exercice de l'autorité, concerne aussi bien d'anciens compagnons d'école que le maître lui-même, ce dernier devenant alors conseiller. Surprenante, la Nymphe se présente alors comme une figure possible pour interpréter la fonction de la Sagesse qui, à l'instar d'une Muse bienveillante, tient compagnie au Sage. Éducatrice, elle introduit à la connaissance du monde ainsi qu'à l'usage de la parole afin de permettre un bon exercice de la justice.

B. La royauté (Sg 8,10.13)

« Les espérances humaines, qui tantôt s'élèvent, tantôt s'abaissent, s'en vont ballottées par les flots, s'ouvrant le chemin sur une mer d'illusions vaines »[96].

La pratique encomiastique, devenant une saine habitude à l'époque impériale, visait à stimuler l'exercice des vertus. Si l'homme était célèbre, on insistait sur ses actions, persuadant ainsi l'auditoire de les imiter. Si l'homme était encore jeune, l'insistance se faisait alors sur l'éducation et le choix de vie. Les actions n'étaient pas oubliées pour autant, leur présentation au futur confirmant la qualité d'une vie pleine de promesses. « Belle en effet est la récompense et grande l'espérance »[97], pour reprendre les mots de Platon.

Il est assez clair que le discours du livre de la Sagesse, où le *topos* des *praxeis-aretai* est traité au futur, ne reflète pas une vie réalisée mais une espérance. La série emphatique des quatre questions rhétoriques (Sg 8,5-8), sur laquelle on ne s'attardera pas, introduit en réalité l'énoncé de ce *topos* sous le signe d'une attente. À l'interrogation qu'un homme comme Jean-Baptiste suscite : « que sera cet enfant ? » (Lc 1,66), le Sage ose répondre.

Cette perspective invite à s'interroger sur la nature de sa temporalité. L'auteur vise-t-il ici une simple prospective historique ou mondaine, énonçant au passage, peut-être maladroitement, l'immortalité à laquelle il aspire ? Ou bien, entend-il proposer un idéal dont il serait naïf d'envisager la réalisation ? Avant de poursuivre le travail sur ce point par l'analyse de Sg 8,10.13 et plus

---

[96] Αἵ γε μὲν ἀνδρῶν πόλλ' ἄνω τὰ δ' αὖ κάτω ψεύδη μεταμώνια τάμνοισαι κυλίνδοντ' ἐλπίδες, Pindare, *Olympiques* 12,6 (tr. A. PUECH ; CUF ; Paris 1949).

[97] Καλὸν γάρ τὸ ἆθλον καὶ ἡ ἐλπὶς μεγάλη, Platon, *Phédon* 114C8.

spécifiquement du terme ἀθανασία (Sg 8,13), quelques éléments méritent d'être rappelés.

1. La mort en question

Aucune étude spécifique de ces versets (Sg 8,9-16) n'a encore vu le jour et la problématique de la vie future du Sage ne fait l'objet d'aucun débat précis. Quant aux commentaires du livre, ils sont particulièrement succincts sur le sujet[98]. L'accord est à peu près unanime pour reconnaître que la gloire dont il est question en Sg 8,10 est équivalente à l'honneur qui lui est parallèle, et que l'immortalité en Sg 8,13 ne peut être une immortalité personnelle de l'âme.

Heinisch et Goodrick rappellent une tradition rapportée par Flavius Josèphe (*Ant.* VIII,211) selon laquelle Salomon devait être monté sur le trône à l'âge de quatorze ans. Il s'agirait d'un tout jeune roi, à peine monté sur le trône, conscient qu'il ne peut gouverner le peuple sans un don spécifique de Dieu : la prudence et la sagesse. La description des gestes du roi peut être rapportée à l'épisode du jugement de Salomon, dont il est opportun de dire qu'il devint un titre de gloire (1R 3,16-28). Seul Alonso Schökel s'étonne de ce qu'un trait davidique (Sg 8,15b) perce dans la description du roi pacifique. En effet, la caractéristique de David est bien d'avoir combattu, celle de Salomon d'avoir construit un temple. Or, il faut attendre la prière (Sg 9,8) pour retrouver une allusion à la construction du temple.

Aux traits de ces personnages bibliques s'ajoutent quelques caractéristiques d'une figure hellénique. Héraclès, par opposition à son rival Tantale[99], était devenu l'emblème du héros qui choisit la vie laborieuse de la vertu plutôt que la vie facile qu'accompagne le vice. Ainsi le trouve-t-on à l'écoute de la vertu, dans ce passage de Xénophon, *Mémorables* II,1,30-32, dont Grimm, Goodrick, Fichtner, Weber ou Scarpat discutent de l'influence chez l'auteur :

τὰ μὲν ἡδέα ἐν τῇ νεότητι διαδραμόντες τὰ δὲ χαλεπὰ εἰς τὸ γῆρας ἀποθέμενοι	*Ceux qui courent aux choses plaisantes dans la jeunesse se réservent les difficiles dans la vieillesse.*

---

[98] Sg 8,14-15 ne reçoit aucun éclaircissement dans les commentaires de D. WINSTON et de A. SCHMITT. La section Sg 8,10-16 est simplement paraphrasée par J. WEBER. Sg 8,13-15 ne suggère à L. ALONSO SCHÖKEL qu'une remarque : il y voit un septénaire de la vie publique. C. LARCHER et G. SCARPAT, les seuls à fournir de nombreuses informations philologiques, n'explicitent ni la cohérence du discours ni son rapport au reste du livre.

[99] Cf. Isocrate, *Démonicos* 50.

ἐγὼ δὲ σύνειμι μὲν θεοῖς σύνειμι δὲ ἀνθρώποις τοῖς ἀγαθοῖς ἔργον δὲ καλὸν οὔτε θεῖον οὔτ' ἀνθρώπειον χωρὶς ἐμοῦ γίγνεται

Mais moi, je fréquente aussi bien les dieux que les hommes vertueux. Aucune belle action, qu'elle soit divine ou humaine, ne se fait sans moi[100].

Il y a là un motif traditionnel, celui de « Dame vertu » s'escrimant à convaincre Héraclès de la suivre plutôt que de s'adonner au vice. Ce genre de choix emblématique, peut-être présent en Pr 9,5.17[101], n'apparaît en aucune manière dans le discours du Sage. Si une double voie est perceptible à l'échelle du livre, entre le discours des impies en Sg 2 et celui du Sage en Sg 7–8, il n'est de toute manière pas question, en Sg 8,9-16, de la dialectique du travail et du repos, comme il semble bien que ce soit le cas chez Xénophon. Ce dernier commente ainsi cet autre passage d'Hésiode :

τὴν μέν τοι κακότητα καὶ ἰλαδὸν ἔστιν ἑλέσθαι ῥηιδίως λείη μὲν ὁδός μάλα δ' ἐγγύθι ναίει
τῆς δ' ἀρετῆς ἱδρῶτα θεοὶ προπάροιθεν ἔθηκαν ἀθάνατοι μακρὸς δὲ καὶ ὄρθιος οἶμος ἐς αὐτὴν καὶ τρηχὺς τὸ πρῶτον ἐπὴν δ' εἰς ἄκρον ἵκηται ῥηιδίη δὴ ἔπειτα πέλει χαλεπή περ ἐοῦσα

Des vices, on en prend abondamment et facilement. Le chemin est aplani et se trouve à portée de main.
Mais devant la vertu, les dieux immortels ont placé la sueur. Long, ardu est le sentier qui y mène, et âpre tout d'abord. Mais le sommet une fois atteint, il devient facile bien qu'il soit difficile[102].

En Sg 8,18, la mention des efforts déployés apparaît bien, mais concerne la Sagesse et non le Sage. Sans exclure tout recours à cette version de la figure mythique d'Héraclès, je préfère celle que Lucien rapporte et qu'il considère comme étant l'opinion des Celtes :

τὸ δ' ὅλον καὶ αὐτὸν ἡμεῖς τὸν Ἡρακλέα λόγῳ τὰ πάντα ἡγούμεθα ἐξεργάσασθαι σοφὸν γενόμενον καὶ πειθοῖ τὰ πλεῖστα βιάσασθαι καὶ τά γε βέλη αὐτοῦ οἱ λόγοι εἰσίν οἶμαι ὀξεῖς καὶ εὔστοχοι καὶ ταχεῖς καὶ τὰς ψυχὰς τιτρώσκοντες

Nous pensons qu'en somme, Héraclès devenu sage accomplissait toutes choses par la parole, utilisant le plus souvent la force de la persuasion. Ses traits, ce sont ses paroles, je pense, qui sont aiguës, touchant leur but et rapides, pénétrant les âmes[103].

---

[100] Xénophon, *Mémorables* II,1,32.
[101] Cf. Philon, *Plant.* 37-45.
[102] Hésiode, *Les travaux et les jours* 287-292.
[103] Lucien, *Héraclès* 6.

La même insistance sur l'éloquence, que l'étude de la première partie de l'éloge du Sage (Sg 7,1-23) a explicité, revient en Sg 8,12. Et Larcher de dire : « Le texte insiste sur le don de l'éloquence, octroyé également par la Sagesse »[104]. Cela dit, il n'est pas impossible que l'auteur ait en mémoire ce passage des *Mémorables* et que la réminiscence d'une telle formulation soit sous-jacente à Sg 8,10b :

καὶ οἱ μὲν νέοι τοῖς τῶν πρεσβυτέρων ἐπαίνοις χαίρουσιν οἱ δὲ γεραίτεροι ταῖς τῶν νέων τιμαῖς ἀγάλλονται	*Les jeunes trouvent leur joie dans les louanges des anciens et les anciens sont heureux des honneurs reçus des plus jeunes*[105].

Il est également probable que le terme ὄχλος ait le sens « d'assemblée populaire », sens qu'il reçoit chez Xénophon[106].

Une autre figure héroïque chère aux Grecs, celle d'Agamemnon, semble plus appropriée au contexte du discours. De fait, il n'est pas question ici de l'alternative entre deux voies, mais d'un être accompli semblable à « Agamemnon, à la fois noble prince et robuste guerrier »[107]. Cette expression, en sa brièveté poétique qui fait d'elle la plus belle d'Homère, selon une tradition rapportée par Plutarque (*La fortune d'Alexandre* 331c), offre un point de départ traditionnel pour forger la description d'un chef. Alexandre le Grand, qui lui-même voulait imiter Agamemnon, est un autre personnage ayant marqué la mémoire collective. Il servait également de modèle pour établir un idéal d'homme de pouvoir. J'ajoute volontiers le portrait, proposé par Plutarque, d'Aristide le Juste qui, au temps de Thémistocle, restait l'emblème de l'homme qui persuade plus qu'il ne s'impose par la force, qui établit la justice et la prospérité plus qu'il ne l'affaiblit.

Enfin, non plus du côté du Sage mais de la Sagesse, le don de la gloire et de l'immortalité suggère à Winston et Georgi une référence à la déesse égyptienne hellénisée Isis, déesse de l'immortalité selon ce qu'en rapporte une arétalogie[108].

---

[104] C. LARCHER, *Le livre de la Sagesse*, II, 540.

[105] Xénophon, *Mémorables* II,1,33.

[106] *Mémorables* III,7,5. Cf. C.L.W. GRIMM, C. LARCHER, G. SCARPAT. Ce même sens apparaît aussi chez Platon, *Gorgias* 454E.

[107] Ἀγαμέμνων ἀμφότερον βασιλεύς τ' ἀγαθὸς κρατερός τ' αἰχμητής, Homère, *Iliade* 3,179.

[108] Cf. *P.Oxy.* 1380,243.

C'est à l'aune de l'axe conjugal, qui a résolument marqué l'interprétation de Sg 8,2-16, que se déploie dans ces mêmes versets la distinction entre la vie publique (Sg 8,10-15) et la vie privée (Sg 8,16), alors mise en relief (Cornely, Larcher, Alonso Schökel, Sisti). Il convient cependant, comme je viens de le démontrer, de tenir compte de la dimension politique de l'amitié qui unit le Sage à la Sagesse, amitié qui s'enracine dans l'éducation et qui se déploie dans l'art de gouverner. La distinction entre vie privée et vie publique, autre façon de distinguer entre la vie domestique et la vie politique, ne rend pas compte du fait que le Sage, qu'il soit devant l'assemblée du peuple, au milieu des Anciens ou seul avec la Sagesse, garde sa fonction royale. Écartant l'opposition entre la vie privée et la vie publique, je choisis de distinguer entre les affaires politiques qui demeurent cachées et celles qui sont rendues publiques.

Les auteurs sont unanimes à reconnaître en ces versets la description de « l'espérance » du Sage ; mais cette unanimité est moins claire lorsqu'il s'agit d'en déterminer la temporalité. La description vise-t-elle une réalisation semblable à celle qui conduisit Alexandre le Grand à la gloire ? Ne serait-elle pas plutôt une orientation idéale qu'il serait absurde de vouloir réaliser comme telle ? Le sort de Salomon tel que le Livre des Rois le rapporte (1R 11,1-13) n'accentue-t-il pas l'écart entre une réalité connue et un idéal attendu ? La mention de l'immortalité, dont on ne voit pas immédiatement la portée entre Sg 8,12 et Sg 8,14, suscite par ailleurs une objection concernant la description de l'homme qui étonne les puissants (Sg 8,11). Il aurait été plus simple d'enchaîner la description de Sg 8,11-12.14-16a et de reléguer le v. 13 à la fin. Il semble que Larcher soit le seul à avoir énoncé la difficulté en termes précis : « Le problème posé par le texte est celui de savoir s'il se limite au règne historique de Salomon ou s'il contient un élargissement messianique »[109]. Certes, il est possible de réduire l'immortalité à son terme parallèle, c'est-à-dire au souvenir que le Sage laisse aux générations qui suivent, et de ne voir en ces versets que la description univoque d'une carrière souhaitée. Conti, le plus précis dans cette optique, s'efforce de distinguer les plans personnel, social, politique et familial, alors que Scarpat identifie plus simplement la description d'un sage en Sg 8,10-13 et d'un roi en Sg 8,14.

La principale difficulté sur laquelle je souhaite revenir dans le cadre de cette étude concerne la frontière entre la vie et la mort. L'auteur considère-t-il ce qu'il est usuel d'appeler « la mort » comme l'événement qui circonscrit sa vie future ? Ou bien, son espérance et sa description font-elles volontairement fi de cette limite de la vie, limite improprement qualifiée de

---

[109] C. LARCHER, *Le livre de la Sagesse*, II, 541.

« naturelle » ? Cette problématique entraîne deux autres questions concernant la cohérence du discours et du livre. Est-il si évident que l'auteur fasse une telle distinction entre l'immortalité comme mémoire (Sg 8,13) et l'immortalité comme survie de l'âme (Sg 8,17) ? N'y a-t-il pas une relation voulue entre l'immortalité du Sage en Sg 8,13 et l'immortalité du Juste en Sg 3,4 ? Ces questions peuvent se résumer en une seule et unique interrogation : la description que le Sage fait de son avenir est-elle recevable dans les limites d'un monde perceptible par les sens, celui qu'évoque Larcher en rappelant l'institution par Auguste du conseil des Anciens d'Alexandrie pour administrer la ville[110] ? Il semble que les mots et leur disposition constituent suffisamment d'indices pour ne pas faire de ce *topos* la description d'une espérance où l'horizon d'une mort perceptible est un critère limitatif. Elle porterait une orientation eschatologique aux couleurs messianiques, en écho à la première partie du livre (Sg 1–6) qui présente de son côté certains traits apocalyptiques (Sg 3,7-8 et 5,15-23). Outre le fait de rendre tangible, une fois encore, la profonde unité du livre, il faudra préciser les contours de l'espérance qui s'y trouve engagée.

Pour justifier une interprétation eschatologique de Sg 8,10.13, il convient de rappeler l'importance de la structure littéraire. Sans reprendre en détail les indices structurels (parallélismes explicites, formes grammaticales, champs sémantiques) qui justifient une telle disposition, j'introduis un troisième niveau[111] que le tableau ci-dessous permet d'identifier :

	1. Qualités de la vie commune avec la Sagesse	*2. Dons accordés par la Sagesse*	*3. Description de l'action du Sage*
A. Soucis et tristesse	Sg 8,9 συμβίωσις σύμβουλος ἀγαθῶν παραίνεσις φροντίδων καὶ λύπης		

[110] C. LARCHER, *Le livre de la Sagesse*, II, 538.

[111] « Comprendre un récit, ce n'est pas seulement suivre le dévidement de l'histoire, c'est aussi y reconnaître des "étages", projeter les enchaînements horizontaux du "fil" narratif sur un axe implicitement vertical ; lire (écouter) un récit, ce n'est pas seulement passer d'un mot à l'autre, c'est aussi passer d'un niveau à l'autre », R. BARTHES, *L'aventure sémiologique*, 174. Ce passage est tiré de « l'introduction à l'analyse structurale des récits », publiée la première fois dans *Poétique du récit* (Paris 1977). R. BARTHES y met en valeur la prise en compte nécessaire des niveaux narratifs. Sg 8,9-16 apparaît comme une illustration de la fécondité de cette approche puisque celle-ci permet d'expliciter la cohérence narrative du texte.

B. *La gloire et l'honneur*		Sg 8,10 ἕξω δι' αὐτὴν δόξαν καὶ τιμήν	
La justice *Parole et silence*			Sg 8,11-12 κρίσις σιγάω φθέγγω λαλέω
B'. *L'immortalité et le souvenir*		Sg 8,13 ἕξω δι'αὐτὴν ἀθανασίαν καὶ μνήμην αἰώνιον	
La domination *Guerre et repos*			Sg 8,14-16a διοικέω ὑποτάσσω ἀγαθός ἀνδρεῖος προσαναπαύομαι
A' ***Allégresse et joie***	Sg 8,16 συναναστροφή συμβίωσις εὐφροσύνη καὶ χαρά		

La première colonne (A1-A'1) renvoie au développement sur l'amitié en Sg 8,2-4. La relation avec la Sagesse, dont la nature politique n'exclut pas la métaphore conjugale pour en exprimer la force, apporte au Sage conseils et joie. Ces dons qualifient spécifiquement la relation entre le Sage et la Sagesse et ne peuvent exister en dehors de cette relation.

En revanche, les dons énoncés en Sg 8,10.13 – rapportés dans la deuxième colonne (B2-B'2) – , dont la Sagesse semble la cause ou l'origine, ne concernent pas la relation du Sage avec la Sagesse en tant que telle, mais son être propre. Dit autrement, gloire, honneur, immortalité et souvenir éternel s'attachent à la personne du Sage sans que la question se pose de savoir s'ils sont un bien propre de celle par qui ils arrivent. Ces dons sont pour le Sage « comme la conséquence » d'un choix et d'un mode d'action, aisément perceptibles par la description qui suit.

L'action du Sage, que je présente dans la troisième colonne (B3-B'3), est caractérisée par un florilège de qualités aussi bien royales que sapientiales. Elle invite à « se représenter » l'homme qui juge (Sg 8,11a), qui se montre (Sg 8,11b) ou se retire (Sg 8,16a), qui parle (Sg 8,12b) ou se tait (Sg 8,12a), qui gouverne (Sg 8,14a) et soumet (Sg 8,14b), bref, un prince dont l'éloquence politique aussi bien que le courage et la bonté (Sg 8,15b) sont exceptionnels. Dans cette description fortement cohérente et fluide qui, en dépit de sa simplicité, mériterait une étude à part entière[112], Sg 8,13 fait figure de trouble-fête. Une logique simplement historique inviterait en effet à déplacer ce verset isolé au terme de la description, qui ne perdrait d'ailleurs rien de son équilibre structurel. Ce choix littéraire, à défaut d'être maladroit, implique plutôt une réflexion sur le rapport entre le temps et l'éternité, sur la condition mortelle et l'immortalité, sur la volonté de l'auteur de sortir d'une vision de l'histoire où l'éternité succéderait au temps, comme si la vie *post mortem* ne pouvait être qu'en fonction de la mort. Ainsi, dans le cadre de sa relation avec la Sagesse (Sg 8,9-16bc), l'auteur envisage certes son avenir, mais il convient de réfléchir, à partir du parallélisme entre Sg 8,10 et 8,13, à la nature même de cette temporalité.

2. Gloire et immortalité

Weisengoff illustre l'interprétation généralement admise d'ἀθανασία en Sg 8,13[113], différente de celle retenue en Sg 3,4 et Sg 15,3 où il s'agit d'une vie bienheureuse auprès de Dieu : « ἀθανασία est utilisé deux fois dans le sens de renommée et de postérité »[114]. Cette option suppose que le parallélisme entre ἀθανασία et μνήμη αἰώνιος soit de synonymie absolue, ce qu'il n'est pas nécessairement. Il peut être en effet complémentaire ou emphatique. Si l'auteur parle ainsi de l'immortalité et du souvenir éternel, il se peut justement que le terme « immortalité » désigne autre chose que la simple mémoire que les hommes gardent habituellement de l'un des leurs. De même, concernant Sg 8,10, si la gloire peut être équivalente à l'honneur rendu

---

[112] Pour le détail de l'analyse sémantique, je renvoie aux commentaires très précis de C. LARCHER et de G. SCARPAT.

[113] « À cause du parallélisme, on doit admettre que l'immortalité n'est point ici [Sg 8,13] celle qui constitue le bonheur des justes dans l'au-delà. Tous les commentateurs, même Grimm, sont de cet avis [...] Plusieurs auteurs, par exemple Heinisch, Weber, croient que le Sage ne pense pas ici [Sg 8,17] à la véritable immortalité, mais seulement à une survivance dans la mémoire des hommes. Deane et Cornely par contre donnent à ce verset une interprétation eschatologique, tandis que Grimm admet les deux », R. SCHÜTZ, *Les idées eschatologiques du livre de la Sagesse* (Paris 1935) 69. À propos de Sg 8,13, je rappelle l'explication de R. CORNELY, *Commentarius in librum Sapientiae. Opus postumum ed. F. Zorell. Cursus Scripturae Sacrae*, II,18 (Paris 1910) 319 : « Neque enim nomine ἀθανασίας hic beatam animi immortalitatem, sive solam sive cum nominis immortalitate coniunctam intelligi, contextus quum proximus docet, quandoquidem prior stichus altero quodammodo exponitur, tum remotior, quia in toto hoc loco non de praemio agitur, quod sapientiae studiosis in altera vita est reservatum, sed de donis, quae Sapientia suis amicis hac in terra affert ».

[114] J.P. WEISENGOFF, « Death and Immortality in the Book of Wisdom », *CBQ* 3 (1941) 130.

au roi, il n'est pas interdit de penser qu'elle est autre chose, surtout lorsque le mot « gloire » revient avec un sens spécifique dans le même discours[115]. Il est dès lors nécessaire, étant donnée l'importance de Sg 8,13 pour l'ensemble de cette péricope, de réévaluer, à la lumière d'un contexte littéraire plus large, le sens du terme ἀθανασία en cet endroit du livre.

L'analyse du vocabulaire choisi en Sg 8,10.13 permet d'identifier une forte unité de signification. Deux doublets se présentent ainsi en parallèle :

δόξα - τιμή
ἀθανασία - μνήμη αἰώνιος

De ces quatre termes, δόξα est le seul à être très usuel, avec un vaste champ de significations[116]. Les concordances, qu'elles soient bibliques ou d'auteurs spécifiques, comme Platon, Isocrate, ou encore Philon et Josèphe, le montrent sans difficulté. L'association de δόξα avec τιμή n'est propre ni au Livre de la Sagesse ni à la Bible elle-même, contrairement à celle des deux autres termes (ἀθανασία et μνήμη) qui ne se trouve qu'ici. Ainsi en 2Ch 32,33 :

καὶ δόξαν καὶ τιμὴν ἔδωκαν αὐτῷ ἐν τῷ θανάτῳ αὐτοῦ πᾶς Ιουδα	*Toute la Judée lui rendit à sa mort la gloire et l'honneur.*

Le contexte royal caractérise l'usage biblique de cet hendiadys[117] qui, exceptionnellement, se retrouve dans un contexte sacerdotal en Ex 28,2 :

καὶ ποιήσεις στολὴν ἁγίαν Ααρων τῷ ἀδελφῷ σου εἰς τιμὴν καὶ δόξαν	*Tu feras pour Aaron ton frère une tunique sainte qui lui sera honneur et gloire.*

Enfin, on ne peut oublier que cet hendiadys qualifie la manifestation de Dieu au Ps 28,1 ou 95,7[118]. Il est utilisé surtout en référence au trône royal, que ce soit de Dieu ou de l'homme. On en retrouve l'usage aussi bien chez Philon (*Abr.* 184 ; *Virt.* 166) que chez Flavius Josèphe (*Ant.* II,268 ; VI,200) dont il convient de rappeler ce passage à propos du prophète Daniel :

---

[115] Le substantif apparaît en Sg 7,25 et le verbe correspondant en Sg 8,3.

[116] Pour la signification exclusivement religieuse de ce terme dans l'ensemble du Livre de la Sagesse, cf. F. RAURELL, « The religious Meaning of Doxa », *La Sagesse de l'Ancien Testament* (éd. M. GILBERT) 370-383.

[117] 1M 14,21 ; 2M 4,15 ; 5,16 ; Ps 8,6 ; Dn 2,37 ; 1Tm 1,17 ; 1P 1,7.

[118] Cf. Jb 37,22 ; Ap 4,9.

παρὰ τὸν τῆς ζωῆς χρόνον τιμή τε καὶ δόξα ἡ παρὰ τῶν βασιλέων καὶ τοῦ πλήθους καὶ τελευτήσας δὲ μνήμην αἰώνιον ἔχει	*Il reçut, de la part des rois et des peuples, l'honneur et la gloire pendant sa vie ; et lorsqu'il mourut, il suscita un souvenir éternel*[119].

L'intérêt de l'expression du Ps 111,6 a été perçu par l'ensemble des commentaires :

εἰς τὸν αἰῶνα οὐ σαλευθήσεται εἰς μνημόσυνον αἰώνιον ἔσται δίκαιος	*Pour toujours il ne chancellera pas, le juste aura un mémorial éternel.*

Il est question de la stabilité du juste, stabilité dont il est important de comprendre qu'elle transcende le cours perceptible des événements. Le parallélisme complémentaire de ce verset pourrait ainsi éclairer celui de Sg 8,13, l'immortalité étant l'équivalent d'« une stabilité pour toujours » et non d'un simple souvenir. Il n'est pas question ici de préciser de quelle nature est cette stabilité, mais de reconnaître qu'une immortalité s'attache à la personne même du Sage, et qu'elle est irréductible à la mémoire que l'on peut avoir de celui-ci.

À la lumière de cet usage, on ne peut qu'être frappé par l'unité d'une même thématique qui met en relation la gloire et les honneurs sur la terre avec le souvenir impérissable après la mort. L'absence du terme ἀθανασία dans le passage de Josèphe, qui a tendance à écarter toute allusion théologique dans ses commentaires d'historien, ne surprend pas et renforce l'intuition quant à la portée eschatologique d'un tel mot, dont il est difficile de restreindre la signification au seul souvenir. Il est enfin intéressant de relever que l'auteur, contrairement à Josèphe, ne fait aucune allusion à la mort du Sage. La mention de cet hendiadys dans le *Livre éthiopien d'Hénoch* (1Hén 5,1 ; 14,16 ; 98,3 ; 99,1) concerne les impies qui n'obtiendront ni la gloire ni l'immortalité.

La Seconde Sophistique ne l'ignore pas non plus, puisqu'on le retrouve dans le rêve de Lucien, qui renoncera à sculpter pour entrer dans l'univers des gens cultivés :

ὃ δὲ λέγουσιν ὡς ἄρα καὶ ἀθάνατοι γίγνονταί τινες ἐξ ἀνθρώπων [...]	*12. Ils disent que certains hommes deviennent immortels [...]*

[119] Flavius Josèphe, *Ant.* X,266.

ʼΑφεὶς δὲ αὖ τοὺς τηλικούτους καὶ τοιούτους ἄνδρας καὶ πράξεις λαμπρὰς καὶ λόγους σεμνοὺς καὶ σχῆμα εὐπρεπὲς καὶ τιμὴν καὶ δόξαν καὶ ἔπαινον καὶ προεδρίας καὶ δύναμιν καὶ ἀρχὰς καὶ τὸ ἐπὶ λόγοις εὐδοκιμεῖν καὶ τὸ ἐπὶ συνέσει εὐδαιμονίζεσθαι χιτώνιόν τι πιναρὸν ἐνδύσῃ καὶ σχῆμα δουλοπρεπὲς ἀναλήψῃ

13. Mais si tu abandonnes des hommes aussi grands, leurs actions éclatantes, leurs paroles augustes, leur agréable prestance, l'honneur, la gloire, la louange, les premières places, le pouvoir, l'autorité, la considération pour la parole et la bienveillance pour l'intelligence, tu seras vêtu d'une tunique crasseuse et tu recevras l'apparence d'un esclave[120].

Que l'auteur du Livre de la Sagesse associe ainsi la gloire en ce monde et la gloire posthume ne fait pas de doute, mais que cette gloire puisse être analogue à celle dont les impies se targuent en ce monde et qui passe avec la mort est difficilement compréhensible dans le contexte du discours et du livre. Certes, la gloire a bien partie liée avec la royauté, mais de quelle gloire s'agit-il ?

D'abord, « la gloire » qui jalonne le Livre de la Sagesse n'est pas univoque. Il y a bien celle des impies qui modèlent du faux (Sg 15,9) et celle qui concerne Dieu lui-même (Sg 7,25 ; 9,10) ou un juste, comme Joseph qui domine l'Egypte (Sg 10,14), ou encore le vêtement du prêtre Aaron (Sg 18,24). La gloire, dans le contexte de Sg 8,10, se rapporterait assez logiquement à celle de Joseph, qui se trouve qualifiée, à l'instar du souvenir selon Sg 8,13, d'éternelle (αἰώνιος)[121]. Serait-il donc légitime de parler de la gloire du Sage, laquelle ne serait pas d'ordre éternel et qui, d'une certaine façon, rejoindrait celle des impies ? Ou bien, faut-il envisager une gloire « intermédiaire », qui ne soit ni seulement mondaine ni seulement éternelle ? Toujours est-il que le vocabulaire en Sg 8,10 et Sg 8,13 ne désigne peut-être pas des réalités aussi distinctes qu'il paraît.

Quelques emplois de δόξα ou de τιμή dans la littérature grecque rendent plus évidente cette perspective. Il est d'abord important de constater que la mort avec les honneurs vaut mieux qu'une vie sans gloire. Ce long passage de Lysias est éloquent et plonge dans un contexte littéraire nécessaire à l'intelligence de Sg 8,10.13.

---

120 Lucien, *Le rêve ou la carrière de Lucien* 12-13. Cf. aussi Diogène Laërce, *Pythagore* 8,4 ; *Épicure* 10,124 ; Dion de Pruse, 4,116 ; Stobée IV,53,3,7.

121 Cet adjectif montrerait une réalité « non conditionnée par la succession des temps », cf. L. MAZZINGHI, *Notte di paura e di luce*, 13.

79 ὥστε προσήκει τούτους εὐδαιμονεστάτους ἡγεῖσθαι οἵτινες ὑπὲρ μεγίστων καὶ καλλίστων κινδυνεύσαντες οὕτω τὸν βίον ἐτελεύτησαν οὐκ ἐπιτρέψαντες περὶ αὑτῶν τῇ τύχῃ οὐδ' ἀναμείναντες τὸν αὐτόματον θάνατον ἀλλ' ἐκλεξάμενοι τὸν κάλλιστον
καὶ γάρ τοι ἀγήρατοι μὲν αὐτῶν αἱ μνῆμαι ζηλωταὶ δὲ ὑπὸ πάντων ἀνθρώπων αἱ τιμαί

79. Aussi faut-il considérer ces hommes comme ayant le sort le plus heureux, eux qui ont combattu pour les choses les plus grandes et les plus belles et qui, de cette façon, ont achevé leur vie, ne s'abandonnant pas au destin et n'attendant pas une mort naturelle, mais choisissant la plus belle des morts. Leurs souvenirs ne vieillissent pas et leurs honneurs sont enviés de tous les hommes.

80 οἳ πενθοῦνται μὲν διὰ τὴν φύσιν ὡς θνητοί ὑμνοῦνται δὲ ὡς ἀθάνατοι διὰ τὴν ἀρετήν καὶ γάρ τοι θάπτονται δημοσίᾳ καὶ ἀγῶνες τίθενται ἐπ' αὐτοῖς ῥώμης καὶ σοφίας καὶ πλούτου ὡς ἀξίους ὄντας τοὺς ἐν τῷ πολέμῳ τετελευτηκότας ταῖς αὐταῖς τιμαῖς καὶ τοὺς ἀθανάτους τιμᾶσθαι

80. Ils sont pleurés, selon la nature, comme mortels, mais loués, selon la vertu, comme immortels. Ils font l'objet de funérailles publiques et l'on fait pour eux des concours de force, de sagesse et de richesse, eux qui sont devenus dignes, étant morts au combat, des honneurs rendus aux immortels.

81 ἐγὼ μὲν οὖν αὐτοὺς καὶ μακαρίζω τοῦ θανάτου καὶ ζηλῶ καὶ μόνοις τούτοις ἀνθρώπων οἶμαι κρεῖττον εἶναι γενέσθαι οἵτινες ἐπειδὴ θνητῶν σωμάτων ἔτυχον ἀθάνατον μνήμην διὰ τὴν ἀρετὴν αυτῶν κατέλιπον

81. Quant à moi, je les reconnais donc heureux et envie leur mort. Je ne considère meilleur de naître que pour ces hommes qui, ayant en partage un corps mortel, ont laissé, par leur vertu, un souvenir immortel[122].

Dans cette perspective typiquement grecque, la mort est enviable et demeure un point de discernement du bonheur : il vaut mieux bien mourir que mal vivre. On retrouve une trace de cette unité sémantique sur une stèle funéraire où ces mots πρὸς δόξαν καὶ μνήμην αἰώνιον apparaissent[123]. Cet autre passage de Bacchylide atteste l'étroite connexion entre la gloire et la renommée posthume.

ἐκ τοῦ παρ]ὰ βωμὸν ἀριστάρχου Διός
Νίκας] φ[ε]ρ[ε]κυδέος ἀν-
στεφθε]ῖσιν ἄ[ν]θεα
χρυσέ]αν δόξαν πολύφαντον ἐν αἰ-

Près de l'autel de Zeus, le plus noble
des rois, les fleurs de la Victoire
porteuse de gloire
font croître à jamais dans la durée,

---

[122] Lysias, *Oraison funèbre en l'honneur des soldats qui allèrent au secours des Corinthiens* 2,79-81 ; cf. Plutarque, *Étiologies romaines* 266f.

[123] W. DITTENBERGER, *Orientis Graeci Inscriptiones Selectae I-II* (1903-05) 438,13.

ὧνι] τρέφει παύροις βροτῶν
α]ἰιεί καὶ ὅταν θανάτοιο
κυάνεον νέφος καλύψηι λείπεται
ἀθάνατον κλέος εὖ ἐρ-
χθέντος ἀσφαλεῖ σὺν αἴσαι
τῶν κα[ὶ σ]ὺ τυχὼν Νεμέαι

pour un petit nombre d'hommes,
l'or d'une insigne gloire.
Et quand le sombre nuage de la mort
les recouvre, ils laissent derrière eux
l'immortelle renommée de leurs exploits, avec un sûr destin[124].

L'univers de la gloire et du souvenir est en réalité très proche de celui de l'immortalité et de la divinisation[125], aussi bien chez les orateurs que chez les philosophes. Il est ainsi éclairant de comparer l'immortalité qui habite l'âme de Socrate, pour qui la mort n'est qu'une libération vers une contemplation plus parfaite des idées, à celle qui entoure les grands hommes, pour qui l'honneur des cités demeure le lieu d'une vie éternelle. Ainsi Isocrate s'exprime-t-il à leur propos :

καὶ γὰρ οἱ πρόγονοι τοιούτους αὑτοὺς παρασχόντες τήν τε πόλιν εὐδαιμονεστάτην τοῖς ἐπιγιγνομένοις παρέδοσαν καὶ τῆς αὑτῶν ἀρετῆς ἀθάνατον τὴν μνήμην κατέλιπον

Les ancêtres, s'étant montrés ainsi, ont transmis à leurs héritiers la ville au sort le plus heureux ; ils ont laissé de leur vertu un immortel souvenir [126].

---

124 Bacchylide, *Épinicie* XIII,22 (tr. J. DUCHEMIN – L. BARDOLET ; CUF ; Paris 1993). La mention de ce lieu commun, qu'il vaut mieux mourir sous le signe de la gloire que de vivre sans noblesse, se retrouve chez Josèphe, (*Bell.* I,650 ; *Ant.* VI,343 ; XII,282). Plutarque, *Périclès* 8,9, reconnaît quant à lui que l'immortalité et les honneurs s'attachent non seulement aux dieux, mais à ceux qui sont morts pour la patrie.

125 « Immortalità va intesa come somma delle cose immortali, cioè divine », G. SCARPAT, *Sapienza* I, 218.

126 Isocrate, *Paix* 94 ; cf. *Panégyrique* 84 ; *À Nicoclès (II)* 37 ; *Évagoras* 3 ; *Philippe* 134 ; *Panathénaïque* 260. J'ajoute cette formulation de Thucydide, II,43,2-3 (tr. J. DE ROMILLY ; CUF ; Paris 1962) :

κοινῇ γὰρ τὰ σώματα διδόντες ἰδίᾳ τὸν ἀγήρων ἔπαινον ἐλάμβανον καὶ τὸν τάφον ἐπισημότατον οὐκ ἐν ᾧ κεῖνται μᾶλλον ἀλλ' ἐν ᾧ ἡ δόξα αὐτῶν παρὰ τῷ ἐντυχόντι αἰεὶ καὶ λόγου καὶ ἔργου καιρῷ αἰείμνηστος καταλείπεται

2. En donnant leur corps à la communauté, ils recevaient pour eux-mêmes l'éloge inaltérable et une sépulture qui est la plus insigne : elle n'est pas tant là où ils reposent que là où leur gloire subsiste à jamais dans les mémoires, à chaque occasion qu'offre, indéfiniment la parole ou l'action.

ἀνδρῶν γὰρ ἐπιφανῶν πᾶσα γῆ τάφος καὶ οὐ στηλῶν μόνον ἐν τῇ οἰκείᾳ σημαίνει ἐπιγραφή ἀλλὰ καὶ ἐν τῇ μὴ προσηκούσῃ ἄγραφος μνήμη παρ' ἑκάστῳ τῆς γνώμης μᾶλλον ἢ τοῦ ἔργου ἐνδιαιτᾶται

3. Des hommes illustres ont pour tombeau la terre entière ; ce n'est pas seulement une inscription sur une stèle qui, dans leur pays, rappelle leur existence : même sur un sol étranger, sans rien d'écrit, chacun est habité par un souvenir, qui s'attache à leur connaissance plus qu'à leurs actes.

Une telle explication atteste la présence de ce lieu commun chez un historien.

Il va sans dire que l'option de Socrate dans le *Phédon* ouvre une perspective bien différente, où l'immortalité ne se réduit pas à une conscience collective qui assure les honneurs à celui qui fut un jour source de prospérité et qui, de ce fait, demeure l'objet d'un culte. Elle est singulière et justifie que l'on se hâte de mourir pour jouir des biens dont le corps empêche de profiter en plénitude.

ἐμοὶ φαίνεται εἰκότως ἀνὴρ τῷ ὄντι ἐν φιλοσοφίᾳ διατρίψας τὸν βίον θαρρεῖν μέλλων ἀποθανεῖσθαι καὶ εὔελπις εἶναι ἐκεῖ μέγιστα οἴσεσθαι ἀγαθὰ ἐπειδὰν τελευτήσῃ

Il me paraît à juste titre que l'homme qui a consacré sa vie à la philosophie peut mourir dans la confiance et avoir la bonne espérance d'obtenir là-bas, après sa mort, les biens les plus grands[127].

Poursuivant sa réflexion dans le *Banquet*, Platon montre comment le désir de gloire et d'immortalité conduit à la plus haute perfection ceux qui engendrent des lois plutôt que des enfants. L'importance de ce texte est telle que je le restitue presque intégralement, soulignant les mots (ou des formes nominales ou verbales équivalentes) présents en Sg 8–7.

208E οἱ μὲν οὖν ἐγκύμονες ἔφη κατὰ τὰ σώματα ὄντες πρὸς τὰς γυναῖκας μᾶλλον τρέπονται καὶ ταύτῃ ἐρωτικοί εἰσιν διὰ παιδογονίας ἀθανασίαν καὶ μνήμην καὶ εὐδαιμονίαν ὡς οἴονται αὑτοῖς εἰς τὸν ἔπειτα χρόνον πάντα ποριζόμενοι

Il y a ceux qui, féconds selon le corps, se tournent plutôt vers les femmes et ces amoureux le sont par le fait d'engendrer des enfants, se procurant à eux-mêmes une immortalité, un souvenir et un bonheur, selon ce qu'ils pensent, pour toute la suite des temps.

209A οἱ δὲ κατὰ τὴν ψυχην εἰσὶ γὰρ οὖν ἔφη οἳ ἐν ταῖς ψυχαῖς κυοῦσιν ἔτι μᾶλλον ἢ ἐν τοῖς σώμασιν ἃ ψυχῇ προσήκει καὶ κυῆσαι καὶ τεκεῖν τί οὖν προσήκει φρόνησίν τε καὶ τὴν ἄλλην ἀρετήν ὧν δή εἰσι

Il y a ceux qui le sont selon l'âme, car, dit-on, certains enfantent bien plus par l'âme que par le corps ce qui convient à l'âme, ce qui est conçu et enfanté par elle. Que lui convient-il sinon le discernement et toute autre vertu qui doit être ?

127 Platon, *Phédon* 63E-64A.

καὶ οἱ ποιηταὶ πάντης γεννήτορες καὶ τῶν δημιουργῶν ὅσοι λέγονται εὑρετικοὶ εἶναι
πολὺ δὲ μεγίστη ἔφη καὶ καλλίστη τῆς φρονῆσεως ἡ περὶ τὰ τῶν πόλεών τε καὶ οἰκήσεων διακόσμησις ᾗ δὴ ὄνομά ἐστι σωφροσύνη τε καὶ δικαιοσύνη

209B τούτων δ'αὖ ὅταν τις ἐκ νέου ἐγκύμων ᾖ τὴν ψυχήν ἤθεος ὢν καὶ ἡκούσης τῆς ἡλικίας τίκτειν τε καὶ γεννᾶν ἤδη ἐπιθυμῇ ζητεῖ δὴ οἶμαι καὶ οὗτος περιιὼν τὸ καλὸν ἐν ᾧ ἂν γεννήσειεν [...]καὶ ἂν ἐντύχῃ ψυχῇ καὶ γενναίᾳ καὶ εὐφυεῖ [...]
209C καὶ ἐπιχειρεῖ παιδεύειν[...]
ὥστε πολὺ μείζω κοινωνίαν τῆς τῶν παίδων πρὸς ἀλλήλους οἱ τοιοῦτοι ἴσχουσι καὶ φιλίαν βεβαιοτέραν ἅτε καλλιόνων καὶ ἀθανατωτέρων παίδων κεκοινωνηκότης
καὶ πᾶς ἂν δέξαιτο ἑαυτῷ τοιούτους παῖδας μᾶλλον γεγονέναι ἢ τοὺς
209D ἀνθρωπίνους
καὶ εἰς Ὅμερον ἀποβλέψας καὶ Ἡσίοδον καὶ τοὺς ἄλλους ποιητὰς τοὺς ἀγαθοὺς ζηλῶν οἷα ἔκγονα ἑαυτῶν καταλείπουσιν ἃ ἐκείνοις ἀθάνατον κλέος καὶ μνήμην παρέχεται αὐτὰ τοιαῦτα ὄντα

Il s'agit des poètes, pères de toutes choses et ceux des gens de métier qu'on appelle inventeurs. Mais la partie de loin la plus haute et la plus belle du discernement, dit-on, concerne les affaires des cités et l'ordonnance des habitations. Son nom est la prudence et la justice.
Or quand un de ces hommes, dès ses jeunes années, a la fécondité de l'âme parce qu'il y a du dieu en lui, et quand, l'âge venu, il sent le désir d'enfanter, de procréer, il cherche lui aussi, je pense, errant de tous côtés, le beau pour y procréer[128] *[...]s'il y rencontre une âme fortunée, noble, bien née [...] il entreprend d'éduquer [...] en sorte qu'une meilleure communion que celle qu'il y a avec des enfants et une amitié plus solide s'établissent entre eux, communion de plus beaux et de plus immortels enfants. De tels enfants, chacun accepterait qu'ils lui fussent nés, plutôt que ceux de l'humaine génération : tournant le regard vers Homère, Hésiode, ou vers les autres grands poètes, il les envie de laisser d'eux-mêmes une telle progéniture qui, étant telle, leur confère la gloire et le souvenir immortel*[129].

Il ne faut pas, semble-t-il, forcer l'opposition entre l'immortalité selon le maître de l'Académie et celle qui apparaît chez Isocrate, mais reconnaître la profonde unité qui associe, chez l'un comme chez l'autre, la gloire et l'immortalité.

---

[128] Cf. Sg 8,18. « Une réminiscence de Plat., *Symp.* 209B est ici assez directe, d'autant plus que *periienai* n'apparaît pas dans la LXX », C. LARCHER, *Le livre de la Sagesse*, II, 550.

[129] Platon, *Banquet* 209A-E. Il se pourrait qu'une vision analogue à celle de Platon se retrouve en filigrane chez l'auteur lorsqu'il présente la fécondité des femmes stériles et des eunuques (Sg 3,13-15). Il ne faut pas oublier non plus que les termes εὔκλεια (l'adjectif étant εὐκλεής) et δόξα sont synonymes.

En complément de ces éléments, qui écartent chez les pères de l'hellénisme tout cloisonnement trop strict entre une gloire terrestre et une immortalité céleste, ou encore, entre une célébrité de son vivant et une mémoire posthume, j'en ajoute quelques-uns qui confirment, dans une période plus proche du contexte rédactionnel du livre, que la gloire, l'honneur, le souvenir et l'immortalité se trouvent bien sur un axe sémantique fortement unifié. Josèphe utilise « gloire » et « souvenir éternel » en rapport synonymique (*Ant.* VI,343 ; XIII,63) ; dans le *Testament d'Abraham*, il est question de « la gloire et de l'immortelle royauté » (*TestAbr* 8,3) ; cette même thématique se retrouve chez Diodore de Sicile :

τοῖς μὲν ἐν τῷ ζῆν μηδὲν ἀξιόλογον πράξασιν ἅμα ταῖς τῶν σωμάτων τελευταῖς συναποθνήσκει καὶ τὰ ἄλλα πάντα τὰ κατὰ τὸν βίον τοῖς δὲ δι' ἀρετὴν περιποιησαμένοις δόξαν αἱ πράξεις ἅπαντα τὸν αἰῶνα μνημονεύονται διαβοώμεναι τῷ θειοτάτῳ τῆς ἱστορίας στόματι	*Pour ceux qui ont vécu sans aucune action digne d'être remarquée, tout ce qui arrive pendant leur vie périt lorsque leur corps meurt ; mais pour ceux qui ont agi par la vertu, leurs actions font l'objet d'une mémoire glorieuse en ce qu'elles sont proclamées par la voix divine de l'histoire*[130].

En somme, ces indices permettent d'écarter un double présupposé interprétatif selon lequel d'une part l'immortalité en Sg 8,13 ne serait pas de même nature que celle dont il est question en Sg 8,17 ou Sg 3,4, et d'autre part selon la gloire en Sg 8,10 ne serait que mondaine, sans relation avec celle mentionnée en Sg 7,25. En outre, ils autorisent une réévaluation de la portée oratoire de cette partie qui, semble-t-il, répondrait à la problématique introductive de Sg 7,1-6. « L'homme mortel » de Sg 7,1 peut, par la Sagesse, devenir immortel *et* demeurer dans la mémoire des hommes. La royauté, dont il promet qu'elle sera éternelle pour ceux qui l'écoutent (Sg 6,21), ainsi que la gloire qui l'accompagne, ne sont pas nécessairement limitées à celles qu'un roi peut recevoir en « ce monde ». Elles peuvent être l'expression d'une vie « nouvelle » accordée par la Sagesse (Sg 7,27). Selon la perspective de l'auteur, la vie n'exclut pas le fait que la mort, qui n'est qu'« apparente » pour les justes en Sg 3,2, ne soit arrivée. Autrement dit, l'horizon de son avenir n'implique pas que la mort soit au rendez-vous[131], mais suppose que la

[130] Diodore de Sicile, *Bibliothèque historique* I,2,3. On pourrait ajouter quelques références du NT : Rm 2,10 ; 1Tm 1,17 ; 6,16 ; He 2,7.9 ; Ap 5,13 ; 7,12.

[131] Une remarque de Larcher illustre comment la mort est un principe de distinction : « Salomon envisage maintenant sa gloire posthume [...] Par ailleurs, tout le contexte met l'accent non sur la récompense de la justice ou de la vertu dans l'au-delà, mais sur les faveurs

Sagesse y soit. Dès lors, l'espérance du Juste (Sg 3,4) et l'espérance du Sage (Sg 8,9-16) seraient bien du même ordre, « pleines d'immortalité », mais cette cohérence possible entre deux parties du Livre de la Sagesse exige quelques précisions supplémentaires quant à la conception de l'immortalité présente dans le livre[132].

3. *Immortalité et royauté*

Kolarcik, dans son étude consacrée à la question ambivalente de la mort – et par conséquent de la vie – dans les six premiers chapitres du livre, en précise un axe essentiel[133]. L'intérêt de son approche est en effet de montrer comment l'interprétation même de la mort ouvre ou non à la justice. « La première partie du Livre de la Sagesse est consacrée à l'analyse par l'auteur de l'origine de la mort qui frappe le genre humain ; cette analyse constitue une critique des raisonnements fallacieux qui conduisent à embrasser la mort. Par l'analyse de ces faux raisonnements des méchants, l'argumentation déplace la barrière d'une fausse notion de la mort, ce qui prépare le lecteur à une appréciation de justice et de sagesse »[134]. Dès lors, l'épreuve de la mort, que les impies font subir au juste pour justifier leur théorie (Sg 2,1-5) et leur pratique (Sg 2,6-9), est explicitée comme une sortie, un exode du juste vers Dieu (Sg 3,2). Cette sortie rend manifeste l'erreur des impies qui se trouvent alors jugés eux-mêmes par les justes dans une scène aux couleurs apocalyptiques qui ne manque pas de frapper les esprits (Sg 5)[135]. Les expressions, fortes à dessein de façon à amplifier le

---

octroyées par la Sagesse ici-bas », C. LARCHER, *Le livre de la Sagesse*, II, 540. Il me paraît plus juste de distinguer entre « un avant le don de la Sagesse » et « un après ce don ». Cette distinction pourrait être éclairante pour comprendre un passage comme Mt 16,28 : « Il en est d'ici présents qui ne goûteront pas la mort avant d'avoir vu le Fils de l'homme venant avec son Royaume ».

132 « To our author, immortality is not fame in posterity, but everlasting life close to God », F. RAURELL, « The religious Meaning of Doxa », *La Sagesse de l'Ancien Testament* (éd. M. GILBERT) 380.

133 Comme le précise Collins, cet axe était déjà central dans le livre des Proverbes : « The qualitative understanding of life and death played a fundamental role in the formulation of the wisdom tradition in the book of Proverbs », J.J. COLLINS, « The Root of Immortality : Death in the Context of Jewish Wisdom », *HThR* 71 (1978) 180.

134 M. KOLARCIK, *The Ambiguity of Death*, 160.

135 Cf. M. GILBERT, « Sagesse 3,7-9 ; 5,15-23 et l'apocalyptique », *Wisdom and Apocalypticism in the Dead Sea Scrolls and in the Biblical Tradition* (éd. F. GARCÍA MARTÍNEZ) (BEThL 168 ; Leuven 2003) 313-320. L'auteur propose une analyse de ce passage apocalyptique dont la portée est capitale pour l'intelligence de la vie future du Sage en Sg 8,9-16. « Convaincre les princes de l'importance d'un gouvernement juste » reste « le but essentiel » du Sage, qu'il joue négativement, sur la crainte du châtiment, ou positivement, sur la beauté d'un exercice royal. M. GILBERT relevait qu'en Sg 5,15-23, « l'auteur ne procède pas

retournement de situation, et accompagnées de l'arrière-plan d'Is 52,13–53,12[136], décrivent soudain le juste, autrefois objet d'outrages et d'une mort ignominieuse, désormais érigé en « maître de justice » devant un parterre d'impies tremblants. Ont-ils déjà vécu l'épreuve de la mort ou sont-ils sur le point de connaître une mort éternelle ? On ne peut répondre à cette question, mais cela importe peu. Il est en revanche essentiel que l'auteur énonce le fait surprenant que les justes vivront pour toujours et qu'ils règneront (Sg 5,15-16). La gloire et l'immortalité s'articulent en fait à la problématique de la participation à un pouvoir qui peut être celui du diable (Sg 1,16 ; 2,24), pouvoir dont la mort devient la sombre réalisation[137], ou celui de Dieu (Sg 5,16), dont la justice est l'immortel accomplissement. Il reste à montrer comment l'interprétation de Sg 8,9-16 se doit d'entrer dans les termes de la problématique qui traverse l'ensemble du livre, car, comme l'indique Gilbert à propos du rapport entre la vie des justes et l'intervention du cosmos, « seule la thèse de l'unité du livre permet de le comprendre »[138].

Rappelons qu'au début du XXème siècle, Weber comme Lagrange s'attaquaient de front à la question de l'immortalité, fût-ce ou non celle de l'âme, en lien avec celle de l'eschatologie dans le Livre de la Sagesse. L'un et l'autre montraient l'importance des précisions apportées par ce livre à la définition de l'eschatologie dans l'univers littéraire qui précède la constitution du NT, écartant la conception platonicienne de l'immortalité. « On voit comment cette immortalité est distincte de l'immortalité platonicienne, à laquelle on la compare souvent. Nulle part elle n'est regardée comme une conclusion philosophique. Jamais l'âme n'est représentée comme ayant dans sa nature même une raison suffisante de subsister, qu'elle soit le principe du mouvement, ou que la pensée soit, de son essence, immatérielle »[139]. Reese, qui étudie plus étroitement l'influence de l'hellénisme, aboutit à la même conclusion : « L'immortalité pour l'homme n'est pas une qualité de sa nature comme telle, mais une condition particulière, qu'il la reçoive comme un don

---

selon un ordre chronologique des événements eschatologiques », 319. Je montre ici comment la vie future du Sage n'implique pas l'ordre établi d'un avant et d'un après la mort.

136 J.J. COLLINS, « La reinterpretazione delle tradizioni apocalittiche nella Sapienza di Salomone », *Il libro della Sapienza* (éd. G. BELLIA) 160.

137 « Que, par mort, il ne faille pas entendre la simple mort physique de l'homme, mais l'empire de la Mort, celle-ci étant presque personnifiée, on l'acceptera », M. GILBERT, « Sagesse de Salomon », 105.

138 M. GILBERT, « Immortalité ? Résurrection ? Faut-il choisir ? Témoignage du judaïsme ancien », *Le judaïsme à l'aube de l'ère chrétienne* (éd. P. ABADIE – J.-P. LEMONON) (LeDiv 186 ; Paris 2001) 283.

139 M.-J. LAGRANGE, « Le livre de la Sagesse et la doctrine des fins dernières », *RB* 16 (1907) 94. Cf. W. WEBER, « Die Unsterblichkeit der Weisheit Salomos », *ZWTh* 48 (1905) 409-444 ; « Die Seelenlehre der Weisheit Salomos », *ZWTh* 52 (1909) 314-332 ; « Der Auferstehungsglaube der Weisheit Salomos », *ZWTh* 55 (1912) 205-239.

ou une récompense »[140]. Mais je retiens surtout la remarque d'Avery-Peck et Neusner qui, rejoignant la position de Reese, précisent comment la tradition apocalyptique juive est interprétée et exprimée grâce au langage philosophique grec. « La tradition juive apocalyptique est ici (Sg 1–6) interprétée en un langage grec de l'immortalité de l'âme. Récompenses et châtiments sont reçus au moment du décès physique et concernent l'âme. Selon une conception différente de la pensée platonicienne, l'âme n'est pas par elle-même immortelle. L'immortalité est la récompense d'une conduite juste et l'extinction éternelle, la conséquence du mal »[141]. La distinction entre pensée et langage est heureuse, distinction que Day ne prend pas nécessairement en compte lorsqu'il affirme : « Il n'y a pas de doute que nous avons ici une influence de la philosophie grecque, de la pensée platonicienne en particulier »[142]. Une expression isolée comme celle de Sg 9,15 ne suffit pas à démontrer que l'auteur entende la vie après la mort comme une contemplation des idées, telle que Socrate la décrit dans le *Phédon*. Comme le rappelle plus récemment Puech : « À partir du moment où le concept d'immortalité (ἀθανασία) est présenté comme un privilège des justes ou des âmes des justes – l'auteur ne distingue pas – qui ont vécu selon les exigences divines, ce concept est clairement relié au donné biblique et fait parti des mystères révélés par Dieu (Sg 2,22) »[143].

La présence possible d'une conception platonicienne de l'immortalité étant écartée, se pose également la question de la résurrection. Il semble qu'elle n'intervienne jamais explicitement[144], mais certains tiennent à montrer que l'auteur ne l'exclut pas, la suppose même. L'étude de la conclusion du livre par Beauchamp reste à cet égard l'approche la plus audacieuse. Il devine et démontre que la restauration du cosmos suppose un corps. « L'auteur a seulement passé sous silence l'identité entre le premier corps et le deuxième. Mais il n'envisage pas de salut sans corps »[145]. Il dira plus tard : « Il ne s'agit pas d'un au-delà spirituel, mais d'une deuxième "physique" instituée pour un

---

[140] J.M. REESE, *Hellenistic Influence*, 64.

[141] A.J. AVERY-PECK – J. NEUSNER, *Judaism in Late Antiquity. Death, Life-after-death, Resurrection and the World-to-come in the Judaisms of Antiquity* (Leiden 2000) 154.

[142] J. DAY, « The Development of Belief in Life after Death in Ancient Israel », *After the Exile : Essays in Honour of Rex Mason* (éd. J. BARTON – D.J. REIMER) (Macon 1996) 256.

[143] É. PUECH, « Le livre de la Sagesse et la vie future », *Il libro della Sapienza* (éd. G. BELLIA) 144.

[144] « La Sagesse de Salomon ne parle explicitement que d'immortalité qui sera rayonnante pour les justes, mais l'idée d'une résurrection n'affleure pas ; on ne la devine que très implicitement », M. GILBERT, « Immortalité ? Résurrection ? », 296.

[145] P. BEAUCHAMP, « Le salut corporel », 524.

deuxième monde »[146]. Dans le même sens, mais avec peut-être plus de prudence, Puech accepte cette suggestion comme possible. Il insiste d'abord sur l'enracinement biblique des expressions qui explicitent l'immortalité. Il en déduit que les termes « ἀφθαρσία et ἀθανασία traduisent des schémas de pensée sémitiques plutôt que grecs : l'homme, en effet, est créé à l'image de Dieu »[147]. Réfutant ainsi toute influence d'une anthropologie platonicienne, il précise : « Il paraît donc que l'auteur n'a pas insisté sur l'identité personnelle du corps physique et du corps spirituel implicitement postulée cependant pour les âmes des justes qui, au shéol, attendent le salut de tout l'être humain, car, contrairement aux dires des impies, le Seigneur les délivrera de l'*hadès* »[148]. Cette position mesurée permet simplement de confirmer que l'auteur ne conçoit pas une immortalité qui ne soit en étroite relation avec l'histoire concrète de chacun (du Sage) et de tous (du peuple des justes)[149].

Sans revenir sur le débat qu'un Boismard maintient ouvert en direction du platonisme[150] et m'alignant sur la position de Gilbert concernant la préexistence de l'âme[151], j'ouvre toutefois une brève parenthèse concernant la position de Cullmann qui marqua les esprits. Cullmann s'appuie sur l'opposition entre deux perspectives n'appartenant pas au même niveau épistémologique : une perspective grecque d'ordre métaphysique d'une part, une perspective biblique d'ordre historique d'autre part. « Toute la pensée de l'Église primitive est orientée dans le sens de l'histoire du salut. Tout ce qui

---

[146] P. BEAUCHAMP, « Sagesse de Salomon. De l'argumentation médicale de la résurrection », *La Sagesse biblique. De l'Ancien au Nouveau Testament* (éd. J. TRUBLET) (LeDiv 160 ; Paris 1995) 177.

[147] É. PUECH, « Le livre de la Sagesse et la vie future », *Il libro della Sapienza* (éd. G. BELLIA) 145 ; cf. É. PUECH, *La croyance des Esséniens en la vie future : immortalité, résurrection, vie éternelle ? Histoire d'une croyance dans le judaïsme ancien. I. La résurrection des morts et le contexte scripturaire* (EtB ; Paris 1993) 95.

[148] É. PUECH, *La croyance des Esséniens. I. La résurrection des morts*, 97.

[149] Une position comme celle de J.J. COLLINS, qui refuse de reconnaître en Sg une place du corps dans l'immortalité, assimile la conception de l'auteur à celle d'un dualisme de type platonicien, semblable à celui que l'on rencontre chez Philon : « The Hellenistic book is also informed by Greek philosophical ideas of immortality », cf. J.J. COLLINS, « The Mysteries of God. Creation and Eschatology in 4Q Instruction and the Wisdom of Solomon », *Wisdom and Apocalypticism* (éd. F. GARCÍA MARTÍNEZ) 292 ; « Apocalyptic eschatology in philosophical dress in the Wisdom of Solomon », *Shem in the Tents of Japhet. Essays on the Encounter of Judaism and Hellenism* (éd. J.L. KUGEL) (Leiden-Boston-Köln 2002) 93-107.

[150] M.-É. BOISMARD, *Faut-il encore parler de résurrection ? Les données scripturaires* (Théologie ; Paris 1995) 85-100.

[151] « On peut à la limite voir dans cette prééminence de l'âme "une certaine préexistence", mais sans pour cela y voir une préexistence au sens strict à la manière de Platon ou de Philon. Sg 15,11 exclut une telle hypothèse que Sg 8,19-20 n'impose absolument pas. Au contraire, Dieu insuffle lui-même l'âme, l'esprit, dans chaque corps humain. Mais le problème n'est plus là de nos jours, où la thèse de la préexistence des âmes appartient à l'arsenal des idées passées définitivement abandonnées », M. GILBERT, « La procréation », 840 ; « Immortalité ? Résurrection ? », 285.

est affirmé sur la mort et la vie éternelle dépend entièrement de la foi en un fait réel, en des événements réels qui se sont déroulés dans le temps. C'est là que réside la différence radicale avec la pensée grecque »[152]. Il paraît cependant impossible de prouver que la conception chrétienne, mais déjà celle que traduit le Livre de la Sagesse, ne puisse intégrer la vision grecque de l'immortalité sous prétexte que la Bible en présente une de teneur profondément historique. L'identification d'une différence ne prouve tout simplement pas que la pensée biblique ou chrétienne ne puisse s'articuler à cette autre pensée. La question demeure dès lors de savoir comment ces pensées entrent en dialogue. Ainsi, montrer que l'enseignement de la Sagesse est fondamentalement biblique ne signifie pas qu'il soit impossible d'intégrer celui de Platon ou d'Isocrate sous prétexte d'incompatibilité. Certes, l'immortalité est enracinée dans l'histoire ; certes, la conclusion du Livre de la Sagesse l'associe à la totalité cosmique. Cet enracinement n'a-t-il pas cependant une forme spécifique dans la première et la deuxième partie du livre ? Dans ce contexte, la βασιλεία (Sg 6,4.20) ne serait-elle pas un moyen terme nécessaire à l'intelligence de l'immortalité ? La description de l'avenir du Sage, dont il est évident qu'elle n'est pas exempte de traits royaux, offrirait alors les caractéristiques mêmes de cette immortalité.

Un ancrage biblique de ce propos regarde de près la figure de Salomon (2S 7,16) :

καὶ πιστωθήσεται ὁ οἶκος αὐτοῦ καὶ ἡ βασιλεία αὐτοῦ ἕως αἰῶνος ἐνώπιον ἐμοῦ	*Sa maison et sa royauté seront établies dans la fidélité pour toujours devant moi,*
καὶ ὁ θρόνος αὐτοῦ ἔσται ἀνωρθωμένος εἰς τὸν αἰῶνα	*et son trône sera redressé pour toujours.*

Le « pour toujours » réapparaît dans le livre en un sens différent. Qu'il s'agisse d'une mémoire ou d'une stabilité personnelle, il n'est plus explicitement question d'une lignée royale. L'expression μετ᾽ ἐμὲ ἀπολείπω désigne plus probablement, comme l'indique Larcher, « les générations futures », « la postérité »[153]. Lagrange reconnaît que Dieu partagera son pouvoir, « non plus aux rois, mais aux justes »[154]. Il est important d'ajouter à cela qu'il ne s'agit pas d'entrer dans un royaume, comme cela apparaît dans le NT, mais d'être associé au pouvoir royal de Dieu. « Il n'est jamais dit que les justes entreront dans le royaume de Dieu, comme dans le NT, mais qu'ils

---

[152] O. CULLMANN, *Immortalité de l'âme ou Résurrection des morts ? Le témoignage du Nouveau Testament* (Paris 1958 ; ^{2}1959) 19.

[153] C. LARCHER, *Le livre de la Sagesse*, II, 540.

[154] M.-J. LAGRANGE, « La doctrine des fins dernières », 103.

seront associés à son règne »[155]. Cette association au pouvoir divin serait, selon Larcher, une façon de s'opposer à toute forme de divinisation, de répondre à la doctrine introduite en Gn 2–3 où la destinée de l'homme est « d'obtenir une place d'honneur auprès de Dieu, d'être admis dans sa société, dans son intimité et régner avec lui »[156]. Cet aspect fait écho à une thématique apocalyptique courante à l'époque où notre livre voit le jour : « Les apocalypses attribuent sans conteste la royauté aux Saints du Très-Haut (Dn 7,22.27), aux justes (Hén 65,17) »[157]. Scarpat, sans renoncer à la portée eschatologique d'un tel règne (comme chez Grimm et Cornely), précise son axe éthique[158], quand Larcher parle de « royauté éternelle » et Vílchez Líndez de « reino celeste »[159]. Schütz, quant à lui, indique que le bonheur céleste des justes, « faute d'une expression meilleure, est souvent décrit sous l'image d'un règne »[160]. Cette convergence d'interprétation suffit à contrecarrer la position d'un Weber qui tenait à restreindre la royauté dont il est question en Sg 6,20 à une royauté seulement terrestre[161].

Ainsi, la qualité historique de cette « royauté sans fin » ne peut se comprendre si elle n'est pas articulée aux affirmations de la première et de la dernière partie du livre concernant la justice et l'immortalité. En Sg 3,1-4 comme en Sg 5,1-16, il est difficile, sinon impossible, de distinguer entre deux mondes qui auraient la mort comme principe de séparation[162]. Les affirmations de Sg 15,1-3 supposent de leur côté, comme le précise Gilbert, qu'un « accomplissement au moins inchoatif de la Nouvelle Alliance »[163] soit advenu par le don de l'Esprit et de la Sagesse. Parler d'« accomplissement inchoatif », c'est se donner la possibilité d'articuler le rapport entre le temps et l'éternité de telle sorte que l'un ne soit pas exclusif de l'autre, mais que l'un soit intégré dans l'autre. Dès lors, de même que l'immortalité du juste est intrinsèque à son devenir historique (Sg 3,1-4), de même, la connaissance de

---

[155] M.-J. LAGRANGE, « La doctrine des fins dernières », 103.

[156] C. LARCHER, *Études*, 284.

[157] P. GRELOT, « L'eschatologie de la Sagesse et les apocalypses juives », *À la rencontre de Dieu. Mémorial Albert Gelin* (Le Puy 1961) 171. F. RAURELL note le sens « transhistoric » impliqué dans les textes apocalyptiques qui attribuent la royauté aux justes et aux Saints du Très-Haut. On retrouve cet aspect en particulier dans le *Document de Damas* 3,20, où la gloire et l'immortalité sont des qualités originelles d'un Adam roi, cf. F. RAURELL, « The Religious Meaning of Doxa », *La Sagesse de l'Ancien Testament* (éd. M. GILBERT) 381.

[158] G. SCARPAT, *Sapienza*, I,370.

[159] J. VÍLCHEZ LÍNDEZ, *Sabiduría*, 236.

[160] W. WEBER, « Die Unsterblichkeit der Weisheit Salomos », 421-425.

[161] Cf. R. SCHÜTZ, *Les idées eschatologiques*, 72.

[162] Rejoignant l'option de C. LARCHER, M. GILBERT, « Sagesse 3,7-9 ; 5,15-23 et l'apocalyptique », 315, note à ce propos : « En [Sg] 5,15, l'auteur me paraît viser les justes à la fois durant leur existence terrestre et durant la tranquillité qu'ils connaissent dès après leur décès ».

[163] M. GILBERT, *La critique des dieux*, 189.

Dieu en Sg 15,3 est empreinte d'immortalité. Il convient donc de s'interroger sur l'espérance décrite en Sg 8,9-16 et vérifier si l'une de ses caractéristiques ne serait précisément pas que la mort, comme critère de discernement de la vie, soit récusée. Elle serait ainsi opposée à la vision des impies qui, de la main, appellent la mort (Sg 1,16). Une expression comme celle de Sg 8,11b suggère, au moins implicitement, la glorification du juste humilié selon Is 52,15[164].

οὕτως θαυμάσονται ἔθνη πολλὰ ἐπ' αὐτῷ	*Ainsi de nombreuses nations seront dans l'admiration devant lui. (Is 52,15)*
καὶ ἐν ὄψει δυναστῶν θαυμασθήσομαι	*Et en présence des princes, je susciterai l'admiration. (Sg 8,11b)*

En outre, la description en Sg 8,14-15 renvoie plus explicitement à une royauté qui n'est pas seulement terrestre. Le verbe διοικέω rappelle en effet l'œuvre de la Sagesse en Sg 8,1, analogue à l'action même de Dieu qui gouverne l'univers (Sg 12,18 ; 15,1)[165]. L'allusion au Ps 46,4, premier hymne eschatologique du genre[166], n'est pas sans évoquer une royauté qui déborde les limites de l'histoire. Ainsi, le peuple participe à la royauté de Dieu :

ὑπέταξεν λαοὺς ἡμῖν καὶ ἔθνη ὑπὸ τοὺς πόδας ἡμῶν	*Il nous soumet les peuples, les nations sous nos pieds.*

Un trait semblable est visible chez les justes en Sg 3,8 :

κρινοῦσιν ἔθνη καὶ κρατήσουσιν λαῶν	*Ils jugeront les nations et domineront les peuples.*

Dans le même sens, la crainte inspirée aux tyrans ainsi que la manifestation de bonté[167] et de courage (Sg 8,15) évoquent la figure d'un roi idéal. « Idéalisé à la mesure d'un guerrier redoutable et conquérant, Salomon sera une menace pour les grands maîtres du monde et pour la puissance

---

[164] D'autres termes corroborent le parallélisme : δόξα, ἔθνη, στόμα, ὀψάω / ὄψις. Il est important de noter, pour l'unité du livre, comment un texte dont il se peut que l'auteur s'inspire en Sg 2,19-20 ou en Sg 3,2 (κάκωσις) pourrait être évoqué de nouveau en Sg 8,11.

[165] G. SCARPAT, *Sapienza*, II, 183, rappelle cette même portée transcendante dans le monde hellénistique.

[166] Cf. Ps 92 ; 95 ; 96.

[167] G. SCARPAT, *Sapienza*, II, 197, indique très justement que le terme ἀγαθός en Sg 8,15 signifie « valeureux ». Il évoque son usage chez Xénophon, *Cyropédie* VI,1,15 ou dans l'*Économique* 4,15.

romaine en particulier, en les obligeant à respecter le peuple juif »[168]. Mais de quel idéal s'agit-il ? Salomon fut admiré pour sa Sagesse (1R 10,6-9), mais il n'est jamais question d'une crainte auprès des tyrans ni d'un courage militaire. La promesse faite au Ps 2,8 – « Demande, et je te donne les nations en héritage, pour domaine les extrémités de la terre » – ainsi que le contexte messianique de ce psaume, ne viennent-ils pas colorer cette description ? Comme l'a judicieusement relevé Larcher, la figure est bien royale, mais cette royauté s'ouvre à un messianisme latent[169], comme s'il fallait, pour envisager le futur, que ce futur soit inaccessible. Une caractéristique du messianisme, outre sa portée royale, est de reporter, dans l'histoire, les termes d'une espérance eschatologique. Comme le précise Gelin dans son article sur le messianisme : « Le messianisme est comme l'épine dorsale de la Bible. Tout entière, celle-ci atteste une tension incoercible vers un avenir définitif, et cette tension est le mouvement même de la foi »[170]. Ainsi, la tension vers l'avenir marque toute espérance et le fait que cet avenir soit définitif le met en corrélation avec l'immortalité. Envisager un avenir qui soit une royauté universelle et définitive, c'est tout simplement se rapprocher d'une espérance messianique, transposant les termes de l'eschatologie dans le cadre concret d'une histoire singulière, sans que ceux-ci ne perdent quelque chose de leur transcendance.

Cet aspect permet de rejoindre une remarque de Lagrange : « L'espérance dite messianique n'en est pas tout-à-fait absente ; le règne de Dieu embrasse la vie présente et l'au-delà »[171]. Mais c'est surtout une réflexion de Nickelsburg qui, en dernier recours, semble apporter la clé d'interprétation de Sg 8,9-16 : « La vie éternelle que le juste anticipe est déjà présente dans son âme immortelle […] Le fait réel de la vie reste pour lui son immortalité, déjà présente maintenant et se poursuivant sans rupture à travers la mort physique […] L'ambiguïté de la conception du temps demeure […] La persécution et la mort du juste sont les causes de son exaltation »[172]. Il apparaît en effet que le Sage n'envisage pas nécessairement sa royauté comme

---

[168] C. LARCHER, *Le livre de la Sagesse*, II, 542 ; C.L.W. GRIMM, *Weisheit*, 174 et H. ENGEL, *Weisheit*, 144 : « als idealen König » ; W.J. DEANE, *Wisdom*, 156 : « as an ideal King » ; J. VÍLCHEZ LÍNDEZ, 272 : « rey ideal ». A. SISTI, bien qu'il identifie une « elaborazione sapienziale », s'attache plutôt à montrer comment cette description entre dans le cadre narratif de 1R 3–10, de 1R 10,25-26 ou 1R 11,14-40 pour Sg 8,15. A.T.S. GOODRICK avait cependant fait remarquer à ce propos que la comparaison avec 1R 10,25 n'était pas claire.

[169] « Y a Salomón se le considera como la figura del rey ideal y, en este sentido, mesiánico (cf. Dan 7,27 ; Sal 18,48) », J. VÍLCHEZ LÍNDEZ, *Sabiduría*, 272.

[170] A. GELIN, « Messianisme », *DBS* V (Paris 1957) 1166.

[171] J.-M. LAGRANGE, « La doctrine des fins dernières », 93. Il ajoute plus loin que « la Sagesse n'a pas perdu de vue l'amélioration qui se produira un jour sur la terre elle-même », 97 et que « le messianisme historique est un élément certain de l'eschatologie de la Sagesse », 98.

[172] G.W.E. NICKELSBURG, *Resurrection, Immortality, and Eternal Life in Intertestamental Judaism* (HThS 26 ; Cambridge 1972) 88-89.

devant se réaliser dans un monde où les impies détiennent le pouvoir et suppriment les gêneurs. Il ne la conçoit pas davantage comme reléguée dans un autre monde qu'il ne connaît pas. En un sens, son espérance fait fi de la mort comme d'une réalité déterminante pour sa vie[173]. Il estime son futur à l'aune de la Sagesse qui est vie et peu lui importe qu'il y ait un passage dont le nom serait « la mort ». Les termes concrets de la réponse à la problématique introductive (Sg 7,1-6) seraient ainsi présentés. Si les Grecs estiment la mort comme un bien parce qu'elle entraînerait une séparation du corps et la fin de la mortalité, le Sage en revanche n'y fait pas allusion ici. Car lorsque l'esprit de la Sagesse habite en lui, sa vie, en ce monde comme dans l'autre, connaît un rapport nouveau à la mort. Participant à la royauté de Dieu, il rejoint les justes qui « vivent à jamais » (cf. Sg 5,15).

La manière dont le Sage inscrit la question de la gloire et de l'immortalité dans cette partie finale de son discours manifeste ainsi une conception originale de la vie qui oblige à interpréter l'ensemble de la péricope en termes d'immortalité. Comme l'indique Weisengoff, « le Livre de la Sagesse est le premier et le seul exemple dans l'AT où la vie future est clairement et catégoriquement indiquée comme la destinée réelle de l'homme, la vie terrestre en étant la préparation »[174]. La royauté du Sage ne peut être en effet ni seulement terrestre, ni seulement céleste ; et surtout, elle ne se conçoit pas comme déterminée par la mort. Elle s'édifie selon ce que l'homme est depuis l'origine, un roi qui, de son union avec la Sagesse, au moins de façon « inchoative », domine et remplit la terre. L'homme qui a choisi la Sagesse, à l'instar du Juste dont la mort n'est pas un anéantissement mais un accès à la paix (Sg 3,3), ne mesure pas sa vie à l'aune de la mort qui marquerait le terme de son itinéraire royal. Bien plus, en s'abstenant de mentionner sa mort, il montre que sa vie est dans la main de Dieu (Sg 3,1 ; 7,16) et donc déjà promise à l'immortalité. Dès lors, les catégories de temps ou d'éternité sont insuffisantes pour tracer les contours d'une telle existence caractérisée par une relation à la Sagesse et à Dieu. Une symbolique originelle et royale, dans laquelle l'attente messianique se trouve élaborée, serait la seule à pouvoir rendre compte de ce rendez-vous entre le Sage et la Sagesse.

La cohérence de l'ensemble du discours comme du livre, concernant l'immortalité, permet de comprendre pourquoi un *topos* traditionnel, celui de la mort (τελευτή), manque à cet éloge. Il est en fait assimilé au précédent pour énoncer un réalisme des fins dernières qui ne soit pas seulement transcendant,

---

[173] « In the Wisdom of Solomon, however, the reality of death is at least partially denied », J.J. COLLINS, « The Root of Immortality », 190.

[174] J.P. WEISENGOFF, « Death and Immortality », 107.

mais bel et bien immanent à l'histoire singulière de chacun[175]. La nécessité « corporelle » du salut, dont Beauchamp a indiqué la portée logique pour l'ensemble du livre, serait ainsi énoncée, sous la forme d'une nécessité « royale », pour le microcosme qu'est l'homme. Il n'y a pas d'immortalité qui ne soit une participation à la royauté de Dieu, un « régner » sur l'univers. Cela invite à mesurer combien tout acte de justice est prégnant de gloire et d'immortalité bienheureuse, mémorial indestructible des justes et des sages. À distinguer trop strictement entre deux sortes d'immortalité, le risque demeure de perdre de vue la continuité d'une vie dont la gloire est précisément sans déclin (Sg 7,10).

C. Œdipe et Salomon

בלע המות לנצח (Is 25,8)[176]

L'éloge combiné du Sage et de la Sagesse (Sg 7–8), introduit en Sg 7,1-7, s'achève par une péricope qui lui est parallèle (Sg 8,17-21) et dont l'importance pour l'ensemble de l'argumentation a déjà été soulignée[177]. Rien ne sert de revenir ici sur le récapitulatif identifié en Sg 8,17-18, l'essentiel des thématiques, richesse, éducation, amitié et immortalité, ayant été décliné au fil de l'étude. Sg 8,19-20, qui a fait couler beaucoup d'encre en raison de la discussion qu'il soulève à propos de la préexistence des âmes[178], devrait bénéficier des éclaircissements apportés par l'étude du terme ἐγκρατής (Sg 8,21). Il semble en effet que l'usage de cet adjectif soit une belle originalité de cette conclusion.

---

[175] P. GRELOT, « L'eschatologie de la Sagesse et les apocalypses juives », 177, s'exprime ainsi : « Ce qu'il espère, ce n'est pas l'immortalité des philosophes grecs ; c'est la participation à la vie du monde à venir, conçue comme supra-temporelle et trans-historique ». L'adjectif « supra-temporelle » ne me satisfait pas pleinement en ce qu'il pourrait laisser entendre une dichotomie entre deux ordres, dont l'auteur s'efforce de montrer qu'elle n'a pas lieu d'être.

[176] Selon la vocalisation massorétique (*piel*) : « La mort détruisit pour toujours » ; selon une vocalisation suggérée par la version syriaque et 1Co 15,54 (*poual*) : « La mort fut détruite pour toujours ».

[177] Dans un même ordre d'idée, K. REINHARDT, *Sophocle*, 252, reconnaît, à propos de la pièce de Sophocle, *Œdipe à Colone*, que « la fin se recourbe une fois encore vers le commencement ». À propos des règles de l'éloge, L. PERNOT, *Éloges grecs de Rome*, 23, précise : « Pour encadrer l'ensemble, par un effet de composition annulaire, l'exorde et la péroraison se répondent ».

[178] J. WEBER et L. ALONSO SCHÖKEL, par exemple, se concentrent exclusivement sur Sg 8,18-19, Sg 8,21 ne recevant aucun commentaire.

1. La signification problématique d'ἐγκρατής

L'adjectif ἐγκρατής, composé d'un préfixe ἐν- et d'une racine verbale relative à la force (κρατέω[179]), peut avoir quatre significations principales.

D'abord, lorsqu'il est utilisé de façon absolue, c'est-à-dire sans complément au génitif, son sens premier est « fort, vigoureux » (1a). Dans un contexte moral, il désigne alors « la tempérance » ou « la continence » (1b), autre façon de parler de la force d'âme par rapport aux passions ou aux désirs. Quelques exemples illustreront ce premier champ sémantique. Concernant la vertu d'un métal sorti du feu, cet adjectif apparaît chez Eschyle (*Prométhée enchaîné* 55) ou Sophocle (*Antigone* 474). Chez Platon, il qualifie une essence stable par opposition au nom dont les lettres sont susceptibles de changer.

εἰ δὲ ἐν ἑτέραις συλλαβαῖς ἢ ἐν ἑτέραις τὸ αὐτὸ σημαίνει οὐδὲν πρᾶγμα οὐδ'εἰ πρόσκειταί τι γράμμα ἢ ἀφῄρηται οὐδὲν οὐδὲ τοῦτο ἕως ἂν ἐγκρατὴς ᾖ ἡ οὐσία τοῦ πράγματος δηλουμένη ἐν τῷ ὀνόματι	*Si l'on signifie quelque chose par telles ou telles syllabes, cela ne change rien. Si l'on ajoute ou retranche quelque lettre, cela ne change encore rien tant que l'essence de la chose, manifestée par ce nom, reste fermement ce qu'elle doit être*[180].

Il qualifierait, selon Xénophon, la nation arcadienne qui, à ses yeux, apparaît « la plus robuste » (*Helléniques* VII,1,23). La réflexion morale se développant largement à l'époque hellénistique, le fait est que « tempérant » ou « continent » (au sens plus large que strictement sexuel) deviennent les significations les plus fréquentes. Cet usage apparaissait déjà chez Platon (*Phèdre* 256B2 ; *République* 390B3), Isocrate (*Nicoclès (III)* 39) ou Aristote (*Rhétorique* 1372b15), mais ce sont Philon (*Leg.* III,237 ; III,239 ; *Ios.* 54 ; *Virt.* 167), Plutarque (*De la vertu morale* 445b), Dion de Pruse (1,14 ; 3,84 ; 29,14) ou encore Sextus Empiricus (*Questions pyrrhoniennes* III,274) qui, toujours dans le cadre d'une figure sapientiale ou royale, ne manquent pas de l'employer en ce sens. On en retrouve encore un usage biblique chez Ben Sira (Si 26,15) ou chez Paul (Tt 1,8). Il semble que le traducteur latin de Sg 8,21, lorsqu'il traduit ἐγκρατής par *continens*, ait choisi cet axe sémantique ; il n'y a rien d'étonnant à ce qu'il reprenne le sens commun à l'époque du Ier siècle ap. J.-C.

---

[179] Selon Bailly, son premier sens est « être fort, être puissant » et par suite, « dominer, régner ».

[180] Platon, *Cratyle* 393D3.

Avec un complément au génitif, cet adjectif reçoit un sens légèrement différent, celui de « possesseur, maître de » (2a). Il peut désigner aussi bien la possession d'un terrain que la maîtrise dans une technique donnée. Dans un contexte politique, il désigne alors, par le biais d'une métaphore réduite à une catachrèse[181], le fait « d'avoir autorité sur » (2b), une autre façon de parler du « pouvoir ».

Cet usage se rencontre aussi bien chez les classiques qu'à l'époque hellénistique et romaine. Ainsi chez Eschyle, Prométhée se retrouve sans pouvoir sur sa langue (*Prométhée enchaîné* 884). De son côté, Platon l'utilise pour désigner la propriété d'un patrimoine (*Cratyle* 391C ; *Théétète* 197B9). Chez Lucien, il qualifie une vertu équestre (*Des dieux* 24,2,7). D'une maîtrise des choses ou des activités sportives, on passe à l'usage métaphorique : ainsi peut-on devenir maître d'un port (Xénophon, *Helléniques* VII,3,3) ou d'une ville (Démosthène, *Sur la liberté des Rhodiens* 8), ce qui signifie tout simplement « exercer le pouvoir » sur un lieu ou une population (Platon, *Ménexène* 238D3 ; Démosthène, *Sur la couronne* 47). C'est le sens le plus fréquent chez Flavius Josèphe qui, en bon historien, suit la tradition de ses prédécesseurs (*Ant.* V,12 ; V,37 ; XII,4 ; XII,247).

Les distinctions sémantiques que j'introduis ici ne suivent pas exactement celles de Liddell-Scott ou Bailly. Ce dernier associe « fort » et « pouvoir » d'un côté, comme si le pouvoir impliquait l'exercice de la force, « maître » et « continent » de l'autre, comme si les vices étaient des êtres dont il fallait avoir la maîtrise. Je préfère mettre en relief la distinction entre « la force », qui qualifie un être par rapport à lui-même (on parlera d'un axe sémantique de l'intériorité), qu'elle soit d'un corps physique ou de l'âme, et « la maîtrise » qui implique un « bien objectivable », qu'il soit d'ordre économique ou politique (on parlera d'un axe sémantique de l'extériorité)[182].

Pour revenir à Sg 8,21, l'interprétation ancienne du terme ἐγκρατής dépend essentiellement de l'option prise par le traducteur latin. Les commentaires modernes rappellent à ce propos la lecture emblématique d'Augustin pour qui ἐγκρατής désigne la chasteté du Sage[183]. Si la tradition exégétique récente est majoritaire pour faire de ce choix une extrapolation, elle n'est pas unanime. Ainsi Grimm tient à expliquer que la figure de Salomon dépeinte dans le Livre des Rois (1R 11,1) ne peut être un argument

---

[181] Cf. P. FONTANIER, *Les figures du discours*, 215.

[182] Il est évident que « la maîtrise de soi » est une façon de parler qui opère un recoupement entre les deux champs sémantiques. Il paraît cependant nécessaire de distinguer ici entre la force immanente à un être et la possession d'une chose extérieure à soi.

[183] Augustin, *Virginité* 43 ; *Confessions* 6,11. Cf. A.-M. LA BONNARDIÈRE, *Biblia Augustiniana. A.T. Le livre de la Sagesse* (EAug ; Paris 1970) 103-107.

contre l'idée de chasteté. La figure de Salomon retracée dans le Livre de la Sagesse est en effet celle d'un jeune roi idéalisé, au seuil de sa vie d'adulte[184]. Grimm appuie sa lecture sur le terme ἀμίαντος (Sg 8,19) qui suggère une pureté d'ordre sexuel. Reese reconnaît qu'il peut y avoir une allusion à cette vertu traditionnelle pour tout bon exercice de la tâche royale[185]. Mais le développement de Scarpat est le seul à rendre compte de cet usage absolu de l'adjectif qui, pour les partisans du second sens, n'est qu'une irrégularité anodine qu'il suffit de rectifier en supposant sous-entendu le pronom αὐτῆς[186]. Pour Scarpat au contraire, l'écho à Si 26,15 ou plus globalement à l'idée alexandrine d'ἐγκρατεία[187], présente en Si 18,30 ou Ac 24,25 s'explique ainsi : « L'auteur se trouve en parfait accord avec l'éthique des écoles philosophiques hellénistiques, mais il tient aussitôt à indiquer où commence son désaccord : tandis que l'homme grec pouvait, pour son ascension, ne compter que sur ses propres forces, et n'avait, pour la victoire, qu'à se louer lui-même, le sage juif sait que ses propres forces n'atteignent pas les résultats attendus si Dieu ne lui donne pas la force d'être ἐγκρατής »[188]. Comme Grimm, Scarpat appuie son choix sur l'adjectif ἀμίαντος, supposant une opposition entre la vie charnelle et la vie spirituelle, l'une marquée par la génération et la corruption, l'autre qui ferait de l'homme un ange. « Après l'affirmation d'une descente du ciel dans un corps sans souillure, se trouve exprimée la volonté de maintenir le plus possible un état primordial qui, excluant la femme, excluait l'ἐπιθυμία ; l'ἐγκράτεια était donc cet unique modalité pour l'homme de se préserver ἀμίαντος. On peut ainsi tenter de construire un état angélique en ce monde qui reste marqué par la corporéité, la corruption et la mort ; le Salomon historique est précisément la démonstration des désastres moraux et physiques que le manque de continence peut provoquer »[189]. Scarpat rappelle à cet effet une doctrine en vogue en Égypte, celle des Thérapeutes. En traduisant ainsi : « sachant cependant que je n'aurais jamais été vertueux (*virtuoso*) », Scarpat fait figure d'exception dans un paysage exégétique où le second sens, à savoir celui de « possesseur », est

---

184 G. SCARPAT range R. CORNELY derrière C.L.W GRIMM, ce qui ne semble pas justifié : « Porro adiectivum ἐγκρατής, quod a Vulgata semper continens vertitur proprie non tam id valet quod *validus* seu *robustus*, uti Gr. vult, licet aliquoties hanc significationem admittat, quam id quod *compos* alicuius rei seu ei dominans vel eam coercens et continens », R. CORNELY, *Commentarius*, 332.

185 J.M. REESE, *Hellenistic Influence*, 85.

186 Ce pronom figure dans un unique manuscrit (613 ; cf. J. ZIEGLER) et dans la version arabe. Il est évident qu'il y a là un ajout pour faciliter la compréhension de l'adjectif dans le second sens.

187 Ainsi l'explique Plutarque, *Aristide* 24,7 : « Ce qui est beau et vraiment digne d'un stratège, c'est de savoir retenir ses mains ».

188 G. SCARPAT, *Sapienza*, II, 168-169.

189 G. SCARPAT, *Sapienza*, II, 170.

largement préféré. L'intérêt de cette option est de maintenir l'usage absolu de l'adjectif, sa faiblesse de ne pas s'interroger suffisamment sur la dualité du premier sens. L'auteur ne pourrait-il pas utiliser l'adjectif en son sens premier de « fort, vigoureux » ?[190] Certes, Scarpat avance deux arguments solides : un terme de Sg 8,19 et un contexte littéraire et historique qui est bien celui du Ier siècle ap. J.-C. Il manque cependant une réflexion sur le contexte plus précis du discours (Sg 7–8) et du livre. Mais avant de revenir sur ce point, je rappelle l'interprétation de la plupart des exégètes et traducteurs[191].

Celle-ci part d'une expression de Si 6,27 comprise en parallélisme parfait avec Sg 8,21 (Gutberlet, Deane, Heinisch, Goodrick, Winston), expression considérée d'ailleurs par Larcher comme un argument de poids en faveur d'une influence possible de Si sur Sg[192].

καὶ ἐγκρατὴς γενόμενος	οὐκ ἄλλως ἔσομαι ἐγκρατής
μὴ ἀφῇς αὐτήν (Si 6,27)	ἐὰν μὴ ὁ θεὸς δῷ (Sg 8,21)

Larcher y voit deux cas exceptionnels où le complément au génitif de l'adjectif n'est pas énoncé, exceptions qu'une association d'idée avec Ba 4,1 (οἱ κρατοῦντες αὐτῆς, ceux qui « la [la sagesse] possèdent ») permettrait de résoudre. Une différence essentielle entre les deux expressions doit être pourtant notée. En Si 6,27, le pronom αὐτή apparaît bien dans la proposition principale et il n'y a rien d'extraordinaire à ce qu'il ne soit pas répété dans la proposition participiale à valeur circonstancielle. Le cas de Sg 8,21 est dès lors différent puisque ce pronom, que l'auteur n'hésite pas à répéter cinq fois

---

190 Selon C. LARCHER, *Le livre de la Sagesse*, II, 558, « [ἐγκρατής], employé absolument et détaché de son contexte, signifierait normalement continent, mais pas nécessairement avec le sens restreint de ce mot dans notre langue ». Le premier sens, à savoir « fort, vigoureux », ignoré par C. LARCHER, mais indiqué par les dictionnaires, doit être pris en compte.

191 J. WEBER : « Je ne pouvais pas entrer autrement en possession (d'elle) ».
BJ : « Je ne pourrais devenir possesseur de la Sagesse ».
TOB : « Je n'obtiendrais pas la Sagesse ».
C. GUTBERLET : « Ich anders sie nicht bekommen könnte ».
F. FELDMANN : « Ich nicht anders (ihrer) teilhaftig würde ».
A. SCHMITT : « Ich die Weisheit nur als Geschenk Gottes erhalten könne ».
W.J. DEANE : « I could not other wise obtain her ».
A.T.S. GOODRICK et J. REIDER : « I shall not otherwise acquire her ».
M. CONTI : « Non l'avrei ottenuta ».
A. SISTI : « Non l'avrei altrimenti conquistata ».
L. ALONSO SCHÖKEL : « Me la otorgaba ».

192 « Le problème de la relation entre *Sag.* et l'écrit du *Siracide* paraît beaucoup plus simple : le premier a utilisé le second et il l'a connu sous sa forme grecque. Le parallèle décisif, à notre avis, est fourni par *Si.* VI,27 éclairant l'emploi de ἐγκρατής en *Sg.* VIII,21a. », C. LARCHER, *Études*, 101.

en Sg 8,17-18, n'apparaît plus en Sg 8,19-21. Il convient donc de distinguer entre Si 6,27, où l'ellipse évidente écarte une répétition, et Sg 8,21 où celle-ci est supposée. À l'appui de leur interprétation grammaticale, les commentaires avancent le contexte cristallisé autour du verbe λαμβάνω (Sg 8,18) qui résumerait l'ensemble de Sg 8. En effet, la lecture de Sg 8 en un sens conjugal oriente assez logiquement l'interprétation de ce genre de possession comme étant d'ordre matrimonial. Le Sage, cherchant à « prendre possession » de la Sagesse, aurait compris qu'il ne pouvait l'avoir que par un « don de Dieu », comme si Dieu, « père supposé » de la Sagesse, était le seul à pouvoir la lui accorder en mariage. À ce titre, l'explication de Sisti est emblématique : « Le discours sur la recherche de la Sagesse comme épouse ne maintient que de cette façon toute sa cohérence ; il ne perd rien de sa valeur théologique qui reçoit au contraire un grand relief en ce qu'il montre clairement que rien ne sert de s'appuyer sur les efforts humains ou sur les qualités de l'âme si l'on ne reconnaît pas humblement que tout est un don gratuit de Dieu »[193]. Certes, l'idée d'« acquisition » ou de « possession », selon que l'insistance porte sur le processus ou sur le résultat, fait du don de la Sagesse la finalité même de la prière, mais il faudrait s'interroger sur le rapport entre ce don, tel que la prière le met en scène en Sg 9,4, et le fait d'être « digne du trône de son père » en Sg 9,12. Est-il certain que l'auteur ne fait pas référence à son état personnel final plutôt qu'à une « possession » de la Sagesse ? Sg 8,19-20 n'est pas sans le suggérer (double répétition du verbe εἰμί). Il faut ajouter, en faveur de cette objection, la parenthèse de Sg 8,21 qui semble faire de la φρόνησις un don déjà acquis. Il est certes possible d'opposer φρόνησις et σοφία comme deux réalités bien distinctes (Aristote, *E.N.* 1143b15), mais le Sage ne semble pas s'enfermer dans cette distinction. Le parallélisme entre la φρόνησις et le souffle de la σοφία en Sg 7,7 suggère plutôt que l'auteur possède déjà la Sagesse qu'il demande comme conseillère, comme si la γενέτις en Sg 7,12 était bien la νύμφη recherchée en Sg 8,2. Il faut ajouter que la détermination en faveur de la Sagesse (Sg 8,9) et la demande énoncée en Sg 9,4 (« donne-moi la Sagesse assise près de ton trône ») n'impliquent pas que la Sagesse ne soit pas déjà ce dont le Sage jouit. En faisant d'ἐγκρατής un équivalent de « possesseur » auquel il faut ajouter un complément elliptique supposé, le risque demeure de faire de la Sagesse, alors même que le Sage en a montré la présence à l'origine de sa vie (Sg 7,12), un don relégué dans le futur[194]. En revanche, il serait important de prendre au sérieux l'usage absolu de cet

---

[193] A. SISTI, *Sapienza*, 242.

[194] Je rejoins une précision importante de Gilbert dans son analyse de la prière : « Le rôle que la Sagesse doit jouer auprès de l'homme n'est pas reporté au futur. Car le don de la Sagesse a déjà été fait aux hommes », M. GILBERT, « La structure de la prière de Salomon », 328.

adjectif pour vérifier qu'il ne désigne pas autre chose que le fait de « posséder la Sagesse ».

Il est enfin intéressant de repérer chez Georgi une lecture qui fait exception à la règle. Il préfère traduire : « sachant que je ne pourrais d'aucune autre manière être en possession de la force (*im Besitz von Kraft*) », faisant ainsi de la force, sens premier de l'adjectif, le complément du sens second (être en possession). Conjuguer ainsi les deux sens évite à la fois l'idée restreinte de « continence » et celle d'une possession de la Sagesse. On regrette cependant que ce littéralisme original soit dépourvu d'explication et assimilé en fin de compte, dans le commentaire, à Si 6,27 et 15,1, ce qui lui retire toute sa pertinence.

2. La force et la vie

La première interprétation rappelle l'importance de l'emploi absolu de l'adjectif, mais en restreint l'usage au champ moral. La seconde, qui écarte *a priori* l'usage absolu de l'adjectif, est ouverte au contexte du discours, mais trop dépendante de son interprétation en un sens conjugal. Pour ma part, je voudrais définir ici les contours d'une autre possibilité, celle qui fait de l'adjectif ἐγκρατής une allusion pour le moins originale à un passage de Sophocle.

Ce passage rappelle la disparition de vieux roi Polybe et marque un tournant décisif dans l'organisation du célèbre *Œdipe Roi* de Sophocle : Œdipe, hanté par l'oracle, devait obtenir une libération intérieure à la nouvelle du Corinthien. Il y découvre plutôt un triste rebondissement dans son inéluctable destin. Voici le dialogue par lequel on apprend la mort de Polybe :

ΙΟ τί δ' οὐχ ὁ πρέσβυς Πόλυβος **ἐγκρατὴς** ἔτι	Jocaste : *Quoi ? Le vieux Polybe n'aurait plus sa force ?*
ΑΓ οὐ δῆτ' ἐπεί νιν θάνατος ἐν τάφοις ἔχει	Le messager : *Il ne l'a plus puisque la mort le tient dans la tombe.*
ΙΟ πῶς εἶπας ἦ τέθνηκε Πόλυβος[195]	Jocaste : *Que dis-tu là ? Polybe est mort*[196] *?*

Je cite ici la traduction de Bollack qui, dans son étude précise du texte, s'inscrit à rebours de la traduction habituelle suivante :

« Jocaste *: Quoi ? Est-ce que le vieux Polybe n'est plus au pouvoir ?*
Le messager *: Non, la mort l'a mis au tombeau.*
Jocaste *: Que dis-tu là ? Polybe est mort ?*»[197].

---

[195] R. D. DAWE, *Sophoclis Oedipus Rex* (Stuttgart 1968 ; [3]1996).
[196] Sophocle, *OR* 941-943 (tr. J. BOLLACK ; Lille 1990).

Pourquoi donner une telle importance au mot « force » dans un contexte où le roi défunt a effectivement quitté « le pouvoir » ? Bollack l'explique ainsi : « Les interprètes, d'après le contexte, donnent à ἐγκρατής une valeur que l'on ne retrouve pas ailleurs : ἐν κράτει = ἐν ἀρχῇ ὢν »[198]. Ainsi, la signification « d'être au pouvoir » est une déduction, par le jeu d'une métaphore, d'une expression possible « être en possession de », expression qui appelle un complément au génitif. L'absence de ce complément chez Sophocle pousse Bollack à reprendre le sens premier, relatif à la force, et lui fait écarter ce qu'il considère comme un abus de traduction. Il en explique ainsi le sens : « L'adjectif ἐγκρατής sans détermination au génitif marque donc bien la force particulière inhérente au sujet qu'il qualifie. Même dans son vieil âge (πρέσβυς), Polybe avait gardé une robustesse héroïque, si bien que sa mort surprend. Le fils d'Hermès ne devait pas mourir. Jocaste lui rend indirectement hommage par la question qu'elle pose »[199]. Cette explication de Bollack permet de retrouver le sens d'une telle expression : il n'est pas question d'une possession, mais bien d'une « force inhérente au sujet », d'une « robustesse héroïque », autre façon de parler de la vie d'un homme qui ne devrait pas connaître la mort. Par conséquent, l'enjeu de l'annonce ne concerne pas l'exercice du pouvoir en tant que tel, mais la pérennité du monarque : « la question de Jocaste ne porte pas sur la passation des pouvoirs, elle se préoccupe de la disparition du monarque, que la passation suppose. La mort est la preuve capitale dont elle a besoin »[200]. Bollack est ici rejoint par Reinhardt qui explique : « Ce n'est point le déclin de la puissance corinthienne, mais la mort de Polybe qu'il a peine à faire croire, dont on lui demande une attestation en bonne et due forme, c'est cette nouvelle-là qui déchaîne la jubilation, comme si elle apportait le salut »[201].

La finesse d'analyse de Bollack est nécessaire pour retrouver ce qu'il appelle « un réseau sémantique obscurci dans la tradition »[202]. Ainsi, lorsque Larcher considère « continent » comme le sens normal de l'adjectif employé absolument et détaché de son contexte, il opère, semble-t-il, la même méprise que les traducteurs de Sophocle dont Bollack se fait le critique. Il est en effet de la plus grande importance d'identifier ce sens premier chez Sophocle pour

---

[197] Sophocle, *OR* 941-943 (tr. J. GROSJEAN ; Pléiade ; Paris 1967).

[198] J. BOLLACK, *L'Œdipe Roi de Sophocle. Le texte et ses interprétations* (Lille 1990) III, 614.

[199] J. BOLLACK, *L'Œdipe Roi*, III, 615.

[200] J. BOLLACK, *L' Œdipe Roi*, III, 614.

[201] K. REINHARDT, *Sophocle*, 168.

[202] « On voit que le recours à l'acception première, non déterminée, du mot dans la langue fournit à la réflexion herméneutique ouverte, non déterminée par l'accord apparent dans le contexte, le moyen de dégager un réseau sémantique différent, obscurci dans la tradition », J. BOLLACK, *L'Œdipe Roi*, III, 615.

vérifier s'il peut jouer effectivement dans le discours du Sage. Lorsque Jocaste interroge le messager de Corinthe, elle exprime une surprise par rapport à un ordre des choses qui ne devrait pas connaître le déclin. En effet, la robustesse héroïque était une autre façon de parler de l'immortalité des rois. Elle rejoint ici le champ sémantique d'autres expressions de Sophocle comme ἀκράτωρ (*Philoctète* 486) « impotent », ou ἀκρατής qui qualifie un vieillard débile (*Œdipe à Colone* 1236), ou encore κράτιστος, titre que reçoit Œdipe au début et à la fin de la pièce : « puissant Œdipe » (*OR* 40) ou « le premier des humains » (*OR* 1525), selon la double traduction de Mazon[203]. Elle fait référence à la force qu'Œdipe a manifestée contre la Sphinge, devenant ainsi un rempart contre la mort (*OR* 1201). Pour sa part, Zeus l'immortel est κρατύνων, « puissant » (*OR* 902). En somme, le champ sémantique de cette puissance est contigu à celui de la vie et confirme l'analyse pertinente de Bollack.

Par rapport au Livre de la Sagesse, deux brèves remarques s'imposent : d'abord que l'adjectif inaugural θνητός (Sg 7,1) énonce bien la mortalité d'un homme, ce qui, avec ἐγκρατής, le dernier adjectif significatif du discours[204], formerait une inclusion d'opposition parfaite quant au sens (mort – vie) ; ensuite que l'adjectif ἀσθενής en Sg 9,5 n'est pas sans renvoyer, sous un autre angle, à une opposition du même type, redoublée cette fois-ci d'un jeu d'assonances vocaliques (é-a-è/a-é-è). Par conséquent, la faiblesse dont parle le Sage, en parallèle avec la brièveté de la vie (ὀλιγοχρόνιος), ne peut être totalement étrangère à cette caducité tangible de la vie humaine, le contraire de « la robustesse héroïque ».

Que le Sage, en Sg 8,21, se mette à parler « à la manière des Tragiques » plutôt qu'à celle de Philon ou de Plutarque, pourrait surprendre si ce phénomène ne s'était déjà rencontré en Sg 7,1-6. Il est en effet important de confirmer qu'est possible l'association sémantique des adjectifs θνητός et ἐγκρατής par un même phénomène de renvoi au mode d'expression des Tragiques. À propos de Sg 7,3 déjà, l'analyse de la citation de Ménandre,

---

[203] Je préfère ici encore la traduction unique de J. BOLLACK qui traduit *OR* 40 : « L'homme le plus fort à tous les yeux » et *OR* 1524 : « Il était l'homme le plus fort du monde ». Cette inclusion marque le commencement et la fin de la pièce de Sophocle. Elle ne vise pas une force quelconque, mais la force du Roi contre la puissance de la mort. Celui qui sauvait initialement la ville de la mort a été rattrapé par le destin. Comme le dit le chœur, ses conquêtes n'ont pas suivi sa vie jusqu'au bout (*OR* 1523), autrement dit, la mort a été plus forte que lui. Le Sage, qui voit son futur sous les auspices de la force, n'annoncerait-il pas ainsi que son sort sera bien différent de celui d'Œdipe ?

[204] Mis à part l'adjectif ὅλος qui ne désigne pas une qualité spécifique du Sage comme θνητός, ἴσος, γηγενής et ἀπόγονος (Sg 7,1) d'un côté, et εὐφυής, ἀγαθός (Sg 8,19), ἀμίαντος (Sg 8,20) et ἐγκρατής (Sg 8,21) de l'autre.

expliquée par Plutarque qui y voit un mode d'expression relevant de la tragédie, renvoyait à l'univers d'Eschyle, Sophocle et Euripide. La vision du Sage, pour qui le fait « d'aspirer l'air commun » était un fait dramatique qui appelait non pas la mort comme unique destin désirable, mais le don de l'esprit comme nécessaire, répondait à la conception de la mort dans la tragédie grecque, remède aux maux de l'existence humaine. Le don de l'esprit était, pour ce lecteur des écrits bibliques et des tragédies grecques, la réponse au drame de l'homme dont la vocation originelle était d'être vivant (καὶ ἐγένετο ὁ ἄνθρωπος εἰς ψυχὴν ζῶσαν, Gn 2,7). Son discours devait en montrer la réalisation par le biais de l'éducation et de l'amitié. La boucle semble ici bouclée : le Sage reviendrait, par une allusion subtile à la pièce de Sophocle, à cette même façon de s'exprimer des Tragiques. Rien d'étonnant donc, à ce que l'adjectif choisi soit celui qui désigne la mort de Polybe. Le Sage sait qu'il ne mourra pas mais qu'il « sera vivant » par le don de la Sagesse. Celle qui innove toute chose et qui façonne les amis de Dieu et les prophètes (Sg 7,27) est un principe d'immortalité (Sg 8,17), et la force qu'il espère n'est pas celle des impies (Sg 2,11) mais la puissance de la vie qui ne s'éteint pas. D'autres indices de l'influence de cette œuvre de Sophocle sur l'auteur démontrent qu'au-delà de la reprise d'un terme, la confrontation même de deux modèles se trouve engagée.

3. Le roi et l'anti-roi

Des parallélismes peuvent être réels sans que les formes littéraires soient absolument équivalentes. Comme le disait Platon, les lettres peuvent changer, la substance garder la même force (*Cratyle* 393D3).

Le premier exemple concerne l'insistance sur l'égalité (Sg 7,1-6) : Œdipe est ainsi reconnu comme n'étant pas l'égal des dieux (*OR* 31), bien qu'il soit le premier de tous les hommes. Il devrait rester égal à lui-même malgré les péripéties de l'histoire (*OR* 53). Ce premier des hommes (*OR* 33) se découvre pourtant « façonné », terme péjoratif qui signifie ici « supposé » ou « adoptif » (*OR* 780). Pour plus de clarté, je souligne les indices d'une similitude avec Sg 7,1 :

Œdipe Roi	Sg 7,1
31 θεοῖσιν μέν νυν οὐκ ἰσούμενός σ' ἐγὼ [...] 33 ἀνδρῶν δὲ πρῶτον ἔν τε συμφοραῖς βίου κρίνοντες ἔν τε δαιμόνων ξυναλλαγαῖς	θνητὸς ἄνθρωπος ἴσος ἅπασιν καὶ γηγενοῦς ἀπόγονος πρωτοπλάστου
53 καὶ τανῦν ἴσος γενοῦ	
780 καλεῖ παρ' οἴνῳ πλαστὸς ὡς εἴην πατρί[205]	

Ces recoupements littéraires, quand bien même ils seraient fortuits, donnent à penser. La question de l'origine de l'homme et de son égalité avec ses semblables est en tous les cas posée d'un côté comme de l'autre. D'Œdipe à Salomon, n'y aurait-il pas un certain jeu de similitudes pour faire apparaître de façon plus abrupte la différence ? Ainsi, l'ambiguïté de la figure d'Œdipe, où sa supériorité par rapport aux autres est associée à son égalité avec lui-même[206], contrasterait avec celle de Salomon où son égalité initiale avec les autres hommes introduit sa « métamorphose » ou sa « transfiguration » de θνητός en ἐγκρατής, œuvre de la Sagesse au cours de son histoire.

Une souillure que porte Œdipe traverse la pièce (*OR* 97 ; 353 ; 1012). Son enquête le conduit à se découvrir le criminel à l'origine de la mort qui frappe la cité. En Sg 8,19, le Sage se reconnaît ἀμίαντος alors que l'adjectif κοινός suggérait l'indice d'une impureté (Sg 7,3) ne tenant pas à ses parents mais à l'air qu'il avait aspiré une fois sorti du sein maternel. Cette souillure était en outre commune à tous. Ici encore, la similitude et la distinction sont frappantes. Œdipe est « l'unique » marqué d'une tache, tache plus originelle que sa gloire apparente aux yeux des autres et que le destin viendra rendre manifeste à tous. Son unicité justifiera l'ostracisme comme principe de survie pour la cité[207]. Parallèlement, Salomon reconnaît que sa pureté précède la

---

[205] « 31. Je ne suis pas à te comparer aux dieux [...] 33. mais nous te considérons le premier des hommes, dans les incidents de la vie comme dans les changements suscités par les divinités [...] 53. Reste égal à toi-même [...] 780. Enivré, il m'appelle comme étant 'façonné' par un père ». Deux remarques complémentaires sur ces vers : lorsque le prêtre affirme qu'Œdipe n'est pas égal aux dieux, il le sous-entend au contraire (Œdipe rejoint sur ce point Prométhée, rival des dieux). L'adjectif composé πρωτόπλαστος (Sg 7,1) constituerait une sorte de paradoxisme (« artifice de langage par lequel des idées et des mots, ordinairement opposés et contradictoires entre eux, se trouvent rapprochés et combinés », P. FONTANIER, *Les figures du discours*, 137), évoquant la condition ambivalente d'Œdipe : le premier indique sa noblesse, le second sa condition adoptive.

[206] La distinction entre l'enfant, l'adulte et le vieillard est comme effacée par la réponse d'Œdipe à l'énigme de la Sphinge, cf. *Anthologie Palatine* 14,64.

[207] « Pour prendre le visage d'Œdipe, paradigme de l'homme double, de l'homme inversé, la règle s'incarne dans le retournement qui transforme le roi divin en bouc émissaire », J.-P. VERNANT – P. VIDAL-NAQUET, *Mythe et Tragédie en Grèce Ancienne* (Paris 1972 ; ^{4}2001) I, 130. Ils renvoient également à Aristote, *Politique* 1284a3. Le discours des impies (Sg 2,12)

corruption dont il est marqué et que son histoire est le lieu d'une restauration royale qu'il entend partager à tous.

En *OR* 168 ou 179, les maux (πήματα) et les morts sont « innombrables », alors que c'est la richesse accordée par la Sagesse qui l'est en Sg 7,11.

Cette expression d'Œdipe : « Ah ! Richesse (πλοῦτος), couronne, savoir surpassant tous autres savoirs, vous faites sans doute la vie enviable ; mais que de jalousies (φθόνος) vous conservez aussi contre elle en vous » (*OR* 380-382), n'est pas sans suggérer ce que le Sage écrit en Sg 7,13[208]. Une expression métaphorique comme celle d'*OR* 601 ἐραστὴς τῆσδε τῆς γνώμης est encore analogue à celle de Sg 8,2.

Œdipe demande à être épargné de leçons et de conseils : μή μ' ἐκδίδασκε μηδὲ συμβούλευ' ἔτι (*OR* 1370) lorsque Salomon reconnaît que la Sagesse l'enseigne (ἐκδιδάσκω Sg 8,7) et le conseille (σύμβουλος Sg 8,9). Pour l'un, le malheur s'ajoute au malheur (ἔτι κακοῦ κακόν τοῦτ' ἔλαχ' Οἰδίπους, *OR* 1365) et le jour achève ce que la nuit a laissé (*OR* 198) ; il savait déchiffrer l'énigme de la Sphinge (ὃς τὰ κλείν' αἰνίγματ' ᾔδει, *OR* 1525), mais se retrouve sans lumière (Ἰὼ σκότου νέφος ἐμὸν ἀπότροπον ἐπιπλόμενον ἄφατον ἀδάματόν τε καὶ δυσούριστον, *OR* 1313-1315). Pour l'autre, la Sagesse est plus forte que le mal (Sg 7,30), et celui qui était dans l'ignorance (Sg 7,12) trouve la lumière qui ne s'éteint pas (φέγγος ἀκοίμητον, Sg 7,10). L'amertume promise aux filles d'Œdipe (τὰ λοιπὰ τοῦ πικροῦ βίου, *OR* 1487) contraste avec l'absence d'amertume dans la relation du Sage avec la Sagesse (οὐ γὰρ ἔχει πικρίαν ἡ συναναστροφὴ αὐτῆς, Sg 8,16).

Il faut ajouter à cela un ensemble de termes ou d'expressions suggérant que l'auteur n'ignorait pas ses Classiques[209].

συγγενής / συγγενεία	*OR* 814	Sg 8,17
κακός / κακία	*OR* 822	Sg 7,30

n'est pas indemne d'une allusion à cette loi (voir les belles pages d'A.-J. FESTUGIÈRE, *Socrate* (Paris 1977) 111-139, sur la ciguë) et le retournement de situation en Sg 5,1 est significatif. Le roi Œdipe, apparemment juste, est déchu et devient le bouc émissaire rejeté par la ville. Le juste, soumis à une mort ignominieuse, devient celui qui reçoit la royauté (Sg 5,1.15).

[208] Cf. Sg 6,23. Il faut ajouter cette expression : ἐξ'ὑπαρχῆς αὖθις αὖτ'ἐγὼ φανῶ (*OR* 132) et la comparer à Sg 6,22. Le conflit entre Tirésias et Œdipe, par lequel il se voit accusé de jalousie (*OR* 385-389), contraste avec la volonté du Sage de conduire jusqu'aux trônes ceux qui le souhaitent.

[209] J.M. REESE, pas plus que C. LARCHER, ne développe la question de l'influence des Tragiques sur le Livre de la Sagesse. En revanche, Scarpat y est beaucoup plus attentif. Ainsi, repère-t-il par exemple, que l'usage du pluriel pour le singulier à propos du trône, en Sg 9,12, pourrait être un mode de s'exprimer des Tragiques, cf. G. SCARPAT, *Sapienza*, II, 266 qui cite Aristote, *Rhétorique* 1407b33.

γένος / γηγενής	*OR* 1059	Sg 7,1
κατὰ γνώμαν /κατὰ γνώμην	*OR* 1088	Sg 7,15
κοιλία	*OR* 1262	Sg 7,1
φροντίς	*OR* 1390	Sg 7,4
σπέρμα	*OR* 1405	Sg 7,2
νυμφή	*OR* 1407	Sg 8,2
ὁμιλία	*OR* 1489	Sg 8,18

Entre Œdipe, le sauveur de la ville (*OR* 443) qui découvre que son épouse est sa mère, et Salomon qui parle de la Sagesse comme d'une mère (Sg 7,12) et d'une nymphe (Sg 8,2) qu'il veut recevoir pour devenir « la bonne stabilité du peuple » (εὐστάθεια δήμου, Sg 6,24), il n'est pas nécessaire de discourir outre mesure pour goûter un magnifique jeu d'allusions. Cette comparaison implicite, plus spécifiquement perceptible dans l'introduction et la conclusion du discours de Sagesse, permet de reconnaître la confrontation entre deux paradigmes d'humanité. À celui qui justifie qu'on ne peut appeler un homme heureux avant qu'il n'ait franchi le terme de sa vie sans avoir subi de chagrin (*OR* 1528-1530)[210], ce qui revient à dire « jamais », le Sage répond par l'espérance qui l'habite : celui qui reçut son être de la Sagesse en recevra aussi l'immortalité, la richesse qui ne décline pas, la force qui n'est autre que la vie plus forte que la mort. La figure de Sophocle est le paradigme[211] d'une humanité « sacrilège », « impie » ou « abandonnée des dieux », selon le sens choisi pour l'adjectif ἄθεος[212] (*OR* 1360). Le Sage, en son cri vers Dieu (θεέ, Sg 9,1), constitue une sorte d'anti-paradigme œdipien où le bonheur et la joie (εὐφροσύνη καὶ χαρά, Sg 8,16) constituent le fin mot de l'histoire.

Selon les études précieuses de Vernant et Vidal-Naquet, *Œdipe Roi* met en scène un renversement qui n'est autre que l'explicitation du destin ambigu de l'homme : « Vénéré à l'égal d'un dieu, maître incontesté de justice, tenant entre ses mains le salut de toute la cité, tel est, placé au-dessus des autres personnages, le personnage d'Œdipe le savant, qui à la fin du drame se renverse pour se projeter en une figure contraire : au dernier échelon de la déchéance apparaît Œdipe – pied enflé –, abominable souillure, concentrant sur soi toute l'impureté du monde. Le roi divin, purificateur et sauveur de son peuple, rejoint le criminel souillé qu'il faut expulser comme un pharmakos, un

[210] L'étonnante analogie entre cette expression d'Œdipe et celle du Sage en Si 11,28 est l'indice d'un lieu commun (cf. Eschyle, *Agamemnon* 928).

[211] Sophocle, *OR* 1193-1195 : τὸν σόν τοι παράδειγμ'ἔχων τὸν σὸν δαίμονα τὸν σόν ὦ τλᾶμον Οἰδιπόδα βροτῶν οὐδὲν μακαρίζω (« Ayant ton sort pour exemple, ton sort à toi, ô mortel Œdipe, je ne considère plus personne heureux. »)

[212] Cf. A. BAILLY, *Dictionnaire*.

bouc émissaire, pour que la ville, redevenue pure, soit sauvée »[213]. L'homme ne se connaît lui-même que pour découvrir le monstre qu'il représente : « Quand il veut, à la façon d'Œdipe, mener jusqu'au bout l'enquête sur ce qu'il est, l'homme se découvre énigmatique, sans consistance ni domaine qui lui soit propre, sans point d'attache fixe, sans essence définie, oscillant entre l'égal à dieu et l'égal à rien. Sa vraie grandeur consiste dans cela même qui exprime sa nature d'énigme : l'interrogation »[214]. Si l'interrogation œdipienne trouve sa réponse dans le jour final (τὴν τελευταιᾶν ἡμερᾶν ἐπισκοποῦντα), qui devient l'unique événement apte à déjouer les apparences de la vie humaine (*OR* 1528), rien de tel chez Salomon pour qui la mort des justes n'est qu'apparente et leur vie, une royauté qui demeure pour toujours, à l'aune de la création (Sg 5,15 ; Sg 10,1-2). Car l'itinéraire du Sage en Sg 7–8, à l'instar de l'Œdipe déchu, est un écho des anciens mythes d'investiture royale[215].

L'analyse de Goux ne manque pas d'intérêt à cet égard, pour décrypter l'investiture ratée d'Œdipe[216], ce roi philosophe qui évince l'épreuve initiatique[217]. Rien de tel chez Salomon pour qui la *paideia* est l'épreuve nécessaire pour accéder à la royauté[218]. Platon s'était déjà battu avec cet anti-mythe qu'est l'*Œdipe Roi*. Il avait retourné la figure œdipienne en faisant du travail philosophique une initiation royale : « Si le mythe d'Œdipe peut se comprendre en terme d'investiture royale irrégulière et de crimes fonctionnels liés à cette irrégularité, c'est aussi explicitement en ces termes que Platon cherche à définir le mauvais roi (le tyran), et c'est aussi en termes (transposés et renouvelés) d'investiture royale régulière, qu'il cherche à définir le vrai roi – le roi philosophe »[219]. Le Sage, qui n'est pas précisément platonicien sans en être très éloigné, ne fait pas de l'initiation philosophique

---

213 J.-P. VERNANT – P. VIDAL-NAQUET, *Mythe et Tragédie*, 114.

214 J.-P. VERNANT – P. VIDAL-NAQUET, *Mythe et Tragédie*, 131.

215 J.-J. GOUX, *Œdipe Philosophe* (Paris 1990 ; ^{2}1992) 9.

216 J.-J. GOUX, *Œdipe Philosophe*, 88.

217 « Œdipe n'est pas seulement alors un usurpateur, un néophyte présomptueux qui élude la confrontation télestique en la réduisant indûment à une seule épreuve, c'est bien celui qui détruit par une incrédulité raisonnée le mode de symboliser cryptophorique que suppose toute confrontation de type initiatique », J.-J. GOUX, *Œdipe Philosophe*, 128. D'où l'importance, dans le discours du Sage, de l'apparition de Dieu en Sg 7,15 et de l'insistance sur les domaines d'initiation (Sg 7,18-19).

218 « Pour l'esprit traditionnel, savoir c'est hériter d'un savoir, le recevoir respectueusement des maîtres divins, et non pas le produire soi-même. Qu'Œdipe ait trouvé tout seul la solution de l'énigme, sans être instruit par les dieux ni par les hommes, peut nous paraître, à nous modernes, une preuve éminente de sa haute intelligence. À l'esprit traditionnel, ce ne peut être que le signe le plus grave d'une rupture sacrilège dans la transmission initiatique, la preuve même de l'irrégularité du passage, un trait scandaleux de la présomption et de l'infatuation intellectuelle d'Œdipe », J.-J. GOUX, *Œdipe Philosophe*, 82. Il est intéressant de comparer cette explication avec ce que présente le Sage en Sg 7,15.

219 J.-J. GOUX, *Œdipe Philosophe*, 151.

l'épreuve qui habilite au trône. Il substitue simplement à l'initiation philosophique, qui prétendrait faire sortir l'homme de sa caverne pour lui donner de contempler la source même de la lumière, une éducation plus concrète aux temps et aux forces vitales de l'univers. Ce n'est pas l'exercice dialectique qui conduirait à la contemplation des idées célestes et qui ferait de l'homme un participant de la nature divine et donc, un immortel, mais un acte de transmission orale qui conduirait à communier par la parole à l'esprit qui révèle les secrets du cosmos et de l'histoire. La partie de l'éloge consacrée à la *paideia* (Sg 7,13-23) permet de saisir toute la portée de cette participation à l'esprit de l'éducation, acte sans lequel un roi n'est pas un roi mais un tyran. Le roi, selon le Sage, n'est donc pas celui qui contemple l'essence des choses, mais celui qui transmet, par la puissance de sa parole, la connaissance de la vie qui ne s'éteint pas. Lui-même, façonné par l'enseignement de Dieu et de la Sagesse, devenant ainsi immortel, façonne à son tour, en êtres immortels, ceux qui prennent le temps de l'écouter (Sg 6,11.21).

L'épreuve n'est pas évincée, elle est vécue et transmise, garante de ce qui rend le Sage ἐγκρατής. Il ne s'agit pas d'une « prise de possession » d'une Sagesse-objet, mais d'une « force inhérente à la personne du Sage » qui sait, par l'expérience qu'il fait du monde et de son créateur, que Dieu n'a pas fait la mort (Sg 1,13) et que la justice est immortelle (Sg 1,15). Contrairement à Œdipe, qui se découvre dépourvu de cette force qu'il croyait posséder, Salomon se retrouve lui-même, rétabli à l'image de son créateur (Sg 2,23). Œdipe ne sait plus rattacher de façon sensée le nouveau à l'ancien (*OR* 916) ; Salomon, en découvrant ce qu'il était, reçoit une connaissance assurée de ce qu'il sera (γνοὺς δέ, Sg 8,21).

J'indiquais, sans m'y attarder, la relation possible entre θνητός, ἀθανασία, ἐγκρατής et ἀσθενής. Il convient de poursuivre l'analyse et de reconnaître que cette interprétation de l'adjectif ἐγκρατής, loin d'être dépourvue de sens, renforce la cohérence du discours.

La difficulté à saisir le rapport entre Sg 8,19-20 et Sg 8,21 tient, semble-t-il, à l'interprétation d'ἐγκρατής. Qu'il s'agisse de « la continence » (un lien est reconnu avec Sg 8,20 mais ne vise alors que l'adjectif ἀμίαντος) ou d'une « possession de la Sagesse », il n'est pas facile de comprendre pourquoi l'auteur parle ainsi de son corps et de son âme. L'interprétation que je propose de cet adjectif, comme synonyme de « vivant », suppose la possibilité de la mort. Or la mort relève, selon l'expérience commune, d'une absence de souffle. Cette expérience, transposée en termes philosophiques, a conduit à faire de la séparation de l'âme et du corps, une définition habituelle de la mort, « un don de Dieu » pour le philosophe des Idées qui y voit la possibilité de contempler enfin la vérité sans obstacle (Platon, *Phédon* 66B3-67B1). Sans analyser en détail cette profession de foi du philosophe, pour qui le corps est un obstacle à la vision bienheureuse et éternelle, on se contentera de la rappeler ici comme arrière-fond culturel assez immédiat de Sg 8,19-20 et de rappeler cette façon qu'a Socrate de s'exprimer : « Ma destinée m'appelle »[220]. Parler ainsi du corps et de l'âme, comme de la chair et du souffle (Sg 7,1-3), c'est tout simplement évoquer la fragilité de la condition humaine : le corps s'éteint et le souffle s'évapore (Sg 2,3). Il n'y a pas, selon toute vraisemblance, à chercher en Sg 8,19-20 une théorie de la préexistence des âmes, mais de reconnaître plutôt un renvoi à la brièveté apparente de la vie, une bénédiction divine selon la théorie du maître de l'Académie. La séparation (ἀπαλλαγή), le déliement (λύσις) ou encore la mise à part (χωρισμός), termes qui désignent la mort chez Platon (*Phédon* 64C4 ; 67D4), sont autant d'interprétations de celle-ci comme une libération de l'âme du corps qui l'emprisonne. Platon n'envisage tout simplement pas l'immortalité autrement que *sans corps*. Le Sage, en affirmant qu'il sera « fort » (Sg 8,21), propose une autre vision de l'immortalité, qui lui permet d'ailleurs de ne pas désavouer l'acte créateur originel (Gn 2,7). Il sait qu'il vivra et que sa vie ne peut être autrement que l'unité de son être, une chair façonnée (יצר) *et* insufflée (נפח) par le créateur. La force concerne précisément le maintien de cette unité. Beauchamp reconnaissait qu'il ne pouvait y avoir « de salut sans corps »[221] ; je reconnais, en cette finale du discours de Sagesse, qu'il ne peut y avoir d'immortalité sans corps.

La relation entre Sg 8,21 et Sg 8,19-20 corrobore le lien énoncé entre Sg 7,1-7 et Sg 8,17-21. Que le mortel devienne ἐγκρατής, c'est-à-dire un être immortel, découle logiquement du don de l'esprit. Ce qui faisait de l'homme un mortel était cet « air » respiré à la naissance, air qui désignait l'esprit du mal et de la corruption, faisant de la naissance non pas une entrée dans la vie mais une sortie hors de celle-ci. Le roi n'était déchu qu'à cause de cette aspiration spontanée de l'air qui faisait qu'il n'était plus « une âme vivante » mais un « mortel ». La capacité d'opter pour la Sagesse, conséquence d'une éducation où le souffle saint est communiqué, permet à l'homme de retrouver ce qu'il est depuis l'origine[222], un être-pour-la-vie. Comme je le disais dans mon commentaire de Sg 7,3, la prière ouvrira à cette immortalité promise où se dévoile un Adam nouveau que le souffle de la Sagesse fera vivre dans un univers restauré. Le mot χάρις (Sg 8,21) n'est pas choisi au hasard. Il désigne

---

[220] Platon, *Phédon* 115A5.

[221] P. BEAUCHAMP, « Le salut corporel », 524.

[222] Ou encore « l'intention créatrice de Dieu sur tout homme », pour reprendre une expression de M. GILBERT, « La structure de la prière de Salomon », 325.

la grâce qui consiste « à jouir éternellement de la société avec Dieu et d'être associés à son règne »[223] (Sg 3,9.14 ; 4,15).

Le jeu relevé entre la force et la faiblesse est enfin un indice de l'unité entre le discours de Sagesse et la prière qui suit. Par un jeu d'opposition, l'adjectif ἐγκρατής introduit la thématique de la faiblesse développée dans deux volets parallèles de la prière (Sg 9,5-6 et Sg 9,13-17)[224], deux volets qui présentent également l'œuvre de la Sagesse à l'origine et à la fin de la vie de l'homme (Sg 9,1-3 et Sg 9,18). La vocation originelle de l'homme à régner sur le cosmos[225] ne se découvre et ne s'accomplit que par la Sagesse qui opère le salut. Cette vocation est énoncée en cet adjectif ἐγκρατής qui, prenant à revers la réponse philosophique, répond à la tragique constatation : « Malheur à vous, générations de mortels ; je ne vous considère qu'enveloppés de néant »[226]. L'homme faible, qui a la vie courte autant que triste, ne doit pas attendre de la mort une libération pour une vie bienheureuse. Il doit chercher la Sagesse dont le souffle accorde la force de régner, autrement dit de vivre en un univers dont il est et restera le roi. Le critère (au sens de ce qui détermine) de l'existence humaine n'est donc pas la mort, mais le dessein (βουλή) originel du créateur de toute chose.

Qu'importe pour le Sage qu'il y ait résurrection des morts ou non. Son propos n'est pas de discuter sur l'au-delà de la mort puisque la mort n'est pas au rendez-vous. Il énonce ce vers quoi tend son itinéraire éducatif et délibératif, une connaissance de la vie comme lumière qui ne s'éteint pas, une force inhérente à sa personne que sa vie concrète lui accorde d'expérimenter comme une vie éternelle déjà en germe, une royauté inchoative sur l'univers où la Sagesse, éducatrice, artisane et conseillère, est au commencement et au terme de sa vie. Dans ce dialogue du Sage, tenu avec Sophocle plutôt qu'avec l'Ecclésiastique, il est non seulement possible de saisir la profonde cohérence du discours de Sagesse, mais aussi l'idée que le Sage ne semble pas envisager d'immortalité sans corps.

---

[223] C. LARCHER, *Le livre de la Sagesse*, I, 293. À propos de Sg 4,15, C. LARCHER précise que « le texte fait penser à une intervention suprême et décisive qui, au temps fixé par Dieu, introduira la glorification des âmes justes », II, 343. Il s'agit sans aucun doute de la glorification des justes, mais le texte de Sg 8,21 indique implicitement qu'elle ne peut être de l'âme seule, au sens platonicien de ce terme.

[224] M. GILBERT, « La structure de la prière de Salomon », 325.

[225] M. GILBERT, « La structure de la prière de Salomon », 329.

[226] Ἰὼ γενεαὶ βροτῶν ὡς ὑμᾶς ἴσα καὶ τὸ μηδὲν ζώσας ἐναριθμῶ, *OR* 1186-1188. Cf. Sg 9,6 : εἰς οὐδὲν λογισθήσεται.

Secondes conclusions

L'analyse de l'expression ἀήρ κοινός, en Sg 7,3 et de l'adjectif ἐγκρατής en Sg 8,21 offre une première surprise. Pour ce qui est de « l'air commun », un usage traditionnel de cette expression de Ménandre le Comique, relevé par Plutarque comme caractéristique des Tragiques, confirme que la problématique introductive ne vise pas seulement un ordre culturel ou social, mais bien une interrogation métaphysique. De quel genre de vie et de mort ai-je hérité ? L'usage de l'adjectif ἐγκρατής, en conclusion du discours (Sg 8,21), réminiscence possible d'une expression présente dans *l'Œdipe Roi* de Sophocle, corrobore cet axe. Il ne s'agit pas tant de « pouvoir » que de vivre, à moins que « régner » ne soit une façon de parler de la vie. Cette double manière tragique de s'exprimer ne signifie pas que l'auteur partage la conception grecque de l'existence humaine. La proximité littéraire fait apparaître d'autant plus remarquable le contraste entre les deux figures royales. À l'investiture ratée d'Œdipe, ce roi philosophe qui évince l'épreuve initiatique, répond celle d'un Salomon qui se soumet à la *paideia*. Lucide sur sa condition mortelle, le Sage n'accède pas à l'immortalité sans demander la Sagesse. Rien de tel chez Œdipe qui, en sa réponse trop rapide à l'énigme, ne trouve en fin de compte que ténèbres et honte.

La problématique de la vie et de la mort, avec ce qu'une telle perspective peut susciter d'angoisse et de passion, est réfléchie dans l'ordre analogique de l'ignorance et de la connaissance. Les facultés humaines sont en effet convoquées et font apparaître la tension inhérente à la nature et à la culture. C'est précisément un des enjeux de l'éloge, celui de manifester que les qualités natives ne sont qu'un point de départ vers une décision, et que la décision est le point de passage vers une mise en pratique. L'axe de l'éducation (la *paideia*), de la décision (l'*epitêdeuma*) et des œuvres vertueuses (les *praxeis* et les *aretai*) doit illustrer ce qui fait la grandeur d'un homme. L'interprétation du terme ἀγαθά en Sg 7,11 renvoie dès lors à la problématique de l'éloge. Si l'on y voit une récompense à la prière, la suite du discours paraît inutile. À quoi bon poursuivre la route si tous les biens sont déjà acquis ? En revanche, si ce terme désigne les qualités de l'âme et du corps comme c'est habituellement le cas dans la tradition encomiastique, la suite du discours est d'une grande utilité. Il montre comment le Sage passe des qualités natives aux qualités royales. Par la connaissance et par la parole, le passage se fait, sorte de passage analogique à celui de la mort à la vie. L'amitié entre le Sage et la Sagesse constitue le fondement d'une vie commune sans ombre ni trouble. Le souffle communiqué au Sage fait de lui un roi au sens plein du terme, un roi capable de gouverner par la force de sa parole et non par l'absurde des armes. La Sagesse, telle la Muse Calliope, inspire le roi dans l'exercice de sa fonction et lui accorde de ne rendre que de justes sentences.

Circonscrit par cet univers éducatif et royal, l'hymne à la Sagesse reçoit d'autant plus de force qu'il n'en est pas détaché. Il faut en effet considérer la relation de la Sagesse à Dieu, au monde et au Sage, plutôt que de s'enfermer dans une simple figure littéraire ou une personnification trop marquée. Impossible d'opter pour une simple immanence qui réduirait la Sagesse à l'état de créature, impossible non plus de la renvoyer dans une transcendance qui l'érigerait en quasi divinité. La Sagesse est tout à la fois lumière qui innove toute chose et souffle vital de l'homme. Le double acte mis en valeur en Sg 7,27 se réfère tout autant à la création du cosmos qu'à l'éducation d'un peuple de prophètes et d'amis de Dieu.

Conclusion générale

En abordant l'étude de Sg 7–8, je savais qu'il s'agissait d'un éloge et d'un éloge de la Sagesse (Beauchamp, Gilbert), mais j'ignorais sa combinaison avec l'éloge du Sage. Je savais qu'il s'agissait d'un discours à l'architecture rhétorique précise, mais j'ignorais que cette rhétorique s'apparentait moins à celle d'Aristote et de Cicéron qu'à celle de Dion de Pruse et de Ménandre le Rhéteur. Je savais que le Livre de la Sagesse était postérieur aux années trente av. J.-C., mais j'ignorais qu'il était si proche de la littérature du Ier et du IIème siècle ap. J.-C. Je savais qu'il ne pouvait y avoir de salut sans corps, mais j'ignorais que ce corps pouvait être celui du Sage lui-même. Ainsi, comme un sommet livré aux tâtonnements d'un nouveau grimpeur, le discours de Sagesse fut l'occasion d'une course insoupçonnée. La mise en lumière de passes nouvelles devait faire apparaître sous un jour nouveau ce monument de la littérature juive en langue grecque.

***

L'analyse combinée des structures (chapitre 1) et de la composition rhétorique (chapitre 2) était l'occasion d'ouvrir une perspective. S'engager à gravir une telle paroi sans que les yeux ne se soient déjà posés sur les étapes à franchir, les paliers, les aspérités majeures, aurait été une gageure. Il était dès lors prudent d'identifier le point de départ et le point d'arrivée, le sommet, l'adret et l'ubac. Cette première étape du travail, qui visait à déterminer ce que j'appelle la « géographie du texte », mettait en lumière le sommet en Sg 7,27. L'action novatrice et créatrice de la Sagesse était d'ailleurs ce que l'orateur se proposait de scruter : « J'en suivrai les traces depuis l'origine » (Sg 6,22). Que la source ou l'origine soit, par le jeu des métaphores, un sommet, ne surprendra que ceux pour qui le langage n'est qu'un vain jeu d'images et de mots. Je notai alors un changement littéraire caractéristique entre un discours sur la vie du Sage et l'hymne à la Sagesse, changement progressif en Sg 7,22-24, brutal en Sg 8,1-2, comme si le passage se faisait, d'un côté et de l'autre, de la pierre à la glace, ou de la glace à la pierre, comme s'il fallait, pour ne pas entraver la course, changer tout simplement d'équipement. Au centre du discours, un glacier aux neiges éternelles se découvrait tout illuminé, offrant d'un seul regard l'univers entier, associant le Sage à l'œuvre de la Sagesse. Mais pour apprécier cet instant passé sur les cimes, il convenait d'accepter de monter et de descendre. Je partis ainsi d'une nécessité pour en rejoindre une autre. L'une s'offrait comme un constat de la vie reçue, douloureuse par la naissance, cri vers un don sans lequel vivre ne serait pas vivre, mais plutôt mourir (Sg 7,1-7). L'autre se présentait comme un recueil de la vie contemplée, heureuse d'une illumination, prière adressée à Celui qui n'a pas fait la mort (Sg 8,17-21). Et pour passer d'une nécessité à l'autre, il suffisait de grimper d'un côté pour redescendre par un autre chemin. L'ascension se fit en deux temps, étroitement articulés. Le premier fut la prise en compte des biens constitutifs du Sage et de l'ignorance de leur origine (Sg 7,11-12). La jouissance de ces biens impliquait l'entrée dans la voie de l'éducation. Par elle, le Sage s'acheminait vers la reconnaissance de Celui et de Celle qui furent au principe de son être. Il s'approchait ainsi du sommet, objet de son désir, c'est-à-dire la vie qui ne s'éteint pas. La descente se fit également en deux temps : le premier fut la détermination à faire de celle qui l'éduqua son amie, le second le dévoilement des biens qui en découlent. Je découvrais ainsi une course parfaite, équilibrée, comme si la flore et la faune rencontrées au gré des étapes restaient le meilleur altimètre. Cette brève description de la course ne résultait pas d'un imaginaire livré à ses seules ressources. Elle faisait écho à un art consommé de l'éloge dont Laurent Pernot me fournissait un outil descriptif incomparable. Je puisais en effet chez cet auteur le fondement rationnel d'une telle entreprise. Pour reprendre l'image alpine, cette qualité de sommet obligeait à suivre une technique déterminée qu'une pratique encomiastique bien identifiée rendait aisée. La véritable joie que je trouvais en cette étude ne résidait cependant pas dans l'analyse de la géographie du texte qui restait comme à distance de la paroi. Elle tenait à la course elle-même, à ce plaisir unique qui consiste à trouver un point d'appui pour s'élever progressivement vers le sommet ou pour en redescendre. Ce plaisir singulier, qu'un grimpeur connaît lorsqu'il pose la pointe du pied sur une aspérité de la roche ou lorsqu'il accroche le bout des doigts à quelque boursouflure pour se laisser ainsi porter jusqu'à la passe suivante, n'était autre que celui d'épouser la paroi au point de ne faire plus qu'un avec elle. Nulle prétention à couvrir l'ensemble, nulle prétention à fermer d'autres voies possibles, le plaisir seul d'inaugurer une voie commandait son enthousiasme.

C'est ainsi que j'éprouvais cette joie, dès l'introduction du discours (chapitre 3), lorsque le jeu de mots entre « air » (Sg 7,3) et « esprit » marquait le coup d'envoi. Le croisement d'une tradition biblique (Gn 2,7) et d'une conception grecque de la vie (rapportée par Ménandre le Comique) manifestait que deux termes synonymes avaient été finement choisis et disposés pour introduire la question aussi bien anthropologique que théologique de la vie et de la mort, interrogation à laquelle le discours devait apporter une réponse. L'auteur confrontait le pessimisme hellénique, qui voit dans la mort une heureuse réponse aux maux de l'existence, à l'espérance juive, qui confesse un appel à la vie de l'origine de l'homme à sa fin. C'est sur cet axe de la « vie du Sage » que le rôle de la Sagesse devait être explicité. Ce premier palier franchi, j'abordai la question difficile de l'interprétation de Sg 7,11 pour constater que les biens n'étaient pas la récompense à une prière, mais le don originel qui exigeait d'entreprendre une recherche. On ne peut jouir légitimement de biens sans se demander de qui ils proviennent. Toute jouissance porte en elle l'appel secret à la reconnaissance. Les conceptions philosophiques du bien suprême et de la hiérarchie des biens furent alors rappelées pour attester que l'auteur s'appuyait sur une conception biblique de l'acte créateur articulée à la pratique encomiastique, dans le but de faire apparaître la nécessaire recherche de l'origine. Fort de cette seconde étape, j'attaquai la face principale du discours, celle qui devait mener au sommet. L'éducation n'était pas envisagée de façon unilatérale, mais faisait se réconcilier le maître et l'élève dans l'unique figure du Sage. Ainsi se manifestait la puissance de l'éducation qui consiste à élever l'autre à son rang. Dans cette éducation, la parole recevait une part de choix (Sg 7,15). Son apprentissage n'offre-t-elle pas l'expérience la plus élémentaire de dépendre d'un autre, l'expérience la plus significative où la qualité de maître ne s'acquiert et ne se transmet qu'avec un autre que soi ? Par une analogie implicite entre l'acte éducateur, qui donne la capacité de parler, et l'acte créateur qui donne la vie, l'auteur donnait l'argument clé de sa démonstration. L'expérience de tout maître, qu'elle soit antique ou actuelle, hellénistique ou biblique, était ici convoquée pour identifier dans la prise de parole le lieu par excellence où se reconnaît l'esprit de la Sagesse, esprit de l'éducation qui reconduit l'homme à son créateur et lui donne de recouvrer sa dignité originelle.

Ce troisième chapitre conduisait au seuil de la partie centrale du discours, sorte de sommet où je ne demeurais qu'un instant (chapitre 4). Je constatais d'abord l'écho de certaines expressions à ce qui était devenu la religion cosmique des hommes de l'époque. La signification du verbe καινίζω (Sg 7,27) me retint ensuite. À défaut de désigner un renouvellement, ce verbe renvoyait plutôt à la nouveauté, qu'elle soit de la première ou de la seconde création. Présenter ainsi l'action créatrice de la Sagesse s'était montré original. J'identifiai enfin une étroite relation entre la lumière de Gn 1,3 et la Sagesse, comme s'il fallait parler de la première pour contempler la seconde. J'y découvrais une Sagesse qui est « vie », vie éternelle dont la blancheur n'a d'égal en ce monde que les neiges éternelles, spectacle toujours livré aux yeux de qui aime se laisser mesurer par ce qui est au-delà de l'histoire et du temps. Il fallait cet instant d'extase, comme en dehors du temps, pour rejoindre le cours de l'histoire et faire de la Sagesse sa compagne de vie.

La redescente était engagée et s'ouvrait sur un futur aux délimitations nouvelles (chapitre 5). Le premier palier permettait de rendre compte de l'amitié qui unissait désormais le Sage à la Sagesse. Sans renoncer au bénéfice d'une interprétation traditionnelle en un sens conjugal, je montrai la fécondité d'une ouverture en direction de l'amitié antique telle qu'elle se pratiquait entre les princes et leur précepteur. La détermination du Sage en faveur de la Sagesse (Sg 8,2.9) n'était donc pas sans faire écho au rôle de celle-ci dans son éducation. Cette fonction de la Sagesse fut précisément ce qui permit au Sage d'accéder au sommet, et qui le conduisit ensuite à en faire sa conseillère. Je retrouvai ainsi l'adret de l'éducation qui, lors de la redescente, prend les couleurs paisibles de l'amitié. Mais cette dernière serait bien futile si sa finalité ne se trouvait réalisée dans l'exercice de la justice. La question des biens réapparaissait, non plus du point de vue de leur origine mais de leur finalité royale. Leur usage, commandé par ce que l'on a coutume d'appeler la vertu, trouvait son expression la plus adéquate dans la description de l'exercice de la royauté. Celle-ci, originale en ce qu'elle demeurait ouverte sur un futur sans autre limite que la Sagesse elle-même, manifestait sa puissance de vie. Nulle mort ne venait interrompre son exercice, nulle amertume ne venait marquer sa fin. Le Sage trouvait en elle une garante d'immortalité et, laissant ainsi la mort enterrer la mort, rendait explicite son espérance. Ce qu'il avait contemplé au sommet n'était pas une vaine chimère, mais la puissance même de la vie contre laquelle aucune mort ne prévaut. Incapable d'énoncer la temporalité de son accomplissement dans l'étroitesse de ses catégories, il ne s'en formalisait pas et, se jouant d'une telle étroitesse, reconnaissait tout bonnement que son règne n'aurait pas de fin. La descente, déjà séduisante en son retour vers le commencement, n'avait pourtant pas livré son secret. Il fallait attendre la fin de la course pour recevoir, comme une grâce, le fin mot de l'histoire. Je n'avais pas couru en vain, mais découvert, dans les méandres de la réflexion du Sage, l'assurance qu'il n'avait pas été créé pour le néant. Le souffle qu'il reçut de son éducation et qui lui permit de rejoindre l'origine de son être, dévoilait enfin toute sa portée. Sa chair façonnée dans le secret, ou plutôt, son corps immaculé, n'était pas condamné à la corruption, mais connaîtrait le chemin de la vie. La « force », qui fait qu'un être de chair est un être vivant, apparaissait comme l'espérance secrète de sa prière. Il ne demandait pas la Sagesse pour la posséder, mais pour devenir, par elle, ce qu'il est depuis l'origine, le vivant qui a pour vocation de régner sur l'univers. Son dialogue avec la Grèce antique, ouvert avec Ménandre, se concluait avec Sophocle, pour la plus grande joie des hommes de lettres. Il indiquait que la « robustesse héroïque », dont les Tragiques ont décrypté le désir fou chez les hommes, était une sage espérance, « pleine d'immortalité ».

La réflexion biblique sur la Sagesse tient sa noblesse de ce qu'elle se risque à penser et dire le lien entre le créateur et la création, entre Dieu et l'univers, entre Dieu et l'homme. Elle ne peut être dissociée de ce contexte primordial d'alliance dans lequel elle prend forme et pour lequel elle a été déployée. Ni créée, ni créatrice, la Sagesse ne peut être non plus simple figure littéraire ou hypostase. Elle est fondamentalement l'énoncé d'une relation entre Dieu et l'univers, entre Dieu et l'homme. À la lumière des chapitres 7 et 8 du Livre de la Sagesse, et de leur place dans ce livre, l'exigence de ne parler de Sagesse qu'en fonction de cette relation est apparue d'autant plus décisive que l'écueil de l'en dissocier s'est avéré dangereux. C'est l'équilibre admirable entre l'immanence et la transcendance de ce lien qui est en péril lorsque la lecture isole la Sagesse de ses points d'appui, à savoir celui du créateur et celui de la créature. Le risque est toujours là d'élaborer une étude thématique sur la Sagesse qui ne tiendrait plus compte du tissu littéraire nécessaire à sa juste interprétation. L'éloge de la Sagesse n'a de sens qu'en fonction de la vie du Sage et de sa prière. En dehors de cette situation imposée par le texte même, la Sagesse devient l'objet d'une controverse périlleuse entre ceux qui lui reconnaîtront un être propre ou ceux qui le lui nieront, entre les partisans d'une figure et ceux d'une hypostase, entre ceux qui n'y verront qu'une façon de parler de l'activité de Dieu et ceux qui préfèreront la considérer comme une auto-révélation de la création.

***

Démêler ainsi les écheveaux des influences de l'Antiquité classique ou de l'hellénisme conjuguées à la mémoire de traditions bibliques, tout en honorant l'ordonnance et la logique du discours, peut-être était-ce cela qui, jusqu'alors, n'avait pas été entrepris à propos de Sg 7–8. Et c'est pour cette raison que le contenu même du discours apparaît, semble-t-il, sous un jour nouveau. Il eût été téméraire d'entreprendre une course si périlleuse sans tenir compte des multiples éclairages que ce texte avait reçus, en particulier au XXème siècle. Riche d'un tel héritage, il eût été décevant de ne pas s'y engager, et je ne pourrai faire autrement que de garder et transmettre la mémoire de ceux qui m'ont appris à parler.

Et si mon approche, qui se veut authentiquement et pleinement littéraire, prête le flanc à la critique de certains lecteurs qui cherchent de l'esprit là où la lettre se donne, je rappellerai que répondre aux exigences rationnelles d'une époque, loin de signifier un désaveu de la foi, trouve son principe en elle et y conduit. Il serait à ce propos malhonnête de recueillir le discours du « Sage anonyme » sans finalement rendre hommage à la tradition qui me le fit entendre. Aussi, laisserai-je la parole à deux témoins privilégiés de cette tradition, Clément d'Alexandrie et Origène, qui indiquent tout simplement son nom le plus ancien, σοφία. « Puisqu'il a été appelé Sagesse par tous les prophètes, c'est lui le maître de toutes les créatures, le conseiller de Dieu qui a connu d'avance toutes choses »[1]. Ou encore : « Comme on pourrait dire hardiment, de toutes les appellations connues du premier-né de toute créature, Sagesse est la plus ancienne »[2].

[1] Σοφία δὲ οὗτος εἴρηται πρὸς ἁπάντων τῶν προφητῶν οὗτός ἐστιν ὁ τῶν γενητῶν ἁπάντων διδάσκαλος ὁ σύμβουλος τοῦ θεοῦ τοῦ τὰ πάντα προεγνωκότος, Clément d'Alexandrie, *Stromates* VI,7,58.

[2] Ὡς εἰπεῖν ἄν τινα τεθαρρηκότως ὡς πρεσβύτερον πάντων τῶν ἐπινοουμένων ταῖς ὀνομασίαις τοῦ πρωτοτόκου πάσης κτίσεώς ἐστιν ἡ σοφία, Origène, *Commentaire sur Saint Jean*, 118.

Bibliographie

Les ouvrages mentionnés ci-dessous ont été utilisés au cours de ce travail. Sauf exception, on ne donne pas ici les titres des textes anciens édités dans les collections usuelles :

– Bibliotheca Auctorum Graecorum et Romanorum Teubneriana

– Collection des Universités de France publiée sous le patronage de l'Association Guillaume Budé.

– Septuaginta. Vetus Testamentum Graecum Auctoritate Societatis Litterarum Gottingensis editum.

– Philonis Alexandrini, *Opera* I-VII (éd. COHN L. – WENDLAND P.) (Berolini 1896-1930).

– Philon d'Alexandrie, *Œuvres complètes* I-XXXVI (traduites en français sous la direction de ARNALDEZ, R. – POUILLOUX, J. – MONDÉSERT, C.) (Paris 1961-1989).

– Flavii Iosephi, *Opera* I-VII (éd. NIESE, B.) (Berlin 1885-1895).

– Flavius Josèphe, *Œuvres complètes* I-VII (traduites en français sous la direction de REINACH, T.) (Philadelphia 1911-1938).

– PG, PL, PO, GCS, SC.

***

I. Le Livre de la Sagesse

Une bibliographie complète jusqu'en 1982 est présentée par M. GILBERT dans le premier volume de C. LARCHER, *Le livre de la Sagesse ou la Sagesse de Salomon* (Paris 1983) 11-48. Je ne rapporte ici que les principaux ouvrages consultés pour cette étude.

ADINOLFI, M., « La dicotomia antropologica platonica e Sap 8, 19-20 », *Parola e Spirito. Studi in onore di Settimio Cipriani* (éd. MARCHESELLI, C.) (Brescia 1982) 145-155.

ALONSO SCHÖKEL, L. – ZURRO, E., *Eclesiastes y Sabiduría* (Los Libros Sagrados ; Madrid 1974).

BEAUCHAMP, P., « Épouser la Sagesse – ou n'épouser qu'elle ? Une énigme du livre de la Sagesse », *La Sagesse de l'Ancien Testament* (éd. GILBERT, M.) (BEThL 51 ; Leuven 1979 ; ^{2}1990) 347-369.

—, « Le salut corporel des justes dans le livre de la Sagesse », *Bib.* 45 (1964) 491-526.

—, « Sagesse de Salomon. De l'argumentation médicale de la résurrection », *La sagesse biblique. De l'Ancien au Nouveau Testament* (éd. TRUBLET, J.) (LeDiv 160 ; Paris 1995) 175-186.

––, *De Libro Sapientiae Salomonis* (Roma 1963/64) [cours dactylographié, archives de l'Institut Biblique Pontifical].

BELLIA, G., « Lettura storico-antropologica di Sapienza », *Il libro della Sapienza. Tradizione, redazione, teologia* (éd. BELLIA, G. –PASSARO, A.) (Studia Biblica 1 ; Roma 2004).

BIZZETI, P., *Il libro della Sapienza. Struttura e genere letterario* (RivBib - Suppl. 11 ; Brescia 1984).

BRETSCHNEIDER, C.G., *De libri Sapientiae parte priore cap. I–XI e duobis libellis diversis conflata* (Wittenberg 1804).

COLLINS, J.J., « La reinterpretazione delle tradizioni apocalittiche nella Sapienza di Salomone », *Il libro della Sapienza. Tradizione, redazione, teologia* (éd. BELLIA, G. – PASSARO, A.) (Studia Biblica 1 ; Roma 2004) 157-171.

––, « The Mysteries of God. Creation and Eschatology in 4Q Instruction and the Wisdom of Solomon », *Wisdom and Apocalypticism in the Dead Sea Scrolls and in the Biblical Tradition* (éd. GRACÍA MARTÍNEZ, F.) (BEThL 168 ; Leuven 2003) 287-306.

––, « The Root of Immortality : Death in the Context of Jewish Wisdom », *HThS* 71 (1978) 177-192.

––, « Apocalyptic eschatology in philosophical dress in the Wisdom of Solomon », *Shem in the Tents of Japhet. Essays on the Encounter of Judaism and Hellenism* (éd. KUGEL, J.L.) (Leiden-Boston-Köln 2002) 93-107.

CONTI, M., *Sapienza. Versione, introduzione, note* (NVB ; Roma 1975).

CORNELY, R., *Commentarius in librum Sapientiae. Opus postumum ed. F. Zorell* (Cursus Scripturae Sacrae II,18 ; Paris 1910).

DEANE, W.J., Σοφία Σαλωμων. *The Book of Wisdom. The Greek Text, the Latin Vulgate and the Authorised English Version with an Introduction, Critical Apparatus and a Commentary* (Oxford 1881).

DELCOR, M., « L'immortalité de l'âme dans le livre de la Sagesse et dans les documents de Qumrân », *NRTh* 77 (1955) 614-630.

DUMOULIN, P., « Le livre de la Sagesse à la charnière des deux Testaments. L'actualité du midrash », *RTLu* (1996) 227-255.

––, *Entre la manne et l'eucharistie. Étude de Sg 16,15–17,1a* (AnBib 132 ; Roma 1994).

ENGEL, H., « Was Weisheit ist und wie sie entstand, will ich verkünden », *Lehrerin der Gerechtigkeit. Studien zum Buch der Weisheit* (éd. HENTSCHEL, G. – ZENGER, E.) (Theologische Schriften ; Leipzig 1991) 67-102.

––, *Das Buch der Weisheit* (NSKAT 16 ; Stuttgart 1998).

FELDMANN, F., *Das Buch der Weisheit* (HS VI,4 ; Bonn 1926).

FICHTNER, J., *Weisheit Salomos* (HAT II,6 ; Tübingen 1938).

FINAN, T., « Hellenistic Humanism in the Book of Wisdom », *IThQ* 27,1 (1960) 30-48.

FOCKE, F., *Die Entstehung der Weisheit Salomos. Ein Beitrag zur Geschichte des jüdischen Hellenismus* (FRLANT 5 ; Göttingen 1913).

GÄRTNER, E., *Komposition und Wortwahl des Buches der Weisheit* (SLWJ II,2-4 ; Berlin 1912).

GEORGI, D., *Weisheit Salomos* (JSHRZ ; Gütersloh 1980).

GILBERT, M., « La structure de la prière de Salomon, Sg 9 », *Bib.* 51 (1970) 301-331.

—, *La critique des dieux dans le livre de la Sagesse (Sg 13–15)* (AnBib 53 ; Roma 1973).

—, « La Sagesse avant tout : Sg 7,7-11 », *ASeign* 59 (1974) 30-35.

—, « La conjecture μετριότητι en Sg 12,22a », *Bib.* 57 (1976) 550-553.

—, « La figure de Salomon en Sg 7–9 », *Études sur le judaïsme hellénistique* (éd. KUNTZMANN, R. – SCHLOSSER, J.) (LeDiv 119 ; Paris 1984) 225-249.

—, « Le livre de la Sagesse ou la Sagesse de Salomon », *DBS* XI (Paris 1986) 58-119.

—, « La relecture de Gn 1–3 dans le livre de la Sagesse », *La création dans l'Orient ancien* (éd. BLANQUART, F. – DEROUSSEAUX, L.) (LeDiv 127 ; Paris 1987) 323-344.

—, « La procréation : ce qu'en sait le livre de la Sagesse », *NRTh* 111 (1989) 824-841.

—, « Sagesse 3,7-9 ; 5,15-23 et l'apocalyptique », *Wisdom and Apocalypticism in the Dead Sea Scrolls and in the Biblical Tradition* (éd. GRACÍA MARTÍNEZ, F.) (BEThL 168 ; Leuven 2003) 307-322.

—, « La struttura letteraria del Libro della Sapienza. Analisi di alcune divergenze », *Il libro della Sapienza. Tradizione, redazione, teologia* (éd. BELLIA, G. – PASSARO, A.) (Studia Biblica 1 ; Roma 2004) 33-46.

—, « La vostra sovranità viene dal Signore (Sap 6,3) : ambivalenza del potere politico nella tradizione sapienzale », *Il potere politico : bisogno e rifiuto dell'autorità. XXVIII Settimana Biblica Nazionale (Roma, 6-10 settembre 2004)* (éd. MANICARDI, E. –MAZZINGHI, L.) (Ricerche Storico Bibliche 18.1/2 ; Bologna 2006) 117-132.

GOODRICK, A.T.S., *The Book of Wisdom with Introduction and Notes* (OxfCom ; London 1913).

GRELOT, P., « L'eschatologie de la Sagesse et les apocalypses juives », *À la rencontre de Dieu. Mémorial Albert Gelin* (Le Puy 1961) 165-178.

—, « Sagesse 10,21 et le Targum de l'Exode », *Bib.* 42 (1961) 49-60.

GRIMM, C.L.W., *Das Buch der Weisheit* (KEH - Apokryphen VI ; Leipzig 1860).

GUTBERLET, C., *Das Buch der Weisheit übersetzt und erklärt* (Münster 1874).

HEINISCH, P., « Sapientia 8,19-20 » *BZ* 9 (1911) 130-141.
––, *Das Buch der Weisheit* (EHAT 24 ; Münster 1912).
HOGAN, K.M, « The exegetical Background of the Ambiguity of Death in the Wisdom of Solomon », *JSJ* 30 (1999) 1-24.
HÜBNER, H., *Die Weisheit Salomons* (ATD-Apokryphen 4 ; Göttingen 1999).
KLOPPENBORG, J.S., « Isis and Sophia in the Book of Wisdom », *HThR* 75 (1982) 57-84.
KOLARCIK, M., *The Ambiguity of Death in the Book of Wisdom 1–6. A Study of Literary Structure and Interpretation* (AnBib 127 ; Roma 1991).
LA BONNARDIÈRE, A.-M., *Biblia Augustiniana. A.T. Le livre de la Sagesse* (EAug ; Paris 1970).
LAGRANGE, M.-J., « Le livre de la Sagesse et la doctrine des fins dernières », *RB* 16 (1907) 85-104.
LARCHER, C., *Études sur le livre de la Sagesse* (EtB ; Paris 1969).
––, *Le livre de la Sagesse ou la Sagesse de Salomon I-III* (EtB - NS 1,2,3 ; Paris 1983-1985).
LEPROUX, A., « Moïse, conseiller de Salut (Sg 16,6) ? Une question de critique textuelle », *RB* 111 (2004) 161-192.
MANESCHG, H., « Gott, Erzieher, Retter und Heiland seines Volkes. Zur Reinterpretation von Num 21,4-9 in Weish 16,5-14 », *BZ* 28 (1984) 214-229.
MARIÈS, L., « Remarques sur la forme poétique du Livre de la Sagesse (1,1–9,17) », *RB* 4 (1908) 251-257.
MAZZINGHI, L., « La barca della Provvidenza : Sap. 14,1-10 e la figura di Iside », *VH* 8 (1997) 61-90.
––, « La sapienza presente accanto a Dio e all'uomo Sap. 9,9b.10c e la figura di Iside », *Treasures of Wisdom : Studies in Ben Sira and the Book of Wisdom.* (FS. M. Gilbert [CALDUCH-BENAGES, N. – VERMEYLEN, J.] BEThL 143 ; Leuven 1999) 357-367.
––, *Notte di paura e di luce. Esegesi di Sap 17,1–18,4* (AnBib 134 ; Roma 1995).
MCGLYNN, M., *Divine Judgement and Divine Benevolence in the Book of Wisdom* (WUNT 2,139 ; Tübingen 2001).
NEHER, M., *Wesen und Wirken der Weisheit in der Sapientia Salomonis* (BZAW 333 ; Berlin-New York 2004).
NEWMAN, J.H., « The democratization of Kingship in Wisdom of Solomon », *The Idea of Biblical Interpretation. Essays in Honor of James L. Kugel* (éd. NAJMAN, H., – NEWMAN, J.H.) (JSJ - Suppl. 83 ; Leiden 2004) 309-328.
OFFERHAUS, U., *Komposition und Intention der Sapientia Salomonis* (Bonn 1981).

PERRENCHIO, F., « Struttura e analisi letteraria di Sapienza 1,1-15, nel quadro del suo contesto letterario immediato », *Sal.* 37 (1975) 289-325.

—, « Struttura e analisi letteraria di Sapienza 1,16–2,24 e 5 », *Sal.* 43 (1981) 3-43.

PRIOTTO, M., *La prima pasqua in Sap 18,5-25. Rilettura e attualizzazione* (RivBib - Suppl. 15 ; Bologna 1987).

PUECH, É., « Le livre de la Sagesse et la vie future », *Il libro della Sapienza. Tradizione, redazione, teologia* (éd. BELLIA, G. – PASSARO, A.) (Studia Biblica 1 ; Roma 2004) 131-155.

RAURELL, F., « The religious Meaning of "Doxa" in the Book of Wisdom », *La Sagesse de l'Ancien Testament* (éd. GILBERT, M.) (BEThL 51 ; Leuven 1979 ; ^{2}1990) 370-383.

REESE, J.M., « Can Paul Ricoeur's Méthod Contribute to Interpreting the Book of Wisdom? », *La Sagesse de l'Ancien Testament* (éd. GILBERT, M.) (BEThL 51 ; Leuven 1979 ; ^{2}1990) 384-396.

—, « Plan and Structure in the Book of Wisdom », *CBQ* 27 (1965) 391-399.

—, *Hellenistic Influence on the Book of Wisdom and its Consequences* (AnBib 41 ; Roma 1970).

REIDER, J., *The Book of Wisdom* (JAL ; New York 1957).

SCARPAT, G., « Ancora sull'autore del Libro della Sapientia », *RivBib* 15 (1967) 171-189.

—, « Ancora sulla data di composizione della Sap. Salomonis. Il termine διάγνωσις (Sap. 3,18 ; Act. 25,21) », *RivBib* 36 (1988) 363-375.

—, *Libro della Sapienza I-III* (Biblica 1,3,6 ; Brescia 1989-1999).

—, « Un hapax assoluto : αἱρετίς (Sap. 8,4) », *Miscellanea di Studi in onore di Francesco Corsaro* (éd. CURTI, C. – CRIMI, C.) (Catania 1994) 643-647.

—, « Salomone Astronomo come Empedocle (La vis ventorum nel libro della Sapienza) », *Studia classica Ioanni Tarditi oblata* (éd. BELLONI, L.) (Milano 1995) 739-748.

SCHABERG, J., « Major Midrashic Traditions in Wisdom 1,1–6,25 », *JSJ* 13 (1982) 75-101.

SCHMITT, A., « Struktur, Herkunft und Bedeutung der Beispielreihe in Weish 10 », *BZ* 21 (1977) 1-22.

SCHROER, S., « Die personifizierte Sophia im Buch der Weisheit », *Ein Gott allein ? : JHWH-Verehrung und biblischer Monotheismus im Kontext der israelitischen und altorientalischen Religionsgeschichte* (éd. DIETRICH, W. – KLOPFENSTEIN, M.A.) (OBO 139 ; Freiburg-Göttingen 1994) 543-558.

SCHÜTZ, R., *Les idées eschatologiques du livre de la Sagesse* (Paris-Strasbourg 1935).

SCHWENK-BRESSLER, U., *Sapientia Salomonis als ein Beispiel frühjüdischer Textauslegung. Die Auslegung des Buches Genesis, Exodus 1–15 und Teilen der Wüstentradition in Sap 10–19* (BEAT 32 ; Frankfurt a.M 1993).

SIEBENECK, R.T., « The Midrash of Wisdom 10–19 », *CBQ* 22 (1960) 176-182.

SISTI, A., *Il libro della Sapienza. Introduzione, versione, commento* (Assisi 1992).

SKEHAN, P.W., « The Text and Structures of the Book of Wisdom », *Traditio* 3 (1945) 1-12.

VAN ROODEN, P.T., « Die antike Elementarlehre und der Aufbau von Sapientia Salomonis 11–19 », *Tradition and Re-interpretation in Jewish and early Christian Literature. Essays in honour of J.C.H. Lebram* (éd. VAN HENTEN, J.W.) (StPB 36 ; Leiden 1986) 81-96.

VAN UNNIK, W.C., ΑΦΘΟΝΩΣ ΜΕΤΑΔΙΔΩΜΙ (Bruxelles 1971) 15-23.

VANHOYE, A., « Mesure et démesure en Sg XII,22 ? », *RSR* 50 (1962) 530-537.

VÍLCHEZ LÍNDEZ, J., « La luz en el libro de la Sabiduría », *Treasures of Wisdom : Studies in Ben Sira and the Book of Wisdom.* (FS. M. Gilbert [CALDUCH-BENAGES, N. – VERMEYLEN, J.] BEThL 143 ; Leuven 1999) 279-288.

—, *Sabiduría* (Nueva Biblia Española ; Estella 1990).

VOLGGER, D., « Die Adressaten des Weisheitsbuches », *Bib.* 82 (2001) 153-177.

WEBER, J., « Le livre de la Sagesse traduit et commenté », *La Sainte Bible* (éd. PIROT, L. – CLAMER, A.) (Paris 1949) 365-528.

WEBER, R., *Sapientia Salomonis. Liber Hiesu Filii Sirach. Biblia Sacra iuxta latinam Vulgatam versionem* XII (Roma 1964).

WEBER, W., « Die Komposition der Weisheit Salomos », *ZWTh* 47 (1904) 145-169.

—, « Die Unsterblichkeit der Weisheit Salomos », *ZWTh* 48 (1905) 409-444.

—, « Die Seelenlehre der Weisheit Salomos », *ZWTh* 52 (1909) 314-332.

—, « Der Auferstehungsglaube der Weisheit Salomos », *ZWTh* 55 (1912) 205-239.

WEISENGOFF, J.P., « Death and Immortality in the Book of Wisdom », *CBQ* 3 (1941) 104-130.

WINSTON, D., *The Wisdom of Solomon. A New Translation with Introduction and Commentary* (AncB 43 ; New York 1979).

—, « The Sage as a Mystic in the Wisdom of Solomon », *The Sage in Israel and the Ancient Near East* (éd. GAMMIE, J.C. – PERDUE, L.C.) (Winona Lake 1990) 383-397.

––, « Un secolo di ricerca sul libro della Sapienza », *Il libro della Sapienza. Tradizione, redazione, teologia* (éd. BELLIA, G. – PASSARO, A.) (Studia Biblica 1 ; Roma 2004) 13-31.

WRIGHT, A.G., « The Structure of Wisdom 11–19 », *CBQ* 27 (1965) 28-34.

––, « The Structure of the Book of Wisdom », *Bib.* 48 (1967) 165-184.

ZENNER, J.K., « Der erste Teil des Buches der Weisheit », *ZKTh* 22 (1898) 417-431.

ZIEGLER, J., *Sapientia Salomonis* (SepSt XII,I ; Göttingen 1962).

II. Sophistique, rhétorique et critique littéraire

ANDERSON, G., *Sage, Saint and Sophist : Holy men and their Associates in the Early Roman Empire* (London 1994).

––, *The Second Sophistic : A Cultural Phenomenon in the Roman Empire* (London 1993).

BANON, D., « Midrach », *Encyclopédie Philosophique Universelle*, III.I (éd. JACOB, A.) (PUF ; Paris 1992) 225.

BARTHES, R., « L'ancienne rhétorique. Aide-mémoire », *Recherches Rhétoriques. Communications* 16 (1970) 172-229 [réédité dans *L'aventure sémiologique* (Paris 1985) 85-164].

––, *Poétique du récit* (Points Essais ; Paris 1977).

––, *L'aventure sémiologique* (Points Essais ; Paris 1985).

BEAUCHAMP, P., « L'analyse structurale et l'exégèse », *Congress Volume. Uppsala 1971* (éd. ANDERSON, G.W.) (VT.S 22 ; Leiden 1972) 113-128.

BORNECQUE, H., *Les déclamations et les déclamateurs d'après Sénèque le Père* (Lille 1902).

BOULANGER, A., *Aelius Aristide et la sophistique dans la province d'Asie au IIe siècle de notre ère* (Paris 1923).

BOWERSOCK, G. W., *Greek sophists in the Roman Empire* (Oxford 1969).

––, *Approaches to the Second Sophistic. Papers Presented at the 105th Annual Meeting of The American Philological Association (1973)* (Pennsylvania 1974).

BRANCACCI, A., *Rhetorike Philosophousa. Dione Crisostomo nella cultura antica e bizantina* (Elenchos 11 ; Napoli 1986).

BROWN, P., *Pouvoir et persuasion dans l'Antiquité tardive : vers un Empire chrétien* (tr. CHUVIN, P. ; Paris 1998 ; ²2003).

BURGESS, T.C., « Epideictic Literature », *Studies in Classical Philology* 3 (Chicago-Leipzig 1902) 89-261.

CANTO, M., « Politiques de la réfutation. Entre chien et loup : le philosophe et le sophiste », *Positions de la Sophistique* (éd. CASSIN, B.) (Paris 1986) 36-37.

CASSIN, B., *L'effet sophistique* (NRF Essais ; Paris 1995).

CLARKE, M.L., *Rhetoric at Rome : A Historical Survey* (New York 1953 ; ^{2}1996).

CROISET, A. – CROISET, M., *Histoire de la littérature grecque, V* (Paris 1899 ; ^{3}1938).

DELORME, J., « Sémiotique », *DBS* XII (1996) 281-333.

ÉDARD, J-B., *L'Épître aux Philippiens : rhétorique et composition stylistique* (EtB - NS 45 ; Paris 2002).

FONTANIER, P., *Les figures du discours* (Paris 1830 ; ^{5}1977).

FRUTEAU, H., « Bulletin Bibliographique », *RPh* 69 (1995) 205.

FUMAROLI, M., « Rhétorique et postmodernité », *Actualité de la rhétorique. Colloque de Paris, 22 novembre 1997, présidé par Marc Fumaroli* (éd. PERNOT, L. – FUMAROLI, M.) (Actes et colloques 56 ; Paris 2002) 13-16.

GARUTI, P., *Alle origini dell'omelitica cristiana : la lettera agli Ebrei. Note di analisi retorica* (SBFLA 38 ; Jérusalem 1995).

GLEASON, M.W., *Making Men* : *Sophists and Self-presentation in Ancient Rome* (Princeton 1995).

GREIMAS, A.J., *Sémantique structurale* (Paris 1966).

––, *Du sens. Essais sémiotiques* (Paris 1970).

GUTHRIE, W.K.C., *The Sophists* (Cambridge 1971).

HADOT, I., *Arts libéraux et philosophie dans la pensée antique : contribution à l'histoire de l'éducation et de la culture dans l'Antiquité* (EAug - Série Antiquité 107 ; Paris 1984).

HADOT, P., « Philosophie, dialectique, rhétorique dans l'Antiquité », *StPh* 39 (1980) 139-166.

––, *Exercices spirituels et philosophie antique* (EAug - Série Antiquité 88 ; Paris 1981).

HÉNAULT, A., *Les enjeux de la sémiotique. 1. Introduction à la sémiotique générale* (PUF ; Paris 1979).

KENNEDY, G.A., *Progymnasmata : Greek Textbooks of Prose Composition and Rhetoric. Writings from the Greco-Roman World* (Atlanta 2003).

KRAUS, M., « Progymnasmata, Gymnasmata », *Historishes Wörterbuch der Rhetorik* VII (Tübingen 2005) 159-191.

LANSON, G., « L'histoire littéraire et la sociologie », *Essais de méthode, de critique et d'histoire littéraire* (éd. PEYRE, H) (Paris 1904 ; ^{2}1965).

LAUSBERG, H., *Handbuch der literarischen Rhetorik. Eine Grundlegung der Literaturwissenschaft I-II* (München 1960).

LE DÉAUT, R., « À propos d'une définition du Midrash », *Bib.* 50 (1969) 395-413.

LOMBARD, J.-L., *Isocrate. Rhétorique et éducation* (Paris 1990).

MATUSCHEK, S., « Epideiktische Beredsamkeit », *Historisches Wörterbuch der Rhetorik* II (Tübingen 1994) 1258-1267.

MEYNET, R., *Initiation à la rhétorique biblique : « Qui donc est le plus grand ? »* (Paris 1982).

––, *Rhétorique sémitique. Textes de la Bible et de la tradition musulmane* (Patrimoines – Histoire comparée des religions ; Paris 1998).

MICHEL, A., « Rhétorique et philosophie au 2ème siècle ap. J.-C. », *ANRW* II.34.1 (Berlin-New York 1993) 3-78.

MORTARA GARAVELLI, B., *Manuele di Retorica* (Milano 1972 ; [2]2000).

NARCY, M., « À qui la parole ? Platon et Aristote face à Protagoras » *Positions de la sophistique* (éd. CASSIN, B.) (BHPh ; Paris 1986).

NICOSIA, S., « La Seconda Sofistica », *Lo spazio letterario della Grecia Antica. Vol. 1. La produzione e la circolazione del Testo. L'ellenismo* (éd. CAMBIANO, G. – CANFORA, L. – LANZA, D.) (Roma 1993)

NORDEN, E., *Agnostos theos. Untersuchungen zur Formengeschichte religiöser Rede* (Leipzig-Berlin 1913 ; [5]1971).

––, *Die Antike Kunstprosa vom VI. Jahrhundert V. chr. bis in die Zeit der Renaissance* I (Leipzig-Berlin 1915).

PERNOT, L. – FUMAROLI, M., *Actualité de la rhétorique. Colloque de Paris, 22 novembre 1997, présidé par Marc Fumaroli* (Actes et colloques 56 ; Paris 2002).

PERNOT, L., « Christianisme et Sophistique », *Papers on Rhetoric IV* (éd. MONTEFUSCO, L.C.) (Roma 2002) 245-262.

––, « *Periautologia.* Problèmes et méthodes de l'éloge de soi-même dans la tradition éthique et rhétorique gréco-romaine », *REG* 111 (1998) 101-124.

––, « Grégoire de Nazianze (or. XXXIII, 6-7) et l'éloge rhétorique des cités », *Euphrosyne* 31 (2003) 271-286.

––, « Les *topoi* de l'éloge chez Ménandros le Rhéteur », *REG* 99 (1986) 33-53.

––, « Lieu et lieu commun dans la rhétorique antique », *BAGB* (1986) 253-284.

––, « Rhétorique grecque à l'époque romaine », *Dictionnaire de littérature grecque ancienne et moderne* (éd. DIDIER, B. – ROMILLY, J. DE) (Quadrige 332 ; Paris 2001).

––, *Aelius Aristide. Éloges grecs de Rome. Discours traduits et commentés* (La roue à livres 32 ; Paris 1997).

––, *La rhétorique dans l'Antiquité* (Le Livre de Poche ; Série Antiquité ; Paris 2000).

––, *La rhétorique de l'éloge dans le monde gréco-romain. I. Histoire et technique ; II. Les valeurs* (EAug - Série Antiquité 137-138 ; Paris 1993).

QUET, M.-H., « Parler de soi pour louer Dieu », *L'invention de l'autobiographie d'Hésiode à Saint Augustin* (éd. BASLEZ, M.-F. – HOFFMANN, P. – PERNOT, L.) (Études de littérature ancienne 5 ; Paris 1993) 211-251.

ROCCA-SERRA, G., « Bibliographie de la seconde sophistique », *Positions de la sophistique* (éd. CASSIN, B.) (BHPh ; Paris 1986) 301-314.

ROMILLY, J. DE, *Précis de littérature grecque* (Quadrige 392 ; Paris 2002).

RUSSELL, D.A., *Greek declamation* (Cambridge 1983).

RUSSELL, D.A. – WILSON, N.G., *Menander Rhetor. Edited with Translation and Commentary* (Oxford 1981).

SWAIN, S., *Dio Chrysostom : politics, letters, and philosophy* (Oxford 2000).

––, *Hellenism and empire : language, classicism and power in the Greek world, AD 50-250* (Oxford 1996).

THOMPSON, D.J., « Literacy and power in Ptolemaic Egypt », *Literacy and Power in the Ancient World* (éd. BOWMAN, A.K. – WOOLF, G.) (Cambridge 1994) 67-83.

TOO, Y.L. – LEVINGSTONE, N., *Pedagogy and Power : Rhetorics of Classical Learning* (Cambridge 1998).

TREDE-BOULMER, M., « La Grèce antique a-t-elle connu l'autobiographie ? », *L'invention de l'autobiographie d'Hésiode à Saint Augustin* (éd. BASLEZ, M.-F. – HOFFMANN, P. – PERNOT, L.) (Études de littérature ancienne 5 ; Paris 1993) 13-20.

VAN ESBROECK, M., *Herméneutique, structuralisme et exégèse : essai de logique kérygmatique* (Paris 1968).

VANHOYE, A., *La structure littéraire de l'Épître aux Hébreux* (Paris-Bruges 1963 ; ²1976).

WRIGHT, A.G., *The Literary Genre Midrash* (Staten Island, NY 1967).

III. Le monde gréco-latin

ALONSO TRONCOSO, V., « Paideia und Philia in der Hofgesellschaft der hellenistischen Zeit », *Aspects of Friendship in the Graeco-Roman World* (éd. PEACHIN, M.) (J.R.A. - Suppl. 43 ; Portsmouth 2001) 81-87.

ANDRÉ, J.-M., « Les écoles philosophiques aux deux premiers siècles de l'Empire », *ANRW* II.36.1 (Berlin-New York 1987) 5-77.

BEHR, C.A., *Aelius Aristides. The Complete Works Translated into English* (Leiden 1981-1986).

BIANCHI, U., *The Greek Mysteries* (Leiden 1976).

BIDEZ, J. – CUMONT, F., *Les mages hellénisés. Zoroastre, Ostanès et Hystaspe I-II* (Paris 1938).
BOLLACK, J., *L'Œdipe Roi de Sophocle. Le texte et ses interprétations I-IV* (Lille 1990).
BOMPAIRE, J., *Lucien écrivain. Imitation et création* (Paris 1958 ; [2]2000).
BOULANGER, A., *Orphée. Rapports de l'orphisme et du christianisme* (Paris 1925).
BOYANCÉ, P., *Le culte des Muses chez les philosophes grecs. Études d'histoire et de psychologie collectives* (Paris 1936 ; [2]1972).
BOYS-STONES, G. R., *Post-Hellenistic Philosophy. A Study in its Development from the Stoics to Origen* (Oxford 2001).
BRANCACCI, A., « Érotique et théorie du plaisir chez Antisthène », *Le cynisme ancien et ses prolongements : Actes du Colloque international du C.N.R.S* (éd. GOULET-CAZE, M.-O. – GOULET, P.) (Paris 1993) 37-49.
BRÉHIER, É., « La cosmologie stoïcienne à la fin du paganisme », *RHR* 64 (1911) 1-20.
—, *Chrysippe et l'ancien stoïcisme* (Paris 1951).
BRICAULT, L., *Atlas de la diffusion des cultes isiaques (IVᵉ av. J.-C.–IVᵉ ap. J.-C.)* (Paris 2001).
BRUNET, P., *Introduction à la traduction d'Œdipe Roi* (CUF ; Paris 2002) I-XXII.
BRUNSCHWIG, J., *Études sur les philosophies hellénistiques. Épicurisme, stoïcisme, scepticisme* (Épiméthée ; Paris 1995).
BURKERT, W., *Ancient Mystery Cults* (Cambridge 1987).
CAIOZZO, A., « Le ciel de l'astronome, le ciel de l'astrologue et celui du sorcier : trois conceptions des cieux dans les manuscrits enluminés de l'Orient médiéval », *La science des Cieux. Sages, Mages, Astrologues* (éd. GYSELEN, R.) (Res Orientales 12 ; Bures-sur-Yvette 1999) 11-51.
CHAMOUX, F., *La civilisation hellénistique* (Paris 1981).
CLARKE, M.L., *Higher Education in the Ancient World* (London 1971).
CONCHE, M., *Héraclite. Fragments : texte établi, traduit, commenté* (Épiméthée ; Paris 1986 ; [4]1998).
—, *Parménide. Fragments : texte établi, traduit, commenté* (Épiméthée ; Paris 1996 ; [2]1999).
CRIBIORE, R., « The Grammarian's Choice : The popularity of Euripides' *Phoenissae* in Hellenistic and Roman Education », *Education in Greek and Roman Antiquity* (éd. TOO, Y.L.) (Leiden-Boston-Köln 2001) 241-259.
—, *Gymnastics of the mind : Greek education in Hellenistic and Roman Egypt* (Oxford 2001).
CROOK, J., *Consilium Principis. Imperial councils and counsellors from Augustus to Diocletian* (Cambridge 1955).

CROUZEL, H., *Grégoire le Thaumaturge. Remerciement à Origène, suivi de la lettre d'Origène à Grégoire* (SC 148 ; Paris 1969).

CUMONT, F., « Le mysticisme astral dans l'Antiquité », *BAB.L* (1909) 256-286.

—, *L'Égypte des Astrologues* (Bruxelles 1937).

—, *Lux Perpetua* (Paris 1949).

DAWE, R. D., *Sophoclis Oedipus Rex* (Stuttgart 1968 ; ^{3}1996).

DES PLACES, É., *La religion grecque. Dieux, cultes, rites et sentiment religieux dans la Grèce antique* (Paris 1969).

DIELS, D., *Die Fragmente der Vorsokratiker I-II* (Berlin 1903 ; ^{6}1954).

DITTENBERGER, W., *Orientis Graeci Inscriptiones Selectae I-II* (Leipzig 1903-1905).

DUNAND, F., *Le culte d'Isis dans le bassin oriental de la Méditerranée I-III* (EPRO 26 ; Leiden 1973).

ELLENDT, F., *Lexicon Sophocleum* (Hildescheim 1986).

FESTUGIÈRE, A.-J., *Corpus Hermeticum I-IV* (CUF ; Paris 1945-1954).

—, *Épicure et ses dieux* (Paris 1946).

—, *L'idéal religieux des Grecs et l'Évangile* (EtB ; Paris 1932).

—, *La révélation d'Hermès Trismégiste.* I. *L'astrologie et les sciences occultes* (EtB ; Paris 1944).

—, « À propos des arétalogies d'Isis », *HThR* 42 (1949) 220-228.

—, *La révélation d'Hermès Trismégiste.* II. *Le dieu cosmique* (EtB ; Paris 1949).

—, *Études de philosophie grecque* (BHPh ; Paris 1971).

—, *Socrate* (Paris 1977).

—, – SAFFREY, H.D., *Aelius Aristide, Discours sacrés. Rêve, religion, médecine au IIe siècle ap. J.-C. Introduction et traduction par A.J.F., notes par H.D.S.* (Paris 1986).

FITZGERALD, J.T., *Friendship, Flattery, and Frankness of Speech : Studies on Friendship in the New Testament World* (NT.S 82 ; Leiden 1996).

FLINTERMAN, J.-J., *Power, Paideia & Pythagoreanism. Greek identity, conceptions of the relationship between philosophers and monarchs and political ideas in Philostratus' Life of Apollonius* (Amsterdam 1995).

FRAISSE, J.-C., *Philia, la notion d'amitié dans la philosophie antique. Essai sur un problème perdu et retrouvé* (BHPh ; Paris 1974).

GOUX, J.-J., *Œdipe Philosophe* (Paris 1990 ; ^{2}1992).

GSELL, S., « Gratiae », *Dictionnaire des antiquités grecques et romaines* II,2 (éd. DAREMBERG, C.– SAGLIO, E.) (Paris 1896) 1659-1666.

JAEGER, W., *Paideia. The ideals of Greek Culture. I. Archaic Greece. The Mind of Athens ; II. In Search of the Divine Centre ; III. The Conflict of Cultural Ideals in the Age of Plato* (tr. HIGHET, G.) (Oxford 1986).

JAMA, S., « Au plus haut des cieux », *La science des Cieux. Sages, Mages, Astrologies* (éd. GYSELEN, R.) (Res Orientales 12 ; Bures-sur-Yvette 1999) 137-148.

LAFAYE, G., « Litanie grecque d'Isis », *RevPhil* 40 (1916) 55-108.

LAFFRANQUE, M., *Poseidonios d'Apamée. Essai de mise au point* (Paris 1964).

MAASS, E., *Orpheus. Untersuchungen zur Griechischen, Römischen, Altchristlichen Jenseitsdichtung und Religion* (München 1895 ; [2]1974).

MALAISE, M., « Le problème de l'hellénisation d'Isis », *De Memphis à Rome* (éd. BRICAULT, L.) (Leiden 2000) 1-19.

MALOSSE, P.-L., *Libanios. Discours LIX* (CUF ; Paris 2003).

MARROU, H.-I., *Histoire de l'éducation dans l'antiquité. I. Le monde grec ; II. Le monde romain* (Paris 1948 ; [7]1975).

MARTIN, J., *Aratos. Phénomènes. Texte établi, traduit et commenté I-II* (CUF ; Paris 1998).

NAUCK, A., *Tragicorum Graecorum Fragmenta* (Hildesheim 1964).

NAVARRE, O., « Nymphae », *Dictionnaire des antiquités grecques et romaines* IV,1,124-128 (éd. DAREMBERT, C. – SAGLIO, E.) (Paris 1896).

OGEREAU, F., *Essai sur le système philosophique des stoïciens* (Paris 1885 ; [2]2002).

RAWSON, E., « Roman Rulers and the Philosophic Adviser », *Philosophia togata : essays on philosophy and Roman society* (éd. GRIFFIN, M.T. – BARNES, J.) (Oxford 1989).

REINHARDT, K., *Sophocle* (tr. MARTINEAU, E. ; Paris 1971).

ROUSSEL, P., « Un nouvel hymne à Isis », *REG* 42 (1929) 137-168.

SAVALLI-LESTRADE, I., *Les philoi royaux dans l'Asie hellénistique* (Genève 1998).

SCHOLLMEIER, P., *Other Selves : Aristotle on Personal and Political Friendship* (New York 1994).

SCHUHL, P.-M., « Préface à la traduction de textes stoïciens », *Les Stoïciens* (éd. BRÉHIER É. – SCHUHL, P.-M.) (Bibliothèque de la Pléiade ; Paris 1962) I-XXVI.

—, *Aristote. Cinq œuvres perdues. De la richesse, de la prière, de la noblesse, du plaisir, de l'éducation* (PUF ; Paris 1968) 81-115.

SIDER, D., *The Fragments of Anaxagoras. Edited with an Introduction and Commentary* (Meisenheim 1981).

SIRINELLI, J., *Les enfants d'Alexandre. La littérature et la pensée grecques (334 av. J.-C.–519 ap. J.-C.)* (Paris 1993).

SPANNEUT, M., *Le stoïcisme des Pères de l'Église* (Paris 1957).

STERN-GILLET, S., *Aristotle's Philosophy of Friendship* (New York 1995).

TOTTI, M., *Ausgewählte Texte der Isis und Sarapis Religion* (SubEpi 12 ; Hildesheim-Zurich-New York 1985).

TRIPOLITIS, A., *Religions of the Hellenistic-Roman Age* (Grand Rapids, MI 2002).

VANDERLIP, V.F., *The four Greek hymns of Isidorous and the cult of Isis* (Toronto 1972).

VERBEKE, G., *L'évolution de la doctrine du pneuma du Stoïcisme à S. Augustin* (Paris-Louvain 1945).

VERILHAC, A.-M., « L'image de la femme dans les épigrammes funéraires grecques », *La femme dans le monde méditerranéen. I. Antiquité* (Lyon 1985) 85-112.

VERNANT, J.-P. – VIDAL-NAQUET, P., *Mythe et tragédie en Grèce ancienne I* (Paris 1972 ; 42001).

VOELKE, A.J., *Les rapports avec autrui dans la philosophie grecque, d'Aristote à Panétius* (Paris 1961).

VON ARNIM, J., *Stoicorum Veterum Fragmenta I-IV* (Stuttgart 1903 ; 21979).

VON FREUDENTHAL, J., *Hellenistische Studien* (Breslau 1875).

WILL, E., « Syngeneia, oikeiotes, philia », *RPh* 69 (1995) 302.

WILLIAMS, F., *Callimachus. Hymn to Apollo* (Oxford 1978).

IV. Le monde biblique, juif et judéo-hellénistique

AALEN, S., *Die Begriffe 'Licht' und 'Finsternis' im Alten Testament, im Spätjudentum und im Rabbinismus* (Oslo 1951).

ALETTI, J.-N., *Israël et la Loi dans la Lettre aux Romains* (LeDiv 173 ; Paris 1998).

—, « Séduction et parole en Proverbes I–IX », *VT* 27 (1977) 129-144.

—, *Comment Dieu est-il juste? Clefs pour interpréter l'épître aux Romains* (Parole de Dieu ; Paris 1991).

—, *Épître aux Éphésiens. Introduction, traduction et commentaire* (EtB - NS 42 ; Paris 2001).

ALEXANDRE, M., *Le commencement du livre : Genèse I–V. La version grecque de la Septante et sa réception* (Paris 1988).

AVERY-PECK, A.J. – NEUSNER, J., *Judaism in Late Antiquity. Death, Life-after-death, Resurrection and the World-to-come in the the Judaisms of Antiquity IV* (Leiden 2000).

BARCLAY, J.M., *Jews in the mediterranean Diaspora : From Alexander to Trajan (323 BCE–117 CE)* (Hellenistic Culture and Society 33 ; Edinburgh 1996).

BARTHÉLEMY, D., *Dieu et son image : ébauche d'une théologie* (Paris 1963).

BAUMGÄRTEL, F. – KLEINKNECHT, H., « πνεῦμα », *ThWNT* VI, 330-450.

BEAUCHAMP, P., *Création et séparation. Étude exégétique du chapitre premier de la Genèse* (Paris 1969).

BERTRAM, G., « παιδεύω », *ThWNT* V, 596-625.

BOFFO, L., *Iscrizioni greche e latine per lo studio della Bibbia* (Brescia 1994).

BOGAERT, P., *L'Apocalypse syriaque de Baruch. Introduction, traduction du syriaque et commentaire* (SC 14 ; Paris 1969).

BOISMARD, M.-É., *Faut-il encore parler de "résurrection" ? Les données scripturaires* (Théologie ; Paris 1995).

BONNARD, P.-É., *La Sagesse en personne annoncée et venue : Jésus-Christ* (LeDiv 44 ; Paris 1966).

BOTTE, B., « La Sagesse dans les livres Sapientiaux », *RSPhTh* 19 (1930) 83-94.

CALLENDER, D.E., *Adam in Myth and History. Ancient Israelite Perspectives on the Primal Human* (HSS 48 ; Eisenbrauns 2000) 219-234.

CANNUYER, C., « À propos de la Maât égyptienne et de la Hokmâh biblique, figures féminines de la Sagesse », *La Femme dans les civilisations orientales et Miscellanea Aegyptologica. Christiane Desroches Noblecourt in honorem* (éd. CANNUYER, C. – FREDERICQ-HOMES, D.) (AcOBe 15 ; Bruxelles 2001) 17-34.

CEUPPENS, F., « De conceptu "Sapientiae divinae" in libris didacticis A.T. », *Ang.* 12 (1935) 333-345.

COLLINS, J.J., « Cosmos and Salvation : Jewish Wisdom and Apocalypticism in the Hellenistic Age », *HR* 17 (1977) 121-142.

CONZELMANN, H., « φῶς », *ThWNT* IX, 302-349.

COOK, J., « The Septuagint of Genesis Text and/or interpretation », *Studies in the Book of Genesis. Literature, redaction and history* (éd. A. WÉNIN) (BEThL 155 ; Leuven 2001) 315-329.

—, *The Septuagint of Proverbs : Jewish and-or Hellenistic Proverbs ? Concerning the Hellenistic Colouring of LXX Proverbs* (VT.S 69 ; Leiden 1997).

CULLMANN, O., *Immortalité de l'âme ou Résurrection des morts ? Le témoignage du Nouveau Testament* (Paris 1958 ; ²1959).

D'HAMONVILLE, D.-M., *Les Proverbes. Traduction du texte grec de la Septante* (La Bible d'Alexandrie 17 ; Paris 2000).

DAY, J. – GORDON, P. – WILLIAMSON, H.G.M., *Wisdom in Ancient Israel : Essays in honour of. J.A. Emerton* (Cambridge 1995).

DAY, J., « The Development of Belief in Life after Death in Ancient Israel », *After the Exile : Essays in Honour of Rex Mason* (éd. BARTON, J.) (Macon 1996) 231-257.

DENIS, A.-M., *Introduction aux Pseudépigraphiques Grecs de l'Ancien Testament* (SVTP 1 ; Leiden 1970).

DES PLACES, É., *Syngeneia. La parenté de l'homme avec Dieu. D'Homère à la patristique* (Études et commentaires 51 ; Paris 1964).

—, « Épithètes et attributs de la Sagesse », *Bib.* 57 (1976) 414-419.

DUBARLE, A.-M., *Les Sages d'Israël* (LeDiv 1 ; Paris 1946).

DUPONT-SOMMER, A. – PHILONENKO, M., *La Bible. Écrits Intertestamentaires* (Bibliothèque de la Pléiade ; Paris 1987).

EPSTEIN, I., *The Babylonian Talmud* (London 1935-1952).

FABRY, H.J. – TENGSTRÖM, S., « רוּחַ », *ThWAT* VII, 385-425.

FONTAINE, P.F.M., *The Light and the Dark. A Cultural History of Dualism. VII. Dualism in the Palestian-Syrian region during the first century A.D.* (Amsterdam 1994).

FRANXMAN, T. W., *Genesis and the « Jewish Antiquities » of Flavius Josephus* (Or. - NS 35 ; Roma 1979).

GANGEMI, A., « Il senso di *agapaô* e *fileô* nei LXX, nel NT e nel vangelo di Giovanni », *Synaxis* 16/1 (1998).

GELIN, A., « Messianisme », *DBS* V (Paris 1957) 1165-1212. ;

GILBERT, M., « Immortalité ? Résurrection ? Faut-il choisir ? Témoignage du judaïsme ancien », *Le judaïsme à l'aube de l'ère chrétienne* (éd. ABADIE, P. – LEMONON, J.-P.) (LeDiv 186 ; Paris 2001) 271-297.

—, « La lumière dans les textes de Qumrân », *Symbolisme et expérience de la lumière dans les grandes religions : actes du colloque tenu à Luxembourg, du 29 au 31 mars 1996* (éd. RIES, J. – TERNES, Ch.-M.) (HoRe 2 ; Turnhout 2002) 149-156.

—, « Le discours menaçant de Sagesse en Pr. 1,20-33 », *Storia e tradizione di Israele. Scritti in Onore di J. Alberto Soggin* (éd. GARRONE, D. – ISRAËL, F.) (Brescia 1991) 99-119.

—, « Le Sacré dans l'Ancien Testament », *L'expression du Sacré dans les grandes religions.* I. *Proche-Orient ancien et traditions bibliques* (éd. RIES, J. – SAUREN, H. – KESTEMONT, G.) (HoRe 3 ; Louvain-la-Neuve 1978).

—, « Les additions grecques et latines à Siracide 24 », *Lectures et relectures de la Bible* (FS. P.-M. Bogaert [AUWERS, J.-M. – WÉNIN, A.] BEThL 144 ; Leuven 1999) 185-202.

—, « Nouvelle création et expérience historique », *Il a parlé par les Prophètes. Thèmes et figures bibliques* (Le livre et le rouleau 2 ; Bruxelles 1998) 215-230.

GINZBERG, L., *Les légendes des Juifs. La création du monde, Adam, les dix générations, Noé* (tr. SED-RAJNA, G.) (Patrimoines – Judaïsme ; Paris 1997).

GOLD, J., « Deuteronomy and the Word : The Beginning and the End », *The Biblical Mosaic : Changing Perspectives* (éd. POLZIN, R.M. – ROTHMAN, E.) (Semeia Studies 10 ; Philadelphia 1982) 49-59.

GOODENOUGH, E.R., *By Light, Light. The Mystic Gospel of Hellenistic Judaism* (New Haven 1935 ; ^{2}1969).
HASPECKER, J., *Gottesfurcht bei Jesus Sirach,* (AnBib 30 ; Roma 1967).
HAUCK, F. – KASCH, W., « πλοῦτος », *ThWNT* VI, 316-330.
HAUCK, F., « κοινός », *ThWNT* III, 789-798.
HENGEL, M., *Judentum und Hellenismus : Studien zu ihrer Begegnung unter besonderer Berücksichtigung Palästinas bis zur Mitte des 2.Jh. v.Chr.* (WUNT 10 ; Tübingen 1969).
HOLLADAY, C.R., *Fragments from Hellenistic Jewish Authors. III. Aristobulus* (SBL.TT 20 ; Atlanta 1983).
HULSBOSCH, A., *Sagesse créatrice et éducatrice* (Roma 1963).
ISAACS, M.E., *The Concept of Spirit. A Study of Pneuma in Hellenistic Judaism and its Bearing on the New Testament* (London 1976).
KEEL, O., *Die Weisheit spielt vor Gott : ein ikonographischer Beitrag zur Deutung des mesahäqät in Spr 8,30f.* (Freiburg-Göttingen 1974).
KNOX, W.L., « Divine Wisdom », *JThS* 38 (1937) 230-237.
KOVELMAN, A., *Between Alexandria and Jerusalem. The Dynamic of Jewish and Hellenistic Culture* (The Brill Reference Library of Judaism 21 ; Leiden 2005).
LAMBRECHT, J., *Die Redaktion der Markus-Apokalypse* (AnBib 38 ; Roma 1967).
LANG, B., *Frau Weisheit. Deutung einer biblischen Gestalt* (Düsseldorf 1975).
––, *Wisdom and the Book of Proverbs. An Israelite Goddess redefined* (New York 1986).
LIGIER, L., *Péché d'Adam et péché du monde, Bible, Kippur, Eucharistie. I. L'Ancien Testament* (Théologie 43 ; Paris 1960).
LYONNET, S., *Études sur l'Épître aux Romains* (AnBib 120 ; Roma 1989).
MACK, B.L., *Logos und Sophia : Untersuchungen zur Weisheitstheologie im hellenistischen Judentum* (SNTU 10 ; Göttingen 1973) 63-107.
MAY, H.G., « The creation of Light in Gn 1,3-5 », *JBL* 58 (1939) 203-211.
––, « The king in the Garden of Eden : A study of Ezechiel 28:12-19 », *Israel's Prophetic Heritage. Essays in honor of James Muilenburg* (éd. ANDERSON, B.W. – HARRELSON, W.) (New York 1962) 166-176.
MCKANE, W., *Proverbs : A New Approach* (Old Testament Library ; London 1970).
MIES, F., *Toute la sagesse du monde : Hommage à Maurice Gilbert* (Le livre et le rouleau 7 ; Bruxelles 1999).
MILLER, H.G., *Commentary on St Paul's Epistle to the Ephesians* (London 1899).
MINISSALE, A., *La versione greca del Siracide* (AnBib 133 ; Roma 1995).
MÜLLER, H.P. – KRAUSE, M.K., « חָכְמָה », *ThWAT* 920-944.

MURPHY, R.E., « The personification of Wisdom », *Wisdom in Ancient Israel* (éd. DAY, D. – GORDON, R.P. – WILLIAMSON, H.G.M.) (Cambridge1995) 222-233.

NICKELSBURG, G.W.E., *Resurrection, Immortality, and Eternal Life in Intertestamental Judaism* (HThS 26 ; Cambridge 1972).

PFEIFFER, R.H., *History of the New Testament Times* (New York 1949).

PHILONENKO, M., « Essénisme et gnose chez le Pseudo-Philon. Le symbolisme de la lumière dans *Liber Antiquitatum Biblicarum* », *Origine dello gnosticismo. Colloquio di Messina* (éd. BIANCHI, U.) (Leiden 1967) 401-410.

PORTER, S.E., « Paul of Tarsus and his letters », *A Handbook of Classical Rhetoric in the Hellenistic Period* (éd. S.E. PORTER) (Leiden 1997).

PRATO, G.L., « La lumière interprète de la Sagesse dans la tradition textuelle de Ben Sira », *La Sagesse de l'Ancien Testament* (éd. GILBERT, M.) (BEThL 51 ; Leuven 1979 ; ^{2}1990) 317-346.

PRÜMM, C., « Mystère », *DBS* VI (Paris 1960) 1-22.

PUECH, É., *La croyance des Esséniens en la vie future : immortalité, résurrection, vie éternelle ? Histoire d'une croyance dans le judaïsme ancien.* I. *La résurrection des morts et le contexte scripturaire ;* II. *Les données qumrâniennes et classiques* (EtB - NS 21-22 ; Paris 1993).

RADICE, R., *La filosofia di Aristobulo e i suoi nessi con il "De mundo" attribuito ad Aristotele* (Milano 1994).

RAURELL, F., « La filantropia divina. Base d'obertura cultural en el judeo-hellenisme », *RCatT* 25 (2000) 59-80.

RENGSTORF, K.H., *A Complete Concordance to Flavius Josephus* I-II (Leiden 2002).

REITZENSTEIN, R., *Zwei religionsgeschichtliche Fragen* (Strasbourg 1901).

RINGGREN, H., *Word and Wisdom : Studies in the Hypostatization of Divine Qualities and Functions in the Ancient Near East* (Lund 1947).

ROBERT, A., « Les attaches littéraires bibliques de Prov. I-IX », *RB* 43 (1934) 42-67.

SANDERS, J.A., *The Psalms Scroll of Qumrân Cave 11 (11QPs^{a})* (DJD 4 ; Oxford 1965).

SCHENKEVELD, D.M., « De Novis Libris Iudica », *Mnemosyne* 50 (1997) 89.

SCHLATTER, R., « Das neugefundene hebraïsche Stück des Sirach. Der Glossator des griechischen Sirach und seine Stellung in der Geschichte der jüdischen Theologie », *BFChTh* 1 (1897) 163-190.

SKEHAN, P.W. – DILELLA, A.A., *The Wisdom of Ben Sira* (AncB 39 ; New York 1987).

SONNET, J.-P., *The Book within the Book* (Bib.IS 14 ; Leiden 1997).

SPICQ, C., *Agapè dans le Nouveau Testament. Analyse des textes,* I-III (EtB ; 1958-1959).

—, *Agapè. Prolégomènes à une étude de théologie néo-testamentaire* (StHell 10 ; Louvain 1955) 12-70.
TOSATO, A., *Il matrimonio israelitico* (AnBib 100 ; Roma 1982) 74-76.
VAILLANT, A., *Le livre des secrets d'Hénoch : Texte slave et traduction française* (Paris 1952).
VAN IMSCHOOT, P., « L'action de l'Esprit de Yahvé dans l'A.T. », *RSPhTh* 23 (1934).
—, « L'esprit de Yahvé et l'alliance nouvelle dans l'A.T. », *EThL* 22 (1936).
—, « L'esprit de Yahvé, source de vie dans l'A.T. », *RB* 44 (1935) 481-501.
—, « Sagesse et Esprit dans l'A.T. », *RB* 47 (1938) 23-49.
VANEL, A., « Courant de Sagesse », *DBS* XI (Paris 1986) 15-41.
VIGOUROUX, F., *La sainte Bible Polyglotte* IV (Paris 1903).
VON RAD, G., *Israël et la Sagesse* (tr. DE PEYER, E.) (Genève 1971).
WALTER, N., *Die Thoraausleger Aristobulos : Untersuchungen zu seinen Fragmenten und zu pseudepigraphischen Resten der jüdisch-hellenistischen Literatur* (Berlin 1964).
WHYBRAY, R.N., *Wisdom in Proverbs : the concept of wisdom in Proverbs 1–9* (SBT 45 ; London 1965).
WILCKENS, U., « Weisheit und Torheit », *BHTh* 26 (1959) 188-190.
—, « σοφία », *ThWNT* VII, 467-475.
WINTER, B.W., *Philo and Paul among the Sophists : Alexandrian and Corinthian Responses to a Julio-Claudian Movement* (Eerdmans 2001 ; ²2002).

V. Dictionnaires et autres études

BAILLY, A., *Dictionnaire grec-français* (Paris 1894 ; ¹⁶1950).
BLONDEL, M., *L'Action. Essai d'une critique de la vie et d'une science de la pratique* (Quadrige 170 ; Paris 1893 ; ²1950).
BOISACQ, É., *Dictionnaire étymologique de la langue grecque* (Paris 1938).
BROWN, F. – DRIVER, S.R. – BRIGGS, C.A., *A Hebrew and English Lexicon of the Old Testament* (Oxford 1951).
CHANTRAINE, P., *Dictionnaire étymologique de la langue grecque. Histoire des mots* (Paris 1968).
CHARLESWORTH, J.H. (éd), *The Old Testament Pseudepigrapha I* (New York 1983).
DENIS, A.-M., *Concordance grecque des Pseudépigraphes de l'Ancien Testament* (Louvain 1987).
ESTIENNE, H., *Thesaurus Graecae Linguae* (Paris 1831-1865).
LIDDELL, H.G. – SCOTT, R., *A Greek-English Lexicon*, révisé et augmenté par JONES, H. S. – MCKENZIE, R. (Oxford 1985).
LITTRÉ, E., *Dictionnaire de la langue française* (Paris 1874).

LUBAC, H. DE, *Surnaturel. Études historiques* (Théologie 8 ; Paris 1946).
PECK, H.T., *Harpers Dictionary of Classical Literature and Antiquities* (New York 1965).
RAGON, E., *Grammaire grecque* (Paris 1964).
REY, A., *Le petit Robert* (Paris 1991).
ROMILLY, J. DE, *Dictionnaire de littérature grecque ancienne et moderne* (Quadrige 332 ; Paris 2001).
ROSCHER, W.H., *Ausführliches Lexikon der Griechischen und Römischen Mythologie* I-X (Leipzig 1884-1904).
STERN, E., *The New Encyclopedia of Archaeological Excavations in the Holy Land* (Jerusalem 1993).

Index des citations

I. Livres bibliques

A. Ancien Testament

Genèse

1,1 : 141
1,1-5 : 213, 244
1,2 : 133n, 226, 227n
1,2-5 : 238
1,3 : 182, 227, 228, 231, 234, 245, 247, 329
1,3-5 : 243
1,4 : 235
1,5 : 235
1,6 : 231n
1,14-19 : 234, 238
1,26 : 231
1,27 : 139
1,28 : 141, 161
1–3 : 37, 139n, 141
2,4 : 141
2,7 : 45, 123, 130-135, 224, 317, 323, 328
2,20 : 241
2–3 : 138, 304
3,1 : 207
3,19 : 138-139
3,22 : 140n
3,24 : 137
4,7 : 132n
4,14 : 137
4,19 : 280n
6,2 : 280n
6,3 : 134
7,15 : 134
11,31 : 274
12,19 : 280n
14,19-22 : 218n
20,3 : 279
22,2 : 260
24,27 : 260
25,28 : 260
27,4 : 261
29,11-13 : 261
30,8 : 279
34,2 : 280n
37,3 : 260
38,2 : 280n
42,6 : 173n

Exode

2,1 : 280n
6,20 : 280n
10,21-33 : 237n
13,21 : 238
13,21-22 : 237n
16,14 : 204
18,7 : 261
26,1 : 137
27,9 : 226
28,2 : 291
28,3 : 197
31,3 : 197
31,6 : 197
33,7 : 137
33,11 : 269
34,11 : 137
34,28 : 137
37,10 : 137

Lévitique

3,1 : 271n
19,18 : 261
19,34 : 261
20,14 : 280n
23,40 : 164

Nombres

12,1 : 164
21,27 : 226

Deutéronome

4,1 : 191
4,6 : 197
4,10 : 172, 179, 191, 193
4,14 : 191
4,32 : 165n
5,1 : 171
5,10 : 260
5,31 : 191
6,1 : 191
6,6-7 : 191
7,6-7 : 157
11,2 : 192
11,18 : 191
12,7 : 164
14,23 : 191
17,19 : 191
20,5 : 221, 224
20,7 : 280n
21,11 : 280n
22,13 : 279
30,12 : 281
31,12 : 191
31,13 : 191
32,6 : 218n
34,9 : 45, 197

Josué

18,1 : 137

Juges

3,6 : 280, 281

Ruth

1,4 : 280n
4,13 : 280n

1 Samuel

1,5 : 260
4,19 : 274
11,14 : 221, 223
16,21 : 261
25,39 : 280n
29,6 : 142

2 Samuel

3,25 : 142
7,16 : 303
14,2 : 280n
14,20 : 197
22,12 : 130
23,2-5 : 101

1 Rois

2,35 : 280n
3,1 : 257
3,1–5,14 : 99
3,3 : 157
3,4-15 : 143, 146, 147, 155
3,5 : 44, 100
3,5-15 : 95, 112
3,7 : 142
3,9 : 156
3,9-13 : 155
3,10 : 44
3,12 : 44, 45, 134
3,12-13 : 146
3,13 : 146, 159
3,16-28 : 276, 284
3,24-28 : 182n
5,9 : 197
5,9-14 : 100
5,14 : 280n
8,63 : 224
10,6-9 : 306n
10,14-25 : 156n, 159
10,25-26 : 306n
11,1 : 310
11,1-13 : 287
11,4-43 : 99

11,14-40 : 306n
19,12 : 204

1 Chroniques

16,1 : 137
22,12 : 196
28,21 : 197

2 Chroniques

1,7 : 44
1,7-12 : 99
1,10 : 197
1,10-12 : 155
1,12 : 44, 146
7,5 : 224
9,1-31 : 99
11,18 : 280n
13,21 : 280n
24,4 : 224
24,12 : 224
32,33 : 291

Esdras

16,16 : 224

Néhémie

12,27 : 224

Tobie

4,13 : 261
6,19 : 261
8,15 : 165n
12,7 : 278
12,11 : 278
12,12 : 227n

Judith

2,2 : 278

Esther

1,3.13 : 273
2,18 : 273
3,1 : 273

1 Maccabées

1,47.62 : 133
3,38 : 273
6,9 : 221
6,14.28 : 273
7,6 : 273
8,1.11.17 : 270
8,20 : 273
8,30 : 278
10,10 : 221
10,20.54 : 269
14,21 : 291n
14,39 : 273

2 Maccabées

1,10 : 246n
1,14 : 279
4,11 : 221, 222
4,15 : 291
4,21 : 172n
5,2 : 130
5,16 : 291
7,22 135n
7,24 : 273n
7,27 : 136n
8,9 : 273
10,13 : 273
11,6 : 172n
12,5 : 172n

Job

1,3 : 154
1–2 : 159n
2,5 : 155
3,10-12 : 136
3,11 : 127, 129
10,17 : 221

10,18 : 130
12,12 : 197
28,15-19 : 155
28,20 : 281
28,20-28 : 104
28,28 : 197
31,25 : 161
33,9 : 219
33,33 : 197
37,22 : 291n

Psaumes

2,8 : 306
5,4 : 237
8,3 : 182
8,6 : 291n
17,12 : 130
18,2-5 : 208n
24,5.9 : 169
28,1 : 291
32,6 : 182
33,13 : 261
36,30 : 197
38,3 : 221n
41 : 53
44,2 : 204
46,4 : 305
48,13.21 : 155
50,8 : 197
50,12 : 219, 221, 223
56,5 : 203
62,2 : 237
70,17 : 194
77,5b-6 : 193
92 : 305n
95 : 305n
95,7 : 291
96 : 305n
102,5 : 221
103,1 : 234, 240
103,1-24 : 223, 250
103,1-30 : 223
103,24 : 197, 213, 227, 240
103,25-32 : 224
103,29 : 223, 224
103,30 : 221, 223
104,42 : 205
106,27 : 197
111,6 : 292
118,2.7.12.13 : 194
118,43.45.46 : 194
118,73 : 194
118,97 : 261
118,147 : 237
118,171 : 195
120,8 : 142
135,12 : 192
138,13 : 137
138,15-16a : 137
142,10 : 169

Proverbes

1,2 : 100, 192n, 197
1,4 : 164
1,5.8 : 192
1,7 : 100, 166
1,10 : 192
1,20 : 193, 209
1,20-33 : 192, 197, 198
1,22-23 : 164, 228
1,23 : 193
1–9 : 37n, 192, 197, 198
3,11-12 : 173
3,13-18 : 155
3,14-15 : 155
3,19 : 197
3,19-20 : 227
4,1 : 172
4,1-5 : 192
4,1-10 : 192
4,8-10 : 155
4,11 : 197
4,20 : 192
5,1 : 192
5,18 : 258
5,19 : 270
5,23 : 164
7,1 : 192
7,4 : 100
7,14-20 : 192

7,18 : 163, 270
7,24 : 192
8,1-36 : 197, 228
8,4-12 : 192
8,10-11 : 155
8,17 : 262
8,18-19 : 155
8,22 : 227n, 277
8,22-25 : 232n, 234, 247
8,22-31 : 100, 104, 198, 199, 213, 215, 223n, 227, 240, 250n
8,24.26.28 : 218n
8,25 : 218n, 232n
8,27 : 218n, 227n
8,30 : 164, 227n
9,1 : 197
9,1-6 : 197, 228
9,3 : 192
9,5 : 285
9,16 : 192
9,17 : 285
10,1 : 192
10,7 : 73n
11,26 : 173
16,16 : 155
21,12 : 261
22,6 224n
24,3 : 197
24,26 : 261
31,10-31 : 193n, 280n
31,11.12.23 : 258n
31,25 : 193n
31,28 : 100, 193n
31,30 : 193n

Qohélet

2,12 : 197
3,7 : 21
7,19 : 197

Cantique

1,2 : 261
1,7 : 260
2,4.5.7 : 270
6,10 : 233
8,1 : 261

Sagesse

1,1 : 37, 157, 164, 168, 180, 255-256
1,1-5 : 42n
1,1-15 : 180
1,1–6,21 : 75
1,3 : 180
1,4 : 180, 225n
1,5 : 53n, 168-169, 180, 200
1,6 : 104n, 169, 180, 202, 206, 208
1,6-10 : 53n
1,7 : 169, 180, 208
1,8 : 180
1,9 : 168, 180
1,11 : 37, 180
1,12 : 180
1,13 : 322
1,14 : 235
1,15 : 322
1,16 : 128n, 168, 180, 256, 300, 305
1,16–2,24 : 180
2,1 : 115, 169, 180
2,2 : 168
2,3 : 130, 169, 323
2,6 : 111, 160-163
2,6-9 : 277, 299
2,7 : 161
2,11 : 317
2,12 : 16, 168, 180, 318n
2,13 : 168, 181
2,15 : 181
2,17 : 168, 180, 194
2,19 : 169, 305n
2,20 : 111, 168, 180, 206
2,22 : 169, 301
2,23 : 322
2,24 : 139, 174, 207, 219, 244, 300

3,1 : 307
3,1-4 : 304
3,2 : 298, 299, 305n
3,3 : 307
3,4 : 288, 290, 298, 299
3,7 : 206, 288
3,8 : 305
3,9 : 323
3,11 : 168
3,13 : 169, 206
3,13-15 : 297n
3,14 : 323
4,1 : 169
4,3 : 202, 204
4,9 : 168
4,10 : 255
4,15 : 323
5,1 : 193, 318n
5,1-16 : 304
5,3 : 130, 169, 181
5,5 : 201
5,6 : 233, 236
5,8 : 158, 160-161
5,11 : 109, 130, 169
5,12 : 168
5,13 : 175
5,14 : 202, 204
5,15 : 307, 318n, 321
5,15-16 : 300
5,15-23 : 156, 288, 299n
5,16 : 140, 264, 300
5,23 : 52n, 169
6,1 : 37, 53n, 140, 174
6,3 : 81
6,4 : 164, 303
6,9 : 168, 174, 209
6,9-11 : 208
6,10 : 169
6,11 : 37, 168, 322
6,12 : 15n, 234, 255
6,12-14 : 236
6,12-16 : 37
6,12–9,17 : 33
6,13 : 236
6,14 : 236, 248
6,15 : 168, 202
6,17 : 166, 168, 255
6,20 : 256, 303-304
6,20-21 : 281
6,21 : 37, 117, 140, 156, 158n, 298, 322
6,21–10,21 : 75
6,22 : 75, 141, 169, 174, 193, 194, 226, 232n, 282, 319n, 327
6,22-25 : 37, 38
6,23 : 170, 319n
6,24 : 140, 320

(Pour les chapitres 7 et 8, seules les références principales sont retenues dans l'index)

7,1 : 37, 317
7,1-6 : 41-44, 94-95, 139-142, 306, 316
7,1-7 : 68-69, 123-126, 323
7,3 : 219, 318
7,7 : 44-46, 95, 108, 115, 219
7,8 : 158, 250
7,8-10 : 46-47
7,8-23 : 69-70, 96, 147-158
7,10 : 236
7,11 : 159
7,11-12 : 163-165, 196
7,11-16 : 47-49, 95-96, 143-146
7,13-14 : 159, 175, 319
7,13-23 : 166-179
7,14 : 269
7,15 : 176-178, 278
7,17-21 : 50-51, 167, 196, 227
7,20 : 131
7,22-23 : 51-53, 135, 201-210, 245
7,23 : 131
7,24 : 214-218
7,24–8,1 : 53-56, 102-104
7,25-26 : 102, 228-231
7,27-28 : 105, 220-227
7,29-30 : 102, 232-236
8,1 : 106, 214-218
8,2-4 : 57-58, 97, 253-256

8,5-8 : 58-61, 283
8,7 : 236
8,8 : 250
8,9 : 268
8,9-16 : 61-64, 97-98, 283-308
8,11 : 304
8,12 : 181
8,15 : 305
8,17-21 : 64-69, 95, 167
8,17-18 : 109, 140
8,18 : 269, 281
8,21 : 108, 309-314
9,1 : 16, 20, 37, 52n, 100, 168, 182, 320
9,1-3 : 324
9,1-18 : 117
9,2 : 124n, 137n, 156, 226
9,3 : 103n
9,4 : 93, 239, 313
9,4-5 : 225n
9,5 : 316
9,5-6 : 324
9,6 : 324n
9,7-8 : 99
9,8 : 201, 284
9,10 : 227n, 293
9,10-11 : 281
9,11 : 168, 278
9,12 : 313, 319n
9,13 : 177
9,13-17 : 324
9,15 : 136n, 301
9,17 : 164
9,18 : 37, 324
9,18–10,2 : 124n
10,1-2 : 321
10,1–19,9 : 75
10,2 : 156
10,10 : 168
10,14 : 293
10,17 : 237
10,20 : 194
10,21 : 182, 202
11,1 : 201
11,9 : 168
11,10 : 173
11,15 : 183
11,17 : 202
11,20 : 169
11,21 : 137
11,24 : 226, 255
12,1 : 169
12,3 : 201
12,9 : 168
12,18 : 305
12,19 : 104n, 202
12,22 : 129n, 168
12,24 : 183
12,25 : 183
12,27 : 169
13,1 : 160-164, 168, 196
13,2 : 130, 229
13,3 : 264
13,4 : 226
13,9 : 168
13,11 : 202, 226
13,16 : 169
14,2 : 226
14,3 : 202, 204
14,18 : 168
14,21 : 133
14,26 : 160
14,30 : 168
15,1 : 305
15,1-3 : 304
15,3 : 169, 290, 305
15,6 : 255, 264
15,7 : 202
15,8 : 135n
15,9 : 138n, 293
15,11 : 168, 302n
15,15 : 130
15,16 : 130
16,6 : 268n
16,12 : 183
16,14 : 135n
16,16 : 169, 229
16,22 : 169, 229
16,26 : 168, 183, 255
16,27-28 : 237

16,28 : 234, 237, 248
16,29 : 174
17,1–18,4 : 237n, 238
17,2 : 228
17,7 : 168, 228
17,9 : 130
17,16 : 137
17,17 : 130
18,1 : 238
18,3 : 169, 238-239
18,4 : 130, 238
18,9 : 160
18,15 : 183, 202, 203, 206
18,19 : 168
18,22 : 168, 176n, 184
18,24 : 294
19,6 : 225, 227
19,6-11 : 225
19,6-18 : 222n
19,10-22 : 75
19,14 : 168
19,17 : 227n

Siracide

1,4 : 234
1,14-15 : 141n
6,17 : 270
6,27 : 312-314
9,8 : 195n, 270
11,28 : 320n
14,10 : 174
15,1 : 314
15,2-6 : 257
16,17 : 165n
18,30 : 311
24,3 : 104
24,5-6 : 245
24,32 : 236, 240
25,8 : 279
25,24 : 139
26,15 : 309
39,2-4 : 181n
41,5 : 279
50,29 : 245n
51,13-21 : 257, 258

Isaïe

11,2 : 197
16,11 : 222n
22,11 : 218n
25,8 : 308
26,18 : 138
34,11 : 227n
35,6 : 182, 203
37,28 : 142
40,19 : 226
41,1 : 226
41,8 : 269
43,7 : 226
43,19 : 220
44,2.24 : 136
45,7 : 218n, 226
45,9 : 137n
45,16 : 222n
46,11 : 218n
49,5 : 136
52,13–53,12 : 300
52,15 : 305
60,19 : 230, 250n
61,4 : 221-223
62,3 : 264
62,4 : 257
65,16-26 : 222
65,17 : 220

Jérémie

1,5 : 136
2,2 : 257
4,23 : 227n
5,26-31 : 155
10,12 : 197
10,12-13 : 227
14,10 : 127
20,18 : 136
23,9 : 205
22,20.22 : 263
28,15 : 197

Lamentations

1,19 : 263
5,21 : 221n

Baruch

3,38 : 279
3,14–4,4 : 104
4,1 : 312
4,2 : 240

Ezéchiel

16,33.36.37 : 263
23,5.9.22 : 263
28,7.12.17 : 264
28,9 : 139
37,8.14 : 45
44,22 : 280n

Daniel

2,37 : 291n
3,94 : 273
7,22.27 : 304
14,2 : 257, 268

Osée

2,7.9.12.14.15 : 263
2,21 : 257
2–3 : 258
13,3 : 263

Amos

8,5 : 173n

Michée

6,12 : 155

Sophonie

3,17 : 222n

B. Nouveau Testament

Matthieu

2,2 : 249, 250n
5,37 : 207
10,35 : 274n
16,28 : 299n
19,16-22 : 154n

Marc

7,2-5 : 133

Luc

1,66 : 283
2,32 : 240n
12,33 : 176n
12,53 : 274n

Jean

1,4-5 : 240n
1,14 : 85
10,11 : 224n
10,22 : 224
15,15 : 195

Actes des Apôtres

4,13 : 209
4,31 : 209
9,3 : 240n
10,14 : 133n
17,21 : 87n
17,24-31 : 87
17,28 : 248
22,23 : 130

24,25 : 311
26,16 : 171n
27,33 : 172n
28,6 : 138
28,31 : 206n, 209

Romains

2,10 : 298n
5–8 : 239n
9–11 : 69n
12,2 : 221n
14,14 : 133n

1 Corinthiens

9,1-27 : 87n
9,26 : 130
11,3 : 139n
14,9 : 130
15 : 139n
15,54 : 308n

2 Corinthiens

11,1–12,15 : 87n

Éphésiens

2,2 : 132, 135
3,16 : 132n
6,17 : 203
6,19 : 209

1 Thessaloniciens

4,17 : 130

1 Timothée

1,17 : 291n, 298n
6,16 : 298n

Tite

1,8 : 309
3,5 : 221n

Hébreux

2,2 : 204
2,7.9 : 298n
4,12 : 203
4,12-13 : 182n
6,6 : 221n
10,29 : 133n
12,5-11 : 173

1 Pierre

1,7 : 291n

2 Pierre

1,19 : 204

Apocalypse

1,16 : 203
2,12 : 203
4,9 : 291n
5,13 : 298n
7,12 : 298n
9,2 : 130
12,4 : 132n
16,17 : 130
19,15 : 203
21,27 : 133n

II. Judaïsme hellénistique et rabbinique

Pseudépigraphes

4 Maccabées (4M)

4,11 : 138
5,9 : 163
8,5 : 163
16,7 : 136
16,18 : 163

4 Esdras (4Esd)

8,8 : 136n

Baruch syriaque (2Ba)

54,13 : 244n

1 Hénoch (1Hén)

5,1 : 292
5,8 : 240n
14,16 : 292
58,3-5 : 241n
92,4-5 : 241n
98,3 : 292
99,1 : 292

Hénoch slave (2Hén)

24,3-4 : 241n
30,2 : 241n
33,1: 241n
39,4 : 241n

Livre des Jubilés (Jub)

19,9 : 269

Lettre d'Aristée (Arist)

2 : 226
38 : 157
237 : 226
258 : 226

Oracles Sibyllins (Sib)

frg. 1,25-27.30-31. : 242n

Testament d'Abraham (TestAbr)

8,3 : 298

Testament des Douze Patriarches

TestXII.Sim 4,6 : 157n
TestXII.Ben 3,4 : 132

Qumran

1QMyst 1,6 : 243n
1QH 15,24-25 : 243n
1QS 3,19 : 243n
1QS 3,18-21 : 135n

Philon

Abr. 12 : 139n
Abr. 224 : 266
Abr. 184 : 291n
Agric. 148 : 224n
Cher. 98-106 : 224n

Cher. 103 : 204
Contempl. 68 : 257n, 259
Confus. 106 : 204
Confus. 174 : 132n
Confus. 176 : 132n
Congr. 114 : 224n
Deter. 4 : 224n
Ebr. 8 : 257n
Ebr. 49 : 170n
Flacc. 158 : 268n
Fug. 180: 156n
Fug. 186 : 137n
Gig. 25 : 175
Heres. 21 : 271
Heres. 44 : 271
Ios. 54 : 309
Leg. I,33 : 139n
Leg. I,319 : 170n
Leg. III,1 : 269
Leg. III,3: 157n
Leg. III,52: 156n
Leg. III,85 : 157n
Leg. III,95 : 224n
Leg. III,170 : 205
Leg. III,237 : 309
Leg. III,239 : 309
Mos. II,9 : 206
Opif. 29 : 243n
Opif. 31 : 244n
Opif. 33 : 245n
Opif. 35 : 245n
Plant. 14 : 132n
Plant. 37-45 : 285n
Plant. 42.44 : 139n
Plant. 104-105 : 271
Poster. 122 : 224n
Quaest.Gen. IV,8 : 224n
Quaest.Gen. IV,74 : 266
Sacrif. 18 : 266
Sacrif. 21 : 257n
Sacrif. 72: 156n
Sobr. 62 : 224n
Somn. I,150 : 224n
Somn. I,203 : 226
Somn. I,205 : 266
Somn. I,207 : 226
Somn. I,215 : 224n
Spec. I,173 : 266
Spec. II,147: 266
Spec. III,130 : 204
Virt. 166 : 291
Virt. 167 : 309

Pseudo-Philon

Liber Antiquitatum Biblicarum (LAB)

9,8 : 242n
51,4-5 : 242n

Flavius Josèphe

Antiquités bibliques (Ant.)

I,29 : 244n
I,281 : 174
II,268 : 291
V,12 : 310
V,37 : 310
VI,200 : 291
VI,343: 295n, 298
VIII,211: 284
X,266 : 292n
XII,4 : 310
XII,7 : 224n
XII,126 : 222n
XII,247 : 310
XII,282 : 295n
XIII,4 : 133n
XIII,41 : 222n
XIII,63 : 298

Guerres juives (Bell.)

I,162 : 156n
I,650 : 295n
II,606 : 157n
III,70 : 226

IV,320 : 266
IV,602 : 156n
VII,424 : 226

Contre Apion (CAp.)
I,192 : 157n

Targum Neofiti (Tg. Neof)

Gn 1,1 : 141n

Midrash Rabbah

BerR 1,1-3 : 197n
BerR 8,1 : 141n

Talmud de Babylone

b.MQ 12a : 141n
b.San 38a : 141n
b.San 91b : 132n
b.Nid 30b : 132

Pirqé de Rabbi Éliézer (PRE)

PRE 3 : 141n
PRE 20 : 133n

III. Littérature grecque

Aelius Aristide

Asclépiades
24 : 100n
Athéna
29 : 100n
Discours sacrés
12-24 : 100
Éloges de Rome
109 : 100n
Pour les quatre
575-576 : 110n

Aelius Théon

Progymnasmata
59,18-19 : 83
78,24 : 95n
98 : 190n
110,2-6 : 99n
110,5 : 97n
111,17 : 162

Anaxagore

frg. 12 : 214n

Apsinès

Art Rhétorique
296,9 : 67n

Aratos

Phénomènes
550-552 : 176n
560 : 248
758-760 : 248n

Aristophane

Acharniens
1064 : 274n

Cavaliers
731-741 : 265
1340 : 265n
Grenouilles
1026-1027 : 110n
Guêpes
672 : 261n
684 : 261n
Nuées
239 : 166
320 : 205
444-451 : 209
976 : 264
Paix
998 : 271
Ploutos
529 : 274

Aristote

Constitution d'Athènes
8,1 : 156n
Éthique à Eudème
1235a : 255n
1237b7 : 261n
1238a : 271
1240a33 : 261
Éthique à Nicomaque
1095b14-1096a12 : 152n
1095b17 : 261
1096a9 : 261
1099b9: 152
1103a14-1105b18 : 152
1103b24 : 185n
1113a30 : 112n
1118b4 : 261
1119a19 : 261
1120b13 : 261
1133a2-4 : 277n
1143b15 : 313
1156a12-16 : 262
1165b5 : 262
1167b32 : 262
1168b33 : 261
1169a3 : 261
1176a30-1179a32 : 152n
Physique
187a29 : 163n
Politique
1259a21 : 225
1262a26 : 225
1267a18 : 225
1270b14 : 225
1271b31 : 226
1284a3 : 318n
1289a3-5 : 226
Respiration
473a2 : 126
Rhétorique
1354a : 185
1358b : 73
1358b18-19 : 162n
1359b1 : 112n
1360b18-26 : 151
1360b31 : 95n
1361a12 : 159
1366b-1367b : 94
1367b : 91
1367b36-1368a7 : 109n
1372b15 : 309
1407b33 : 319n
1414a31 : 69
1414a34 : 110
1419b30 : 109, 110
Topiques
100a-146b : 89n

Aristote (?)

Du ciel 269a-270b : 200

Bacchylide

Épinicie XIII,22 : 295

Démétrius de Phalère

Du Style 19,41-78 : 204

Démosthène

Contre Androtion
64 : 253
Contre Nausimaque
298 : 206
Contre Nééra
21 : 264
26 : 264
29 : 264
Midias
210 : 261
2ème Philippique
12 : 261
3ème Philippique
28 : 271
1ère Olynthienne
14 : 261
3ème Olynthienne
31 : 261
Sur la couronne
47 : 310
77 : 271
Sur la liberté des Rhodiens
8 : 310

Démosthène (?)

Eroticos 55 : 177n

Denys d'Halicarnasse

De la composition stylistique
22,38 : 203
Démosthène
29 : 204
50 : 204
53 : 205
Dinarque
7,4 : 207
Isée
9 : 203
20 : 205
Isocrate
3 : 204
4 : 187
Lysias
2 : 207
3 : 204
12 : 204

Diodore de Sicile

Bibliothèque historique
I,2,3 : 298
V,52,2 : 275n

Diogène Laërce

Antisthène
6,6 : 267
Aristote
5,31 : 267
Cratès
4,22 : 267

Diogène
6,29 : 267
6,55 : 267
Épicure
10,124 : 293n
Eschine
2,63 : 267
Pythagore
8,4 : 293n
Zénon
7,42 : 73
7,45 : 109
7,143 : 208

Dion de Pruse

Discours
1,14 : 309
2,17 : 202
2,75 : 209n
3,84 : 309
4,73-84 : 86n
4,108 : 203
4,116 : 293
29,14 : 309
31,42 : 202
37,13 : 203
66 : 129
75 : 92n
78 : 129
79 : 129

Épictète

Entretiens
1,1,23 : 278n
1,8,16 : 278n
1,9,5 : 279
1,12,10 : 278n
1,17,21 : 278n
1,29,1 : 278n
2,16,25 : 279
3,13,2 : 279
4,11,32 : 279

Eschyle

Agamemnon
858 : 174
928 : 320n
1071 : 221
Euménides
951 : 171n
Prométhée enchaîné
55 : 309
884 : 310

Euripide

frg. 638 : 142n
frg. 966 : 142
Héraclès
1121 : 204
Hippolyte
1378-1388 : 128
Médée
72 : 202
230 : 177n
529 : 204
536-538 : 184
642 : 203
1082 : 204
1224-1227 : 205
Oreste
592 : 202
Phéniciennes
442 : 143
874 : 150n

911 : 175
Troyennes
889 : 221

Héraclite

frg. 54,1 : 76
frg. A.6 : 217

Hermogène

Progymnasmata
7,36-37 : 95n
7,37 : 162n

Hérodote

Histoires
4,172 : 274n

Hésiode

frg. B,5 : 275
Les travaux et les jours
287-292 : 285
308 : 154
383 : 154
Théogonie
80-84 : 278
80-93 : 276
97 : 277

Hippocrate

Des airs
1 : 126n
5 : 126n
15 : 126n
19 : 126n
Des maladies sacrées
7 : 134n
De la nature des enfants
17 : 134n

Homère

Iliade
3,130 : 274n
3,179 : 286
9,443 : 185
9,483 : 154
18,492 : 274n
24,398 : 154
24,546 : 154
Odyssée
4,743 : 274n
8,171 : 204

Isocrate

Démonicos
6-7 : 162n
50 : 284n
Lettre à Antipater (IV)
4 : 266n
8 : 176n
Évagoras
3 : 295n
48 : 162
Nicoclès (III)
5-6 : 173n
7-9 : 188
39 : 309
À Nicoclès (II)
37 : 295
Paix
94 : 295

Panathénaïque
8 : 162
260 : 295n
Panégyrique
49 : 190
65 : 202
84 : 295
159 : 110n
Philippe
134 : 295n
Sur l'échange
181-184 : 185n

Julien

Éloge d'Eusébie
103c : 110n

Lucien

Alexandre
5 : 264
Des dieux
24,2,7 : 310
L'éloge de la mouche
12,12 : 81
Héraclès
6 : 285
Le rêve de Lucien
12-13 : 292

Lycophron le Tragique

Alexandra
530 : 221

Lysias

Oraison funèbre en l'honneur des soldats qui allèrent au secours des Corinthiens
2,79-81 : 294

Ménandre le Rhéteur

Du genre épidictique
141,7–142,2 : 103
146,2-5 : 103
156,8 : 103
215,12-18 : 95
218,3-12 : 95
219,3 : 95
219,13–220,4 : 95
220,9-12 : 97
220,18 : 97
222,3 : 97
222,13–223,2 : 98
226,7-9 : 98
228,16–229,2 : 99
281,10–295,6 : 129n

Ménandre le Comique

frg. 531 : 126
Samienne
240 : 204

Parménide

frg. B.8,54 : 217

Philodème

Rhétorique
I,197,22 : 203

I,263,34 : 204
I,336,13 : 203
I,339,17 : 203
II,44,9 : 205
Poétique
994,35 : 205

Philostrate

La vies des sophistes
512-515 : 83

Pindare

Olympiques
1,57 : 123
12,6 : 283

Platon

Banquet
181D : 266n
189C : 226
209A-E : 297
Cratyle
391C : 310
393D3 : 309, 317
412C6-413D1 : 215n
412D : 204
Critias
52E : 157n
115B : 226
Euthydème
280B-281E : 165n
281D-E : 150
284E : 204
Gorgias
451E : 149
454E : 286n
Lois
631B6 : 150n
696E : 183
697B : 151n
716CD : 269
726A : 150n
743D-E : 151n
795D : 206
849A : 206
870B : 156
895A : 234n
Ménexène
238B : 226
238D3 : 310
Ménon
87E : 149
Phédon
63E-64A : 296
64C4 : 323
66B3-67B1 : 322
67D4 : 323
72C4 : 163n
114C8 : 283n
115A5 : 322
Phèdre
250C : 264
250D : 257
256B2 : 309
261A : 188
264A : 72
277A2 : 277
278B9 : 277
279B1 : 277
Protagoras
326A : 110n
République
390B3 : 309
517B-C : 243n

Théétète
197B9 : 310
Timée
34B3 : 215
34C4 : 215
34D-37C : 200n
35A7 : 215
36E2 : 215
38C-39E : 249
46D : 265n
58B : 204
92C : 231

Plutarque

Apophtegmes
207b : 268
Aristide
24,7 : 311n
Aratos
1033d : 271
1038c : 271
Brutus
948e : 268
996c : 271
Consolation à Apollonios
103c : 128
103c-e : 127
106d : 128n
106d : 128n
115b : 129
115c : 129
120a : 142n
Dion
969b : 271
De la disparition des oracles
438c : 176
Sur l'éloge de soi-même
539e : 88n
Étiologies romaines
266f : 294n
La fortune d'Alexandre
331c : 286
Isis et Osiris
365b : 229n
369e-370c : 240
372f : 229n
Périclès
8,9 : 295n
De la vertu morale
445b : 309

Pseudo-Aristote

Du Monde
396b29 : 218n

Réthorique à Alexandre
1420b20-27 : 107
1421b7-11 : 73n
1444b21-28 : 109
1444b29-32 : 65

Pseudo-Denys

Art rhétorique VI : 129n

Pseudo-Longin

Du Sublime
9,9: 182n
32,8: 207

Sextus Empiricus

Contre les mathématiciens
I,319 : 202
II,75 : 202

VII,125 : 203
VIII,374 : 204
Questions Pyrrhoniennes
I,139 : 204
II,62 : 204
II,156 : 202, 203
III,274 : 309
III,280 : 206

Sophocle

Antigone
474 : 309
1129 : 254n
Œdipe à Colone
1224-1227 : 127n
1236 : 316
1549 : 228
Œdipe Roi
31 : 317
33 : 317
40 : 316n
53 : 317
97 : 318
132 : 319
168 : 319
179 : 319
198 : 319
353 : 318
380-382 : 319
385-389 : 319
443 : 320
575 : 174
601 : 319
780 : 317
814 : 319
822 : 319
902 : 316
916 : 322
941-943 : 314
1012 : 318
1059 : 319
1076-1085 : 275n
1088 : 319
1109 : 275n
1186-1188 : 324
1193-1195 : 320
1201 : 316
1262 : 319
1313-1315 : 319
1349-1352: 129
1360 : 320
1365 : 319
1370 : 319
1390 : 319
1405 : 319
1407 : 320
1487 : 319
1489 : 320
1523 : 316n
1525 : 319
1528 : 321
1528-1530 : 320
Trachiniennes
28 : 176n
867 : 221
Philoctète
486 : 316

Stobée

IV,29,14 : 282n
IV,52,26 : 128n
IV,53,3,7 : 293n
IV,56,32 : 129n

SVF

I.
32 : 201n
110 : 201n
495 : 216

II.
112 : 201n
310 : 201n, 216
473 : 216
912 : 216
1009 : 201n
1027 : 201n, 216n
1132 : 201n

III.
370 : 216n
378 : 277n
620-621: 140n
622 : 140n

Thucydide

I,92 : 175
II,43,2-3 : 295n
IV,52 : 176
VI,36,4 : 261
VI,54,3 : 264
VIII,68,1 : 177

Xénophon

Anabase
III,1,10 : 202
VII,3,16 : 269
Cyropédie
III,2,28 : 174
VI,1,15 : 305
Économique
4,15 : 305n
Helléniques
II,1,14 : 271
II,3,28 : 271
II,4,24 : 271
V,2,28 : 265
VII,1,23 : 309
VII,3,3 : 310
Mémorables
I,2,34 : 203
II,1,22-30 : 257
II,1,30-32 : 284
II,1,32 : 285
II,1,33 : 286
II,4,1 : 202
III,1,16 : 209n
III,4,5 : 157n
III,5,1 : 206
III,5,3 : 110n
III,7,5 : 286
III,8,12 : 110n
IV,3,12 : 172
IV,3,15 : 202
IV,6,13 : 202
IV,6,15 : 204

Hymne d'Isidore

I,20 : 105

Hermès Trismégiste

De Mente
24,22 : 206

IV. Littérature latine

Anthologie Palatine

14,64 : 318n

Cicéron

De l'amitié
20 : 271n
22 : 272
23 : 272
47 : 272
102 : 272
103 : 260
De l'invention
I,2 : 190n
I,5 : 173n
De l'orateur
I,30-34 : 190n
II,162-166 : 89n
De la nature des dieux
II,9 : 216n
Des termes extrêmes des biens et des maux
III,3 : 205n
III,65-66 : 189
III,75-76 : 153
Divisions de l'art oratoire
75 : 91
Paradoxes des Stoïciens
1,7 : 148n
1,9 : 148n
1,15 : 148n
Tusculanes
I,38-43 : 132n
I,49 : 130n
I,113-119 : 130n

Quintilien

Institution oratoire
II,16,9 : 190
II,16,15 : 173n
III,7,8 : 92
III,7,15-16 : 92
V,10,20-22 : 89n

Ovide

Les Métamorphoses
III,314 : 275n

Pline

Lettres
II,3 : 83n

V. Littérature patristique

Augustin

Virginité
43 : 310n
Confessions
6,11: 310n

Clément d'Alexandrie

Stromates
II,21,129 : 154
VI,7,58 : 332
VI,138,1-4 : 247

Eusèbe

Préparation Évangélique
XIII,12,9 : 246

Grégoire le Thaumaturge

Remerciement à Origène
56 : 190
81 : 190

Ignace d'Antioche

Lettre aux Éphésiens
19,2-3 : 250

Justin

Apologies
I,6,2 : 173n

Origène

Commentaire sur Saint Jean
118 : 332

Procopius de Gaza

Épître
46 : 206n

Sévère d'Antioche

Homélie cathédrale
115 : 250n

Tertullien

Apologétique
46-50 : 132n
De l'âme
37 : 137n

Index des noms d'auteurs

AALEN, S.,224, 228, 239, 245, 246, 346
ABADIE, P., ... 300, 348
ALETTI, J.N.,69, 72, 132, 192, 209, 346
ALEXANDRE, M.,224, 232, 244, 346
ALONSO SCHÖKEL, L.,65, 208, 219, 220, 284, 287, 308, 312, 333
ALONSO TRONCOSO, V.,272, 273, 342
ANDERSON, G.W.,29, 79, 141, 144, 339, 349
ANDRÉ, J.M., ... 149, 342
ARNALDEZ, J., ... 243
AUWERS, J.-M., ... 245, 348
AVERY-PECK, A.J., ... 301, 346
BAILLY, A.,11, 172, 234, 309, 310, 320, 351
BANON, D., ... 143, 339
BARCLAY, J.M., ... 246, 346
BARTHÉLEMY, D., ... 134, 346
BARTHES, R.,80, 90, 110, 114, 188, 288, 339
BARTON, J., ... 301, 347
BASLEZ, M.-F., ... 87
BAUERMEISTER, J., ... 59, 184
BAUMGÄRTEL, F., ... 133, 134, 346
BEAUCHAMP, P.,29, 34, 35, 38, 74, 75, 101, 106, 107, 134, 144, 222, 225, 238, 255, 301, 302, 308, 323, 327, 333, 339, 347
BEHR, C.A., ... 79, 342
BELLIA, G.,35, 76, 82, 300, 301, 302, 334, 335, 337, 339
BELLONI, L., ... 249, 337
BERTRAM, G., ... 171, 347
BIANCHI, U., ... 170, 242, 342
BIDEZ, J., ... 235, 343
BIZZETI, P.,35, 36, 38, 39, 40, 47, 49, 53, 56, 61, 62, 64, 69, 70, 71, 74, 334
BLANQUART, F., ... 225
BLONDEL, M., ... 163, 165, 351
BOFFO, L., ... 272, 347
BOGAERT, P.-M.,241, 244, 245, 347, 348
BOISACQ, É., ... 229, 351
BOISMARD, M.-É., ... 302, 347
BOLLACK, J., ... 314, 315, 316, 343
BOMPAIRE, J.,30, 77, 81, 82, 83, 343
BONNARD, P.E., ... 199, 347
BORNECQUE, H., ... 91, 185, 339
BOTTE, B., ... 199, 347
BOULANGER, A.,77, 80, 100, 218, 339, 343
BOWERSOCK, G.W., ... 78, 339
BOYANCÉ, P., ... 274, 343
BOYS-STONES, G.R.,153, 215, 216, 343
BRANCACCI, A., 78, 154, 339, 343
BRÉHIER, É.,152, 153, 215, 216, 343, 345
BREMOND, E., ... 186
BRETSCHNEIDER, C.G., ... 21
BRICAULT, L.,.. 104, 105, 343, 345
BROWN, P., .. 85, 86, 164, 339, 351
BRUNET, P., ... 127, 343
BRUNSCHWIG, J., ... 43, 207, 343
BURGESS, T.C., ... 79, 339
BURKERT, W., ... 170, 343
CAIOZZO, A., ... 249, 343
CALLENDER, D.E., ... 141, 347
CANNUYER, C., ... 105, 347
CANTO, M., ... 164, 340
CARMIGNAC, J., ... 243
CASSIN, B.,79, 85, 164, 185, 340, 341, 342

CEUPPENS, F., 199, 347
CHAMOUX, F., 273, 343
CHANTRAINE, P., 229, 351
CHARLESWORTH, J.H., 240, 241, 351
CLARKE, M.L., 186, 340, 343
COHOON, J.W., 79
COLLINS, J.J., 139, 140, 197, 299, 300, 302, 307, 334, 347
CONCHE, M., 217, 343
CONTI, M., 145, 208, 219, 233, 234, 257, 258, 259, 277, 287, 312, 334
CONZELMANN, H., 239, 240, 254, 347
COOK, J., 227, 232, 347
CORNELY, R., 131, 145, 146, 220, 273, 287, 290, 304, 311, 334
COSTIL, P., 207
CRIBIORE, R., 185, 186, 343
CROISET, A., 188, 340
CROISET, M., 188, 340
CROOK, J., 268, 343
CROSBY, H.L., 79
CROUZEL, H., 73, 344
CULLMANN, O., 302, 303, 347
CUMONT, F., 134, 218, 230, 233, 235, 249, 250, 343, 344
CURTI, C., 277, 337
D'HAMONVILLE, D.-M., 173, 192, 215, 227, 234, 347, 372
DAREMBERT, C., 274, 345
DAWE, R.D., 314, 344
DAY, J., 197, 301, 347, 350
DE LUBAC, H., 147, 352
DE ROMILLY, J., 78, 126, 149, 167, 341, 342, 352
DEANE, W.J., 123, 131, 138, 139, 145, 170, 220, 232, 233, 257, 268, 277, 290, 306, 312, 334
DELCOR, M., 75
DELORME, J., 164, 167, 340
DENIS, A.M., 347, 351
DES PLACES, É., 106, 201, 208, 234, 271, 344, 348
DIELS, D., 344
DIES, A., 234
DIETRICH, W., 105, 337
DILELLA, A.A., 258, 350
DITTENBERGER, W., 294, 344
DONNET, D., 79
DUBARLE, A.M., 199, 348
DUFOUR, M., 91, 109
DUMOULIN, P., 36, 143, 173, 237
DUNAND, F., 105, 344
DUPONT-SOMMER, A., 11, 135, 243, 348
ÉDARD, J.B., 77, 340
ELLENDT, F., 344
ENGEL, H., 105, 144, 214, 258, 306, 334
EPSTEIN, I., 348
FABRY, H.J., 133, 348
FELDMANN, F., 131, 144, 145, 170, 177, 219, 220, 312, 334
FELTEN, J., 74
FESTUGIÈRE, A.J., 88, 100, 102, 137, 138, 144, 149, 154, 213, 217, 218, 229, 230, 233, 250, 318, 344
FICHTNER, J., 47, 59, 145, 165, 177, 220, 254, 257, 284, 334
FINAN, T., 186, 335
FITZGERALD, J.T., 269, 344
FLINTERMAN, J.-J., 85, 344
FOCKE, F., 75, 335
FONTAINE, P.F.M., 135, 348
FONTANIER, P., 58, 59, 178, 196, 200, 310, 318, 340
FRAISSE, J.-C., 269, 270, 344
FRANXMAN, T.W., 244, 348
FREUDENTHAL, J., 246, 346
FRIEDLLIEB, J.H., 242
FRUTEAU, H., 88, 91, 99, 340

FUMAROLI, M., ... 30, 78, 340, 341
GANGEMI, A., ... 157, 348
GARCÍA MARTÍNEZ, F.,140, 299, 302
GARRONE, D., ... 192, 348
GÄRTNER, E., ... 33, 335
GARUTI, P., ... 40, 340
GELIN, A., ... 304, 306, 335, 348
GEORGI, D.,124, 208, 220, 228, 314
GILBERT, M.,5, 22, 23, 35, 36, 37, 38, 39, 40, 47, 49, 52, 54, 61, 69, 70, 71, 74, 75, 76, 81, 82, 86, 89, 99, 105, 106, 107, 124, 125, 129, 130, 131, 136, 137, 138, 140, 144, 146, 147, 148, 192, 198, 199, 202, 218, 222, 225, 238, 243, 245, 255, 258, 264, 266, 280, 281, 291, 299, 300, 301, 302, 304, 313, 323, 324, 327, 333, 335, 336, 337, 338, 348, 349, 350
GINZBERG, L., ... 248, 348
GLEASON, M.W., ... 167, 340
GOLD, J., ... 179, 348
GOODENOUGH, E.R., ... 239, 349
GOODRICK, A.T.S.,124, 145, 146, 170, 178, 198, 219, 233, 255, 257, 258, 266, 284, 306, 312, 335
GOULET, P., ... 154, 343
GOULET-CAZE, M.-O., ... 154, 343
GOUX, J.-J., ... 321, 344
GREIMAS, A.J., ... 23, 167, 340
GRELOT, G., ... 182, 304, 308, 335
GRENFELL, B.P., ... 102
GRIFFIN, M.T., ... 268, 345
GRIMM, C.L.W.,21, 47, 123, 141, 145, 176, 201, 203, 208, 220, 229, 231, 233, 254, 256, 257, 258, 277, 284, 286, 290, 304, 306, 310, 311, 335
GSELL, S., ... 275, 344
GUILBERT, P., ... 243
GUTBERLET, C., 123, 170, 177, 208, 220, 254, 258, 312, 335
GUTHRIE, W.K.C., ... 183, 340
GYSELEN, R., ... 249, 250, 343
HADOT, I., ... 186, 340
HADOT, P., ... 148, 188, 340
HARRINGTON, D.-J., ... 242
HASPECKER, J., ... 245, 349
HAUCK, F., ... 133, 154, 349
HEINISCH, P.,42, 47, 58, 66, 123, 131, 137, 144, 145, 146, 147, 170, 177, 214, 219, 220, 228, 231, 233, 234, 254, 257, 266, 272, 273, 284, 290, 312, 336
HENAULT, A., ... 340
HENGEL, M., ... 246, 349
HENTSCHEL, G., ... 105, 334
HOFFMANN, P., ... 87
HOGAN, K.M., ... 336
HOLLADAY, C.R., ... 246, 247, 349
HÜBNER, H.,36, 42, 124, 144, 145, 146, 147, 220, 256, 336
HULSBOSCH, A., ... 197, 349
HUNT, A.S., ... 102
IMBER, M., ... 86
ISAACS, M.E., ... 134, 349
JAEGER, W., ... 186, 188, 270, 344
JAMA, S., ... 250, 345
KASCH, W., ... 154, 349
KEEL, O., ... 199, 349
KEIL, B., ... 79
KENNEDY, G.A., ... 78, 86, 340
KLEINKNECHT, H., .. 133, 134, 346
KLOPFSTEIN, M.A., ... 105, 337
KLOPPENBORG, J.S., ... 105, 336
KNOX, W.L., ... 198, 349
KOLARCIK, M.,33, 36, 38, 139, 299, 336
KOVELMAN, A., ... 79, 85, 87, 349
KRAUS, M., ... 83, 340

KRAUSE, M.K., ... 197, 349
KUGEL, J.L., ... 302, 334
KUNTZMANN, R., ... 99, 335
LA BONNARDIÈRE, A.-M.,310, 336
LAFAYE, G., ... 102, 345
LAFFRANQUE, M., ... 154, 345
LAGRANGE, M.-J.,300, 303, 304, 306, 336
LAMBRECHT, J., ... 22, 349
LANG, B., ... 198, 349
LANSON, G., ... 30, 340
LARCHER, C.,22, 42, 43, 52, 55, 58, 59, 60, 74, 81, 87, 100, 104, 121, 123, 124, 129, 134, 136, 144, 145, 146, 147, 164, 170, 171, 175, 176, 177, 178, 179, 181, 183, 185, 191, 198, 199, 200, 201, 202, 203, 209, 210, 219, 220, 228, 229, 230, 231, 233, 234, 235, 236, 241, 242, 243, 247, 249, 256, 257, 258, 259, 269, 273, 277, 279, 280, 281, 284, 286, 287, 288, 290, 297, 298, 299, 303, 304, 306, 312, 315, 319, 323, 333, 336
LAUSBERG, H., .. 77, 110, 112, 340
LE DÉAUT, R., ... 248, 341
LENZ, F.W., ... 79
LEPROUX, A., ... 268, 336
LIGIER, L., ... 138, 349
LITTRÉ, E., ... 221, 351
LOMBARD, J.L., ... 341
LYONNET, S., ... 34, 139, 349
MAASS, E., ... 278, 345
MACK, B.L., ... 105, 349
MALAISE, M., ... 104, 345
MALOSSE, P.-L., ... 78, 345
MANESCHG, H., ... 36, 336
MARIÈS, L., ... 33, 336
MARROU, H.-I.,178, 182, 185, 186, 187, 189, 345
MARTIN, J., ... 248, 250, 345
MATHIEU, G., ... 186
MATUSCHEK, S., ... 79, 341
MAY, H.G., ... 141, 232, 349
MAZZINGHI, L.,36, 64, 105, 130, 131, 137, 170, 231, 237, 238, 239, 293, 336
MC KANE, W., ... 198, 349
MCGLYNN, M., ... 36, 47, 138, 336
MCKANE, W., ... 198
MEYNET, R., ... 40, 341
MICHEL, A., ... 30, 85, 341
MIES, F., ... 349
MILLER, H.G., ... 131, 132, 349
MINISSALE, A., ... 195, 349
MONDÉSERT, C., ... 137
MORTARA GARAVELLI, B.,77, 341
MÜLLER, H.P., ... 197, 349
MURPHY, R.E., ... 199, 350
NARCY, M., ... 185, 341
NAUCK, A., ... 142
NAVARRE, O., ... 274, 275, 345
NEHER, M., ... 76, 198, 336
NEWMAN, J.H., ... 140
NICKELSBURG, G.W.E., .. 306, 350
NICOSIA, S., ... 78, 341
NORDEN, E., ... 38, 77, 341
OFFERHAUS, U.,36, 47, 48, 75, 336
OGEREAU, F., ... 148, 345
OSTY, E., ... 165
PASSARO, A.,35, 334, 335, 337, 339
PATILLON, M., ... 67, 78, 85, 88
PEACHIN, M., ... 272, 342
PECK, H.T., ... 275, 301, 346, 352
PERNOT, L.,22, 30, 44, 76, 77, 78, 79, 80, 81, 82, 83, 84, 86, 87, 88, 89, 90, 91, 92, 93, 94, 99, 100, 101, 102, 106, 107, 109, 110, 117, 144, 160, 161, 162, 163, 189, 220, 254, 270, 308, 328, 340, 341, 342

PERRENCHIO, F., 35, 36, 42, 53, 337
PERROT, C., 241
PEYRE, H., 30, 340
PFEIFFER, R. H., 37, 350
PHILONENKO, M., 242, 350
POLZIN, R.M., 179, 348
PORTER, S.E., 77, 78, 350
PRATO, G.L., 245, 350
PRIOTTO, M., 36, 184, 238, 337
PRÜMM, C., 170, 350
PUECH, A., 123
PUECH, É., 243, 301, 302, 337, 350
QUET, M.-H., 88, 342
RABE, H., 77, 101
RADICE, R., 218, 350
RAGON, E., 170, 352
RAHLFS, A., 11, 13, 39
RAURELL, F., 104, 266, 291, 299, 304, 337, 350
RAWSON, E., 268, 345
REESE, J.M., 35, 38, 40, 49, 75, 104, 105, 108, 125, 208, 300, 301, 311, 319, 337
REICHEL, G., 83
REIDER, J., 42, 124, 220, 257, 258, 312, 337
REINHARDT, K., 141, 308, 315, 345
REITZENSTEIN, R., 198, 350
RENGSTORF, K.H., 350
REY, A., 221, 352
RIES, J., 202, 243, 348
RINGGREN, H., 198, 350
ROBERT, A., 192, 198, 350
ROCCA-SERRA, G., 85, 342
ROSCHER, W.H., 275, 276, 352
ROSS, W.D., 226
ROTHMAN, E., 179, 348
ROUSSEL, P., 106, 137, 345
RUSSELL, D.A., 80, 86, 94, 102, 342
SAFFREY, H.D., 88, 100, 344
SANDERS, J.A., 258, 350
SAVALLI-LESTRADE, I., 269, 345
SCARPAT, G., 21, 22, 43, 50, 58, 59, 81, 82, 104, 121, 124, 126, 129, 130, 131, 137, 138, 139, 140, 141, 144, 145, 146, 147, 148, 159, 167, 170, 172, 173, 174, 176, 183, 185, 198, 204, 206, 208, 219, 220, 228, 230, 231, 233, 249, 256, 257, 258, 266, 269, 272, 273, 274, 277, 278, 284, 286, 287, 290, 295, 304, 305, 311, 312, 319, 337
SCHABERG, J., 248, 337
SCHENKEVELD, D.M., 79, 350
SCHLATTER, R., 245, 350
SCHLOSSER, J., 99, 335
SCHMITT, A., 36, 47, 145, 147, 208, 220, 258, 284, 312, 337
SCHOLLMEIER, P., 271, 345
SCHROER, S., 105, 337
SCHUHL, P.-M., 216, 282, 345
SCHÜTZ, R., 290, 304, 337
SCHWENK-BRESSLER, U., 248, 338
SIDER, D., 214, 345
SIEBENECK, R.T., 248, 338
SIRINELLI, J., 78, 79, 82, 345
SISTI, A., 47, 139, 144, 145, 170, 203, 220, 233, 257, 266, 287, 306, 312, 313, 338
SKEHAN, P.W., 34, 258, 338, 350
SONNET, J.-P., 179, 191, 350
SPANNEUT, M., 229, 345
SPENGEL, L., 77
SPICQ, C., 260, 262, 271, 272, 350
STERN, E., 249, 345, 352
STERN-GILLET, S., 271
STRILLER, F., 73
SWAIN, S., 79, 84, 342
TENGSTRÖM, S., 133
TERNES, CH.-M., 243, 348
THOMPSON, D.J., 342

TOO, Y.L.,.. 84, 186, 187, 342, 343
TOSATO, A.,.................... 280, 351
TOTTI, M.,........................ 105, 346
TREDE-BOULMER, M.,....... 87, 342
TRICOT, J., ... 271
TRIPOLITIS, A., ... 105, 346
TRUBLET, J., ... 302, 333
VAILLANT, A., ... 241, 351
VALLOZZA, M.,......................... 79
VAN DER MEEREN, S., ... 75
VAN ESBROECK, M.,.......... 29, 342
VAN HENTEN, J.W., ... 248
VAN IMSCHOOT, P.,133, 165, 199, 225, 351
VAN ROODEN, P.T., ... 248, 338
VAN UNNIK, W.C.,.......... 174, 338
VANDERLIP, V.F.,........... 105, 346
VANEL, A.,...................... 197, 351
VANHOYE, A.,22, 34, 40, 52, 129, 338, 342
VERBEKE, G.,131, 133, 199, 218, 346
VERILHAC, A.M.,............. 280, 346
VERNANT, J.-P.,318, 320, 321, 346
VIDAL-NAQUET, P.,318, 320, 321, 346
VIGOUROUX, F.,................ 53, 351
VÍLCHEZ LÍNDEZ, J.,48, 50, 56, 58, 65, 81, 123, 125, 139, 145, 146, 147, 148, 159, 164, 176, 220, 236, 257, 258, 304, 306, 338
VOELKE, A.J., ... 280, 346
VOLGGER, D., ... 140
VON ARNIM, J., ... 171, 346
VON RAD, G.,........... 199, 200, 351
WALTER, N.,.................... 246, 351
WALZ, C.,77, 80, 92, 93, 94, 101, 102, 129
WARTELLE, A.,.................. 91, 109
WATSON, J.,.............................. 86
WEBER, J.,42, 123, 138, 144, 145, 147, 177, 219, 220, 233, 257, 279, 284, 290, 300, 304, 308, 312, 338
WEBER, R., ... 73, 338
WEBER, W.,....... 33, 300, 304, 338
WEISENGOFF, J.P.,139, 290, 307, 338
WÉNIN, A., ... 245
WEST, M.L., ... 275
WHITMARSH, T.,.......... 84, 85, 187
WHYBRAY, R.N.,............ 198, 351
WILCKENS, U., ... 197, 240, 351
WILL, E., ... 272, 346
WILSON, N.G.,..... 80, 94, 102, 342
WINSTON, D.,47, 75, 76, 81, 124, 130, 145, 147, 164, 198, 199, 220, 228, 247, 257, 258, 269, 277, 284, 286, 312, 338
WINTER, B.W., ... 79, 84, 351
WRIGHT, A.G.,35, 38, 39, 40, 47, 52, 61, 62, 65, 69, 70, 248, 339, 342
ZENGER, E., ... 105, 334
ZENNER, J.-F., ... 33, 339
ZIEGLER, J.,11, 13, 15, 39, 49, 55, 176, 184, 311, 339

Table des matières

Avant-Propos 5

Préface 9

Abréviations 11

Texte 13

Traduction 17

INTRODUCTION GENERALE 21

PREMIÈRE PARTIE : D'UN MOT MIS EN SA PLACE 27

Introduction 29

Chapitre I : La structure littéraire de Sg 7–8 33
A. La réception d'un héritage 33
1. Les prémices d'une poétique 33
2. Albert Vanhoye s.j. 34
3. Maurice Gilbert s.j. 35
4. Les travaux qui suivirent 36
5. L'unité de Sg 7–8 37
6. L'évidence concentrique de Sg 7–8 en question 38
7. Excursus méthodologique 40
B. Le détail de la structure 41
1. Sg 7,1-6: L'harmonie d'une micro-structure concentrique 41
2. Sg 7,7 : Un verset isolé 44
3. Sg 7,8-10: Un parallélisme éclairant 46
4. Sg 7,11-16 : Un enchaînement chaotique 47
5. Sg 7,17-21: Une délimitation limpide 50
6. Sg 7,22-23 : Une transition délicate 51
7. Sg 7,24–8,1 : L'équilibre concentrique 53
8. Sg 8,2-4 : Un doublet dédoublé 57
9. Sg 8,5-8 : Les jeux d'une répétition 58
10. Sg 8,9-16 : Une symétrie concentrique difficile 61
11. Sg 8,17-21 : Les conséquences d'une inclusion 64
C. Une structure concentrique revisitée 67

1. L'étroite corrélation entre Sg 7,1-7 et Sg 8,17-21 68
2. L'unité centrale (Sg 7,24–8,1) 69
3. Le double enchaînement intermédiaire (Sg 7,8-23 et Sg 8,2-16) 69

Chapitre II : La rhétorique d'un éloge **73**
A. Héritage et renouveau 73
1. L'évidence rhétorique du livre et sa problématique 73
2. Laurent Pernot et l'éloge rhétorique 76
3. La Seconde Sophistique 84
B. Des topiques encomiastiques 89
1. Qu'est-ce qu'une topique ? 89
2. La topique pour l'éloge d'une personne 94
3. La topique pour l'éloge d'une divinité ou d'une abstraction 101
C. La portée persuasive d'un éloge 106
1. De l'énumération à la démonstration 107
2. Logique syntagmatique et paradigmatique de la persuasion 110

Premières conclusions **117**

SECONDE PARTIE : LES MUSES RÉVÉRÉES **119**

Introduction **121**

Chapitre III : Le souffle oratoire (Sg 7,1-23) **123**
A. L'air et l'esprit (Sg 7,3.7) 123
1. Un manque apparent d'originalité 123
2. Ménandre le Comique 126
3. Réminiscence du récit de la Genèse 130
4. Naître ou mourir 135
5. Le roi détrôné 139
B. Des biens ou des qualités (Sg 7,11) 143
1. Les écueils de la lecture habituelle 144
2. Sg 7,8-10 et la classification des biens 147
a. Du bien idéal à l'homme idéal 149
b. Le contexte biblique de Sg 7,8-10 154
3. Richesse et biens dans le Livre de la Sagesse 158
a. Le terme πλοῦτος 158
b. Le terme ἀγαθά 160
4. La problématique de Sg 7,11-12 163
C. L'éducation et l'éloquence (Sg 7,13-23) 166
1. Première isotopie : l'éducation 167
2. Parole et pensée en Sg 7,13-16 169

3. La parole dans le Livre de la Sagesse 180
4. La parole dans le monde hellénistique 184
5. La parole dans la Septante 190
6. L'esprit de l'éducation 195
a. La Sagesse créatrice ou éducatrice 196
b. Une description éloquente 201

Chapitre IV : La lumière novatrice (Sg 7,24–8,1) 213
A. La foi des philosophes (Sg 7,24 ; 8,1) 214
B. L'œuvre de la Sagesse (Sg 7,27) 220
1. Difficile traduction 220
2. Les sens possibles du verbe καινίζω 221
3. Innover et façonner 225
C. Le reflet de la lumière éternelle (Sg 7,26) 228
1. Un cortège de métaphores (Sg 7,25-26) 228
2. Le contraste du jour et de la nuit (Sg 7,29-30) 232
3. La lumière dans le Livre de la Sagesse 236
4. La lumière dans le judaïsme tardif 239
5. Le Sage astrologue 248

Chapitre V : La force du Sage (Sg 8,2-21) 253
A. Amour et politique (Sg 8,2-4) 253
1. Nouvelle isotopie : l'amour 253
2. L'amour conjugal en question 256
3. La portée politique de l'amitié 260
a. La complexité de la *philia* et de l'*agapè* 260
b. La compagnie de la Sagesse 263
c. Une culture de l'amitié 269
4. La Nymphe et la conseillère 274
B. La royauté (Sg 8,10.13) 283
1. La mort en question 284
2. Gloire et immortalité 290
3. Immortalité et royauté 299
C. Œdipe et Salomon 308
1. La signification problématique d'ἐγκρατής 309
2. La force et la vie 314
3. Le roi et l'anti-roi 317

Secondes conclusions 325

CONCLUSION GENERALE 327

BIBLIOGRAPHIE **333**
I. Le Livre de la Sagesse 333
II. Sophistique, rhétorique et critique littéraire 339
III. Le monde gréco-latin 342
IV. Le monde biblique, juif et judéo-hellénistique 346
V. Dictionnaires et autres études 351

INDEX DES CITATIONS **353**
I. Livres bibliques 353
A. Ancien Testament 353
B. Nouveau Testament 361
II. Judaïsme hellénistique et rabbinique 363
III. Littérature grecque 365
IV. Littérature latine 375
V. Littérature patristique 375

INDEX DES NOMS D'AUTEURS **377**

TABLE DES MATIERES **383**

STAMPA: Giugno 2007

presso la tipografia
"Giovanni Olivieri" di E. Montefoschi
ROMA • info@tipografiaolivieri.it